Keess, Stephan Ritter von

Beschreibung der Fabrikate des österreichischen Kaiserstaates

1. Band

Keess, Stephan Ritter von

Beschreibung der Fabrikate des österreichischen Kaiserstaates

1. Band

Inktank publishing, 2018

www.inktank-publishing.com

ISBN/EAN: 9783747763186

Beschreibung
der
Fabricate,
welche in den
Fabriken, Manufacturen und Gewerben
des
österreichischen Kaiserstaates
erzeugt werden.

Mit einem vollständigen Grundrisse der Technologie.

Herausgegeben
von

Stephan Edlem von Keeß,
erstem Commissär bey der k. k. niederösterreichischen Fabriken-Inspection.

Nach der Grundlage seines technischen Cabinetes.

Erster Band.

Wien, 1820.
Gedruckt und in Commission bey Anton Strauß.

Vorerinnerung.

In der Vorerinnerung zum ersten Theile ist bereits der Plan dieses Werkes näher entwickelt und erwähnt worden, daß dasselbe in zwey Hauptabtheilungen zerfällt, nähmlich in die Beschreibung der *rohen Materialien*, und jene der hieraus entstandenen *Fabricate*. So wie es zweckmäßig schien, die specielle Eintheilung der rohen Stoffe im ersten Theile, worin diese ausschließend abgehandelt sind, in der Voreinleitung vorauszuschicken: so wollte man auch die Angabe der Aneinanderreihung der Fabricate, d. h. das System, nach welchem sie geordnet sind, der Beschreibung derselben unmittelbar vorausgehen lassen, und dieselbe bis zur Herausgabe des zweyten Theiles verschieben, wie dieß schon im ersten Theile bemerkt worden ist.

Wenn man schon bey der Eintheilung der rohen Materialien nach den drey Reichen der Natur nicht alle Stoffe streng nach dieser angenommenen Classification an einander reihen konnte, und mehrere Abweichungen eintreten mußten: so würde die Behandlung der Fabricate nach demselben Systeme noch größere Schwierigkeiten dargebothen haben, und um so unausführbarer gewesen seyn, als bey dem vorliegenden Werke eine wirklich vorhandene technische Sammlung zum Grunde liegt, und daher nicht wie in einem rein theoretischen Handbuche verfahren werden konnte. Zwar hat man bey der Aneinanderreihung der Fabriks-Erzeugnisse da, wo es thunlich war, viele Gegenstände zusammengestellt, welche ein gemeinschaftliches Material haben, oder wobey dieses wenigstens vorwaltet, wie z. B. bey den Fabricaten aus Metallen, Erden, brennlichen Mineralien 2c.; im Allgemeinen aber war dieser Eintheilungs-Grundsatz nicht anwendbar, weil ein großer Theil der Fabricate aus gemischten Grundstoffen besteht, wie die Producte der Weberey, die Borten und Bänder, die gestrickten und gewirkten Arbeiten 2c. Eine Trennung dieser auf gleichen Principien beruhenden, und dem äußeren Ansehen nach sich gleichenden Erzeugnisse würde die leichte Übersicht nur erschwert haben, welche doch bey einem so umfassenden Gegenstande eine unerläßliche Bedingung ist.

Es mußten daher noch andere Regeln zum Grunde gelegt werden, und als Leitfaden bey der Eintheilung sämmtlicher Gewerbs- und Fabriksbranchen dienen. Vorzüglich suchte man diejenigen Fabricate, welche auf gleiche oder ähnliche Art erzeugt werden, und womit sich dieselbe Classe von Arbeitern beschäftiget, in Eine Abtheilung zusammen zu fassen; es mußten ferner solche Fabricate, welche gleichsam das Material oder die Vorarbeit zu anderen bilden (die sogenannten Halbfabricate), letzteren vorausgeschickt werden; endlich hielt man es für zweckmäßig, bey manchen Fabricaten, wo die weiteren Bearbeitungen nur Fortsetzungen der größten Theils von derselben Gewerbsclasse betriebenen Arbeiten sind, beyde unmittelbar auf einander folgen zu lassen. Ausländische Fabricate durften in so fern nicht ausgeschlossen bleiben, als sie zum inländischen Gebrauche wirklich eingeführt werden, oder im Inlande noch einer weiteren Bearbeitung unterliegen.

Nach diesen Grundsätzen bilden daher in der unten

folgenden Anordnung der Fabricate z. B. alle Producte der Spinnerey, so wie alle Producte der Weberey, der Urstoff mag aus dem einen oder dem andern Naturreiche genommen seyn, selbstständige Abtheilungen; so geht das Leder den Gewerben, welche dasselbe weiter verarbeiten, so die Gespinnste den Geweben voraus u. s. w. Es folgt endlich das Färben und Drucken der Leinen- und Baumwollstoffe unmittelbar nach den weißen Stoffen dieser Art u. s. w.

Systematische Übersicht der Fabriks-Erzeugnisse, welche im zweyten Theile beschrieben werden.

Die Fabricate.

I. Die Hutmacher-Arbeiten.

II. Das Leder, nebst dessen Zurichtung durch Falzen, Glätten, Schwärzen, Färben, Lackiren u. s. w.: die vorzüglichsten im Inlande verbrauchten ausländischen Ledergattungen; der Leder-Ausschnitt.

III. Pergament und Chagrin.

IV. Producte der Spinnerey.

a) Flachs- und Hanfgespinnste.
b) Baumwollgespinnste.
c) Schafwollgespinnste.

(zu a–c:) Alle einfädigen und gezwirnten Gespinnste, roh und gebleicht; die gefärbten Garne und Zwirne.

d) Filirte und weiter zubereitete Seide. Organzin, Trama u. s. w., gefärbt, chinirt, gezwirnt.

V. Producte der Weberey.

a) Leinenstoffe, roh, gebleicht, gefärbt, gedruckt.
b) Baumwollstoffe, roh, gebleicht, gefärbt, gedruckt.

c) Schafwollstoffe, glatte und tuchartige, roh, gefärbt, gedruckt, ratinirt, gepreßt, velurirt.
d) Seidenstoffe. Alle Gattungen Dünntuch, Seidenzeuge, Sammt u. s. w., glatt, façonnirt, gefärbt und gedruckt, appretirt u. s. w.
e) Halbleinen- und Halbbaumwollstoffe.
f) Teppiche (aus Leinen- und Wollgarn).
g) Halbseidenstoffe, glatt, façonnirt, gefärbt, gedruckt.

VI. Die Posamentirer-Arbeiten aus freyer Hand.

a) Gold- und Silbergespinnste aus echtem und unechtem Drahte.
b) Bouillons, Ketten-Arbeiten u. dgl.
c) Mehrere fertige Fabricate.

VII. Die Posamentirer-Arbeiten auf dem Stuhle. Goldborten (echte und unechte), Wagenborten, Leinen- und Halbleinenbänder. Langetten, Baumwollbänder, Seidenbänder, Sammtbänder (glatt, façonnirt, gepreßt u. s. w.). Die übrigen Stuhlarbeiten, wie Franzen &c.

VIII. Die gestrickten Arbeiten. Die groben und feineren Strickereyen aus Flachs-, Baumwoll- und Schafwollzwirn, aus Seide; die Litzenstrickerey.

IX. Strumpfwirker-Arbeiten aus Zwirn, Baumwolle, Schafwolle, Seide; glatte, façonnirte, gestickte Petinets, gefärbte und gedruckte gewirkte Stoffe &c.

X. Türkische Käppchen.

XI. Spitzen-Fabricate.

a) Points d'Espagne aus Gold, Silber und Seide.
b) Die eigentlichen Spitzen aus Zwirn, Baumwolle, Schafwolle, Seide.

XII. Die gestickten Arbeiten.

▼

XIII. Die Seiler-Arbeiten. Seile, Schnüre, Gurten, geknüpfte und gestrickte Arbeiten.

XIV. Die Schnürmacher-Arbeiten. Die Schnüre mit der Hand geflochten, und die auf den Maschinen gedrehten; mehrere fertige Arbeiten der ungrischen Schnürmacher.

XV. Geflechte und Gewebe aus Stroh und Bast. Die verschiedenen Gattungen der Geflechte des In- und Auslandes, in so fern letztere hier verarbeitet werden, eigentliche Strohgewebe, und mit fremdartigem Eintrag, fertige Hüte aus Stroh; Hüte aus anderem Materiale, in so weit sie von den Strohhutmachern verfertiget werden.

XVI. Geflechte und Gewebe aus Menschen- und Thierhaaren. Roßhaarzeuge, Halsbinden ꝛc.

XVII. Siebmacher-Arbeiten. Die verschiedenartigen Siebböden, Drahtgeflechte; fertige Siebe, Trommeln.

XVIII. Bürstenbinder-Arbeiten. Hierzu die Pinsel.

XIX. Papier und Papierfabricate.

a) Pappendeckel, Preßspäne, Kartenpapier.
b) Lösch-, weißes und im Zeuge gefärbtes Papier. Strohpapier.
c) Gefärbtes und gedrucktes Papier.
d) Gepreßtes Papier.
e) Dosen aus Papier-Maché.
f) Visitkarten und Galanterie-Arbeiten aus Pappe.

XX. Papier-Tapeten.

Holz und Metall, Geigenmacher-Arbeiten, Werkel-, Flöten- und Clavier-Instrumente, Orgeln.

XXVII. Fabricate durch weitere Verarbeitung der gegerbten, behaarten und unbehaarten Thierhäute und Felle (des Leders), welche zur Bekleidung und Bequemlichkeit des Menschen dienen.

a) Kürschner-Arbeiten.
b) Schuster-Arbeiten.
c) Handschuhmacher-Arbeiten.
d) Riemer- und Sattler-Arbeiten.
e) Arbeiten des Buchbinders, Futteral- und Brieftaschenmachers.
f) Taschner-Arbeiten.
g) Schlauchmacher-Arbeiten.

XXVIII. Fabricate, größten Theils durch weitere Verarbeitung von Zeugen, welche zur Bekleidung, zur Bequemlichkeit und zum Putze des Menschen dienen, nebst einigen unmittelbar damit in Verbindung stehenden Arbeiten.

a) Watte.
b) Wachsleinwand und Wachstaffet.
c) Schneider-Arbeiten.
d) Hauben und Käppchen.
e) Arbeiten des Decken- und Matratzenmachers.
f) Tapezierer-Arbeiten.
g) Regen- und Sonnenschirme.
h) Putz-Arbeiten (Marchande de Modes).
i) Künstliche Blumen aus Batist, Seide, Sammt, Papier u. s. w. Hierzu auch die Arbeiten der sogenannten Kränzebinder, leonische Blumen etc.
k) Federschmücker-Arbeiten.

XXIX. Verschiedene Fabricate aus vegetabilischen und thierischen Stoffen, und zwar:

1) Solche, die Genußmittel des Menschen sind:

a) Tabak.
b) Zucker, Ahorn-, Runkelrüben- und Stärkezucker, Zuckergebäcke.
c) Chocolate.
d) Kunstkaffeh (Kaffeh-Surrogate).
e) Geistige Getränke: Branntwein, Weingeist, Liquöre,
f) Componirte Rosoglios, Rhum, gebrannte Wasser, Bier, Essige u. dgl.
g) Öhle. Öhlreinigung.

2) Andere verschiedenartige Fabricate zu mannigfaltigem Gebrauche.

h) Stärke, Haarpuder, Oblaten.
i) Parfümerie-Waaren.
k) Firnisse.
l) Siegellack.
m) Wachszieher-Arbeiten.
n) Arbeiten des Wachspoussierers.
o) Wachslarven und gewöhnliche Larven.
p) Schuhwichs, Tinte, Tintenpulver.
q) Schreibfedern.
r) Darmsaiten.
s) Leim.
t) Seifensieder-Arbeiten.

XXX. Metall-Arbeiten.

1) Aus Gold und Silber.

a) Gold- und Silber-Arbeiten. Hierzu die Arbeiten der Juweliere.
b) Gold- und Silberdraht.
c) Goldschläger-Arbeiten.
d) Folien aus Silber.
e) Echte Flittern.

2) Aus Kupfer und Kupfer-Legirungen.

a) Kupfer-, Messing- und Tombakbleche.
b) Kupfer-, Messing- und Tombakdraht.
c) Leonischer Draht.
d) Kupferschmied-Arbeiten.

e) Glockengießer-Arbeiten. Hierbey auch die Kanonengießerey.
f) Gelbgießer- und Bronce-Arbeiten. Gegossene Uhrschlüssel, Fingerhüte.
g) Gürtler-Arbeiten und Argent-haché-Waaren.
h) Englisch platirte Waaren.
i) Gepreßte Metall-Arbeiten.
k) Metallknöpfe.
l) Falsche Schmuck- (Schwäbisch-Gmündner-) Arbeiten.
m) Metallschläger-Arbeiten.
n) Unechte Folien. Rauschgold.
o) Unechte Flittern.

3) Aus Eisen und Stahl.

a) Eisen-Gußwaaren.
b) Eisenblech, Stahlblech, verzinntes Blech, Sägeblätter.
c) Eisen- und Stahldraht.
d) Eisenhammer-Erzeugnisse, Huf- und Grobschmied-Arbeiten.
e) Sensenhammer-Erzeugnisse.
f) Hackenschmied-Arbeiten.
g) Kraut- und Reifmesserschmied-Arbeiten.
h) Ring- und Kettenschmied-Arbeiten.
i) Weiß- und Schwarznagelschmied-Arbeiten.
k) Ahl- und Neigerschmied-Arbeiten.
l) Pfannen-, Löffel- und Striegelschmied-Arbeiten.
m) Eisenkochgeschirr. Koch-Apparate.
n) Fischangeln, Maultrommeln und andere kleinere Erzeugnisse.
o) Feilen.
p) Armaturs-Erzeugnisse. Säbel- und Degenklingen, Gewehrläufe, und andere zum unmittelbaren Gebrauch des Militärs gehörige Eisenarbeiten.
q) Schlosser-, Zeug- und Zirkelschmied-Arbeiten. Reißzeuge.
r) Stahlarbeiten.
s) Petschafte, Stanzen u. dergl.
t) Messer- und Scherschmied-Arbeiten.
u) Chirurgische Instrumente.
v) Nadler-Arbeiten.

w) Weberkämme aus Draht.
x) Kartätschen.
y) Klempner-Arbeiten. Hierzu Moiré metallique.
z) Lackirte Blechwaaren.

4) Aus Bley.

a) Platten, Tabaksbley, Fensterbley, Röhren.
b) Schrote und Kugeln.

5) Aus Zinn.
a) Zinngießer-Arbeiten.
b) Kinderspielereyen.

6) Aus Zink.
a) Zinkblech.
b) Zinkdraht.

7) Aus Spießglanz.
Schriftgießer-Arbeiten.

XXXI. Fabricate, welche auf die Uhrmacherey Beziehung haben.

1) Uhrbestandtheile.

a) Rohe Uhrräder.
b) Mouvement brut.
c) Uhrspindeln.
d) Uhrfedern.
e) Uhrketten (zum inneren Gange).
f) Zifferblätter.
g) Uhrzeiger.
h) Uhrschlüsselröhren.
i) Uhrgehäuse.
k) Uhrglocken.

2) Fertige Uhren. Große und kleine Uhren, hölzerne Uhren, Uhren mit Glockenspiel.

XXXII. Mathematische Instrumentenmacher-Erzeugnisse. Hierzu auch die katoptrischen und optischen Instrumente.

XXXIII. Fabricate aus Erden und Steinen.

1) Erzeugnisse, wobey die Thonerde vorherrschender Bestandtheil ist.

a) Ziegel. Gemeine Ziegel, Schmelzplatten.
b) Gemeine Töpferwaaren und Schwarzgeschirr. Brunnröhren, Schmelztiegel rc.
c) Majolica und Erzeugnisse der Krügler (Weißgeschirr).
d) Steingut und Fayance. Künstlicher Bimsstein.
e) Porcellan.
f) Thönerne Pfeifenköpfe.

2) Erzeugnisse, wobey die Kieselerde vorherrschender Bestandtheil ist.

a) Hohlgläser, Uhrgläser, Fenstertafeln u. s. w.
b) Geschliffene und gemahlte Gläser, Lusterbestandtheile.
c) Spiegel, geblasene und gegossene.
d) Gläser zu optischen Instrumenten, Kronglas, Flintglas.
e) Farbige Gläser. Glasflüsse, falsche Edelsteine, Schmelzfarben.
f) Glasperlen, geschmolzene und geblasene.
g) Email-Arbeiten.

3) Fabricate aus Kalk, Gyps rc.

a) Steinmetz-Arbeiten.
b) Gyps- und Alabaster-Arbeiten, Büsten rc.

4) Fabricate aus Fossilien des Talkgeschlechtes.

a) Serpentin- und Topfstein-Arbeiten.
b) Pfeifenköpfe aus Meerschaum, echte und unechte.

5) Fabricate durch Verarbeitung verschiedener Fossilien als Gegenstände des Luxus und zu anderem Gebrauche.

a) Steinschneider-Arbeiten.
b) Mosaik-Arbeiten.

XXXIV. Fabricate aus brennlichen Mineralien.

a) Bernstein-Arbeiten.
b) Schwefel-Abdrücke.
c) Bleystiften und Röthel, Stahltafeln.

XXXV. Das Schießpulver.

XXXVI. Sogenannte chemische Fabricate und Farben.

1) Chemische Waaren.

a) Salmiak.
b) Raffinirter Weinstein.
c) Mercurial-Präparate.
d) Verschiedene Mittelsalze.
e) Säuren.

2) Farben.

a) Vegetabilische und animalische Farben, z. B. Schminke, Waschblau, Carmin ꝛc.
b) Eigentliche Mineralfarben aus Erden, Metallen ꝛc., Porcellanfarben.
c) Ganze Farben-Assortiments.
Schlüßlich auch vom Anstreicher, Lackirer und Wagenmahler.

In wie fern diese Zusammenstellung den Beyfall des Kenners erhalten wird, muß ich erwarten, und so wie ich mich jeder zweckdienlichen Verbesserung im ersten Theile dieses Werkes gerne unterzog: so werde ich auch bey der Fortsetzung desselben jede Bereicherung oder Berichtigung, wenn sie gegründet ist und wirklich etwas Besseres substituirt wird, danknehmig anerkennen. Denn ich theile den von dem Herrn Rathe Chr. C. André bey Gelegenheit der Recension des ersten Theiles in der Beylage Nr. 4 zum XXV. Bande seines schätzbaren Hesperus, geäußerten Wunsch vollkommen, daß recht viele Beobachter und Kenner berichtigende Beyträge liefern möchten, um solche seiner Zeit benutzen zu können.

Da das vorliegende Werk eine umfassende Darstellung des Fabriks- und Gewerbswesens im österr. Kaiserstaate ist (wie dieß aus dem Inhalte hervorgeht), so bedarf es kaum einer Erwähnung, daß, um das Ganze nicht mangelhaft zu machen, und jede Lücke zu vermeiden, auch solche Gewerbs- und Fabrikszweige aufzunehmen waren, bey welchen wirkliche Musterstücke nach der Natur der Gegenstände, oder anderer Ursachen wegen nicht wohl eingeschaltet werden konnten, wie z. B. bey der Bierbrauerey u. a. m. Bey allem dem ist die Zahl der wirklich vorhandenen Stücke, wobey auch, wo es nöthig ist, die Vor- oder Zwischenarbeiten in wirklichen Mustern vorkommen, nicht unbedeutend; denn nur allein die II. Abtheilung oder das Leder enthält 258, die IV. Abtheilung der Gespinnste enthält 877 Nummern u. s. w. Was die Aufstellung der Muster, die nach Erforderniß größer oder kleiner, bloße Modelle oder von gewöhnlicher Größe sind, anbelangt: so muß hier zur Verständlichmachung des Inhalts noch bemerkt werden, daß die flachen, wenig Körperinhalt besitzenden Gegenstände auf Tafeln in fortlaufenden Nummern an einander gereihet, die übrigen größeren Stücke in Kästen und Laden aufbewahret sind.

Auch in diesem zweyten Theile hat man die Wiederhohlung des schon Bekannten und anderswo Gedruckten zu beseitigen gesucht. Nur wo es der Gegenstand und der Zusammenhang dringend erheischten, ist dieß (jedoch immer in gedrängter Kürze) geschehen, da man bey der großen Menge ganz neuer Daten, die eben darum ausführlicher behandelt werden mußten, mehr aus Mangel an Raum, als der Sorge wegen, denselben durch Compilationen ausfüllen zu müssen, in Verlegenheit gerathen könnte. Im Allgemeinen ist die Bearbeitung dieses Theils der im ersten Theile befolgten Methode gleich. Bey jedem Zweige sind die Hauptmethoden des Verfahrens, die nöthigen Werkzeuge und Maschinen, die im Inlande gemachten Erfindungen, die Hauptgattungen der Arbeit mit dem bey jeder erforderlichen speciellen Verfahren, die Unterschiede der Fabricate nach der Güte des Materials, der Zustand der Fabrication im Inlande, die vollkommene Zurichtung und Vollendung jedes Artikels, die so außerordentlich verschieden ist, der Handel, die Zolltariffe, die Preise der vorzüglichsten Artikel u. s. w. angegeben. Nach dieser Darstellung folgt die Erklärung der Muster, nach den angenommenen Haupt- und Unterabtheilungen. Obschon man sich in dieser Muster-Erklärung die gedrängteste Kürze zum Gesetze gemacht hat: so sind doch auch hier viele interessante Notizen aufgenommen worden, in so fern sie zur genaueren Kenntniß des Gegenstandes erforderlich waren. In den Nachträgen sind die nach der ersten Aufstellung der Sammlung noch einverleibten neueren Muster enthalten und beschrieben.

Bey der Fortsetzung dieser Arbeit ist mir eine gleiche Mitwirkung, wie beym Beginnen derselben, überall zu Theil geworden, wo ich sie nachgesucht habe. Ich finde mich daher verpflichtet, die geschätzten Nahmen des Herrn Regierungsrathes und Professors Jos. Frhrn. von Jacquin, und des Herrn Jos. von Dallstein neuerlich zu wiederhohlen, und denselben jene des Herrn Regierungsrathes und Directors der k. k. Linzer Wollenzeug-, Tuch- und Teppichfabrik, Gros v. Ehrenstein, des Herrn Großhändlers Joh. Konr. Hippenmeyer, des Herrn Directors und Mitinteressenten der Kettenhofer Zitz- und Katunfabrik Joh. Ziegler, der Herren Inhaber der k. k. privil. Penzinger Bandfabrik von Berger, des Herrn Lager-Factors der k. k. Linzer Wollenzeug-, Tuch- und Teppichfabrik, Carl Heller, des ehemahligen Großhändlers Herrn

J. Fachini, des Herrn Maschinisten Franz Wurm, der Herren Fabriks-Inhaber Franz v. Partenau, Chr. G. Hornbostl, Mestrozi, Jos. Winter, Franz Michelmann, Mathias Nepalek, und des Herrn J. Pröll beyzufügen. Auch habe ich einige schätzbare Arbeiten des Herrn Regierungsraths und Fabriken-Inspectors A. Edl. v. Allstern zu benutzen Gelegenheit gefunden, so wie ich einige Mittheilungen dem zweyten Commissär der k. k. n. ö. Fabriken-Inspection F. G. König verdanke. Vorzüglich darf ich aber den Nahmen des Herrn W. C. Wabruschek-Blumenbach hier nicht mit Stillschweigen übergehen, der bey diesem ausgedehnten und mühevollen Unternehmen mein einziger Mitarbeiter ist, und dessen eifriger Mitwirkung ich vorzüglich den so schnellen Fortgang dieses Werkes verdanken muß.

Ich schließe diese Vorerinnerung mit dem Wunsche, daß auch dieser Theil gleiche günstige Aufnahme mit dem ersten finden möge, welche sich seit dem Erscheinen desselben auf eine für mich schmeichelhafte Weise ausgesprochen hat. So wie der erste Theil in wenigen Monathen schon eine bedeutende Ausbreitung erlangt hat, und nach dem dort entworfenen Systeme der rohen, den Fabriken, Manufacturen und Gewerben dienenden Materialien, von mehreren Privaten ähnliche, theils generelle, theils partielle Sammlungen begonnen worden, und dieserwegen schon selbst von Lehrinstituten nähere Anfragen an mich gekommen sind, möge auch die Beschreibung der Fabricate bey dem Fabrikanten und Handwerksmanne, dem Künstler und Kaufmanne, dem Lehrer, Schüler u. s. w. zur Erwerbung nützlicher Kenntnisse und als Leitfaden dienen, um durch Selbststudium in einem Fache sich auszubilden, welches in Beziehung auf das Allgemeine wohl nicht zu den unwichtigsten gezählt werden darf. Meinem

Vaterlande nach meinen geringen Kräften nützlich zu werden, ist das Ziel, nach dem ich strebe, und wenn ich dieses nur einiger Maßen erreiche, werde ich für meine Arbeit mich hinreichend belohnt finden.

Wien, im April 1820.

Der Herausgeber.

I. Abtheilung.

Die Hutmacher-Arbeiten.

Die Fabrication der Filzhüte bildet im österreichischen Staate einen nicht unbedeutenden Gewerbszweig, der eine große Anzahl von Arbeitern beschäftiget. Österreich unter der Ens, Böhmen, die Lombardie, das Venetianische haben es darin am weitesten gebracht, und insbesondere ist die Hutmacherey in Wien seit einigen Jahren sehr gehoben worden, so daß gegenwärtig die Wiener Hüte nebst den englischen und französischen im Auslande sehr geschätzt sind, zumahl seitdem man die Hüte hier nicht mehr durch übermäßiges Leimen so steif, und nicht so schwer, wie ehemahls, macht, auch denselben eine schönere und dauerhaftere Farbe zu geben weiß. Österreich unter der Ens zählt allein gegen 200 Hutmacher-Werkstätten, worin nach einer im Jahre 1813 vorgenommenen Berechnung 1394 Arbeiter beschäftiget waren, welche beyläufig 419,400 Stück Hüte im Geldwerthe zu 2,755,500 fl. W. W. verfertigten, und hierzu 946,200 Stück Hasenbälge verbrauchten. Wien hatte davon im Jahre 1816 75 bürgerliche und 47 befugte Hutmacher. Auch in Böhmen beschäftigten sich im Jahre 1819 bey 1100 Individuen mit der Hutmacherey.

Man unterscheidet in den Werkstätten der Hutmacher zweyerley Arbeiter: die eigentlichen Hutmacher-Gesellen, welche die Filze bereiten, und die sogenannten Hutzurichter, welche die Hutmacher-Profession nicht zunftmäßig erlernt zu haben brauchen, und bloß das Färben und Staffiren der Hüte besorgen. Übrigens sind die Hutmacher überall in Zünfte vereiniget, bey welchen die Lehrlinge erst nach vier Lehrjahren freygesprochen werden. Gesellen, die Meister werden wollen, müssen, nach altherkömmlichem Gebrauche, einen Hut aus Biberhaaren verfertigen. Für die Hutmacher in Niederösterreich ist im Jahre 1815 eine Ordnung erschienen, welche an Zweckmäßigkeit vielleicht alle ähnlichen Zunftordnungen übertrifft, und als Muster auch für andere Innungen dienen könnte.

Außer der Schafwolle (und zwar vorzüglich Lämmerwolle) und dem Hasen-, Kaninchen- und Seidenhasenhaare verarbeiten die Hutmacher auch Kalbshaare, Wickelwolle, Kamehlhaare und Biberhaare; doch werden die letzteren wegen ihres hohen Preises, und die Kaninchen- und Seidenhasenhaare, weil sie den eigentlichen Hasenhaaren an Güte nachstehen, weit weniger angewendet. (Th. I. Abtheilung Thierhaare.) Die Hasenhaare müssen vor dem Abmeißeln von der Haut, nachdem die Spitzen der längsten Haare mit einer Schere abgeschnitten sind, mit der bekannten Beitze aus Quecksilber in Salpetersäure aufgelöset bestrichen werden, wodurch die Haare Festigkeit und Glanz, und die Fähigkeit erlangen, sich zu krümmen oder aufzurollen. Gegenwärtig nimmt man zu dieser Beitze nebst dem salpetersauren Quecksilber auch Arsenik und ätzendes Quecksilber-Sublimat. Sie färbt die Haare größten Theils gelb. (Th. I. Abth. Thierhaare Nr. 89, Abth. Thierhäute Nr. 63.) Die Biberhaare erhalten keine Beitze, auch nicht die Schafwolle, die sich ihrer natürlichen krausen Form wegen ohnedieß gern filzt; sie wird bloß gewaschen, das Kamehlhaar noch überdieß gekammt.

Nebst diesen Hauptmaterialien braucht der Hutmacher noch einige Nebenmaterialien, z. B. Weinstein und verdünnte Schwefelsäure beym Walken; Asche zum Entfetten der Schafwolle; Eisenvitriol, Blauholz, Galläpfel, Grünspan rc. zum Schwarzfärben; Leim, Gummi und Ochsengalle zum Steifen u. s. w.

Sind die Haare durch Beitzen, Waschen, Kämmen u. s. w. vorbereitet, und die Hasenhaare noch insbesondere in die Rückenhaare, die Seitenhaare (d. i. nächst der Halsgegend und vom Halse selbst), und in die Bauchhaare sortirt, so folgt die eigentliche Bearbeitung des Filzes, wobey folgende Operationen vorkommen: das Fachen der Haare, das Filzen derselben, das Formen des Filzes zur Mütze, das Walken, das

Ausstoßen des gewalkten Hutes, das Anreiben mit Bimsstein oder Fischhaut, das Färben und Steifen.

Das Fachen geschieht mittels des Fachbogens, d. i. eines hölzernen Instruments, welches dem Äußern nach mit einem Violinbogen Ähnlichkeit hat, und von diesem sich nur darin unterscheidet, daß es sehr groß ist, und statt der Roßhaare eine lange Darmsaite eingespannt ist. Indem der Hutmacher diese Saite abwechselnd anzieht und nachlaßt, werden die Haare im zertheilten Zustande auf dem Fachtisch durch die Vibration der Saite so getrieben, daß sie sich allmählich und gleichförmig uber einander legen, und eine Fache, d. i. ein dünnes Blatt bilden. Vier solche Fachen, oft auch nur zwey, die gewöhnlich eine dreyeckige Gestalt haben, reichen hin zur Verfertigung eines Hutes, und werden nun dem Filzen unterzogen. Man schlägt sie nahmlich in Leinwand, feuchtet sie an, und drückt sie mit einem Siebe (vergl. die Abth. Siebmacher-Arbeiten), und der flachen Hand zusammen. So entsteht die Filzkappe oder Mutze. Die Haare greifen durch jene einfache Behandlung schon sehr in einander, d. i. sie haben sich gefilzt und hängen zusammen. Bey Schafwolle und Kamehlhaar muß das Filzen noch durch Anwendung äußerer Hitze befördert werden. Damit aber die Filzkappe die erwünschte Größe erlange, und die über einander liegenden Fachblätter sich nicht der ganzen Fläche nach zusammenfilzen, gebraucht der Hutmacher hierbey den Filzkern, d. i. eine aus grobem steifen Papiere zusammengelegte Form, wodurch sich zugleich eine wahre kegelförmige Mütze (in Österreich Stumpfen genannt) bilden kann. Diese muß nun gewalkt werden, und wird zu dem Ende in den Walkkessel, der mit heißem Wasser, worunter man auch Weinstein und Weinhefen (Weingeläger), oder nach einer neuerlichen Verbesserung Schwefelsäure mischt, abwechselnd eingetaucht, und mit dem Rollstocke und Streichholze, jetzt aber häufiger mit starken Bursten, auf den geneigten Bohlen des Kessels stark ausgestrichen. Dadurch erhält der Filz die gehörige Consistenz und Dichtigkeit, die ihn zu einem guten Hute qualificirt. Dabey ist zu bemerken, daß die Hüte, wenn sie bloß mit der Hand gewalkt werden, zwar dichter, durch die Anwendung der Bür-

A 2

sten aber schöner (glänzender) werden. Mit dem Walken wird zuweilen auch das Platiren (Auflegen) oder Überziehen des Filzes mit feineren Haaren verbunden, wenn es nicht schon beym Filzen geschehen ist. Man pflegt nähmlich die Hüte zu verfälschen, und ihnen ein besseres Ansehen zu geben, indem man eine feine Fache oben und unten auf eine gröbere legt. In diesem Falle nimmt man zusammen oft 6 Fachen. Ist nun die Mütze genugsam eingewalkt, so wird sie über eine hölzerne walzenartige Form gebracht, und darüber ausgestoßen oder ausgefaustet, und zu einem Hute geformt. Die auswendige Fläche wird hierauf mit kleinen eisernen Handkratzen aufgelockert, und mit Bimsstein oder Fischhaut, zumahl bey groben Hüten, angerieben, was jedoch überhaupt, seitdem man sich beym Walken der Bürsten bedient, nicht mehr so üblich ist. Das Färben und Leimen geschieht mit den schon genannten Materialien, und es ist dabey nur anzuführen, daß die Hüte, um eine schöne, dauerhafte Farbe zu erhalten, wiederhohlt in die Färbebrühe, und zwar jedes Mahl 2, auch 3 und 4 Stunden lang gebracht werden müssen, und daß der mit Gummi, und zuweilen auch mit Ochsengalle gemengte, in Wasser aufgelöste Leim, wodurch der Hut die nöthige Festigkeit und Steifheit erlangt, mit Bürsten auf die untere Seite des Filzes aufgetragen, darauf mit etwas Seifenwasser überfahren, und das Eindringen des Leimes in eigenen Öfen, wobey die Hüte auf kupfernen Platten über einander geschichtet sind, bewirkt wird. In wenigen Minuten hat sich der Leim vollkommen eingezogen. Hüte, welche weiß bleiben, werden gleich nach dem Walken gesteift.

So weit bearbeitet der eigentliche Hutmacher die rohen Hüte, die dann dutzendweise verkauft werden. In einem Tage kann ein fleißiger Geselle nicht mehr als drey Stucke zu Stande bringen; im Durchschnitte lassen sich aber als das Werk eines Tages nicht mehr als zwey annehmen. Außerdem verfertigen die Hutmacher auch Kappen, Striefel, Schuhe u. s. w. von Filz durch dieselben Handgriffe, die so eben angegeben worden sind. Der Filz selbst dient überdieß noch zu anderweitigem Gebrauche, z. B. zu Sohlen in Winterschuhe, zu Filztellern fur die Goldsticker, zur Verfertigung der Filzreiber für die Tischler, der Wischer beym Zeichnen ꝛc.

Die letzte Vollendung erhalten die Hüte durch das Staffiren, welches von den Hutzurichtern, Staffirern oder Hutsteppern verrichtet wird, und nicht von jedem Hutmacher vorgenommen werden darf. Sie werden mit einer trocknen langhaarigen Bürste überfahren, mit einem heißen Bügeleisen ausgebügelt, nach der Mode staffirt oder geformt, gefuttert, mit Leder besetzt, eingefaßt, mit Tressen benäht u. s. w. Dadurch erhalten sie die vielerley Formen, wodurch sie sich von einander unterscheiden und zum Theil benannt werden.

Erklärung der Muster.

Tafel I. Nr. 1 und 2. Gefachte Haare, mit dem Fachbogen bearbeitet. Das erste Muster ist eine Fache aus Kamehl- und Hasenhaaren, das zweyte aus feinen Hasenhaaren.

Nr. 3 und 4. Anfang des Filzens, wie dieses auf der Filztafel durch Einwirkung von Wärme und Näſſe in Leinentüchern bewirkt wird. Das erste Muster ist aus der Fache Nr. 1, das zweyte aus der Fache Nr. 2 bereitet. (Vergl. die Nachträge auf der Tafel IV. Nr. 43 und 44.)

Die vorstehenden Muster zeigen die Vorarbeiten. Nun folgen die eigentlichen Filze, bey deren Darstellung auf den vierfachen Zustand, in welchem der Filz bey der Bearbeitung erscheint, Rücksicht genommen wurde, nähmlich wie derselbe a) gewalkt und unaufgekratzt, b) gewalkt und aufgekratzt, c) gewalkt, aufgekratzt und gefärbt, d) gesteift (geleimt) und ganz vollendet aussieht. Nach dieser Stufenfolge sind hier verschiedene Gattungen von Filz, wie sie in Österreich erzeugt werden, an einander gereihet.

Nr. 5 bis 8. Gröbste rohe Filzgattung zu den sogenannten Commißhüten für den gemeinen Soldaten, aus der schlechtesten Schafwolle (meist Gerberwolle), mit Kalbshaaren vermengt, verfertigt. Die Wiener Hutmacher geben sich mit dieser Arbeit nicht ab, sondern überlassen sie den Landmeistern.

Nr. 9 bis 12. Grober Filz zu Bauernhüten, aus feinerer Schafwolle. Nach Feinheit der Wolle fällt auch der Filz mehr oder weniger fein aus.

Nr. 13 bis 16. Grobgemischter Filz aus schlechten Hasenhaaren (nähmlich Seiten- und Bauchhaaren) mit Schafwolle und Wickelwolle, oder statt der letzteren auch mit Kamehlhaaren. Die grobgemischten Hüte werden häufig in Böhmen und Mähren, vorzüglich in Iglau verfertiget, von wo aus sie selbst bis Wien kommen, und nachdem sie von den dasigen Hutsteppern staffirt sind, als sogenannte Livree-Hüte verkauft werden.

Taf. II. Nr. 17 bis 20. Feinerer gemischter Filz zu besseren Hüten, aus Hasenhaaren und Kamehlhaar oder Wickelwolle. Nach der größeren oder geringeren Menge des Hasenhaars ist diese Filzgattung an Feinheit sehr verschieden.

An diese groben und gemischten Filze reihen sich die Filze aus Hasenhaaren ohne Zusatz, zu den sogenannten Bürsten- oder Bürstelhüten

Nr. 21 bis 24. Ordinärer Bürstenhutfilz aus Hasenhaaren vom Bauche und vom Halse.

Nr. 25 bis 28. Mittelfeiner Bürstenhutfilz aus Hasenhaaren vom Bauche, mit einem Zusatze von 50 Proc. Rückenhaaren.

Nr. 29 bis 32. Ganz feiner Bürstenhutfilz, wozu bloß Hasenhaare vom Rücken genommen werden. Diese und die vorstehende Gattung sind die gangbarsten, und werden in Wien am stärksten erzeugt. Von der Anzahl der Hüte, welche hier jährlich gemacht werden, will man $\frac{4}{5}$ zur feinen Gattung rechnen. Nr. 32 ist zugleich wasserdicht. Die Erfindung, die Hüte wasserdicht zu machen, ist nicht ganz neu; denn in England und Frankreich wurden schon vor mehreren Jahren ähnliche Hüte verkauft. In Österreich hat Jos. v. Saurimont sie im J. 1813 zuerst in Vorschlag gebracht. Da aber sein hierauf gegründetes Unternehmen nicht zu Stande kam, so brachte Peter Anton Girzik in Wien die Sache nach einer andern Methode neuerdings zur Sprache und zur wirklichen Ausführung. Obiges Muster ist aus dessen Werkstätte. Seine Hüte finden beym Publicum Beyfall und nicht unbedeutenden Absatz, indem es sehr bequem und auch in ökonomischer Hinsicht vortheilhaft ist, Hüte zu haben, welche den stärksten Regen aushalten, ohne die Form zu verlieren. Girziks Methode hat noch das Besondere, daß seine wasserdichten Hüte gar nicht geleimt sind, sondern ihren festen und gleichen Körper schon in der Walke erhalten, und dann erst durch die von ihm erfundene chemische Masse die Eigenschaft der Wasserdichtheit erhalten. Diese Hüte sind nicht nur von sehr schöner Form und ungemein elastisch, sondern werden durch öfteres Beregnen noch sogar schöner. Da diese Verfahrungsart noch ganz unbekannt war, so wurde ihm am 27. December 1815 ein ausschließendes Privilegium auf 6 Jahre ertheilt. Der zunehmende Verschleiß und der Absatz ins Ausland bestätigen hinlänglich die gute Qualität dieser Hüte. Girziks vergrößerte Fabrik befindet sich gegenwärtig in der Leopoldstadt nächst der neuen Brücke. Der dabey befindliche Dampfkessel, der zu mehreren Absichten benutzt wird, hat eine sehr zweckmäßige Einrichtung. Später fingen auch andere Hutmacher Wiens an, wasserdichte Hüte zu verkaufen, welche nach anderen Methoden bearbeitet seyn sollen, und auch dem Hutmacher Nicolaus Werner wurde ein Privilegium auf seine Methode zu Theil. Worin eigentlich das Mittel und das Verfahren bestehe, wodurch die Hüte ihre Undurchdringlichkeit für das Wasser erlangen, wird noch als Geheimniß bewahrt. Vielleicht ließe sich zu solchem Zwecke irgend eine harzige Substanz anwenden.

Nr. 33 und 34. Filz aus Biberhaaren, ungefärbt und schwarz gefärbt. Der hohe Preis der Biberhaare und der Umstand, daß man nach den eingeführten Verbesserungen auch aus Hasenhaaren sehr feine und schöne Hüte verfertigen kann, hat den Gebrauch der Ganz-Castorhüte fast ganz verdrängt, die jetzt beynahe nur noch als Meisterstücke oder auf besondere Bestellung verfertiget werden. Im Jahre 1813 kostete das Loth Biberhaare 2 fl., und zu einem Hute sind auf's Geringste 10 bis 12 Loth erforderlich; Anfangs 1820 kam das Dutzend solcher Hüte (ohne Staffirung) auf 300 fl. W. W. zu stehen.

Auch in Vermengung mit Hasenrückenhaaren zu gleichen Theilen werden hier und da noch die schönsten Hüte gemacht.

Taf. III. Nr. 35 und 36. Filz aus Kaninchenhaaren auf Männerhüte, ungefärbt und gefärbt. Er soll nicht sehr dauerhaft seyn.

Nr. 37 und 38. Filz aus Kaninchenhaaren auf Frauenzimmerhüte, weiß und blau.

Nr. 39 und 40. Mit Kaninchenhaaren aufgelegter Filz auf Frauenzimmerhüte.

Nr. 41. Schwarzer aufgelegter Federhut für Damen.

Nr 42. Grün gefärbter mittelfeiner Filz auf Bauernhüte. Dieser Filz wird in Wien gewöhnlich nicht gemacht, sondern in den Alpenländern, wo die Landleute gern grüne Hüte tragen.

Anhangsweise ist noch eine Tafel mit Vorarbeiten und fertiger Waare beygefügt worden.

Taf. IV. Nr. 43. Filzkappe oder Mütze.

Nr. 44. Diese Mütze im gewalkten Zustande, hierlandes Stumpfen genannt. Man sieht hieraus, um wie viel kleiner die Filzkappe durch das Verfilzen der Haare beym Walken geworden ist. Eben diese Operation bewirket die Dichtigkeit des Filzes.

Nr. 45. Geformter Hut im kleinen Maßstabe.

Nr. 46. Gefärbter und fertiger, d. i. vollkommen staffirter kleiner Hut.

Alle obigen Muster sind in Wien verfertigt. Die dasigen Hutmacher versehen mit ihren Fabricaten nicht nur mehrere Provinzen des Inlandes, sondern machen auch in's Ausland häufige Versendungen. Noch vor einigen Jahren war der Activhandel mit Wiener Hüten, besonders mit feinen Bürstenhüten, nach Rußland, Polen, Teutschland, Italien und in die Türkey von Wichtigkeit, und im Jahre 1810 gingen nach den Mauthtabellen, wenn anders die Angabe nicht zu gering ist, 960 Dutzend nach den erwähnten Ländern.

Unter den Wiener Hutmachern zeichnen sich vorzüglich durch Güte ihrer Waaren aus: Mathias Bauer, der eine Landesfabrik besitzt, Nicolaus Werner, Hanak, Kilian Werner, Georg

Zeitz, Nicolaus Glaserer, Franz Brenner u. a. m. Nicolaus Werner verfertiget Damenhüte aus den feinsten Ruckenhaaren der Hasen, und man findet solche bey ihm in allen Farben, und nach der Form der Strohhüte gestaltet und zugerichtet. Diese Damenhüte sind viel dauerhafter als die Stroh- und Sammthüte, und auch wohlfeiler als die letzteren.

Der Verkauf der Hüte geschieht im Großen immer dutzendweise. Von den ordinären ganz aus Schafwolle (alle ohne Staffirung) kostete im Jänner 1820 das Dutzend in Wien 36 fl., von den aus Wolle und Kamehlhaar (nach der Handwerkesprache Bußseide genannt) verfertigten 48 fl., von den aus Kamehlhaar und Hasenhaaren gemischten 66 fl. W. W. Diese Preise gelten bloß von den runden Hüten; die dreyeckigen Hüte kosteten von allen drey Sorten gerade das Doppelte, weil hierzu mehr Materiale verwendet, und mehr Arbeitslohn bezahlt werden muß. Ordinäre Bürstenhüte kamen pr. Dutzend auf 120 fl., mittlere auf 144 fl. und die feinsten von ausgesuchten Rückenhaaren auf 180 fl. W. W. zu stehen. Dreyeckige Hüte der feinen Gattung kosten immer um 50 Procent mehr als die runden; auch wird den feinen Damenhüten $\frac{1}{3}$ vom Preise der runden Männerhüte zugeschlagen. Die sogenannten Biberhüte, die indeß wenig verlangt werden, kosteten 300 fl. W. W. pr. Dutzend.

Es ist bekannt, daß man auch aus anderen Materialien Hüte zu bearbeiten, und statt der Filzhüte anzuwenden versucht hat. So hat z. B. im Inlande 1801 Scherian eine ganz neue Art von Hüten erfunden; im Jahre 1805 projectirte Dewald in Wien neue Hüte aus anderem Materiale, und della Lerna wollte lackirte Hüte verfertigen; man machte und trug Hüte aus Taffet u. dgl. Ganz neuerlich hat John Wilcox in Paris zeugene Hüte verfertiget, welche aus Sammt und Baumwollzeug bestehen. Diese Stoffe werden gespannt, mit Leim überzogen, und über einander gelegt. Solche Hüte werden sich aber so lang nicht erhalten können, als man noch tauglichere Materialien zu benutzen hat.

II. Abtheilung.

Das Leder.

Leder überhaupt nennt man solche Thierhäute, Felle oder Bälge, welche durch eine gewisse Behandlung so zubereitet worden sind, daß sie der Fäulniß und dem Eindringen des Wassers widerstehen, nach dem Trocknen nicht mehr so hart und steif sind, und zu mehreren Absichten dauerhaft verwendet werden können. Es müssen zu dem Ende solche Stoffe mit den Häuten in Verbindung gebracht werden, welche sich mit der in denselben enthaltenen thierischen Gallert und dem Faserstoffe verbinden, diese Theile enger zusammenziehen und in ihrer Natur verändern. Diese Bearbeitung der Thierhäute nennt man das Gerben, die Beschäftigung selbst die Ledergerberey oder Leder-Fabrication, und die Arbeiter, die sich damit abgeben, die Gerber oder Leder-Fabrikanten. — In weiterer Bedeutung begreift man unter dem Nahmen Leder auch die rohen Häute, und nennt diese dann rohes Leder zum Unterschiede von dem bearbeiteten Leder.

Die Leder-Fabrication ist nicht nur eine der ältesten, sondern auch eine der wichtigsten Beschäftigungen, zumahl für solche Länder, welche blühende Viehzucht haben, oder leicht fremde Häute beziehen können. Denn die Verfertigung des Leders zerfällt, nach der Beschaffenheit desselben, nicht allein schon an und für sich in mehrere Zweige, sondern gibt auch zu vielen Nebenbeschäftigungen Anlaß, welche eine besondere Zurichtung desselben zum Zwecke haben, und liefert einer noch größeren Menge von zünftigen und unzünftigen Gewerben den Stoff zu weiterer Verarbeitung.

Die Hauptmaterialien zur Leder-Fabrication sind die Häute. Es lassen sich zwar die Häute von sehr vielen Thieren gerben; indeß verwendet man im Allgemeinen zu Leder nur Ochsen- und Kuhhäute (auch vom Büffelochsen), Kalbsfelle, Pferdhäute, Bocks- und Ziegenfelle, Schaffelle, Schweinshäute, Hirschhäute, Gems- und Rehfelle; endlich seit Kurzem auch Hundshäute, da aus diesen sehr gutes Leder erzeugt werden kann. (Th. I. Abth. Thierhäute). Daß jede Gattung des Leders eine sorgfältige Auswahl der Gattungen und Arten der Häute verlange, versteht sich von selbst. Außer diesen liefern auch die Häute der Kamehle, Bären, Seehunde, Straußen, Kapaunen (zu Fächern) rc. brauchbares Leder; aber eine fabriksmäßige Bearbeitung dieser Häute kann nur in Ländern Statt finden, wo man dieselben in Menge und wohlfeil haben kann.

Zu den übrigen Materialien der Gerberey gehören vornehmlich die gerbenden Stoffe, welche entweder aus dem Pflanzenreiche, oder aus dem Mineral- oder dem Thierreiche genommen werden und zu der bekannten Abtheilung der Gerberey in drey Hauptzweige die Veranlassung gaben. Sonstige Nebenmaterialien zum Zurichten, Wasserdichtmachen, Lackiren, Färben u. s. w. werden an den gehörigen Orten angeführt werden.

Die gerbende Veränderung einer Thierhaut kann auf dreyfach verschiedene Weise bewirkt werden, nähmlich a) durch die Behandlung derselben mit gerbestoffhaltigen vegetabilischen Körpern; b) durch deren Behandlung mit Alaun; c) durch deren Behandlung mit Fett, und hiernach zerfällt die gesammte Ledergerberey in drey Hauptzweige: A. Die Loh- oder Rothgerberey, B. die Weißgerberey und C. die Sämischgerberey.

Um diese Gerbungsmethoden näher kennen zu lernen, werden im Folgenden die bey jeder Statt findenden Operationen sammt den erforderlichen Materialien im Allgemeinen angegeben.

A. Die Lohgerberey.

Unter Loh- oder Rothgerberey versteht man die Bearbeitung der rohen (nach der Handwerkssprache grünen) Thierhäute mit Lohe. (Th. I. Abth. Gerbe-Materialien.) Der

Proceß selbst bey dieser Gerbungsmethode ist verschieden, je nachdem das lohgahre Leder zu irgend einem Gebrauche verwendet werden soll, oder auch nach Verschiedenheit der Haut selbst.

Der wesentlichste Unterschied findet Statt bey der Gerbung des Pfund- oder Sohlleders, und des sogenannten Schmal- oder Fahlleders. Da dieß bey uns die gangbarsten Ledergattungen sind, so soll deren Bearbeitung hier in Kurze erortert werden.

Um *Sohlleder* zu bereiten, werden die Rindshäute (man verwendet hierzu der Regel nach nur Ochsen- und Büffelhaute) einige Tage zum *Einweichen* oder Wässern in frisches Wasser gelegt, und von Zeit zu Zeit auf der Fleischseite mit dem Schab- oder Streicheisen ausgestrichen, um sie von allen anhangenden Fleisch- oder Fetttheilen zu *reinigen*. Darauf werden sie enthaaret, zu welchem Ende man sie auf der Fleischseite stark mit Kochsalz einreibt und in Haufen über einander liegend dem Schwitzen unterwirft. Das Enthaaren geschieht nachher mit dem Schabeisen oder Putzmesser auf dem Gerberbaume. Nach dem Enthaaren folgt das Auswässern, und hierauf das Schwellen (Treiben) der Häute, welches man durch die Treibfarbe, d. i. eine saure adstringirende Brühe aus den Lohgruben (in Österreich meist aus gemahlener Fichtenrinde bereitet), welche man zuweilen mit Sauerteig verstärkt, und die sich in großen, meist in die Erde eingesenkten hölzernen Botichen befindet, bewerkstelliget. Es entsteht hierbey eine saure Gährung, wodurch die Häute nebstdem, daß sie aufschwellen, auch das übermäßige Fett und schleimigte Wesen verlieren und schon etwas braun werden. Die getriebenen Häute werden nun *lohgahr gemacht*, d. i. in die Lohgrube eingesetzt, wo sich der Gerbestoff mit der Gallert und dem Faserstoffe zu einer im Wasser unauflöslichen Verbindung verdichtet. Man schichtet in diesen Gruben 80, 100 bis 150 Stück Häute über einander, indem man das Knoppernmehl dazwischen einstreut, und so, nachdem man die Häute mehrmahls versetzt und mit frischem Mehle bestreuet hat, erreichen sie in 7 bis 9 Monathen den Zustand, in welchem man sie *lohgahr* nennt, und bloß noch getrocknet, und durch Beschwerung mit Bretern und Steinen, oder durch

Pressen in großen Schraubenpressen geebnet zu werden brauchen, um als Sohlleder verwendet werden zu können.

Bey der Bearbeitung des Schmal- oder Fahlleders, welche von der Verfertigungsart des Sohlleders ganz verschieden ist, kommen die Häute nach dem Entwässern zum Abhaaren in den Kalkäscher, d. i. in viereckige, in den Boden eingesenkte und mit Kalkwasser gefüllte runde Fässer oder Kästen, und wenn sie vom Kalke gereinigt sind, zum Treiben oder Aufschwellen in eine schwächere Farbe, wozu man, um eine saure Gährung in den Häuten hervorzubringen, Gersten-, Rocken- oder Hafermehl nimmt; zum Ausgerben endlich auf ganz kurze Zeit in die Lohgrube. Auf solche Art werden die Kuh- und Roßhäute, woraus biegsameres, geschmeidigeres und dünneres Leder werden soll, behandelt. Lohgahres Kalb-, Schaf-, Schweins- und Hundsleder wird nur in Wannen (jetzt häufiger in runden Fässern) mit der sauren Brühe getrieben, und kommt bisweilen gar nicht in die Lohgrube. Nach vollendeter Gerbung wird das Schmal- oder Fahlleder mit einem Gemenge von Thran und Talg eingeschmiert, getrocknet, dann eingefeuchtet und auf dem Falzbocke mit dem Falzeisen gefalzt, d. i. auf der Fleischseite dünner gemacht.

Nicht alle Häute werden enthaart, und zu manchem Zwecke werden auf dem Leder die Haare stehen gelassen.

Der Umstand, daß das Gerben der dicken Sohlhäute 9, 12, in manchen Ländern auch noch mehrere Monathe, und das Lohgahrmachen der Kalbfelle 3 bis 4 Monathe erfordert, hat den französischen Chemiker Armand Seguin (früher schon den Engländer David Macbride) veranlaßt, eine, wie er meinte, verbesserte Gerberey auszumitteln, um dadurch ohne großen Aufwand an Lohe die dicksten Ochsenhäute in 4 bis 6 Wochen, die Kuhhäute in 2 bis 3 Wochen und die Kalbsfelle in 8 bis 14 Tagen lohgahr zu machen. Seguins Methode wurde daher die Schnellgerberey genannt. Sie besteht hauptsächlich darin, daß die Lohe mit Wasser extrahirt, und das Gerben der Häute in der flüssigen Lohbruhe veranstaltet wird, welche man anfänglich schwach, dann immer concentrirter anwendet. Die Vorbereitungsarbeiten sind ganz so, wie bey der gewöhnlichen

Gerberey, mit dem Unterschiede, daß zum Schwellen der Häute verdünnte Schwefelsäure in Anwendung gesetzt wird, welche jedoch gegenwärtig auch andere Gerbereyen bey demselben Processe benutzen.

Diese neue Gerbungsart hat, wie gewöhnlich alle neuen Erfindungen, Anfangs viel Aufsehen erregt, und besonders in Frankreich beym Anfange der Revolution, wo es sich darum handelte, für die damahls sehr schlecht montirte französische Armee schnell brauchbares Sohl- und Oberleder zu erhalten, viele Unterstützung gefunden, die ihre damahlige Wichtigkeit allerdings auch verdiente. In England hat Biggin nach dieser Methode im Großen zu gerben angefangen, und hierbey noch mehrere wichtige Verbesserungen gemacht. Die Versuche, welche die Wiener Leder Fabrikanten Ziraschek, Loydel, Lipp und Bartel in den Jahren 1798 und 1799 und noch später (Bartel z. B. noch im Jahre 1804, Lipp im Jahre 1807) in dieser Beziehung machten, haben, obschon sie nicht ungünstig ausfielen, dieser Methode doch keinen Vorschub gegeben, und sie wurde weder von ihnen, noch von anderen Gerbern fabriksmäßig in Ausführung gebracht. Aber auch in anderen Ländern und selbst in Frankreich scheint man wieder auf die alte gewöhnliche Gerbungsmethode mehr Vertrauen zu haben, welche nach der Erfahrung auch brauchbareres Leder liefert. Es ist übrigens nicht zu verkennen, daß Seguins Ideen, und seine aufgestellte Theorie der Ledergerbung viel Licht in diesem Arbeitszweige verbreitet haben. Außerdem haben diesem Gegenstande im Inlande auch die Freyherren Joseph von Jacquin und Carl von Meidinger viele Aufmerksamkeit geschenkt und beyde sich selbst praktisch mit der Bearbeitung des Leders nach Seguins Methode befaßt. Freyherr von Meidinger suchte eine schnelle Gerbung durch die Verbindung von Alaun mit dem Gerbe-Extracte zu bewirken. (Muster der Schnellgerberey vom Freyherrn von Jacquin finden sich auf Taf. XVI., vom Freyherrn von Meidinger auf Taf. II.) Eine andere Methode, Leder in kurzer Zeit gahr zu machen, wurde im Jahre 1797 von Verrier in Wien vorgeschlagen, aber nicht ausgeführt.

Zu den neuesten Erfindungen im Gebiethe der Leder-Fabrication gehört die Gerbung mittels des Gerbestoff-Extractes, welche hierlandes von Uffenheimer zuerst vorgeschlagen wurde, aber bis jetzt noch nicht im Großen ausgeübt wird. Bemerkenswerth ist es, daß Freyherr von Jacquin in seinen chemischen Vorlesungen von Benutzung des Gerbestoffes als Extract früher Erwähnung machte, als in England, und selbst in Nord-Amerika davon die Rede war. — Auch durch die brandige Holzsäure in ihrer Verbindung im Ruß mit öhligten und Kohlentheilen hat man ein Leder zu Stande gebracht, welches sich sehr brauchbar bewies, und selbst das mit Lohe gegerbte an Stärke und Dauerhaftigkeit übertroffen haben soll.

B. Die Weißgerberey.

Die Weißgerberey beruht auf Operationen, welche von denen der Lohgerberey gänzlich verschieden sind. Die Häute, vorzüglich Ochsen-, Kuh-, Kalbs- und Schafhäute, auch Rehfelle ꝛc. werden in fließendem Wasser eingeweicht, gut ausgewaschen, und zum Enthaaren in den Kalkäscher gebracht, wie dieß oben bey der Bearbeitung des lohgahren Schmalleders gesagt worden ist. Nach dem Enthaaren werden sie ihrer unnützen Endstücke entlediget, durch wiederhohltes Streichen und Einweichen völlig gereiniget, in einer Kleyenbeitze zum Gähren gebracht, und sodann gehörig ausgewunden. Hierauf werden sie sogleich in die aus Alaun und Küchensalz bereitete Alaunbrühe gesteckt, durch deren styptische Kraft die Fäserchen zusammengezogen und verdichtet werden, und wodurch die Häute die eigentliche Gerbung erhalten. Die letzte Zurichtung besteht darin, daß man sie nach dem Trocknen wieder anfeuchtet, stollet, und am Streichschragen mit der Streiche streichet. Die Stolle sowohl als die Streiche ist eine eiserne Scheibe mit einem zwar scharfen, aber nicht schneidenden Rande. Von dem Nahmen des ersteren Werkzeuges wird die Arbeit selbst das Stollen genannt, wobey man übrigens die Absicht hat, die Leder, welche in der Alaunbrühe etwas spröde geworden sind, biegsamer zu machen, und von allen Falten und Brüchen zu befreyen.

Als eine besondere und von der oben beschriebenen abweichende Weißgahrmachung des Leders, muß hier die Bereitung des unter dem Nahmen ungrisches Leder bekannten Alaunleders angeführt werden. Die starken Ochsenhäute, welche hierzu verwendet werden, kommen nicht in den Kalkäscher, sondern werden mit Alaun eingeweicht, mit den Händen und Füßen gewalkt und in einem stark geheitzten Zimmer mit Talg getränkt.

Endlich muß bey der Weißgerberey noch erwähnt werden, daß man die wollichten Felle, deren Wolle noch nutzbar bleiben soll, nur auf der Fleischseite einkalkt (man nennt diese Arbeit das Schwöden) und die Wolle dann sorgfältig davon trennt. (Th. I. Abth. Thierhaare, die Gerberwolle Nr. 19 bis 21. Der Alaun kommt vor Th. I. Abth. Salze Nr. 35 bis 41.)

C. Die Sämischgerberey.

Die Sämischgerberey ist die Gahrmachung der Häute ohne Lohe und Alaun, bloß durch das Walken mit Fett. Man gerbt nach dieser Methode mehrere Gattungen Thierhäute, als Ochsen-, Kalbs- und Hammelfelle, auch Hirschhäute und Rehfelle. Nachdem die Häute aus dem Kalkäscher genommen sind, werden die Haare mit dem Abstoßeisen (einem stumpfen Messer) rein abgeputzt und überhaupt die Narbe der Haut abgenommen, theils um dieselbe besser mit Öhl tränken und biegsamer machen zu können, theils weil sie zu Kleidungsstücken auf der Narbenseite getragen wird. Die vorzüglichste, die Weißgerberey charakterisirende Arbeit besteht darin, daß die Häute, nachdem sie neuerdings in den Kalkäscher gebracht, abgeschabt und in der Kleyenbeitze mit der Stoßkeule gestoßen und ausgewunden worden, in die Walkmühle gebracht, hier mit gutem Thrane eingeschmiert, und während des Walkens mehrmahls ausgebreitet werden. Nach dem Walken legt man sie über einander, wodurch sie in einige Gährung gerathen, wäscht sie in alkalischer Lauge, um sie vom Fette (dem Thrane) zu reinigen, und richtet sie endlich mit dem Stoll- und Streicheisen vollkommen zu.

Einzelne Abweichungen bey der Bereitung der einen oder anderen Ledergattung sind unten in der Erklärung der Muster angegeben.

Was die Zunftverfassung anbelangt, so zerfallen die mit dem Gerben des Leders beschäftigten Arbeiter in zwey Abtheilungen: a) in die Loh- oder Rothgerber (Lederer), und b) in die Weißgerber. Jede dieser Abtheilungen bildet eine eigene Innung. Die Weißgerber befassen sich nebst der Bearbeitung des alaun- oder weißgahren Leders auch mit der Sämischgerberey. Für die Meister und Gesellen besteht in Österreich unter der Ens eine Ordnung vom Jahre 1772, und für die Weißgerber-Gesellen noch eine Ordnung von 1804. Bey der Lohgerberey ist eine Lehrzeit von 3 bis 4, bey der Weißgerberey von 5 Jahren festgesetzt, und der Geselle, der Meister werden will, muß als Meisterstück eine bestimmte Anzahl Häute, und zwar von verschiedenen Thieren bearbeiten. In Ungarn sind die Gerber und Lederer nicht überall in eine Zunft vereinigt; an vielen Orten ist das Gerben eine fast freye Beschäftigung, und viele Schuhmacher verfertigen sich dort, mit wenig Kunst und Erfolg, ihr Leder selbst, was in anderen Ländern nur als Ausnahme Statt finden könnte.

Da das Leder selbst nach dem Gerben noch einer sehr mannigfaltigen weiteren Umstaltung und Vervollkommnung unterzogen wird: so beschäftiget die Leder-Fabrication nebst dem eigentlichen Gerber noch mehrere andere Arbeiter, welches auch zur Bildung einiger unzünftiger Gewerbszweige die Veranlassung gegeben hat. So bestehen in Wien, obschon die Zurichtung des Leders nach dem Gerben durch Falzen, Glätten und Schwärzen der Regel nach von dem Loh- oder Rothgerber selbst verrichtet wird, und nur eine Fortsetzung seiner Arbeit ist, eigene Lederzurichter, meist alte Gerbergesellen, bey welchen man das rohe gegerbte Leder zurichten lassen kann, und welche sich durch Übung eine besondere Geschicklichkeit im Falzen und Schwärzen des Leders erworben haben. Zur Lederzurichtung ist auch die sogenannte Wasserdichtmachung des Leders zu rechnen, von welcher in der Erklärung der Muster das Umständlichere angeführt ist. Endlich hat die Erfindung des lackirten Leders, das Färben des lohgahren Schaf-, Ziegen- und Bocksleders, dann des Alaun- und Sämischleders die Entstehung besonderer Fabriken veranlaßt, die aber als unzünftige Beschäftigungszweige betrachtet werden, und zur Errichtung bloß eines Befugnisses (Arbeitsrechtes) benöthigen. Vor dem Jahre 1818 war in Österreich unter der Ens das Lederzurichten eine vollkommen freye Beschäftigung.

Es gehören also zur Leder-Fabrication überhaupt als Nebenarbeiter noch: 1) die Lederzurichter, 2) die Lederlackirer, 3) die Fellfärber, welche lohgahre Thierhäute färben, 4) die Brüßler Leder-Erzeuger und 5) die Nesselfärber oder Nestler, welche Alaun- und Sämischleder färben. Das Wesentliche ihrer Arbeiten besteht in Folgendem.

1) Das Lederzurichten bewerkstelliget man vorzüglich durch eine sorgfältigere Behandlung mit dem Falzeisen, wodurch das Leder auf der Fleischseite eben und glatt wird; mit dem Krispelholze (d. i. einem auf der einen Seite der Breite nach mit Kerben versehenen Holze), wodurch die Narben des Leders emporgehoben werden; ferner durch das Glätten und Blankmachen mit dem Pantoffelholze, der Plattstoßkugel, welche Arbeit man das Platiren nennt; endlich durch Schwärzen und Einschmieren mit fettigen Stoffen. In letzterer Hinsicht unterscheidet man in mehreren Ländern das Fischleder von dem Wichsleder.

2) Beym Lackiren des Leders bekommt die gegerbte Haut (Kuh- oder Kalbshaut) einen Grund von Öhlfarbe, der mehrmahls aufgetragen, inzwischen aber stets mit Bimsstein, anfänglich in Stücken, zuletzt in Pulver überfahren (oder, wie man sagt, abgeschliffen) wird. Dieser Grund wird mit der feineren Farbe bedeckt, welche nicht mehr mit Bimsstein, sondern mit Tripelpulver behandelt, d. i. überrieben wird. Den letzten Glanz erhält die gefärbte Haut durch einen Überzug von Öhlfirniß, vermuthlich mit Bernstein zubereitet. Diese Arbeit ist mühsam, und fordert, im Ganzen genommen, einen Zeitraum von 4 bis 5 Wochen, da eine Haut bis 12 Farbelagen erhält, und nach jedem Auftragen der Farbe, zumahl beym eigentlichen Lackiren, der Sonne ausgesetzt werden muß.

3) Vom Färben des Leders, und hier insbesondere des sogenannten Saffian- und Maroquin-Leders, muß bemerkt werden, daß man die bekannten Färbestoffe nach Maßgabe der

Farbe und deren Dauerhaftigkeit anwendet. Roth wird mit Cochenille und Fernambuk, Blau mit Indigo, Gelb mit Avignon- oder Kreuzbeeren, Grün aus blau und gelb, Schwarz mit der Eisensolution (Eisen in Essig aufgelöst) ꝛc. gefärbt. Mehrere dieser Farben erhalten eine Beitze mit Alaun ꝛc., und das Färben selbst geschieht außer dem Kessel in hölzernen Wannen. Um die rothe Farbe schön und dauerhaft auf das Leder zu bringen, wie es bey dem Maroquin der Fall ist, ist eine eigene Behandlung nöthig; denn während bey allen anderen Farben die Häute erst nach dem Gerben in die Färbebrühe kommen, müssen sie in der Rothfärberey vorher mit Cochenille behandelt und dann erst mittels eines farbenlosen Gerbe-Materials ausgegerbt werden. Sie werden hierbey sackförmig paarweise zusammen genäht, und die Färbebrühe eingegossen. Übrigens wird das Saffian- und Maroquin-Leder bloß auf der Narbenseite gefärbt, so daß die Fleischseite möglichst farbenlos bleibt. Ein Fellfärber kann im Durchschnitte jährlich bey mittelmäßigem Betriebe ungefähr 600 Buschen oder 6000 Stück färben. Das sogenannte Corduan-Leder, welches in Ungarn, Siebenbürgen und den Militär Gränzen aus Ziegen- und Schaffellen, seltener aus Kalbsfellen mit Ruja gegerbt wird, pflegt man dort gleich nach der Gerbung schwarz, roth oder gelb zu färben, oder man läßt ihm auch die Naturfarbe. Schwarz färbt man mit verrostetem Eisen, roth mit Krapp, Fernambuk u. dgl., gelb mit Kreuzbeeren und Alaun. Einiger Corduan wird auch geglänzt oder geglättet, indem man ihn auf ein niedriges, pultähnliches Gestell aufspannt, mit einer compacten, $1\frac{1}{2}$ Zoll dicken und $1\frac{1}{2}$ Schuh langen gläsernen Walze walzet, und dabey mit einem Steine behängt, damit er sich unter dem Walzen nach und nach ausdehne, und die noch ungeglätteten faltigen Stellen sich entfalten.

4) Die Erzeugung des Brüßler Leders, d. i. des gefärbten alaungahren Kalbleders, bildet einen eigenen Fabricationszweig. Obschon dieses Leder im Allgemeinen nach der bey der Weißgerberey üblichen Verfahrungsweise bereitet wird, so weicht der Erzeugungs-Proceß doch darin ab, daß die gegerbten Felle vor dem Färben in ein lauwarmes Bad von Wasser, Milch und Eydottern gebracht werden, um sie milder und wei-

B 2

cher zu machen. Die Farben, aus den gewöhnlichen, zur Färberey dienenden Materialien bereitet, werden mit Bürsten auf die Felle aufgetragen, worauf diese gekrispet, und mit einem Tuchballen geglänzet werden.

5) Die Nesselfärber oder Nestler (Senkler) endlich färben Alaun-, und vorzüglich Sämischleder, letzteres gewöhnlich auf der Fleischseite. Sie wenden ebenfalls verschiedenartige Färbe-Materialien an, je nachdem die Farben mehr oder weniger haltbar und dauerhaft seyn sollen. Bey gemeiner Waare, die selten echte Farben erhält, bedienen sie sich meistens wohlfeilerer Stoffe, z. B. des ungrischen Gelbholzes, der Scharte, des Waues, Blauholzes, Sauerdorns, der Heidelbeeren, des Saflors u. dgl. (Th. I. Abth. Färbe-Materialien.) Die Nestler bilden ein eigenes Handwerk, bey welchem die Lehrzeit auf 4 bis 5 Jahre festgesetzt ist, und für welches seit 1781 in Wien eine Ordnung besteht. Die Nestler sind außer dem Färben des alaun- und sämischgahren Leders auch zum Verkaufe desselben berechtiget.

Zustand der Leder-Fabrication im österreichischen Kaiserstaate.

Da das Leder zu den wichtigsten Bedürfnissen gehört, und der Verbrauch desselben groß und mannigfaltig ist: so hat die Leder-Fabrication im österreichischen Staate eine bedeutende Ausdehnung erhalten, und es ist nun hier wohl keine einzige Provinz, welche nicht mehrere Gerbereyen besäße.

Wien allein zählte im Jahre 1818: 12 mit dem Landesfabriks-Befugnisse versehene große Rothgerbereyen und 57 Rothgerbermeister, nebst mehreren kleineren Fabriken dieser Art; ferner 2 landesbefugte Alaun- und Sämischgerbereyen nebst 14 Meistern, und mehreren kleineren Fabrikanten; endlich gibt es daselbst viele Unternehmungen, welche sich mit der Fabrication einzelner Ledergattungen befassen, z. B. Ledergerbereyen nach englischer Art; Werkstätten, wo Brüßler Leder bereitet, Leder lackirt, Saffian und Handschuhleder gefärbt wird u. s. w. Die größten und interessantesten Unternehmungen dieser Art in Wien und dessen Umgebung sind folgende:

Rothgerbereyen: die von Leopold Grünsteidl, Gottfried Lipp, Franz Pfeifer, Adam Birk, Gebrüder Lipp, Adam Schuller und Felix Hallmayer u. s. w. Letztere liefert vorzüglich das schöne Blankleder zu Pferdgeschirren und das zu den Wägen dienende nach englischer Art bereitete Leder. Auch besorgt Hallmayer die Zubereitung jener Häute von größeren Thieren, welche in dem k. k. Naturalien-Cabinete ausgestopft aufbewahret werden. Die Haut des Elephanten, welcher sich in dem naturhistorischen Cabinete der Wiener Universität befindet, ist im Jahre 1784 in Hallmayers Gerberey ausgearbeitet worden. Sie wog 897 Pfund, und zur Gerbung derselben waren 600 Pfund Alaun nebst einer großen Menge Kochsalz und mehreren andern Materialien nöthig. Von den außerhalb Wien bestehenden Rothgerbereyen verdient wegen der Schönheit des Locales Kirchlehners große Lederfabrik zu Nußdorf genannt zu werden, welche nächst der Donau in dem vom Freyherrn von Fellner vorher besessenen großen Gebäude vor einigen Jahren errichtet wurde. Sie zeichnet sich vor den meisten großen Unternehmungen dieser Art, auch des Auslandes, durch die geräumigen, sämmtlich unter Dach befindlichen Werkstätten, durch die hohen, zum Trocknen der Häute bestimmten Hängegemächer rc. aus; kurz die ganze sehr zweckmäßige Anlage verdient näher besichtiget zu werden. Auch die Gerberey von Ignaz Huber in Liesing ist bemerkenswerth, und zeichnet sich vorzüglich im Gerben und Zurichten der Stiefelschäfte nach englischer Art aus. — Alaun- und Sämischgerbereyen: die von Dominik Hofer, Stephan Gelly, der auch eine große Handschuhfabrik, und daher eine Färberey mit in Verbindung hat u. a. m. — Brüßler Leder-Fabriken: vorzüglich die von Michael Anton Constantin, Michael Schuhmann (in Währing), Nolden u. a. m. — Saffianleder-Fabriken: die von Carl Pfeiffer (in Sechshaus), nebst vielen kleineren Unternehmungen dieser Art. — Fabriken, wo lackirtes Leder bereitet wird: die von Heinrich Joseph D'Soye und Leopold Karlbach in Ober-Meidling, Ludwig Clermont in Wien, Schallhauser in Reindorf u. a. m. — Endlich verdient noch der Engländer Georg Appleton, welcher in Simmering bey Wien ansäßig ist, erwähnet zu werden, da er sich um die Fabrication einiger Ledergattungen, wie des englischen Sattlerleders, des für die Baumwoll-Kratzmaschinen bestimmten Krempelleders 2c., und insbesondere in Ansehung der Zurichtung des gegerbten Leders Verdienste gesammelt hat.

Außer Wien und Unteröſterreich wird vorzüglich die Sohlgerberey in Mähren (zu Brünn, Trebitsch 2c.), in Böhmen, Steyermark (zu Grätz, Marburg 2c.), im Venetianischen (zu Udine) stark betrieben. Nahmentlich ist Lettmayers Ledergerberey in Brünn, welche bisher meist mit 60 Lohgruben arbeitete, die, nur 120 Stück Häute auf die Grube gerechnet, 7200 Stück fassen können, ohne Zweifel eine der größten im österreichischen Staate. Auch Ungarn, Siebenbürgen und das lombardisch-venetianische Königreich haben viele Rothgerbereyen. Daß Ungarn insbesondere unter diejenigen europäischen Länder gehöre, wohin die Lohgerberey sowohl, als die Weißgerberey sich aus dem Oriente zuerst verbreiteten, ist bekannt; ohne Zweifel hat Teutschland seine ersten Weißgerber aus Ungarn erhalten, und noch jetzt ist das weißgahre ungrische Leder ein Gegenstand allgemeiner Nachahmung. Die Bukowina hat in der Bearbeitung des Saffian- und Corduan-Leders, Tyrol im Bearbeiten des Handschuhleders Fortschritte gemacht.

Was die Güte der österreichischen Ledergattungen anbelangt, so läßt sich nicht läugnen, daß, wenn man gleich schon in Unterösterreich, mit Ausnahme des Juftenleders, Saffians und Maroquins, alle Ledergattungen verfertiget, und dieser Umstand allein zum Beweise dient, daß der inländische Kunstfleiß auch auf die Emporbringung dieses Gewerbszweiges hinwirkte, doch im Allgemeinen und besonders bey dem am meisten gebrauchten Sohl- und Fahlleder (Oberleder), obwohl auch diese von einzelnen Fabrikanten gut bearbeitet werden, noch manche Verbesserungen nöthig sind. Das Sohlleder sollte der österreichische Gerber doch wahrlich durchgängig so gut verfertigen, als es nur immer anderwärts der Fall ist, da er bey dem großen Verbrauche eines gesunden und meist schönen Rindviehes, zumahl in der Hauptstadt, stets gute Häute findet, und ihm die Knoppern, ein mit Gerbestoff reichlich versehenes Material, in Menge, und der Regel nach zu billigen Preisen zu Gebothe stehen. Eben so könnte eine sorgfältigere Gerbung des Kalbleders zum Gebrauche der Schuhmacher manche Klage verstummen machen, daß nicht alles inländische Kalbleder dem Eindringen des Wassers widerstehe. Doch findet man, wie schon bemerkt wurde, auch gutes Sohl- und Oberleder, und hat allerdings Ursache, auch mit anderen österreichischen Ledergattungen, z. B. mit Blankleder, Brüßler Leder, lackirtem Leder und den meisten Alaun- und Sämischleder-Gattungen sich zufrieden zu stellen.

Daß der österreichische Kaiserstaat, ungeachtet seiner bedeutenden Viehzucht, sich in der Nothwendigkeit befinde, den Mangel an rohen Häuten durch Einfuhr aus dem Auslande, und sogar aus Amerika, zu decken, wurde schon Th. I. Abth. Thierhäute gesagt. Hier läßt sich auch von dem Handel mit den verarbeiteten Häuten oder dem Leder nicht viel Besseres sagen; denn er beschränkt sich größten Theils nur auf das Inland, und die Ausfuhr dieser Waare in's Ausland kann im Vergleich mit der Einfuhr des fremden Leders, nur als unbedeutend betrachtet werden, indem sie in manchem Jahre im Ganzen kaum den 6. oder 7. Theil der letzteren betrug. Da die Leder-Einfuhr im Allgemeinen gegen einen mäßigen Zoll gestattet ist, so werden nicht nur solche Ledergattungen, welche das Inland nicht producirt, nähmlich Juften aus Rußland, Maroquin aus Frankreich, England und Würtemberg, und roher ungefärbter Saffian aus der Türkey eingeführt, sondern auch Ledersorten, welche wirklich gut im Inlande bearbeitet werden, erscheinen in nicht unbedeutender Menge unter den Einfuhrs-Artikeln. Hierbey sind vorzüglich schweizerisches und würtembergisches Kalbleder, bayrisches Kuhleder, Koburger Blankleder, sächsische gegerbte Schaffelle u. s. w. zu rechnen. Wurden doch bloß an lohgahrem Leder im Jahre 1807 nicht weniger als 32,601 Pf. Sohlleder, 26,566 Pf. Kuh- und Terzenleder und 45,814$\frac{3}{10}$ Pfund Schaf- und Lammleder eingeführt. Das meiste Geld geht aber für die türkischen Saffianhäute, d. i. lohgahre Bocks-, Ziegen- und Schaffelle, die hier bloß gefärbt werden, dann für Juften in's Ausland. Die Einfuhr an letzterem allein steigt jährlich nahe an 400,000 Pf.

Bey den Saffianhäuten findet Österreich nur darin noch eine kleine Entschädigung, daß ein Theil des hier gefärbten Saffians ins Ausland geführt wird, und selbst manchmahl wieder in die Türkey zurück geht. Wien treibt in Leder sicher noch den meisten Verkehr mit dem Auslande, und hier übersteigt in einigen Artikeln noch die Ausfuhr den Betrag der Einfuhr, z. B. an Pfund- und Halb-Pfundleder, von welchem in den 5 Jahren 1812 bis 1816 nur 94,140 Pfund eingebracht, dagegen 261,543 Pfund ausgeführt wurden; von Corduan und Saffian, wovon die Hauptstadt in den genannten 5 Jahren 5585½ Buschen vom Auslande erhielt, und wieder 12,809 Buschen ins Ausland versendete u. s. w.

Die im Jahre 1819 festgesetzten Ein- und Ausfuhrszölle für das Leder sind in Kürze folgende: Büffel-, Ochsen- und Kuhleder, sämisch gearbeitet, bezahlt b. d. Einf. 20 fl., b. d. Ausf. 25 kr. vom Ctr.; lohgahres Kuh- und Terzenleder b. d. Einf. 15 fl., b. d. Ausf. 18 kr. vom Ctr.; Pfundleder b. d. Einf. 14 fl., b. d. Ausf. 17½ kr. vom Ctr.; sämisch gearbeitetes Kalbleder b. d. Einf. 120 fl., b. d. Ausf. 2 fl. 30 kr. vom Ctr.; lohgahres braunes und schwarzes Kalbleder, Hundsleder, dann dergleichen Stiefelschäfte, Vorschuhe, Umschläge rc. b. d. Einf. 40 fl., b. d. Ausf. 50 kr. vom Ctr.

Der inländische Verkehr mit Leder ist vorzüglich lebhaft zwischen Ungarn und Wien. Überhaupt geschehen von Wien aus in alle Theile des österreichischen Staates Versendungen von allen Ledergattungen, besonders den feineren, wie von Brüßler Leder, lackirtem Leder, gefärbtem Saffian u. dgl. Außer den Niederlagen der bürgerlichen Lederer und Landesfabrikanten, welche zur Aufmunterung der Leder-Erzeugung sämmtlich zur Haltung eigener Gewölbe berechtiget sind, gibt es noch besondere bürgerliche Lederhändler daselbst, worunter Darvar, Jagatisch und Loydl vorzüglich viele Geschäfte mit in- und ausländischen Ledergattungen machen. Wie in den rohen Häuten und Fellen, so machen auch im Leder die jüdischen Kaufleute als Zwischenhändler beynahe die meisten Geschäfte. Auch andere Städte treiben mit einigen Ledersorten Handel, so z. B.

Grätz mit Sohlleder nach Wien, Polen, Ungarn und Italien; Trient mit Sohlleder nach Italien.

Im Großen wird in der Regel nur das Sohlleder nach dem Gewichte gehandelt, woher dasselbe auch den Nahmen Pfundleder erhalten zu haben scheint. Es wird für desto brauchbarer gehalten, und desto theurer bezahlt, je weniger Häute auf den Centner gehen. Man macht daher dreyerley Abstufungen: den Centner zu 3, zu 4 und zu 5 Stück Häuten. Die übrigen Ledergattungen werden entweder nach dem Stücke, wie die Kuhhäute, das Blankleder ꝛc., oder nach Buschen oder Bund zu 10 Stuck, wie die wohlfeileren Leder, als Kalb- und Schaffelle, und die gefärbten Ledersorten, in den Handel gesetzt.

Die Lederpreise ließen sich bey dem veränderlichen Geldcurse nicht wohl angeben; einige derselben, die zu Vergleichungen Anlaß geben können, werden in der Erklärung der Muster vorkommen.

Erklärung der Muster.

In der Abtheilung und Zusammenstellung der Ledergattungen wurde zuerst auf die drey Gerbungsmethoden, dann auf den Umstand, daß die meisten Ledergattungen nach vollbrachter Gerbung noch eine weitere Zurichtung erhalten, endlich auch darauf Rücksicht genommen, daß noch viel ausländisches Leder als unumgänglich nothwendiges Material eingeführt wird, und folglich mit der inländischen Fabrication im engsten Zusammenhange steht. Zugleich wurde Sorge getragen, die Vorarbeiten durch Musterstücke, wo dieses thunlich war, vor Augen zu legen.

Alle Ledergattungen zerfallen demnach A. in rothgegerbtes oder lohgahres, B. in weißgegerbtes oder weißgahres, C. in sämischgegerbtes oder sämischgahres Leder. Jede dieser drey Abtheilungen zerfällt wieder in zwey Unterabtheilungen: a) ohne weitere Zurichtung, und b) nach erfolgter Zurichtung. Beym rothgegerbten Leder insbesondere findet nach der Art der Zurichtung abermahls eine dreyfache Unterabtheilung Statt, je nachdem sie 1) durch Falzen, Glätten, Schwärzen ꝛc., oder 2) durch Lackiren, oder 3) durch Färben geschieht. Auf zwey Taseln ist als Anhang das ausländische Leder dargestellt, und in dem Nachtrage erscheinen noch einige ausgezeichnete oder neuere Muster nebst dem Leder-Ausschnitte.

A. Rothgegerbtes Leder.

a) Ohne weitere Zurichtung.

Taf. I. Nr. 1. Sohlleder, nach Basler Art zugerichtet, sogenanntes Halb-Pfundleder. Es wird mit gemahlner Eichenrinde, statt mit Knoppernmehl, gegerbt, gegenwärtig aber nur wenig mehr in Österreich bearbeitet.

Nr. 2. Pfundleder aus amerikanischen Ochsenhäuten, oder sogenanntes Ganz-Pfundleder, in Wien gegerbt. Da diese Häute, wie wir sie im Handel erhalten, ganz trocken sind, so nimmt jedes Stück beym Gerben im Gewichte um 5 Pfund zu. Das Leder ist vortrefflich.

Nr. 3. Ganz-Pfundleder aus der Haut des einheimischen Ochsen. Dieses Muster ist aus Adam Schullers Gerberey in Wien und kann als ein vorzüglich gut gegerbtes Sohlleder betrachtet werden.

Nr. 4. Sohlleder aus Büffelhaut, sehr dick und fest. Da die Büffelhäute stärker sind, als die gemeinen Ochsenhäute, so müssen sie um 2 bis 3 Monathe länger in der Grube bleiben.

Nr. 5. Sohlleder, röthliches, auf Lütticher Art, mit Eichenlohe, statt des Knoppernmehls, von dem Fabrikanten Gottfried Lipp in Wien bearbeitet. Vor einigen Jahren bereitete dieser Gerber noch viel Leder nach dieser Methode.

Gutes Sohlleder muß im trockenen Zustande auf dem Schnitte glänzend und braun marmorirt seyn und sehr langsam und wenig Wasser einsaugen. Die Verwendung des Sohlleders geht schon aus dem Nahmen hervor. Gegerbte Buffelhäute dienen meistens zu Sohlen für Fuhrleute, Jäger u. s. w. Zu Anfang des Jahres 1820 standen die Preise des gewöhnlichen Sohlleders (aus inländischer Ochsenhaut) zwischen 160 und 180 fl. W. W. pr. Ctr., so daß das leichte (5 Häute auf den Ctr.) 160 fl., das schwere (3 Häute auf den Ctr.) 180 fl. kostete. Im Jahre

1816 war der Preis des letzteren bis über 500 fl. W. W. gestiegen.

Nr. 6 Eingesetztes Ochsenleder von lichtbrauner Farbe. Es wird darum so genannt, weil es die Gerbung zum Theil in der Lohgrube erhält, wo es aber nur auf kurze Zeit (6 bis 8 Wochen) eingesetzt bleibt. Man verwendet dasselbe zu Sommersohlen, Patrontaschen u. dergl.

Nr. 7 Eingesetztes Kuhleder. Wird wie das vorstehende bereitet und zu gleichem Gebrauche verwendet, ist aber viel schwächer und biegsamer.

Nr. 8. Eingesetztes Terzenleder. Daß man unter der Benennung Terzen das halbausgewachsene Rindvieh verstehe, wurde schon Th. I. Abth. Thierhäute gesagt. Man braucht es daher auch nur zu schwächeren Sohlen.

Nr 9. Lohgahres Kuhleder Wird, ohne in die Grube zu kommen, bloß in Fichtenlohe ausgegerbt und hat eine röthliche Farbe. Es dient zu Brandsohlen (so nennt man die innere Sohle der Stiefel und Schuhe), zu den Hintertheilen der Stiefel, zu Riemwerk, zu Blasebälgen, Feuerspritzen u. dergl. — In der slavon. Militär-Gränze macht man aus lohrothem oder ungefärbtem Ochsen- und Kuhleder die Sonnenschirme an die Militär-Klobuks.

Nr. 10. Lohgahres Roßleder, eben so bearbeitet, wie Nr. 9, hat mit diesem auch die Verwendung gemein und wird außerdem noch zu ordinären Pferde-Kummeten benutzt. Die Gerbung der Pferdhäute, welche man meistens aus Ungarn nach Österreich und nach Wien bringt, ist hier erst seit einigen Jahren, besonders seit 1798, durch die Engländer Kollmann und Gelli mehr in Gang gekommen.

Nr. 11. Lohgahres Kalbleder. Wird ebenfalls wie Nr. 9 bearbeitet; jedoch erhält es schneller die Gahre. Am meisten wird es von den Schuhmachern zu Oberleder verbraucht. Man kauft es entweder stück- oder buschenweise. Der Preis ist außerordentlich verschieden, und betrug zu Anfang 1820: 5 bis 12 fl. W. W. pr. Stück. Diese auffallende Differenz der Preise hat ihren Grund in der höchst verschiedenen Qualität der rohen Kalbsfelle. So erhält man z. B. aus Polen sehr kleine Häute dieser

Art, was auf eine große Sorglosigkeit bey der Rindviehzucht hindeutet.

Nr. 12. Lohgahres Schafleder, viel schwächer, dünner und biegsamer, als die vorstehenden. Zu Buchbinder-, Sattler- und anderen Arbeiten.

Taf. II. Nr. 13. Lohgahres Schafleder von Sterblingen, d. i. von Schafen, welche in Krankheiten zu Grunde gegangen sind. Man nennt es insgemein Sterblingsleder. Es ist noch schwächer und, wie natürlich, nicht so dauerhaft und brauchbar, als das Leder von gesunden Schafen Nr. 12.

Nr. 14 und 15. Lohgahres Schweinsleder mit sehr vielen Narben. Das erste dickere Muster ist nach der gewöhnlichen, in Österreich üblichen Art, das zweyte dünnere nach englischer Methode gegerbt, und zwar beyde in Felix Hallmayers Gerberey in Wien. Noch vor wenigen Jahren wurde diese Ledergattung immer aus dem Auslande bezogen, nun wird sie in Wien aus inländischen und fremden Schweinshäuten ziemlich häufig gegerbt.-Die so eben genannte Hallmayersche Gerberey bezieht viele rohe Schweinshäute aus Bayern und Sachsen Dieses Leder dient vorzüglich zur Verfertigung der englischen Reitsättel. Der Preis von Nr. 14 ist nach Verschiedenheit der Güte um $\frac{1}{3}$ oder auch $\frac{2}{3}$ geringer, als der Preis von Nr. 15, so daß, wenn ein Stück des letzteren 30 fl. W. W. kostet, ein Stück von ersterem nur auf 10 bis 20 fl. zu stehen kommt. Die schlechteren Häute kosteten 1820 nur 5 fl. W. W.

Nr. 16. Lohgahres Hundsleder, ziemlich stark und weich. Erst vor einigen Jahren hat man die Erfahrung gemacht, daß die Hundshaut (von großen Hunden) ein gutes und brauchbares Leder gibt, welches zu Schuster-Arbeiten sehr gut benutzt werden kann.

Nr. 17. Schafleder, nach dänischer Art mit Felberrinde bereitet, blaßfarbig und fein. Wird jetzt wenig zu den sogenannten dänischen Handschuhen benutzt, da man hierzu das Alaun- und Sämischleder vorzieht.

Nr. 18. Ziegen- oder Bocksleder, nach Art des türkischen Saffians mit Galläpfeln und Schmack in Wien gegerbt. Da man dieses rohe Leder zu wohlfeileren Preisen aus der Türkey bezieht, als man es hier zu fabriciren im Stande ist: so wird die Bereitung desselben im Inlande nur schwach betrieben. Neuffers noch vor einigen Jahren bestandene Fabrik zu Braunhirschen bey Wien bezog die nöthigen Ziegenfelle größten Theils aus Schlesien und Böhmen. In der Bukowina wird ähnliches Leder in mehreren Orten verfertigt.

Nr. 19. Lohgahres rauches (behaartes) Kalbleder, und

Nr. 20. Rauches Schafleder. Ersteres wird zu Jagdtaschen, zu Winterstiefeln u. dergl. verwendet. Eine Haut von Nr. 19 kostet gemeiniglich dreymahl mehr, als eine von Nr. 20.

Nun folgen noch am Schlusse der lohgahren Ledergattungen einige Muster von Leder, welches durch die sogenannte Schnellgerberey gahr gemacht worden.

Nr. 21. Schnellgegerbtes Sohlleder, nach Segnin's Methode in 25 Tagen, und

Nr. 22. Schnellgegerbtes Sohlleder, nach derselben Methode in 30 Tagen gahr gemacht.

Nr. 23. Schnellgegerbtes Sohlleder aus einer Kuhhaut (sogenanntes Halb-Pfundleder), in 30 Tagen, und

Nr. 24. Ähnliches Sohlleder aus einer Ochsenhaut, in 24 Tagen ausgegerbt. Diese vier Muster sind hart, sehr fest und etwas spröde, und stehen dem auf gewöhnliche Art gegerbten Sohlleder bedeutend nach.

Nr. 25. Kuhleder, ebenfalls nach Seguin's Methode in 21 Tagen, und

Nr. 26. Kalbleder, nach derselben Gerbungsart in 10 Tagen zubereitet.

Alle diese 6 Muster von schnellgegerbtem Leder sind von Häuten, welche der Freyherr Carl von Meidinger in Wien bearbeiten ließ. Das Wissenswerthe von dieser Gerbungsmethode ist oben in den Vorerinnerungen angeführt worden.

Zu dem lohgahren Leder kann noch das in Ungarn und in den Militär-Gränzen von den Opankenmachern oder von Familienvätern aus Rinds- und Pferdhäuten mittels Erlenrinde bereitete steife Opankenleder gerechnet werden, woraus man die Fußbekleidung der dortigen Einwohner (Opanken, Opintschen, Batschkoren), Pferdgeschirre u. dgl. verfertiget. Es erhält gar keine Zurichtung, ja die ärmste Volksclasse jener Länder verwendet hierzu die bloß ausgetrockneten Häute ohne alle Gerbung.

b) Nach erfolgter Zurichtung.

1) Durch Falzen, Glätten, Schwärzen ꝛc.

Taf. III. Nr. 27. Braunes Blankleder und
Nr. 28. Schwarzes Blankleder, beyde dick und stark. Man bereitet dieses Leder aus lohgahren Kuh- und Ochsenhäuten von der Art, wie Nr. 9 ist. Die besondere Zurichtung desselben besteht darin, daß das lohgahre Leder mit Fischthran eingeschmiert und mit einer glasernen Kugel geglättet wird, bis es den erforderlichen Grad von Glanz erhält. Das braune hat die natürliche Lederfarbe, welche von der Fichtenlohe herrührt; das schwarze ist vorher mit Eisenauflösung gefärbt. Vormahls wurde dieses Leder zum inländischen Bedarfe durchgehends aus Koburg bezogen, und wird daher noch jetzt Koburger Leder genannt. Gegenwärtig verfertigen dasselbe Felix Hallmayer u. a. in Wien sehr gut, wie die beyden vorliegenden Muster beweisen, welche aus Hallmayers Gerberey sind. Es dient vornehmlich zu englischen Sätteln, zu Pferdgeschirr, Reitzeugen und anderen Riemer-Arbeiten Die Preise variiren nach der verschiedenen Güte desselben ziemlich stark.

Nr. 29. Braun zugerichtetes Kuhleder (Fahlleder). Wird aus einem Leder, wie das Muster Nr. 9 ist, durch Falzen, einiges Glätten und Einschmieren mit Fischthran zugerichtet und meist zu Commißschuhen u. dgl. gemeinen Arbeiten verwendet.

Nr. 30 und 31. Krempel- oder Kratzleder, d. i. Kuhleder, welches zu den Kratzen der Baumwoll- und Schafwollspinnereyen dienlich ist. Das erstere Muster ist aus der Fabrik des Engländers Appleton in Simmering bey Wien, das zweyte aus Hallmayers Gerberey. Diese beyden Fabrikanten sind die einzigen in Österreich unter der Ens, welche sich besonders auf die Zurichtung dieses Leders verlegt haben: denn wenn gleich die Bearbeitung desselben einige Ähnlichkeit mit der Zurichtung des Blankleders (Nr. 27 und 28) hat, so fordert sie doch mehr Sorgfalt und

Übung, und dieses Leder muß auch mit dem Falzeisen dünner gemacht werden. Die Hauptschwierigkeit besteht darin, daß dieses Leder sehr weich seyn muß, damit die Löcher, in welche die Drahtstiften zu stehen kommen, leicht vorgestochen werden können, daß es zugleich aber auch die Eigenschaft haben muß, sich nicht stark zu dehnen, indem sonst bey der Behandlung auf der Stechmaschine, auf welcher die Reihen der Löcher vorgestochen werden, diese ungleich ausfallen würden. Für die unterösterreichischen Spinnmanufacturen braucht nun kein ausländisches Kratzleder mehr bezogen zu werden. Eine inländische Haut kostete zu Anfang 1820 in Wien 28 bis 30 fl. W. W.

Nr. 32. Schwarz zugerichtetes Kuhleder. Es ist eben solches Leder, wie Nr. 9 und 29; nur ist es von dem dünneren Ende der Haut und hat mittels des Krispelholzes und durch das Schwärzen die vollständige Zurichtung erhalten. Die schwarze Farbe, die man hierzu anwendet, ist bloß Eisen, in einer sauren Flüssigkeit, z. B. in Essig, saurem Bier u. dergl. aufgelöst. Dieses Leder dient beynahe ausschließend zu Schuster-Arbeiten.

Nr. 33. Eben solches schwarz zugerichtetes Kuhleder, auf englische Art, zum Gebrauche der Sattler in Felix Hallmayers Gerberey in Wien bearbeitet. Es wird bey den besseren Wägen zum Überzuge des Deckels, dann zu den Wänden der Wägen verwendet. Ehemahls kamen sehr viele solche Häute zu dem erwähnten Gebrauche aus den Niederlanden. Die Vervollkommnung der inländischen Gerberey hat die Einfuhr um vieles vermindert.

Nr. 34. Braun zugerichtetes Roßleder. Aus dem lohgahren Leder Nr. 10 durch Falzen, Glätten ꝛc. bereitet. In diesem Zustande dient es vorzüglich zu Stiefelschäften, ist aber schwach.

Nr. 35. Braunes Roßleder zu Stiefelkappen, durch stärkeres Glänzen zubereitet, auch von hellerer Farbe.

Nr. 36. Schwarz zugerichtetes Roßleder. Erhält die Zurichtung ganz so, wie Nr. 32, und wird zu Schuhmacher-, Sattler- und Taschner-Arbeiten, vorzüglich zu Überzügen der Reisekoffer verwendet.

Nr. 37. Braun zugerichtetes Kalbleder aus lohgahrem Leder wie Nr. 11. Die Zurichtung erhält es mittels des Krispelholzes, des Falzeisens rc. Es dient vorzüglich zum Gebrauche der Schuster.

Nr. 38 und 39. Braunes Kalbleder, von dem Fabrikanten Appleton auf dem sogenannten englischen Falzstocke zugerichtet. Beyde mit der Fleischseite nach oben. Die Engländer Gelli und Kollmann waren die Ersten, welche vor beyläufig 20 Jahren den englischen perpendiculären Falzstock und die Bearbeitung mit dem englischen Falzmesser in Österreich einführten. Sie errichteten ihre Lederfabrik zu Wien schon 1793 und erhielten auf den englischen Falzstock ein 10jähriges ausschließendes Privilegium. Nach Erlöschung desselben wurde die englische Behandlungsmethode allgemeiner, und es entstanden darin mehrere Fabriken, z. B. in Atzgersdorf und Liesing bey Wien. Das Leder wird nach dem gewöhnlichen Gerben mittels des englischen Falzmessers viel reiner abgestoßen, sodann auf marmornen Platten mit Ohl eingerieben, gekrispet und geglättet. Schon 1799 erhielten Gelli und Kollmann die Erlaubniß, die nöthigen Falzmesser und Schleifsteine aus England einführen zu dürfen, und noch jetzt lassen mehrere Gerber diese Messer aus England bringen, da die inländischen hierzu nicht so gut taugen. Dieses Leder wird wie Nr. 37 größten Theils zu Schuhmacher-Arbeiten verwendet.

Nr. 40. Braun zugerichtetes Kalbleder, sogenannte Naturkappen. Wird mit der Glaskugel geglättet und zu Stiefelkappen verwendet.

Nr. 41. Schwarz zugerichtetes Kalbleder, aus einem Leder wie Nr. 37, im Handel unter dem sehr uneigentlichen Nahmen Fischleder vorkommend. Das vorliegende Muster ist von einer vorzüglich gut gegerbten Haut aus Adam Schullers Gerberey in Wien. Dieses Leder dient zu Schuster- und Sattler-Arbeiten, und wird theils stückweise, häufiger aber buschenweise verkauft.

Taf. IV. Nr. 42. Schwarz zugerichtetes Schafleder, zum Unterschiede von der folgenden Gattung auch geschmiertes Schafleder genannt. Die darauf sichtbare

Narbe ist künstlich, durch eine Walze von Messing hervorgebracht. Die Schuster benutzen dieses Leder zu Kinderschuhen, auch die Sattler und Taschner verarbeiten dasselbe.

Nr. 43. Geglänztes schwarzes Schafleder, nach englischer Art zugerichtet. Bevor die Narbe mit der Messingwalze eingedrückt wird, muß dieses Leder geglänzt werden, und dadurch unterscheidet es sich von Nr. 42. Es wird ebenfalls von Schuhmachern und Sattlern verarbeitet.

Nr. 44. Schwarz zugerichtetes Hundsleder aus der lohgahren Hundshaut Nr. 16. Es dient vornehmlich zu Stiefeln.

Am Schlusse der auf gewöhnliche Art zugerichteten Ledergattungen sind noch 3 Muster von wasserdichtem Leder aufgenommen worden, wovon jedes nach einer anderen Art bereitet ist.

Nr. 45. Wasserdichtes braunes Kuhleder, von dem Gerber Gottfried Lipp zubereitet, ganz fettig anzufühlen. Es scheint hierbey ein fettiger Stoff (Unschlitt oder Thran) benutzt worden zu seyn.

Nr. 46. Wasserdichtes schwarzes Kalbleder, nach v. Saurimonts Methode mit Wallrath (Sperma ceti) zubereitet.

Nr. 47. Wasserdichtes braunes Kalbleder, von dem vormahligen Gerber Joseph Pottensteiner in Wien, mittels eines in ätherischem Öhle aufgelösten harzigen Stoffes zugerichtet. Die Wasserdichtmachung des Leders ist eben so wenig neu, als die Wasserdichtmachung der Hüte. (Th. II. Abth. Hutmacher-Arbeiten Nr. 32.) Sie wurde gegen Ende des 18. Jahrhunderts in England und Moskau ausgeübt, ohne es aber zu einiger Dauer bringen zu können. In Österreich machte 1799 Schuster den ersten Vorschlag hierzu und wollte in Wien eine Fabrik von solchem Leder errichten, die jedoch nicht zu Stande kam. Im Jahre 1814 wurde dieselbe von Joseph v. Saurimont abermahls nach einer andern Methode in Vorschlag gebracht, die er jedoch 1818 durch neue Abänderungen verbesserte. Im Jahre 1816 verfertigte auch Pottensteiner sein wasserdichtes Leder. Von allen ist ohne Zweifel Saurimonts wasserdichtes Leder das beste, und verdient den Vorzug, besonders wegen seiner Geruchlosigkeit, welche sich bey den zwey andern wasserdicht gemachten Ledergattungen nicht findet. Behält dieses Leder gleich nicht immer die Eigenschaft der Wasserdichtigkeit bey, besonders wenn der Wallrath nicht hinlänglich und gleichförmig eingedrungen ist, so leistet es auf Stiefel und Schuhe, wozu es eigentlich auch bestimmt ist, dennoch gute Dienste. Saurimonts wasserdichtes Leder war es übrigens auch, welches durch Se. Majestät, den König von Dänemark, im Jahre 1815 nach dem nördlichen Europa verbreitet wurde und jetzt dort den Nahmen Wiener wasserdichtes Leder führet.

2) Durch Lackiren.

Nr. 48 bis 52. Lackirtes Kuhleder in verschiedenen Farben, aus ähnlichem Lohleder, wie Nr. 9, und

Nr. 53 bis 56. Lackirtes Kalbleder, aus lohgahrem Leder, wie Nr. 11 bereitet.

Taf. V. Nr. 57 bis 71. Fortsetzung des lackirten Kalbleders. Die Nrn. 48 bis 71 geben eine vollständige Suite aller gangbaren Farben. Die beyden letzteren Muster sind marmorirt. Das stärkere lackirte Leder dient zu Riemer-Arbeiten, zu Halsbändern für Hunde, zu Degenkuppeln, Kappenschirmen, Csakodeckeln u. dergl., das dünnere zu Damenschuhen; vieles wird zu Stiefelkappen verwendet und vor einiger Zeit sind daraus auch lackirte Männerhüte verfertiget worden. Wien liefert jetzt vortreffliches lackirtes Leder und bezieht von diesem Artikel nichts mehr aus dem Auslande. Da vieles davon in die Provinzen geht, so kann man annehmen, daß jährlich 4000 Stück Kuhhäute und 7 bis 8000 Stück Kalbfelle in Wien allein in lackirtes Leder verwandelt werden. Die Kuhhäute werden im Handel gewöhnlich zu halben Häuten verkauft; das lackirte Kalbfell gilt ungefähr den fünften Theil von dem Preise einer ganzen Kuhhaut.

3) Durch Färben.

Taf. VI. Nr. 72 bis 89. Lohgahres Ziegen- und Schafleder, nach Art des turkischen Saffians, wie Nr. 18 und 193, in Wien gefärbt.

Taf. VII. Nr. 90 bis 107. Fortsetzung der vorstehenden Ledergattung.

Taf. VIII. Nr. 108 bis 124. Fortsetzung und Beschluß dieser Ledergattung. Es ist hier in 53 Mustern eine vollständige Reihe aller gangbaren Farben-Nuancen aufgestellt, sämmtlich in Wien gefärbt. Da, wie schon oben bemerkt worden ist, die Ziegen-, Bocks- und Schaffelle nach der in der Türkey üblichen Saffiangerberey in Österreich unter der Ens wenig, beynahe gar nicht bearbeitet werden: so wählen die dasigen Färber auch bloß türkische Saffianfelle, welche roh im Buschen zu 10 Stück von den türkischen und griechischen Handelsleuten an sie verkauft werden. Gefärbt sind diese Felle nach Verschiedenheit der Farbe um 1 bis 4 fl. Conventionsmünze pr. Buschen theurer. Die rothe und indigblaue Farbe kommen am höchsten zu stehen. Wiener Saffian ist schöner und theurer, als der in der Walachey gefärbte. Dieses Leder wird sehr häufig von Sattlern, Schuhmachern, Buchbindern, Tapezierern ꝛc. verbraucht; vieles geht in die Provinzen, einiges selbst in's Ausland, wie schon weiter oben bemerkt worden ist. Das wohlfeilere, d. i. das Schafleder, kostete zu Anfang 1820 bey 30 bis 40 fl. W. W. pr. Buschen. — Der sogenannte Corduan in den südöstlichen österreichischen Staaten, kommt einiger Maßen dem Saffian ähnlich, und wird in Ungarn stark auf Zischmen und Schuhe verbraucht; der gelbe auch auf Weiberzischmen, Pantoffeln, zu Überzügen auf Canapees und Sessel, Wagenvölster ꝛc. Ein Ziegenfell, zu Corduan gegerbt, kam im März 1819 zu Alt-Orsowa auf 3 bis 4 fl. W. W. zu stehen.

Nr. 125. Rother Maroquin, in Wien gegerbt und gefärbt. Die Fabrication dieses Leders hat im Inlande viele Schwierigkeiten gefunden, indem dazu die besten und größten Bocks- und Ziegenfelle erforderlich sind, welche man in den österreichischen Staaten weniger, als in der Schweiz, in Westphalen und anderen Ländern findet. Übrigens hat sie mit der Saffiangerberey viele Ähnlichkeit. Die letzte Fabrik, welche im Lande unter der Ens bestand, war die von Christian Emanuel Neuffer, einem aus Offenbach am Mayn hierher gekommenen sehr geschickten Gerber, zu Braunhirschen außer Wien. Das vorliegende Muster ist aus dessen Fabrik. Widrige Umstände und darunter vornehmlich der hohe Erzeugungspreis, welcher es schwierig machte, hierin mit dem Auslande zu concurriren, haben auch das Eingehen dieser Fabrik veranlaßt. Somit ist die inländische Maroquingerberey gegenwärtig, als nicht mehr existirend, in gar keine Erwägung zu ziehen. Mehr über diese Ledergattung wird weiter unten beym ausländischen Leder Nr. 195 bis 206 vorkommen.

B. Weißgegerbtes Leder.

a) Ohne weitere Zurichtung.

Taf. IX. Nr. 126. Ein Stück einer Kalbshaut, wie dieselbe während der Bearbeitung aus dem Kalkäscher kommt.

Nr. 127. Geschornes Ochsen-Alaunleder, sogenanntes ungrisches Alaunleder, und

Nr. 128. Geäschertes Ochsen-Alaunleder, fest und stark. Der Unterschied bey der Bearbeitung ist schon oben in der Darstellung der Weißgerberey überhaupt angegeben worden. Beyde Ledersorten dienen zu Hängeriemen bey Wägen, dann zu ganz gemeinem Pferdgeschirre, wie beym Militär-Fuhrwesen. Man gibt der ersteren Sorte Nr. 127 in Hinsicht der Dauerhaftigkeit den Vorzug. Eine Haut dieser Art oder zwey Riemen (in welche man selbe gewöhnlich zertheilt) kamen in Wien zu Anfang 1820 auf 30, 35 bis 40 fl. W. W. zu stehen.

Nr. 129. Alaungahres Kalbleder, ziemlich weich. Wird in dieser Gestalt zu verschiedenen Handschuhmacher-Arbeiten verwendet; weiter bearbeitet und gefärbt erscheint es unter Nr. 137 bis 154 als Brüßler Leder.

Nr. 130. Alaungahres Schafleder.

Nr. 131. Alaungahres Lammfell, noch dünner und weicher, als das vorstehende.

Nr. 132 und 133. Alaungahre Ziegenfelle, wovon besonders das letztere sehr rein bearbeitet ist. Alle diese vier Ledergattungen Nr. 130 bis 133 dienen zum Gebrauche der Handschuhmacher, der Schuhmacher, Buchbinder ꝛc. Bey der verschiedenen Größe der Felle und der abweichenden Qualität derselben variiren auch diese ziemlich im Preise.

Nr. 134. Alaungahres Schweinsleder, dünn und steif. Wird von den Buchbindern stark verwendet.

Nr. 135 und 136. Behaarte alaungahre Rehhaut und behaartes alaungahres Lammfell. Bey der Bearbeitung dieser Ledergattungen dürfen die Häute nicht in den Kalkäscher kommen. Die Rehhäute verwendet man zum Füttern der Pferdestränge, die Lammfelle als Futter in Kleidungsstücke. Nach einer in Österreich bestehenden Anordnung dürfen die Weiß- und Sämischgerber nicht auf Speculation, sondern bloß auf Bestellungen dergleichen rauche Felle bearbeiten.

b) Nach erfolgter Zurichtung.

Taf. X. Nr. 137. Alaungahres Kalbleder, wie Nr. 129, jedoch zur Erzeugung des Brüßler Leders in dem lauwarmen Bade von Wasser, Milch und Eyerdottern vorbereitet.

Nr. 138 bis 151. Brüßler Leder, weiß und in den gangbarsten Nuancen gefärbt. Alle sehr weich und geschmeidig.

Taf. XI. Nr. 152 bis 154. Fortsetzung des Brüßler Leders aus Kalbfellen. Es ist bemerkenswerth, daß man die Fabrication dieses Leders im Auslande, die vormahligen österreichischen Niederlande ausgenommen, wenig kennt, und daß bisher selbst in den besten technologischen Werken davon keine Erwähnung geschah. In den österreichischen Staaten dürfte es schon über 40 Jahre seyn, daß diese Ledergattung erzeugt wird. Die Ersten, welche sich um diesen Arbeitszweig verdient gemacht haben, waren Brenner und Salvatori in Wien. Nach einem wahrscheinlichen Überschlage möchte sich gegenwärtig in Wien die Erzeugung an Brüßler Leder auf beyläufig 100,000 Stück des Jahres belaufen. Man verwendet dieses Leder größten Theils zu Frauen- und Kinderschuhen, in Ungarn, wohin jährlich sehr bedeutende Parthien gesendet werden, auch zu Tischmen; außerdem brauchen es zu einigen Arbeiten auch die Sattler. Im großen Handel wird dasselbe buschenweise, im Kleinhandel auch stückweise verkauft. Die Preise sind nicht hoch, da dazu oft nur die kleinsten polnischen Kalbfelle genommen werden.

Nr. 155. Alaungahres Schaffell von der Art wie Nr. 130, jedoch auf Brüßler Art zugerichtet und schwarz gefärbt.

Da das Kalbleder zu diesem Behufe weit tauglicher ist, so kann die Bearbeitung des Schaffells nur als Versuch betrachtet werden. Dieses Leder ist auch nie gangbare Waare geworden.

Nr. 156 und 157. Toulirtes Lamm- und Ziegenfell, ungefärbt.

Nr. 158 bis 163. Toulirte gefärbte Lamm- und Ziegenfelle. Touliren nennt man das Zurichten des Leders zu den sogenannten französischen Handschuhen, wobey dasselbe auf der Fleischseite rein abgeputzt, und sehr dünn und eben gemacht wird. Man bemerkt dieses, wenn man die Musterstücke auf der unteren Seite näher betrachtet. Das Touliren ist eine Arbeit der französischen Handschuhmacher, und viele derselben gerben sich auch das nöthige Alaun- und Sämischleder selbst, wozu sie jedoch in Österreich ein eigenes Befugniß, und zwar nur dann erhalten, wenn sie sich über einen größeren Fabriksbetrieb auszuweisen vermögen. Im Färben des alaungahren Handschuhleders hat man es im Inlande, zumahl in Wien, sehr weit gebracht; indeß bleiben die Franzosen in der Handschuhmacher-Arbeit noch immer die Meister. (Vergl. Handschuhe nach französischer Art.)

C. Sämischgegerbtes Leder.

a) Ohne weitere Zurichtung.

Taf. XII. Nr. 164. Schafleder, wie es bey der Vorarbeit des Sämischgerbers aus der Walke mit Fett kommt, und noch ungewaschen erscheint.

Nr. 165. Kalbleder in demselben Zustande der Bearbeitung.

Nr. 166. Sämischgahres Ochsenleder. Wird zu Säbelkuppeln für das Militär, zu Patrontaschen, Gewehrriemen u. dgl. verarbeitet. Eine solche Haut kostete in Wien zu Anfang des Jahres 1820: 40 bis 50 fl. W. W.

Nr. 167. Sämischgahres Kalbleder, zu Beinkleidern für den gemeinen Mann, zu Hosenträgern u. dgl. anwendbar.

Nr. 168. Sämischgahres Bockfell, zu demselben Gebrauche, auch als Kleiderfutter, jedoch bedeutend wohlfeiler.

Nr. 169. Sämischgahres Schaffell, und

Nr. 170. Eben solches Schaffell mit abgestoßenen Narben (Narbenleder). Ersteres dient zu Handschuhmacher-Arbeiten, letzteres auch zu Buchbinder-Arbeiten.

Nr. 171. Sämischgahres Lammfell für Handschuhmacher.

Nr. 172. Sämischgahres Hundsleder. Ist zu Beinkleidern, auch zu Handschuhen ꝛc. brauchbar.

Nr. 173. Sämischgahres Hirschleder, und

Nr. 174. Eben solches Rehleder. Diese beyden Ledergattungen werden zu Beinkleidern, Handschuhen u. dgl., erstere auch zu Betttüchern (unrichtig Leintüchern) verwendet.

Alle diese Ledersorten haben eine blaßgelbe Farbe und sind mehr oder weniger weich. Man nennt sie im gemeinen Leben auch Waschleder, da man die daraus verfertigten Waaren in Seifenwasser kalt oder lau auswaschen kann.

b) Nach erfolgter Zurichtung.

Taf. XIII. Nr. 175. Toulirtes sämischgahres Ziegenfell.

Nr. 176. Schwarzgefärbtes sämischgahres Zackelfell. Auf Beinkleider für Bauersleute.

Nr. 177 bis 179. Sämischgahre gefärbte Schaffelle. Zu gröberen Handschuhen u. dgl.

Nr. 180 bis 184. Sämischgahre Lamm- und Zackelfelle in verschiedenen Farben, und zugleich zum Gebrauche des Handschuhmachers zugerichtet (toulirt). Worin das Touliren bestehe, ist bereits oben bey der Erklärung der Muster Nr. 156 bis 163 gesagt worden. Die gemeineren gefärbten Ledergattungen, wie Nr. 176 bis 179, werden von den Kesselfärbern oder Nestlern gefärbt; die feineren bereitet sich der größere Handschuh-Fabrikant selbst zu. Die Nrn. 175, 177 bis 184 werden von Handschuhmachern und Buchbindern verarbeitet.

Ausländische Ledergattungen.

Taf. XIV. Nr. 185. Echtes Lütticher oder Luyker Sohlleder, sehr dick und stark und von röthlicher Farbe.

wird jetzt selten mehr eingeführt, da dasselbe nicht nur zu theuer ist, sondern auch das Inland dessen nicht mehr benöthiget. (Vergl. damit das inländische, auf Lütticher Art gegerbte Sohlleder, Taf. I. Nr. 5.)

Nr. 186 bis 188. Rothes, schwarzes und braunes Juftenleder (das letztere im Handel auch weißes genannt). Diese Ledergattung wird im österreichischen Staate nicht fabricirt, indem sich der hiesige Gerber nicht, wie in Rußland, die hierzu nöthigen Häute von halbausgewachsenem Rindvieh wohlfeil genug verschaffen kann, und daher nie die Concurrenz zu bestehen im Stande ist. Darum wurde oben in der Darstellung der Leder-Fabrication von der Bereitung des Juftenleders keine Meldung gemacht. — Obschon man diese Ledergattung sowohl im Handel, als im gemeinen Leben fast allgemein mit dem Nahmen Juchten belegt, so ist doch die Benennung Juften die eigenthümliche und richtigere. Sie stammt von dem bulgarischen Worte Jufti ab, welches eine mehrfache Zahl bedeutet, und scheint diesem Leder vorzüglich darum gegeben worden zu seyn, weil man beym Färben desselben allemahl zwey Häute mit der Narbenseite über einander legt, um einen Sack daraus zu bilden, der mit der färbenden Substanz gefüllt wird.

Die Bereitung des Juftenleders macht einen Theil der Lohgerberey aus. Das Eigenthümliche derselben besteht darin, daß die Häute, meist schwächere Ochsen- und Kuhhäute, auch zum Theil Roßhäute und Kalbsfelle (doch die beyden letzteren weit seltener), nicht mit Eichenrinde, welche die Farbe zu sehr ins Braune ziehen würde, sondern mit der Rinde der Sandweide (Salix arenaria), zuweilen mit Birken- und Fichtenrinde gemengt, in einer Grube über einander geschichtet, und mit Wasser befeuchtet, ausgegerbt werden. Diese Arbeit dauert 6 bis 8 Wochen. Ist die Gerbung vollendet, so werden die Häute mit Birkenöhl, welches man in Rußland durch eine Art Theerschwehlerey gewinnt, getränkt, indem man dasselbe mit Lappen auf der Fleischseite der Haut einreibt. Dieses Öhl gibt dem Leder den eigenthümlichen, für Viele so unangenehmen Juftengeruch.

Soll der Juften roth gefärbt werden, so bedient man sich

dazu einer in Kalkwasser gemachten Abkochung von rothem Sandel- und Brasilienholz, welcher man etwas Salmiak und mineralisches Alkali (Natron) zugesetzt hat. Die Häute werden dabey, wie schon bemerkt worden, paarweise zusammengenäht, die rothe Färbebrühe in den auf solche Art gebildeten Sack eingegossen, und darin hin und her bewegt. Die schwarze Farbe gibt man dem Leder durch eine mit Eisenvitriol versetzte Abkochung von Sandelholz.

Es ist ein Irrthum, wenn man glaubt, daß man nur in Rußland Juftenleder zu bereiten verstehe. Wäre man im Stande, sich anderwärts eben so wohlfeil die dazu nöthigen Häute zu verschaffen, und erforderte es nicht die Nothwendigkeit, zur Deckung des Fleischbedarfes das Rindvieh vollends auswachsen zu lassen: so würde sich die Juftengerberey gewiß auch außer Rußland ausgebreitet haben. Daß man den Juften auch in Wien gerben könnte, haben mehrere frühere Versuche, dann eine im Jahre 1803 von Brüselle betriebene Juftenlederfabrik, und noch ganz neuerlich jener Versuch gezeigt, welcher aus Anlaß des auf der fürstlich Liechtenstein'schen Herrschaft Blumenau in Mähren im Jahre 1811 bereiteten Birkenöhls in der Gerberey des Gottfried Lipp in Wien gemacht worden ist. Das nach derselben Methode, wie sie in Rußland üblich ist, bereitete Juftenleder war nach den Resultaten, die aus der Vergleichung desselben mit dem echt russischen Juften hervor gingen, dem letzteren vollkommen gleich. — Eben so irrig ist es, daß der Juften an sich schon, roh, so wie er vom Gerber kommt, wasserdicht und darum allen übrigen Ledergattungen vorzuziehen sey. Der rohe Juften ist an sich nichts weniger als wasserdicht; er erhält diese Eigenschaft erst durch das Einschmieren mit Thran, wofür er mehr als andere Ledergattungen empfänglich ist, und daher auch in diesem Zustande dem Wasser mehr widerstehen kann.

Der Juften, welchen Österreich bezieht, kommt größten Theils aus Brody, wo jetzt die meisten Geschäfte in diesem Artikel gemacht werden. Er wird dorthin aus den großen Fabriken Rußlands gebracht, wovon viele sich im Jaroslawischen, Kostromaischen, Pleskowischen und Orenburgischen Gouvernement befinden. Ehemahls hatte dieses Leder einen andern Handelszug, und der meiste Juften kam über Königsberg, Leipzig und Hamburg nach Wien. Verpackt wird das Juftenleder in Ballen zu 24 Rollen, jede Rolle zu 6 Stück. Eine Haut wiegt von 1 bis 16 Pfund, daher es mannigfaltige Abstufungen in Ansehung der schwereren und leichteren Gattungen gibt. Je weniger eine Haut bey gleicher Größe wiegt, desto theurer wird sie bezahlt. Der Verkauf geschieht übrigens nach dem Gewichte. Das Pfund kostete im Jänner 1820 zu Wien 3 fl. 30 kr. bis 4 fl. W. W., auch noch darüber.

Man braucht das Juftenleder zu Schuhmacher, Sattler- und Taschner-Arbeiten. Zu Hintertheilen der Stiefel nimmt man gern braunen Juften, weil er weniger Geruch hat. Der schwarze Juften dient fast ausschließend den Sattlern. Die Abfälle verwendet man in Kleiderschränken, bey Pelzen, in Sammlungen rc. zur Abhaltung der Motten.

Nr. 189. Schweizer lohgahres Kalbleder. Da dieses Leder vorzüglich gut bearbeitet ist, so wird noch einiges davon eingeführt.

Nr. 190. Lohgahres Schafleder aus Sachsen, zu verschiedenen Sattler-Arbeiten.

Nr. 191. Schwedisches lohgahres Schafleder. Wird wegen seiner besonderen Milde und Weichheit von den Clavier-Instrumentenmachern benutzt, um die Hämmer dieser Instrumente an jenen Theilen, wo sie die Saiten berühren, damit zu überziehen. Nach Versicherung der vorzüglichsten Wiener Claviermacher soll kein inländisches Leder dafür einen Ersatz leisten.

Nr. 192. Lohgahres Seehundsleder, schwarz gefärbt. Man hält dasselbe für sehr brauchbar zu Stiefeln, da es sehr viel natürliches Fett in sich hat. Es ward daher manchmahl nach Wien gebracht, meist aus Holland. Wie natürlich, ist die Gerbung desselben nur in Seestädten, oder überhaupt an Orten in der Nähe des Meeres ausführbar. In den Jahren 1816 und 1817 wurden auch in Udine in Lena's Lederfabrik Seehundsfelle bearbeitet.

Taf. XV. Nr. 193. Echt türkisches Saffianleder, ungefärbt, welches, wie oben bemerkt worden, beynahe ausschließend von den Wiener Fellfärbern benutzt wird. (Vergl.

Taf. VI., VII. und VIII., wo dieses Leder völlig zugerichtet erscheint.)

Nr. 194. Türkisches rothes Schafleder. Dieß ist dasjenige gefärbte Leder, welches noch in der größten Quantität aus der Türkey eingeführt wird. Man verwendet es zu ordinären Frauenschuhen, zu Hosenträgern u. dgl.

Nr. 195. Natur-Maroquinleder, d. i. ungefärbt.

Nr. 196 bis 206. Maroquinleder, verschieden gefärbt. Mit Einschluß von Nr. 195 sind alle diese Muster würtembergischer Maroquin, ausgenommen Nr. 197, welches französischer, und Nr. 198, welches englischer Maroquin ist. Ungeachtet der englische und französische Maroquin an Schönheit alle übrigen übertreffen, so wird doch jetzt das Meiste dieser Waare aus dem Würtembergischen bezogen, wo sich in neueren Zeiten viele Fabriken etablirt, und diesen Fabricationszweig sehr vervollkommnet haben. Die Hindernisse, welche dem Aufkommen dieses Industriezweiges im Inlande entgegen stehen, sind bey dem Muster Nr. 125 erwähnt worden, wo auch die nöthigen Bemerkungen beygefügt sind. Die Käufe im Großen geschehen in Dutzenden; der englische Maroquin ist immer etwas theurer als der würtembergische, auch kommt der rothe stets höher zu stehen, als der von anderen Farben. Da viel Maroquin von Buchbindern, Sattlern, und nach dem neueren Geschmacke im Ameublement, von Tapezierern verbraucht wird, so geht für diesen theuren Artikel viel Geld außer Landes. Das Dutzend Felle dieser Art wurde zu Wien im Jänner 1820 mit 50, 60 bis 70 fl. Conv. M. bezahlt.

Nr. 207. Sächsisches sämischgahres Schafleder, ungefärbt, sogenanntes Narbenleder, vorzüglich zum Gebrauche der Buchbinder. Obschon man dieses Leder, wie das Muster Nr. 170 zeigt, auch im Inlande gut bearbeitet, so ist doch die Einfuhr desselben nicht ganz unbedeutend.

Die von Nr. 185 bis 207 aufgeführten ausländischen Ledergattungen sind die vorzüglichsten, welche durch den Handel zur weiteren Verarbeitung in die österreichischen Staaten eingeführt werden.

Die folgenden Tafeln enthalten noch einige Nachträge von Mustern, welche erst 1818 und 1819 der Sammlung einverleibt wurden.

Taf. XVI. Nr. 208. Schwarz behaarte Ochsenhaut aus Buenos-Ayres, so wie sie zur Verpackung verschiedener aus Amerika kommenden Waaren gebraucht wird.

Nr. 209. Eingesetztes Kuhleder, nach Seguins Methode in 30 Tagen gegerbt.

Nr. 210. Dasselbe Leder in 21 Tagen gegerbt.

Nr. 211. Geschwärztes Roßleder, nach derselben Methode in 16 Tagen gegerbt.

Nr. 212. Gewöhnliches Oberleder, in 6 bis 7 Tagen,

Nr. 213. Kalbsfell, in 6 Tagen,

Nr. 214. Geschwärztes Roßleder in 8 Tagen,

Nr. 215. Kalbleder in 5 bis 6 Tagen,

Nr. 216. Kalbleder in 8 Tagen gegerbt.

Vorstehende Ledersorten von Nr. 209 bis 216 wurden gleich damahls, als Seguins Methode in Wien bekannt wurde, von dem Freyherrn Joseph von Jacquin versuchsweise in ganzen Häuten mit größter Genauigkeit gegerbt.

Taf. XVII. Nr. 217. Schweizer Kalbleder, ein vorzüglich schönes Muster, wie es zu den feineren Leder-Galanterie-Arbeiten verwendet wird. Es wurde ehemahls stärker als gegenwärtig eingeführt.

Nr. 218. Dasselbe Kalbleder, mit Parallel-Linien so durchkreuzt, daß sich kleine Quadrate bilden. Dieß ist eine Nachahmung eines englischen Musters, welches Anfangs mit der Hand, jetzt aber mittels einer Preßmaschine verfertigt wird.

Nr. 219 bis 221. Gepreßtes Leder, in der Naturfarbe.

Nr. 222 bis 234. Gepreßtes Leder in verschiedenen Desseins und Farben. Ganz vorzüglich schön sind Nr. 223, 231, 232 und 233, wovon die beyden letzteren und noch einige vorstehende so dünn geschabt sind, daß sie kaum die Dicke eines Papierbogens haben. Die Erzeugung dieser gepreßten Ledergattungen in Wien gehört unter die neueren Erscheinungen des Gewerbsfleißes, und fällt in die Periode der gepreßten Papiere, mit welchen sie rücksichtlich der Fabrication Ähnlichkeit haben. Kratzer in Wien war einer der Ersten, welche diese Leder zu einem höheren Grade der Vollkommenheit brachten. Die Verfertigungsart wird zwar umständlich bey der Papier-Fabrication vorkommen; doch wird hier vorläufig bemerkt, daß die Desseins mittels gravirter Platten von Messing, welche durch eine Kupferdrucker-Presse sammt dem Leder durchgehen, oder mittels gravirter Walzen hervorgebracht werden. Alle auf dieser Tafel vorkommenden gepreßten Ledermuster sind von Kratzer. Sie werden zu Frauen-Ridicüls, zu Überzügen vieler Galanterie-Arbeiten, zu Brieftaschen, Buchbinder-Arbeiten und dergl. verwendet. Neuerlich wurde ein gelbes Leder mit spiralförmigen Windungen so gepreßt, daß es mit dem Geflechte der Florentiner Strohhüte Ähnlichkeit hatte, und sich wirklich zu Hüten verwenden ließe.

Taf. XVIII. Nr. 235 bis 237. Ausländisches Sattlerleder aus Ochsenhaut, das erste glatt, die zwey letzteren mit künstlich eingedrückter Narbe. Dieses Leder ist sehr dick und weich, und wird noch zum inländischen Bedarfe aus dem Auslande eingeführt.

Nr. 238 bis 246. Mehrere Muster von Saffian aus der großen Färberey von Carl Pfeiffer zu Sechshaus bey Wien, in den gangbarsten Nuancen. Diese Fabrik, eine der bedeutendsten in Österreich, färbt nicht bloß türkisches Leder, sondern zeichnet sich vor anderen Färbereyen dadurch aus, daß sie selbst inländische Ziegen- und Schaffelle zu Saffian gerbt. Die schönsten Felle aus dieser Fabrik kamen zu Anfang 1820 auf 98 fl., geringere Farben auf 70 bis 76 fl. W. W. pr. Buschen zu stehen.

Die folgenden beyden Tafeln zeigen den Leder-Ausschnitt und enthalten bloß Muster aus der k. k. priv. Lederfabrik des Ignaz Huber zu Liesing bey Wien.

Taf. XIX. Nr. 247. Eine ganze Haut im Kleinen, wie sie gewöhnlich nach Abschneidung der Enden in den Handel gebracht wird. Auf der Fleischseite ist der Fabriksstämpel aufgedrückt.

Nr. 248 und 249. Englischer Stiefelschaft aus Kalbleder, ungeschwärzt und geschwärzt. Die Fleischseite kommt nach außen und wird mit der bekannten Eisenfarbe bestrichen.

Nr. 250 und 251. Vorfuß zum englischen Schafte, ungeschwärzt und geschwärzt.

Taf. XX. Nr. 252. Sogenannter Souwarow-Schaft aus Kalbleder, ungeschwärzt, Vordertheil.

Nr 253. Derselbe, Hintertheil, ungeschwärzt.

Nr. 254. Vorfuß zum Souwarow-Schafte, geschwärzt.

Nr 255. Souwarow-Schäfte, vorderer und hinterer im Ganzen, beyde geschwärzt.

Nr. 256. Hinterer Schaft zu ordinären oder Commißstiefeln.

Nr. 257. Abzeichnung der Sohlen zu Striefeln und Schuhen. Um das Leder zu sparen, werden sie stets gegen einander geschnitten.

Nr. 258. Stiefelkappen von Kalbleder (Naturkappen) zum englischen Schafte. Bey diesen kommt die Narbenseite nach außen.

III. Abtheilung.

Das Pergament und der Chagrin.

Obgleich die Fabrication des Pergaments in mehreren technologischen Werken zur Ledergerberey gerechnet wird: so hielt man es doch fur zweckmäßiger, sie davon ganz abzusondern, da diese Arbeit einen eigenen Beschäftigungszweig bildet, und das Fabricat zu einem ganz anderen Gebrauche als das Leder dient. Die Pergamentmacher bilden auch im österreichischen Staate von den Gerbern ganz abgesonderte Zünfte, die wegen des geringen Bedarfes dieser Waare nur wenige Menschen beschäftigen können. Bey dieser Profession lernen die Jungen gewöhnlich 3 bis 4, höchstens 6 Jahre, und die Meisterprobe besteht in der Verfertigung mehrerer Gattungen Pergaments.

Man versteht unter Pergament eine steife, glatte, biegsame, elastische, und zum Schreiben und Mahlen tauglich gemachte Thierhaut. Hierzu verwendet der Pergamentmacher größten Theils Kalbs-, Schaf- und Hammelfelle, außer diesen auch Eselshäute, Ziegenfelle und einige andere. (Th. I. Thierhäute.) Die Fabrication beginnt damit, daß die Häute, nachdem sie gewässert und in den Kalkäscher gebracht worden, mit dem Schabeisen enthaaret, mit dem sogenannten Kneis- oder Knauseisen auf dem Schabebaume noch mehr gereiniget, und während sie auf dem viereckigen Rahmen zum Trocknen aufgespannt sind, vollends rein geschabt werden. Dadurch haben die Häute noch nicht den erforderlichen Grad von Reinheit erlangt; um diesen zu erhalten, werden sie noch mit Bimsstein klar gerieben, und wenn sie getrocknet sind, abermahls mit dem Eisen dünner geschabt. Häute, welche zu Trommeln verwendet werden, sind nach dieser Bearbeitung schon brauchbar; das Pergament aber, welches zum Schreiben dienen soll, erhält noch einen (gewöhnlich gelben) Überzug von Leim- oder Öhlfarbe. Von dem mit Leimfarbe bestrichenen Pergamente lassen sich die Bleystiftsstriche mit Fett, von dem mit Öhlfarbe bestrichenen mit Wasser oder Speichel weglöschen. Zu manchem Behufe werden die Pergamente auch verschieden gefärbt, vorzüglich roth, grün und gelb. Man bedient sich hierzu des Zinnobers, Berggrüns, Ockergelbs &c., welche Farb-Materialien mit Leimwasser abgerieben werden. Ganz weißes Pergament ist meist mit Bleyweißfarbe überstrichen.

Daß das Pergament vorzüglich zu Trommeln und Pauken, deren Verfertigung in Österreich ebenfalls den Pergamentmachern erlaubt ist, zum Schreiben, Zeichnen und Mahlen gebraucht wird, erhellet schon aus dem Vorigen. Es dient aber außerdem noch zu vielfältigem Gebrauche für andere Gewerbsleute und Künstler, vornehmlich für Buchbinder, Orgelmacher, Siebmacher, Riemer, Posamentirer &c., und die Abfälle oder Schnitzlinge (Th. I. Leim-Materialien Nr. 2) werden zu dem trefflichen und stark bindenden Pergamentleime benutzt. Dagegen hat die Verwendung des Pergaments zu allerley Schriften, Urkunden, Archivstücken u. s. w. im Vergleiche gegen frühere Zeiten sehr abgenommen, womit auch die Zahl der Pergamentmacher sich allenthalben vermindert hat. In Wien sind nur 3 Werkstätten, wo Pergament gemacht wird, wovon die des

Michael Simon die vorzüglichste ist. Außer der Hauptstadt dürften die Pergamentmacher wohl noch weniger zahlreich seyn, indem von hier aus Pergament nach Prag, Lemberg, Triest u. a. O. der österreichischen Monarchie versendet wird. In Bassano wird ebenfalls Pergament gemacht, jedoch bloß eine schlechtere Sorte zu Trommeln; gutes Pergament bezieht das Venetianische aus den Abruzzi. In Wien macht man alle Sorten in guter Qualität; doch zieht man noch immer das englische und französische Pergament, zumahl die Schreibtafeln, dem inländischen vor. Das letztere besteht aus folgenden Sorten, die sämmtlich auf einer Tafel befindlich sind.

Nr. 1. Trommelfell zu großen Trommeln.

Nr. 2. Paukenfell.

Nr. 3. Trommelfell zu kleinen Trommeln. Diese drey Sorten (auch Trommel-Pergament genannt) werden aus Kalbsfellen bereitet. Ein solches Trommelfell kostete zu Anfang 1820: 5 fl., ein Paukenfell 12 fl. W. W.

Nr. 4 und 5. Pergament zu Schreibtafeln, beyde mit Öhlfarbe bestrichen. Die erste ist aus Eselshaut, die zweyte aus Kalbsfell.

Nr. 6 und 7. Pergament zu Schreibtafeln aus Schaffellen, beyde mit Leimfarbe, erstere gelb, letztere weiß bestrichen. Die Haut kam zu Anfang 1820 auf 5 fl. W. W. zu stehen, eine mit Öhlfarbe bestrichene auf 6 fl. W. W.

Nr. 8. Elastische Rechnentafel, oder schwarzes Pergament mit Öhlfarbe.

Nr. 9. Pergament aus Kalbshaut, wie es für die Juden zum Gebrauche in ihren Tempeln eigens zubereitet wird. Der Rabbiner liefert hierzu die Haut, welche vorher von ihm koscher gemacht ist.

Nr. 10. Dünnes Pergament zu Lehrbriefen aus Schaffell.

Nr. 11. Dickeres Pergament zu Diplomen aus Kalbsfellen. Die Haut stand zu Anfang des Jahrs 1820 auf 8 fl. W. W.

Nr. 12. Pergament für Miniatur- und Pastellmahler, aus Schaffell sehr dünn und rein bearbeitet. Der

Preis einer Haut für Miniaturmahler war zur angegebenen Zeit 10 fl., für Pastellmahler 9 fl. W. W.

Nr. 13. Pergament zum Verbinden von Bouteillen, Gläsern ꝛc., aus Schaffellen von Sterblingen.

Nr. 14 und 15. Pergamente für Buchbinder aus Schaffellen, letzteres gefärbt. Die Haut kostet 5 fl. W. W.

Nr. 16 bis 18. Pergamente für Riemer, ersteres aus Kalbsfell, die letzteren aus Schaffellen. Ein ganzes Schaffell kommt auf 6 fl. W. W. zu stehen.

Nr. 19 bis 23. Pergament für Posamentirer als Unterlage bey den Goldspinnmaschinen, weiß und gefärbt. Der Preis ist wie bey dem vorigen. Die angegebenen Preise sind von ganzen Häuten zu verstehen. Nur bey Versendungen und im großen Verkaufe werden ganze Häute abgesetzt; im gewöhnlichen Handel ist das Pergament in Bogen, Blättern ꝛc., wie sie der Käufer verlangt, zu bekommen.

Gelegenheitlich wird hier bemerkt, daß man in England eine Art Pergament aus Leinwand, dünnem Tuch und Papier, statt der Häute, zu bereiten versteht, indem man diese Stoffe nach der gehörigen Vorbereitung mit Farbe mehrmahls überstreicht, mit Bimsstein glättet und mit Öhlfirniß überzieht. Auch im Inlande ist ein ähnliches Papier-Pergament verfertigt worden, wie das folgende Muster zeigt.

Nr. 24. Schwarze elastische Rechnentafel von Joseph Hardtmuth in Wien. Diese Rechnentafeln, wobey Papier das Haupt Material ist, haben einige Ähnlichkeit mit dem englischen Fabricate, wiewohl man diese Art Schreibtafeln nicht mit dem wahren Pergamente verwechseln darf. Für die Schulen sind die Hardtmuth'schen Rechnentafeln sehr schätzbar, da sie einen Ersatz für die aus schwarzem Schiefer leisten, welche meist aus Sachsen eingebracht werden, gebrechlich sind und theuer zu stehen kommen. Dagegen kosten die Hardtmuth'schen Tafeln nach Verschiedenheit der Größe nicht mehr als 8 bis 48 kr. W. W. pr. Stück.

Der Ähnlichkeit wegen hat man an das Pergament den Chagrin aus Fischhaut angereihet, wozu man die Häute mehrerer Hayfischarten (Th. I. Thierhäute Nr. 79 und 80) nach der erforderlichen Vorbereitung verarbeitet. Dieser Chagrin ist daher ganz verschieden von dem lohgahren, starken und harten, auf der Narbenseite mit erhabenen Knötchen versehenen Leder, welches in einigen fremden Ländern aus Esels- und Pferdhäuten verfertiget wird.

Nr. 25. Grün gefärbter Fischhaut-Chagrin, in Wien bereitet. Die Bereitungsart besteht darin, daß man die Haut, nachdem die Stacheln mit Sandstein weggeschliffen sind (Th. I. Thierhäute Nr. 80), färbt und glättet.

Man gibt dem Chagrin mehrerley Farben; doch ist grün die gewöhnlichste. Sie wird mit einer Auflösung von Kupfer und Salmiak in Wasser gegeben.

Da die Verwendung des Chagrin sich hauptsächlich auf Etuis u. dgl. beschränkt, so ist es erklärbar, warum die Zurichtung desselben sich nie zu einem ordentlichen Erwerbszweige erheben konnte, sondern als völlig freye Arbeit betrachtet wird. In Trient wird eine Art Chagrin oder sogenanntes Glanzleder aus Schaffellen verfertiget.

IV. Abtheilung.

Die Producte der Spinnerey.

Erste Unterabtheilung.

Die Flachs- und Hanfgespinnste.

Unter den Gespinnsten, welche aus vegetabilischen und thierischen Stoffen erzeugt werden, darf ohne Bedenken den Flachs- und Hanfgespinnsten die erste Stelle eingeräumt werden. Denn sie werden nicht bloß aus inländischem Materiale verfertigt, sondern auch die Vollkommenheit, zu welcher die Flachs- und Hanfspinnerey gebracht worden, die Menge der damit beschäftigten Arbeiter und die Verwendung des Gespinnstes sichert denselben den ersten Platz.

Nachdem der Flachs und Hanf durch Rösten, Brecheln, Hecheln und andere zweckmäßige Zurichtungen und Verfeinerungen die zum Spinnen nöthige Qualität (Th. I. Flachs und Hanf) erlangt haben, kommen sie in die Hand des Spinners, und werden in Garn verwandelt. Die Spinnerey theilt sich in die Handspinnerey und in die Maschinenspinnerey.

1) Die Handspinnerey.

Die Handspinnerey wird in mehreren Provinzen des österreichischen Staates, besonders in Böhmen, Mähren, Schlesien, Österreich ob und unter der Ens, im nördlichen Ungarn, in Galizien ꝛc. als eine der vorzüglichsten Nebenbeschäftigungen des Landmanns, großen Theils familienweise betrieben, und in einigen Gebirgsgegenden macht die Spinnerey wohl auch die Hauptbeschäftigung ärmerer Bewohner aus. Gewöhnlich sind es die Wintermonathe, wo sie diese Beschäftigung treiben, und ist gleich der Verdienst äußerst kärglich, so verdient hierbey doch der Umstand einige Berücksichtigung, daß fast allenthalben nur der auf eigenem Grund und Boden erbaute Flachs und Hanf versponnen wird. In Böhmen war zu Anfang des gegenwärtigen Jahrhunderts die Handspinnerey so bedeutend, daß damit über 320,000 Individuen beschäftiget waren, und 8,045,565 Strehn Garn geliefert wurden. Seitdem hat aber diese Beschäftigung dort so abgenommen, daß im Jahre 1819 nur noch 40,000 eigentliche Spinner (ohne diejenigen, welche das Spinnen als Nebenbeschäftigung treiben) gezählt wurden. In einem ähnlichen, wenn auch nicht gleich starken Verhältnisse hat sich die Anzahl der Spinner in allen übrigen österreichischen Provinzen vermindert. Im Kreise ober dem Mannhartsberge ist die Zahl derselben zwischen den Jahren 1807 und 1812 (wo die letzte Zählung vorgenommen wurde) von 3705 auf 3676 Individuen herabgekommen, in Mähren und Schlesien noch weit mehr. Weniger dürfte die Spinnerey dort abgenommen haben, wo der Landmann bloß zum eigenen Bedarfe selbst spinnt und webt, und nicht von Handelsverhältnissen abhängig ist, wie in den Militär-Gränzen ꝛc. Die einfachen und allgemein bekannten Werkzeuge, deren man sich bey der Handspinnerey bedient, sind die Spindel (Spille) und das Spinnrad, wovon die erstere ehemahls in mehreren Ländern fast ausschließlich oder doch allgemeiner gebraucht wurde. Die Spindel hat den Vorzug, daß der damit gesponnene Faden lockerer, biegsamer, besser ausgestrichen, glätter und wie man zu sagen pflegt, geschmalzener, die daraus gewebte Leinwand weicher und geschmeidiger wird; mit dem Spinnrade dagegen läßt sich in gleicher Zeit um $\frac{1}{3}$ mehr an Garn erzeugen, weßhalb man jetzt fast überall das Rad statt der Spindel gebraucht. Allmählich sind in dem Baue der Spinnräder mancherley Verbesserungen eingeführt worden, und man benennt die besten Räder gern nach den Ländern, wo sie zuerst aufgekommen. Es gibt auch doppelte Spinnräder mit 2 Spulen, dann solche, welche zugleich haspeln. Das doppelschnurige Rad liefert das beste, das sogenannte Geiz- oder Geistrad, welches in den Gebirgsgegenden Böhmens, Mährens und Schlesiens am häufigsten gebraucht wird, das meiste und schlechteste Garn. Hier und da hat man auch das wergene Rad zum Wergspinnen noch im Gebrauche.

Flachs und Hanf werden auf gleiche Art gesponnen, doch gibt der letztere niemahls, auch dann nicht, wenn er auf künstliche Art veredelt worden, so feine Gespinnste, wie der Flachs. In der neueren Zeit hat man der Ökonomie wegen auch angefangen, die Abfälle, welche sich bey der Vorbereitung des Flachses und Hanfes ergeben, nähmlich die Pfucken und das Werg, in Gespinnste zu verwandeln. Nach der jetzt in Böhmen üblichen Gewohnheit wird zuerst der feine Flachs gesponnen, hierauf das feine von der zweyten Hechel erhaltene Werg, das so wie das ordinäre Werg gekrätzelt wird; hierauf werden die Pfucken wieder gekrätzelt und gesponnen, und dieß so oft wiederhohlt, als sich noch brauchbares Garn davon erzeugen läßt. So wie der Flachs von der letzten Hechel kommt, bildet er die Rocke, welche an den Rockenstab gebunden wird, und dieß ist die eigentliche Vorarbeit der Handspinnerey, welcher gewöhnlich weniger Aufmerksamkeit gewidmet wird, als sie verdient. Um gutes Garn zu erhalten, soll der Flachs auf einem Tische gut ausgebreitet und aus einander gezogen, dann länglich auf das Holz aufgerollt, mit Papier umwickelt und gebunden werden.

Es dürfte nicht uninteressant seyn, aus einem im April 1817 zu Schlückenau in Böhmen mit höchster Genauigkeit angestellten Versuche die Quantitäten anzugeben, welche sich durch die allmähliche Zurichtung des Flachses ergeben. Es wurde 1 Pf. (Wiener Gewicht) schlesischer ungehechelter Flachs zu 5 Groschen sächsisch ($18\frac{3}{4}$ kr. öst. Conv. M.) gekauft. Nach dem ersten Hecheln hatte man davon 18 Loth 3 Qu. einmahl gehechelten Flachs und 12 Loth $1\frac{1}{2}$ Qu. ordinäres Werg erhalten; es zeigte sich folglich ein Abgang von $3\frac{1}{2}$ Qu. Hierauf wurde der einmahl gehechelte Flachs mit den Händen recht durchgearbeitet, geklopft und auf der zweyten Hechel zur Spinnerey vorgerichtet; durch diese Behandlung erhielt man 10 Loth $1\frac{1}{2}$ Qu. ganz reinen Flachs (in dortiger Gegend Härdern genannt) und 7 Loth $1\frac{1}{2}$ Qu. feines Werg, folglich mit einer Gewichtsverminderung von 1 Loth. Dann wurde das feine Werg zu sogenannten Spinnkrätzeln gemacht, welche 7 Loth $\frac{1}{2}$ Qu. auswogen, also 1 Qu. an Gewicht verloren hatten, und endlich auf diese Art das ordinäre Werg behandelt, welches 11 Loth 3 Qu. an Krätzeln gab, und sich somit um $2\frac{1}{2}$ Qu. vermindert hatte. Zu dieser ganzen Vorrichtung waren 2 Stunden erforderlich; bey größeren Quantitäten kann auf 1 Pf. Flachs weniger Zeit gerechnet werden. Der einmahl gehechelte Flachs, der nach diesem Verhältniß pr. Pfund auf 7 Gr. 6 Pf. sächs. zu stehen käme, wird zu ordinärem Garn verwendet und am häufigsten verbraucht; denn das zweyte Hecheln wird nur zum feinen Garne erfordert. Das Werg vom ersten Hecheln ist auch nur ganz ordinär und nur $\frac{1}{3}$ so viel werth, als 1 Pfund vom ungehechelten Flachs, wird aber in der Regel nicht verkauft, sondern neben dem feinen Flachs zu ganz ordinärem und grobem Garne versponnen. Es ist auch ganz ungewöhnlich, den Flachs rein gehechelt einzukaufen, sondern jeder Spinner richtet sich denselben selbst vor.

Wenn das Garn gesponnen ist, so wird es gehaspelt oder geweift, und hierauf mit Aschenlauge gekocht (geäschert) und gewaschen. Die Größe des Haspels oder der Weife ist in den verschiedenen Ländern verschieden, und darauf beruhen auch die so verschiedenen Abtheilungen des Garnes. Ein Umgang des Garnes um den Haspel heißt ein Faden, mehrere Fäden machen ein Gebünde (Wiedel), mehrere Gebünde eine Zaspel oder einen Strehn u. s. w., wie aus dem Folgenden erhellen wird.

Im Allgemeinen theilt man in Böhmen die Flachsgarne in Hinsicht ihrer Quantität und Verwendung in zwey Hauptgattungen: in Webergarne und Lothgarne. Die Feinheit wird in Böhmen, Oberösterreich und Schlesien insgemein nicht nach dem Gewichte, sondern nach dem Griffe bestimmt, d. h. nach der Zahl der Stücke, die mit der Hand umfaßt werden können; nur ist hierbey nichts ausgemacht, ob zu dessen richtiger Bemessung kurze oder lange Finger erforderlich sind. Ein volles, wohlgedrehtes Garn, welches bey gleichem Griffe schwerer ist, gehört zur besseren, die leichteren Garne zur geringeren Gattung. Ersteres wird von dem Weber genommen (daher Webergarn genannt) und abermahls sortirt, das schwerere zur Werfte (Kette), das leichtere zum Schuß (Eintrag). Das Webergarn wird daher wieder in zwey Sorten: in Werft- und Schußgarn unterschieden. Man erzeugt dasselbe von 1 bis 12 Stück griffig und darüber.

Was das Längenmaß der Strehne anbelangt, so ist bey den Webergarnen in Böhmen nach dem Garn-Patente vom Jahre 1750 ein gleiches Weifenmaß eingeführt, nach welchem die groben Garne auf einer $\frac{4}{4}$ elligen Weife (d. i. mit 4 Ellen Umkreis), die feineren auf einer $\frac{3}{4}$ elligen Weife (mit 3 Ellen Umkreis) altböhmischen Maßes gehaspelt werden. 20 Fäden machen ein Gebünde, 20 Gebünde eine Zaspel, 3 Zaspeln einen Strehn, 4 Strehne ein Stück, 15 Stück eine Mandel, 4 Mandeln einen Schock Garn, und nach diesen Benennungen kommen die Garne hinsichtlich des quantitativen Begehrs im Handel vor. Ein Stück von vierelligem Garne enthält 19,200 Ellen, ein Stück von dreyellig geweiftem 14,400 Ellen böhm. Maßes; und 100 böhm. Ellen machen $76\frac{227}{1000}$ Wiener Ellen. In manchen Gegenden ist man von dieser Abtheilung etwas abgewichen. Um Schluckenau z. B. hat das Stück 6 Strehn (Strehnel), der Strehn 40 Gebünde, das Gebünde 20 Fäden zu 3 böhm. Ellen, oder das Stück 10,976 Wiener Ellen. Überhaupt werden die Garne in verschiedenen Gegenden und Ortschaften zwey- oder auch drey-zasplich geweist, so daß vom ersteren 6 Strehn, vom zweyten 4 Strehn ein Stück von 12 Zaspeln bilden. In vielen Gegenden Böhmens, Mährens, Schlesiens und Sachsens wird das Garn auch auf einer 1 böhm. Elle langen Weife geweist und dann langes Garn genannt. Die Einrichtung oder Eintheilung ist meist wie bey den kurzen oder $\frac{3}{4}$- Garnen, das Gebünde zu 20 Fäden, die Zaspel zu 20 Gebünd, der Strehn zu 2, auch 3 Zaspeln geweist. Es gibt auch betrügerische Weisungsarten, die in der neueren Zeit sehr überhand genommen haben, nähmlich: kurz weifen, ungerecht weifen, zweyhörnericht weifen, über den Daumen weifen und durchgesteckt weifen, wodurch die Länge und Fadenzahl des Garnes beeinträchtiget wird; ja das durchgesteckte Garn ist beynahe unbrauchbar.

In Österreich ob und unter der Ens wird das Garn entweder in lange oder in kurze Strehne gehaspelt, wovon der erstere $\frac{9}{8}$ Ellen lang ist und 5 Gebünde hat, der letztere $\frac{9}{16}$ Ellen lang ist und 10 Gebünde enthält. Ein solcher Strehn (Schnalz genannt) hat 3000 Wiener Ellen Fadenlänge, indem jedes Gebünde (Wiedel) 240 Fäden hat; 30 Schnalz machen einen Buschen. Man spinnt hier Schneller, wovon 2, $2\frac{1}{2}$, 3 bis 6 auf 1 Pfund gehen. Bey den letzteren wird das Pfund Flachs also zu einer Länge von 18,000 Wiener Ellen ausgedehnt. Dieselbe Eintheilung der Garne ist auch in einigen an Oberösterreich gränzenden Kreisen Böhmens, z. B. im Budweiser, Prachiner, Pilsener Kreise und im Egerer Bezirke üblich.

Vom schlesischen kurzgeweisten Garne enthält der Strehn 60gebündig 3 Zaspeln, jede Zaspel 20 Gebünde und jedes Gebünde 20 Fäden; das langgeweiste hat 40 Gebünde, ist $\frac{4}{3}$ Ellen lang, übrigens aber an Fadenlänge dem kurzen gleich.

In Galizien besteht keine bestimmte Ordnung: die dortigen Garne haben sehr viele Fäden in Gebünden, und Gebünde und Strehne sind ungleich.

Je nachdem der Weber ein feineres oder gröberes Garn in Arbeit nimmt, stellt er die Kette desselben in ein feineres oder gröberes Webezeug, welches bey gleicher Breite mehr oder weniger Fäden aufnimmt. 40, in Oberösterreich 48 Fäden in der Kette nennt man einen Gang. Je feiner das Gespinnst ist, desto feiner muß das Webezeug seyn, und so umgekehrt. Um nun die Feinheit des Garnes auszudrücken, pflegen die meisten Weber die Zahl der Gänge zu benennen, für die das Webezeug eingerichtet seyn soll, worauf dieses oder jenes Garn zu weben sey. Würde die Zahl der Kettengänge des Webezeuges als bestimmte Nummer angenommen, wornach man wie bey der Baumwolle die Feinheit des Gespinnstes bezeichnet, so würde dieß in mehrerer Hinsicht viele Bequemlichkeit gewähren, um so mehr, da die Feinheit des Webezeuges von allen in verschiedenen Provinzen gebräuchlichen Maßen und Gewichten stets unabhängig ist und bleibt, ob der Stoff in der Breite desselben ganz eingestellt ist oder nicht. Es ist darum in der unten folgenden Erklärung der Garnmuster bey den meisten die Zahl der Gänge zur Bezeichnung ihrer Feinheit beygesetzt worden.

Die schönsten und feinsten Webergarne spinnt man in Böhmen in der Gegend von Rumburg, Schluckenau, Warnsdorf, Röhrsdorf, Krumbach, Georgenthal, Zwickau u. s. w., da man an diesen Örtern die vorzüglichste Leinweberey betreibt, wozu bloß sehr gute Garne taugen, da die minder guten die vorausgehende Bleiche und die Werftenzüge nicht aushalten, daher bey der Verwebung großen Aufenthalt verursachen würden. Mähren und Schlesien liefern ebenfalls vorzüglich gute Garne; ein sehr festes und gutes Garn, freylich sehr ordinär, ist das polnische. Auch in Ungarn wird viel Leinengarn gesponnen, welches aber an Gleichheit und Güte hinter den übrigen Garnen noch zurücksteht, da die Spinnerey noch nicht den hohen Grad erreicht hat. Die oberösterreichischen Garne stehen den böhmischen weit nach. Im lombardisch-venetianischen Königreiche wird in mehreren Provinzen, vorzüglich aber am Gardasee, sehr gutes Garn gesponnen.

Im Durchschnitte kann man rechnen, daß ein mittelmäßiger Spinner, um 1 Pfund Flachs vollkommen sammt dem Werg auszuspinnen, 30 Stunden ununterbrochen zu arbeiten habe, oder daß er aus schon gehecheltem Flachs ein Stück Garn von 10,976 Wiener Ellen in 27 Arbeitsstunden fertig mache. Es gibt wohl auch Spinner, welche täglich 3, 3½, auch 4

Strehn spinnen, aber der Flachs muß schon ganz vorgerichtet seyn. In Österreich rechnet man einen Schnalz für ein Tagewerk, ohne die Vorarbeit des Hechelns. Das gesponnene Garn wird durchaus nach dem Stück bezahlt, oder von den Garnsammlern in Böhmen auch in einzelnen Strehnen gekauft. Während des Spinnens nimmt es allmählich an Gewicht ab; es möchte daher ebenfalls nicht ohne Interesse seyn, aus dem oben angeführten Versuche zu Schluckenau die ferneren Resultate auszuheben. Die 10 Loth $1\frac{1}{2}$ Qu. ganz feinen Flachses gaben 3 Strehn feines Garn zu 40 Gebünd, welche 8 Loth $1\frac{1}{2}$ Qu. wogen; aus den 7 Loth $\frac{1}{2}$ Qu. feiner Wergkrätzeln wurde 1 Strehn zu 40 Gebünd von gleicher Qualität, im Gewichte von 5 Loth 3 Qu. gesponnen; aus den vom ordinären Werg gerichteten 11 Loth 3 Qu. Krätzeln wurde an Garn erzeugt 1 Strehn zu 40 Gebünd von guter Qualität, 5 Loth $1\frac{1}{2}$ Qu. wiegend. Der reine Flachs wurde ohne Überrest aufgesponnen; vom feinen und ordinären Werg aber sind von den abgesponnenen Krätzeln durch das Spinnen die sogenannten guten Flocken (Pfucken) übriggeblieben, welche, wie es jetzt um Schluckenau allgemein geschieht, abermahls gekrätzelt wurden, und beym Spinnen 15 Gebünde und 10 Fäden, im Gewichte von 3 Loth $3\frac{1}{2}$ Qu. von ziemlich guter Qualität gaben. So wurden also von 1 Pfund Flachs, der zur mittelguten Sorte gehörte, 5 Strehn $15\frac{1}{2}$ Gebünde Garn mit einem Gewichte von 20 Loth $1\frac{1}{2}$ Qu. erhalten. Der Rest bestand noch aus 7 Loth $\frac{1}{2}$ Qu. ordinären Flocken (Pfucken). Aus diesem wird dort noch einmahl ordinär grobes, sogenanntes Pfuckengarn, auf dazu geeigneten Spinnmaschinen ohne eine Vorrichtung gesponnen; auch pflegt man sie vorzurichten und eine feinere Art Pfuckengarn davon zu spinnen, welche beyde dann zu ordinärer Leinwand zum Einballiren der Kisten und zu anderen Verpackungen verbraucht werden.

Das Lothgarn ist zwar ein feines Garn, welches von seinem leichten Gewichte (da oft ein Stück zu 4 Strehn, der Strehn zu 59 Gebünde, das Gebünde zu 19 Fäden, nur ein Loth und darunter wiegt) den Nahmen erhalten hat; aber es ist weniger haltbar, als das Webergarn, meist ganz hohl, wenig gedreht, und daher für die Leinwand-Fabrication zu locker und zu wenig gebunden. Es kann nur zu Zwirn verwendet werden, oder im Nothfalle als Schußgarn dienen. Es wird meist auf den obengenannten Geiz- oder Geisträdern gesponnen, auf einer $\frac{7}{8}$elligen Weife geweifet, und im Handel nach dem Gewichte verkauft. Größten Theils wird es im Riesengebirge und gegen die schlesische Gränze um Starkenbach, Hohenelbe, Brannay und Semil gesponnen.

2) Die Maschinenspinnerey.

Die Maschinenspinnerey ist eine Erfindung der neueren Zeiten, und datirt sich vorzüglich vom Jahre 1810, wo der damahlige französische Kaiser einen Preis von einer Million Franken auf die Erfindung der besten oder eigentlich derjenigen Flachs-Spinnmaschine gesetzt hatte, welche die in der Preisaufgabe angegebene bestimmte Feinheit des Garnes erzeugen würde. Zwar waren schon früher sowohl im In- als Auslande mehrere kleinere Versuche gemacht worden, den Flachs auf Maschinen zu bearbeiten, wie z. B. in Österreich Petrowitz schon 1787 eine Hanf- und Flachs-Spinnmaschine errichtet hatte; aber diese Versuche waren vorübergehend und führten keine Resultate herbey. Der Erste, welcher im Inlande seit 1810 den Bau einer Spinnmaschine für Flachs unternahm, war ein gewisser Veit, der noch in demselben Jahre um Unterstützung in seinem Vorhaben ansuchte, und bereits im folgenden Jahre, anfänglich von Wagler, dann von Munier unterstützt, seine Maschine ziemlich ins Reine brachte, so daß sie im J. 1812 bey den befugten Baumwollspinnern Kaster und Munier aufgestellt werden konnte. Diese Maschine, unter dem Nahmen der Kasterschen bekannt, ist jedoch nie in fabriksmäßigen Betrieb gesetzt worden. Um dieselbe Zeit beschäftigte sich Houlden in Wien mit der Herstellung einer Flachs-Spinnmaschine, welche, so viel man weiß, nicht zur Ausführung gebracht wurde. Im J. 1811 hatte Franz Wurm zu Ebenthal bey Klagenfurt im Schlosse des Hrn. Grafen von Goeß eine Flachs-Spinnmaschine aufgestellt, welche zuerst Hoffnung eines vollkommenen Gelingens gab, da der Erfinder von dem Grundsatze ausgegangen war, die Flachsfasern ohne die mindeste Verkürzung in ihrer ganzen Länge zu verspinnen. Um seine Maschine zweckmäßiger auszuführen, ging Wurm zu Ende 1812 nach Wien, und bemühte sich, seiner Maschine jene Vollkommenheit zu geben, die sie zur gemeinnützigen Anwendung geeignet machen sollte. Da die Wurmschen Maschinen späterhin mit einem ausschließenden Privilegium betheilt wurden, so wird weiter unten das Mehrere darüber vorkommen. In den Jahren 1815 und 1816 haben der Drechsler Jacob Purtscher, von Brand aus dem Vorarlbergischen, und Gabriel Ruef ebenfalls eine kleine Flachsspinnmaschine von 8 Spulen zu Stande gebracht, welche eigentlich bloß eine auf den Flachs eingerichtete und veränderte Watertwist-Baumwoll-Spinnmaschine war. Sie erhielt kein ausschließendes Privilegium, und ist noch bis zur Stunde nicht in Betrieb gesetzt; doch wurden die Erfinder von Sr. Majestät dem Kaiser mit einer Summe Geldes belohnt. Eine andere Umstaltung der Watertwist-Maschine zur Flachs-Spinnmaschine both die von dem Inhaber einer Baumwollspinnerey zu Wernstädtel in Böhmen, Hermann Leitenberger, in den J. 1816 und 1817 erfundene Maschine dar, welche zwar kein Privilegium, aber das Landesfabriks-Befugniß erhalten hat. Diese Maschine zeichnet sich wesentlich vor der Purtscherschen in Wien dadurch aus, daß auch die Vorarbeiten mit Maschinen verrichtet werden, und auf den im J. 1817 vorhandenen 30 Spindeln viel feineres, schöneres und besseres Garn gesponnen wurde. Fast zur selben Zeit hat der Mechaniker Johann Aichinger in Verbindung mit Joh. Phil. Hebenstreit eine neue, sich durch Einfachheit auszeichnende Flachs-Spinnmaschine aufgestellt, welche ebenfalls mit einem ausschließenden Privilegium betheilt wurde. Um noch die Vortheile, welche zweckmäßig eingerichtete Flachs-Spinnmaschinen solchen Ländern, wo der Flachsbau im ausgedehnten Maße betrieben wird, gewähren könnten, zu erhöhen, haben Se. Majestät der Kaiser einen ausgezeichneten Mechaniker aus Paris, Philipp Girard, im Herbste 1815 in die österreichischen Staaten berufen, und ihm auf seine Erfindung unter dem 15. Sept. 1815 für die ganze Monarchie ein ausschließendes Privilegium auf 10 Jahre verliehen. Es bestehen demnach gegenwärtig im Lande unter der Ens allein 3 vatentirte Flachs-Spinnmaschinen: die Girardsche, Wurmsche und Aichingersche.

Die Flachs-Spinnmaschinen kommen darin mit einander überein, daß sie dem rein gehechelten Flachs, bevor er auf die Feinspinnmaschine gebracht wird, eine besondere Vorbereitung geben, und ihn in Bänder und Vorgespinnst verwandeln. Nur ist der Mechanismus bey jeder verschieden.

Die Fabrik des Hrn. Girard und Comp., die seit 1817 in Hirtenberg hinter Baden besteht und bey ihrer Errichtung mit bedeutenden unverzinslichen Ärarialvorschüssen, dann mit beträchtlichen Capitals-Einlagen ihrer 5 Compagnons unterstützt ward, wurde bereits im Jahre 1818 mit 30 Feinspinnmaschinen, welche Frames sind, jede zu 54 Spulen, betrieben, und hat hierzu die nöthige Anzahl Vorrichtungs- und Vorspinnmaschinen. Im Jahre 1818 hat Hr. Girard auch eine Maschine erfunden, welche das beym Hecheln des Flachses abfallende Werg kämmt und in Bänder bildet, welche dann wie der feine Flachs versponnen werden. Überdieß hat sich der Erfinder anheischig gemacht, seine Flachs-Spinnmaschinen für andere inländische Unternehmer zum Verkaufe zu verfertigen, und einen vollständigen, aus 3 Vorbereitungs- und 10 Feinspinnmaschinen bestehenden Satz um den Preis von 8000 fl. C. M. zu liefern.

Hr. Franz Wurm hatte seine Maschine bereits im J. 1813 in Wien ausgeführt. Diese erste Maschine hatte zwey Vorbereitungs-Maschinen, die er noch in demselben Jahre zur Bequemlichkeit für den Landmann in eine einzige vereinigte. So entsprechend diese Maschine ihre Verrichtungen auch leistete, so schien sie dem Erfinder zum fabriksmäßigen Betriebe doch viel zu complicirt. Er theilte daher den Mechanismus in 3 Theile, indem die schnelleren Verrichtungen der Maschine von den langsameren getrennt wurden. Erstere blieben in ihrer Wirkungszahl, letztere hingegen wirkten in ihrer Einheit um so viel schneller, als ihre Zahl kleiner wurde. Als der Erfinder seinem Ziele näher gerückt war, schloß sich der k. k. Rath, Hr. Leopold Pausinger, an ihn an, wodurch des Erfinders reger Eifer neue Kräfte erhielt. Als die Flachs-Spinnmaschine hergestellt war, glaubten sich die Unternehmer durch mehrere Calculs überzeugt zu haben, daß die Anlage großer und einträglicher Fabriken, und die Erzeugung wohlfeilerer Garne so lange Schwierigkeiten finden würde, bis nicht auch entsprechende Werg-Spinn- und Flachs-Reinigungsmaschinen erfunden wären, indem das Werg als Abfall außerdem nur für äußerst geringen Preis Absatz findet, aus dem Rohflachs nach der bisher üblichen Reinigungsmethode zu wenig reines Haar gewonnen wird, und überdieß die Reinigungskosten einen so großen Theil des Spinnerlohns verschlingen, daß nie ein Vortheil zu erreichen wäre. Es wurde daher mit dem größten Nachdrucke an der Herstellung einer Werg-Spinn- und Flachs-Reinigungsmaschine gearbeitet. Besonders die letztere gab dem Erfinder zu Ideen-Entwickelungen und zur Ausführung der mannigfaltigsten Mechanismen reichen Stoff; denn erst bey der Herstellung der siebenten Maschine gelang es ihm, sie für die verschiedenen Eigenschaften des Materials einzurichten, und zur vortheilbringenden Betreibung zu eignen. Nun sind alle diese Maschinen hergestellt, und es dürfte keinem Zweifel unterliegen, daß sie ihrem Zwecke vollkommen entsprechen, und als Grundlage großer und einträglicher Fabriken um so mehr dienen werden, als Wurm zur Verspinnung des gröbsten Pfucken-Abfalls sein Maschinen-System auch mit einer Spagat-Spinnmaschine vervollständiget hat.

Zu Anfang 1820 bestand das Maschinen-System des Hrn. Franz Wurm nach einer von ihm selbst zum Behufe dieser Darstellung mitgetheilten Übersicht aus 10 Maschinen, nahmentlich einer Flachs-Reinigungsmaschine, einer Werg-Band-, einer Werg-Locken, einer Werg-Spinnmaschine, einer Flachs-Band-, einer Flachs-Locken-, einer Flachs-Spinnmaschine, einer Pfucken-Band-, einer Pfucken-Spinnmaschine, und einer Spagat-Zwirnmaschine. Auf der Flachs-Reinigungsmaschine wird der gebrechelte Rohflachs, indem er nach und nach in dieselbe geleitet wird, geklopft, geschwungen, geschabt, allmählich immer durch feinere Hecheln oder Kämme gehechelt, endlich gebürstet, und durch die sorgfältige Steigerung des Mechanismus so bearbeitet, daß hierdurch bedeutend mehr und feineres Material gewonnen wird, als es bisher aus der Hand geschehen konnte.

Es entstehen auf dieser Maschine drey Producte; und zwar bey dem Klopfen und Schwingen die Pfucken als gröbster, das Hechelwerg als feinerer Abfall, und der gehechelte Flachs als reiner Stoff. Jedes dieser Producte wird durch die Maschine eigens abgesondert und aus der Maschine geleitet, und dann jedes für sich verarbeitet. Der Flachs sowohl, als das Werg werden zuerst in Bänder gezogen, dann zu Locken gebildet und endlich auf einer dritten Maschine gesponnen. Die Pfucken werden auf der Bandmaschine von den Holztheilen gereiniget und in Bänder mit parallel liegenden Fasern gezogen, die sodann auf einer zweyten Maschine gesponnen und auf einer dritten zu Spagat gezwirnt werden. — Nachdem sowohl bey den Werg-, als bey den Feinspinnmaschinen eine Band- und eine Lockenmaschine so viel Vorarbeit liefern, als 6 Feinspinnmaschinen bedürfen, so werden diese zusammen ein Satz genannt. Eine Flachs-Reinigungsmaschine, 4 Sätze auf Flachs und 2 Sätze auf Werg machen nach der Einrichtung des Erfinders ein Sortiment. Die fabriksmäßige Eintheilung dieser Maschinen, den Kraftbedarf, den Raum, das Personal, das Material und die Leistungen zeigt der nachstehende tabellarische Ausweis, der ebenfalls von dem Erfinder selbst mitgetheilt wurde, so wie man demselben überhaupt mehrere in dieser Unterabtheilung vorkommende sehr schätzbare Daten zu verdanken hat. Es wird bey dieser Tabelle jedoch vorausgesetzt, daß die Maschinen durch irgend eine Kraft in Bewegung gesetzt und darin erhalten werden.

Benennung der fabriksmäßigen Eintheilungen.	Flachs-Reinigungsmaschine	Flachs-Spinnmaschine		Werg-Spinnmaschine		Zugehör.			Raum.		Kraftbedarf.		Personal.		Material für 1 Jahr		Leistungen in einem Tagwerk.		
		Vorspinnmaschinen.	Feinspinnmaschinen zu 42 Spulen.	Vorspinnmaschinen.	Feinspinnmaschinen zu 42 Spulen.	Bandgefäße.	Vorspinn-Spulen.	Garnspulen.	Länge.	Breite.	Pfund auf 1 Schuh Kurbel.	Umtriebe in einer Minute.	Männer.	Kinder.	Rohflachs.	Gehechelter Flachs.	Die Flachs-Spinnmaschinen spinnen Fäden	Die Werg-Spinnmaschinen spinnen Fäden	Die Reinigungsmaschine hechelt Flachs
									Klafter.						Centner.		Ellen.		Pfund.
Ein großes Sortiment besteht in	1	8	24	4	12	60	3024	4536	21	5	385	45	4	50	600	—	1,440,000	720,000	300
— halbes . . .	1	4	12	2	6	30	1512	2268	12	5	205	45	3	26	300	—	720,000	360,000	300
— viertel . . .	1	2	6	2	3	24	756	1134	8	5	118	45	2	15	150	—	360,000	180,000	300
— ganzer Spinnsatz	—	2	6	—	—	12	502	756	6	3	60	45	—	8	—	75	360,000	—	—
— halber . . .	—	2	3	—	—	12	251	378	4	3	33	45	—	5	—	37½	180,000	—	—
— Modellen-Sortiment im Großen	1	2	1	2	1	24	84	84	—	—	—	—	—	—	—	—	—	—	—
Eine Flachs-Reinigungsmaschine allein . . .	1	—	—	—	—	—	—	—	3	2	20	45	1	2	900	—	—	—	300

Auch Wurm und Pausinger sind, um ihre so glücklich ausgeführte Erfindung so gemeinnützig als möglich zu machen, bereit, ihre Maschinen an Jedermann zu verkaufen, und zwar mit der Cession des Privilegiums für ganze Provinzen und Kreise, auch sogar einzelnen Unternehmern einzelne Maschinen als Modelle, halbe oder ganze Sätze, halbe oder ganze Sortimente zu stellen, daher die Nachahmung ihrer Maschinen, jedoch stets mit vertragsmäßiger Beschränkung während der zehnjährigen Dauerzeit ihres Privilegiums (das vom 21. Dec. 1817 datirt ist) zu gestatten, auch die Herstellung großer Fabriken mittels Actien-Gesellschaften dadurch zu befördern, daß sie selbst als bedeutende Actionäre eintreten. Der Erfinder befindet sich mit seinen Maschinen in Wien, Vorstadt Landstraße Nr. 345, wo im Jänner 1820 an der Ausrüstung einer solchen Fabrik gearbeitet wurde.

Die neue Flachs-Spinnmaschine der H. H. Hebenstreit und Aichinger in Wien, welcher unterm 31. Oct. 1818 ebenfalls ein ausschließendes Privilegium auf 10 Jahre für den Umfang der ganzen Monarchie verliehen wurde, spinnt den Flachs gleich von der Locke weg, ohne Vorbereitungs- und Vorspinnmaschinen, und liefert sehr gutes Garn, welches sowohl zur Kette, als zum Schusse brauchbar ist. Bis jetzt ist sie aber noch nicht im Großen ausgeführt.

Die Maschinengarne haben kein bestimmtes Maß, wornach sich die Grade ihrer Feinheit bemessen ließen, sondern dieses wird von jeder Fabrik willkührlich festgesetzt. Hr. Girard benennt die Feinheit seiner Garne nach Nummern, welche die Tausende der Ellen Fäden ausdrücken, die er auf 1 Pf. spinnt. Wenn er z. B. ein Garn spinnt, wovon 12,000 Ellen Fadenlänge 1 Pf. wiegen, so bezeichnet er dasselbe mit Nr. 12 u. s. w. Hr. Wurm hat die Sortirung seiner Garne nach der Zahl der Webergänge eingeführt, indem die Garne auf einer eigenen hierzu berechneten Sortirwage sortirt werden. Die Nummern des Garns zeigen die Zahl der Gänge an, mithin die Feinheit des Webezeuges, in welchem sie zu weben sind. Diese letztere Sortirung ist für die Weber die verständlichste und bequemste.

Bey dieser Gelegenheit dürfte es nicht uninteressant seyn,

die Bemerkungen eines vorzüglichen Kenners der Maschinenspinnerey, des schon im I. Th. rühmlich gedachten Hrn. Jos. von Dallstein, über die Möglichkeit und Erfordernisse der Flachs-Spinnmaschinen beyzufügen. „In der französischen Preisaufgabe wurde eine Feinheit des Garns zur Bedingung gesetzt, welche durch die Handspinnerey kaum erreichbar ist, oder nur in so geringer Quantität, daß solches Garn als Seltenheit oder als höchstes Kunstproduct angesehen werden müßte. Die Aufgabe ist also eigentlich: ein Garn von solcher Feinheit auf Maschinen zu spinnen, welche der Handspinnerey in größerer Menge und zu niedrigen Preisen zu liefern unerreichbar ist, und hierin liegt eigentlich der Vortheil der Maschinenspinnerey. Diese Aufgabe kann und wird aber niemahls von Flachs-Spinnmaschinen mit Spulen gelöset werden. Denn wenn auf diesen Maschinen nur halb so feines Garn, als verlangt wurde, erzeugt werden sollte, so müßten vorher noch zwey Sachen, welche wesentlich nothwendig und bisher noch nicht auf einen hohen Grad gebracht sind, erfunden werden, nähmlich a) die Flachsfasern in erforderlicher Quantität und mit geringen Kosten in ihre feinsten Haartheile zu zertheilen, und b) ein im Wasser unveränderliches und sehr leichtes Material, woraus die Spulen zu verfertigen wären, so daß eine Spule nur einige Grän wöge. Hat man nun ein solches Material entdeckt, so müssen die Spulen im Verhältniß des zu erzeugenden Garns verfertigt werden, und zwar desto kleiner seyn, je feiner gesponnen werden soll. Denn es ist bekannt, daß bey dieser Art Spinnerey der Faden, welcher gesponnen wird, seine Spule sammt dem auf selber allmählich aufgesponnenen Garne tragen muß; die Spule nimmt durch die fortwährende Aufnahme des Garns immer mehr an Gewicht zu, bis der Faden sie nicht mehr zu tragen in Stande ist und daher reißen muß, und dadurch wird das Feinspinnen ungemein erschwert. Je mehr man die zwey oben angeführten Hindernisse vermindern wird, desto höher wird man die Flachsspinnerey auf den gegenwärtig bestehenden Maschinen bringen können. Ein Haupthinderniß aber, welches dem Ganzfeinspinnen auf Maschinen mit Spulen im Wege steht und gar nicht gehoben werden kann, ist der ungleiche Gang der Spulen, welcher durch das zunehmende Gewicht derselben bewirkt wird, wodurch Zuckungen entstehen, die den Faden abreißen. Dieß ließe sich nur durch eine größere Reibung der Spule verhindern, wodurch ihr ein gleichformigerer Gang gegeben würde. Da aber jede Reibung an der Spule das Gewicht noch mehr verstärkt, und es mathematischer Grundsatz ist: daß man mit vermehrter Last nicht an Kraft gewinnen kann, so muß der Faden stärker, d. i. gröber seyn, um die Spule mit dem durch die Reibung vermehrten Gewichte tragen zu können. Die bis jetzt bekannten Flachs-Spinnmaschinen werden daher die französische Preisaufgabe nicht lösen; höchstens können sie ein schönes mittelfeines Garn erzeugen. Große Unternehmungen dieser Art sind auf Landesverhältnisse beschränkt und darum nicht immer entsprechend."

Die mehrfädigen Garne oder Zwirne.

Zu verschiedenem Gebrauche muß das Garn doppelt oder mehrfach zusammengedreht werden, und dadurch entsteht der Flachs- oder Leinenzwirn, welcher nach der Anzahl der Fäden in zwey-, drey- und vierdrähtigen unterschieden wird. Er wird entweder auf dem Spinnrade oder auf der Spindel verfertigt; in größeren Manufacturen, z. B. in jener der Fräulein van der Cruyce in Wien, bedient man sich zum Zwirnen auch besonderer Zwirnmaschinen oder Zwirnmühlen, die nun auch zur Bereitung des Verkaufzwirns in Oberösterreich ziemlich allgemein sind, weil dadurch viel an Zeit und Menschenhänden erspart wird, indem eine einzige Person 30 bis 40 Fäden auf einmahl zu verfertigen im Stande ist. Das Zwirnen ist in Österreich eine völlig freye Beschäftigung. In Böhmen und Schlesien, und zwar vorzüglich im Leitmeritzer Kreise, um Schönlinde auf der Herrschaft Böhmisch-Kamnitz, dann um Troppau und Jägerndorf, wird der meiste und beste Zwirn im Inlande verfertiget. Zu den feineren Zwirnen wird meistens Gebirgs- oder Lothgarn, zu den gröberen gewöhnliches Webergarn genommen. Er wird fast allgemein in zwey Sorten getheilt, wovon die bessere Sorte Fürstenzwirn, die geringere Land- oder Wirthschaftszwirn genannt wird.

Man verkauft den böhmischen Zwirn meistens stückweise,

das Stück zu 2 Strehn. Die Strehne des Fürstenzwirns bestehen aus 120, des Landzwirns aus 60 Gebunden (Wiedeln); der zweydrähtige hat in jedem Gebünde 20, der dreydrähtige 12, der vierdrähtige 9 Faden. Die Strehne sollen auf einer $\frac{11}{10}$elligen Weife dergestalt geweift seyn, daß jeder Faden im Umkreise $2\frac{1}{4}$ böhm. Ellen enthält; allein, da die böhmischen und schlesischen Zwirnfabrikanten an kein bestimmtes Längenmaß und Weife gebunden sind, so sind sie von obigem Weifenmaße willkuhrlich abgegangen, so daß gegenwärtig fast jeder eine andere Weife angenommen hat. Der Zwirn von Schönlinde wird im größeren Handel nach dem Pack verkauft. Der Pack hält 10 Strehn, der Strehn 120 Gebünde, das Gebünde 20, 12 und 9 Fäden, der Faden ist $\frac{29}{32}$ bis $\frac{30}{32}$ Wiener Ellen lang. Es gibt auch Gebünde zu 5, 6, 7 und 8 kurzen Fäden; doch obige lange Fäden und stärkere Gebünde sind viel allgemeiner. Bey dem sogenannten Batist-Nähzwirn hat der Pack 20 Strehn zu 60 Gebünde, das Gebünde 12 Fäden. Alle diese Zwirne werden in Ansehung ihrer Feinheit nach Nummern unterschieden. Nr. 0 bezeichnet die gröbste, Nr. 28 die feinste Sorte. Der zweydrähtige Zwirn von Schönlinde geht von Nr. 1 bis 12, der dreydrähtige von Nr. 0 bis 12, der vierdrähtige von Nr. 0 bis 8; der zweydrähtige Batistzwirn geht von Nr. 10 bis 28, der dreydrähtige von N. 18 bis 28.

Die Zwirne, welche im Lande unter und ob der Ens, dann in Ungarn u. s. w. verfertigt werden, stehen den böhmischen sehr an Güte nach. Dagegen wird im lombardisch-venetianischen Königreich, besonders am Gardasee bey Salo, und in der Provinz Brescia sehr vorzüglicher Zwirn erzeugt, der von den Wiener Seidenzeug- und Bandfabrikanten zu ihren Werkstühlen gern verwendet wird, und unter dem Nahmen des venetianischen Litzen- oder Damastzwirns bekannt ist. In Italien wird der Zwirn nach dem Gewichte verkauft, und nach Nummern unterschieden. Vom venetianischen weißen Zwirne ist Nr. 10 die geringste Sorte, nach dieser folgen Nr. 20, 30, 40, 50, 60, 80, 100, 120, 150, 200, 300, 400, 500, 600, 800, 1000 und 2000 als die beste Sorte.

Man hat den Zwirn sowohl roh, als gewaschen, ge-

E 2

bleicht und gefärbt. Das Waschen geschieht in Aschenlauge und benimmt dem Zwirne das rohe Ansehen. Solcher gewäschener Zwirn wird vorzüglich zu Leinen-Damast verarbeitet. Die Bleiche ist entweder die gewöhnliche Rasenbleiche, oder die chemische Bleiche (Kunstbleiche) mittels des Bleichwassers oder der flüssigen oxydirten Salzsäure (vergl. die Leinenstoffe). Die größten Garn- und Zwirnbleichen befinden sich im Leitmeritzer Kreise zu Schönlinde, wo nicht bloß böhmische, sondern auch mährische und sächsische Gespinnste gebleicht werden. Noch im J. 1811 wurden auf den dortigen 250 Garn- und Zwirnbleichen mehr als 1 Mill. Stück Garn, und 500,000 St. Zwirn gebleicht, wovon beynahe 1 Mill. St. Garn aus Sachsen dahin gebracht waren und wieder zurückgingen. Auch in den übrigen Provinzen gibt es eine beträchtliche Menge von Leinenbleichen, welche nebenbey auch das Zwirnbleichen betreiben. So waren z. B. im J. 1816 in österr. Schlesien auf der Herrschaft Freudenthal 31, auf der Ht. Jägerndorf 48, auf der Ht. Gotschdorf 24, auf der Ht. Olbersdorf 62, auf der Ht. Johannsberg 30, zusammen 195 große und kleine Bleichen vorhanden, welche auf 1560 Tonnen 31,200 Schock Garn im Werthe von 1,404,000 fl. C. M. abbleichten, und durch Bleicherlohn, Handlungskosten und Gewinn den Werth desselben auf 1,853,280 fl. Conv. M. erhöhten. Die ungünstigen Zeitumstände sollen diese Summe bis 1818 um $\frac{1}{3}$ vermindert haben. Das Färben unterscheidet sich nicht von dem gewöhnlichen Färben der Leinwand, und wird mit denselben Färbebrühen und Handgriffen vorgenommen. Größere Zwirn-Manufacturen sind gewöhnlich mit eigenen Färbereyen versehen; übrigens beschäftigen sich auch die Schön- und Schwarzfärber (z. B. in Österreich) mit dem Färben des Zwirnes.

Obschon man den Zwirn in Böhmen und Schlesien von der gröbsten bis zur sehr feinen Sorte verfertigt, so kommen doch die wenigsten den holländischen Zwirnen an Güte gleich. Der Unterschied besteht vorzüglich darin, daß die inländischen Zwirne manchmahl ungleich gezwirnt, bald wieder durch ungleich sortirte Garne, die überdieß bald mehr, bald weniger gedreht vorkommen, masseldrähtig erscheinen. Sobald ein Faden dicker als der andere ist, oder mehr Drehung als der andere hat, entsteht ein Überlaufen der Fäden; der dickere, dessen Spirallinie länger ist, als die des dünneren, überläuft den letzteren, und der Zwirn erscheint statt rund schraubenähnlich (gemasselt), die Kraft fällt im Gebrauche auf den dünneren Faden allein, dieser kann daher nicht halten, oder der überlaufene Faden schiebt sich beym Nähen zusammen, verursacht großen Aufenthalt, die Naht hält nicht — kurz, ein solcher Zwirn ist schlecht. Zur vorzüglichen Güte des holländischen Zwirnes dagegen trägt die dort übliche Bearbeitung sowohl, als die Erzeugung gleicher, aus reinerem und lauterem Flachse gesponnener Garne alles bey. Man nimmt auch dort die sogenannten Lothgarne. Allein da diese nicht nur ungleich, sondern auch zu schwach gedreht sind, so werden sie auf eigenen Maschinen, die nach Art der englischen Mule-Spinnmaschinen eingerichtet sind, nochmahls gehörig gedreht, wodurch das sonst lockere Garn eine vollkommene Rundung und Festigkeit erhält. Nach dieser Vorbereitung werden die Garne mit größter Sorgfalt sortirt, die gleichsten zusammengenommen und auf einer Zwirnmühle zwey-, drey- oder vierfach zusammengezwirnt.

Nebst der Gleichheit mangelt den meisten inländischen Zwirnen oft auch die schöne weiße Bleiche, welche man denselben in Holland und in den Niederlanden, auch zum Theil in Sachsen, durch öfteres Einweichen in Buttermilch und Käsewasser beyzubringen weiß. Es scheint keinem Zweifel zu unterliegen, daß die chemische Bleiche diese hohe Weiße nicht zu erreichen im Stande ist, wenigstens so, wie sie gewöhnlich vorgenommen wird.

Mit inländischem Garn und Zwirn wird nicht nur der gesammte österreichische Staat versorgt, sondern es werden auch noch von beyden beträchtliche Quantitäten ins Ausland versendet, ungeachtet die Ausfuhr der Garne der inländischen Industrie zum Nachtheile gereicht. Aus österr. Schlesien und Mähren geht viel Leinengarn nach preuß. Schlesien, aus Böhmen nach Sachsen, aus Österreich nach Bayern; von Schönlinde aus werden beträchtliche Quantitäten gebleichten Zwirns nach Sachsen und weiter verführt; aus Mähren geht viel Zwirn nach

Schönlinde, wo er gebleicht, appretirt und weiter verkauft wird. Auch aus der Lombardie wird ein Theil des übrigen Italiens mit Zwirn versehen. Nur einige Sorten der feineren sächsischen, dann der holländischen und niederländischen Garne oder Zwirne werden noch zu inländischem Gebrauche eingeführt.

Die Preise der Garne sind seit 1816 bedeutend gefallen. Im J. 1816 bis December wurde in der Gegend von Schluckenau in Böhmen das Stück (zu 6 Strehn) von 40gängigem Garne mit 12 Gr. sächs. (16 Gr. = 1 fl. C. M.), von 50gängigem mit 12 Gr., von 60gängigem mit 14 Gr., von 70 bis 74gängigem mit 18 Gr., von 80gängigem mit 21 Gr. bezahlt; im April 1817 ward das erstere, wovon das Stück $48\frac{3}{8}$ Loth wog, mit $9\frac{1}{2}$ Gr., also das Pf. mit $25\frac{3}{8}$ kr. öst.; das zweyte im Gewichte von $32\frac{5}{8}$ Loth mit $9\frac{1}{2}$ Gr., also das Pf. mit 35 kr. öst.; das dritte im Gewichte von 21 Loth mit 12 Gr., also das Pf. mit 1 fl. $8\frac{1}{2}$ kr. öst.; das vierte im Gewichte von $17\frac{5}{8}$ Loth mit 16 Gr., also das Pf. mit 1 fl. 49 kr. öst.; und das fünfte im Gewichte von $15\frac{3}{8}$ Loth mit 18 Gr., also das Pf. mit 2 fl. 13 kr. öst. C. M. vom Rohgarnsammler bezahlt. Diese Preise sind vom Kettengarne zu verstehen; das böhmische $\frac{3}{4}$ Schußgarn galt im April desselben Jahres zu Schluckenau 22 bis 23 kr. C. M. Die Feinheit bestimmt nicht immer den Preis, wenigstens nicht im geraden Verhältnisse; zuweilen ist das gröbere Garn theurer, als das mittelfeine. Im Kreise ober dem Mannhartsberge bey Rosenau stand im Dec. 1819 der Schnalz des feineren Garnes, wovon 6 Schnalz auf das Pf. gehen, zu 21 kr. W. W. — Die Zwirne von Schönlinde wurden im Jänner 1820 zu Wien mit folgenden Preisen notirt: Der zweyfache lange pr. Pack (10 Strehn) von Nr. 1 bis 4 10 fl. 30 kr., Nr. 5 und 6 11 fl., Nr. 7 und 8 12 fl., Nr. 9 12 fl. 30 kr., Nr. 10 13 fl. 30 kr., Nr. 12 15 fl. C. M. Der dreyfache pr. Pack von Nr. 0 bis 6 9 fl., Nr. 7 und 8 11 fl., Nr. 9 12 fl., Nr. 10 13 fl., Nr. 12 14 fl. Der vierfache von Nr 0 bis 8 ist mit dem dreyfachen gleich. Der dreyfache Batist Nähzwirn pr. Pack (zu 20 Strehn) Nr. 10 9 fl., Nr. 12 $10\frac{1}{2}$ fl. Nr. 14 12 fl, Nr. 16 13 fl., Nr. 18 15 fl., Nr. 20 16 fl., Nr. 22 19 fl., Nr. 24 21 fl. Nr. 26 22 fl.,

Nr. 28 24 fl. C. M. Der zweyfache Batist- oder Spitzenzwirn von Nr. 18 bis 28 steht pr. Pack um 2 bis 3 fl. höher im Preise, als der dreyfache. Zu Rosenau im Kreise ober dem Mannhartsberge kostete im Dec. 1819 das Pf. ungebleichten Zwirns 2 fl. W. W., der weiße 3 fl. 30 kr., und der Strehn des gefärbten Zwirns 12 kr. W. W.

Vorzüglichere Zwirn- und Garnhandlungen in Wien sind die Mayer'sche, die Palme'sche und Wünsche'sche aus Schönlinde u. a. m. Überdieß finden sich daselbst zur Marktzeit die meisten Zwirnhändler aus Rumburg, Oberösterreich und Schlesien ein, wovon viele eigene Gewölbe halten.

Um den Handel mit Flachs- und Hanfgespinnsten möglichst zu befördern, sind im J. 1818 die Zölle sowohl auf den rohen Stoff, als auf die Garne, Zwirne und die daraus verfertigten Gewebe im Innern der Monarchie, nähmlich zwischen den alten und neu erworbenen Provinzen (mit Ausnahme von Ungarn, Siebenbürgen, Dalmatien, Istrien und der Freyhäfen von Triest und Fiume, mit Inbegriff der dazu gehörigen, außer der Zolllinie gelegenen Districte) ganz aufgehoben und gegen das Ausland an allen Gränzen der Monarchie gleichförmige Zollgebühren festgesetzt worden. Diesen zu Folge zahlt man vom Ctr. des ungebleichten Garns und aller Webergarne b. d. Einf. 4 fl. 12 kr., b. d. Ausf. 8 fl. 24 kr. (nach Ungarn nur 21 kr.); vom halb und ganz gebleichten Garne b. d. Einf. 5 fl., b. d. Ausf. 2 fl. 30 kr. (nach Ungarn 25 kr.); vom gefärbten Garne b. d. Einf. 12 fl. 30 kr., b. d. Ausf. 1 fl. 15 kr. (nach Ungarn 30 kr.); vom wergenen, gebleichten und ungebleichten Garne, wie vom Dochtgarne b. d. Einf. 1 fl. 15 kr., b. d. Ausf. 2 fl. 30 kr. (nach Ungarn 12½ kr.); vom Pfunde Lothgarn b. d. Einf. 45 kr., b. d. Ausf. 3¾ kr.; vom Pf. Kanten- oder Spitzenzwirn b. d. Einf. 2 fl. 30 kr., b. d. Ausf. 12½ kr.; vom Pf. aller übrigen gebleichten und ungebleichten Gespinnste b. d. Einf. 8 kr., b. d. Ausf. 1 kr.; vom Pf. aller übrigen gefärbten Garne b. d. Einfuhr 24 kr., b. d. Ausf. ½ kr. Conv. M.

Erklärung der Muster.

Nach den vorausgeschickten Bemerkungen müssen I. die Vorarbeiten von II. den wirklichen Gespinnsten unterschieden werden. Die Vorarbeiten dienen entweder zur Handspinnerey oder zur Maschinenspinnerey. Die Gespinnste zerfallen abermahls A. in einfädige, welche entweder in- oder ausländische Handgespinnste, oder Maschinengespinnste sind; B. in mehrfädige, die sich ebenfalls in inländische und fremde unterscheiden lassen; C. in gefärbte; D. in gemischte (aus Flachs oder Hanf und Baumwolle). Nach dieser Übersicht sind auch die nachfolgenden Muster abgetheilt worden. Der Nachtrag enthält noch mehrere, erst später der Sammlung einverleibte Producte der Hand- und Maschinenspinnerey.

I. Die Vorarbeiten.

A. Zur Handspinnerey.

Taf. I. Nr. 1. Der Flachs, in Rocke (Raufe) gelegt, wie er von dem Spinner an den senkrecht stehenden Rockenstab gebunden wird.

B. Zu Franz Wurms Spinnmaschine.

Nr. 2. Gebrechelter Rohflachs, wie er auf die Flachs-Reinigungsmaschine gebracht wird.

Nr. 3. Flachs, auf der Reinigungsmaschine gehechelt, wie er auf die Spinnmaschine gebracht wird. Diese Producte wurden auf Wurms erster Maschine ohne weitere Vorbereitung sogleich in die Verspinnung genommen. Diese Maschine hatte das Eigenthümliche, daß der Flachs, wie er gereinigt von der Hechel kam, mittels kleiner Federzangen, die so eingerichtet waren, daß sie mehr oder weniger Flachsfasern aufnehmen konnten, an den obern Theil der Maschine gebracht, an eine freylaufende Spule von einer ganz besonderen Erfindung geleitet, und an dieser mittels einer feinen Uhrfeder sogleich zum Faden gebildet wurde. Da der Erfinder aber seitdem ganz neue Maschinen aufgestellt hat, so sind die Vorarbeiten dieser letzteren in dem Nachtrage Taf. X. Nr. 132 bis 135, dann Taf. XII. Nr. 166, eingeschaltet worden. Die folgende Tafel enthält die Abfälle von Wurms Maschinen.

Taf. II. Nr. 4. Werg, als Abfall von Wurms Reinigungsmaschine, in Bänder gelegt.

Nr. 5. Dasselbe als Vorgespinnst. Der fertige Spagat kommt bey den Seiler-Arbeiten vor.

C. Zu Purtschers und Ruefs Spinnmaschine.

Nr. 6. Flachsband, mit der Hand auf einen aufrecht stehenden Rahmen gezogen, sehr locker. Diese Arbeit wird von keiner Maschine verrichtet, und ist demnach bloß Handarbeit.

Nr. 7. Dasselbe duplirt, und naß durch messingene Walzen gezogen, daher compacter. Der Zweck dieser Arbeit ist: dem Flachse die zur Bindung nöthige Feuchtigkeit zu geben, und die Flachsfasern im Bande durch mechanischen Druck näher und dichter an einander zu bringen. Es waren hierzu 2 Walzenreihen vorhanden, wovon die vorderen aus Messing und Zinn bestanden, die hinteren von Messing und Zinn und mit Leder überzogen waren.

Daß die Purtschersche Maschine kein Privilegium erhalten habe, ist schon gesagt worden.

D. Zu Girards Maschine.

Taf. III. Nr. 8. Flachsband von der ersten Hechelmaschine.

Nr. 9. Flachsband von der zweyten Hechelmaschine. Auf dieser Maschine werden mehrere Bänder der ersten Maschine zusammengezogen, dergestalt, daß sie schon etwas rund gedreht sind.

Nr. 10. Vorgespinnst, naß gezogen und noch locker. Girards Vorspinnmaschine kann als ein Meisterstück betrachtet werden, indem der Flachs nicht bloß gedreht wird, sondern wenn er die Spindel passirt hat, durch eine angebrachte Maschinerie sich sogleich wieder aufdreht.

E. Zu Hebenstreits und Aichingers Maschine.

Nr. 11. Auf der Vorbereitungsmaschine gehechelter Flachs.

Nr. 12. Hieraus erzeugtes Band. Diese beyden Muster sind von Hebenstreits erster Maschine.

II. Gespinnste oder Garne.

A. Einfädige oder eigentliche Garne.

a) Österreichische Handgespinnste.

Taf. IV. Nr. 13. Grobes Hanfgarn (Mandel genannt), 12gängig, zu Fackeldochten, Gurten, Packzwillich und Spagat.

Nr. 14. Werggarn, 12gängig, zu Fackeldochten und Packleinwanden.

Nr. 15. Werggarn, 14gängig, zu Lichterdochten, ordinärem Zwillich und Strohsackleinwand. Dieses und das vorstehende Muster ist aus der Gegend von Zwettel im Kreise ober dem Mannhartsberge; das erstere wird in dortiger Gegend mit Nr. 1, das zweyte mit Nr. 2 bezeichnet.

Nr. 16. Werggarn, oberösterreichisches, 16gängig, zu gleichem Gebrauche wie Nr. 15.

Nr. 17 und 18. Oberösterreichisches Hanfgarn, 16- und 18gängig, beyde zu Schusterdraht und grober Leinwand.

Nr. 19 bis 21. Flachsgarne aus der Gegend von Zwettel. Das erstere 30gängige wird dort mit Nr. 3, das zweyte 40gängige mit Nr. 4, das dritte 42gängige mit Nr. 6 bezeichnet. Alle drey dienen zu Leinwand.

Nr. 22. Oberösterreichisches Flachsgarn, 44gängig, zu Leinwand. Alle von Nr. 13 bis 22 vorgekommenen Muster sind ungewaschen oder ganz roh, wie sie der Spinner aus der Hand gibt. Von Nr. 23 bis 33 folgen die gewaschenen Garne.

Nr. 23. Gewaschenes Dochtgarn aus gekrempeltem Werg, aus der Gegend von Zwettel, wo es mit Nr. 1 bezeichnet wird.

Nr. 24 und 25. Gewaschenes Flachsgarn, 16- und 20gängig, zu Barchetketten und ordinärer Leinwand. Beyde sind von Zwettel, wo das erstere mit Nr. 2, das zweyte mit Nr. 4 bezeichnet wird.

Nr. 26. Gewaschenes Werggarn, 20gängig, zu Lichterdochten und zu ordinärer Leinwand.

Nr. 27 und 28. Gewaschenes Flachsgarn, 30- und 32gängig, zu Leinwand und ordinärem Zwirn. Die drey Muster Nr. 26 bis 28 sind aus Oberösterreich.

Nr. 29 bis 31. Gewaschenes Flachsgarn, 36-, 38- und 42gängig, zu Leinwand und ordinärem, das letztere auch schon zu mittelfeinem Zwirne. Alle drey Muster von Zwettel, wo man das erstere mit Nr. 5, das zweyte mit Nr. 6, das dritte mit Nr. 10 zu bezeichnen pflegt.

Nr. 32 und 33. Gewaschenes Flachsgarn aus Oberösterreich, 48- und 50gängig, zu guter Leinwand und mittelfeinem Zwirne. Dieß sind die besten Garne, welche im Lande ob der Ens gesponnen werden. Die böhmischen Garne folgen im Nachtrage.

b) Niederländische Handgespinnste.

Taf. V. Nr. 34 Rohes Garn, 120gängig, zu Batistleinwand und Batistzwirn.

Nr. 35. Rohes Garn, 140gängig, zu Batistleinwand und feinem Spitzenzwirne.

Nr. 36. Rohes Garn, 200gängig, zu Batist und zu den feinsten Spitzenzwirnen. Es verdient hier bemerkt zu werden, daß man in den Niederlanden beym Spinnen der feinen Garne sich meistens wagerecht liegender Rockenstäbe, an welche der Flachs angebunden wird, und mehrerer Bürsten bedient. Diese Methode wird auch in den beyden Spitzen-Manufacturen in Wien und Prag befolgt.

c) Österreichische Maschinengarne.

Nr. 37 bis 41. Flachsgarn von Wurms erster Spinnmaschine, ungebleicht, nach zunehmendem Grade der Feinheit, 24-, 30-, 40-, 50- und 60gängig. Alle zu Leinwanden, Tischzeugen und Zwirnen. Die Nummern dieser 5 Garnsorten stimmen mit der Zahl der Gänge überein; früher hatten eben diese Muster die Nrn. 30, 80, 130, 180, 200.

Nr. 42. Flachsgarn von Wurm, gebleicht, 60gängig, (vormahls Nr. 200 genannt), zu gleichem Gebrauche. Die von Wurm gesponnenen Garne sind gleichförmig und rein. Es wurde auf seinen Maschinen sowohl grobes, als sehr feines Garn erzeugt, je nachdem man eine größere oder kleinere Theilung des Flachses bewirkte.

Nr. 43. Werggarn, ungebleicht und 24gängig, auf

Wurms Werg-Spinnmaschine gesponnen, zu Leinwand, Tischzeug und ordinärem Zwirne.

Nr. 44. Flachsgarn von Purtschers Spinnmaschine, ungebleicht, 28gängig, zu Leinwand, Tischzeug und ordinärem Zwirn. Dieses Garn ist zwar sehr stark und gut, da der Flachs bloß nach der Länge gezogen und in dieser Lage versponnen wird, aber die Maschine liefert nur grobes Garn. Sie spinnt in jeder Minute auf einer Spule $3\frac{1}{2}$ Wiener Ellen.

Nr. 45. Flachsgarn von Girard, ungebleicht, 50gängig, von sehr guter Qualität, auf Leinwand, Tischzeug und mittelfeine Zwirne.

Nr. 46. Flachsgarn von Girard, ungebleicht, 70gängig, ebenfalls zu Leinwand, Tischzeug und zu feinem Zwirne.

Nr. 47. Flachsgarn von Hebenstreits Spinnmaschine, ungebleicht, 30gängig, auf ordinäre Leinwand.

Nr. 48. Flachsgarn von Kasters (eigentlich Veits) Spinnmaschine, ungebleicht, 24gängig. Da dieses Gespinnst verkehrt gedreht ist, so taugt es weder zum Andrehen in's Webezeug, noch zum Zwirnen, höchstens züm Eintrage. Die Maschine ist aber, wie schon gesagt worden, nicht in Betrieb gesetzt worden.

B. Mehrfädige Garne oder Zwirne.

a) Österreichische Zwirne.

Nr. 49. Ungebleichter grober Zwirn, sogenannter Pfundzwirn.

Nr. 50. Halbgebleichter besserer Zwirn, Wirthschaftszwirn genannt.

Nr. 51. Gewaschener Pfundzwirn.

Nr. 52. Halbgebleichter Wirthschaftszwirn. Alle 4 Sorten sind aus der Gegend von Zwettel im Kreise ober dem Mannhartsberge, und werden zum Stricken und Nähen gebraucht. Die Feinheit derselben wird in jener Gegend mit Nummern bezeichnet, der erste mit Nr. 1, der zweyte mit Nr. 4, der dritte mit Nr. 6, der vierte mit Nr. 7. Sie sind sämmtlich zweydrähtig (zweyfach).

Taf. VI. Nr. 53 bis 55. Gewaschener zweydrähtiger

Zwirn aus der Gegend von Zwettel, zum Nähen und Stricken. Der erstere ist aus 30gängigem, der zweyte aus 28gängigem, der dritte aus 32gängigem Flachsgarne gedreht. Die Nummern, welche man zu Zwettel diesen Sorten gibt, sind 8, 9, 11.

Nr. 56. Zweydrähtiger halbgebleichter Zwirn aus derselben Gegend, wo er mit Nr. 14 bezeichnet wird. Er ist aus 36gängigem Flachsgarne gedreht und dient zum Nähen und Stricken.

Nr. 57 und 58. Halbgebleichter und roher zweydrähtiger Zwirn aus Oberösterreich, zu gleichem Gebrauche, ersterer aus 36gängigem, letzterer aus 38gängigem Flachsgarne.

Nr. 59. Gebleichter zweydrähtiger Zwirn aus 20gängigem Werggarne, zum Stricken, ebenfalls aus Oberösterreich.

Nr. 60 bis 63. Vier Sorten gebleichter zweydrähtiger Zwirne aus Oberösterreich, zum Stricken und Nähen; der erste aus 30=, der zweyte aus 34=, der dritte aus 38=, der vierte aus 50gängigem Flachsgarne.

Nr. 64. Gebleichter zweydrähtiger Zwirn von Zwettel, zu gleichem Gebrauche. Er ist aus 60gängigem Flachsgarne verfertiget und die feinste Sorte, welche in dortiger Gegend erzeugt wird.

b) Böhmische Zwirne.

Nr. 65. Gewaschener dreydrähtiger Litzenzwirn aus 70gängigem Flachsgarne, zu Weberlitzen.

Nr. 66 bis 70. Gebleichte zweydrähtige Zwirne zum Nähen, in zunehmenden Graden der Feinheit aus 58=, 64=, 68=, 74= und 92gängigem Flachsgarne gezwirnt. Der letztere ist besonders schön; doch wird in Böhmen auch noch feinerer Zwirn verfertigt.

c) Sächsische Zwirne.

Nr. 71 bis 74. Gebleichte zweydrähtige Strickzwirne, aus 38=, 46=, 48= und 56gängigem Flachsgarne.

Taf. VII. Nr. 75 bis 77. Eben solche feinere Strickzwirne, aus 60=, 68= und 76gängigem Flachsgarne. Diese

Zwirne sind von vorzüglicher Qualität und werden zu guten Strickereyen noch gegenwärtig in die österreichischen Staaten eingeführt.

d) Holländische und niederländische Zwirne.

Nr. 78 bis 80. Gebleichte zweydrähtige Zwirne aus 58-, 60- und 62gängigem Flachsgarne. Im Handel bezeichnet man sie in Hinsicht ihrer Feinheit mit den Nummern 18, 20 und 22.

Nr. 81 bis 85. Gebleichte zweydrähtige Zwirne aus 70-, 76-, 84-, 86- und 90gängigem Flachsgarne, gewöhnlich mit den Nrn. 24, 26, 28, 30 und 32 bezeichnet.

Nr. 86 bis 90. Gebleichter zweydrähtiger Zwirn aus 96-, 110-, 120-, 140- und 150gängigem Flachsgarne, mit den Nrn. 36, 38, 40, 42 und 44 bezeichnet.

Nr. 91 bis 95. Gebleichter zweydrähtiger Zwirn aus 170-, 180-, 190-, 200- und 210gängigem Flachsgarne, im Handel unter den Nrn. 46, 48, 52, 56, 57 vorkommend. Alle von Nr. 78 bis 95 vorkommenden Zwirne werden zum Nähen und zu den sogenannten Zwirnspitzen gebraucht.

Taf. VIII. Nr. 96. Gebleichter zweydrähtiger Zwirn aus 220gängigem Flachsgarne, im Handel mit Nr. 58 bezeichnet. Zu gleichem Gebrauche.

Nr. 97. Gebleichter zweydrähtiger Zwirn aus 60gängigem Glanzgarne, zum Nähen.

Nr. 98 bis 100. Gebleichter niederländischer Kanten- oder Spitzenzwirn, zweydrähtig. Der erste ist aus 170gängigem oder sogenanntem Spitzengarne, der zweyte und feinste aus 240gängigem, der dritte aus 250gängigem Flachsgarne gedreht. Alle drey werden in der Spitzen-Manufactur in Wien verarbeitet. Der öster. Zolltariff rechnet zum Spitzenzwirn allen jenen, wovon 88 Gebünde und darüber, jedes zu 100 Fäden, folglich im Ganzen 8800 Faden, nicht mehr als 1 Pf. wiegen.

Nr. 101. Gebleichter dreydrähtiger Zwirn aus 90gängigem Flachsgarne, zum Nähen, auch zu Tüll- und Marlyspitzen.

Diese Zwirne zeichnen sich sämmtlich durch ihre Feinheit, ungemein schöne Bleiche und Gleichheit des Fadens, wie auch durch ihre Haltbarkeit vor allen übrigen Zwirnen aus, und werden daher in die entferntesten Länder verschickt. Außer den österreichisch-teutschen Provinzen verbraucht auch das lombardisch-venetianische Königreich, besonders Venedig zu seinen Spitzen viel niederländischen Zwirn. Sie kommen in ganzen, halben und Viertelpfunden, mit blauem Papier, worauf die Nummern geschrieben sind, eingeschlagen in den Handel.

C. Gefärbte Zwirne.

Nr. 102, 103, 104, 109, 110. Oberösterreichische gefärbte Zwirne, oder sogenannte Linzer Zwirne, zum Nähen, zu Bandern ꝛc.

Nr. 105 bis 108, dann 111. Gefärbte Zwirne, in Wien gefärbt, zu gleichem Gebrauche.

Taf. IX. Nr. 112, 113, 117 bis 119, 121, 122, 124, 125. Fortsetzung der in Wien gefärbten Zwirne, in allen Farben und Nuancen.

Nr. 114 bis 116, 120, 123. Oberösterreichische gefärbte Zwirne, ebenfalls Linzer Zwirne genannt.

D. Aus Flachs oder Hanf und Baumwolle gemischte Zwirne u. dgl.

Nr. 126 bis 130. Grobe und feinere Handgarne zu Lichtdochten, wie sie gewöhnlich zu Unschlittkerzen verwendet werden. Sie sind nach zunehmender Feinheit geordnet; Nr. 126 ist das gröbste, Nr. 130 das beste.

Nr. 131. Graugefärbtes Handgespinnst, aus der hanfartigen Wasserdoste, von Angelo in Tuln bereitet. (Th. I. Abth. Flachs und Hanf Nr. 40.)

Nachträge.

Die auf den folgenden Tafeln befindlichen Nachträge enthalten zuerst die Producte der neuen Wurm'schen Flachs-Spinnmaschine (vgl. oben Nr. 37 bis 42), dann ein Assortiment von böhmischen Handgespinnsten, endlich noch ein Paar Maschinengarne und Zwirn aus Maschinengarn.

Taf. X. Nr. 132. Flachs, wie er auf Wurms neue Maschine zum Spinnen genommen wird.

Nr. 133. Derselbe in Bänder gelegt.

Nr. 134. Derselbe als Vorgespinnst und etwas gedreht.

Nr. 135. Wurms rohes Flachsgarn, 60gängig, sehr gleich und gut, zu Leinwand, Tischzeug und Zwirn (vgl. Nr. 166). Die Garne, welche auf dieser Maschine gesponnen werden, sind in der Regel von der Mittelsorte, da aus diesen die von der Mehrzahl gesuchtesten Leinenstoffe verfertigt werden. Sie sind von der Art, daß das Pfund Werggarn 3 bis 4, Flachsgarn 4 bis 6 Ellen Leinwand gibt.

Von hier beginnt ein schönes Assortiment böhmischer Webergarne, die sämmtlich Handgespinnste sind.

Taf. XI. Nr. 136 bis 140. Fünf Sorten roher Flachsgarne aus der Gegend von Schluckenau, zur Kette auf Leinwand und Tischzeuge. Das Stück (zu 6 Strehn oder 4800 Fäden = 10,967 Wiener Ellen) von dem ersten, welches 40gängig ist, wiegt $48\frac{3}{8}$ Wien. Loth; vom zweyten, welches 50gängig ist, $32\frac{6}{8}$ Loth; vom dritten, welches 60gängig ist, 21 Loth; vom vierten, welches 70gängig ist, $17\frac{5}{8}$ Loth; vom fünften, welches 80gängig ist, $15\frac{2}{8}$ Loth.

Nr. 141 bis 144. Vier Sorten roher Kettengarne, wie selbe vom Spinner kommen, 30-, 42-, 54- und 70gängig, zu Damast- und Zwillich-Tischzeug, wie auch zu allen Gattungen Leinwand und Leinenwaaren.

Nr. 145 bis 147. Drey Sorten roher Einschußgarne, 40-, 50- und 70gängig, zum Eintrage in die eben genannten Zeuge.

Nr. 148 bis 152. Fünf Sorten geäscherter oder gewaschener Kettengarne, 38-, 44-, 60-, 70- und 90gängig, ebenfalls zu Tischzeugen und Leinwand. Alle Garne werden hierzu erst durch das Äschern vorbereitet.

Nr. 153 bis 157. Fünf Sorten geäscherter oder gewaschener Einschußgarne, 48-, 56-, 80-, 120- und 160gängig, zu denselben Geweben. Das letztere Muster gehört zu den allerfeinsten inländischen Webergarnen.

Nr. 162 bis 165. Vier Sorten gebleichter Einschußgarne aus Flachs, 50=, 60=, 92= und 120gängig, welche als Eintrag in die vorstehenden Tischzeuge und Weißgarn=Leinwanden verwebt werden. Alle rohen, gewaschenen und gebleichten Garne von Nr. 141 bis 165 sind aus der Gegend von Warnsdorf und Rumburg in Böhmen, wo sie als Hauptmaterial zu den dortigen trefflichen Leinwanden und Tischzeugen dienen.

Nr. 166. Ungebleichtes Flachsgarn von der neuen Wurmschen Spinnmaschine, 50gängig (vergl. oben Nr. 135), zu Leinwand, Tischzeug und Zwirn.

Nr. 167. Ungebleichtes Flachsgarn von der neuen Hebenstreitschen Spinnmaschine, 30gängig, zu Leinwand und Tischzeugen.

Nr. 168 und 169. Dreydrähtiger Zwirn, zu Damast=Tischzeugen, roh und gebleicht, aus der Gegend von Warnsdorf und Schönlinde in Böhmen.

Nr. 170. Zweydrähtiger Zwirn aus dem Hebenstreitschen Maschinengarne (Nr. 167).

Zweyte Unterabtheilung.

Die Baumwollgespinnste.

Wenn den Flachsgespinnsten die erste Stelle eingeräumt wurde, so verdienen die Baumwollgespinnste unmittelbar an jene angereihet zu werden, da sie nicht nur zu einem hohen Grade von Vollkommenheit gebracht worden sind, sondern auch in quantitativer Hinsicht sich zum Nachtheile der Flachsspinnerey sehr verbreitet haben. Auch die Baumwollspinnerey ist zweyfach: 1) die Handspinnerey, 2) die Maschinenspinnerey.

1) Die Handspinnerey.

Noch im vorigen Jahrhunderte war die Handspinnerey in Baumwolle in mehreren Provinzen des österreichischen Staates, zumahl im Lande unter der Ens, wo schon seit längerer Zeit beträchtliche Katun=Manufacturen bestehen, von großer Wichtigkeit, wovon man sich einen Begriff machen kann.

wenn man bedenkt, daß in dieser einzigen Provinz mehr als 100,000 Menschen sich größten Theils mit dem Spinnen der Baumwolle abgaben. Die meisten Spinner wurden von den großen Manufacturen, die ihre Factoreyen in verschiedenen Gegenden unterhielten, mit Arbeit verlegt. Sie spannen ihre Garne von der gröbsten Sorte bis Nr. 12 und 16, manchmahl bis 20 und darüber; die feineren Garne, welche durch die Handspinnerey nicht erzeugt werden konnten, und die gröberen, deren Bedarf durch die inländische Verspinnung nicht gedeckt wurde, mußten vom Auslande bezogen werden. Zu Anfang des 19. Jahrhunderts fing die in England erfundene Maschinenspinnerey in Österreich an, festen Fuß zu fassen, und seitdem ward die Handspinnerey so sehr zurückgesetzt, daß im Lande unter der Ens schon bis 1811 die Zahl der Handspinner sich auf 7 bis 8000 zerstreute Spinner vermindert hatte. Dieser Gewerbszweig ist demnach hier ziemlich unbedeutend geworden, und entspricht dem Interesse der damit Beschäftigten um so weniger, da der Arbeitslohn für die Baumwollgespinnste äußerst gering ist, und jenem für Flachsgespinnste noch nachsteht. Im Kreise ober dem Mannhartsberge sind gegenwärtig noch in der Gegend von Allendsteig, Siegharts, Waidhofen, Dobersberg, Litschau, Gmünd und Heidenreichstein gegen 5000 Spinner vorhanden, welche factoreyenweise arbeiten. Die Gespinnste, wozu man hier bloß macedonische Baumwolle verarbeitet, reichen von Nr. 3 bis 14. Außerdem wird noch in Böhmen, wo im J. 1819 an 12 bis 15,000 Spinner in allen Kreisen (mit Ausnahme des Klattauer) gezählt wurden, in Mähren, in der Lombardie, in Tyrol, im Venetianischen 2c. die Handspinnerey betrieben, deren Producte aber, wie sich bey den gegenwärtigen Verhältnissen erwarten läßt, weder durch Menge, noch durch Schönheit oder Güte sich auszeichnen können.

Die Bearbeitung der Baumwolle bey der Handspinnerey besteht darin, daß sie, nachdem sie hinlänglich geschlagen und geputzt ist (Th. I. Baumwolle Nr. 52 und 53), auf der Streichbank mittels zweyer Streichkämme gestrichen oder kartätscht, und auf solche Art zu viereckigen, dünnen und lockeren Blättern gebildet wird, welche dann dem Spinner übergeben werden. Dieser bedient sich beym Spinnen des sogenannten Schweizer Rades, welches dem gewöhnlichen Trittrade allgemein vorgezogen wird, und bindet sich jene Blätter auf einen Stab auf. Daß man sich im Oriente statt der Streichkämme eines Fachbogens mit gleichem oder besserem Erfolge bediene, ist bekannt; auch soll man denselben vor einiger Zeit noch im Mailändischen gebraucht haben. Überhaupt hat man es im Oriente mit der Handspinnerey bis zu einem unglaublich hohen Grade gebracht, während man in Europa und so auch in Österreich sich im Allgemeinen stets auf ordinäre Gespinnste beschränkt hat.

2) Die Maschinenspinnerey.

Die Maschinenspinnerey ist zweyfach, indem sie entweder auf teutschen oder auf englischen Maschinen betrieben wird.

Die teutschen Maschinen, auch sächsische genannt, sind schon im vorigen Jahrhunderte in die österreichischen Staaten gebracht worden. Bereits im J. 1776 hatte Le Brun eine Streich- und Spinnmaschine, auf welche er ein 10jähriges ausschließendes Privilegium erhalten hatte, dessen sechsjährige Verlängerung er 1786 ansuchte. Auch Turiet besaß 1786 schon eine Spinnmaschine nach sächsischer Art in Wien. Im J. 1789 provonirte Baron Vay von Vaja eine neue Baumwoll-Streich- und Spinnmaschine, auf welche er ein ausschließendes Privilegium erhielt. Im J. 1790 wurde das verlängerte Le Brun'sche Privilegium an den Grafen Rubini übertragen, und im J. 1797 dem Chevalier Landriani auf seine Maschine ein neues Privilegium auf 15 Jahre ertheilt. Im J. 1800 hatte der mechanische Uhrmacher Arzt eine neue Spinnmaschine erfunden, und 1801 suchte Dr. Töpfer um die 20jährige ausschließende Benutzung einer Maschine an. Man sieht daraus, daß man sich im Inlande mit Eifer die Errichtung von Maschinen angelegen seyn ließ, um, wenn auch nicht immer besseres, doch wohlfeileres Garn, als durch die Handarbeit zu liefern. Manche der hier genannten Maschinen mögen schon nach Art der englischen construirt gewesen seyn; aber die teutschen Maschinen waren im Grunde zu jener Epoche doch die einzigen, welche guten Fortgang gewonnen und sich erhalten haben. Noch bis in die letzteren Jahre

F 2

waren in Wien mehrere Maschinen nach teutscher Art im Gange, worunter die der Herren Franz Seldenhammer, Lose und Hager die vorzüglicheren waren. Diese Maschinen bestanden bloß aus Krempel- und Spinnmaschinen, letztere gewöhnlich mit 50 bis 70 Spindeln, und empfahlen sich bey ihrer sehr einfachen Construction durch ihre Wohlfeilheit, und auch dadurch, daß ähnliche Spinnereyen nicht besondere Maschinisten und andere kostspielige Hülfsarbeiter nöthig hatten. Schon beym ersten Anblicke zeigte sich die Verschiedenheit des Spinnprocesses gegen die englischen Maschinen; denn während bey den letzteren der Faden durch das Vorwärtsgehen des Wagens sich ausdehnt, geht bey den teutschen Maschinen der Wagen den Spulen (Bobinen) zu, und hat demnach die entgegengesetzte Richtung. Das Vorgespinnst wurde vorzüglich in der ersten Periode ihrer Entstehung auf der Kratzmaschine in Locken vorbereitet und dann auf dem Spinnrade vollendet. Sie verarbeiteten bloß macedonische Baumwolle und spannen die Garne nicht höher als bis Nr. 5, 12 oder 16, höchstens 20, zu Manchester und Strickwolle.

Mit Anfang des 19. Jahrhunderts beginnt in Österreich die Epoche der englischen Maschinen-Garnspinnerey. Ums Jahr 1801 versuchte Freyherr v. Kolbielsky zuerst, englische Maschinen zu feinen Gespinnsten zu erbauen, aber der Versuch mißlang. Um dieselbe Zeit oder im J. 1802 entstanden die großen Garnspinn-Gesellschaften zu Pottendorf und Schwadorf, welche sehr bedeutende Werke zu Stande brachten. Seitdem haben sich die Baumwoll-Spinnmanufacturen nach englischer Art im Lande unter der Ens ungemein vermehrt, und die Garnerzeugung zu einem bedeutend hohen Grade gebracht, ungeachtet die Engländer im J. 1805 für 1 Mill. fl. C. M. Garn in Commission hierher schickten, und diese, wie behauptet wurde, zu 30 Procent unter dem wahren Werthe der Waare verkaufen ließen. Die bald darauf eingetretene allgemeine Handelssperre trug viel dazu bey, der Überhäufung mit englischen Garnen vorzubeugen, welche auch durch die Transportkosten des weiten Umweges theurer wurden. Hierzu kam noch das Einfuhrsverboth der fremden Garne bis Nr. 50, welche Umstände zusammen den neuen inländischen Unternehmungen sehr günstig waren. Die inländischen Spinnereyen kamen daher in immer größere Thätigkeit und haben sich besonders zwischen den Jahren 1812 und 1815 beynahe ums Doppelte vermehrt. Besondere Verdienste um die Emporbringung dieses wichtigen Industriezweiges haben sich die Herren v. Dallstein, v. Thornton, Girandoni, Tyler, Reiß u. a. m. erworben. Im J. 1815 waren bloß in den Kreisen unter und ober dem Wienerwalde schon 27 Spinnmanufacturen in Thätigkeit, nahmentlich die großen Manufacturen zu Pottendorf, Schwadorf, Teesdorf, Schönau, Ebergassing, Neunkirchen, Solenau, Steinhof, Atzgersdorf, Ebreichsdorf, Fischament, und die kleineren zu Bruck an der Leytha, Minkendorf, Steinabrückel, Solenau, Hirtenberg, Brunn am Gebirge, Tuln, Währing, Ottakrin, Herrnals ꝛc., außer mehreren kleineren, welche in den Vorstädten Wiens oder außer den Linien errichtet waren, so daß sich die Gesammtzahl aller Maschinenspinnereyen (der englischen sowohl, als der teutschen) im Lande unter der Ens auf 43 belief. In diesen Spinnereyen waren 1059 Mule-Maschinen und 110 Water-Frames aufgestellt, wovon um die Mitte des J. 1815 817 Mules und 53 Water-Frames wirklich arbeiteten und 242 Mules nebst 57 Water-Frames stille standen oder noch im Baue begriffen waren. Ohne Vergrößerung der schon vorhandenen Gebäude hätten diese Maschinen bey stärkerer Nachfrage um 294 Mules und 19 Water-Frames vermehrt werden können. Nach einem sehr genauen Überschlage belief sich der jährliche Bedarf an Baumwolle auf 16,000 Ctr., meist macedonische, dann auch ost- und westindische, neapolitanische u. s. w. Die Quantität der Garne, welche von den wirklich in Thätigkeit gesetzten Maschinen jährlich erzeugt wurde, betrug nicht weniger als 1,249,470 Wiener Pf.; mit den schon vorhandenen Maschinen hätten jährlich 1,441,100 Pf., und wenn die mögliche Vermehrung der Maschinen in den vorhandenen Gebäuden noch in Rechnung gebracht wird, 1,691,100 Pf. Garne erzeugt werden können. Schon im J. 1812 sollen in der österr. Monarchie 80,000 Ballen Baumwolle aus Macedonien und Smyrna versponnen worden seyn. Folgende kleine tabellarische Übersicht zeigt den Stand der größeren Manufacturen nach der Anzahl ihrer Maschinen und nach ihrer Production vom J. 1815.

Tabellarische Übersicht der eilf größten niederösterreichischen Baumwoll-Spinnereyen nach englischer Art, nach ihrem Stande im Jahre 1815.

Nahmen der Fabriken und Eigenthümer.	Anzahl der Maschinen. Aufgestellt.		Anzahl der Maschinen. In wirklicher Thätigkeit.		Wirkliches Erzeugniß.	Mögliches Erzeugniß mit den vorhandenen Maschinen.	Konnte vermehrt werden um	
	Mules.	Water Fr.	Mules.	Water Fr.	W. Pf.	W. Pf.	Mules.	Water Fr.
Pottendorf (große Gesellschaft) . . .	224	62	208	28½	416,000	500,000	64	—
Schwadorf (Gesellschaft)	132	16	112	11	200,000	235,000	68	—
Teesdorf (Bar. Puthon)	108	22	60	8	110,000	200,000	—	8
Schönau (B. Braun, Oswald u. C.)	72	1	72	1	90.000	——	—	—
Ebergassing (Gesellschaft)	59	—	54	—	67,500	69,550	—	—
Neunkirchen (Strelle und Comp.) .	48	—	36	—	45,000	50,500	22	—
Solenau (Bar. Braun)	48	—	24	—	50,000	90,000	24	—
Steinhof (Dietiker)	39	—	28	—	50 400	——	—	—
Atzgersdorf (Elz)	34	—	24	—	29,000	——	—	—
Ebreichsdorf (Bar. Lang)	28	8	28	4	28,000	30,000	—	12
Fischament (Fehr und Comp.) . .	21	—	21	—	26,250	——	20	—

Die Pottendorfer Manufactur, die größte im österreichischen Staate, hätte sich allein nach den bestehenden Gebäuden so sehr vergrößern können, daß des Jahres 600,000, und dem Wasserbaue nach auch 900,000 Pf. hätten gesponnen werden können. Allein die seitdem sehr häufig gewordenen Einschwärzungen ausländischer Gespinnste und Gewebe, der dadurch entstandene Mangel an Absatz der inländischen Garne, und vorzüglich die Abnahme der Weberey im Inlande hat den nachtheiligsten Einfluß auf den Betrieb dieser Manufacturen geäußert. Die meisten haben die Zahl der arbeitenden Maschinen eingeschränkt, einige haben einstweilen die Arbeit ganz eingestellt, andere haben für immer aufgehört, zwey kleine haben sich nach Mähren übersiedelt. Gänzlich aufgehört haben: Frhr. v. Kolbielsky in Reindorf, von Schiferstein in Ottakrin, Gänsberger in Fünfhaus, Fehr und Comp. in Fischament, Rassim in Währing, Czermak in Herrnals, Seldenhammer, Walch, Munier und Kaster, Töpfer, Würth in Wien. Die Manufactur zu Ebergassing, die im J. 1816 abbrannte, ist nun wieder im Baue begriffen, und zu Neustadt ist eine ganz neue Spinnerey von 14 Mule-Maschinen entstanden. Bey dieser Lage läßt sich gegenwärtig keine genaue Übersicht des Standes der Baumwoll-Spinnereyen geben; doch sind die Maschinen in großer Zahl bereit, und es bedarf nur Nachfrage, um sie in die frühere Lebhaftigkeit zu versetzen, wozu bey den großen Bestellungen aus dem österreichischen Italien die besten Hoffnungen bereits vorhanden sind.

Auch Böhmen und Mähren besitzen mehrere Spinnmanufacturen, worunter die zu Ledenitz und St. Iwan im Berauner Kreise, die zu Asch, Roßbach, Grünberg, Schönbach, Joachimsthal und Eger im Elbogner Kreise, die zu Wernstädtel im Leitmeritzer Kreise Böhmens, endlich die zu Brünn und Mayres in Mähren errichteten erwähnt zu werden verdienen; doch sind mehrere der böhmischen Spinnereyen bereits wieder in Stillstand gerathen. Im Vorarlbergischen bestehen zwey Spinnmanufacturen zu Dornbirn und Mittel-Weyerburg, in Galizien eine in der Katunfabrik zu Nawszie und im lombardisch-venetianischen Königreiche war man im J. 1819 mit Einführung von Maschinen beschäftiget.

Diejenige Baumwolle, welche auf Maschinen versponnen werden soll, muß zuerst durch Klopfen mit der Hand oder mittels einer Schlagmaschine aufgelockert und von allen Theilen, welche keine Baumwolle sind, wohl gereiniget werden. (Th. I. Baumwolle Nr. 52 bis 54.) Hierauf beginnt erst die eigentliche Vorarbeit zur Spinnerey. Gleich nach dem Schlagen und Putzen wird die Baumwolle zum Streichen oder Krempeln auf die Vorkratze gebracht, und zwar wird, so lang keine Veränderung in der Erzeugung der Gespinnste verlangt wird, immer das gleiche Gewicht Baumwolle in Partien von 4 bis 12 Loth auf dieser Maschine gestrichen. Diese Parthie wird nach und nach auf das Auflegblatt so dick aufgelegt, daß sie im Verhältniß des Gewichtes und der Baumwolle eine Fläche von 500 Quadratzoll (im Durchschnitte berechnet) bedeckt. Die Hauptheile dieser Maschine sind mehrere mit Kratzen oder Krempeln überzogene Cylinder, welche die Baumwolle von dem Zuführungstuche aufnehmen, zerfasern und gleichmäßig vertheilen, dann der Abstreichkamm (Abnehmer), der sie vom kleinen Cylinder in Gestalt eines floråhnlichen Blattes ablöset und auf die Trommel leitet. Die Geschwindigkeit der hier bekannten Vorkratzen muß so eingerichtet seyn, daß eine Parthie Baumwolle in 8 bis 14 Minuten gestrichen ist. Man erhält nun durch die mechanische Einrichtung dieser Maschine das oben angegebene Gewicht der Baumwolle (mit Abzug der sich beym Streichen ergebenden Abfälle, die 3 bis 7 Procent betragen) in Form eines länglich viereckigen Blattes (Packel-Parthie genannt), welches aus 9 bis 14 über einander liegenden florähnlichen Blättern (Muster Nr. 4 und 5) besteht, und im Ganzen einen Flächeninhalt von 1200 Quadratzoll hält.

Die von der Vorkratze erhaltenen Blätter werden nun nicht einzeln oder parthienweise, sondern ununterbrochen Blatt an Blatt in der ganzen Breite behutsam, ohne sie nach irgend einer Richtung zu dehnen, auf die Feinkratzmaschine zum zweyten Streichen gebracht. Die Feinkratze, welche der Vorkratze ähnlich ist, wird mit gleicher Geschwindigkeit in Bewegung gesetzt, und nach der Gattung der Baumwolle, welche gestrichen wird, muß ihr Mechanismus eingerichtet werden. Die Zeit, in welcher ein Blatt auf ihr durchgeht, beträgt im Verhältniß des Mechanismus 18 bis 24 Minuten. Man erhält auf der Feinkratze von einem Blatte in Form eines 2 Zoll breiten Bandes eine Länge von 60 bis 70 Wiener Ellen nun zweymahl gestrichener Baumwolle. (Muster Nr. 6 und 7.) Der Abfall beym Streichen auf der Feinkratze beträgt 5 bis 12 Procent.

Die auf der Feinkratze gebildeten Bänder werden nun zur Zieh-, Zug- oder Streckmaschine gebracht, auf welcher gleichsam der Anfang des Spinnens gemacht wird. Denn das Spinnen besteht vorzüglich in einer der Gattung Baumwolle angemessenen Ziehung, und nachdem diese mehrmahls wiederhohlt worden, tritt die Drehung ein, welche dann mit der Ziehung vereiniget wird, so daß die Baumwolle noch mehrmahls zugleich gezogen und gedreht wird, und zwar in solchem Verhältnisse, daß die verlangte Feinheit und Stärke des Fadens erzweckt wird. Auf der eigentlichen Ziehmaschine werden bey jedem Zuge mehrere Bänder durch paarweise über einander laufende Walzen, von welchen die unteren gerüffelt, die oberen mit Leder überwunden sind, zu einem vereinigt gezogen und in die Länge gedehnt. Beym ersten Durchgange wird eine Elle der vereinigten Bänder zu 2 Ellen Länge und auch darüber, je nachdem die Gattung der Baumwolle es zuläßt, oder die verlangte Feinheit des Garnes es erfordert, gezogen; die folgenden Züge geschehen wie der erste, oder auch mit verändertem Mechanismus, wodurch bey jedem Zuge die Bänder noch länger, als beym ersten Durchgange, gezogen werden. Es gibt Ziehmaschinen mit zwey Paar Walzen (diese sind die gewöhnlicheren) und mit drey Paar, welche letzteren die Vorarbeit für die feineren Gespinnstnummern verrichten. Hat endlich die Baumwolle eine solche Ausdehnung in Bänder erhalten, daß diese sich nicht leicht mehr, ohne den Zusammenhang zu verlieren oder zu reißen, ziehen lassen: so werden die gezogenen Bänder (Muster Nr. 8 bis 11) zur Drehmaschine (Wutzel- oder Flaschenmaschine, Traillirwerk) gebracht, und auf dieser immer 2 zusammen in eins vereiniget, nochmahls verhältnißmäßig gezogen und dann von cylinderförmigen Blechkannen (Flaschen) aufgenommen, welche sich auf einem fixen Puncte im Kreise bewegen, dadurch den Bändern eine sanfte Drehung geben, und sie in ihrem Innern kreisförmig herumlegen. Die Geschwindigkeit dieser Kannen ist nach der Gattung der Baumwolle einzurichten, damit die Bänder weder zu stark, noch zu schwach gedreht werden. Man hat nun einen sehr weichen, dünnen Baumwollcylinder, der noch sehr wenig Haltbarkeit besitzt, aber schon länger gezogen, runder und schlanker ist, als die Bänder der Ziehmaschine. (Muster Nr. 12 und 13.) Eigentlich ergibt sich bey diesen Maschinen kein Abfall; es ist jedoch nicht zu vermeiden, daß nicht Baumwolle (½ bis 1 Procent) verunreiniget und zur Manipulation untauglich gemacht würde.

Die gedrehten Bänder werden jetzt einfach oder doppelt, je nachdem es das verlangte Gespinnst erfordert, auf Spulen gewunden. So viele Spindeln die Vorspinnmaschine hat, eben so viele Spulen werden zum Aufspulen aufgesteckt. Es gibt Vorspinnmaschinen von 20, 40, 54, 60 bis 102 Spindeln; doch hält man die mit 90 Spindeln für die zweckmäßigsten. Auf der Vorspinnmaschine erhalten die Bänder von allen aufgesteckten Spulen zugleich durch den wirkenden Mechanismus in einem Zuge zwey ungleiche Ausdehnungen sammt der erforderlichen Drehung, und werden als ein dicker Faden (Vorgespinnst, Vorspinnfaden, Muster Nr. 14 und 15) auf die Spindeln aufgeschlagen. Die Veränderungen an dieser Maschine, sowohl in Hinsicht der Ziehung als Drehung, richten sich nach der Gattung der Baumwolle und nach der Feinheit des zu erzeugenden Garnes. Die von der Vorspinnmaschine erhaltenen groben Gespinnste haben eine zweyfache Bestimmung: sie werden entweder als fertiges Garn verkauft, und kommen im Handel als flachgedrehtes Eintraggarn vor, oder sie werden zur weiteren Verarbeitung unter der Benennung Vorgespinnst auf die Feinspinnmaschine gebracht. Der Abfall, der sich bey der Vorspinnmaschine ergibt, beträgt im Durchschnitte ½ Procent. Bey dieser Gelegenheit muß bemerkt werden, daß der geschickte Director der Pottendorfer Manufactur, Joh. v. Thornton, eine neue Vorspinnmaschine erfunden, und darauf unter dem 21. Dec. 1817 ein ausschließendes Privilegium auf 10 Jahre erhalten habe. Eben so wurde 1818 den Frhrn. Joh. B.

und Carl von Puthon auf ihre Erfindung einer Vorspinnmaschine in Teesdorf mit Anwendung des Windstreichers ein 10-jähriges Privilegium ertheilt, und im J. 1819 haben sie ein neues Privilegium auf ihre Locken- und Vorgespinnstmaschine ohne Windstrom in Teesdorf angesucht.

Wenn feines Garn gesponnen werden soll, so bringt man die kegelförmig auf den Spindeln der Vorspinnmaschine aufgewundenen Vorgespinnste (in den österr. Spinnereyen Vorgespinnst-Bäunzerl genannt), nachdem sie von den Spindeln abgenommen worden, in Körben zur Feinspinnmaschine, wo man so viel, als selbe Spindeln hat, oder auch die doppelte Anzahl, so daß 2 Vorgespinnstfäden zu einem Feingespinnstfaden gesponnen werden, an hölzerne oder blecherne Spindeln zum Feinspinnen aufsteckt. Man hat Feinspinnmaschinen von 60 bis 204 Spindeln; die mit 180 sind von allen die zweckmäßigsten und häufigsten. Auf dieser Maschine wird jeder Faden der aufgesteckten Vorgespinnst-Bäunzerln durch mehrere bewegliche Walzen, 3 bis 4mahl in ungleichen Ausdehnungen gezogen, während des Ziehens zugleich gedreht, und nach dem Ziehen ihm noch die gehörige feste Drehung gegeben, bey welcher der Faden sich nun nicht mehr weiter dehnen läßt, ohne zu reißen. Endlich wird der gesponnene Faden mittels des abwärts bewegten Aufschlagbaums auf die Spindeln gewunden. Es ist einleuchtend, daß diese Ziehungen und Drehungen in einem bestimmten Verhältnisse zu einander stehen müssen, und daß sich diese Verhältnisse bey jeder Gattung der Baumwolle, so wie bey jeder Änderung der Feinheit des Garnes anders gegen einander verhalten müssen. Durch die Veränderung des Mechanismus dieser Maschine können die erforderlichen Verhältnisse vollkommen hergestellt werden. Haben die Fäden die gehörige Festigkeit erhalten, so werden alle 180 zugleich, und zwar jeder auf seiner Spindel, aufgeschlagen, hierauf die Maschine von neuem in Bewegung gesetzt, und auf solche Art fortgefahren, bis die Spindeln wieder vollgesponnen sind. Die fertigen Feingespinnste werden hierauf von den Spindeln abgenommen, und werden in diesem Zustande in Österreich Feingespinnst-Bäunzerl genannt. Der Abfall beym Feinspinnen, der größten Theils aus festgedrehten Fäden besteht, kann, je nachdem mehr oder weniger fein gesponnen wird, 3 bis 50, auch noch mehr Procent betragen.

Man kann zwey Hauptgattungen der Feinspinnmaschinen unterscheiden: 1) Die Watermaschinen (Water-frames), auf welchen nur festgedrehtes Garn und höchstens bis Nr. 60 gesponnen werden kann; denn diejenigen Garne, welche über Nr. 60, als Watergarn (Water-twist) im Handel vorkommen, werden auf Mule-Maschinen gesponnen, und sind unter der Benennung Mittelgarn (Medio-twist) bekannt; auf den Watermaschinen wird das Gespinnst nicht auf Spindeln, sondern auf Spulen (deren auf einer Maschine gewöhnlich 72) gebracht und kann, während der Verspinnung ohne beweglichen Wagen, nicht mehr gezogen werden, weil das Gespinnst, so wie es über die gerüffelten Walzen hervorkommt, sogleich festgedreht wird. 2) Die beschriebene Feinspinnmaschine (Mule), auf welcher alle Gattungen Gespinnste erzeuget werden können, von der gröbsten bis zur höchsten bekannten Feinheits-Nummer, und so fest, und auch so locker gedreht, als man es verlanget. Das sehr fest gedrehte, welches vom Watergarn gar nicht zu unterscheiden ist, wird Mittelgarn (Medio-twist) genannt, welches im Handel gewöhnlich für Watergarn verkauft wird. Die Ursache, warum noch Watermaschinen bestehen, ist, weil ihr Bau einfacher ist, sie kein großes Locale erfordern, bloß durch Mädchen versehen werden können, und um dem bis jetzt noch herrschenden Vorurtheil zu begegnen. Daß Watergarn durch Mulegarn in manchen Fällen ersetzt werden kann, läßt sich aus dem eben Gesagten folgern. Aber auch die Erfahrung scheint dafür zu sprechen, da es bekannt ist, daß gegenwärtig viel weniger Watergarn von den Webern begehrt wird.

Zum Einschlaggarne (Weft) hat man in manchen Manufacturen noch andere Maschinen, welche Jenny genannt werden, und sehr weiches Garn spinnen. Auch gibt es eigene Maschinen, um die bey der Fabrication sich so häufig ergebenden Abfälle zu Gutem zu bringen. Dergleichen Maschinen heißen Teufel oder Reißer. Zu Hernals bey Wien bestand auch eine Manufactur, welche bloß Abfälle von anderen Spinnereyen zusammenkaufte, und zu gröberen Garnen verarbeitete. Überdieß dienen aber solche Abfälle, wenn sie zu Garn nicht mehr tauglich seyn sollten, noch immer zur Watte, zu Decken u. dgl.

Die von den Spindeln abgenommenen Feingespinnst-Spulen oder Feingespinnst-Bäunzerl werden endlich an hölzerne Spindeln zum Abhaspeln aufgesteckt. Jeder Haspel hat 12 bis 20 Spindeln, von welchen zu gleicher Zeit die aufgesteckten Spulen in Strehn oder Schneller abgehaspelt werden, und zwar entweder nach Wiener (Österreicher) Weisung und Gewicht, oder nach englischer Weisung und Gewicht. Letzteres ist bey den inländischen Baumwoll-Spinnmanufacturen fast allgemein angenommen. Der österreichische Schneller hat 7 Gebünde, jedes Gebünde 100 Fäden, jeder Faden ist $2\frac{1}{8}$ W. Ellen lang; ein ganzer Schneller enthält demnach 1487 W. Ellen. Der englische Schneller hat 7 Gebünde, jedes zu 80 Fäden, jeder Faden ist $1\frac{3}{4}$ W. Ellen lang; ein ganzer Schneller enthält also 980 W. Ellen. Die Anzahl Schneller in einem Pfund Garn bestimmt dessen Feinheit oder Nummer. Wenn daher 1 Pfund Garn 30 Schneller enthält, so wird die Feinheit desselben mit Nr. 30 ausgesprochen. Das Mulegarn kann von der niedrigsten Nummer bis Nr. 300, d. i. zu einer Feinheit, wo 300 engl. Schneller (oder 294,000 W. Ellen) aufs Pfund gehen; das Watergarn dagegen kann nicht höher, als bis Nr. 80 gesponnen werden. — So einfach der Haspel als Maschine betrachtet ist, so müssen doch nach der Gattung der Gespinnste, welche darauf gehaspelt werden, mancherley Veränderungen daran vorgenommen werden.

Nach dem Haspeln werden die Gespinnste, welche auf Maschinen, die auf eine bestimmte Nummer gerichtet waren, gesponnen worden sind, in der Sortirerey in Parthien zu 5 oder 10 Pf. ausgewogen, zusammengepreßt, gebunden und verpackt und so in den Handel gesetzt. Die auf solche Art verpackten Garne enthalten jedoch immer mehrere Nummern, weil es bey der größten Sorgfalt und fleißigsten Manipulation doch nicht möglich ist, nur eine einzige Nummer auf der Maschine zu erzeugen. Daher sind auch da, wo man auf genaue Sortirung der Garne sieht, welche bey gleicher Qualität immer den Vorzug haben, Sortirwagen eingeführt, welche jede Nummer der Garne anzeigen. Diese auf der Sortirwage sortirten Garne werden auch in Päcke zu 5 oder 10 Pf. zusammengepreßt, gebunden, verpackt und zum Handel gebracht. Zum Verpacken bedient man sich der engl. Packpresse, wodurch die Päcke fest zusammengedrückt, und leicht und schnell gebunden werden können.

Man ersieht aus dem bisher Gesagten, daß die Maschinenspinnerey ganz auf mathematischen Berechnungen, vorzüglich auf der Mechanik beruhe und genaue praktische Manipulations-Kenntnisse voraussetze. Sollen diese Maschinen die bestmögliche Wirkung hervorbringen, so muß der Unternehmer sie in allen ihren Bestandtheilen und verschiedenartigen Wirkungen genau kennen. Denn es werden auf ihnen nicht nur verschiedene Gattungen Baumwolle verarbeitet, sondern aus diesen werden auch Garne der verschiedensten Feinheit erzeugt, wobey ein englisches Pfund (d. i. 24 Wiener Loth) zu einem Faden von 980 bis 294,000 Wiener Ellen ausgedehnt wird. Jede Maschine bleibt aber, wenn an ihrer Einrichtung keine Veränderung vorgeht, in ihrer Wirkung gleich, und Änderungen, welche sie in der Manipulation, ohne daß an der Maschine etwas geändert wird, zeigen, entstehen nicht nur von der Maschine, sondern zum Theil auch von der Einwirkung der Temperatur auf das Material, die bey einer wohleingerichteten Manufactur nicht außer Acht gelassen werden darf. Es erhellet daraus, wie vielfach sowohl in Beziehung auf die verschiedenen Gattungen der Baumwolle, als in Hinsicht der Feinheit der Garne und der Einwirkung der Temperatur auf das Material diese Maschinen Veränderungen unterliegen müssen; auch beziehen sich diese Veränderungen nicht auf eine Gattung Maschinen, sondern auf alle zu einer Baumwoll-Garnmanufactur nothwendigen Maschinen, und dann ist es zur zweckmäßigen Manipulirung nicht gleichgültig, an welcher Gattung der Maschinen die Veränderung gemacht wird.

Mehrere Maschinen, die zusammen ein Ganzes ausmachen, werden ein Satz genannt. So besteht z. B. ein Satz englischer Gespinnstmaschinen aus 1 Vorspinn-, 7 Feinspinn-, 7

Krempelmaschinen, einem Zieh- und Drehwerk, den nöthigen Haspeln, einer Packpresse und Sortirwage. Doch weichen hierin die Mechaniker, welche die Maschinen bauen, nicht selten von einander ab. Unter den eigentlichen Maschinisten des Landes unter der Ens hat der verstorbene William Tyler viel geleistet; er hat nicht nur einen eigenen schönen Maschinen-Erzeugungs-Apparat zu Bruck an der Leytha, sondern auch 2 Spinnereyen zu Bruck und Hirtenberg errichtet. Nach ihm sind Heinrich Houlden, Hieronymus Guteruf und Eduard Royce die bekannteren. Übrigens ist es bekannt, daß in den größten Manufacturen der Maschinenbau nach Anleitung der dortigen Directoren durch besondere Maschinisten und Hülfsarbeiter geleitet wurde, und noch geleitet wird. In Böhmen hat sich ein Schlosser zu Schönlinde, Nahmens Preißger, durch den Bau verschiedener Maschinen bekannt gemacht. Das Leder zu den Krempelüberzügen wird von dem Gerber Georg Appleton zu Simmering bey Wien und Hallmayer in Wien von guter Qualität geliefert (vergl. Th. II. Abth. Leder Nr. 30 und 31).

Bey den größeren Anstalten wird das Wasser als bewegende Kraft benutzt, und in dieser Hinsicht zeichnen sich die Manufacturen zu Pottendorf, Schwadorf, Teesdorf &c. durch ihre großen und wohleingerichteten Wassertriebwerke aus. Kleinere werden auch ganz oder theilweise durch Pferde, oder mit der Hand in Bewegung gesetzt. Die Spinnmaschinen werden meist durch Kinder versehen, welche die abgerissenen Fäden wieder anknüpfen, und auch bey anderen Arbeiten verwendet werden. In der Manufactur zu Pottendorf, wo sich die Zahl der Kinder auf mehrere hundert beläuft, dann in Schönau &c. sind eigene Schulanstalten für sie errichtet worden.

Vorbereitung der Baumwollgarne zur weiteren Verarbeitung.

Die Baumwollgarne werden entweder einfach, d. h. so wie sie von dem Rade oder der Maschine kommen, verarbeitet, oder sie werden vorher zwey- oder dreyfach zusammengedreht oder gezwirnt. Die einfädigen werden vor dem Verweben gewaschen oder auch gebleicht, wie dieses beym Färben und

Zwirnen der Baumwollgarne der Fall ist. Da das Bleichen der Garne auf denselben Principien beruht, wie das Bleichen der gewebten Baumwollstoffe, und in denselben Bleichanstalten bewerkstelliget wird, so sind bey den Baumwollstoffen die nöthigen Operationen und vorzüglichsten Bleichen angeführt. Unmittelbar vor dem Verweben werden sie noch geleimt und geschlichtet. Zum Leimen bedient man sich eines dünnen Leimwassers, welches aus ½ Pf. Tischlerleim und 4 Maß Wasser bereitet wird. Das Garn wird in der lauwarmen Auflösung eingetaucht, ausgerungen und getrocknet, wodurch es eine gewisse Steife und die zur Aufziehung der Kette erforderliche Qualität erlangt. Die Schlichte besteht aus dünnem Mehlpapp (Mehlkleister) und wird von dem Weber erst dann gebraucht, wenn das Garn geleimt und auf dem Stuhle aufgezogen ist. Auch für diese Verrichtung hat der schon mehrmahls erwähnte Mechaniker Joh. von Thornton zu Pottendorf eine sogenannte Weberey-Hülfsmaschine zum Schlichten und Stärken der Kette erfunden, worauf demselben unterm 9. August 1818 ein ausschließendes Privilegium auf 10 Jahre für die ganze Monarchie ertheilt wurde. Das Zwirnen der Baumwolle geschieht auf dieselbe Art, wie das Zwirnen der Flachsgarne, und zwar zwey- oder dreyfach (zwey- oder dreydrähtig). Es ist größten Theils die Beschäftigung einzelner Arbeiter, welche die sogenannten Strick-, Stick- und Spitzenzwirne aus Baumwolle verfertigen. Doch geben sich auch größere Etablissements mit dem Zwirnen der Garne ab, und seit kurzem werden auch in der Pottendorfer Manufactur Strick- und Stickgarne verfertiget.

Eine weitere Vorbereitung der Garne besteht im Färben derselben, weil viele Gewebe theilweise oder ganz aus vorher gefärbtem Garne verfertiget werden. Es ist nicht ohne Schwierigkeit, die Baumwolle sehr schön und vollkommen echt in allen Farben zu färben, und manche Nuancen wollen noch bis zur Stunde nicht ganz gelingen. Man unterscheidet übrigens die Farben in echte und unechte. Die Materialien (Th. I. Färbe-Materialien) sind fast dieselben, die in der Färberey überhaupt in Anwendung sind, nur muß das Garn vor dem Färben in schwacher Pottaschenlauge gut ausgekocht oder auch gebleicht seyn. Blau wird sowohl mit der kalten Küpe, als mit blausaurem Eisen, mit Blauholz, schwarz mit Vitriol, Galläpfeln und Bläuholz, gelb mit Wau, Gelbholz, Scharte und Quercitronrinde, roth mit Saflor und Krapp, grün aus blau und gelb u. s. w. gefärbt. Eine Hauptfarbe bey Baumwolle ist das schöne Roth von Adrianopel oder das Türkischroth (Krapproth), welches sich weder in der Sonne, noch im Seifenwasser entfärbt. Man hat diese Farbe in mehreren europäischen Ländern mit gutem Erfolge nachzuahmen gesucht. Die Hauptsache scheint dabey auf dem Mordant aus Galläpfeln und Soda, auf dem Alaunbade, den Ohl- und Alkalienbrühen, und einem zweyten Bade von Galläpfeln und Alaun zu beruhen. Erst nach dieser Vorbereitung wird das Garn in der Krappbrühe ausgefärbt, worauf man demselben durch Kochen in Seifenwasser, und durch Ausspülen in gesäuertem Wasser die eigenthümliche Lebhaftigkeit gibt. Es sind eigene Baumwollgarn- und Türkischrothfärbereyen errichtet worden, welche den Webern die gefärbten Garne zur Verarbeitung liefern. Eine Garnfärberey bestand mehrere Jahre zu Baden bey Wien; vor kurzem hat sich in Wien auch ein Färber aus Elberfeld, Nahmens Bröking, etablirt, der die Garne auf türkische Art roth färbt. Das Indisch- oder Adrianopelroth auf Flachs- und Hanfgarn wird im Wesentlichen auf gleiche Art hervorgebracht. Auch hat man in der neueren Zeit eine Methode entdeckt, das baumwollene Garn, welches zu Nankin verarbeitet werden soll, vor dem Verweben dauerhaft bräunlichgelb zu färben, und der wahren Nanking-Baumwolle ähnlich zu machen. Das Garn wird zu dem Ende in Parthien zu 25 Pf. in einer Auflösung von reinem Eisenvitriol in warmem Wasser mehrmahls umgekehrt, ausgerungen, an die Luft gehängt, dann in ein lauwarmes Kalibad, welches aus Kalkwasser oder Pottascheauflösung (oder der Wohlfeilheit wegen aus heller Aschenlauge mit $\frac{1}{10}$ Kalk) bereitet wird, und wozu man etwas Orlean setzt, gebracht, wieder an die Luft gehängt, und das Herumnehmen im Vitriol- und Kalibade so oft wiederhohlt, bis die verlangte Nuance herangekommen ist. Um das Murbewerden des Garnes zu verhüten, setzt man beym letzten Laugenbade für jede 25 Pf. Garn 1 Pf. feines Baumöhl zu, wodurch das Garn weniger spröde, und zum Verweben geschmeidiger wird. Von den übrigen vorzüglicheren Färbern, die gewöhnlich Seide und Baumwolle zugleich färben, müssen noch Peter Gerst zu Sechshaus bey Wien, Natal Kritti in der Vorstadt Gumpendorf, Vinciguerra, Marchetti, Simon Chora, Hilbert u. a. m. in Wien wegen ihrer schönen und echten Waare erwähnt werden.

Der Baumwollgespinnst-Handel ist für den österr. Staat als passiv anzusehen, da wohl ausländische Gespinnste eingeführt, aber keine inländischen ausgeführt werden. Ungeachtet die Spinnereyen im Inlande so sehr sich vermehret und vervollkommnet haben, so kann doch im Allgemeinen angenommen werden, daß sie den Staat bloß mit Gespinnsten von Nr. 1 bis 50 hinlänglich zu versorgen im Stande sind, ungeachtet einzelne Manufacturen, z. B. die Pottendorfer, Schwadorfer und Teesdorfer, noch weit höhere Nrn. bis 72, 96, und selbst bis 140 erzeugt haben und zum Theil noch erzeugen. Die Ursache, warum unsere Manufacturen sich beynahe ausschließend auf die niedrigen Sorten beschränken, liegt in dem Umstande, daß nicht immer die schöneren Sorten Baumwolle zu billigen Preisen zu haben sind. Nur die levantische Baumwolle kann aus der ersten Hand und die schlechtere ostindische (wie die Bengal und Surate) zu entsprechenden Preisen bezogen werden, und gerade diese Baumwollsorten gestatten ihrer Natur nach keine höhere Verspinnung, als bis Nr. 50, und die erstere, wenn sie von sehr guter Qualität ist, bis Nr. 60 u. 70. Ostindische und amerikanische Baumwolle fehlte lange Zeit gänzlich, und kommt wegen der großen Assecuranzpreise und Frachten so hoch, daß die inländischen Manufacturen in den höheren Nummern nicht oder nur selten mit den engl. Manufacturen die Concurrenz auszuhalten im Stande sind. Es ereignete sich hier schon öfters der Fall, daß die feine rohe Baumwolle theurer verkauft wurde, als die engl. Gespinnste von Nr. 20. Die inländischen Manufacturen werden sich daher so lang auf oben erwähnte Gattungen Baumwolle beschränken müssen, und ihre Unternehmungen nicht bis zum möglichen Betriebe ausdehnen können, als die gegenwärtigen Handelsverhältnisse und andere Umstände fortdauern. Durch das Einfuhrsverboth der ausländischen Garne bis Nr. 50 ist indeß den inländischen Manufacturen der Absatz ihrer Erzeugnisse im Inlande gesichert, und durch die Acquisition des lombardisch-venetianischen Königreichs hat sich ihnen nach dem oberen Italien ein neuer Weg des Absatzes eröffnet. Seit der Ausdehnung der Zollsätze auf die italienischen Provinzen gehen auch schon ansehnliche Quantitäten österr. Baumwollgarne dahin, besonders von ganz niederen Nummern. Alle Nummern über 50 werden mit Ausnahme derjenigen Quantitäten, die noch im Lande erzeugt werden, vom Auslande eingeführt. Die Watergarne werden in den inländ. Manufacturen gegenwärtig etwas häufiger und feiner als ehemahls erzeugt. Aus macedonischer Baumwolle spinnt man sie bis Nr. 30, aus feinen Baumwollgattungen bis Nr. 50. Die Watergarne bis Nr. 12, deren Einfuhr aus dem Auslande verbothen ist, werden nicht bedeutend gesucht, und müssen daher von den Abnehmern, da sie selten vorräthig sind, meistens bestellt werden. In Dalmatien und anderen südlichen Provinzen hat man sonst beynahe ausschließend türkische Garne bezogen, die nun aber mit den englischen im Zolltariff gleich gesetzt sind.

Der seit 1818 an allen Gränzen der Monarchie gegen das Ausland in Ausübung gesetzte Zolltariff bestimmt folgende Zollsätze: Mulegarn bis Nr. 50, worunter auch das weiße türkische Garn gehört, dann das Watergarn bis Nr. 12 ist einzuführen verbothen; bey der Ausfuhr zahlen beyde 50 kr. vom Wiener Ctr.; alles übrige Garn, nähmlich Mulegarn über Nr. 50, und Watergarn über Nr. 12, zahlt b. d. Einf. 30 fl.; das gefärbte baumwollene Garn, wozu auch das rothe türkische Garn gehört, 30 fl.; das ungrische weiße Garn ohne Unterschied der Nummern ist zollfrey b. d. Einf.; das ungrische gefärbte Garn zahlt b. d. Einf. 15 fl. C. M. pr. Ctr. Der Ausfuhrszoll ist bey allen auf 50 kr. C. M. vom Ctr. festgesetzt. Im Innern der Monarchie, nähmlich zwischen den alten und den neu erworbenen Provinzen (mit Ausnahme von Ungarn, Siebenbürgen, Dalmatien, Istrien, und den Freyhäfen von Triest und Fiume, mit Inbegriff der dazu gehörigen, außer der Zollinie gelegenen Districte) ist der Verkehr mit Baumwollgarnen zollfrey, und darum sehr lebhaft.

G 2

Den Handel mit inländischen Gespinnsten treiben die Manufacturen größten Theils selbst. Die Pottendorfer, Schwadorfer, Solenauer und Schönauer, Teesdorfer, Neunkirchner, Steinhofer u. a. Manufacturen haben ihre eigenen Niederlagen in Wien, von wo auch die Versendungen nach anderen Provinzen besorgt werden. Mit englischen Gespinnsten handeln in Wien vorzüglich Reyer und Ullinger, Breuß, Gruhner und Dörfling; mit englischen 2 und 3drähtigen Strick- und Stickgarnen bis Nr. 300 ist Joh. Christ. Krone in Wien der vorzüglichste, der sich um die vaterländische Industrie durch die auch hier zuerst in Gang gebrachte englische Maschine zur Verfertigung der so beliebten Wollknäulchen und Fäßchen wesentlich verdient gemacht hat. Denn diese gefälligere Form wirkte mit auf die Ausbreitung und Vervollkommnung der feineren Stickereyen und Strickereyen.

In der Pottendorfer und anderen Niederlagen zu Wien werden die inländischen Garne in westindische und macedonische unterschieden. In ersterer sind die Mulegarne aus westindischer Baumwolle immer von Nr. 20 bis 90, aus macedonischer von Nr. 10 bis 69; Watergarne aus westindischer Baumwolle von Nr. 20 bis 44, aus macedonischer von Nr. 10 bis 28 vorräthig. Im Jänner 1820 kostete der Pack (zu 5 engl. Pf.) westindischen Mulegarns Nr. 20 7 fl. 34 kr., Nr. 26 8 fl., Nr. 40 9 fl. 4 kr., Nr. 52 10 fl. 4 kr., Nr. 64 11 fl. 10 kr., Nr. 74 12 fl. 10 kr., Nr. 84 13 fl. 10 kr., Nr. 90 13 fl. 46 kr. C. M., in angemessenen Verhältnissen steigend. Von den macedonischen Mulegarnen kostete der Pack (zu 10 engl. Pf.) von Nr. 10 11 fl. 28 kr., Nr. 14 12 fl., Nr. 22 13 fl. 4 kr., Nr. 29 14 fl. 4 kr., Nr. 35 15 fl., Nr. 42 16 fl. 8 kr., Nr. 48 17 fl. 8 kr., Nr. 53 18 fl., Nr. 59 19 fl. 4 kr., Nr. 69 11 fl. 24 kr. C. M. Westindisches Watergarn kostete pr. Pack (zu 5 engl. Pf.) Nr. 20 8 fl. 2 kr., Nr. 32 9 fl. 2 kr., Nr. 44 (die höchste Nr.) 10 fl. 4 kr.; macedonisches Watergarn pr. Pack (zu 10 engl. Pf.) Nr. 10 12 fl. 16 kr., Nr. 15 13 fl., Nr. 22 14 fl. 4 kr., Nr. 28 (die höchste Nr.) 15 fl. 4 kr. C. M. Die Strickgarne, ebenfalls westindische und macedonische, sind in Päcke zu 1 engl. Pf. gebunden, und laufen von Nr. 9 bis 62. — Die Preise der engl. Gespinnste waren zu Wien im December 1819 folgende. Bestes Secunda-Muletwist Nr. 60 9 fl. 15 kr., Nr. 80 12 fl. 15 kr., Nr. 90 13 fl. 33 kr., Nr. 110 18 fl., Nr. 120 19 fl. 15 kr. C. M. pr. Pack (zu 5 engl. Pf.). Allerbestes Kettengarn der ersten Qualität: Nr. 60 12 fl. 15 kr. bis 13 fl. 15 kr., Nr. 70 14 fl. 10 kr. bis 15 fl. 10 kr., Nr. 100 19 fl. 15 kr., Nr. 110 20 fl. 30 kr. C. M. pr. Pack (zu 5 engl. Pf.). Watertwist erster Qualität kostete Nr. 18 16 fl. 45 kr., Nr. 20 17 fl. 15 kr., Nr. 26 17 fl. 10 kr., Nr. 28 17 fl. 50 kr., Nr. 30 18 fl. 30 kr., Nr. 32 19 fl. 10 kr., Nr. 38 21 fl. 30 kr. — Die Preise der inländischen Strick- und Stickgarne waren im Febr. 1820 zu Wien pr. Pf. in W. W. folgende: Nr. 8 3 fl. 30 kr., Nr. 16 4 fl. 12 kr., Nr. 20 4 fl. 28 kr., Nr. 26 4 fl. 52 kr., Nr. 32 5 fl. 8 kr., Nr. 40 5 fl. 40 kr., Nr. 46 6 fl. 12 kr. Die englischen Strick- und Stickgarne standen zur selben Zeit in C. M. pr. Pf. zu folgenden Preisen: Nr. 14 3 fl. 50 kr., Nr. 20 3 fl. 58 kr., Nr. 30 4 fl. 20 kr., Nr. 40 5 fl. 18 kr., Nr. 50 6 fl. 20 kr., Nr. 60 7 fl. 20 kr., Nr. 70 8 fl., Nr. 80 9 fl. Die Nähwolle endlich kostete in C. M. pr. Pf. Nr. 14 4 fl. 42 kr., Nr. 20 5 fl., Nr. 30 5 fl. 42 kr., Nr 40 6 fl. 48 kr., Nr. 50 7 fl. 30 kr., Nr. 60 10 fl., Nr. 80 14 fl., Nr. 100 18 fl. 45 kr., Nr. 150 32 fl., Nr. 200 54 fl., Nr. 300 120 fl.

Erklärung der Muster.

Die hier aufgestellten Muster der Baumwollgespinnste zerfallen I. in die Vorarbeiten, und zwar sowohl zur Handspinnerey, als zur teutschen und engl. Maschinenspinnerey, und II. in die Garne selbst. Diese sind entweder einfädige oder mehrfädige, und beyde entweder ungefärbt oder gefärbt. Diese verschiedenen Sorten sind hier mit beständiger Hinsicht, ob sie durch die Handspinnerey, oder durch die Maschinenspinnerey erzeugt worden sind, aufgeführt; auch finden sich dabey alle diejenigen Sorten, welche nach den österreichischen Gesetzen noch aus dem Auslande zum inländischen Gebrauche eingeführt werden dürfen. Die Nachträge ergänzen die vorhergehenden Tafeln in mehrerley Hinsicht.

I. Die Vorarbeiten.

a) Zur Handspinnerey.

Taf. I. Nr. 1. Kartätschte oder gekrempelte Baumwolle, in Gestalt eines dünnen Blattes. Dieses wird an den Rockenstab gebunden und sogleich versponnen.

b) Zum teutschen Maschinengarne.

Nr. 2. Eine Locke, d. i. ein Streifen gekrempelter Baumwolle.

Nr. 3. Vorgespinnst, ein dicker, lockerer Faden.

c) Zum Mule- und Watergarne.

Taf. II. Nr. 4 und 5. Blatt von der Vorkratze, ersteres aus macedonischer, das zweyte aus westindischer Baumwolle, beyde aus mehreren über einander liegenden florähnlichen Blättern bestehend. Über den beyden Mustern liegt zur deutlicheren Ansicht noch ein größeres einfaches Blatt.

Nr. 6 und 7. Band von der Feinkratze, gewöhnlich 2 Zoll breit, ersteres aus macedonischer, das zweyte aus westindischer Baumwolle.

Taf. III. Nr. 8 und 9. Band vom ersten Zuge (Gange) der Zieh- oder Streckmaschine, ersteres aus maced., das zweyte aus westind. Baumwolle.

Nr. 10 und 11. Band vom zweyten Zuge der Ziehmaschine, ersteres aus maced., das zweyte aus westind. Baumwolle. Man sieht hier schon die allmähliche Verfeinerung der Baumwolle und ihre Annäherung zum Spinnen.

Nr. 12 und 13. Gedrehtes Band von der Dreh- oder Wutzelmaschine, noch stärker gezogen und etwas gedreht. Ersteres aus maced., das zweyte aus westind. Baumwolle.

Nr. 14 und 15. Vorgespinnstfaden, schon in Gestalt eines sehr groben lockeren Gespinnstes, aus mac. und westind. Baumwolle.

II. Die Baumwollgarne.

A. Einfädige Garne.

a) Handgespinnste.

Taf. IV. Nr. 16 und 17. Grobe Gespinnste von den Feinheits-Nrn. 3 und 6, bloß als Strickgarne anwendbar.

Nr. 18 bis 21. Etwas bessere Garne von den Feinheits-Nrn. 12, 13, 14 und 15. Diese Garne dienen zu Strickereyen, zu Manchester, zu Barchet, zu grobem Katun oder Kitay u. dgl. Grobe Garne von den Feinheits-Nrn 8 bis 15 gehen jetzt stark nach Italien, wo man daraus dicke Zeuge für die Landleute verfertiget. Gegenwärtig benutzt man zu den ganz niederen Gespinnstnummern die ordinäre macedonische, und die sehr wohlfeile Bengal- und Surate-Baumwolle. Auch die ägyptische Baumwolle eignet sich zu diesen niederen Gespinnsten, wenn sie nicht gar zu unrein ist.

Nr. 22. Türkisches weißes Garn, von ziemlich guter Qualität, zu besseren Waaren verwendbar.

b) Teutsche Maschinengarne.

Nr. 23 bis 28. Sechs Sorten ordinärer Garne von den Feinheits-Nrn. 3, 6, 9, 10, 11, 12. Zu gleichem Gebrauche, wie die obigen. Diese Gespinnste werden auf den Maschinen nach teutscher Art am häufigsten gesponnen; man hat davon aber auch noch bessere Garne bis Nr. 16, auch bis Nr. 20.

c) Österreichische Water- und Mulegarne.

Nr. 29 und 30. Watergarne von Teesdorf, aus mac. Baumwolle, von den Feinheits-Nrn. 8 und 10, zu Strickereyen.

Nr. 31 und 32. Watergarne von Schwadorf, aus mac. Baumwolle, von den Feinheits-Nrn. 10 und 11, zu gleichem Gebrauche. Man verarbeitet sie auch als Kette in Zeuge, wozu man Handgespinnste als Eintrag nimmt.

Taf. V. Nr. 33 bis 35. Watergarne von Schwadorf, von den Feinheits-Nrn. 12, 13, 14.

Nr. 36 bis 38. Watergarne von den Feinheits-Nrn.

14, 15 und 16, das erste und dritte von Teesdorf, das zweyte von Schwadorf.

Nr. 39 bis 43. Watergarne von den Feinheits-Nrn. 16, 17, 18, 19, 20, die vier ersten von Schwadorf, das letzte von Teesdorf. Alle Garne von den Feinheits-Nrn. 12 bis 20 dienen als Eintraggarne zu Manchester, zu Nankin, zu grobem Piqué, zu Kitay, auch zum Stricken u. s. w.

Nr. 44 bis 51. Watergarne von Schwadorf, von den Feinheits-Nrn. 20, 21, 22, 23, 24, 26, 28, 30. Zu gleichem Gebrauche wie die vorigen, doch zu feinerer Waare, auch zu Wallis, zum Sticken in Percal statt des Zwirns u. s. w. Alle bisher angeführten Muster der V. Tafel sind aus macedonischer Baumwolle.

Nr. 52 und 53. Watergarne aus Fernambuk-Baumwolle von Teesdorf, von den Feinheits-Nrn. 30 und 40. Mit der letzten Nummer schließen sich die österreichischen Watergarne, die gewöhnlich zum Verkaufe gesponnen werden. Von der folgenden Nummer beginnen die Mulegarne.

Nr. 54 bis 58. Mulegarne aus macedonischer Baumwolle, von den Feinheits-Nrn. 20, 24, 26, 28, 30, das erste und letzte von Teesdorf, die übrigen von Schwadorf. Diese Sorten dienen sämmtlich zu Katun.

Taf. VI. Nr. 59 und 60. Mulegarne von Schwadorf, von der Feinheits-Nr. 30, ersteres aus mac., letzteres aus westind. Baumwolle.

Nr. 61 und 62. Mulegarne von Schwadorf, von der Feinheits-Nr. 32, aus mac. und westind. Baumwolle.

Nr. 63 und 64. Mulegarne von Schwadorf, von der Feinheits-Nr. 34, aus mac. und westind. Baumwolle.

Nr. 65 und 66. Mulegarne von Schwadorf, von der Feinheits-Nr. 36, aus mac. und westind. Baumwolle. Die auf dieser Tafel bisher enthaltenen Muster dienen zu gröberen Kammertüchern.

Nr. 67 und 68. Mulegarne von Schwadorf, von der Feinheits-Nr. 38, aus mac. und westind. Baumwolle.

Nr. 69 und 70. Mulegarne von der Feinheits-Nr.

40, aus mac. Baumwolle, ersteres von Teesdorf, das zweyte von Schwadorf.

Nr. 71 und 72. Mulegarne von der Feinheits-Nr. 40, aus Fernambuk-Baumwolle, ersteres von Teesdorf, das zweyte von Schwadorf.

Nr. 73 und 74. Mulegarne von Schwadorf, von der Feinheits-Nr. 42, aus mac. und westind. Baumwolle.

Nr. 75 und 76. Mulegarne von Schwadorf, von der Feinheits-Nr. 44, aus mac. und westind. Baumwolle.

Nr. 77 bis 79. Mulegarne von der Feinheits-Nr. 46. Das erste ist aus mac., das zweyte aus Fernambuk-, das dritte aus westind. Baumwolle gesponnen, und zwar das erste und dritte zu Schwadorf, das zweyte zu Teesdorf.

Nr. 80 und 81. Mulegarne von Schwadorf, von der Feinheits-Nr. 48, ersteres aus mac., letzteres aus westind. Baumwolle.

Nr. 82 bis 84. Mulegarne von der Feinheits-Nr. 50, das erste aus mac., das zweyte aus Fernambuk-, das dritte aus westind. Baumwolle, und zwar das erste und dritte von Schwadorf, das zweyte von Teesdorf. Alle von Muster Nr. 67 bis 84 vorkommenden Gespinnste werden auf feinere Kammertücher und Calicos verarbeitet; die letzteren geben auch schon ordinäre Percale, die freylich nur uneigentlich diesen Nahmen führen, da sie bloß gute Kammertücher oder Calicos sind.

Taf. VII. Nr. 85 bis 87. Mulegarne von den Feinheits-Nrn. 52, 58 und 60, die zwey ersteren von Schwadorf aus westind., das letztere von Teesdorf aus Fernambuk-Baumwolle. Auch diese Sorten verarbeitet man noch zu den besten Kammertüchern, oder auch schon als Eintrag in Percale, wozu erst Garne von Nr. 60 aufwärts genommen werden sollten.

Nr. 88 bis 92. Mulegarne von den Feinheits-Nrn. 64, 68, 70, 74 und 80. Das erste, zweyte und vierte von Schwadorf aus westind., das dritte und fünfte von Teesdorf aus Fernambuk-Baumwolle; alle zu Eintrag in Percal.

Nr. 93 und 94. Mulegarne von der Feinheits-Nr. 90, ersteres von Teesdorf aus Fernambuk-, das zweyte von Schwadorf aus westind. Baumwolle; zu gleichem Gebrauche.

Nr. 95. Mulegarn von Schwadorf, von der Feinheits-Nr. 96, aus westind. Baumwolle, zu demselben Gebrauche.

d) Englische Mulegarne.

Es ist bereits oben gesagt worden, daß die engl. Mulegarne von Nr. 50 an eingeführt werden dürfen. Es sind davon hier alle gangbaren Sorten in Mustern aufgestellt.

Nr. 96 bis 100. Mulegarne von den Feinheits-Nrn. 54, 58, 60, 62, 66 in fortlaufender Ordnung.

Nr. 101 bis 109. Mulegarne von den Feinheits-Nrn. 70, 78, 84, 88, 90, 98, 100, 104, 106 in fortlaufender Ordnung.

Taf. VIII. Nr. 110 bis 120. Mulegarne von den Feinheits-Nrn. 108, 110, 112, 114, 116, 120, 130, 136, 142, 146, 150 in fortlaufender Ordnung. Diese engl. Gespinnste dienen zu Percal, Musselin, Vapeur ꝛc., überhaupt zu allen feineren Baumwollgeweben. Die Feinheits-Nrn. 120 bis 150 sind schon die höchsten, welche im Inlande verarbeitet werden. Alle feineren, die sich aus den folgenden Mustern zeigen, kommen nur selten hierher, da sie ganz unnöthig sind und zu geringem Gebrauche dienen.

Nr. 121 bis 131. Mulegarne von den Feinheits-Nrn. 156, 160, 166, 172, 180, 182, 200, 204, 234, 240, 250. Man bewundert an den letzteren Mustern die außerordentliche Feinheit und Gleichheit der Fäden, und doch sind sie noch nicht die feinsten Garne, indem man diese in England schon bis Nr. 300 gesponnen hat.

Die englischen Watergarne kommen im Nachtrage Taf. XVII. Nr. 346 bis 348 vor.

e) Gewaschenes, geleimtes und geschlichtetes Garn.

Nr. 132. Gewaschenes Garn, wie es zum Verarbeiten und zum Färben zugerichtet erscheint.

Nr. 133. Geleimtes Garn, d. i. mit dünner Leimauflösung getränkt und wieder getrocknet, daher gelblich und steifer.

Nr. 134. Geschlichtetes Garn, d. i. durch Bestreichen mit dünnem Mehlkleister gestärkt, was jedoch erst nach dem Aufziehen auf dem Webestuhle geschieht.

B. Mehrfädige Garne oder Baumwoll-Zwirne.

a) Österreichische Baumwoll-Zwirne.

Taf. IX. Nr. 135 bis 140. Zweydrähtige Zwirne aus Mulegarnen von den Feinheits-Nrn. 12, 14, 16, 18, 20, 22 in fortlaufender Ordnung. Zum Stricken, Sticken u. s. w.

Nr. 141 bis 146. Feinere Sorten aus Mulegarnen Nr. 24, 26, 28, 30, 32, 34, zu gleichem Gebrauche, alle zweydrähtig.

Nr. 147 bis 152. Noch feinere Zwirne aus Mulegarnen Nr. 36, 38, 40, 42, 44, 46 in fortlaufender Ordnung, ebenfalls zweydrähtig und zu gleichem Gebrauche.

Taf. X. Nr. 153 bis 159. Dreydrähtige Zwirne aus Mulegarnen von den Feinheits-Nrn. 6, 8, 10, 12, 14, 16, 18 in fortlaufender Ordnung. Zum Stricken, Sticken u. s. w.

Nr. 160 bis 166. Feinere dreydrähtige Zwirne aus Mulegarnen Nr. 20, 22, 24, 26, 28, 30, 32, zu gleichem Gebrauche.

Nr. 167 bis 173. Noch feinere dreydrähtige Zwirne aus Mulegarnen Nr. 34, 36, 38, 40, 42, 44, 46, zu demselben Gebrauche. Diese und die vorhergehende Tafel bilden ein sehr schönes Assortiment österreichischer Baumwoll-Zwirne.

Noch stärker ist das nachfolgende Assortiment der englischen gezwirnten Baumwollgarne.

b) Englische Baumwoll-Zwirne.

Taf. XI. Nr. 174 bis 181. Zweydrähtige Zwirne aus Mulegarnen von den Feinheits-Nrn. 18, 20, 24, 26, 28, 30, 32, 36 in fortlaufender Ordnung.

Nr. 182 bis 188. Feinere zweydrähtige Zwirne aus Mulegarnen Nr. 42, 44, 48, 52, 56, 60, 70 in fortlaufender Ordnung. Alle diese zweydrähtigen, so wie die nachfolgenden dreydrähtigen Zwirne zeichnen sich durch ihre Gleichheit und Schönheit aus, und werden sämmtlich zum Stricken und Sticken, die feinsten auch zu baumwollenen Spitzen verwendet.

Nr. 189 bis 195. Dreydrähtige Zwirne aus Mulegarnen von den Feinheits-Nummern 8, 10, 12, 14, 16, 18, 20 in fortlaufender Ordnung.

Taf. XII. Nr. 196 bis 209. Dreydrähtige Zwirne aus Mulegarnen Nr. 22, 24, 26, 28, 30, 32, 34, 35, 38, 40, 42, 46, 48, 50 in fortlaufendem Grade der Feinheit.

Nr. 210 bis 218. Dreydrähtige Zwirne aus Mulegarnen Nr. 52, 54, 56, 58, 60, 66, 70, 80, 90 nach zunehmender Feinheit.

Nr. 219. Zweydrähtiger Nähzwirn aus Mulegarn Nr. 10.

Taf. XIII. Nr. 220 bis 229. Zweydrähtige Nähzwirne aus Mulegarnen Nr. 14, 18, 22, 26, 30, 32, 35, 40, 45, 50 nach zunehmender Feinheit.

Nr. 230 bis 237. Zweydrähtige Nähzwirne aus Mulegarnen Nr. 55, 60, 65, 70, 75, 80, 90, 100.

Nr. 238 bis 241. Zweydrähtiger Nähzwirn aus Mulegarnen Nr. 120, 130, 140, 150. Diese Muster sind ungemein schön und aus der Niederlage des Herrn Krone in Wien.

C. Gefärbte Garne.

a) Einfädige.

Taf. XIV. Nr. 242 bis 257. Garne in verschiedenen Farben, in Wien gefärbt, zum Einweben, zu Kette und Einschlag u. s. w.

Nr. 258 und 259. Elberfelder rothes Garn, nach türkischer Art gefärbt, ersteres von der Feinheits-Nr. 14, letzteres Nr. 36.

Nr. 260. Englisches Garn, nach türkischer Art roth gefärbt.

Nr. 261. Echt türkisches rothes Garn, vorzüglich schön und echt. Es werden noch jetzt bedeutende Quantitäten dieses gefärbten Garnes eingeführt.

Nr. 262. Rothes Garn, nach türkischer Art in Baden nächst Wien gefärbt.

Nr. 263. Chinirtes Garn, weiß und blau, d. i. nur stellenweise blau gefärbt. Man brauchte dasselbe sonst zu quadrillirten Sachen; jetzt wird wenig Garn mehr auf diese Art gefärbt.

b) Mehrfädige.

Taf. XV. Nr. 264. Gezwirntes blaues Garn für Strumpfwirker.

Nr. 265 bis 273. Englische rothe Merkgarne aus einfachen Garnen von den Feinheits-Nrn. 14, 20, 26, 30, 40, 60, 80, 100, 120.

Nr. 274 bis 297. Gefärbte Baumwoll-Zwirne in mehreren Farben und Schattirungen, zur Tamburarbeit.

Taf. XVI. Nr. 298 bis 333. Fortsetzung derselben nach allen gangbaren Farben, zu gleichem Gebrauche.

Nachträge.

Von Nr. 334 bis 344 folgen zuerst einige Muster von indischen und macedonischen Garnen, die im J. 1817 in der Pottendorfer Manufactur gesponnen worden sind. Der Beysatz indisch bedeutet bloß, daß sie aus ostindischer Baumwolle gesponnen wurden; sie sind demnach inländische Water- und Mulegarne, und wurden hier nachgetragen, weil sie besonders schöne Gespinnste sind, und zum Theil sehr weit an Feinheit hinaufreichen.

Taf. XVII. Nr. 334. Indisches Watergarn von der Feinheits-Nr. 20.

Nr. 335. Macedonisches Watergarn von der Feinheits-Nr. 28.

Nr. 336 und 337. Indische Watergarne von den Feinheits-Nrn. 30 und 40.

Nr. 338 bis 341. Indische Mulegarne von den Feinheits-Nrn. 60, 62, 80, 90.

Nr. 342 bis 344. Indische Mulegarne von den Feinheits-Nrn. 100, 120, 140.

Nr. 345. Indisches gelbes Mulegarn von der Feinheits-Nr. 20, aus echter Nanking-Baumwolle. (Th. I. Baumwolle Nr. 22.) Hr. v. Dallstein, dem man mehrere schätzbare Beyträge zu diesem Aufsatze verdankt, ließ diese Baumwolle auf der Manufactur zu Schwadorf verspinnen und zu Nankin verweben.

Nun werden 3 Nummern von engl. Watergarne nachgetragen, weil dieses vermöge des neuen Zolltariffes vom Jahre 1818 über Nr. 12 eingeführt werden darf.

Nr. 346 bis 348 Englische Watergarne von den Feinheits-Nrn. 24, 28, 36. Diese drey Nummern sind die Hauptsorten. Es gibt wohl auch engl. Watergarne über Nr. 50 und sogar bis Nr. 80, die aber äußerst selten aus England hierher kommen.

Die letzten Muster dieser Tafel enthalten mehrere im J. 1817 nachgetragene Muster von Strick- und Stickgarnen aus der Pottendorfer Manufactur, weil diese Manufactur sich erst neuerlich auf die Verfertigung dieser Garne verlegt hat.

Nr. 349. Macedonisches Strickgarn Nr. 12, dreydrähtig.

Nr. 350. Indisches Strickgarn Nr. 20, zweydrähtig.

Nr. 351 und 352. Macedonische Strickgarne Nr. 21 und 30, dreydrähtig.

Nr. 353. Indisches Strickgarn Nr. 32, zweydrähtig.

Nr. 354. Macedonisches Strickgarn Nr. 39, dreydrähtig.

Nr. 355. Indisches Strickgarn Nr. 40, zweydrähtig.

Nun noch Muster von neuerlich in Österreich gefärbten Garnen.

Taf. XVIII. Nr. 356. Türkisch rothgefärbtes einfaches Garn von dem Färber Bröking aus Elberfeld, der sich vor kurzem in Wien etablirte.

Nr. 357 bis 361. Gefärbte einfache und gezwirnte Garne von dem in Sechshans bey Wien etablirten Färber, Peter Gerst, vorzüglich schön.

Zum Beweise, daß auf Mulemaschinen sehr brauchbare und dem Watergarn sogar gleichkommende Garne, von welchen schon oben unter der Benennung Mittelgarn (Medio-twist) Erwähnung geschehen ist, gesponnen werden können, folgen am Schlusse noch 10 Stück Garne, welche in ganzen Schnellern gewunden sind, und in der Schwadorfer Manufactur unter der Leitung des Hrn. Jos. von Dallstein im J. 1817 erzeugt wurden. Fünf davon sind wahre Water-, die übrigen fünf die erwähnten Mittelgarne, welche den Watergarnen so ähnlich sehen, daß selbst Kenner sie nicht von einander zu unterscheiden im Stande waren.

Taf. XIX Nr. 382, 383, 388, 390 und 391. Fünf Mulegarne (Mittelgarne), welche mit Watergarnen von den Feinheits-Nrn. 36, 44, 42, 40 und 38 übereinkommen, in ganzen Schnellern nach englischem Gewichte, das Pf. zu 24 Loth.

Nr. 384 bis 387, 389. Fünf Watergarne von den Feinheits-Nrn. 40, 36, 42, 38, 44, 38, ebenfalls in ganzen Schnellern nach englischem Gewichte.

Nr. 392. Mulegarn von der Feinheits-Nr. 16, dem mit der Hand gesponnenen Garne gleich, und eben darum auch nach Wiener Gewicht geweift und gewogen.

Dritte Unterabtheilung.

Die Schafwollgespinnste.

Auch die Schafwollspinnerey zerfällt, wie die beyden vorhergehenden Branchen, 1) in die Handspinnerey und 2) in die Maschinenspinnerey, welche hier abgesondert behandelt werden.

1) Die Handspinnerey.

Die Handspinnerey beschäftiget im österreichischen Kaiserstaate noch eine bedeutende Anzahl von Menschen, welche theils zum eigenen Gebrauche, theils für Tuch- und Wollenzeugfabriken oder für Innungen die inländische Schafwolle verspinnen, ungeachtet auch dieser Erwerbszweig in der neueren Zeit viel gelitten hat. In Böhmen, wo man sonst gegen 70,00 Wollspinner gezählet hat, waren im J. 1819 nur noch 40,000 vorhanden, die größten Theils mittlere und gröbere Gespinnste verfertigten. Auch in Mähren, Schlesien und Österreich ob der Ens wird viel und gutes Wollgarn mit der Hand gesponnen; und in den übrigen Provinzen ist die Wollspinnerey gleichfalls nicht unbekannt, und macht in vielen Haushaltungen eine fleißig betriebene Winterbeschäftigung aus, die freylich nicht immer lohnend genug ist. Unter die größten Etablissements, welche viele Handspinner beschäftigen, gehört die k. k. Wollenzeug-, Tuch- und Teppichfabrik in Linz, indem sie in den benachbarten Kreisen des Landes ob der Ens und Böhmens nahe an 10,000 Wollspinner mit Wolle verlegt, und im Pilsner, Klattauer, Chrudimer, Königgrätzer und Berauner Kreise ihre eigenen Factoren hält. In Tyrol ist das Spinnen der Schafwolle in mehreren Thälern für die arme Volksclasse eine Verdienstquelle, und es werden aus diesem Gespinnste sogenannte Loden oder Mantelzeuge verfertiget. Im Venetianischen, wo man in den Provinzen Padua und Vicenza die besten Gespinnste erzeugt, in Steyermark, Illyrien u. s. w. wird überall theils bessere, theils grobere Schafwolle versponnen. In Ungarn, Siebenbürgen und in den Militär-Gränzen ist die Schafwollspinnerey, wiewohl meist nur zum eigenen Gebrauche, ziemlich allgemein, und in vielen Gegenden ist der Landmann zugleich Schafzüchter, Spinner und Weber. Daß diese Hausspinnerey nicht ganz ohne Belang ist, läßt sich daraus ersehen, daß bloß z. B. im walachisch-illyrischen Gränz-Regimente 140 bis 150,000 Pfund, in der slavonisch-syrmischen Gränze bey 300,000 Pf. Schafwolle des Jahrs in Gespinnste verwandelt werden, wobey noch zu bemerken ist, daß von diesen Quantitäten sehr wenig auf Abfälle zu schlagen ist, indem man hier nicht die Wolle so vielfältigen Vorarbeiten unterwirft, welche man bey der Verarbeitung derselben zu Handelsgut vornimmt.

Nachdem die Wolle durch die Bearbeitung im Wolfe gehörig zertheilt, dann durch Zupfen und Zausen gelüscht worden ist (Th. I. Thierhaare), beginnen die Vorarbeiten zur Spinnerey. Die erste Arbeit besteht darin, daß man die Wolle mit Öhl oder Fett besprengt oder einschmalzt (öhlt), um sie geschmeidiger zu machen und ihren einzelnen Haaren den erforderlichen Grad von Biegsamkeit zu geben. Man nimmt hierzu verschiedene Pflanzenöhle und thierische Fettigkeiten; am besten taugt zu Kämmwolle Schweinefett, zu Schrobbelwolle dagegen gutes Baumöhl, besonders das Leccer. Für ordinäre und mittlere Tücher nehmen einige eine Composition aus Baumöhl und Pottasche, und nur für feine und superfeine ganz reines Baumöhl; manche Tuchmacher zu ersteren auch wohl bloß

Schweinefett. Gereinigtes Rübsenöhl hat nicht der Erwartung entsprochen, da es die Gespinnste bey längerem Liegen sprode machte. Die Menge des Öhls ist nicht bestimmt, und ändert sich nach Qualität und Verwendung der Wolle. Die Linzer Wollenzeugfabrik nimmt bey den gewöhnlichen Tuchgattungen auf 28 Pf. Wolle 4, bey feineren auch 5 Pf. Leccer Öhl; die meisten Tuchfabriken nehmen auf 6 Pf. gefärbte Wolle 1 Pf. Baumöhl, und wenn die Wolle weiß ist, auf 10 Pf. Wolle erst 1 Pf. Öhl. Doch diese Verhältnisse sind wegen ihrer Verschiedenheit keiner genaueren Angabe fähig. Je nachdem nun die Wolle a) zu glatten wollenen Zeugen, oder b) zu Tüchern und tuchartigen Stoffen verarbeitet werden soll, ist ihre weitere Zurichtung zweyfach: zu ersteren wird sie gekämmt, zu den zweyten gestrichen oder geschrobelt. Denn die Wollenzeuge verlangen eine möglichst gleiche, glatte und lange Wolle, weßhalb dazu auch meist einschürige oder überhaupt langhärige, besonders die Zackel- und Zigarawolle gewählt wird; bey den Tüchern und tuchartigen Stoffen dagegen soll die Wolle sich filzen, und der Faden gedeckt bleiben. Zu ersterer Absicht taugt bloß das Kämmen, zur zweyten das Streichen.

Das Kämmen ist eine freye Beschäftigung, die von jedem Zunftzwange befreyt ist, und wird theils von besonderen Kämmern, theils von den Zeugfabrikanten und Webern betrieben. Dergleichen besondere Wollkämmer gibt es sowohl in Wien, als in den Provinzen, wo Wollenzeuge gewebt werden, besonders in Österreich ob der Ens (Linz u. s. w.), in Böhmen, Mähren rc. Größere Wollenzeugfabriken haben gewöhnlich eigene Kämmereyen, z. B. die Linzer Fabrik, welche mit dieser Arbeit allein bey 200 Menschen im Hause, und zum Theil auch in Filial-Kämmereyen beschäftiget; auch mehrere Shawls- und Merinos-Fabrikanten in Wien lassen bey Hause kämmen. Wo eigene unabhängige Kämmer bestehen, wird die gekämmte Wolle von ihnen an die Factoren der Fabriken, welche die Aufsicht über die Spinner und Spinnerinnen haben, abgegeben. Alle bedienen sich bey ihrer Arbeit der Wollkämme, welche mit 2 oder 3 Reihen stählerner Zähne besetzt sind. Nachdem der Kämmer diese im thonernen Kammtopfe bis zu einem gewissen

Grade, den vorzüglich Übung an die Hand gibt, erwärmt hat, streicht er die geschmalzte Wolle zwischen zwey Kämmen dergestalt und so oft, daß sie vollkommen von allen kurzen Fäden und Haaren getrennt wird, recht gleich aussieht, und einen schönen gleichförmig gezogenen Bart oder Kamm (Nr. 1) bildet. Auf gleiche Art werden auch die angorischen, persischen und thibetanischen Ziegenhaare gekämmt. Die Abfälle, welche man Kämmlinge (Schlick) nennt, lassen sich noch zu groben Arbeiten benutzen, und werden z. B. von böhmischen Tuchmachern wieder auf ganz ordinäre Tuchloden verwendet (Th. I. Thierhaare N. 64).

Das Streichen oder Schrobeln (Kratzen, Krempeln, Kartätschen), welches bloß bey Tüchern und tuchartigen Stoffen nothwendig ist, wird mit Handkrempeln oder Handkratzen, d. i. mit Leder überzogenen, und mit mehreren Reihen Drahtzähne besetzten Bretern verrichtet, indem man eine Krempel befestigt, auf diese eine Handvoll geschmalzter Wolle auflegt, und sie mit einer zweyten Krempel mehrere Mahle streicht. Wenn die Schrobeln und Handstreichen neu gebraucht werden sollen, füllt man sie zuvor mit Tuchscherer-Abfall (Scherflocken) aus, den man auch oft mit Baumöhl tränkt. Die Wolle wird durch das Streichen zu einem viereckigen Blatte, welches Wollblatt genannt wird (Nr. 2). Man bedient sich hierzu gröberer und feinerer Krempeln oder Schrobeln, je nachdem die Arbeit mehr oder weniger fein werden soll; auch hängt es sowohl von der Feinheit der Wolle, als von der Feinheit der Garne ab, wie oft die Wolle zu streichen ist, und es scheint immer besser zu seyn, sie eher zu oft als zu wenig zu streichen. Melirte Wolle muß immer mehrmahls geschrobelt werden, damit im Tuche keine Streifen entstehen. Nur gut geschrobelte Wolle gibt schönes Garn; es müssen durch die Arbeit alle Knötchen aus der Wolle geschieden, die Fasern zur Erleichterung des Spinnens mehr getrennt, gut gemischt, und zum Filzen vorbereitet werden. Es kommt daher auch sehr viel auf die Beschaffenheit der Schrobeln selbst an; sie müssen von ganz feinem Draht und dicht gesetzt seyn, die Zähne auch vollkommen gleich im Leder stecken. Die besten sind die englischen und niederländischen; doch auch in mehreren teutschen und österreichischen Fabriksörtern, zumahl in Mähren und Böhmen, verfertigt man brauchbare Schrobeln. Um die Gleichheit der Zähne leichter zu erhalten, hat man eigene Maschinen, wodurch die Drahtzähne gebildet, und die Löcher in das Leder gestochen werden. Bey größeren Kratzen (wie dieses auch bey den Baumwoll- und Wergkratzen der Fall ist) geschieht dieß durch Maschinen, wo immer mehrere Reihen Löcher auf einmahl gestochen werden. Auch gehört dazu ein gut gegerbtes Leder von jährigen Kälbern, oder schwaches Kuhleder, welches mit der Art von Schrobeln nach ihrer Bestimmung eine verhältnißmäßige Stärke hat. Es gibt daher Individuen, welche solches Kratzleder (Abth. Leder Nr. 30 und 31), und Krempeln oder Schrobeln eigens verfertigen. Der Schrobellohn wird gewöhnlich nach dem Pfunde bezahlt. — Das mit der Schrobel gebildete Wollblatt wird nunmehr mit der Kniestreiche weiter bearbeitet. Der Streicher legt eine Streiche über das linke Knie, gibt Wolle darauf, und streicht sie mit einer zweyten Kniestreiche so lang, bis daraus lockere dicke Fäden geworden sind, welche man Locken oder Flocken nennt (N. 3).

Nachdem nun die Wolle nach Verschiedenheit der daraus zu verfertigenden Stoffe entweder gekämmt oder gestrichen worden, ist sie zum Verspinnen brauchbar; nur ist zu bemerken, daß einige Spinner die Wolle noch vorher durch ein Seifenbad reinigen. Man spinnt die Schafwolle entweder mit der Spindel, deren Gebrauch gegenwärtig schon selten ist, und womit man von dem Spinnrocken, der in den Gürtel gesteckt wird, sitzend, gehend, stehend und fahrend spinnen kann; oder mit dem Spinnrade, welches entweder ein großes (Handrad genannt) oder ein kleines (Tretrad genannt) ist. Fabriken, welche außer dem Hause spinnen lassen, pflegen dem Spinner die Wolle entweder gekämmt in Kugelform gewunden, oder gestrichen nach Pfunden vorzuwägen, die er dann gut und nach gegebener Vorschrift gesponnen und geweift abliefern muß. Außerdem muß die sorgfältigste Aufsicht über die Spinner gehalten werden, da nicht nur von dieser Arbeit sehr vieles abhängt, sondern auch schädlicher Betrug dabey Statt finden kann. Im Spinnen selbst begründet schon die vorhergegangene Arbeit einen nicht unbedeutenden Unterschied: die gekämmte Wolle zu Zeu-

H 2

gen wird zur Kette fest, zum Eintrage weniger gedreht versponnen; für türkische Käppchen ꝛc. darf der Faden nur ganz lose und weich gesponnen seyn; die gestrichene aber muß weniger scharf gedreht werden. Der Faden zur Kette soll in der Regel gleich, ohne Risse und Knöpfe, und stärker oder rechts, der Faden zum Eintrage lockerer oder links gesponnen seyn. Auch die Gleichheit der Fäden darf nicht vernachläßiget werden, weil ungleiches Gespinnst Bandstreifen im Gewebe hervorbringt. Bey Ablieferung der Gespinnste wiegt man sie nach, wobey vom Pfund gewöhnlich nicht mehr als 1 Loth Abgang gerechnet wird, vergleicht sie, ob sie aus einerley Wolle gesponnen sind, welches zuweilen bey Spinnern, welche für mehrere Fabriken oder Meister arbeiten, nicht der Fall ist; sodann werden sie ausgesucht, und die feinen von den gröberen abgesondert. Die Bezahlung des Spinnlohns ist nach Umständen des Orts, des Bedarfs und der Feinheit verschieden, und wird von den Fabriken, Innungen oder Meistern bestimmt, oder durch eine besondere Convention mit den Spinnern festgesetzt. Im Herbste 1818 bezahlte die k. k. Linzer Manufactur an Spinnlohn für Zeug-Gespinnste von der Feinheits-Nr. 10 bis 15 50 kr. W. W., Nr. 16 bis 20 1 fl., Nr. 21 bis 25 1 fl. 20 kr., Nr. 26 bis 30 1 fl. 40 kr., Nr. 30 bis 36 2 fl., Nr. 37 bis 40 2 fl. 10 kr., Nr. 41 bis 45 2 fl. 30 kr. W. W. pr. Pfund.

2) Die Maschinenspinnerey.

Ungeachtet man es in der Handspinnerey auch bey uns sehr weit gebracht hat und aus Handgespinnsten die feinsten Tücher und Zeuge zu liefern im Stande ist: so leistet die Maschinenspinnerey doch ungleich mehr, da sie nicht nur sehr feine, sondern auch gleichere und wohlfeilere Garne in kürzerer Zeit gibt. Diese wahrscheinlich in Italien gemachte Erfindung ist nun schon in mehreren Provinzen des österreichischen Kaiserstaates zur Ausführung gekommen, und in mehreren Tuchmanufacturen sind jetzt große Spinnmaschinen im Gange, nahmentlich in der the Losenschen Tuchf. zu Rittersfeld in Österreich unter der Ens, in der Namiester und den meisten Tuchfabriken Brünns, dann zu Schlappanitz in Mähren, wo eine der größten Schafwollspinnereyen besteht, in der Bergerschen Tuchf. zu Alt-Habendorf, der Ulbrichschen zu Reichenberg, der v. Schererschen zu Neuhof in Böhmen, der Moroschen zu Klagenfurt rc., außer welchen noch mehrere kleinere Spinnmaschinen in Böhmen und Mähren vertheilt sind. Mehrere dieser Fabriken haben zwey, auch drey Sätze für eigene Rechnung im Betriebe, und arbeiten auch für andere. Selbst mehrere Tuch- und Casimirmacher-Meister in Mähren und Böhmen halten eigene Maschinen zum Spinnen ihrer Wolle. Man findet sie von verschiedener Bauart mehr oder weniger vollkommen. Im Allgemeinen darf man aber sagen, daß sie in den größeren Anstalten schon einen hohen Grad von Vollkommenheit erreicht haben. Schon unter der Regierung Josephs II. fing man im Inlande an, die Schafwolle auf Maschinen zu spinnen. Die erste Maschine dieser Art errichtete 1787 Petrowitz, der zugleich damahls schon eine Flachs- und Hanfspinnerey besaß. Im J. 1790 wollte Neukirch ebenfalls eine Schafwoll-Spinnmaschine erfunden haben, welche jedoch nicht in Ausübung gesetzt worden zu seyn scheint. In demselben Jahre hatte Massinger eine Wollstreich- und Spinnmaschine erfunden, und im J. 1791 traten der Tuchmachermeister Wagner, und nach diesem Huberth, jeder mit einer neuen Woll-Spinnmaschine auf. Keiner erhielt auf seine Erfindung ein Privilegium; nur Huberth wurde mit einer Summe von 400 fl. belohnt. 1793 ward auch vom Tuchmacher Michalek in Wien eine Kniestreichmaschine erfunden.

Da die Spinnmaschinen bisher bloß für Tuchfabriken, daher für gestrichene Wolle in Anwendung sind, und man die gekämmte Wolle noch nicht auf Maschinen versponnen hat, was jedoch in der neuesten Zeit in Sachsen und Preußen versucht wird, so kann davon auch nur in so fern Erwähnung geschehen, als sie die Wolle für Tücher und tuchartige Stoffe verspinnen. Eine zweckmäßig eingerichtete Spinnmaschine besteht gewöhnlich aus vier Abtheilungen. Die Kratz-, Krempel- oder Schrobelmaschine bildet aus der im Wolfe oder Teufel bearbeiteten Wolle ähnliche Wollblätter, wie bey der Handspinnerey entstehen. (Nr. 4 bis 6.) Sie kann in einem Tage 50 bis 60 Pf. Wolle, nach Verhältniß ihrer Größe auch mehr vollkommen streichen. Eine Streich- oder Lockenmaschine, d. i. eine feinere Kratze, welche die Stelle der Kniestreichen vertritt, verwandelt die Wollblätter in Locken oder Flocken. (Nr. 7 und 8.) Beyde Maschinen bestehen aus mehreren größeren und kleineren Walzen, welche mit Krempeln besetzt sind, und wovon jede ihre besondere Bestimmung hat. Diese Walzen stehen durch Scheiben und Schnüre, oder durch gezähnte Räder und Getriebe mit einander in Verbindung, und werden mittels Kurbeln durch Menschenhände, oder durch Wasserräder, oder durch Dampfmaschinen in Bewegung gesetzt. Sie nehmen die Wolle selbst zu sich, eine führt sie der andern zu und die letzte wirft sie, nachdem sie wohl gestrichen ist, von selbst in einen Kasten, wenn sie nicht sogleich von den übrigen Theilen der Spinnmaschine aufgenommen wird. Die Locke wird auf solche Art durch die eingekerbte Walze am Ende der Maschine gebildet. Auf der Vorspinnmaschine werden die Locken zu einem groben lockeren Faden gesponnen, welcher Vorgespinnst heißt. Die Feinspinnmaschine endlich, welche meist 30 bis 40 Spulen (Bobinen) hat, nimmt den Vorspinnfaden auf und spinnt ihn zu starkem festen Garne. Die Woll-Spinnmaschinen gleichen einiger Maßen den Mulemaschinen bey der Baumwollspinnerey, sind jedoch viel einfacher. Statt der gerüffelten Walzen halten zwey Hölzer die Locken fest; während dem geht der Wagen fort und der Faden wird gedreht. Eine bestimmte Anzahl von solchen Maschinen heißt auch hier ein Satz oder Sortiment. Man rechnet hierzu in Österreich eine Schrobelmaschine, eine Streichmaschine, eine Vorspinn- und zwey Feinspinnmaschinen; von den Spinnmaschinen, welche von Boner, Eylardi und Daeler in Brünn verfertiget werden, besteht ein Assortiment aus einer Schrobelmaschine, einer Kratz- oder Lockenmaschine, einer Vorspinnmühle zu 40 Spindeln, vier Feinspinnmühlen zu 60 Spindeln und 2 Haspeln zu 20 Spindeln. Ein Satz der ersteren Art kam im J. 1818 auf 1800 bis 2000 fl. C. M., ein Satz der zweyten Art auf 9000 fl. W. W. zu stehen. Mit einer Bonerschen Maschine, wenn sie in gehörig schneller Bewegung gehalten wird, ist man im Stande, täglich in 12 Arbeitsstunden gegen 60 Pf. feiner und gröberer Wolle zu verspinnen, und daraus 3 bis 12, auch bis 14 Strehn aufs Wiener

Pfund zu verfertigen. Auch soll man auf dieser Maschine aus 100 Pf. geschmalzter Wolle 94 bis 96 Pf. netto Gespinnst erhalten, wobey also nur ein sehr geringer Verlust von 6 bis 4 Procent Statt fände.

Die Spinnmaschinen werden entweder durch eine Kurbel mit der Hand, durch Pferde, durch Wasserräder, oder durch Dampfmaschinen, welche zugleich auch die ganze übrige Maschinerie treiben, in Bewegung gesetzt. Dem verstorbenen Türkisch-Käppchen- und Tuchfabrikanten Joh. Reißer gebührt die Ehre, im J. 1815 die erste Dampfmaschine, die er mit großen Kosten aus England nach Wien kommen ließ, zu diesem Zwecke und zum Betriebe der Nebenmaschinen in seiner Fabrik in der Vorstadt Margarethen aufgestellt zu haben. Nach dessen bald darauf erfolgtem Tode hörte die Fabrik auf, und die Dampfmaschine wurde von der Offermannschen Tuchf. in Brünn erkauft, wo sie noch gegenwärtig besteht.

Vormahls war man genöthigt, die Spinnmaschinen aus England kommen zu lassen, und noch gegenwärtig scheinen die englischen Maschinen nicht mit Unrecht den in anderen Ländern verfertigten Maschinen dieser Art vorgezogen zu werden. Unter den inländischen Maschinisten haben sich Houlden in Wien, dann Boner, Eylardi und Daeler in Brünn durch die Zusammensetzung von Wollspinnmaschinen vorzüglich ausgezeichnet. Die letzteren sind Niederländer und liefern die besten Maschinen. Auch der Mechaniker Joh. Reiff zu Reichenberg in Böhmen (jetzt zu Schlappanitz in Mähren) hat die Alt-Habendorfer und mehrere andere Spinnmaschinen gebaut, welche alles Lob verdienen.

Wenn das Garn mit der Hand oder mit der Maschine gesponnen ist, wird es gehaspelt oder geweift. Meistens bekommen die Handspinner hierzu den Haspel aus der Fabrik; dessenungeachtet ist es eine sehr nöthige Vorsicht, bey der Übernahme der Garne die Länge sehr genau abzumessen, da die Haspeln zuweilen abgeschnitten werden. Die in Böhmen üblich gewesenen sogenannten Kreuzhaspeln sind jetzt aus dem Gebrauche gekommen, da sie das Garn verwirren, und dasselbe auf ihnen in die gehörige Anzahl von Untergebünde-Fäden nicht richtig genug abgetheilt wird.

Die Größe der Stücke oder Strehne ist nicht allenthalben gleich. In Österreich hat jeder Strehn 3 Unterabtheilungen, welche Schnalz genannt werden, jeder Schnalz 50 Fäden; da nun die Weifung $\frac{7}{4}$ W. Ellen lang ist, so mißt jeder Strehn $787\frac{1}{2}$ W. Ellen. Diese Garne pflegt man hier in Pfund zu 32 Loth zusammenzupacken. Das Pfund enthält so viele Strehn, als die Nummer der Feinheit des Gespinnstes anzeigt; ein Pf. fein gesponnenes Zeug- oder Merinos-Wollgarn Nr. 64 enthält also 64 Strehn, und hat eine Fadenlänge von 50,400 W. Ellen. In mehreren Gegenden Böhmens hat der Strehn oder Strang 4 Viertel, jedes Viertel 6 Klapp, jeder Klapp 44 Fäden, und der Haspel hat 2 W. Ellen im Umfange, folglich der Strehn eine Länge von 2112 Ellen. Die Qualität der Maschinengarne wird in den mährischen Fabriken nach der Sortirung der Wolle in superfein, extrafein, Prima, Secunda, Tertia 2c., nicht nach Nummern bestimmt, und die Schafwollspinnereyen müssen der Natur der Sache nach hierin von der Manipulation der Flachs- und Baumwollspinnereyen abweichen. In der Spinnerey zu Schlappanitz wird Wolle von allen Graden der Feinheit gesponnen; gewöhnlich von 4 bis 12 Strehn aufs Pfund. Jeder Strehn hat 880 bis 900 Fäden, jeder Faden 2 Ellen Länge, so daß ein Pfund Wolle bey 12 Strehn zu einer Länge von 21,000, auch 24,000 Ellen ausgedehnt wird. Hier und da werden auch die Maschinengespinnste in Ansehung ihrer Feinheit durch Nummern bezeichnet. Die gangbarsten zu Tüchern und Casimiren sind die Nummern 10 bis 16. Gar zu feine Gespinnste liebt man nicht sehr, indem die Arbeit dadurch erschwert wird, und das Tuch an Haltbarkeit verliert; nur die Merinos-Wolle kann ohne Bedenken immer feiner gesponnen werden. Das gehaspelte Garn wird endlich noch auf Spulen (Bobinen) gewunden. Manche Tuchmacher lassen ihre Garne aber auch gar nicht haspeln, sondern ziehen sie gleich vom Spinnrade auf Spulen.

Weitere Vorbereitung der Schafwollgespinnste.

Nicht alle Gespinnste können gleich so verarbeitet werden, wie sie gesponnen sind; großen Theils erhalten sie vor der weiteren Verwendung noch eine besondere Zurichtung. Diese Vorbereitung besteht entweder im Färben, oder im Zwirnen, oder im Leimen.

Das Färben der Gespinnste, wenn die Wolle nicht schon früher gefärbt worden, findet nur bey den Wollenzeugen, den Halbseidenzeugen (d. i. Seidenzeugen mit Wolleintrag, wie Shawls, Westen ꝛc.), dann bey Garnen Statt, welche zum Stricken, zu Schnüren u. dgl. bestimmt sind. Weiße Gespinnste zu Tuch und tuchartigen Stoffen, so wie zu den türkischen Käppchen, werden nicht vor dem Verarbeiten gefärbt, indem diese Stoffe erst im Loden oder Stück, die Käppchen ganz vollendet in die Farbe kommen. Größere Fabriken haben hierzu ihre eigenen Färbereyen; kleinere Fabriken und Fabrikanten lassen, ungeachtet ihnen das Färben ihrer eigenen Producte gestattet ist, bey den sogenannten Schön- oder Kunstfärbern ihre Gespinnste färben, wofür nach dem Pfunde gezahlt wird. Scharlachroth ist die theuerste Farbe, nach ihr die blaue. Das Färben selbst unterscheidet sich im Wesentlichen nicht von dem Färben der gewebten Wollstoffe, und wird daher bey den letzteren erwähnt werden.

Zu einigen Gattungen Wollenzeug, zu Strümpfen und zu den Teppichen muß das Garn gezwirnt, d. i. zwey- oder mehrfach zusammengedreht werden. Dieß geschieht entweder auf sogenannten Filatorien (den eigentlichen Zwirnmühlen) oder auf Trommelmühlen. Auf den ersteren wird der feine Wollfaden fest zur Kette gedreht; auf den zweyten die Zwirnung nur ganz lose verrichtet, und die Arbeit daher Schlendern genannt. Alle Teppichgarne werden auf solche Art geschleudert. Es kommt überhaupt beym Zwirnen darauf an, ob der Faden dicht oder locker seyn müsse, ob er zur Kette oder zum Einschlage bestimmt sey u. s. w., indem zu einer Gattung Zeuge die eine, zur andern eine andere Zwirnungsart erforderlich ist. Der Strumpfwirker und Stricker braucht nur einen locker gezwirnten Doppelfaden (zweydrähtiges Garn); manchmahl werden zum Stricken auch drey Fäden zusammen genommen. Das Garn zu Leisten oder Tuchenden und das sogenannte Harrasgarn wird ebenfalls gezwirnt. Größere Fabriken, wie die Linzer u. a., haben eigene

Zwirnmühlen; kleinere Fabriken und Fabrikanten müssen auch das Zwirnen außer dem Hause verrichten lassen, wofür eben so, wie für das Färben, nach dem Pfunde bezahlt wird.

Das Leimen ist bey der Kette zu Wollenzeugen sowohl, als zu Tüchern und tuchartigen Stoffen erforderlich, damit der Faden mehr Haltbarkeit bekomme, und gegen das Abreißen bewahret werde. Das Garn darf weder zu stark, noch zu schwach geleimt seyn; auf ein Stück von 32 Ellen nimmt man gewöhnlich $1\frac{3}{4}$ Pf. Leim.

Bey dem gegenwärtigen Zustande der Industrie im Inlande werden alle Sorten von Schafwollgespinnsten, Harrasgarn zum Theil ausgenommen, in hinreichender Menge verfertiget, und nur von dem letzteren kommen noch Quantitäten vom Auslande, da man es im österr. Staate bis jetzt noch nicht in der erforderlichen Güte zu erzeugen im Stande war. Ausserdem kommt noch, doch sehr selten, Kämmel- oder Angoragarn aus der Levante. Der Handel mit Wollgespinnsten ist an sich nicht bedeutend, und macht im Inlande auch keinen eigentlichen Handelszweig aus, da die Fabriken und Weber entweder selbst die nöthigen Garne zu Hause spinnen oder spinnen lassen, und aus der ersten Hand beziehen. Activ war übrigens der Gespinnsthandel für Österreich nie. Im Gegentheil sahen sich viele Fabriken bey dem vor einigen Jahren lebhafteren Waarenabsatz in die Nothwendigkeit gesetzt, ihren Garnbedarf zum Theil aus Sachsen zu beziehen, wo viele Gespinnste unter der Benennung Kloster- oder Bundgarne im Handel vorkommen. Im Detail handeln fast allenthalben die Seidenhändler mit Wollgespinnsten.

Die Preise der Schafwollgespinnste sind, da sie wenig im Handel vorkommen, schwer anzugeben. Harrasgarn und Angoragarn sind diejenigen, welche am meisten im Handel geführt werden. Vom Harrasgarne kostete im Februar 1820 das Pfund zu Wien 4 fl. 45 kr., Angoragarn 8 fl. 20 kr. W. W.

Erklärung der Muster.

Nach Maßgabe der vorausgehenden Darstellung der Wollspinnerey zerfallen die nachfolgenden Muster I. in die Vorarbeiten, und zwar zu den Handgespinnsten aus gekämmter und gestrichener Wolle, und zu den Maschinengespinnsten aus gestrichener Wolle; II. in die Gespinnste aus gekämmter und gestrichener Wolle, die entweder ein- oder mehrfädig, ungefärbt oder gefärbt sind. Der Analogie wegen sind die Gespinnste aus Vigogne- und Ziegenhaaren den Schafwollgarnen angereiht worden.

I. Die Vorarbeiten.

A. Zu den Handgespinnsten aus gekämmter Wolle.

Taf. I. Nr. 1. Ein ganzer Wollkamm, auch Zug oder Bart genannt, ungefärbt, aus der feinsten Merinos-Wolle von Mannersdorf (Th. I. Thierhaare Nr. 16 und 17), durch die Vorarbeit des Kämmens gebildet. Man spinnt daraus Garne zu den feinen Merinoszeugen und zu feinen halbwollenen (mit Seide gemischten) Shawls, und bindet den Kamm gleich an die Spindel oder den Stab.

B. Zu den Handgespinnsten aus gestrichener Wolle.

Taf. II. Nr. 2. Wollblatt, mit Handkrempeln oder Schrobeln aus feiner Wolle gestrichen oder gekratzt, ebenfalls ungefärbt.

Nr. 3. Locke oder Flocke, d. i. ein lockerer dicker Faden, welcher mittels der Kniestreichen aus einem ähnlichen Wollblatte gebildet worden. Diese Locke ist die unmittelbare Vorarbeit zum Spinnen und gibt feine Garne auf Tücher, Casimire und andere tuchartige Stoffe.

C. Zu den Maschinengespinnsten aus gestrichener Wolle.

Nr. 4. Wollblatt, auf der Kratz- oder Krempelmaschine gestrichen und ungefärbt, aus feiner Wolle wie obiges Wollblatt.

Nr. 5. Wollblatt aus melirter Wolle (Th. I. Thierhaare Nr. 63), auf derselben Maschine gestrichen.

Taf. III. Nr. 6. Wollblatt aus melirter Wolle, zum zweyten Mahl auf der Kratzmaschine gestrichen, daher die Farben gleichmäßiger vertheilt sind. Bey melirter Wolle ist zweymahliges Streichen eben wegen besserer Mischung der Farben nothwendig.

Nr. 7. Locke oder Flocke, ein lockerer dicker Streifen aus dem weißen Blatte Nr. 4, auf der Streich- oder Lockenmaschine gebildet.

Nr. 8. Locke aus melirter Wolle, auf derselben Maschine aus dem melirten Wollblatte Nr. 6 gezogen.

Nr. 9. Weißes Vorgespinnst, auf der Vorspinnmaschine aus der weißen Locke Nr. 7 gesponnen, ein etwas dünnerer lockerer Faden.

Nr. 10. Melirtes Vorgespinnst, auf derselben Maschine aus der melirten Locke Nr. 8 gesponnen. Beyde Vorgespinnste geben Garne auf Tücher und Casimire.

II. Die Gespinnste.

A. Aus gekämmter Wolle.

a) Einfädige ungefärbte und gefärbte Garne.

Taf. IV. Nr. 11. Grobes Teppichgarn aus Zigarawolle (Th. I. Thierhaare Nr. 2 und 3), von der Feinheits-Nr. 10, d. i. 10 Strehn aufs Pfund.

Nr. 12. Feineres Teppichgarn aus Zigarawolle, von der Feinheits-Nr. 12. Beyde zu Teppichen in der k. k. Linzer Manufactur verwendet, welche sie in mehreren Gegenden Oberösterreichs und Böhmens, besonders im nahe gelegenen Budweiser Kreise, spinnen läßt.

Nr. 13 bis 15. Kämmgarne zu gemeinen Wollenzeugen, z. B. Concent- und Mantelzeugen u. s. w., ersteres von der Feinheits-Nr. 18, das zweyte und dritte von Nr. 26.

Nr. 16 bis 19. Kämmgarne zu feineren Wollenzeugen verschiedener Art, von den Feinheits-Nrn. 38, 44, 45 und 48. Alle diese Garne von Nr. 13 bis 19 sind theils aus Zigara- und banatischer Schafwolle, theils aus walachischer und bessarabischer Wolle gesponnen und werden in der k. k. Linzer Manufactur und von einzelnen Zeugwebern häufig verarbeitet.

Nr. 20 und 21. Kämmgarne von den Feinheits-Nrn. 42 und 51, beyde aus der gemeinsten Gattung der sortirten veredelten Wolle, zur Kette auf feine Casimire. Man nennt diese Garne auch Zwirnwolle.

Nr. 22 und 23. Kämmgarne von den Feinheits-Nrn. 40 und 49, aus besserer sortirter veredelter Wolle, der sogenannten mittelfeinen Sorte. Beyde Garne auf ordinäre Merinoszeuge.

Nr. 24. Kämmgarn von der Feinheits-Nr. 49, aus feiner veredelter Wolle, zu ordinären Merinoszeugen.

Taf. V. Nr. 25 bis 27. Kämmgarne von den Feinheits-Nrn. 52, 42 und 50, aus feiner sortirter veredelter Wolle; das erste gemischt zu den feinsten Zeugartikeln, die zwey letzteren zu feinen Wollenzeugen.

Nr. 28 und 29. Kämmgarne von den Feinheits-Nrn. 49 und 55, aus der extrafeinen Sorte der veredelten Wolle. Beyde dienen als Kettengarne zu feinen Merinoszeugen.

Nr. 30 und 31. Kämmgarne von den Feinheits-Nrn. 50 und 64, aus der superfeinen Sorte der veredelten Wolle, beyde zu den sogenannten Shawls croisés, wie sie in Linz verfertigt werden. Auch die von Muster Nr. 20 bis 31 aufgeführten Garne sind sämmtlich aus der k. k. Linzer Manufactur, und die dabey angegebenen Sorten der Schafwolle beziehen sich auf die in der genannten Fabrik gewöhnliche und Th. I. erwähnte Sortirung.

Nr. 32 bis 35. Kloster- oder Bundgarne aus Sachsen, nach zunehmender Feinheit, das letztere besonders schön; alle auf Wollenzeuge. Als die Kämmgarnspinnerey in den österreichischen Staaten noch weniger vervollkommnet war, bezog man jährlich viel Klostergarn aus Sachsen; jetzt ist die Einfuhr entbehrlich, da bey uns nicht nur viel davon gesponnen wird, sondern das österreichische Klostergarn auch besser ist, als das sächsische, welches letztere zu stark gedreht ist.

Nr. 36 bis 38. Mährische Handgespinnste von den Feinheits-Nrn. 45, 50 und 54, aus der feinen Sorte veredelter inländischer Wolle. Das erste Muster dient auf mittelfeine Merinoszeuge, und zum Broschiren (Schattiren) feiner Shawls-Tücher; die beyden anderen als Grundgarne zu feineren Merinoszeugen und halbseidenen Shawls.

Nr. 39 und 40. Mährische Handgespinnste von den Feinheits-Nrn. 60 und 65, aus einschüriger Primawolle, zu den feinsten Merinoszeugen und auf Shawls.

Nr. 41. Kämmgarn von der Feinheits-Nr. 65, aus einschüriger Primawolle, zu gleichem Gebrauche.

Nr. 42. Allerfeinstes Kämmgarn von der Feinheits-Nr. 72, aus dem Wollkamme Nr. 1 gesponnen und durch Schwefeln weiß gemacht. Dieses Garn wird zu den feinsten Wollenzeugen verwendet.

Alle obigen Schafwollgespinnste sind ungefärbt oder weiß; die beyden folgenden Tafeln enthalten 36 Muster der vorzüglichsten gefärbten Kämmgarne.

Taf. VI. Nr. 43 bis 60. Taf. VII. Nr. 61 bis 78. Kämmgarne, in allen gangbaren Nuancen gefärbt, und von verschiedenen Graden der Feinheit. Die Muster Nr. 43 bis 58 sind grobe Broschir- oder Schattirgarne zu groben und mittelfeinen (halbseidenen) Umhängtüchern; Nr. 59 bis 78 feine Broschirgarne zu feinen Damentüchern. Beyde werden auch auf Zeugwaaren, auf melirte und gestreifte Artikel verwebt.

Die zwey folgenden Tafeln enthalten Muster aus Vigognewolle und Ziegenhaaren, ungefärbt und gefärbt.

Taf. VIII. Nr. 79 und 80. Vigognegespinnst aus Vigogne- oder Vicunnawolle, ungefärbt, von verschiedener Feinheit.

Nr. 81 bis 83. Dasselbe in drey Nuancen gefärbt. Noch vor einigen Jahren hat man in Wien Vigognewolle verspinnen lassen, und die Garne auf Umhängtücher und Shawls verarbeitet, um damit die echten Shawls nachzuahmen; allein jetzt wird sie nicht mehr gebraucht, und man findet weder rohe Wolle, noch derley Gespinnste auf dem Platze.

Nr. 84. Kämmel- oder Angoragarn (unrichtig Kamehlhaargarn genannt) aus dem Haare der angorischen Ziege (Th. I. Thierhaare Nr. 71), weiß oder ungefärbt.

Nr. 85 bis 98. Dasselbe in mehreren Nuancen gefärbt. Die zwey letzten schön roth.

Taf. IX. Nr. 99 bis 104. Fortsetzung der gefärbten Angoragarne. Dieses Gespinnst wird auf Angora-Popline (d. i. Halbseidenzeuge aus Seide und Angoragarn) verarbeitet; das weiße brauchte man vor einiger Zeit auch zu weißen glatten Umhängtüchern, zu Filocamelots u. dgl. Das Angoragarn zeichnet sich vor der Schafwolle durch stärkeren Glanz aus.

Nr. 105. Angoragarn, in Wien gesponnen und gefärbt, sehr fein. Einige Fabrikanten Wiens haben angefangen, das Angorahaar hier verspinnen zu lassen, um auch den Spinnlohn zu gewinnen und die Zeuge wohlfeiler liefern zu können. Da man jedoch die Garne wohlfeiler aus dem Oriente bezieht, als man sie selbst zu spinnen im Stande war, so gab man das Geschäft wieder auf, und die Fabrikanten erhalten die Gespinnste wieder, wie vormahls, von griechischen Handelsleuten.

Nr. 106. Gespinnst aus persischem Ziegenhaare (Th. I. Thierhaare Nr. 72), in der bräunlichen Naturfarbe. Dieses sehr weiche Garn wurde noch vor kurzem auf Damen-Umhängtücher verarbeitet, ist aber jetzt außer Gebrauch.

Nr. 107 bis 109. Gespinnste aus wahren thibetanischen Ziegenhaaren (Th. I. Thierhaare Nr. 75 und 76), ungefärbt und gefärbt, auf echte Shawls. Auch diese Haare versuchte man in Wien zu feinem Kämmgarn zu spinnen, und die vorliegenden 3 Muster sind wirklich Wiener Gespinnst; allein die eigene Verspinnung rentirte sich nicht.

b) Mehrfädige ungefärbte und gefärbte Garne (Wollzwirne).

Nr. 110. Zweydrähtiges weißes grobes Kämmgarn, oder sogenanntes Harrasgarn, von Zöglingen des Wiener Blinden-Institutes aus gemeiner Landwolle gesponnen und gezwirnt. Auch die ungrische Zackelwolle wird gekämmt und zu Harrasgarn versponnen. Dergleichen grobe Harrasgarne dienen zu Wollgurten, zu groben Bändern, zu Schnüren und Quasten, groben Stickereyen ꝛc.

Nr. 111. Grobes weißes Teppichgarn, wie es die k. k. Linzer Manufactur auf Teppiche verarbeitet. Es ist aus den einfädigen Garnen Must. Nr. 11 und 12 doppelt zusammengedreht, wozu die Manufactur ihre eigenen Maschinen in Linz hat.

Nr. 112. Schlaff gezwirntes weißes Kämmgarn, dreydrähtig, für Strumpfwirker, aus dem einfachen Garne Nr. 13.

Nr. 113. Stärker gezwirntes weißes Kämmgarn aus dem mährischen Handgespinnste Must. Nr. 36. Wird von der k. k. Linzer Manufactur zu einigen Wollenzeugen verwendet.

Von hier an beginnen die gefärbten gezwirnten Wollgarne.

Nr. 114. Harrasgarn, in Mayers Fabrik zu Wien gesponnen, zweyfädig gedreht und gefärbt.

Nr. 115. Harrasgarn, mit dem sogenannten Ofenheimer Roth (Th. I. Färbe-Mat. Nr. 63) roth gefärbt. Es ist aus einem gröberen und feineren Faden gedreht.

Taf. X. Nr. 116 bis 135. Grobe, in mehreren Nuancen gefärbte zwey- und dreydrähtige Teppichgarne, woraus in der k. k. Linzer Manufactur die groben Teppiche verfertiget werden. Die einfachen Gespinnste finden sich oben Nr. 11 und 12.

Taf. XI. Nr. 136 bis 140. Fortsetzung dieser groben Teppichgarne. Alle 24 Muster bilden ein Tableau der bey Teppichen gangbarsten Farben.

Nr. 141 bis 144. Ausländische gefärbte Harrasgarne, theils stärker, theils schwächer gedreht, alle doppelfädig. Man verfertiget daraus im Inlande die sogenannten harrassenen Umhängtücher und mancherley feinere Posamentirer-Arbeiten, z. B. feine Wollborten, Tressen ꝛc. Da man im Inlande bloß gröbere Sorten des Harrasgarns spinnt, so werden die feineren Sorten noch immer vom Auslande bezogen. Man bringt sie größten Theils aus bayrischen Fabriksstädten, besonders aus Nürnberg und Fürth, aus Kempten, Memmingen ꝛc., zum Theil auch aus Sachsen.

Nr. 145 bis 147. Gezwirnte gefärbte Kämmgarne, fein und stark, auf den Filatorien der k. k. Linzer Manufactur verfertigt. Zu feinen Wollenzeugen, besonders zu Harpins, Satin, Camelot ꝛc.

Nr. 148. Weiß und blau gezwirntes zweydrähtiges Kämmgarn, schwach gedreht, für Strumpfwirker zu melirten feinen gewirkten Waaren.

Nr. 149. Zweydrähtiges Garn aus thibetanischem Ziegenhaar, schmutzig weiß, aus Wien. Man hat hier dieses sehr feine Garn als Kette zu Merinoszeugen und auf Shawls anzuwenden gesucht.

Nr. 150 bis 152. Gezwirnte Angoragarne, gefärbt. Für Schneider zum Nähen, für Posamentirer zu Hutschnüren, Knöpfen u. s. w. Man erhält sie, wie das einfache Garn, bey den Seidenhändlern. In Wien befinden sich mehrere Kämmelhaargarn-Dreher und Färber.

B. Aus gestrichener (gekrempelter) Wolle.

a) Einfädige ungefärbte und gefärbte Garne.

Taf. XII. Nr. 153. Sehr grobes Krempelgarn aus ungrischer Zackelwolle (Th. I. Thierhaare Nr. 1). Dient zur Kette auf die ordinärsten Tücher.

Nr. 154. Etwas besseres Krempelgarn aus grober ungrischer Landwolle (Bacsker Wolle, Th. I. Thierhaare Nr. 11), zu sehr ordinären Tüchern.

Nr. 155. Grobes Krempelgarn aus zweyschüriger gröbster österreichischer Schafwolle aus dem Gebirge (Th. I. Thierhaare Nr. 8) von bräunlicher oder schwärzlicher Farbe. Wird nur auf schlechte Bauermäntel in Gebirgsgegenden angewendet.

Nr. 156 und 157. Grobes und besseres Krempelgarn aus österr. Landwolle, ersteres zu Alltags-, letzteres zu Feyertagskleidern der Landleute. Der Loden wird meist grün gefärbt.

Nr. 158 und 159. Grobe Handgespinnste von den Feinheits-Nrn. 18 und 20, beyde aus der Gegend von Zwettel aus österr. Landwolle. Zu etwas besseren ordinären Tüchern.

Nr. 160 und 161. Handgespinnste von der Feinheits-Nr. 24, aus mittlerer österr. Landwolle in Wien gesponnen. Zu ordinären Tüchern.

Nr. 162. Handgespinnst von der Feinheits-Nr. 30,

aus mittlerer österreichischer Landwolle in der Gegend von Zwetztel gesponnen. Auf mittlere Tücher.

Nr. 163 und 164. Maschinengespinnste von der Feinheits-Nr. 36, ersteres aus ungewaschener, das zweyte aus gewaschener veredelter ungrischer Wolle. Beyde zum Eintrage in feine Tücher.

Nr. 165 und 166. Maschinengespinnste von der Feinheits-Nr. 40, aus veredelter Landwolle gesponnen. Zur Kette auf feine Tücher.

Taf. XIII. Nr. 167. Handgespinnst von der Feinheits-Nr. 40, aus veredelter Landwolle. Zur Kette auf feine Tücher.

Nr. 168 und 169. Maschinengarne aus Mähren von der Feinheits-Nr. 42, ersteres zur Kette (1200 Fäden im Kamme), letzteres zum Eintrage in feine Tücher.

Nr. 170 und 171. Maschinengarne aus Mähren von den Feinheits-Nrn. 42 und 44, beyde zur Kette auf feine Tücher (letzteres 2400 Fäden im Kamme).

Nr. 172 und 173. Maschinengarne aus Mähren. Ersteres ist Kettengarn, letzteres Einschußgarn auf feine Tücher.

Nr. 174 und 175. Maschinengarne aus Mähren von der Feinheits-Nr. 50. Ersteres zur Kette (3600 Fäden im Kamme), letzteres zum Eintrag auf die feinsten mährischen Tücher.

Nr. 176. Vigognegarn, in der bräunlichen Naturfarbe. Wird jetzt im Inlande eben so wenig, als obiges Kämmgarn (Nr. 79 bis 83) gesponnen, seitdem die Schafwolle so bedeutend verfeinert ist.

Nr. 177 und 178. Maschinengarne aus der Rittersfelder Tuchfabrik in Österreich unter der Ens, aus inländischer Primawolle. Ersteres wird in dieser Fabrik als Kette, letzteres als Eintrag zu den sogenannten Dreykronentüchern verarbeitet.

Nr. 179 und 180. Maschinengarne aus sehr feiner inländischer Wolle, ebenfalls auf den Maschinen der Rittersfelder Fabrik gesponnen. Die Fabrik verarbeitet beyde zu den sogenannten Serailtüchern, und zwar ersteres zur Kette, das zweyte zum Eintrage.

Nr. 181 und 182. Maschinengarne aus der Rittersfelder Fabrik, von sehr feiner Wolle. Ersteres zur Kette, das zweyte zum Eintrag auf Casimir.

Nr. 183. Maschinengarn aus der genannten Fabrik zu Casimir. Die Kette zum Casimir wird gewöhnlich stärker gedreht, der Faden zum Eintrag aber etwas offen gelassen. Manche Fabrikanten nehmen zur Kette Kämmgarn, zum Einschlag Krempelgarn.

Nr. 184. Maschinengarn von Valpini in Wien, zu türkischen Käppchen. Es ist aus dem weißen Vorgespinnst Nr. [illegible] gesponnen und sehr locker. Von hier an folgen mehrere gefärbte und melirte Garne.

Taf. XIV. Nr. 185 bis 187. Grobe und bessere Handgespinnste aus Wien, in der Wolle gefärbt, zu ordinären Tüchern.

Nr. 188. Melirtes feines Handgespinnst zu feinen melirten Tüchern.

Nr. 189 und 190. Melirte feine Maschinengarne aus dem Vorgespinnste Nr. 10, beyde zu feinen Tüchern. Das zweyte ist schon durch Leimen zum Weben vorbereitet und daher steifer.

Nr. 191 und 192. Feine Maschinengespinnste, beyde in der Wolle blau gefärbt.

Nr. 193 und 194. Mährische Maschinengarne, in der Wolle blau gefärbt, ersteres zur Kette, das zweyte zum Einschag auf Tücher.

Nr. 195 und 196. Maschinengarne feinerer Art, erst nach dem Spinnen schwarz gefärbt; ersteres zur Kette, letzteres zum Einschlag auf Tücher. Die in der Wolle gefärbten Gespinnste zieht man den nach dem Spinnen gefärbten wegen der dauerhafteren Farbe gern vor.

Nr. 197. Sehr feines Maschinengarn, in der Wolle blau gefärbt, zur Kette auf die feinsten mährischen Tücher.

Nr. 198. Melirtes Casimirgarn von den Maschinen der Rittersfelder Fabrik.

b) Mehrfädige ungefärbte und gefärbte Garne (Wollzwirne).

Nr. 199 und 200. Grobes weißes gezwirntes Gespinnst; aus zweyfachem Handgespinnste Nr. 158 zusammengedreht. Zum Stricken ordinärer Wollstrümpfe.

Taf. XV. Nr. 201. Grobes und schmutziges Garn zu Tuchleisten oder Tuchenden, aus den Abfällen von Zeugwolle (Kämmlingen) gesponnen und dreyfach, aber locker gedreht.

Nr. 202. Gezwirntes Garn zu türkischen Köppchen, aus dem Maschinengarne Nr. 184 sehr locker zusammengedreht.

Nr. 203 bis 205. Zweyfädige gröbere und feinere Garne aus der Gegend von Zwettel, aus dortigen mittelfeinen Handgespinnsten gezwirnt, noch ungefärbt. Für Strumpfwirker und Stricker.

Nr. 206. Dreyfädiges Strickgarn, aus dem Zwettler Handgespinnste Nr. 162 gezwirnt, noch ungefärbt. Die letzten Muster dieser Tafel sind bloß gefärbte Wollgarne.

Nr. 207. Gefärbtes Tuchleisten-Garn, wie Nr. 201, zweydrähtig.

Nr. 208 bis 215. Zweydrähtige Garne zu Savonnerie-Teppichen, in verschiedenen Farben. Sie sind, wie die Linzer Teppichgarne (Muster Nr. 11 und 12) aus Zigarawolle, aber weniger als diese gedreht, und offen am Stehrade gesponnen.

Nr. 216 bis 218. Zweydrähtige Strumpfwirker-Garne nach zunehmender Feinheit, in dreyerley Farben. Aus dem einfachen Garne Nr. 162 sehr locker gezwirnt.

Vierte Unterabtheilung.

Die filirte und weiter zubereitete Seide.

So wie die Seide von mehreren Cocons oder Galleten zusammen abgewunden oder abgehaspelt ist (Th. I. Abth. Seide), heißt sie rohe Seide oder Grezseide (Seta in azze, seta grezza), und ist nach der Farbe der Cocons entweder weiß oder gelb. Der Ort, wo diese Abhaspelung vorgenommen wird, wird die Filanda (Seidenspinnerey) genannt. Die Seide ist in diesem Zustande noch kein Fabricat, sondern bloß roher Stoff; aus dem im I. Th. bemerkten Grunde ist aber dort Nr. 3 nur ein einziges Muster von abgewundener und unfilirter Seide aufgeführet worden; alle übrigen bekannteren Sorten kommen als unmittelbare Vorarbeit der Filirung erst in dieser Unterabtheikung vor. Ungeachtet manche rohe Seide sowohl ungefärbt, als gefärbt verarbeitet wird, so muß doch die allermeiste vor dem weiteren Gebrauche filirt werden.

Zu diesem Ende wird die gehaspelte oder gezogene Seide, wenn sie in Strehnen von den Haspeln (Corli) abgenommen worden, zuerst gespult, d. i. mit einem Rade auf Spulen (Bobinen) aufgezogen oder aufgewickelt. Dieses geschieht mit Windebretern und Schnarrrädchen. Diese Fäden werden hierauf duplirt, d. i. von 2 bis 10 solchen Spulen in einen zusammengedreht, indem man auf das Zwirnbret die Spulen aufsteckt, dann die Fäden durch Drähte hinauf leitet, oben zusammendreht, und auf die Spule des Schnarrrädchens aufwindet. Wenn nun die Seide auf solche Art duplirt ist, kann sie auf der Seidenzwirnmühle oder dem Filatorium gezwirnt (filirt) werden. Dieß ist eine künstliche Maschine, welche dem betrachtenden Auge wegen ihrer mechanischen Vollendung einen überraschenden Anblick gewährt. Auf diesem Drehwerke wird die Seide nach der Eigenschaft ihres Fadens zur Organzin (Kettenseide), zur Trama (Einschlagseide) u. dgl. gedreht, in Strehne geformt, in Ballen gepackt und versendet. Es gibt große und kleine Filatorien. Die ersteren sind eigentlich bloß Spulwinden im Großen, und bestehen gewöhnlich aus drey und mehr Stockwerken, in welchen einige hundert, auch tausend Spulen durch eine Welle in Bewegung gesetzt werden. Auf den zwey oberen Spulenreihen wird meist die Organzin, auf der untern die Trama gedreht. Es können sowohl die Organzingänge, als die Tramgänge ruhen. Die großen Filatorien werden gewöhnlich durch Wasser getrieben. Die Abtheilungen (Gänge) nennt man Vaighi. Zwey Personen sind hinreichend zur Bedienung der ganzen Maschine; die eine geht stets rückwärts oder im Kreise herum, und setzt dadurch die Welle sammt allen Haspeln in Bewegung, die andere in der zweyten Abtheilung geht von außen herum, hilft nach, knüpft die abgerissenen Fäden wieder an u. s. w. Durch Kreuze, die durch schiefe Latten bewegt werden, drehen sich die Knöllchen. Die Abwindspulen werden durch Riemen, welche die Spindeln in Bewegung setzen, gedreht, und auf diese Art das Filiren verrichtet. Die Seide läßt sich auf dieser Maschine sowohl links als rechts drehen, so wie der fertige Zwirn sich wieder verdoppeln läßt. Die Art der Filirung bestimmt hauptsächlich die Güte und die Verwendung der Seide. Die Organzin, welche zur Kette genommen wird, muß immer stärker und mehr gearbeitet seyn, als die Eintragseide oder Trama; die erstere wird daher aus 2, selten aus 3 Fäden gedreht, die letztere besteht wohl auch meist aus 2 Fäden, darf aber nur sehr wenig gedreht werden; auch nimmt man zu ersterer immer bessere Seide. Doch werden beyde in verschiedenen Gegenden auf verschiedene Weise bereitet, und weichen daher oft sehr von einander ab.

Sehr viele, zum Theil auch sehr große und vollkommene Seidenfilatorien befinden sich im lombardisch-venetianischen Königreiche, besonders in den Provinzen von Mailand, Bergamo und Brescia, dann Vicenza, Friaul und Verona. So waren im Jahre 1816 bloß in Verona 66, in Este 26, in Udine 7, in Vicenza 6 Filatorien rc. gezählt worden. Im südlichen Tyrol nähren die Filatorien viele Familien; es finden sich dergleichen in Trient, Calliano, Riva, besonders aber in Roveredo, welche letztere Stadt schon im J. 1782 26 Filatorien mit 66 Bäumen, 691 Gängen, 220 Spulwerken und 37,000 Haspeln besaß, und noch jetzt im österr. Staate das größte Filatorium hat. Der Görzer Kreis zählte im J. 1819 zwey große Filatorien zu Fara, welche im Durchschnitte jährlich 11,891 Pf. gesponnener Seide erzeugen, nebst den kleineren zu Görz und Cormons. In Österreich unter der Ens war das bedeutendste Filatorium dasjenige, welches Fürst von Auersberg, und nachher Pokorni unter der grünen Mühle zu Traiskirchen besaß, welches aber nun nicht mehr besteht. Auch die beyden Rossischen Filatorien inner den Linien Wiens sind jetzt nicht mehr im Gange. Von den gegenwärtig betriebenen verdient bloß das des Joh. Girolla in Gumpendorf und des Jos. Kick zu Gumpoldskirchen erwähnt zu werden; ein kleineres hat C. G. Hornbostel in Leobersdorf in demselben Gebäude, in welchem dessen selbstwebende Stühle am Wasser im Gange sind.

Bey dieser Gelegenheit darf nicht unberührt bleiben, daß man bereits unter der Regierung der Kaiserinn Maria Theresia und Josephs II. auf die Vervollkommnung der zur Seidenzurichtung erforderlichen Maschinen viele Sorgfalt verwendet hat, und in jene Epoche ist auch der Anfang der stärkeren Verarbeitung der Seide in den teutschen Provinzen, und zumahl in Österreich unter der Ens zu setzen. Auch später noch sind vielfache Verbesserungen im Maschinenwesen gemacht worden. Im J. 1798 erfand der vormahlige Seideninspector Sporer in Croatien eine Seidenabzieh- und Filirmaschine, die eine ganz eigene Einrichtung gehabt haben soll, aber niemahls ausgeführt worden ist, weil sie wahrscheinlich der Erwartung nicht entsprochen hat.

Die Hauptgattungen der filirten Seide sind demnach: die Organzin (Organsin, Orsojo oder Ajouseide), welche einmahl filirt, dann duplirt und auf die entgegengesetzte Seite gezwirnt ist; ihr Werth hängt von ihrer Leichtigkeit und Reinheit, von der Vollkommenheit der Bearbeitung auf dem Filatorium, dann von ihrer Schönheit und ihrem Glanze ab, weßhalb man dazu aus einer größeren Parthie roher Seide immer die schönste und beste auswählet; die Trama, welche meist aus zwey locker gedrehten Fäden besteht; die Nähseide (Cusir), die aus 3 bis 22 Fäden gedreht und in Nr. ½, Nr. 1 und Nr. 2 unterschieden wird, und wozu auch die Mezzana Nr. 3 und 4 gehört; die Strickseide, welche 2 bis 4, auch mehr Fäden enthält; die Cusirino, welche wie Nähseide duplirt, aber feiner und für Spitzenmacher bestimmt ist und nach Buchstaben, wie G (die gröbste), F (feiner), Y (noch feiner), Z (noch feiner) unterschieden wird; die Pelo sammt Pelo d'oro, Pelo d'argento und Pelo filato; die Napoletana u. s. w.

Zu manchem Behufe muß die Seide besonders filirt werden, z. B. zum Crepp, Dünntuch u. s. w. Auch Mestrozi in Wien läßt die Seide zu dem neuen Damen-Gazetuch auf verschiedene Art auf den Filatorien zubereiten, wodurch der Stoff ein moirirtes Ansehen erhält. Die Grade der Feinheit der filirten Seide werden nach der Anzahl der zusammengesponnenen Coconsfäden bestimmt. Je weniger Fäden die Seide enthält, für desto feiner wird sie gehalten. Bey dem Abhaspeln nimmt man 400 Pariser Stab, welche mittels einer eigenen Vorrichtung schnell gemessen sind, da ein Zeiger auf einem Zifferblatte die Zahl der Gänge anzeigt, und wiegt selbe auf der Goldwage. Die feinste Organzin kann 18 bis 20, auch 21 Deniers seyn; gewöhnliche 23 und 24, die gröbste 50 bis 60. Von der Tramseide ist das gewöhnliche feinste Gewicht 24 bis 26, das mittlere 30 bis 32, das gröbste 50 bis 60 Deniers.

Außer der filirten Seide muß noch der Gallet- oder Floretseide erwähnt werden, welche theils aus solchen Theilen der Cocons, welche sich nicht abwinden lassen, theils aus verschiedenen anderen Abfällen bereitet wird. (Th. I. Seide Nr. 4.) Weil diese sogenannte Strazza oder das Floret-Material keinen ordentlichen zusammenhängenden Faden ausmacht, so muß sie auf andere Art behandelt werden, als die gute Seide. Sie wird mit Kartätschen gestrichen oder gekratzt, und dann auf dem Spinnrade wie der Flachs gesponnen. Dadurch entstehen feinere und gröbere Sorten von Floretseide; ja es läßt sich daraus eine recht gute Eintragseide in mehrere Zeuge bereiten. Eine besondere Art von Seide ist noch die Muschelseide, welche an der Öffnung der Seiden- oder Steckmuschel (Pinna maritima), die an den Küsten von Neapel, besonders aber an der von Calabrien sich findet, büschelförmig heraushängt. Diese Seide wurde schon längst bey Tarent u. a. O. gesammelt, gereiniget, gekrempelt, mit Seide untermischt gesponnen und zu Handschuhen und anderen Sachen verarbeitet, die gelbbraun und sehr glänzend aussehen. Der Erzbischof von Tarent, Don Giuseppe Capece-Latro, beschäftigte 1804 mehrere Arbeiter mit dem Reinigen und Weben dieser Seide, welche gewöhnlich byssus genannt wird. Man glaubt, daß dieser Stoff der von den Alten genannte byssus sey.

Weitere Zubereitung der Seide.

Bisher ist von der Seide in ihrem natürlichen Zustande, d. i. ohne daß sie in ihrem Wesen verändert wurde, gehandelt worden. Da sie aber in diesem Zustande nur zu wenigen Stoffen verarbeitet werden kann, so muß ihr noch eine besondere Zurichtung gegeben werden. Die Hauptsache besteht darin, daß man den Fäden vorerst das Rauhe und Steife benimmt, welches von einer gummi- oder firnißartigen Substanz herrührt, und daß man sie auf solche Art nicht nur geschmeidiger und glänzender, sondern auch weißer und zur Annahme hellerer Farben geschickter macht. Wenn die Seide weiß bleiben soll, so kocht man sie drey oder auch mehrere Stunden in einer Auflösung von Öhlseife, und spült und ringt sie dann aus. Je weißer die Seide werden soll, desto mehr Seife muß angewendet werden; auch pflegt man durch farbige Zusätze beym Kochen verschiedene Schattirungen von Weiß hervorzubringen. Um die Seide noch weißer zu erhalten, muß sie bisweilen noch mehr gebleicht, d. i. geschwefelt oder den Dämpfen der schweflichten Säure ausgesetzt werden. Durch die Soda kann man niemahls die hohe Weiße hervorbringen, wie durch das Seifenwasser. Man nennt diese Arbeit das Entschälen oder Degummiren, oder auch nur schlechtweg Auskochen und Aussieden. Die Seide verliert dabey im Durchschnitte $\frac{1}{4}$ bis $\frac{1}{3}$ an Gewicht. Wird die Seide durch das Degummiren bloß zum Färben vorgerichtet, so braucht sie keinen so hohen Grad von Weiße zu haben, sondern man benimmt ihr durch das Kochen in Seifenwasser bloß den Schmutz und das firnißartige Wesen. Dieses Degummiren sowohl, als das Färben der Seide wird insgemein von den Seidenfärbern verrichtet, die in Österreich eine eigene Innung ausmachen, für welche unterm 17. May 1773 eine Ordnung (die Innungs-Artikel) erschienen ist, und 4 bis 5 Lehrjahre festgesetzt sind.

Die vorzüglichsten Seidenfärber in Wien sind: Joh. Bapt. Marchetti, Simon Chora, Peter Vinciguerra, Natal Kritti u. a. m. Auch im lombardisch-venetianischen Königreiche gibt es viele und geschickte Seidenfärber.

Fast alle Seide, besonders diejenige, welche helle Farben erhalten soll, muß vor dem Färben entschält oder ausgekocht seyn, viele wird aber auch roh gefärbt, wie z. B. das Hamburger Schwarz. Die Materialien, welche die Seidenfärber gebrauchen, sind Fernambuk, Blauholz, Wau, ungr. Gelbholz, holl. Gelbholz, Cochenille, Saflor, Indigo u. s. w. (Th. I. Färbe-Materialien); außerdem noch Citronensaft, Weinsteinsäure, Seife, Dünaasche, Vitriol, Alaun und mehrere Mittelsalze, Galläpfel u. dgl. Zu vielen Nuancen wird die Farbe vor dem

Färben alaunet, oder sie erhält andere Beitzen. Die Farben selbst sind in der Erklärung der Muster umständlicher angegeben.

Der Seidenhandel ist im österreichischen Staate von vieler Bedeutung, zumahl gegenwärtig, wo das obere Italien und Tyrol wieder mit dem Staatskörper verbunden sind. Bisher war derselbe immer passiv, und jährlich mußte der Staat beträchtliche Summen ins Ausland schicken, um das für die inländischen Seidenmanufacturen erforderliche rohe Material anzuschaffen. Im J. 1813 schlug man den jährlichen Bedarf des ganzen Staates auf 7200 Ctr. ausländischer filirter Seide an, welche, das Loth zu 24 kr. gerechnet, die allerdings bedeutende Summe von 9,216,000 fl. C. M. betrug, wovon, wenn auch für verarbeitete Producte vom Auslande 3,072,000 fl. zurückströmten, doch jährlich ein wirklicher Geldverlust von 5,144,000 fl. entstand. In den Zolltabellen vom J. 1807 wird die Einfuhr in die teutschen Erbstaaten auf 4,254,532 fl. 55 kr., die Ausfuhr an Seide und Seidenstoffen nur auf 407,904 fl. 53 kr. geschätzt, so daß der Überschuß der Einfuhr 3,846,628 fl. 2 kr. betragen hätte. Gegenwärtig ist der Handel mit Seide activ. Denn das lombardisch-venetianische Königreich, Tyrol, Görz, Ungarn, die Militär-Gränzen ꝛc. erzeugen mehr, als der Bedarf der inländischen Seidenmanufacturen erfordert. Der größte Verbrauch in den teutschen Erbstaaten findet ohne Zweifel in Wien Statt, ungeachtet sich derselbe in der neueren Zeit wegen Beschränkung der Manufacturen vermindert hat. In dieser Stadt sind von 1812 bis 1816 an roher ungefärbter, abgezogener und filirter Seide 1,960,175 Pf., an roher, gesponnener und gefärbter Gallet- und Floretseide 80,524 Pf., an purgirter weißer und gefärbter Seide in Strehnen und Karten 73,150 Pf., an Pelo d'Oro und d'Argento 14,941 Pf., also im Ganzen 2,128,790 Pf. größten Theils aus Italien und Tyrol (wenig aus Ungarn, jährlich nur bey 6900 Pf.) eingeführt worden. Die Wieder-Ausfuhr von Wien nach dem Auslande belief sich in den genannten 5 Jahren an der ersteren Seide auf 91,873 Pf., an der zweyten auf 26,468 Pf., an der dritten auf 15,466, zusammen auf 133,807 Pfund, so daß zum eigenen Consumo 1,994,983 Pf. in Wien verblieben sind.

Der größte Theil dieser Seide kommt aus dem österreichischen Italien, aus Tyrol oder aus Piemont. Die piemontesische oder sogenannte Turiner Organzin schätzt man am höchsten, da sie nicht nur sehr fein ist, sondern auch einen angenehmen Glanz und die trefflichste Zurichtung hat. Sie geht in Menge nach Lyon, England, Berlin, Wien, und nach dem übrigen Teutschland. Die lombardische Seide, vorzüglich an den Seen und gegen die Gebirge, ist seit einigen Jahren sehr verbessert, und wird zu manchem Fabriksgebrauche der piemontesischen noch vorgezogen. Man gewinnt hier rohe Seide, welche sowohl zu Organzin, als zu Trama der ordinären und feinsten Sorte angewendet wird. Die eigentliche Mailänder und die Bergamasker Seide ist die beste; in den niedrigen Gegenden von Castiglione und Mantua ist die Qualität derselben viel geringer. Die Mailänder Trama theilt sich in Prima, Seconda und Terza; eben so wird auch die Bergamasker Organzin und Trama unterschieden, welche in kleinen Ballen von ungefähr 60 Pf. in den Handel kommt. Im Venetianischen wird viel und gute Seide gewonnen und zugerichtet. Die beste ist diejenige, welche in der Provinz Belluno gegen Val-Sugana gewonnen wird; den zweyten Rang hat die friaulische; nach dieser folgt die Seide aus den Provinzen Vicenza, Polesine und Verona; die letztere Provinz liefert vornehmlich Näh-, Stick- und Strickseide. In Tyrol wird seit wenigen Jahren sehr geschätzte Organzin und treffliche Näh- und Strickseide erzeugt; auch aus Trient kommen gute Organzine. Auf der Messe zu Bergamo werden die größten Geschäfte in Seide gemacht, und zugleich die Preise der inländischen Seide für das ganze Jahr bestimmt und regulirt. Die Mailänder Organzin und Trama, die Bergamasker Organzin, und die Veroneser Nähseide gehen in großer Menge nach Frankreich, England und Teutschland, selbst bis Hamburg, welches für die inländische Seide ein Haupthandelsplatz ist; auch Rußland bezieht viele italienische Seide. Die rohe Seide wird meist in Ballen zu 100 oder 200 Pf., die gefärbte und zugerichtete in sogenannten Karten, welche 2 Pf. 10 bis 12 Loth wiegen, verkauft.

Die größten Seidenhändler sind in Mailand und Bergamo.

In ersterer Stadt gehören nebst sehr vielen anderen soliden Häusern unter die vorzüglichsten: Pietro e F. Marietti, Fratelli Ciani q. Carlo, Balabio Besana e Comp., Gaetano Taccioli, Ambrogio Uboldi e Brunati; in Bergamo: Giov. Steiner e Comp., G. B. Carissimi, Daniele Albis. In Brescia, wo jährlich für mehrere Millionen Lire Geschäfte in Seide gemacht werden, in Verona, Vicenza, Udine und mehreren anderen lombardisch-venetianischen grösseren und kleineren Städten, in Roveredo und Trient sind noch sehr viele ausgezeichnete und solide Seidenhändler. In Wien machen die größten Geschäfte: Geymüller und Comp.; Franz Pirovani; Jacob Bettini; Peter Belloni; Jacob Lazzer; Müller, Bargehr und Bolz u. a. m.

Außer dem österr. Staate wird im päpstlichen Gebiethe um Fossombrone und Bologna die beste Seide erzeugt. Sicilien und Neapel, Florenz, Parma, Modena haben geringere Gattungen, als Piemont und das österr. Italien. Die spanische und französische Seide steht der guten italienischen nach.

Um den Handel mit Seide möglichst zu befördern, ist im Jahre 1817 ein neuer Zolltariff für die Seidengattungen festgesetzt und der Verkehr im Innern der Monarchie (mit Ausnahme von Ungarn, Siebenbürgen, Dalmatien, Istrien, und den Freyhäfen von Triest und Fiume, mit Inbegriff der dazu gehörigen, außer der Zolllinie gelegenen Districte) ganz zollfrey erkläret worden. Die neuen Zollsätze, welche an allen Gränzen der Monarchie gegen das Ausland gleichförmig erhoben werden, sind folgende, sämmtlich vom Wien. Ctr. in Conv. M.: Rohe ungesponnene Seide zahlt bey der Einfuhr 39 kr., bey der Ausfuhr 64 fl. 37 kr.; gesponnene Seide zum Einschlag, Aufzug ic. b. d. Einf. 50 fl 50 kr., b. d. Ausf. 32 fl. 18½ kr.; gereinigte und gefärbte b. d. Einf. 63 fl. 19½ kr., b. d. Ausf. 25 fl. 51 kr.; Seide in kleinen weißen oder gefärbten Strehuchen b. d. Einf. 152 fl. 16½ kr., b. d. Ausf. 4 fl. 18½ kr.; Spinnseide b. d. Einf. 40 fl., b. d. Ausf. 20 fl.; rohe Floretseide und sonstige Seidenabfälle b. d. Einf. 13 kr., b. d. Ausf. 6 fl. 28 kr.; rohe gesponnene Floretseide b. d. Einf. 6 fl. 28 kr., b. d. Ausf. 5 fl. 40 kr.; gesponnene, gereinigte und gefärbte

Floretseide b. d. Einf. 21 fl. 32 kr., b. d. Ausf. 1 fl. 8 kr.; Cocons b. d. Einf. 16 kr., die Ausfuhr verbothen.

Die höchsten Seidenpreise waren im J. 1818, wo zu Wien die Turiner Organzin auf 28 fl., die Mailänder Organzin auf 26, 25 und 24 fl., die Mailänder Trama auf 24, 22 und 19 fl., die Bergamasker Organzin auf 25 fl., die Rovereder superfeine auf 26 fl., die Udineser Trama auf 19 fl., die Veroneser Cusir (Nähseide) auf 14 fl. C. M. pr. Wien. Pf. zu stehen kam. Im J. 1819 sind die Preise beträchtlich gefallen, und zu Anfang 1820 standen sie zu Wien in folgendem Verhältnisse: Turiner Organzin das Wien. Pf. 19 fl. C. M., Mailänder Organzin von 18 bis 20 Deniers 18 fl., von 24 bis 26 D. 17 fl., von 28 bis 32 D. 16 fl., Mailänder zweyfädige Trama von 24 bis 26 D. 16 fl., von 30 bis 34 D. 14½ fl., von 36 bis 40 D. 13½ fl., Bergamasker Organzin von 24 bis 26 D. 17 fl., Brescianer Organzin von 30 bis 32 D. 16 fl., Rovereder Organzin superfein 18 fl., mittelfein 16 fl., Udineser zweyfädige Trama superfein 15½ fl., mittelfein 13¼ fl., Bassaneser zweyfädige Trama mittelfein 12½ fl., Görzer zweyfädige Trama ordinär 11 fl., Veroneser Cusir 1. Sorte 8½ fl., Veroneser einfädige Trama 8½ fl. pr. Pf. — Zur Vergleichung mit diesen Wiener Preisen werden hier noch die Seidenpreise vom Sommer 1819 angegeben, wie sie in Verona pr. Pfund in italienischen Lire Statt fanden: Cusir ½ 28 Lire, Cusir Nr. 1, 2, dann Mezzana Nr. 3 und 4 27 Lire 50 Cent.; Cusirino G 28. 50 L., F 29. 50 L., Y 30. 50 L., Z 31. 50 L.; Pelo 27. 50. L., Pelo d'Oro und d'Argento, dann Pelo filato 29 L.; Napoletana 32 L.; Trama vaga und Orsojo 38 L.; Organzino 36 L.; Galleta 10 L.; Fioretto und Flossi 8 L.

Erklärung der Muster.

Da, wie im I. Th. und oben erinnert worden, auch die rohen Seidengattungen hierher gezogen wurden, so zerfallen die hier aufgestellten Muster A. in die rohe oder unfilirte, B. in die filirte und gesponnene, C. in die entschälte und gefärbte Seide.

A. Röhe oder unfilirte Seide, d. i. gehaspelt und gewunden.

Taf. I. Nr. 1. Mailänder Seide, im Inlande die beste und schönste Sorte, von gelber Farbe, welche auf Organzin und zweyfädige (zweykappige) Trama verwendet wird.

Nr. 2. Rovereder Seide, superfein, von gebackenen Cocons gesponnen, von gelber Farbe. Eine gute Sorte zu Organzin und zweyfädiger Trama.

Nr. 3. Rovereder Seide, superfein, von gebackenen Cocons abgehaspelt, von gelber Farbe. Ebenfalls zu Organzin und zweyfädiger Trama, die gröbste auf Spitzen- und Strickseide. Die Seide von gebackenen Cocons ist leichter im Gewichte, als die von Cocons, worin die Puppe auf andere Art getödtet worden.

Nr. 4. Weiße Rovereder Seide, zu Organzin und zweyfädiger Trama, auch wegen der schönen Weiße schätzbar. Die von Natur weiße Seide ist immer etwas stärker im Faden, als die gelbe.

Nr. 5. Ungrische grobe Seide, eine viel geringere Sorte als die vorstehenden, zu grober zweyfädiger Trama und zu feiner Röhseide.

Nr. 6. Ungrische feine Seide von gelber Farbe, etwas besser, zu mittelguter zweyfädiger Trama, doch nicht zu Organzin. Es ist in Ungarn, Slavonien, und in den Militär-Gränzen mitunter auch sehr schöne und gute Seide gewonnen worden, welche bey gehöriger Behandlung der italienischen nicht nachstand. Desto mehr ist es zu bedauern, daß die Seidencultur dort so sehr vernachlässiget, und jetzt fast nur noch von einigen Gränz-Regimentern betrieben wird. Ohne Zweifel wird aber der so eben bey Gerold in Wien erschienene „vollständig theoretisch-praktische Unterricht zur Seiden-Cultur für den österr. Kaiserstaat, mit besonderen Rückblicken auf das Königreich Ungarn, von Jos. Blaskovits, Seiden-Culturs-Director," wovon 2000 Exemplare unentgeltlich in Ungarn vertheilt werden sollen, und der Umstand, daß in Ungarn eine Cameral-Herrschaft zur Bildung geschickter Seiden-Inspectoren bestimmt werden soll, viel dazu beytragen, die Seidencultur dort wieder empor zu bringen.

Nr. 7. Bengalische weiße Seide, sogenannte Ratnagor, eine Mittelsorte, auf grobe zweyfädige Trama, feine Näh- und Strickseide, und auf mittlere Spitzenseide.

Nr. 8 bis 10. Bengalische gelbe Seide, von mittlerer Qualität und gleicher Verwendung, wie die vorstehende. Das erste Muster wird im Handel Beauleak, das zweyte Jungypore, das dritte Rungpore genannt.

Nr. 11 und 12. Neapolitanische gelbe Seide von mittlerer Qualität, auf grobe zweyfädige Trama, dann auf feine und grobe Nähseide.

Taf. II. Nr. 13. Bengalische gelbe Seide, sogenannte Kusimbuzar, etwas besser als die Ratnagor (Nr. 7), jedoch zu gleichem Gebrauche.

Nr. 14. Persische Seide, sogenannte Kaschanskoi, weiß und grob. Bloß zu sehr grober Nähseide brauchbar und im Inlande nicht geschätzt. Es gibt noch mehrere andere und bessere Sorten von persischer Seide, welche größten Theils über Smyrna verschickt werden, aber so wie die sinesische, welche zuweilen aus England hierher kam, selten oder nie in den österreichischen Manufacturen verarbeitet worden sind.

Nr. 15. Feine Gallet- oder Floretseide von weißer Farbe, da diese Sorte aus den Abfällen weißer Cocons gebildet ist. Diese Seide ist viel gröber, als die vorstehenden Sorten, und bloß auf grobe Bänder (die sogenannten Schweizer Bänder) und auf Posamentirer-Arbeiten verwendbar. Noch viel schlechter sind die übrigen Sorten der Floretseide.

B. Filirte und gesponnene Seide.

a) Organzin (Organsin, Orsojo) oder Kettenseide.

Nr. 16. Echte feine Piemonteser oder Turiner Organzin, die beste aller Seidengattungen, auf Atlas, Grosdetours u. a. feine Seidenstoffe, auch auf Shawls.

Nr. 17. Superfeine Mailänder Organzin von gelber Farbe, nach der Piemonteser die vorzüglichste auf Taffet, Modebänder, Levantin und viele andere Seidenzeuge, die superfeinste auch auf Petinet.

Nr. 18. Superfeine Bergamasker Organzin,

an Güte und Verwendung der Mailänder Organzin ziemlich gleich.

Nr. 19. Mittlere Bresciane Organzin; auch eine gute Sorte; die schöne und ganz feine auf Taffet, die mittlere auf Tücher und Sammt.

Nr. 20. Superfeine Rovereder Organzin, an Güte der Mailänder Organzin ziemlich gleich geschätzt, auf Taffet, Modebänder und Levantin.

Nr. 21. Weiße Rovereder Organzin, auf Turiner Art gearbeitet, zu Taffet, Modebändern, Levantin u. s. w., jedoch nur zu delicaten Farben, vornehmlich zu Incarnat, Rosa und Weiß. Wenn man sie auf Bauerbänder verarbeitet, wird sie gefärbt, ohne vorher entschält worden zu seyn.

Nr. 22. Gelbe Rovereder Organzin, auf Turiner Art, der echten Piemonteser (Nr. 16) nahe kommend.

Nr. 23. Feine Trentiner (Trienter) Organzin, eine gute Sorte von gelber Farbe, auf Taffet, Tücher, Sammt, Damast und Hosenzeuge.

Nr. 24. Mittlere gelbe Rovereder Organzin, von gröberer Art, als die vorstehenden Sorten, auf grobe Tücher, schweren Sammt und mittlere Shawls.

Taf. III. Nr. 25. Ein zweytes Müster derselben Gattüng.

Nr. 26. Ausschuß der gelben Rovereder Organzin, noch gröber, und daher bloß auf Bauertücher, grobe Shawls und halbseidene Tücher (mit Schafwolle), auf feine Livreeborten rc. brauchbar.

Nr. 27. Udineser Organzin, eine ziemlich gute Sorte von gelber Farbe, die feine auf Damast und Linzer Zeuge; in Wien aber wenig gesucht.

Nr. 28. Feine Vicentiner Organzin, eine gute Sorte zu gleichem Gebrauche wie Nr. 27; die bessere zeigt sich auch sehr schön im Sammt und Atlas.

Nr. 29. Feine weiße Vicentiner Organzin, schön und trefflich auf Sammt, und wenn sie recht fein ist, auf Modeartikel.

Nr. 30. Gelbe mittlere Vicentiner Organzin, wird wie Nr. 27 verwendet.

Nr. 31. Weiße mittlere Bassaneser Organzin, wie Nr. 29 verwendet.

b) Trama oder Einschlagseide, Nähseide, Strickseide, Pelseide ꝛc.

Nr. 32. Superfeine zweyfädige Mailänder Trama von blaßgelber Farbe. Wird ihrer Schönheit und Feinheit wegen sehr gesucht auf Taffet, Atlas, Grosdetours u. a. delicate Zeuge, auch auf Modebänder. Diese Gattung ist, wie die Organzin, ein äußerst wichtiger Handelsartikel der Lombardie.

Nr. 33. Superfeine zweyfädige Udineser Trama von blaßgelber Farbe, recht gut, und, wenn sie vollkommen ist, der Mailänder (Nr. 32) nicht nachstehend.

Nr. 34. Zweyfädige gelbe Udineser Trama, erste Sorte (Prima), auf schweren Taffet, Tücher, Hosenzeug und Levantin.

Nr. 35. Dieselbe, zweyte Sorte (Seconda), auf schwere Tücher, Levantin und grobe Bänder.

Nr. 36. Feine zweyfädige Rovereder Trama, etwas weniger fein, als die vorstehenden Sorten, auf Linzer Zeuge und feine Posamentirer-Arbeiten.

Nr. 37. Mittlere zweyfädige Rovereder Trama, von goldgelber Farbe, auf schwere, mit Gold und Silber eingearbeitete Zeuge, zu Goldgespinnsten, Borten, Epauletten u. dgl.

Nr. 38. Zweyfädige gelbe Udineser Trama, dritte Sorte (Terza), von mittelmäßiger Güte, auf schwere Bänder, reiche Zeuge, Goldgespinnste ꝛc.

Nr. 39. Mittlere zweyfädige gelbe Mailänder Trama, auf feine Tücher, schweren Taffet und auf Hosenzeuge.

Taf. IV. Nr. 40. Castiglioner zweyfädige Trama, blaßgelb und von mittelmäßiger Güte, auf Bauerbänder, schwere Linzer Zeuge und reiche Posamentirer-Arbeiten.

Nr. 41. Persische zweyfädige Trama, blaßgelb. Wird nie gesucht und fehlt daher auf den österreichischen Handelsplätzen immer.

Nr. 42. Bengalische zweyfädige Trama, in

Roveredo filirt, von gelber Farbe. An Güte und Verwendung wenig von Nr. 40 verschieden.

Nr. 43. Bengalische zweyfädige Trama, in Zürich filirt, von weißer Farbe.

Nr. 44. Feine zweyfädige Görzer Trama, gelb und nicht sehr vorzüglich, auf Bauerbänder, allerley grobe Zeuge und Damast.

Nr. 45. Mittlere zweyfädige Görzer Trama, gelb, noch etwas gröber, als die vorstehende, übrigens zu demselben Gebrauche.

Nr. 46. Zweyfädige Görzer Doppioni-Seide, d. i. von doppelten Cocons, grob und von ziemlich schlechter Qualität, daher nur auf sehr grobe Posamentirer-Arbeiten brauchbar.

Nr. 47. Bengalische Seide, in Roveredo auf Spitzen filirt; eine zur Spitzenarbeit vorzüglich gute Sorte.

Nr. 48. Bengalische Seide, in Roveredo nach Art der zehnfädigen neapolitanischen Strickseide gearbeitet, von gelber Farbe und guter Qualität, zum Stricken auf Strümpfe, Beutel ꝛc. — Die sogenannte neapolitanische Seide (Napoletana) dient außerdem noch für Posamentirer, ferner zum Wirken, Nähen, Stricken u. s. w.

Nr. 49. Veroneser Cusirino (Cuciniro) oder Strickseide zu Spitzen. Da diese Sorte jedoch auf Spitzen zu wenig fein ist, wird sie meist zum Stricken gebraucht. Daß es feinere und gröbere Sorten der Cusirino gibt, erhellet schon aus dem oben Gesagten, wo auch zu ersehen ist, daß die Preise von Sorte zu Sorte um 1 Lira ital. sich ändern.

Nr. 50. Zweyfädige Nähseide (Cusir), in Roveredo aus bengalischer Seide filirt; von guter Qualität, zum Nähen.

Nr. 51. Bengalische Kusimbuzar (vergl. oben Nr. 13), zu dreyfädiger Nähseide filirt. Vortrefflich zum Nähen.

Nr. 52. Veroneser goldgelbe Seide, auf neapolitanische Art in Verona gesponnen. Eine gute Sorte, zum Stricken auf Strümpfe, Beutel ꝛc.

Nr. 53 und 54. Veroneser Cusir, oder Nähseide,

von goldgelber Farbe, erste und zweyte Sorte (Prima e Seconda).

Taf. V. Nr. 55. Veroneser Pelo d'Oro, eine mittlere goldgelbe Spinnseide, die zu Posamentirer-Arbeiten in Gold, zu Tressen 2c. vorzugsweise genommen wird. Die Pelo d'Argento ist weiß, und wird zu Arbeiten mit Silber gewählt. Man hat auch Contrapelo, welche links gedreht ist, und zu goldenen und silbernen Spitzen dient; dann filirte Pelo.

Nr. 56. Rovereder Doppioni-Cusir, von bräunlicher Farbe und sehr mittelmäßiger Qualität. Wird gefärbt und zum Nähen nach Ungarn verschickt.

Nr. 57. Veroneser Pelo (Pelseide), von schöner goldgelber Farbe, zu goldreichen Posamentirer-Arbeiten, Borten, Franzen 2c.

Nr. 58. Bengalische einfädige Seide, in Roveredo filirt, von blaßgelber Farbe und mittlerer Qualität, auf Damast, grobe Bänder und Posamentirer-Arbeiten.

Nr. 59. Rovereder einfädige Trama, goldgelb, der vorstehenden Gattung an Güte und Verwendung ziemlich gleich.

Nr. 60 und 61. Goldgelbe und weiße Veroneser einfädige Trama, zu gleichem Gebrauche, wie Nr. 58, die weiße jedoch auf delicatere Farben.

Nr. 62. Einfädige Görzer Doppioni-Trama, eine schlechte grobe Sorte von gelber Farbe, die man bloß zu ganz gemeinen Posamentirer-Arbeiten verwendet.

Nr. 63. Floretseide, von weißer Farbe und grob, auch von rohem Ansehen. Dient nur zu sehr ordinären Arbeiten, z. B. auf grobe Bänder, auf Hosenträger u. dgl.

Es dürfte für manche Leser nicht ohne Interesse seyn, die rohen, filirten und gesponnenen Seidengattungen aus Görz vollständig zu kennen, wie sie in einer 1819 von der k. k. Gesellschaft des Ackerbaues, der Künste und des Handels zu Görz veranstalteten kleinen Sammlung an einander gereihet wurden. Diese Gattungen sind mit ihren italienischen Benennungen folgende: a) Strusi grezzi, ein sehr schlechter Abfall, der

K 2

aus Häutchen rc. besteht. b) Capitoni di Strusi, ein sehr grobes gelbes Gespinnst. c) Capitoni grezzi di bigatteza, ossia Pellaja, ein schmutziggelber Abfall aus Häutchen und Fäden. d) Bavella grezza filata, ein grobes gelbes Gespinnst ohne Glanz. e) Bavella purgata filata, weiß und grob. f) Stoppolina grezza filata, ein sehr grobes schmutziggelbes Gespinnst, welches mehr der Schafwolle, als der Seide gleicht. g) Seta Faloppa grezza di prima qualità, gelb, zum Filiren. h) Seta Faloppa grezza di seconda qualità, gelb und fein. i) Seta bianca grezza, auch Seta aesa genannt, weiß und grob. k) Seta grezza di prima qualità, zur Trama, sehr schön und von gelber Farbe. l) Seta grezza di seconda qualità, der vorstehenden ähnlich. m) Seta per Organzino, ossia Orsoglio di prima qualità, vorzüglich schön und von gelber Farbe. n) Seta per Organzino, ossia Orsoglio di seconda qualità, ebenfalls sehr schön.

C. Entschälte und gefärbte Seide.

Es sind hier nur die vorzüglicheren und gangbarsten Farben aufgenommen, da die übrigen Abstufungen durch einzelne Abänderungen und Zusätze bey der Manipulation sich hervorbringen lassen.

Nr. 64. Entschälte oder degummirte Seide, d. i. durch Behandlung mit Seifenwasser von dem firniß- oder gummiartigen Wesen befreyt. Solche Seide ist weiß und zwar desto weißer, je fleißiger sie behandelt wird. Das Auswinden gibt der Seide den Glanz.

Nr. 65. Französisch-Weiß, wozu der von Natur weißen Seide eine schwache Färbung mit Indigo und Cochenille gegeben wird. Solche Zusätze werden zuweilen schon beym Kochen angewendet, um eine gewisse Nuance von Weiß hervorzubringen.

Nr. 66. Perlweiß, mit einem blaulichen Schimmer, welcher durch eine sehr schwache Färbung mit Indigo entsteht.

Taf. VI. Nr. 67. Naturelgelb, ein angenehmes Gelb, welches mit Wau (Gelbkraut) und Gelbholz gefärbt wird. Je heller die Farbe werden soll, desto mehr Seife muß zum

Entschälen angewendet worden seyn. Man pflegt auch ein sehr dauerhaftes Gelb mit Salpetersäure zu färben.

Nr. 68. Canariengelb, etwas höher als die vorige Farbe, mit Wau und etwas Gelbholz erzeugt. Beyde gelbe Farben erhalten die Beitze mit Alaun.

Nr. 69. Goldgelb, wozu die Seide nach dem Alaunen mit Orlean grundirt und im Waubade ausgefärbt wird. Es gibt noch mehrere Nuancen von Gelb, welche sich mit der Mode ändern, und durch einzelne Abänderungen der Verhältnisse und allerley Zusätze hervorgebracht werden.

Nr. 70. Fleischfarb, mit Gelbholz und etwas Fernambuk gefärbt. Manche Färber nehmen dazu Saflor.

Nr. 71. Rosa oder Rosenfarb, wird mit Saflor hervorgebracht. Man färbt nähmlich zuerst die Seide in dem rothen, mit Pottasche ausgezogenen Pigment des Saflors und kehrt sie dann in Citronensaft um; auch nimmt man hierzu etwas Composition, d. i. Auflösung von Zinn in Salpetersalzsäure (Königswasser). Mit Saflor lassen sich mehrere sehr schöne Nuancen von Roth, als Ponceau, Incarnat, Kirschroth, Rosen- und Fleischfarbe ꝛc. färben.

Nr. 72. Capucin, wozu die Seide alaunet, mit Orlean grundirt und mit Fernambuk ausgefärbt wird.

Nr. 73. Carmoisin, welches entsteht, wenn man die alaunte Seide in Fernambuk ausfärbt und in Pottasche umkehrt.

Nr. 74. Carmoisin, heller als das vorige, durch Alaunen der Seide, Ausfärben in Fernambuk und durch Waschen in kaltem Wasser (ohne Pottasche) erzeugt. Diese beyden Farben sind eigentlich das unechte Carmoisin. Echt carmoisinroth wird die Seide, wenn man sie in ein Alaunbad gibt, und dann mit aleppischen Galläpfeln und Cochenille behandelt. Auch hat man gerathen, der Seide zu Carmoisinroth ihre natürliche gelbe Farbe zu lassen. In mehreren Färbereyen wird Kirschroth mit Persio gefärbt.

Nr. 75. Rehfarb, welches mit ungrischem Gelbholz und etwas Fernambuk auf der alaunten Seide gegeben wird.

Nr. 76. Incarnat, mit Saflor und Citronensaft gefärbt (vgl. Nr. 71).

Nr. 77. Hochrosa, eben so. Auch vom Rothen lassen sich durch Abänderungen der Verhältnisse mancherley Nuancen zuwege bringen, wie sie gerade die Mode heischt.

Nr. 78. Silberfarb oder Weißgrau, wozu Blauholz und Vitriol in Anwendung gesetzt wird.

Nr. 79. Lilla, eine sehr schöne Farbe, welche man der Seide durch Ausfärben in Orseille und Umkehren in Composition gibt.

Nr. 80. Lichtes Pape, das auf der Alaungrundirung mit Blauholz und Fernambuk gefärbt wird.

Nr. 81. Dunkel Puce (d. i. flohbraun), aus Fernambuk, Blauholz und etwas Gelbholz. Nach Verhältniß dieser Färbestoffe kann die Farbe heller oder dunkler gemacht werden.

Taf. VII. Nr. 82. Louisenblau, eine herrliche und beliebte blaue Farbe, wozu man die Seide mit Eisenvitriol grundirt und in abgezogener Composition ausfärbt. Unter Composition versteht man hier blausaures Kali. Diese Farbe ist sehr schön, noch schöner als das echte, mit Indigo gefärbte Louisenblau, steht aber an Dauerhaftigkeit der letzteren Farbe nach.

Nr. 83. Rabenschwarz, das auf dem Vitriolgrunde durch Ausfärben der Seide in einer aus Blauholz und ungrischem Gelbholz bereiteten Färbebrühe erzeugt wird.

Nr. 84. Indigoblau, ein dunkles Blau, welches in der sogenannten Indigoküpe der Seidenfärber, die aus Indigo, Waid, Dünaasche und Kleyenwasser besteht, gefärbt wird. Andere Nuancen von Blau färbt man mit Berlinerblau, mit Blauholz ꝛc; ein Blauschwarz entsteht durch das Ausfärben der mit Eisenvitriol grundirten Seide in Blauholz und Wau.

Nr. 85. Saftgrün, wozu die Seide mit Sauerdornholz gelb gefärbt und in Composition umgekehrt wird.

Nr. 86. Grasgrün, mit Wau und Dünaasche gefärbt.

Nr. 87. Stahlgrün, welches auf dem Alaungrunde mit einer Brühe aus Wau und Blauholz gegeben wird. Man färbt jetzt auch ein zwar unechtes, aber sehr schönes Grün, indem man der Seide anfänglich einen gelben Grund mit Scharkraut gibt und sie dann in Eisenvitriol und blausaurem Kali ausfärbt.

Nr. 88. Fein Schwarz, welches auf mancherley verschiedene Weise gefärbt wird. Eine gewöhnliche Methode besteht darin, daß man die etwas ausgesottene Seide in einem Bade von Galläpfeln oder Knoppernmehl und in einem Bade aus Eisenvitriol, Grünspan, Gummi und Zucker mehrmahls abwechselnd bearbeitet, dann auswäscht und mit Seifenwasser oder Baumöhl tränkt. Die gehörige Intensität der Farbe kann nur durch oftmahliges Eintauchen der Seide erreicht werden, wodurch sich dieselbe sehr auffallend von der Schafwolle unterscheidet. An manchen Orten bereitet man sich aus allerley Ingredienzen, z. B. Weinessig, saurem Bier, Cider, Hafermehl, Erlenrinde, Schmack, Eichenrinde, Galläpfeln, altem Eisen u. dgl. eine sogenannte Schwarzküpe, welche desto besser wird, je älter die Mischung ist.

Es muß bemerkt werden, daß bey allen bisher angeführten Farben, zumahl bey den feineren, die Seide nach dem Färben leichter an Gewicht ist, als sie im rohen Zustande war, welches von dem stärkeren Entschälen herrührt. Gewöhnlich wiegt das Pfund Seide nach dem Färben nicht mehr als 22 Loth. Bey der folgenden Farbe hingegen findet hierin eine bemerkenswerthe Ausnahme Statt.

Nr. 89. Hamburger Schwarz. Um diese Farbe hervorzubringen, wird die rohe, nicht ausgesottene Seide mit Galläpfeln grundirt, gewaschen, mit grünem oder blauem Vitriol ausgefärbt, den zweyten Tag darnach abermahls gewaschen, in heißem Wasser mit Schmalz eingefettet, endlich ausgekühlt, gerungen und aufgehängt. Das Pfund Seide nimmt bey dieser Behandlung so sehr an Gewicht zu, daß 46 bis 48, auch 50, und manchmahl sogar 60 Loth aus der Farbe kommen. Die Seide ist jedoch um so schlechter, je schwerer sie ist; auch zeichnet sich die Farbe weder durch Schönheit, noch durch Haltbarkeit aus.

Nr. 90. Chinirte oder geflammte Seide. Seide, welche auf solche Art stellenweise gefärbt werden soll, muß im Strehn beym Aussieden an den erforderlichen Stellen fest mit

Bindfaden gebunden werden, damit die Seife nicht durchgreifen könne, und dann wird sie erst in die Farbe genommen. Die gebundenen Stellen bleiben auf solche Art ungefärbt. Um diese Färberey mehr empor zu bringen, hat der Staat früher bedeutende Summen angewendet und geschickten Färbern Geldunterstützungen und andere Vortheile zugestanden.

Nr. 91 bis 97. Gezwirnte und gefärbte Seide in mehreren Farben, wie sie in Stücken erscheint.

V. Abtheilung.

Die Producte der Weberey.

Erste Unterabtheilung.

Die Leinenstoffe.

Die Flachs- und Hanfgespinnste sind der Stoff zu den sogenannten Leinenzeugen, nahmentlich zur Leinwand, zum Zwillich und Leinen-Damast, dann zu den Halbleinenstoffen rc., welche unter den verschiedensten Formen, von verschiedener Qualität verfertiget, und auf die mannigfaltigste Art zu dem außerordentlich starken Gebrauche, der davon gemacht wird, zugerichtet werden. Die Verfertigung der Leinenstoffe gehört zu den wichtigsten Zweigen der Industrie, da sie nicht nur Millionen von Menschen Nahrung und Beschäftigung gibt, sondern auch bloß einheimische rohe Stoffe zu Fabricaten umstaltet, und selbst der Umstand erhöht noch die Wichtigkeit derselben, daß die durch sie hervorgebrachten Gewebe auch dann noch, wenn sie als Gewebe unbrauchbar werden, abermahls als Materiale zu einem der nützlichsten und unentbehrlichsten Fabricate, zu dem Papiere (Th. I. Papier-Materialien) verwendet werden können. Um einen vollständigen Begriff von diesem Fabricationszweige zu erlangen, wird es am angemessensten seyn, die Leinenstoffe 1) nach ihrer Verfertigung, 2) nach ihrer Feinheit in Rücksicht der Garne, 3) nach den Ländern, wo man sich mit ihrer Fabrication vorzüglich beschäftiget, in Betrachtung zu ziehen.

In Ansehung der Verfertigung muß die glatte Leinwand von den façonnirten Leinenstoffen unterschieden werden. Jeder Zeug erhält Fäden nach der Länge und andere nach der Breite, welche die ersteren durchkreuzen. Die Fäden in der Länge heißen Kette (Aufzug, Zettel, Werft), die Fäden in der Breite Einschlag (Einschuß, Eintrag, Schuß). Die allgemeine Vorrichtung der Garne besteht darin, daß man sie roh oder gebleicht von den Strehnen auf eine bestimmte Anzahl größerer Spulen überhaspelt, und mittels des Einlesebretchens auf einen großen Haspel (den Scher- oder Schweifrahmen) windet, wodurch gleichsam neue Strehne von einer gewissen Fädenzahl und Länge entstehen.

Die glatte Leinwand wird auf dem gemeinen Leinwebestuhle, dem einfachsten aller Webestühle, gewebt. Dieser besteht aus einem viereckigen Gestelle, und hat rückwärts den Garn- oder Kettenbaum, vorne den tiefer liegenden Brustbaum, dann den Streichbaum und Leinwandbaum, außer welchen noch das Geschirr (auch Webezeug genannt), die Lade mit dem Rohrkamme, und die Schemmel (Fußtritte, Tritte) Hauptbestandtheile dieses Stuhles sind. Um auf dem Stuhle nun zu weben, bringt der Weber das geschorne Garn auf den Garnbaum (er bäumt es auf), zieht es Faden für Faden durch das Geschirr, steckt das Kettenende hierauf durch das Rohrblatt, und befestiget es endlich auf dem Brustbaume an den Trasseln (d. i. abgeschnittenen Kettenenden). Bey diesem Aufziehen der Kette gehen durch jeden Zwischenraum der Zähne des Kammes, oder, wie die Weber sich auszudrücken pflegen, durch jedes Rohr 2 Fäden; 40 oder in Oberösterreich u. a. Orten 48 Fäden werden ein Gang genannt, 5 halbe Gänge heißen in Österreich ein Büschel; das Büschel hat 60 Rohr im Kamme oder 120 Fäden. Je feiner die Leinwand werden soll, desto mehr Fäden bekommt die Kette, und desto mehr Gänge oder Büschel werden aufgezogen; daher wird gewöhnlich sowohl die Feinheit der Garne, als die Feinheit der Leinwand nach Gängen bestimmt.

Die gewöhnlichste Breite ist 1 Elle, selten darunter (in der ungrischen Militär-Gränze doch auch kaum von Nankinbreite), oft aber auch darüber, besonders $\frac{9}{8}$, $\frac{5}{4}$ und $\frac{6}{4}$; die Länge ist verschieden. Breite und Länge müssen schon in der Kette vorgerichtet werden. Eine Leinwand von 40 Gängen (der Gang zu 40 Fäden) hat also bey einer Breite von 1 Elle 1600 Fäden in der Kette, und fordert nur halb so feines Garn, als 80gängige Leinwand, da bey dieser 3200 Fäden in der gleichen Breite eingestellt werden müssen. Sobald das Aufziehen der Kette vollendet ist, wird sie geschlichtet, d. i. mit dünnem Mehlkleister mittels zweyer Bürsten oben und unten bestrichen, um sie haltbarer zu machen, und die Reibung zu schwächen, wozu man aus der großen Zahl von Materialien, die zum Schlichten vorgeschlagen worden, auch andere wählen kann. Der Eintrag wird mittels der Schützen oder Schiffchen, worin eine Spule mit Garn steckt, oder mit den Schnellschützen zwischen den Kettenfäden durchgeworfen, indem der Weber mittels der Schemmeltretung die eine Hälfte der Kette niederzieht, und dann mit der Lade, je nachdem die Leinwand dichter oder schwächer (schütterer) werden soll, zwey- oder einmahl geschlagen. Es ist eine Hauptregel bey jeder Leinwand, daß Kette und Eintrag von einerley Garn, und daß sie möglichst gleich gewebt und eben so geschlagen seyen, — eine Regel, über die sich in den letzteren Jahren so viele, besonders ärmere Weber, zu ihrem eigenen Nachtheile hinwegsetzten, wozu freylich oft die Noth sie gezwungen hat, da sie die Garne um hohe Preise von den Garnhändlern erkaufen mußten. Das Weben ist übrigens bey jeder Art von Leinwand gleich; auch macht es keinen Unterschied, ob sie aus Flachs- oder Hanfgarn gewebt wird. Soll sie Streifen haben, so wird schon die Kette streifig aufgezogen, oder auch nur der Eintrag mit mehreren Schützen streifig durchgeschossen; bey farbig gewürfelter Leinwand muß Kette und Eintrag nebst dem weißen auch farbiges Garn erhalten. Man bildet in manchen Ländern, wie z. B. in der Militär-Gränze, auch weiße Streifen dadurch, daß man stärkere und schwächere Fäden aufzieht, so daß die Streifen von verschiedener Breite, bald in größeren, bald in kleineren Abtheilungen angelegt, und zum Eintrage bloß gleichartiges Garn genommen wird. Die Leinweber bilden in einigen Ländern und Städten des österreichischen Kaiserstaates noch eigene Innungen, für welche seit 3. April 1751 Innungsartikel bestehen, und wobey eine 3 bis 4-jährige Lehrzeit Statt findet; jedoch ist die Weberey in den meisten Ländern, besonders auf dem Lande, als ein Hauserwerb ganz frey gegeben, und in mehreren Provinzen wird die Weberey allgemein fast in jedem Hause betrieben.

Die façonnirte oder gebildete Leinwand, worin Figuren nach verschiedenen Mustern gewebt sind, ist zweyfacher Art: die gemeingebildete, welche auch Zwillich, dann Drell oder Drillich genannt wird, und der sogenannte Leinen-Damast (Tischzeug). Der Zwillich hat lauter gerade oder rechtwinklichte Figuren, welche durch den Einschlag gebildet werden, und hat keine eigentliche Zeichnung nöthig. Jeder gemeine Weber kann ihn weben, da man hierzu nur den gemeinen Leinwebestuhl braucht. Er wird bloß mit 4 Fußtritten und einem Zeuge mit 4 Flügeln, wovon eines nach dem andern getreten wird, verfertigt. Der Drell oder Drillich wird mit 3 Tritten und 3 Flügeln auf gleiche Art gewebt. Der Leinen-Damast hingegen hat völlig abgerundete und künstlichere Figuren, wie Blumen, Blätter, Arabesken, Thiere, Wapen u. a. Zeichnungen; auf der rechten Seite erscheint der Grund dunkel, und die Figuren, welche von der Kette gebildet werden, sind weiß und schillernd, während sich auf der linken Seite alles verkehrt zeigt. Der Damast gehört schon zur Kunstweberey oder zur sogenannten gezogenen Arbeit, weil er auf einem künstlicheren Stuhle mittels des Zuges gebildet wird. Der Damaststuhl hat nähmlich rückwärts viele Garn- und Litzenschnüre (den Harnisch), durch deren Augen die Kettenfäden laufen, und welche das blumige Muster bilden und die Kette vielfach zum Durchschießen spalten. Bey niedrigen Gebäuden befinden sich die Maschinen häufig im ersten Stockwerke, und der Webestuhl selbst zu ebener Erde, so daß die Schürung durch den Plafond geschehen muß. Es beschäftigen sich damit die Kunst- und Damastweber, welche nicht zahlreich sind. In Böhmen wird der Damast, so viel man weiß, vorzüglich von den Gebrüdern

Stolle in Warnsdorf auf der Herrschaft Rumburg gewebt, aber, wie es scheint, nicht in hinreichender Menge für den Absatz, der mit diesem Artikel gemacht warden konnte, und selbst nicht für den eigenen Bedarf, da noch aus Schlesien und Sachsen feine Waaren dieser Art nach Böhmen eingeführt werden. Noch vor einiger Zeit hat man bunten Damast aus blau und weiß, oder grau und weiß verfertiget, welcher eben so wie der leinene Atlas und die Doppelleinwand, die auf jeder Seite eine andere Farbe hatte, außer Gebrauch gekommen ist. Bey sehr großen Damasten arbeiten zwey, auch drey Personen auf einem Stuhle, wovon nur eine webt, und die zwey anderen zum Litzenziehen bestimmt sind. Die Arbeit geht überhaupt langsam, und unterliegt wegen des öfteren Reißens der Schnure, der oftmahligen Verrückung der Litzen u. s. w. mancherley Schwierigkeiten. Von desto größerem Werthe scheint der im Jahre 1817 von dem böhmisch-ständischen Mechanicus Leopold Sauer in Prag erfundene Kunstwebestuhl zu seyn, welcher bloß von einem Mädchen, das die abgerissenen Fäden anzubinden hat, bedient wird, in einem Tage noch einmahl so viel als sonst zwey Personen arbeitet, alle damascirten Zeuge von der Breite gewöhnlicher Bänder bis zu den größten Tischtüchern mit 2 Ellen breiten Figuren liefert, und sowohl auf Leinengarn, als auf Baumwolle, Wolle und Seide anwendbar ist.

Die Feinheit der Leinenstoffe ist vermöge der großen Verschiedenheit der Garne, welche hierzu verarbeitet werden, außerordentlich verschieden. Die allerfeinsten Gewebe dieser Art führen den Nahmen Batist; sie sind sehr dicht, und müssen in hellen und feuchten Kellern gewebt werden, damit das ungemein feine Garn sich geschmeidig erhalte und nicht reiße, und die Fäden sich nicht zu sehr spannen. Sehr fein, aber locker gewebt ist der Schleyer (Klar, Schier) und die Schleyer-Leinwand, sowohl glatt als façonnirt. Die eigentliche Leinwand wird von der feinsten bis zur gröbsten Art verfertiget, und erhält nach ihrer Bestimmung oder Zurichtung, Einpackung u. s. w. mehrerley Benennungen. Sie wird entweder aus weißgebleichtem Garne gewebt, und diese wird Weißgarn-Leinwand (Creas, Leder-Leinwand u. dgl.) genannt, oder aus ungebleichtem Garne, welches am allerhäufigsten der Fall ist. Man hat Hausleinwanden, die ihrer Festigkeit und Dauer wegen sehr beliebt sind; gewöhnliche Weber-Leinwanden; böhmische Weben nach holländischer Art, eine vorzüglich schöne Gattung aus feinen wohl sortirten Garnen; böhmische Schocke; Sangalletten Leinwand von gröberer und feinerer Art, gewöhnlich sehr dünn und locker (der Nahme soll von St. Gallen in der Schweiz herrühren); ordinäre böhmische Schockleinwand, die meist zum Drucken gebraucht wird; Packleinwand; Rouennes (Polacken-Leinwand), die zu Segeltüchern ꝛc. verwendet wird; ordinäre Rupfenleinwand; feine und grobe Hanfleinwand; eigentliche Segel-Leinwand aus Hanfgarn u. v. a. Daß man die Feinheit dieser Leinenstoffe nach der Anzahl der Büschel oder Gänge, welche in der Kette auf die Ellenbreite geh'en, bestimmt, ist bereits oben erinnert worden, und in der unten folgenden Erklärung der Muster ist hierauf, wo es nöthig war, die gehörige Rücksicht genommen worden.

Auch in Ansehung der Länder läßt sich zwischen den inländischen Leinenstoffen ein bedeutender und leicht wahrnehmbarer Unterschied beobachten. Denn obgleich die Leinenstoffweberey in allen Provinzen des österreichischen Kaiserstaates betrieben wird, so weichen die einzelnen Provinzen doch an Quantität, Mannigfaltigkeit und Qualität der Erzeugnisse sehr von einander ab. Die feinsten Stoffe werden in Böhmen, Mähren und Schlesien erzeugt, wo die Leinweberey zu den ältesten Industriezweigen gerechnet werden muß. In Böhmen insbesondere waren die Leinwebereyen bis zum Jahre 1750 zwar zahlreich, aber unvollkommen, und die Erzeugnisse meist nur mittlerer oder ordinärer Art. Durch die weisen Anordnungen der Staatsverwaltung von den Jahren 1750, 1753, 1764, 1772, 1782 u. a., erhob sich aber dieser Zweig so sehr, daß Böhmen nicht nur die feinste Leinwand, sondern auch die schönsten Schleyer und Batiste zu liefern im Stande ist. Am stärksten wird die Weberey um Rumburg, dessen treffliche Leinwanden und Creas allenthalben beliebt sind, um Schluckenau, Arnau, Trautenau, Hohenelbe, Starkenbach, Packa, Chlumetz, im ganzen Königgrätzer Kreise ꝛc. betrieben; der Hauptsitz der feinsten Leinwand- und Batistweberey ist das Dorf Braunay im Riesengebirge;

die gröste Schleyerweberey wird auf den Herrschaften Starkenbach und Hohenelbe betrieben; die Kunstweberey hat ihren Sitz zu Warnsdorf auf der Herrschaft Rumburg. Die feinen, auf der gräflich Harrachischen Herrschaft Starkenbach erzeugten Leinwanden stehen den holländischen wenig nach, und zählten 180, auch über 200 Gänge, so daß an einer Webe oft 8 bis 9 Monathe in feuchten Kellern gewebt werden mußte. Graf Harrach hat sich durch die Gründung einer eigenen Leinenwaaren-Fabrik auf seiner Herrschaft Starkenbach, wodurch mehrere hundert Weber Unterkommen und Versorgung fanden, und durch viele andere Unternehmungen als Beförderer und Beschützer der Industrie und des Handels berühmt gemacht. Ums J. 1810 beschäftigten Böhmens Leinen-Manufacturen mit Einschluß der Spinner u. s. w. die grosse Zahl von 627,327 Menschen, woraus man auf den Umfang schließen kann, welchen dieser Industriezweig in dieser einzigen Provinz erreicht hat. — Mähren und Schlesien haben viele und ausgezeichnete Webereyen, die besonders schöne weißgarnene Leinwanden liefern. Die Hauptörter der dortigen Leinwand-Fabrication sind Sternberg, Bautsch, Zwittau, Hof, Zuckmantel, Freudenthal, Würbenthal, Bielitz, und das Gebirge des Teschner Kreises; in Janowitz besteht eine gräfl. Harrachische Leinwand-Fabrik. Die übrigen Provinzen verfertigen meist nur Mittel- oder ordinäre Sorten. Im Lande ob der Ens hat das Mühlviertel die meisten Leineweber gegen die böhmische Gränze um Haßlach, Neufeld, Kloster Schlegel, Aigen, Draberg, Weißenbach, Reichenau u. s. w., wo man fast bloß ordinäre Kauf- und Hausleinwanden, dann rupfene und herbene verfertiget; im Salzburgischen werden wenige, aber mitunter schöne und gute Leinwanden gewebt. Die meiste Leinwand aus Oberösterreich wird als Linzer Leinwand in den Handel gesetzt; doch nennen Einige nur die unzugerichtete Linzer Leinwand, die zugerichtete aber Garnleinwand. Seit Aufhebung der in Österreich ob der Ens vormahls bestandenen strengen Beschau der Qualität scheint die Leinwand daselbst an Güte abgenommen zu haben. Im Lande unter der Ens wird nur im Kreise ober dem Mannhartsberge die Leinweberey noch in ausgedehnterem Maße betrieben, besonders um Zwettel, Schweigers, Groß-Globnitz, Rosenau ꝛc.; auch bestand dort vor einigen Jahren noch die freyherrlich von Hackelbergsche Leinenwaaren-Fabrik zu Langschlag in gutem Betriebe. Gewöhnlich wird hier Hausleinwand verfertiget, welche der Landmann aus eigenem Garne weben läßt; die Hausweberey auf eigenen Stühlen ist sehr herunter gekommen, da sich die Anzahl der selbstständen Weber merklich vermehrt hat. In Kärnten werden in der Gegend von Rosegg Zwilliche und Leinwanden der gemeinen Art, und vor einiger Zeit wurden auch noch Segeltücher gewebt. Krain hat im Gebirge, zumahl in der Nähe von Bischoflaak und Krainburg viele Weber, welche grobe Sorten zu Segeln, einige Mittelarten, Fatschen und Tischzeuge verfertigen. Im Küstenlande beschränkt man sich gleichfalls auf gröbere Sorten, und in Triest werden treffliche Segeltücher aus italienischem Hanfe verfertiget. Tyrol webt nur grobe und mittlere Leinwand, die ihrer Stärke und Dauerhaftigkeit wegen sehr gesucht ist; das Vorarlbergische liefert auch Segel-Leinwand. Flächsene und hänfene Leinwanden von verschiedener Feinheit, Zwillich und Damast, Segeltücher, Packtücher, Matratzen-Überzüge u. dgl. werden im lombardisch-venetianischen Königreiche, zumahl im Venetianischen, ziemlich stark verfertiget, wo sich außer einzelnen Webern die beträchtlichen Webereyen in Treviso, Castelfranco, Piove di Sacco und Cividal auszeichnen, außer welchen noch die große Tischzeug-Fabrik der Gebrüder Bellandi zu Brescia in der Lombardie bemerkt zu werden verdient. In Ungarn, Siebenbürgen und den Militär-Gränzen werden jährlich große Quantitäten von gröberer und mittlerer Leinwand gewebt, und einige Gegenden, wie z. B. die Zips, das Saroscher, Liptauer, Arvaer, Trentschiner, Gömörer Comitat, die Gegend um Kronstadt ꝛc. zeichnen sich durch die Menge ihrer Erzeugnisse aus. Die Hausweberey wird in vielen Gegenden, am stärksten und allgemeinsten sicher in der Militär-Gränze betrieben, wo in manchem Bezirke fast jedes Gränzhaus mit seinem eigenen Webestuhle versehen ist, worauf freylich nur der eigene Bedarf, selten eine kleine Quantität für den Verkauf gewebt wird. Im walachisch-illyrischen Regimente werden allein jährlich bey 300,000 Ellen meist sehr grober und schmaler

Leinwand verfertiget; in der slavonisch-syrmischen Gränze bey 1,091,200 Ellen Leinwand aus Flachs und Hanf, welche aber fast durchgängig nur $\frac{2}{3}$ breit ist. In Dalmatien ist die Weberey nicht bedeutend; dagegen wird sie im nordöstlichsten Theile des Staates, in Galizien, weit über den Bedarf betrieben, und ist hier der einzige Industriezweig, welcher als wahrhaft einheimisch betrachtet werden kann, und dessen Ausbreitung es zugeschrieben werden muß, wenn auf dem wenig fruchtbaren Boden der westlichen Gebirgsgegenden mehrere tausend Weber ihren Unterhalt gewinnen können. Man verfertiget hier im Myslenicer Kreise zu Zywiec, Andrychau, Dembowice, Zmigrod ꝛc. feine Damaste, Zwilliche, Rhombek (d. i. Schleyerflor) ꝛc., die ehemahls mit den schlesischen Fabricaten vermischt ihren Weg bis nach Spanien und Portugal, und nach Westindien nahmen. In anderen Kreisen, zumahl im Sandecer, Jasloer, Sanoker, Rszeszower, Przemysler, Samborer und Zloczower werden sehr viele ordinäre und starke Flachs- und Hanf-Leinwanden (Polacken-Leinwand), Pack- und Segel-Leinwand u. dgl. verfertigt; auch werden im Brzezaner, Zloczower, Tarnopoler und Stryer Kreise ganz grobe Hanf- und Werg-Leinwanden erzeugt.

Es wurde schon bey Gelegenheit der Flachs- und Hanfgespinnste erwähnt, daß die Güte der Garne in mehreren Ländern durch Schleuderey und Nachlässigkeit der Spinner sehr herabgesetzt wurde. Dieß hat natürlich auch auf die Güte der Leinenstoffe einen sehr nachtheiligen Einfluß gehabt, und nicht ungerecht sind die Klagen, welche sich in neueren Zeiten über solche verschlechterte Erzeugnisse erhoben haben. Mangel an Absatz und das Stillestehen vieler ehemahls betriebener Stühle ist die unmittelbare Folge davon. Nebstdem haben auch politische Verhältnisse mitgewirkt, den Untergang vieler Leinweber in Böhmen und Schlesien zu beschleunigen.

Weitere Zurichtung der Leinenstoffe.

Wenn die Leinenstoffe vom Webestuhle genommen werden, haben sie größten Theils eine grauliche oder bräunliche Farbe und ein rohes Ansehen; man nennt sie in diesem Zustande rohe oder ungebleichte Leinenstoffe. Nur diejenigen welche aus weiß gebleichtem Garne gewebt worden, sind schon weiß und bedürfen bloß noch des Reinigens und der Appretur. Die rohe Leinwand ist zwar an sich schon ein brauchbarer Artikel und ein Gegenstand des Verkehrs; zu den meisten Verwendungen aber muß sie von derjenigen Substanz befreyet werden, welche ihr die Farbe gibt, damit sie ein möglichst weißes Ansehen erhalte; viele wird auch gefärbt oder gedruckt. Daher besteht diese fernere Zurichtung der Leinwand im Bleichen und Appretiren, im Färben und Drucken.

Die Bleiche besteht darin, daß man den Leinenstoffen die färbende Substanz entzieht, welches entweder durch die Auflösung oder durch die Zerstörung dieser Substanz geschieht. Es gibt verschiedene Methoden, dieses zu bewirken; als Hauptmethoden kann man aber die Rasenbleiche, die chemische Bleiche und die gemischte Bleiche annehmen. Die Rasenbleiche, welche die allgemeinste und bis jetzt auch die beste ist, wird abermahls in verschiedenen Bleichanstalten und Ländern auf verschiedene Weise vorgenommen, und man benennt die üblichen Methoden gewöhnlich nach den Ländern, wo sie in Ausübung sind. So unterscheidet man z. B. die böhmische, schlesische, holländische, irländische, flandrische, unter-picardiesche, westphälische rc. Bleiche, die mehr oder weniger von einander abweichen. Eine der ältesten Bleichungsarten ist wohl die, welche noch in der ungrischen Militär-Gränze Statt findet, wo man die Leinwand anfänglich mit Lauge begießt, dann in kaltes Wasser eintaucht, selbe hierauf an der Sonne trocknet, und das Eintauchen und Trocknen bis zum gänzlichen Weißwerden wiederhohlt. Wegen der Unvollkommenheit dieser Bleiche haben einige walachische Einwohner schon die von ihnen sogenannte teutsche Bleichungsart angenommen, welche im größten Theile des öst. Staates gemein ist. Nach dieser wird die Leinwand, nachdem man sie durch längeres Weichen in warmem Wasser, durch Ausspülen und nachheriges Walken von allen mehlartigen Theilen wohl befreyet hat, in einer von Holzasche gemachten Lauge ausgelaugt, und dann, um durch die Einwirkung des Sauerstoffes der Atmosphäre die färbenden Theile zu zerstören, auf den Bleichplatz (Plan) gebracht, wo man sie mit hölzernen Pflöcken mehrere Zoll hoch von der Erde entfernt ausspannt, und unter öfterem Begießen mit Wasser und Auslangen so lang auf beyden Seiten der Luft und Sonne ausgesetzt läßt, bis sie den erforderlichen Grad der Weiße erhalten hat. Weit besser ist die böhmische Leinwandbleiche, welche von dem Hrn. Commerzrathe Erxleben zu den vorzüglichsten der bekannten Bleichmethoden gerechnet wird. Diese Methode zerfällt, wenn sie ordnungsmäßig vorgenommen wird, in mehrere sehr wesentliche Operationen, die nur zum Nachtheile des Productes selbst abgekürzt oder verändert werden. Zuerst wird die vom Weber erhaltene Leinwand aufgezettelt, d. i. aus einander genommen und locker gefacht, in die Bütte schneckenförmig eingelegt, mit lauwarmem Wasser übergossen, und so, mit Bretern und Steinen beschwert, einige Zeit geweicht. Sobald das Wasser einen widerlichen Geruch verbreitet, wird es abgezapft, wieder laues oder kaltes Wasser aufgegossen, und wenn auch dieses abgeronnen ist, die Leinwand auf dem Bleichplatze zum Trocknen aufgebreitet oder aufgehängt. Nach dem Trocknen wird die Leinwand wieder in die Bütte gebracht, mit dem Bäuch- oder Aschentuche überdeckt, auf dieses Asche ausgebreitet, und so viel warmes Wasser darüber gegossen, bis das in der Asche enthaltene Kali vollkommen aufgelöset ist. Auf 400 Schock nimmt man $1\frac{1}{2}$ bis 2 Metzen Asche und 120 Eimer Wasser, wodurch eine schwache kalische Lauge gebildet wird, die nur $\frac{1}{2}$ Pf. Kali in 1000 Pf. Wasser enthält. Nach 12 bis 18 Stunden läßt man die überstehende Flüssigkeit ablaufen, gießt neues Wasser nach, nimmt dann die Leinwand heraus, und bringt sie zum Trocknen abermahls auf den Plan. Diese Operation nennt man das zweyte Einweichen. Wenn sie getrocknet ist, legt man sie wieder in die Bütte, gibt nun 4 bis 5 Metzen Asche (für 400 Schock) auf das Aschentuch, und schöpft warmes Wasser auf; nach 12 Stunden läßt man die schwarze Lauge ablaufen, und wiederhohlt dieses Einlaugen oder Vorbäuchen noch 4 bis 5 Mahl. Nach dem letzten Einlaugen wird die Leinwand zum ersten Mahl gewalkt, bis das Wasser rein abläuft, dann auf dem Plane getrocknet, und nun zum Bäuchen geschritten. Dieses ist von dem Einlaugen nur in so fern verschieden, daß man dazu stärkere und wärmere Lauge anwendet. Je öfter das Bäuchen wiederhohlt wird, desto weicher und schöner wird die Leinwand; gewöhnlich wird sie zehnmahl gebäucht, und nach jedesmahligem Bäuchen muß sie auf dem Plane wohl getrocknet werden. Nach dem zehnten oder zwölften Bäuchen ist die Leinwand schon bald entfärbt; sie wird nun zum zweyten Mahl gewaschen, und wieder auf dem Plane getrocknet. Um ihr nun die vollkommene Weiße zu geben, wird sie von neuem zwey- bis dreymahl eingelaugt und gebäucht, wobey man statt der Asche auch wohl Pottasche und Schmierseife (auf 400 Schock 20 bis 25 Pfund Pottasche und 4 bis 5 Pf. Seife) anzuwenden pflegt. Einige benutzen hierzu auch Kalk, was aber bey der böhmischen Bleiche nicht als allgemein angenommen werden kann. Die Leinwand wird auf den Gießplan gebracht, und so oft begossen, als sie trocken wird; dann wieder eingelaugt, und auf dem Gießplane zwey bis drey Tage lang begossen, und dieses abwechselnde Einlaugen und Begießen drey- bis viermahl wiederhohlt, nach vorhergegangenem Laugen aufs neue zwey- bis dreymahl gebäucht, wieder begossen und damit abwechselnd so lang fortgefahren, bis die Leinwand weiß genug ist. Es finden hierin mehrere Abweichungen Statt, auch wird nicht alle Leinwand vollkommen weiß gebleicht, und man unterscheidet daher die halbe, dreyviertel- und ganze Bleiche. Zum Färben ist nicht immer ganz vollkommen weiße Leinwand erforderlich; auch hat man bloß geyontschte Leinwand, d. i. halb ausgesottene oder gebäuchte. Die übrigen Bleichmethoden, wie die schlesische, holländische etc. können hier aus Mangel an Raum nicht angegeben werden; auch fordert es der Zweck dieses Werkes um so weniger, da sie in dem österr. Staate nicht so häufig angewendet werden, und Errleben in seinem Werke über die böhm. Leinwandbleiche ohnehin das Charakteristische dieser Methoden zusammengestellt hat.

Die chemische oder Schnellbleiche (Kunstbleiche) mittels der flüssigen oxydirten Salzsäure, welche in Frankreich von Berthollet und gleichzeitig, oder vielleicht früher in Böhmen vom Hofrathe Ignaz v. Born in den achtziger Jahren erfunden wurde, worauf der letztere schon 1786 unter dem Nahmen D. Allmayer eine Bleichanstalt auf der Feldmühle zu Hietzing bey Wien errichtete (vergl.

L 2

Baumwollstoffe) und worauf die von Born'schen Erben seit 1789 ein ausschließendes zehnjähriges Privilegium besaßen, wurde in mehreren Bleichanstalten im Kleinen und Großen unternommen; mußte aber, da man an der damit gebleichten Leinwand schlechtere Qualität zu tadeln hatte, meist wieder aufgegeben werden, und gegenwärtig wird sie, so viel bekannt ist, im österreichischen Staate nur wenig bey Leinenstoffen, wohl aber häufig bey Baumwollstoffen (vgl. die folgende Unterabtheilung) angewendet. Eben so wenig konnte die gemischte Bleiche, die sich theils der chemischen, theils der gewöhnlichen Behandlungsart bediente, den gewünschten Fortgang gewinnen, und es scheint somit keine andere Verbesserung übrig zu seyn, als welche vorzugsweise die Rasenbleiche zum Gegenstande hat, und die nur durch vollkommene Verbindung der Praxis und Theorie möglich ist.

Die gebleichte Leinwand muß noch ein äußerlich gutes Ansehen bekommen, d. i. sie muß eine Appretur erhalten. Zu dem Ende wird weißes Stärkmehl mit heißem Wasser zu einem dünnen Brey gemacht, worein man noch weißes Wachs und Unschlitt nebst Schmalte, zuweilen auch einen Zusatz von Tragant und anderen schleimigen Dingen gibt, die trockne Leinwand eingetaucht, wieder ausgedrückt und getrocknet. So vorbereitet kommt sie in die Mange (Mangel), wo sie mit Wasser besprengt, auf eine Walze gewickelt (aufgebäumt) und mehrmahls unter dem mit Steinen beschwerten Kasten gerollt wird. Sie wird dadurch eben und glatt, und erhält einen matten wellenförmigen Schimmer. Mehrere Leinwandgattungen, deren Charakter in ganz runden aufgeblähten, sehr dicht neben einander liegenden Fäden besteht, werden auch gar nicht appretirt. Die Mange wird jetzt oft und zu größerer Bequemlichkeit durch Cylinderwerke ersetzt.

Eine besondere Appretur ist das Wässern (Moiriren), welches man ebenfalls durch das Mangen, wobey die Leinwand mit Wasser besprengt wird, bewerkstelliget, welches aber nur bey gefärbten Leinwanden Statt findet. Durch starkes Glätten entstehen die sogenannten Glanzleinen. Endlich muß noch bey Gelegenheit der Zurichtung erwähnt werden, daß Hr. Jos.

v. Saurimont in Wien kürzlich eine ausführbare Methode entdeckt habe, Leinwand wasserdicht zu machen, deren Ausführung in vieler Hinsicht vortheilhaft seyn würde. Ein 1802 von Führer hierzu gemachter Vorschlag war unausgeführt geblieben.

Leinwandbleichen gibt es in allen österreichischen Provinzen, wo die Leinweberey betrieben wird, und da die Bleiche nur selten zu Hause betrieben werden kann, so beschäftigen sich damit eigene Bleicher, welche größere und kleinere Bleichanstalten besitzen. Die meisten finden sich in Böhmen, Mähren und Schlesien; in Böhmen wurden im J. 1812 nicht weniger als 355 wirklich betriebene Leinwandbleichen gezählt. Die größte Leinwandbleiche im österreichischen Kaiserstaate, und vielleicht auf dem ganzen Continente ist die aus 12 Bleichhütten bestehende, von ihrem Eigenthümer, dem Hrn. Erxleben, so sehr verbesserte Bleiche zu Landskron im Königgrätzer Kreise, deren Leinwanden eine Weiße haben, welche nichts zu wünschen übrig läßt. Desto trauriger ist es, daß mehrere neu entstandene Bleichen, deren Eigenthümer nur oberflächliche Kenntnisse von der Bleiche besaßen, so häufig verdorbene oder verbrannte Leinwand lieferten, welche den Credit der böhmischen Bleiche nicht wenig schwächten, und sicher zur Verminderung des Absatzes mit beygetragen haben, ungeachtet die Hauptursache des Verfalles der Leinenmanufacturen nirgends, als in der außerordentlichen Verbreitung und Wohlfeilheit der Baumwollstoffe zu suchen ist.

Nach erfolgter Appretur oder Mange wird die Leinwand entweder zerschnitten, oder sie bleibt in ganzen Schocken und Weben, und wird auf mannigfache Weise entweder in der halben oder ganzen Breite, rund oder platt, schmal oder breit gefacht und gelegt, zusammengeheftet oder gebunden, mit weißen, blauen, violetten oder Goldpapierstreifen geziert, oder ganz in Papier gepackt, mit Schildern, Bändern, Franzen oder Borten geschmückt ꝛc., wie es das alte Herkommen oder Vorurtheil und Eigensinn der Käufer verlangt. Ein längeres Pressen gibt den Stücken noch die letzte Schönheit. Die Verpackungsart ist keineswegs gleichgültig und hat auf den Absatz einen großen Einfluß; für verschiedene Länder sind eigenthümliche Verpackungen erforderlich, wornach man auch den Leinwanden ganz eigene

Benennungen gegeben hat. Böhmen hatte zur Zeit, als seine Leinwanden noch nach Spanien, Portugal und Amerika gingen, viele solcher Benennungen, und noch jetzt sind die meisten derselben beybehalten. So wird z. B. eine $\frac{6}{4}$ breite und 60 Ellen lange dichte Leinwand unter verschiedener Zurichtung und Verpackung als Tele cavalline in ganzen und halben Stücken, rund gebunden oder in breite und schmale Kistchen (Kasteln), jedes zu 100 halben Stücken gelegt; als Patilles royales (Plattiglie reali) in ganzen flachen Stücken oder Schocken, oder in Assortiments von 200 Stück in 4 Nummern, in 4 Kisten gepackt; als Bretagnes (Bretagnette) in Fünftel-Stücken zu 12 Ellen, in Vierecke oder in Form eines Buches gelegt, 1 Assortiment aus 200 Stück oder 1000 Fünfteln bestehend, die in 2 Päcke, jeden von 4 Kistchen gepackt werden, in den Handel gebracht. Man hat ferner $\frac{7}{4}$ breite 60ellige Schocke, die als Olandine oder Hollandillas in Stückchen zu 10 Ellen zusammengerollt werden. Überdieß hat man die sogenannte Sangalletten-Leinwand roh und gebleicht, in $\frac{7}{4}$ breiten 72elligen Stücken, oder in Drittelstücken; die Cholets, eigentlich bloß graue Platilles in runden Stücken; die Putzelleinwand (Tele greggie), $\frac{5}{4}$ breit und 60 Ellen lang, nach der ganzen Breite gerollt u. dgl. m.

Das Färben der Leinenstoffe wird entweder nach dem Ausbleichen, besonders wenn sie helle Farben erhalten sollen, oder schon nach dem gehörigen Reinigen vorgenommen, zumahl bey dunklen Farben. Die Leinwand hat die Eigenschaft, daß sie schön intensiv und echt immer schwerer zu färben ist, als die Baumwollstoffe, so wie auch das Bleichen viel langsamer von Statten geht. Man bereitet den Stoff durch Kochen in Wasser mit einer Portion Pottasche, welche kaustisch gemacht werden muß, vor, und bleicht ihn dann an der Sonne und Luft; nach dem Bleichen pflegt man ihn, um die erdigen Theile wegzuschaffen, noch in Wasser, welches durch Schwefelsäure gesäuert worden, einzuweichen, und wieder gut auszuwaschen. Blau wird mit der kalten Indigoküpe gefärbt, die aus Indigo, Kalk und Kleyenwasser besteht; Schwarz mit Galläpfeln und Eisenvitriol; Grün aus Blau und Gelb, wozu auch Grünspan kommt; Roth mit Saflor oder Krapp; Gelb mit Wau, Gelbholz oder

Scharte u. dgl. Das Anbeitzen geschieht mit Alaun oder Bleyzucker, Pottasche, essigsaurem Eisen, Eisenvitriol u. s. w. Mit Ausnahme des Cannefas erhalten die übrigen Leinenstoffe nur wenige Farben, wenn nicht gerade Mode oder besondere Bestellung sie verlangt. Es gibt nur wenige Leinwandfärber; meisten Theils befassen sich die Schön- und Schwarzfärber mit dem Färben der Leinenstoffe; auch den Webern ist das Färben ihrer eigenen Erzeugnisse gestattet. Wien hat zwey k. k. privil. Fabriken, welche beynahe ausschließend Leinenzeuge färben, nähmlich die Blumauersche und Enzingersche, die mit Mangen und Pressen versehen sind, und ihre Waaren zum Theil nach Ungarn und Polen verschicken. Es wird in diesen Färbereyen auch Leinwanden, welche für den auswärtigen Handel bestimmt sind, nach dem Mangen die gehörige Verpackungsform gegeben. In Ungarn wird sehr viel Leinwand meist blau gefärbt; besonders weit hat man es hierin in Kesmark und Neusohl gebracht. Nach dem Färben wird der Leinwand ebenfalls eine Appretur und Mange gegeben, viele auch stark geglänzt, und manche gewässert (moirirt).

Das Drucken der Leinenstoffe war in früheren Zeiten häufiger als gegenwärtig, wo die gedruckten Leinenwaaren größten Theils durch die gedruckten Baumwollstoffe verdrängt sind. Es wird daher, was die Kunst des Druckes anbelangt, bey der nächsten Unterabtheilung ausführlicher hierüber gesprochen werden. Fast allenthalben hat man hierbey bloß den Tafeldruck, doch wird seit einiger Zeit auch der Walzendruck auf Leinwand angewendet, und Ignaz Leitenberger zu Reichstadt in Böhmen hat unterm 23. Aug. 1818 ein ausschließendes Privilegium auf 10 Jahre für die ganze Monarchie auf seine Platten-Druckmaschine auf Leinen-, Seiden- und Baumwollzeuge erhalten. Diese Stoffe fordern die Vorbereitungsmittel oder Beitzen in einem concentrirteren Zustande, als die Baumwolle, und das gleiche Verhältniß findet auch in Ansehung der Pigmente Statt. Der größte Theil der gedruckten Leinenzeuge ist indigoküpenblau, dunkelblau mit hellblau und weiß, bloß dunkelblau mit weiß, dunkelblau mit weiß und eingedruckten Farben; dann auch Krappwaare und das sogenannte Lapis. Beym blauen Drucke werden die weißbleibenden Figuren mit einem Weißpappe oder der sogenannten Reservage, die aus Terpentin, Alaun, Kupfervitriol, Hausenblase, Gummi, Bergkreide, Stärke und Unschlitt bereitet ist, vorgedruckt, die Zeuge in der Küpe ausgefärbt, und die Reservage ausgewaschen. Bey Dunkelblau, Hellblau und Weiß wird zuerst der Papp aufgedruckt, dann die Leinwand hellblau gefärbt, auf den blauen Grund zum zweyten Mahl weiß gedruckt und die Leinwand endlich in der Küpe dunkelblau gefärbt. Auf solche Art erscheint der erste Weißdruck nach dem Auswaschen weiß, der zweyte hellblau, der Grund dunkelblau. Zur Krappwaare benutzt man eine Vorbeitze von essigsaurer Thonerde, welche die Drucker auf sehr einfache Art durch die Zersetzung des Alauns mittels des Bleyzuckers erzeugen. Leinwand, die mit der essigsauren Thonerde und den Eisenverbindungen aus Krapp in farbigen Mustern dargestellt werden soll, fordert eine vollkommen reine Bleiche; dessen ungeachtet schlägt sich das Pigment noch ziemlich häufig in den weißen Grund ein, so daß man der Waare erst durch die Buntbleiche, d. i. die Bleiche nach dem Drucke, ihr schönes, zum Verkaufe geeignetes Ansehen geben kann. Der Lapisdruck auf Leinwand ist bloß eine Nachahmung des gleichbenannten buntfarbigen Druckes auf Baumwollstoffe, und bedarf hier keiner Erläuterung, da er ohnehin bey Gelegenheit der letzteren erwähnt werden muß.

Eigene Leinwanddrucker gibt es jetzt nur in geringer Zahl, mit Ausnahme solcher Gegenden, wo dergleichen Leinwanden noch von Bauersleuten in größerer Menge verbraucht werden. Es werden in Österreich besondere Befugnisse auf die Leinwanddruckerey verliehen. Es pflegen auch viele Baumwolldruckereyen zugleich den Leinendruck auszuüben, von welchen man aus der Gegend von Wien hier nur die Guntramsdorfer und Atzgersdorfer Katundruckfabriken der Herren Jancowich und Lepper nennen will.

Aus dem bisher Gesagten läßt sich ungefähr entnehmen, wie groß im österr. Staate noch gegenwärtig die Fabrication der Leinenstoffe sey, ungeachtet der großen Verminderung, welche sie durch den Verlust des Absatzes in mehrere fremde Staaten, durch die Ausdehnung der Baumwollweberey, durch Verringerung der Güte der Erzeugnisse, und durch die Politik engl. Fabrikanten, welche statt der europäischen dauerhaften Leinwand wohlfeilere, aber schlechtere Baumwollstoffe oder auch mit Baumwollgarn eingetragene Leinwanden (sogenannte Cambriks) in den Handel zu setzen wußten, erlitten hat. Böhmen, Mähren, Schlesien, Galizien und Österreich ob der Ens führten für erhebliche Summen Leinenstoffe aus dem Lande. Die Stadt Trautenau machte ungeheure Geschäfte in Leinwand, und noch jetzt wird dort wöchentlich ein Leinwandmarkt gehalten, wohin die Weber aller umliegenden Ortschaften bis in eine Entfernung von 8 bis 10 Stunden ihre Leinwanden zum Verkaufe bringen. Nach den Mauthtabellen vom Jahre 1807 betrug die Ausfuhr an Leinenwaaren aus den teutschen Erbstaaten in's Ausland eine Summe von 3.472,135 fl. 45 kr. (nach dem geringen Zollanschlage), während sich die Einfuhr nur auf 21,755 fl. 48 kr. belaufen hatte. Eben so betrug in Wien in den 5 Jahren 1812 bis 1816 die Einfuhr an Leinwand aus dem Auslande nur $352\frac{1}{2}$ Pfund, an sonstigen Leinenwaaren 32 Pf., die Ausfuhr dagegen in's Ausland belief sich in demselben Zeitraume an Leinwand, leinenen Tüchern und Tischzeug auf 1,622,560 Pf., an Bettleinwand auf 610 Pf., an gebleichter und ungebleichter wergener und Strohsack-Leinwand auf 105,813 Pf., an Sack- und Zeltzwillich auf 294,501 Pf., an Federritten, Gradel ꝛc. auf 5090 Pf., an sonstigen leinenen Waaren auf 29,332 Pf. — die 96,167 Pf. Leinwand, Tischzeug ꝛc. ungerechnet, welche transito durch Wien durchgingen. Dieser lebhafte Absatz in's Ausland, der in früheren Zeiten noch viel stärker war, hatte Wohlhabenheit in vielen unserer Gebirgsgegenden verbreitet und gewährte den dortigen Bewohnern, wenn auch nicht großen, doch sicheren Verdienst. Noch im J. 1815 war der Leinwandhandel ungeachtet der Nachtheile, die ihm die Continentalsperre zugezogen hatte, in mancher Gegend blühend, und in der Gegend von Trautenau waren gegen tausend neue Webestühle errichtet worden. Man hatte einen neuen Ausweg über Wien nach der Türkey und nach dem schwarzen Meere gefunden, auch nach Italien gingen einige Partien. Seit dem J. 1816 trat eine drückende Stockung ein, welche um so gefährlicher für die böhm. Leinenweber wurde, da in demselben Jahre zugleich noch der Mißwachs die Noth aufs höchste steigerte. Spinner und Weber hörten zu Tausenden auf zu arbeiten, und die Vorräthe blieben ungekauft im Lande. Die Production war längst auf auswärtigen Absatz gerichtet, da die inländische Consumtion zum größten Überflusse gedeckt ist; fällt der auswärtige Absatz weg, so müssen eben so viele zu arbeiten und zu handeln aufhören, als der Überschuß über das eigene Bedürfniß austrägt. Die neuerliche Ausdehnung des Prohibitivsystem's über das lombardisch-venetianische Königreich und über Tyrol hat dem inländischen Leinwandhandel einiger Maßen wieder neues Leben gegeben und wird ihn in der Folge noch auf eine hohere Stufe bringen, da diese Provinzen vorher dem österr. Leinwandhandel wenig zugänglich waren. Statt nach Portugal, Spanien und Amerika gehen jetzt böhmische, mährische, schlesische und oberösterreichische Leinwanden nach Italien und in erheblichen Quantitäten nach Triest, von wo sie in die nichtösterreichischen italienischen Staaten verkauft werden. Auf den Messen von Sinigaglia werden mit erbländischen Leinwanden viele Geschäfte gemacht; auch in Livorno und Genua findet man immer böhm. Leinwand. Mehrere Gegenden Teutschlands, Polens und Rußlands beziehen wieder Leinwand aus Böhmen, Mähren und Österreich, und von Livorno, Genua und Triest werden dem Vernehmen nach schon Sendungen nach der Levante gemacht, jene Quantitäten ungerechnet, welche zu Lande aus Ungarn und Siebenbürgen in die Türkey gehen. Galizien schickt schon seit langer Zeit viele grobe Hanf- und Wergleinwand, die sogenannte polnische Leinwand, dann Segel-Leinwand (die in Ballen zu 5 Stück, das Stück zu 5 Arschinen oder $7\frac{1}{2}$ Ellen, also der Ballen = $217\frac{1}{2}$ Ellen) auf der Weichsel nach Danzig und Elbing, von wo sie nach Hamburg, England u. s. w. zu Segeln, Zelten und Säcken versendet wird; bessere Leinwand wird theils im Innern zum Haus- und Militär-Bedarf aufgekauft, theils nach Rußland, nach Ungarn und nach den Häfen an der Ostsee verführt, während Galizien den Überrest der feinen Gattungen, die es nicht in hinreichender Menge erzeugt, aus Schlesien, Mähren und Böhmen bezieht. Gegenwärtig schlägt man den jährlichen Betrag, der aus Galizien auf der Weichsel abwärts geht, auf 50 bis 70,000 Stück an. Mehrere friedliche und fruchtbare Jahre, strengere Redlichkeit der Spinner, Weber und Bleicher, und zweckmäßige Verbindungen werden, wie es zu hoffen steht, auch dem ausländischen Handel wieder allmählich zu einem blühendern Zustande verhelfen.

Leinwandhändler gibt es in allen Provinzen, vorzüglich in Böhmen in der Nähe solcher Örter, wo viel gewebt wird, wie in Arnau, Trautenau, Rumburg rc. In Wien machen Ignaz Dusl, Felbermayers Witwe, die Harrachische Niederlage, die Gebrüder Lorenz aus Arnau, die Gebr. Stolle aus Warnsdorf, die meisten böhmischen Niederlagen und m. a. viele Geschäfte.

Für die Erweiterung des inländischen Handels ist bereits im Jahre 1818 durch die schon erwähnte Ausdehnung des Prohibitivsystems und durch einen neuen, für alle Gränzen der öst. Monarchie gültigen Zolltariff gesorgt worden. Nach diesem Tariffe ist die Einfuhr aller ganzleinenen Fabricate, nahmentlich des Batistes, des Schleyers, der feinen und übrigen gebleichten, gefärbten, glatten und gestreiften Leinenzeuge, mit Ausnahme der Segeltücher, die von 1 Pf. Sporco 18 kr. C. M. Einfuhrszoll bezahlen, verbothen; der Batist jedoch (ohne Beymischung von Baumwolle) kann noch gegen Entrichtung eines Zolls von 20 Procent zum Privatgebrauche eingeführt werden. Der Verkehr im Inlande, nähmlich zwischen den alten und den neu erworbenen Provinzen (mit Ausnahme von Ungarn, Siebenbürgen, Dalmatien, Istrien rc.) ist ganz frey. In dem Verkehre mit Ungarn sind neue Zollsätze bestimmt worden. Die Ausfuhrszölle betragen vom Batist, Schleyer, und von aller feinen Leinwand sowohl ins Ausland, als nach Ungarn und Siebenbürgen ½ kr. C. M. vom Pf., von gemeiner Leinwand und Segeltüchern ¼ kr. vom Pf. Ungebleichte feine Leinwand zahlt 7 kr., alle übrige 1½ kr. vom Pf. Ausfuhrszoll.

Die Preise der Leinwand sind seit 1815 sehr gefallen. Im genannten Jahre kostete der Schock von 40gängiger Leinwand in Trautenau noch 60 fl., im J. 1816 nur 50 bis 40 fl., im J. 1817 nur gegen 40 bis 32 fl. W. W. Die sogenannte Harrachische Leinwand aus Mähren und Böhmen stand im J.

1819 in der Niederlage zu Wien zu folgenden Preisen: Die 30ellige $\frac{9}{8}$ breite kostet $6\frac{1}{2}$ bis 35 fl. pr. Stück; die 34ellige $\frac{9}{8}$ breite Rumburger 35, 45, 70 und 95 fl.: die 50ellige $\frac{9}{8}$ breite Leinwand nach holländischer Art 60, 65, 75, 100, 150, 200, 300 und 350 fl. W. W. pr. Stück (Vgl. die Muster dieser Harrachischen Leinwanden auf Taf. VIII. und IX. Nr. 97 bis 123.) Die Leinwanden von Nachod in Böhmen wurden im Jänner 1820 in Wien um folgende Preise verkauft: 14ellige Glanzleinen pr. Stück 6 bis 8 fl.; 21elliger silberfarbiger, schwarzer, stahlgrüner, grasgrüner und blauer Cannefas 10 bis 25, auch bis 26 fl.; rohe 42ellige Leinwand 15 bis 50 fl.; gepontschte 42ellige 18 bis 54 fl.; weiße 42ellige 20 bis 70 fl. W. W. Die 42elligen, $\frac{4}{4}$ breiten Leinen-Erzeugnisse von Lorenz und Comp. zu Arnau kamen im Februar 1820 bis Wien in C. M.: Glanzleinen, rohfarbige auf $7\frac{1}{2}$ bis 11, weiße auf $8\frac{1}{2}$ bis 12 und 14, rosenrothe auf 14 bis 30 fl.; Futter-Cannefas auf $8\frac{1}{2}$ bis 20 fl., der rohe ausgepontschte auf 8 bis 20 fl., der verschieden gefärbte auf $8\frac{3}{4}$ bis 20 fl., der rosenrothe auf 16 bis 30 fl., der licht und dunkel echtblaue auf $13\frac{1}{2}$ bis 20, auch 25 fl.; die rohen Cholets (naturels) auf $7\frac{1}{2}$ bis 18, die ausgepontschten auf $8\frac{1}{4}$ bis 20 fl.; die verschieden gefärbten Platilles auf $8\frac{1}{2}$ bis 20, die rosenrothen auf 16 bis 30 fl., die weißen Platilles und Cavalline auf $9\frac{3}{4}$ bis 20, auch 30 fl. Alle diese Leinwanden werden von Arnau aus auch $\frac{5}{4}$ breit in 42elligen Stücken versendet. Bey den k. k. priv. Fabrikanten Gebrüdern Stolle und Söhnen aus Warnsdorf bey Rumburg in Böhmen, kosteten im März 1820 die damascirten Tafeltücher auf 6 Personen 15 bis 40 fl., auf 12 Personen 30 bis 100 fl., auf 18 Personen 40 bis 100 fl., auf 24 Personen 60 bis 200 fl., auf 36 Personen 180 bis 400 fl. C. M.; nach Verlangen werden auch größere Tafeltücher zu 500 bis 800 fl. C. M. gemacht; die damascirten Servietten pr. Dutzend 13 bis 25 fl. C. M.; die $\frac{4}{4}$ breiten Zwillich-Tischzeuge zu 45 Ellen 16 bis 50 fl.; die Handtücherzeuge in Zwillich 15 bis 40 fl., in Damast 40 bis 70 fl. C. M.; der weiße Bettgradel zu 53 Ellen 24 bis 70 fl.; die $\frac{9}{8}$ breiten weißgarnigen Weben oder sogenannten Rumburger Leinwanden 24 bis 180 fl.; die $\frac{4}{4}$ breite gebleichte Sacktücher-Leinwand zu 45 Ellen 50 bis 150 fl.; die appretirten und unappretirten Creas oder Lederleinwanden zu 76 Ellen 20 bis 50 fl.; die Cannefasse, roth gestreift und quadrillirt zu 73 Ellen 30 bis 48 fl., blaugestreift und quadrillirt 24 fl.; der Brabanter Gradel zu 53 Ellen, roth gestreift 45 fl., blaugestreift 36 fl., bunt 36 fl. C. M.

Die Segeltücher hatten nach ihrer Breite und Qualität verschiedene Preise. Das in der Erklärung der Muster mit Nr. 166 bezeichnete, kostete im August 1819 zu Triest 55 kr., Nr. 167 17 kr., Nr. 168 22 kr., und Nr. 169 24 kr. C. M. pr. Elle.

Erklärung der Muster.

Die Leinenstoffe sind auf den nachfolgenden Tafeln sowohl nach dem Unterschiede der Arbeit A. in eigentliche Leinwand, Zwillich und Tischzeuge, die wieder ungebleicht und gebleicht sind, als nach dem Umstande, ob sie B. gefärbt oder C. gedruckt sind, abgetheilt worden. Außerdem wurde auch auf die Provinzen Rücksicht genommen, indem man unter A, B und C lauter österreichische, unter D lauter böhmische und mährische Leinenstoffe aufgenommen hat. Das Mangelnde ist in den Nachträgen ersetzt.

A. Österreichische Leinwand, Zwilliche und Tischzeuge.

a) Eigentliche Leinwand.

Taf. I. Nr. 1. Schlechteste Sorte der Leinwand, oder ordinärste Strohsack-Leinwand, sehr locker, nur 5gängig (oder 2 Büschel auf Ellenbreite). Bey diesem und den folgenden oberösterreichischen Mustern bis Nr. 12 ist der Gang immer zu 48 Fäden gerechnet. Die vorliegende Sorte wird nie gebleicht, und ist gewöhnlich 1 Elle breit. Ein Arbeiter macht des Tags ungefähr 40 Ellen. Viel solche Leinwand kommt auch aus Mähren.

Nr. 2. Bessere Strohsack-Leinwand, auch stärker, 10gängig. Der Weber macht des Tags 30 Ellen. Auch diese wird nie gebleicht.

Nr. 3. Ordinärer Cannefas, ungebleicht, 8 Büschel oder 20 Gänge auf Ellenbreite. Täglich webt ein Arbeiter davon 15 Ellen.

Von der folgenden Nummer an beginnen die gebleichten Leinwanden.

Nr. 4. Grobe weiße Leinwand, 10gängig, wie Nr. 2, zu Futter fürs Militär oder für Bauersleute.

Nr. 5. Blaugestreifte grobe Leinwant, 15gängig, zu ordinären Matratzen-Überzügen u. dgl. Von dieser können in einem Tage bey 15 Ellen gewebt werden.

Nr. 6. Grobe Leinwand auf Hemden fürs Militär und für Bauersleute, 18gängig.

Nr. 7. Etwas bessere Leinwand, 20gängig, ebenfalls auf Hemden fürs Militär, für Bauers- und Arbeitsleute rc. Von dieser und der vorstehenden kann ein Weber in einem Tage 14 bis 15 Ellen zu Stande bringen.

Nr. 8 und 9. Mittlere Leinwand zu dem verschiedensten Gebrauche, die erste 22-, die zweyte 28gängig oder auch von 18 und 22 Zahl genannt. Von beyden lassen sich in einem Tage 10 bis 12 Ellen weben.

Nr. 10 und 11. Ziemlich gute Leinwand auf Hemden und zu anderem Gebrauche, sogenannte Dreyßiger, d. i. von 15 Büscheln oder 37½ Gängen. 6 bis 7 Ellen machen davon ein Tagewerk.

Nr. 12. Feine Leinwand, zu gleichem Gebrauche, die feinste Sorte, welche in Österreich ob der Ens, wenigstens im Mühlviertel gewebt wird. Es ist die sogenannte Vierziger, wo 20 Büschel oder 50 Gänge auf die Ellenbreite gehen (vgl. Flachs- und Hanfgespinnste Nr. 33). Bey großem Fleiße verfertigt ein Arbeiter des Tags nur 2 Ellen von dieser Sorte.

b) Zwilliche.

Taf. II. Nr. 13. Ordinärster Zwillich aus sehr grobem Gespinnst, worin noch viele unreine Theile der Flachsstängel sichtbar sind. Man braucht diese ungebleichte Sorte meist zu Säcken.

Nr. 14 und 15. Roher und gebleichter ordinärer Zwillich fürs Militär auf die sogenannten Kittel.

Nr. 16. Gebleichter feiner Zwillich, auf Unterröcke für das weibliche Geschlecht: Es wird im Lande ob der Ens noch feinerer Zwillich verfertiget.

Nr. 17 und 18. Roth und blau gestreifter Zwillich zu dem verschiedensten Gebrauche, auf ordinäre Matratzen, Pölster u. dgl. Alle diese Zwilliche sind gewöhnlich $\frac{5}{4}$ breit und 30 Ellen lang.

c) Zwillich-Tischzeuge.

Nr. 19. Ordinärster Tischzeug, sehr wollig und faserig.

Nr. 20 und 21. Mittelgattung mit quadratförmigen Figuren. Man macht auch von diesen Tischzeugen noch feinere Sorten in Österreich. Sie sind meist $\frac{3}{4}$ Ellen breit, und durchgängig 30 Ellen lang; hier und da werden sie auch breiter gewebt. Die Handtücherzeuge sind derselbe Stoff, etwas über $\frac{2}{4}$ breit und 30 Ellen lang.

B. Gefärbte Leinwand.

Nr. 22 bis 24. Ordinäre Futterleinwand in dreyerley Farben.

Taf. III. Nr. 25 bis 36. Grobe, mittlere und feine gefärbte Leinwanden in den gangbarsten Farben, zu Futter, Sesselkappen, Schürzen u. dgl. Die geglätteten Leinwanden nennt man insgemein Cannefas.

C. Gedruckte Leinwand.

Nr. 37 bis 39. Indigoblau mit weißen Figuren, die durch den Vordruck mit Papp (Reservage) entstanden sind. Solche Leinwanden dienen für gemeine Weibspersonen auf Röcke, dann zu Bettüberzügen ꝛc. Auf gleiche Art werden auch viele leinene Schnupftücher gedruckt.

Taf. IV. Nr. 40 bis 54. Gedruckte Leinwanden auf Kleidungsstücke, Vortücher, Möbelüberzüge ꝛc. in verschiedenen Farben und Desseins. Nr. 41 bis 46, 48, 49 und 51 sind Krappwaare, Nr. 47 Indigowaare, Nr. 50 Indigowaare, gelb gefärbt, Nr. 52 bis 54 Lapisdruck.

Taf. V. Nr. 55 bis 57. Fortsetzung derselben. Das erste ist indigoblau, das zweyte Krappwaare, das dritte indigoblau und gelb gefärbt. Alle diese Muster sind Hand- oder Tafeldruck.

D. Böhmische und mährische Leinenstoffe.

Nr. 58 bis 60. Ordinäre Leinwand zum Futter fürs Militär, auch für Landleute. Sie wird nach Schock zu 54 W. Ellen verkauft.

Nr. 61. Ordinäre Leinwand auf Hemden fürs Militär 2c.

Nr. 62 und 63. Mittlere Leinwand für den mannigfaltigsten Gebrauch, die erste ungemangt, die zweyte gemangt. Ebenfalls nach Schock zu 54 Ellen.

Nr. 64. Feine Leinwand zu vielfacher Verwendung.

Nr. 65 und 66. Feinste Leinwand, aus gebleichtem Garne, wie sie häufig in Böhmen und Mähren verfertigt wird, auch Weißgarn-Leinwand, und von Mehreren Creas genannt, wiewohl man mit dem letzteren Nahmen richtiger die dichte Lederleinwand bezeichnet. Auch diese verkauft man nach Schock zu 54 Ellen. Es gibt aber in vielen Gegenden Böhmens auch Schock, die 60 Ellen halten. Ein solches 60elliges Schock wiegt bey einer Breite von $\frac{6}{4}$ und bey feiner Waare 10 Pfund, so daß 6 Ellen aufs Pfund gehen. Von gröberer Waare werden 4 oder 5 Ellen aufs Pfund gerechnet. Von den Weißgarn-Leinwanden muß im Allgemeinen bemerkt werden, daß sie an Haltbarkeit und Dauer die roh gewebten und ausgebleichten übertreffen, hingegen aber auch ein größeres Capital und größere mühsame Übersicht erfordern, indem der Fabrikant das Garn roh einkaufen, erst bleichen und dann weben lassen muß.

Die von Nr. 58 bis 66 aufgeführten böhmischen und mährischen Leinwanden sind die gewöhnliche Leinweber-Waare, die fast in allen Kreisen gewebt wird. Die folgenden Tafeln enthalten Muster aus solchen Gegenden Böhmens und Mährens, welche sich in Ansehung ihrer Leinenwaaren-Fabrication vor anderen auszeichnen.

Taf. VI. Nr. 67 und 68. Grobe und feinste Sangalletten-Leinwand, ungebleicht, aus Arnau. Beyde werden zu Wachsleinwand, zu Schatter- oder Steifleinwand verwendet. Es gibt auch weißgebleichte. Die Stücke sind 50 Ellen lang und $\frac{5}{4}$, auch $\frac{11}{8}$ breit.

Nr. 69 bis 76. Acht Sorten gebleichter Leinwand von Arnau nach verschiedenen Graden der Feinheit, nähmlich 30-, 33-, 40-, 47-, 50-, 57-, 60- und 87gängig (den Gang, wie bey allen folgenden Mustern zu 40 Fäden gerechnet). Dieß sind die sogenannten Weben, welche $\frac{5}{4}$ breit und 52 Ellen lang sind.

Nr. 77. Ausgepontschter Cannefas von Arnau, welcher bloß von der Schlichte gereiniget, gestärkt und gemangt ist. Die Stücke halten 42 Ellen und sind $\frac{5}{4}$ breit.

Nr. 78 bis 81. Vier Muster gefärbter Leinwand, 27-, 30-, 33- und 37gängig, alle von Arnau und zugerichtet.

Taf. VII. Nr. 82 bis 89. Fortsetzung dieser gefärbten Arnauer Leinwand bis zur feinsten Gattung, nähmlich 40-, 43-, 47-, 50-, 53-, 57-, 60- und 67gängig, ebenfalls gemangt. Auch diese Muster sind von den sogenannten 52elligen Weben.

Nr. 90 bis 94. Fünf Muster von gefärbtem Futter-Cannefas, zu Futter in Kleidungsstücke, zu Vortüchern und Schürzen u. dgl. Die letzteren Muster sind zugleich gewässert (moirirt). Alle diese Cannefasse sind $\frac{5}{4}$ breit und 42 Ellen lang.

Nr. 95 und 96. Rosenrothe Glanzleinen aus Arnau, auf einer Seite sehr stark geglänzt. Es gibt auch roh- und weißfarbige Glanzleinen, die an Breite und Länge dem Cannefas gleichen. Die Muster der VI. und VII. Tafel sind sämmtlich von Franz Lorenz und Comp. zu Arnau, welche mit ihren Erzeugnissen gute Geschäfte machen. Die beyden folgenden Tafeln enthalten die sogenannten Harrachischen Leinwandgattungen aus der gräfl. Harrachischen Leinenwaaren-Fabrik zu Janowitz in Mähren und zu Starkenbach in Böhmen, die nach dem Grade ihrer Feinheit geordnet sind.

Taf. VIII. Nr. 97 bis 111. Fünfzehn Sorten der gewöhnlichen weißen Leinwand, $\frac{8}{8}$ breit und 30 Ellen lang. Von Nr. 104 an beginnen schon die besseren Gattungen.

Taf. IX. Nr. 112 bis 115. Vier Sorten der sogenannten Rumburger Leinwand, $\frac{9}{8}$ breit und 54 Ellen lang. Es ist eine starke und gute Leinwand.

Nr. 116 bis 123. Acht Sorten der Harrachischen Leinwand nach Holländer Art, gewöhnlich Holländer Leinwand genannt, $\frac{9}{8}$ breit, 50 Ellen lang, von der feinen bis zur feinsten Sorte. Die drey letzteren Muster sind ausgezeichnet schön. Von der allerfeinsten können in einem Tage höchstens $\frac{3}{4}$ W. Ellen gewebt werden.

Taf. X Nr. 124 bis 144. Ein und zwanzig Muster von Leinwand aus der Gegend von Rumburg, alle 54 Ellen lang, halb- und ganz gebleicht. Die zwey ersten Muster sind Zwirnleinwanden, ungebleicht und gebleicht.

Taf. XI. Nr. 145 bis 165. Ein und zwanzig Muster von Tischzeug und Leinen-Damast, ungebleicht und gebleicht, von den Gebrüdern Stolle in Warnsdorf auf der Herrschaft Rumburg, wo sie von der vorzüglichsten Güte verfertiget werden. Diese Muster enthalten bloß kleine Desseins, da die großen Zeichnungen und Figuren sich nicht an kleinen Musterstücken hätten ersehen lassen.

Nachträge.

Taf. XII. Nr. 166. Segel-Leinwand nach russischer Art mit doppelter Kette und sehr starkem Einschlag, $\frac{3}{4}\frac{1}{2}$ W. Elle breit, aus der Fabrik des Hrn. Dominik d'Angeli in Triest.

Nr. 167. Feinere Segel-Leinwand für kleine Schiffe, aus der Fabrik zu Cento im Kirchenstaate, die noch nach Triest eingeführt wird, $\frac{1}{2}$ W. Elle breit.

Nr. 168. Venetianische Segel-Leinwand, aus der Fabrik von Jacob Grappute in Venedig, etwas über $\frac{2}{3}$ breit.

Nr. 169. Segel-Leinwand mit zweyfacher Kette aus derselben Fabrik in Venedig, etwas unter $\frac{3}{4}$ breit. Alle diese Segelleinen sind aus italienischem Hanf gewebt, und haben, mit Ausnahme von Nr. 2, sehr starkes, dickes, wenig gedrehtes Garn.

Nr. 170. Futterleinwand aus der Gegend von St. Ägid an der steyermärkischen Gränze, aus sehr grobem und starkem Garne gewebt und gebleicht. Da das Hecheln nur oberflächlich geschieht, so finden sich in dieser, so wie in der folgenden Leinwand noch viele Scheben, d. i. Theile des Flachsstängels.

Nr. 171. Blau gestreifte und gebleichte grobe Leinwand aus Flachsgarn, aus der Gegend von St. Ägid, oder sogenannter Kittelzeug, auf Weiberröcke (Kittel). Der blauen Streifen wegen schon zu Sonntagskleidern bestimmt.

Taf. XIII. Nr. 172. Leinwand aus Maschinengarn von Philipp Girard, ungebleicht. Diese Leinwand ist sehr stark, und scheint der aus Handgespinnst erzeugten an Güte nicht nachzustehen.

Nr. 173. Leinwand aus Maschinengarn von Fr. Wurm in Wien, gebleicht, weniger stark.

Nr. 174. Sack ohne Naht, auf dem Webestuhle mittels einer besonderen Vorrichtung gewebt. Die ersten Säcke ohne Naht, jedoch aus Baumwollgarn, wurden in Wien von dem Shawlfabrikanten Georg Griller verfertiget; die hänfenen verfertigt der hiesige Webermeister Joh. Mich. Bayerleitner, der sie zu Kopfpölstern fürs Militär, zu Mehl- und Futtersäcken, und zu Geldsäcken vorgeschlagen hat. Was ihre Verwendung zu Geldsäcken anbelangt, so fällt die Nützlichkeit dieser Erfindung von selbst in die Augen, da ein Aufschneiden und Wiederzunähen dieser Gewebe nicht wohl thunlich ist, ohne sogleich entdeckt zu seyn. Die Erfindung ist jedoch nicht ganz neu, und stammt aus England, wurde aber in Wien mehr vervollkommnet. Im Jahre 1818 wurden dergleichen Säcke auch von dem Weber Johann Wiesinger in Wien verfertiget.

Zweyte Unterabtheilung.

Die Baumwollstoffe.

Die Baumwollstoffe, wozu die Baumwollgespinnste (vgl. Abth. IV. Unterabth. 2.) verarbeitet werden, sind noch viel mannigfaltiger, als die Leinenstoffe, und haben in der neueren

Zeit nicht nur an Vollkommenheit, sondern auch an Zahl und Verschiedenheit sehr zugenommen, besonders seitdem sie die Stellvertreter der Leinen- und Wollenstoffe zu werden anfingen. Man kann auch sie in dreyerley Hinsicht betrachten: 1) in Ansehung der Erzeugung, 2) nach ihrer Feinheit, 3) nach den Ländern, in welchen sie verfertiget werden.

1) In Ansehung der Erzeugung theilt man die Baumwollstoffe a) in glatte, b) in dichtere, c) in sammtartige und d) in façonnirte, durchbrochene, broschirte etc. Beym Weben dieser Gattungen bestehen besondere Vorrichtungen und Abänderungen der gewöhnlichen Stühle, welche hier in Kürze angegeben werden sollen.

Die glatten Stoffe werden alle auf dem gewöhnlichen Webestuhle verfertiget, welcher mit dem gemeinen Leinwebestuhle so viele Ähnlichkeit hat, daß es überflüssig wäre, ihn hier näher zu beschreiben. Auch das Weben selbst kommt ganz mit dem Weben der Leinwand überein. Je nach der Feinheit des Gewebes wird hierzu gröberes oder feineres Garn genommen, und nach der Güte und Dichtigkeit des Zeuges muß Kette und Einschlag gerichtet werden, welches jeder Weber sich durch Erfahrung und Übung eigen macht. Wenn die Kette aufgezogen ist, muß sie zuvörderst geschlichtet werden, um ihr die erforderliche Stärke und Haltbarkeit zu geben. (Wie das Schlichten geschehe, vgl. Baumwollgespinnste Nr. 134.) Dieß kann nur immer unmittelbar vor dem Verweben vorgenommen werden, weil ein Garn, welches längere Zeit geschlichtet bleibt, ohne verwebt zu werden, hart, spröde und zerbrechlich, und das Zeug rauh und ungleich wird. Bemerkenswerth sind die beyden von Joh. von Thornton zu Pottendorf in Österreich erfundenen selbstarbeitenden Hülfsmaschinen zum Stärken und Schlichten der Kette, wodurch viel an Zeit erspart wird, und worauf derselbe unterm 9. Aug. 1818 ein ausschließendes Privilegium für die ganze Monarchie erhalten hat. Die Arbeit ist einerley, ob die Zeuge aus weißem, oder aus gefärbtem Garne gewebt werden; nur versteht es sich von selbst, daß bey gestreiften oder gewürfelten (quadrillirten) Stoffen in der Kette oder im Einschlage die nöthige Vorrichtung geschehen müsse. Sowohl bey glatten Stoffen, als bey solchen Geweben, wo mehrere Farben eingetragen, oder verschiedene Einschußgarne genommen werden, hat man die sogenannten Schnellschützen, indem bey letzteren nicht bloß ein, sondern 2, 3, 4 bis 5 Schützen abwechselnd in Bewegung gesetzt werden können, ohne daß man sie in die Hand zu nehmen braucht. Die Kasteln, deren sich bey der Anwendung von mehr als 2 Schützen auf einer Seite 3, auf der andern 2 neben einander befinden, bewegen sich im Ganzen mittels eiserner Federn vorwärts. Die Schnellschützen, die in England erfunden, und im Inlande von dem Wiener Baumwollwaaren-Fabrikanten Anton Meilinger 1797 zuerst angewendet wurden, und seitdem sehr allgemein gebraucht werden, leisten mehrere sehr wesentliche Vortheile. Man kann damit nicht nur sehr breite Zeuge weben, sondern der Weber arbeitet dabey mit weniger Anstrengung und viel schneller, indem er von glatten Stoffen 4 bis 5 Ellen in einem Tage verfertigt, während er mit der gemeinen Handschütze nur $1\frac{1}{2}$ Ellen zu liefern im Stande ist.

Die Zahl der Stoffe, welche auf dem einfachen Webestuhle verfertiget werden, ist sehr groß. Die gewöhnlichsten sind in den inländischen Webereyen: Katun, Kammertuch, Calico, Percal, Musselin, Vapeur, Batist-Musselin, allerley gestreifte Zeuge und Tücher, Nankin und Nankinet u. s. w. Die ersteren sind bloß leinwandartig, und werden selten weiß verbraucht, sondern gewöhnlich gedruckt. Dichter ist der Percal, der viel Eintrag erhält und dicht geschlagen wird; auf die Ellenbreite rechnet man 4200 Fäden in der Kette, und in jedem Rohre sind 2 Fäden. Sind in der Kette in gewissen Abständen dickere Fäden, so erhält man den Schnürel-Percal. Musselin und Vapeur sind feine, leichte und lockere Gewebe. Der Stuhl zum Vapeur hat 2 Tritte und 4 Flügel, wovon 2 neben einander auf- und abwärts gehen; man hat auch unten Gaschinen (Querleisten). Es wird aber immer nur ein Tritt getreten, weil die Kette sonst reißen würde. Die gestreiften Zeuge und Tücher sind ungemein verschieden, und werden, je nachdem sie zur einen oder anderen Gattung gehören, auf gleiche Art, wie die einfarbigen gewebt. Nankin und Nankinet sind leinwandartig, und man verarbeitet hierzu, wenn man nicht die gelbe Baumwolle oder derley Gespinnst haben kann (Baumwollgespinnste Nr. 345) gefärbtes Garn, oder färbt auch die Zeuge erst nach dem Weben, wie dieß bey dem eigentlichen einfarbigen Nankin der Fall ist. Eine Art sehr grober glatter Zeuge sind die Bauernflore, die man auf kleinen und einfachen sogenannten zweyläufigen (auch oft auf einläufigen) Stühlen verfertiget. Das Princip hierbey ist dasselbe, wie bey den Schubstühlen der Bandfabrikanten. Auf dem zweyläufigen Stuhle werden des Tags bis 60, auf dem einläufigen bis 40 Ellen dieser Flöre gewebt, die immer schwarz gefärbt werden. Noch gehören zu den glatten Stoffen: der glatte Tull (Gaze), der Croisé, dann Oriental oder Jeannette, (von Manchen auch englisches Leder genannt). Beym Tull durchkreuzen sich die Fäden der Kette nach jedem Schusse, und der Zeug muß zwischen den einzelnen Fäden möglichst gleiche Zwischenräume haben. Die Einrichtung liegt im Geschirre: es hat nähmlich 4 Flügel von Garn, und 4 mit seidenen Litzen. Croisé und Oriental sind gekoperte dichte Zeuge, die mit mehreren Tritten gewebt werden.

An dem Webestuhle wurden von Zeit zu Zeit Verbesserungen angebracht. So erfand z. B. 1799 Catulus Spath in Wien einen Doppel-Webestuhl, worauf 2 Stück Zeug über einander verfertigt werden konnten. Im J. 1812 war aber dieser Stuhl nicht mehr im Gange. Neuerlich wurde von Joh. v. Thornton in Pottendorf nach Art des englischen Selbstwebestuhls eine Webemaschine ausgeführt, und im J. 1818 (20. Sept.) wurde Franz von Bernwerth in Wien mit einem 10jährigen ausschließenden Privilegium für die ganze Monarchie auf seine mit Beyhilfe des Mechanikers Anton Fried errichtete Webemaschine betheilt, welche an Vollkommenheit den englischen Webestuhl übertreffen soll. Diese Maschine hat das Eigenthümliche, daß das Schweifen der Kette ganz erspart wird, und daher ohne Aufbäumen Jahre lang fortgearbeitet werden kann; daß die Maschine augenblicklich still steht, sobald ein Faden in der Kette oder im Einschlage reißt. Die Kette schlichtet sich ferner während des Ganges der Maschine immer von selbst, und das Eintrocknen der Schlichte wird durch einen Windfang befördert. Eine andere Vorrichtung dient noch dazu, das Gewebe immerfort selbst der Breite nach zu spannen und den gewebten Stoff zu messen. Diejenige Person, welche diese vom Wasser in Gang gesetzte Maschine oder mehrere zugleich besorgt, hat daher bloß bey jedesmahligem Stillstehen derselben den abgerissenen Faden wieder anzuknüpfen. Es scheint aber, daß diese schönste und sinnreichste Erfindung im Gebiethe der Weberey bis jetzt noch keine Liebhaber gefunden habe, welche mit dem Erfinder zur Ausführung derselben im Großen in Gesellschaft treten wollten.

Zu den dichteren Stoffen rechnet man den Barchet, den Wallis und Rips und den Piqué. Der ganzbaumwollene Barchet (denn es gibt auch Barchet halb aus Baumwolle, halb aus Leinengarn) wird auf einem gewöhnlichen Stuhle mit 3 oder 4 Schäften gewebt und hat einen Köper. Da beym Weben $\frac{2}{3}$ oder $\frac{3}{4}$ der Kettenfäden in die Höhe gehen und nur $\frac{1}{3}$ oder $\frac{1}{4}$ unten bleibt, so liegt auf der untern, als rechten Seite, der baumwollene Faden mehr frey, als auf der obern linken Seite. Diese frey liegenden Fäden werden dann aufgekratzt, wodurch die rechte Seite ganz rauch wird, nach dem Bleichen abermahls gekratzt und die Fasern gleich gestrichen. Man macht streifigen, geschnürlten, einfachen und doppelten Barchet; auch der baumwollene Molton ist eine Art gefärbten Barchets. Wallis und Rips (Ribbs) sind streifige oder geschnürlte, gerippte dichte Zeuge, die durch besondere Abänderungen an dem gemeinen Stuhle hervorgebracht werden. Der Piqué dagegen wird auf einem Maschinenstuhle, d. i. wo der Dessein sich oben an einer Walze mit eisernem Stift befindet, gewebt. Dieser Stuhl hat 2 Kettenbäume und ein doppeltes Geschirr (zum Dessein und zum glatten Zeuge oder der Leinwand), in jedem Rohre sind 3 bis 4 Fäden; auch muß wenigstens mit 2 Schützen gearbeitet werden, da der erste Eintrag den glatten Stoff, wie beym Katun, der zweyte darüber liegende den Dessein bildet. Der Stoff liegt bey der Arbeit immer umgekehrt. Gewöhnlich nimmt man hierzu zweyerley, zum feinsten auch viererley Baumwollgarne; das allerfeinste wird zum eigentlichen Boden genommen. Auch bey diesem Stoffe leisten die Schnellschützen, die nun in Wien fast allgemein sind, die wesentlichsten Vortheile; überdieß hat man, um sehr große Muster hervorzubringen, Abänderungen mit Gallinen angebracht.

Die sammtartigen Stoffe bestehen aus dem glatten oder Sommer-Manchester, wozu der Satinet oder das sogenannte englische Leder gehört, dem Winter-Manchester und dem eigentlichen Baumwoll Sammt. Der erstere ist glatt, die beyden letzten aufgeschnitten. Der Manchesterstuhl gleicht dem gewöhnlichen Webestuhle, hat aber statt des Garnbaums eine starke Rolle, statt des Brustbaums einen Stiftbaum, der mit seinen Stiften den Manchester spannt und festhält, und 8 bis 9 Schemmel (Tritte). Außer der Kette und dem Einschlage erhält der Manchester, welcher aufgeschnitten werden soll, noch den Pohl (Poil), d. i. einen zweyten Einschlag, der über 3 Kettenfäden in gleicher Reihe läuft, und den Flor zu bilden bestimmt ist. Die Kette wird von gröberem Garn genommen, der Einschlag, und besonders der Flor muß aber von feinem Garn genommen werden, weil nur dieses den Grund gut und gleichförmig bedeckt. Der Flor wird endlich auf langen Tischen mit einem stachelformigen Messer aufgeschnitten, indem man die Spitze unter die oberen Fäden bringt, und über die ganze Länge des Tisches hinfährt. In größeren Manufacturen, wie z. B. in der Fehrschen zu Fischament bey Wien, hat man zum Reißen des Manchesters eigene vom Wasser getriebene Maschinen mit Kratzbürsten oder Streichkrempeln, worunter sich die nach der Länge eines ganzen Stücks eingelegten Zeuge durchschieben.

Die façonnirten oder gemusterten, gestickten und durchbrochenen Stoffe mit Percal-, Musselin-, Vapeur-, Tullgrund ꝛc., machen die eigentliche Kunstweberey aus. Zu den gestickten Stoffen hat man seit einigen Jahren das sogenannte Musterblatt eingeführt, welches vorne am Schlagbaume des Stuhls befestiget ist, und dazu dient, mittels seiner Einschnitte die Stickerey aus gezwirnter Baumwolle einzutragen. Durch das Hin- und Herschieben der mit diesem Blatte in Verbindung stehenden Nadeln (des Nadelstabes), an welchen die Stickereyfäden durchlaufen, und welche abwechselnd während des Webens bald in die gerade darunter liegenden, bald in die zunächst befindlichen Kettenfäden sich einsenken, wird eigentlich der Dessein gemacht. Das Musterblatt ist eine wichtige Verbesserung am Webestuhle, und ist in Wien erfunden und zuerst in Anwendung gesetzt worden. Man verfertigt diese gestickten Stoffe jetzt so künstlich, daß man dazu 2, 3, auch 4 Nadelstäbe anwendet. Bey dem sogenannten Knöpferl-Percal sind unten am Nadelstabe noch kleine Nadeln angebracht, welche die Knöpfchen hervorbringen. Das Broschiren mit Farben zu Halstüchern und Damenkleidern wird mit dem Litzenstuhle (vgl. Leinenstoffe) vorgenommen. Durchbrochene Stoffe werden mittels eines Perlkopfes, wie beym Tull, so daß sich die Kettenfäden übers Kreuz ziehen; die aufgeschossenen Percale oder Baumwoll-Damaste auf einer Maschine, fast wie der Piqué, jedoch nur mit einem Kettenbaume gemacht. Durch allerley Abänderungen der Maschinen und Werkzeuge lassen sich die mannigfaltigsten Kunstgewebe darstellen, wie man denn auch sehr künstlichen gefalteten Vapeur (Faltel-Vapeur), Sammt-Percal, Atlas-Tull u. dgl. in Wien verfertiget hat. Eine Gattung mit Zwirn eingearbeiteter oder gestickter Arbeit nennt man Spenal oder Spinal, und zwar Spenal-Percal, Spenal-Vapeur, Spenal-Kleider &c. Zu den kunstreichsten und feinsten Geweben aber rechnet man die gestickten Princesse- und Ringeltücher, welche einen Grund von Musselin oder von Percal haben. Die Stickerey aus Zwirn wird ebenfalls mit dem Nadelstabe hervorgebracht. Bey den gröberen Gattungen wird der Nadelstab mit der Hand auf beyde Seiten geschoben, bey den feineren Desseins bedient man sich immer des Musterblattes. Bey den allerfeinsten und durchbrochenen Desseins hat der Stuhl rückwärts 4 Bäume: 2 zur Stickerey, 1 zur durchbrochenen Arbeit, 1 zum Percal; auch hat er Quertritte. Die Lade mit dem Weberkamm, Nadelstab &c. heißt Princesseschlag.

2) Die Feinheit der Stoffe gründet sich vornehmlich auf die verschiedene Abtheilung der Garne nach Water und Mule, auf ihre Feinheit, und zum Theil auch auf die Arbeit selbst, ob nähmlich das Garn mehr oder weniger geschlagen wird. Ohne die Zeuge, welche in manchen Gegenden von Landleuten

auf dem Leinwebestuhle aus ganz groben Gespinnsten erzeugt werden, in Erwähnung zu bringen, sollen hier nur die vorzüglichsten der im Handel vorkommenden Baumwollstoffe nach der Feinheit des dazu erforderlichen Gespinnstes angeführt werden. Die Bauernflöre gehören zu den gröbsten Zeugen, und werden aus Handgespinnsten von den Feinheits-Nrn. 12 bis 14 verfertigt. Zum Katun werden Hand- oder Maschinengespinnste von den Feinheits-Nrn. 16 bis 20 genommen; zu feineren Gattungen auch höhere Nummern bis 30. Nankin fordert ein Gespinnst von beyläufig Nr. 20, auch 26 bis 28. Solche glatte Stoffe, die aus Gespinnsten von den Feinheits-Nrn. 30 bis 44 gewebt werden, nennt man Kammertücher; doch werden zu den gangbarsten Kammertüchern gewöhnlich nur Garne von Nr. 36 bis 44 genommen, wobey auf die Elle fast 6 Schneller verwebt werden. Gewebe aus Maschinengarnen Nr. 40 bis 60 nennt man gemeiniglich Calicos und Druck-Percale, ungeachtet sie nur feine Kammertücher heißen sollten. Die eigentlichen Percale beginnen erst von Nr. 60 an. Man macht in Wien 5 Abstufungen von Percal: die erste oder gröbste Sorte wird aus Nr. 60 ꝛc., die zweyte aus Nr. 80, die dritte aus Nr. 90, die vierte aus Nr. 100, die fünfte und feinste aus Nr. 120 gewebt; Nr. 70 bis 100 sind zu Percal die gebräuchlichsten. Musselin und Vapeur (der letzte ist eigentlich nur der feinste Musselin, und der allerfeinste Vapeur wird seiner Leichtigkeit wegen Zephyr oder Sephir genannt,) werden von sehr verschiedener Feinheit gearbeitet, indem man dazu Mulegarne von Nr. 70 bis 250 verwendet. Der eigentliche Vapeur beginnt mit Nr. 150 zur Kette, und 160 zum Einschlag, und reicht nur selten über 220. Zum glatten Tull wird englisches Mulegarn Nr. 110 bis 120, zum Croisé Nr. 40 in die Kette, und Nr. 60 in den Eintrag genommen. Daß der Piqué Garne von verschiedener Feinheit erfordere, ist schon oben erinnert worden. Bey dem gewöhnlichen nimmt man Nr. 30, 36, 50 und noch höhere Nummern Watergarn zur Kette, und Mule Nr. 80 zum Einschlag; bey dem allerfeinsten auch Nr. 200, jedoch dann zweyerley Gespinnstnummern zur Kette, und zwey andere Nummern zum Einschlage. Auch der Manchester erfordert, da er von so verschiedener Güte gewebt wird, mehrerley Gespinnste und auch Water zur Kette und Mule zum Eintrag. Der grobe wird aus groben Handgespinnsten oder aus Maschinengarn Nr. 12 bis 20 verfertiget; nur der Flor fordert immer feines Garn, und zwar desto feineres, je schöner der Manchester werden soll.

3) Was die Unterschiede der Baumwollstoffe nach den Ländern des österr. Kaiserstaates anbelangt, so sind sie allerdings sehr bedeutend, wenn sie auch im Handel nicht so sehr, wie bey den Leinenstoffen, durch besondere Benennungen bezeichnet und herausgehoben werden. Die vollkommensten und wahrscheinlich auch die meisten Baumwollstoffe werden im Lande unter der Ens verfertiget, wo im J. 1811 20 k. k priv. Baumwollwaaren-Fabriken aller Art mit 581 Stühlen, 559 Fabrikanten mit 1325 Stühlen, und 1533 Meister mit 3108 Stühlen, zusammen mit 5412 eigentlichen Hülfsarbeitern bestanden haben, welche auch in Rücksicht der Kunst große Fortschritte gemacht und Erzeugnisse geliefert haben, welche den Producten des Auslandes mit vollem Rechte an die Seite gestellt werden dürfen. In glatten Stoffen und façonnirten Zeugen stehen die öst. Fabriken wenigen ausländischen nach, und hierin zeichnen sich vorzüglich die Hauptstadt und einige angränzende Dorfschaften sehr vortheilhaft aus. Wenn gleich auch dieser Industriezweig viele nachtheilige Einwirkungen erlitten hat, und mehrere vormahls sehr bedeutende Fabriken an Ausdehnung herabgesetzt worden sind, so verdienen doch mehrere noch besondere Auszeichnung. Gegenwärtig darf man als die bedeutendsten Unternehmungen das von Aloys Reyer und Ullinger, welche aber bloß außer dem Hause arbeiten lassen und bisher über 100 Stühle beschäftigten (außer der Fabrik, die sie in Mähren besitzen); das von Joh. Larisch, das sich immer durch vorzüglich künstliche und feine Gewebe bemerklich machte und meist bis 60 und mehr Stühle im Gange hatte; das von Jos. Winter, Ermster, Amon, Joh. Westhauser, Aloys Berndorfer, Birner, Jos. Hieß, Carl Damm, Holej, Schubert, Jos. Hanke, der nun größten Theils in Böhmen arbeiten läßt, u. a. m. anführen. Von den früher bestandenen größeren Unternehmungen, die nun nur im Kleineren, und zum Theil nicht mehr betrieben werden, sind

die von Franz Suitter in Medling, von den Brüdern Mandel in Taxen, von Ignaz Mathey in Stockerau, von Joh. Bapt. Siri, Anton Mauchter in Egenburg, von Schuster und Grenzenstein in Meidling die bedeutendsten. In glatten Stoffen, nahmentlich in Percal sind gegenwärtig die Fabriken von Jos. Winter und Joh. Larisch die vorzüglichsten; in Vapeur und feinen Modewaaren zeichnen sich Larisch, Damm, Knizaurek, Amon u. a. m., in Piqué. Joh. Westhauser, Jos. Winter, Gottfr. Ermster, in Manchester Jos. Fehr zu Fischament, in gesticktem, durchbrochenem und façonnirtem Percal und Vapeur Damm, Knizaurek, Gabel, Amon, Litschauer, Holej u. a. m. in Wien am meisten aus, von welchen auch in dieser Sammlung eine Reihe der schönsten Kunstgewebe aufbewahret ist. Früher hatten die 6 großen Katunfabriken ihre eigenen Werkämter; sie kauften die Baumwolle, gaben solche ihren Factoren zum Spinnen, und die Gespinnste den Webern zum Verarbeiten, welche sodann gegen bestimmte Preise die Katune in das Werkamt ablieferten. Diese Werkämter haben allenthalben aufgehört, und die im Lande zerstreuten Weber kaufen sich die Gespinnste und bringen die Katune zum Verkaufe, wobey die großen Fabriken bessere Rechnung finden. — Böhmen hat nach Österreich unter der Ens die meisten Fabriken und Weber in Baumwollwaaren, sowohl in weißen als buntgewebten und gefärbten, in glatten Stoffen, worunter auch sehr viel Nankin und Nankinet, dann in Piqué, Rips, Sommer- und Winter-Manchester, Velverets u. s. w. Die Hauptfabriksörter sind Hohenelbe und Neu-Packa im Bidschower, Reichenberg, Böhmisch-Aiche, Wartenberg, Niemes und Gabel im Bunzlauer, Haselau, Lichtenstadt, Wildstein und Asch im Elbogner, Alt-Georgswalde, Rumburg, Philippsdorf und Wiesenthal im Leitmeritzer, Rothenhaus im Saazer, Tupadl im Czaslauer Kreise etc. Mähren besitzt eine Manchesterfabrik zu Schönberg, die sehr gute Waaren liefert, und zu Sternberg werden baumwollene Tücher verfertiget. In Österreich ob der Ens ist die große Kammertuch-, Musselin-, Wallis-, Batist- und Schleyer-Fabrik der Herren Jenny Aebly und Comp. zu Schwanenstadt vorzüglich bemerkenswerth, außer welcher noch zwey Manchester- und eine Zitz- und Katunfabrik zu Steyer, eine Zitz- und Katunfabrik zu Wels, die Barchet- und Baumwollwaaren-Fabrik des Hrn. A. C. Hafferl in Linz, und die vortreffliche Baumwoll-Futter- und Tamisfabrik von Peter Oßberger in Zwettel angemerkt zu werden verdienen. In Tyrol wird die Strehlesche Baumwollwaaren-Manufactur zu Imst betrieben, und im Vorarlbergischen, zumahl um Dornbirn und im Montafon, gibt es zahlreiche einzelne Baumwollweber. In der Lombardie befinden sich vorzüglich in und um Monza viele Fabriken, die ordinäre Baumwollstoffe verfertigen, und von den österreichischen Spinnmanufacturen viele macedonische Baumwollgarne von niedrigen Nummern beziehen. Die übrigen Länder des österreichischen Staates haben wohl noch mehrere Fabriken und Weber, die verschiedene Baumwollzeuge verfertigen; doch stehen sie hinter Österreich und Böhmen weit zurück. Zu den vorzüglicheren gehören noch die Manufactur zu Nawsźie in Galizien, und die Zitz- und Katunfabrik in Grätz.

Weitere Zubereitung der Baumwollstoffe.

Die Baumwollzeuge mögen weiß verbraucht werden, oder man mag sie färben oder drucken: so sind sie in dem Zustande, wie sie vom Webestuhle genommen werden, hierzu noch nicht tauglich, sondern sie müssen vor dem Gebrauche entweder eine Appretur und die erforderliche Weiße erhalten, oder sie müssen gefärbt oder gedruckt werden. Diese Operationen werden hier in Kürze angegeben.

Die Appretur solcher Stoffe, welche weiß bleiben sollen, wie z. B. des Percals, Musselins, Vapeurs rc. besteht im Sengen, Entschlichten, Bleichen und Zurichten. Vorerst muß man die auf der Oberfläche hervorstehenden Härchen der Baumwolle wegnehmen, zu welchem Ende man sie auf einer Sengmaschine, d. i. über einem inwendig geheitzten, glühenden eisernen Cylinder durch schnelles Wegziehen darüber sengt oder brennt. Sie werden dadurch vollkommen glatt, aber auch schmutziggelb oder bräunlich. Um die Stoffe zu entschlichten, werden sie, wie die Leinenstoffe, in reinem Flußwasser mehrere Tage eingeweicht, bis die mit dem Garne verbundene Weberschlichte in saure Gährung überzugehen anfängt und sich vollkommen auflöset, worauf man die Zeuge in anderem Wasser ausspület oder noch besser walket, um sie möglichst rein zu machen. Darauf wird die Bleiche vorgenommen, welche ebenfalls entweder die Rasenbleiche, die chemische oder die gemischte ist, wie bey den Leinenstoffen, und wobey man die Bemerkung nicht übergehen darf, daß sich die Baumwolle viel leichter und schneller bleicht, als Flachs- und Hanfgewebe, indem bey ihr nicht wie bey diesen ein fest mit den Fasern verbundenes Pigment, sondern vielmehr nur ein äußerlich anhaftender Schmutz wegzuschaffen ist. Bey der Rasenbleiche werden die Zeuge in Aschen- oder Pottaschenlauge gekocht, auf den Bleichplatz gebracht, und diese Operation zwey- bis dreymahl wiederhohlt. Die chemische oder Kunstbleiche (Schnellbleiche) hat sich bey den Baumwollstoffen am anwendbarsten bewährt, und ist nun fast allenthalben eingeführt, indem sie nicht nur in kürzerer Zeit, als die Rasenbleiche, beendiget wird, sondern auch eine intensivere Weiße hervorbringt. Nach dem Sengen und Entschlichten legt man die Zeuge in flüssige oxydirte Salzsäure, die mit Wasser verdünnt ist, und läßt sie mehrere Stunden darin ruhen, bis die Zersetzung der Säure vollendet ist; darauf werden sie gewaschen, in schwacher Pottaschenlauge gesotten, ausgespült, abermahls in oxydirte flüssige Salzsäure gebracht, wieder gewaschen &c., und diese Operationen so oft nach einander vorgenommen, bis die Zeuge weiß genug geworden sind. Um die absolut reine Bleiche zu vollenden, gibt man den Baumwollstoffen zuletzt noch das schwefelsaure Bad, d. i. man taucht sie in Sauerwasser von verdünnter Schwefelsäure, um die etwa vorhandenen Rostflecken oder das anhängende Eisenoxyd vollends wegzuschaffen. Die von Chaptal angegebene Geschwindbleiche mittels der gasförmigen oxydirten Salzsäure oder die sogenannte Dunstbleiche wird im Inlande jetzt nicht mehr angewendet, da sie zu heftig und zu ungleichförmig wirkt, und nicht selten die Zeuge dabey zerfressen werden, wie überhaupt die chemische Bleiche stets große Vorsicht erfordert, da es dabey oft auf Kleinigkeiten ankommt, welche nicht übersehen werden dürfen, wenn nicht die Waare mürbe und löcherig werden soll. Am vortheilhaftesten hält man daher die gemischte Bleiche, d. i. die Verbindung der chemischen mit der Rasenbleiche, wodurch man nicht nur blendend weiße, sondern auch völlig unbeschädigte Waare erhält. Die erste Kunstbleiche war diejenige, worauf schon 1789 Ignaz Freyh. v. Born ein ausschließendes Privilegium auf 10 Jahre erhielt, und welche um 1790 unter dem Nahmen Dr. Allmayer, auf der Feldmühle zu Hietzing nächst Wien betrieben wurde. Im J. 1795 gaben Smoleniz und Verrier vor, eine neue chemische Bleichmethode erfunden zu haben, worauf ihnen aber das angesuchte Privilegium nicht ertheilt wurde. Im J. 1801 wollte auch Veit in Wien eine Kunstbleiche errichten, 1805 suchte Bäuerle daselbst um ein Privilegium auf seine Methode an, und Perisutti übte im genannten Jahre bereits seine Bleiche zu Nußdorf ober Wien aus. Im Jahre 1807 brachte Bäuerle seine neue Bleichmethode neuerdings zur Sprache; Leopold Karasek errichtete in demselben Jahre eine chemische Bleiche in der Leopoldstadt zu Wien. Im darauf folgenden Jahre führte die Kettenhofer Biz- und Katunfabrik die Kunstbleiche in verschlossenem Raume ein, und seitdem ist diese Bleichungsart bey den Baumwollstoffen fast allgemein geworden. Alle größeren Manufacturen, besonders die Druckereyen, haben nun ihre eigenen Kunstbleichen, und außerdem gibt es noch mehrere größere und kleinere Bleichanstalten, welche für die übrigen Fabriken und Weber bleichen. So bestehen z. B. gegenwärtig im Lande unter der Ens: die Suittersche Kunstbleiche in der Brigittenaue bey Wien, die Zappertische in Sechshaus, die Callianosche in Medling, die Freyh. v. Leykamsche auf der Feldmühle bey Hietzing, die Piglersche in Trumau, die Flach und Limmersche in Margarethen, die Annabergsche in Unter-Waltersdorf, welche die chemische mit der Wiesenbleiche verbindet und vorzüglich schöne Waaren liefert. Außerdem gibt es noch viele kleinere Bleichen, welche sich mit dem Weißwaschen der Baumwollstoffe beschäftigen. Dieses Weißwaschen besteht darin, daß mehrmahls, oft 20 bis 30 Mahl, warme Ätzlauge über den Zeug gegossen, und dieser dann in Seifenwasser ausgewaschen wird. — Die letzte Zurichtung oder eigentliche Appretur erhalten endlich die Baumwollstoffe durch das Mangen, welches meist mit 3 Cylindern von Metall und Papier vorgenommen wird. Die Papiercylinder bestehen aus fest an einander geschraubtem Pappendeckel (Pappe) oder Papier. Der Gang der Appretur bey glatten Stoffen ist auf der letzten Tafel dieser Unterabtheilung dargestellt.

Der Manchester wird nach dem Aufreißen über eisernen glühenden Platten gesengt, dann gebleicht, gefärbt oder gedruckt.

Das Färben findet nicht bey allen Baumwollstoffen Statt, denn manche Gattungen werden bloß weiß oder gedruckt verbraucht, oder sie werden aus schon gefärbtem Garne gewebt. Vorzüglich werden die Bauernflöre, mehrere Sorten von Futter-Katun, Kammertuch und Percal, Nankin und Nankinet, dann Rips, Piqué und Manchester gefärbt. Diese Stoffe nehmen die Pigmente viel schneller und lieber an, als die Leinenstoffe, und bedürfen nicht so vieler Beitzmittel, um die Haltbarkeit der Farben zu erzwingen. Die Pigmente sind dieselben, welche schon beym Färben der Baumwollgespinnste angegeben worden sind. Vorher müssen die Zeuge durch Entschlichten und Bleichen gehörig vorbereitet werden; eine absolut reine Bleiche ist aber nur bey solchen nöthig, welche helle oder delicate Farben erhalten sollen, zu den übrigen Farben genügt es, wenn die Stoffe nur eine ins Auge fallende Weiße haben, ohne daß sie im Inneren entfärbt sind; auch kann man dabey das schwefelsaure Bad wohl ganz entbehren. Hauptfarben sind: das Krapproth mit seinen vielfachen Abstufungen, die sämmtlich auf der Thonbasis oder zu dunklen Farben auf der Eisenbasis erzeugt und nach dem Färben noch auf besondere Weise belebt (avivirt) werden müssen; das Indigoblau, das in der Küpe gefärbt wird; Schwarz, welches man auf einem Mordant von essigsaurem Eisen oder Eisenvitriol mit Galläpfeln und Blauholz ausfärbt; Gelb aus Wau, Kreuzbeeren, Gelbholz und Quercitronrinde ꝛc. Die Farbe des echten Nankins oder der Nanking-Baumwolle hat man lange Zeit vergeblich nachzuahmen gesucht; erst kürzlich ist es einem inländischen Färber und der Strehleschen Fabrik zu Imst in Tyrol gelungen, eine Nankinfarbe hervorzubringen, welche der Lauge, der Bleiche und selbst schwachen Säuren widerstand. Gewöhnlich befassen sich die Schön- und Schwarzfärber mit dem Färben der Baumwollstoffe. Zu den vorzüglichsten Baumwollfärbern um Wien gehöret Gerst in Sechshaus, der auch Garne färbt. Mit dem Färben hat das Drucken der Baumwollstoffe zu viel Gemeinschaftliches, als daß man die Druckerey nicht unmittelbar an die Färberey anschließen sollte, um so mehr, da beyde gewöhnlich mit einander in Verbindung stehen.

Man wendet die Druckerey am allerhäufigsten auf Kattun, Kammertuch, Calico und Percal, auf Rips, Piqué und Manchester an, und hat hierin, sowohl was die Vorbereitung der Zeuge, als die Werkzeuge und Methoden anbelangt, verschiedene Gattungen des Drucks. Alle zum Druck bestimmten Stoffe müssen, wenn die Beitzen oder Vorbereitungsmittel aufgedruckt und hernach durch einen Pigmentauszug gefärbt werden sollen, eine reine Bleiche haben, und je vollkommener diese ist, um so weniger setzt sich das Pigment in die weiß bleibenden Stellen ab, und die Farben werden desto lebhafter, je kürzere Zeit die gefärbten Stoffe der sogenannten Buntbleiche unterworfen bleiben. Die reinste und absolute Bleiche wird zu weißbödigen, zu krapprothen, blauen, gelben und zu den sogenannten Lapis-Artikeln erfordert; bey solchen Geweben, die bloß mit Tafeldruck-Farben ausgearbeitet werden, und bey braun oder schwarz gefärbten ist schon die äußerliche Weiße hinreichend.

In Betreff der Werkzeuge, womit der Druck geschieht, unterscheidet man 1) den Hand- oder Tafeldruck, 2) den Walzendruck, 3) den Steindruck, 4) den Plattendruck. Beym Tafeldrucke hat man Formen, die erhoben in Birnbaumholz nach bestimmten Desseins geschnitten oder aus Messingdraht und Blech (auch aus Kupferdraht, und seit kurzem, aber sehr selten, aus Platinadraht) verfertigt sind. Diese Formen sind vierfacher Art: a) die Vorform, womit man die Umrisse des Musters oder die Beitzen auf die Zeuge abdruckt; b) die Passer (Paßformen), womit die verschiedenen Farben sammt den Schattirungen eingedruckt werden, daher man eben so vieler Passer benöthiget, als man Farben und Schattirungen auf dem Zeuge hervorbringen will; c) die Grundformen (Klatschformen), welche zur Darstellung des einfarbigen oder streifigen Grundes (zum Klatschen) oder auch zum Aufdrucken der Beitzen dienen; d) die Stippelformen, die aus Messingdraht verfertigt werden und zur Bildung einzelner aus kleinen Puncten bestehender Muster dienen. Jede Form hat an den Enden hervorragende Metallstiften (Rapporteurs), damit beym Abdrucken die Stelle bemerklich gemacht werden könne, wo die Form zum zweyten Mahl angesetzt werden muß. Die Tafeldruckerey ist unter allen Druckmethoden die älteste und wurde in Österreich noch bis 1806 fast ausschließlich auf Katun angewendet. Ein fleißiger Geselle kann des Tags von ordinärem Katun 7 bis 8 Stück (zu 16 Ellen) drucken. — Der Walzendruck ist eine 1770 in England gemachte Erfindung, wo man anfänglich die Muster in hölzerne Walzen einschnitt. In der Folge wurde diese Druckerey, die viel schneller und genauer von Statten geht, sehr verbessert, und gegenwärtig gebraucht man hierzu gegossene metallene Walzen, worein Zeichnungen gravirt oder auf andere Art eingeschnitten, oder auch mittels eigener Punzen eingeschlagen werden. Auch hat man besondere Vorrichtungen, um die Walzen vollkommen gleich zu drehen. Der großen Auslagen wegen, welche die Aufstellung der Walzendruckerey verursacht, blieb dieselbe im Inlande bis 1806 ganz unnachgeahmt, bis im oben genannten Jahre die k. k. priv. Kettenhofer Zitz- und Katunfabrik zuerst mit einem Aufwande von 80 bis 100,000 fl. den Walzendruck einführte, worauf im J. 1808 auch die Ebreichsdorfer Fabrik und später mehrere andere nachfolgten. — Der Steindruck, eine Erfindung der neuesten Zeit, wurde erst vor wenigen Jahren auf Baumwollstoffe angewendet, und auch hierin war 1814 die Kettenhofer Fabrik die Erste, welche den Steindruck durch Philipp v. Phillisdorf im Großen in Ausübung zu bringen versuchte. Im J. 1818 ließ auch Jos. Winter in Wien mit echten Farben auf Katun und Piqué drucken, und ein Paar Jahre früher hatte Vincenz Strnadt schon den Steindruck auf Katun festfärbig zu machen gesucht, der sich aber nach den bisherigen Proben noch nicht haltbar genug bewiesen hat. — Der Plattendruck, d. i. der Druck mit gravirten kupfernen Platten, wurde vor langerer Zeit in mehreren inländischen Druckereyen mit gewöhnlichen

Kupferdrucker-Pressen ausgeführt, aber nach der Hand wieder aufgegeben. Im J. 1818 (23. Aug.) erhielten Ignaz Leitenberger und Sohn zu Reichstadt in Böhmen für die von ihnen erfundene Platten-Druckmaschine auf Seiden-, Baumwoll- und Leinwandwaaren wieder ein ausschließendes 10jähriges Privilegium für die ganze Monarchie. Gleichzeitig mit Hrn. Leitenberger haben die Herren Gebrüder Stolle und Söhne zu Warnsdorf den Kupferplattendruck, wahrscheinlich nach einer verschiedenen Methode, eingeführt.

Der Druck selbst läßt sich unterscheiden: 1) in den Druck mit Reservage und Mordant, wozu der Blaudruck, der Krapp- und Violetdruck, und der Lapisdruck gehört; 2) in den Druck mit Enlevage, wohin vorzüglich das sogenannte Rouge oriental oder rothe Merinos zu rechnen ist; 3) in den Öhldruck; 4) in den falschen Druck.

Bey dem Drucke mit Reservage ist eine genaue Kenntniß der nöthigen Beitzen (Mordants), und der Farben eine für jeden Drucker unerläßliche Bedingung. Die Beitzen (Basen) sind chemische Zusammensetzungen, womit die baumwollenen Stoffe geklatscht oder vorgedruckt werden, damit beym Ausfärben die Farben sich dauerhaft mit den vorgedruckten Stellen verbinden, während der übrige nicht vorgedruckte Theil des Stoffes bloß schwach oder unecht gefärbt ist. Die wichtigsten Materialien hierzu sind Alaun, Bleyzucker, essigsaures Eisen, Grünspan, essigsaure Thonerde, weißer und gelber Arsenik, salzsaures Zinn, Kupfervitriol u. dgl., dann Gummi zur Verdickung; nebstdem pflegt man der Beitze oft etwas Pigment zuzusetzen (sie zu blenden), gewöhnlich von der Art, womit das Ausfärben geschieht. Die Farben unterscheiden sich zum Theil wenig von denjenigen, welche in der Färberey angewendet werden, zum Theil weichen sie aber davon ab, wie sich aus dem unten folgenden noch deutlicher ergeben wird. Sobald der Stoff mit dem Mordant vorgedruckt ist, wird er durch ein Kuhmistbad passirt, oder in Wasser gehängt und dann in die Farbe gebracht, wornach die vorgedruckten Stellen sich viel stärker mit Farbe gesättigt haben, als die weiß gebliebenen. Je mehr der Stoff echte Farben erhalten soll, desto mehrere Mordants (für jede Farbe

N 2

nähmlich das ihr entsprechende Mordant) müssen angewendet werden, wie dieß z. B. bey dem Artikel Lapis der Fall ist. Einzelne Abänderungen der Farben verlangen auch besondere Zusammensetzungen der Mordants. So hat man z. B. Mordants zu Erstroth, zum zweyten oder Mittelroth, zu Dreyroth, eine generalrothe Masse, Mordants zu violetten, zu Puce- und Mordoré-Farben, zu schwarz- und kaffehbraunen Böden rc. Nach dem Ausfärben muß sowohl die überflüssige Beitze, als die Farbe von denjenigen Stellen weggeschafft werden, welche weiß bleiben sollen. Zu dem Ende reinigt man die ausgefärbten Zeuge in einem Kessel mit Wasser und Weitzenkleyen, und bringt sie dann zum Bleichen auf den Bleichplan, indem man sie mit der rechten Seite nach unten legt. Diese Bleiche, welche Buntbleiche genannt wird, vollendet den Druck, und gibt der Waare das schöne Ansehen. Außer dem Kleyenbade empfiehlt man hierzu auch den Lerchenschwamm, das oxydirt-salzsaure Kalibad; und zur Belebung der krapprothen Farbe noch insbesondere das Seifenbad. Den heftigen Sonnenstrahlen soll aber die Waare niemahls ausgesetzt werden, damit die Farben nicht an Lebhaftigkeit verlieren. Die Weitzenkleyen sind auch zum Reinigen gedruckter Stoffe immer das beste Mittel.

Eine besondere Art des Drucks mit Reservage ist der sogenannte Blaudruck. Der Drucker benöthigt hierzu eines dickflüssigen Pappes (der eigentlichen Reservage oder Thon-Reservage), welcher wie bey der Leinwanddruckerey aus 2 Th. Terpentin, 2 Th. Alaun, 2 Th. Kupfervitriol, 1 Th. Hausenblase, 24 Th. Gummi, 24 Th. Bergkreide, 8 Th. Stärke, 2 Th. Talg, in anderen Druckereyen auch aus anderen Materialien, z. B. Pfeifenthon, Grünspan rc. zusammengesetzt wird. Mit diesem Papp werden nun mittels der Formen alle Stellen vorgedruckt, welche auf dem blauen Grunde weiß erscheinen sollen, und wenn der Papp getrocknet ist, wird der Stoff in der kalten Küpe mehrmahls eingetaucht, und endlich der Papp wieder mit Wasser gut ausgewaschen. Will man nebst dem weißen Dessein auch hellblaue Figuren auf dem dunklen Grunde erzeugen, so wird der Zeug nach dem ersten Pappdruck (dem Weißdruck) lichtblau ausgefärbt, dann abermahls der lichtblaue Dessein mit Papp vorgedruckt, und der Zeug endlich dunkelblau gefärbt. Der Gang dieser Operation ist auf Taf. V. Nr. 49 bis 51 dargestellt. In früheren Zeiten hatte man hierzu statt der jetzigen Thon-Reservage, die aus Indien abstammende Wachs-Reservage, die aus weißem oder gelbem Wachse bereitet wird; noch weniger taugt die Gyps Reservage. — Ganz verschieden davon ist der englische Blaudruck (Fayanceblau), wobey man die Stoffe mit blausaurem Kali vordruckt, nach dem Trocknen in ein Bad von Eisenvitriol bringt, und wechselsweise damit so lang fortfährt, bis das Blau die verlangte Stärke erreicht hat. Nach dem Drucke werden die Stoffe in ein schwefelsäuerliches Bad gebracht, dann gespült und appretirt. Auf andere Art wird das Englischblau dargestellt durch Aufdruck einer aus Indigo, Eisenvitriol, Wasser, Stärke und Gummi bereiteten Druckfarbe, und durch Behandlung des Stoffes in viererley Küpen, nähmlich in der Kalkküpe, der Vitriolküpe, der alkalischen Küpe und der Sauerwasserküpe. In anderen Druckereyen befolgt man zur Erreichung desselben Zwecks noch andere verschiedene Methoden.

Zum krapprothen Drucke geschieht der Vordruck mit essigsaurer Thonerde (Rothbeitze), welche durch Zersetzung des Alauns mittels Bleyzucker in Wasser hervorgebracht wird; nach dem Trocknen werden die Zeuge in dem Kuhmistbade gereinigt, hierauf im Krappbade ausgefärbt, mit Kleyen gekocht, ausgespült, und auf dem Rasen vollends gebleicht. Der Gang dieser Arbeit zeigt sich auf Taf. V. Nr. 52 bis 54. Es lassen sich zahlreiche Nuancen von Roth hervorbringen, je nachdem man entweder zum Mordant, oder zur Krappbrühe Substanzen beysetzt, welche eine Nuancirung der Farbe bewirken können. Auf solche Art ist das Krappviolet entstanden, welches auf Taf. V. Nr. 55 und 56 dargestellt ist, indem der Beitze eine verdunkelnde Substanz beygesetzt wurde; je mehr man essigsaures Eisen beym Vordrucke zugibt, desto dunkler und brauner wird das Krapproth. Wenn man Weitzenkleyen unter die Krappbrühe gibt, so erhält man eine Rosen- oder Nelkenfarbe; durch zusammengesetzte Krappbrühen aber, d. h. durch Zusätze von Gelbholz, Knoppern, Schmack, Quercitronrinde, Blauholz, Galläpfeln u. dgl. erzeugt man eine Reihe der verschiedensten und angenehmsten Farbenabstufungen, besonders wenn man auch die Beitze im gehörigen Verhältnisse stärker oder schwächer anwendet. Eine andere Art Türkischroth durch Aufdruck, welches man Merinos im Weißboden nennen könnte, und welches sich mit gutem Erfolge zum bunten Colorit benutzen läßt, besteht darin, daß man die Zeuge in einer aus Öhl (huile tournante), Kühkoth und Aschenlauge bereiteten Öhlbeitze tränket, nach dem Trocknen in ein zweytes Öhlbad bringt, wieder trocknet, mehrmahls durch Pottaschenlauge zieht, nach dem letzten Trocknen cylindert oder rollt, mit einer Beitze aus röm. Alaun, Bleyzucker, Wasser und Gummi oder Stärke bedruckt, nach vollkommenem Trocknen im Mistbade reiniget, in fließendem Wasser spült, in der Färbebrühe aus Krapp, Blut und weißen Galläpfeln ausfärbt, und während der Buntbleiche zweymahl in einem Bade von Öhlseife auswäscht.

Zum gelben Drucke wird ebenfalls, wie zum rothen, mit essigsaurer Thonerde (Gelbbeitze) vorgedruckt, und mit Kreuzbeeren, Quercitronrinde, seltener mit Gelbholz ausgefärbt. Ein Zusatz von essigsaurem Eisen unter die Beitze zieht das Gelbe ins Grünliche; Zusätze unter die Färbebrühe können auch das Gelb mannigfaltig abändern. — Zu Grün wird eben so vorgedruckt, wie zum englischen Blau; dann werden die blauen Muster mit essigsaurer Thonerde gedeckt und das Ausfärben in der gelben Brühe veranstaltet. — Zu Schwarz wird mit essigsaurem Eisen (der sogenannten Eisenbeitze) vorgedruckt und der Stoff dann in einer Brühe von Schmack oder Galläpfeln ausgefärbt. Alle bey der Druckerey gebräuchlichen Farben aufzuführen, liegt nicht in der Absicht dieses Werkes; es genügt schon an den angegebenen, einen Begriff von dem beym Drucke nöthigen Verfahren zu erhalten.

Die mit Gold und Silber gedruckten superfeinen Zize oder Perse, die in den 70ger Jahren aufkamen, sind schon längst aus der Mode. Das dazu angewendete Gold war bloß fein abgeriebenes Metall, das Silber echtes gemahlnes Silber, das Bindungsmittel Gummiwasser. Vor dem Auftragen der Metalle wurde der Stoff etwas geglänzt, und wenn die mit Gummiwasser aufgedruckten Metalle getrocknet waren, vollkommen ausgeglättet. Die Einfassungen und Schattirungen wurden meist bloß aus freyer Hand eingemahlt.

Complicirter ist der seit 1811 bekannte Lapisdruck, da sich bey diesem mehrere Farben zugleich vereinigt darstellen, und daher für jede die angemessene Beitze und die erforderliche Färbebrühe auf einen und denselben Stoff in Anwendung gesetzt werden muß. Blau und Roth sind immer die Hauptfarben des Lapis. Das Rothe wird mittels des rothen Reserve-Papps vorgedruckt, welchem der weiße Reserve-Papp nachgedruckt wird, der dann in den blauen Stellen, die der Stoff bey dem Eintauchen in der Indigoküpe erhält, die gehörige Zeichnung darstellt; hierauf wird der Stoff noch schwarz eingepaßt, im Krapp ausgefärbt, gereinigt und endlich diejenigen Stellen, welche grün erscheinen sollen, mit der gelben Eindruckfarbe gedeckt. Der Gang dieser Arbeit ist auf Taf. V. Nr. 57 bis 60 ersichtlich.

Der Druck mit Enlevage ist dem Drucke mit Mordant und Reservage gerade entgegengesetzt, indem er theils in dem stellenweisen gänzlichen Entfernen, theils im Umändern der Grundfarbe in andere Farben besteht. Er soll, wie behauptet wird, im Größeren zuerst im J. 1811 in der Fabrik des Hrn. Köchlin in Mühlhausen, und in der Fabrik des Hrn. Merian und Köchlin in Lörrach ausgeführt worden seyn; gewiß ist es aber, daß die Fabrication der türkischrothen Merinos in der Kettenhofer Fabrik in vollem Gange war, bevor Carl Köchlin nach Österreich kam. Diese Druckmethode wird vorzüglich auf diese sogenannten Merinos-Artikel, welche auch Rouge oriental oder Adrianopelroth genannt werden, angewendet, wiewohl man mit einigen Abänderungen auch schwarze, violette, ponceaurothe und pucefarbige Zeuge u. a. stellenweise entfärbt darstellt. (Ein schwarzes Muster vgl. man auf Taf. VIII. Nr. 91.) Das Wesentlichste bey der Enlevage ist die Entfärbungsküpe, welche aus neutralem oxydirt-salzsauren Kalk mit Wasser gebildet wird. Außer dieser Küpe hat man noch zweyerley Pappe, nähmlich den weißen Ätzpapp, womit von dem rothen Grunde bloß weiße Desseins ausgebeitzt werden und die gefärbte Reservage, d. i. eine Ätz- und Freßfarbe, welche den früher colorirten Grund zerstört und den damit gedruckten Stellen zugleich ihre eigene Farbe ertheilt. Der weiße Ätzpapp besteht aus Sauerkleesäure (Zuckersäure), Weinsteinsäure, Citronensäure, übersaurem schwefelsauren Kali, arseniger Säure, weißem Arsenik, Phosphorsäure rc., welche mit Tragant, Pfeifenerde u. s. w. und mit Wasser in verschiedenen Verhältnissen, welche durch die Farbe des Bodens bestimmt werden, zu einer Druckmasse gemacht werden. Sobald der gefärbte Stoff mit dieser Reservage bedruckt ist, wird er auf einen Haspel gespannt und in die Küpe gelassen, und sobald die Stellen entfärbt sind, in Wasser ausgespült. Zur gefärbten Reservage kommt vornehmlich salzsaures Zinn, mit gewissen Pigmenten versetzt. Diese Gattung Reservage unterscheidet sich 1) in die gelbe Reservage aus einem concentrirten Decoct eines adjectiven gelben Pigments mit flüssigem salzsauren Zinn oder krystallinischem Zinnsalze, auf graue, olive und braune Böden; 2) die orange Reservage aus einem concentrirten Decoct eines gelbfärbenden Pigments mit Fernambuk-Decoct und flüssigem salzsauren Zinn oder krystallinischem Zinnsalz, auf dieselben Böden; 3) die rothe Reservage aus starker Fernambuk-Infusion mit salzsaurer Zinnauflösung oder krystallinischem Zinnsalz oder salpetersalzsaurem Zinn auf dieselben Böden; 4) die violette Reservage aus starkem Blauholz-Decoct mit salzsaurer Zinnauflösung oder krystallinischem Zinnsalz auf olive, braune und nankinfarbige Gründe; 5) die blaue Reservage aus blausaurem Eisen mit Schwefelsäure auf orange, braune, olive, nankinfarbige und schwarze Böden; 6) die grüne Reservage aus einer Mischung von gelber und blauer Reservage auf dieselben Böden. Bey den Merinos-Artikeln ist Blau eine Hauptfarbe, wozu man sich des mit Salzsäure aufgelösten blausauren Eisens in Verbindung mit Kleister bedient. Die damit gedruckten Stellen kommen schon blau aus der Entfärbungs-Küpe. Um nun die Muster noch mit Gelb und Grün zu versehen, wird das erstere auf die weißen, das letztere mit Gelb auf die blauen Stellen mittels des Tafeldrucks eingedruckt. Die dadurch hervorgebrachten Stoffe sind sehr schön, und machen in der Geschichte der Katundruckerey Epoche. Die Merinos werden, ungeachtet ihr Verbrauch einiger Maßen sich vermindert zu haben scheint, doch noch in mehreren inländischen Manufacturen verfertiget; ja die berühmte Katunfabrik des Hrn. Franz Leitenberger zu Cosmanoß im Bunzlauer Kreise Böhmens hat diesen wichtigen Industriezweig nicht nur zu einem hohen Grade von Vollkommenheit gebracht, sondern auch durch eine neue Erfindung, nähmlich durch das Doppelroth, bereichert, wobey der Grund aus einem lichten Rosa und dem reichen Adrianopelroth in regelmäßiger Zeichnung besteht, und die farblosen, so wie die gefärbten Objecte sich erst auf dem zweyfarbigen Grunde erheben.

Der Öhldruck ist der älteste Druck, der nur schlechte und einfache Muster geliefert hat, und da er überdieß gegen den gewöhnlichen Druck nicht wohlfeil genug zu stehen kam, so ist er bis 1820 so sehr herabgekommen, daß er nun gar nicht mehr ausgeübt wird. Man druckte die Öhlfarben bloß mit den gewöhnlichen Formen auf. Eine neuere Art des Öhldrucks ist der Steindruck.

Der falsche Druck hat mit dem Öhldrucke in so fern Ähnlichkeit, daß ebenfalls schon fertige Farben, die vorher gehörig verdickt worden, ohne Mordants mit Modeln aufgedruckt werden, unterscheidet sich aber von den früher erwähnten Arten des Drucks durch die Unechtheit oder eigentlich geringere Haltbarkeit der Farben, die oft schon durch reines Wasser, um so mehr durch Lauge, Sonne und Seife vertilgt werden. Jedoch sind nicht alle Farben, welche durch den Tafeldruck auf den Stoff gebracht werden, unecht; es gibt darunter auch mehrere schöne und dauerhafte Farben, welche den mit Mordant vorgedruckten wenig oder nicht nachstehen. So wird ein ziemlich haltbares Blau mit einer in der Wärme gemachten Auflösung von gebranntem Kalk, gereinigter Pottasche, rothem Arsenik, und fein gepulvertem Indigo, ein unechtes Blau mit Blauholz und Kupfervitriol; Roth mit einer Abkochung von Fernambuk, worein essigsaure Thonerde und Gummi gegeben worden; Gelb mit einer Abkochung von Quercitronrinde in Versetzung mit essigsaurer Thonerde, salzsaurem Zinn und Gummi, oder auch mit einer concentrirten Abkochung von Kreuzbeeren, wozu etwas Essig und Alaun, und zur Verdickung Tragant oder ein Gummi-Surrogat gesetzt worden; ein schönes festes Rostgelb mit der Eisenbrühe (essigsaurem Eisen); Schwarz mit einer Abkochung von Galläpfeln und Campecheholz in Versetzung mit schwefelsaurem Eisen, schwefelsaurem Kupfer, und salpetersaurem Eisen gedruckt. Auch wird das Rostgelb schwarz, wenn man den Zeug in eine Brühe von Schmack und Eisenvitriol bringt. Es sind hier die vorgenannten Tafeldruckfarben angeführt worden, weil es oft die Umstände und die Desseins erfordern, auf die mit Mordants vorgerichteten Stoffe mit Tafelfarben zu drucken. Alle diese Druckfarben werden mit Stärke, oder noch besser mit Tragant angemacht. Andere empfehlen als Verdickungsmittel statt des Tragants gelinde geröstetes Weitzenmehl oder auch eine aus thierischen Abfällen bereitete leimartige Substanz (sogenannte Gummi-Surrogate). Der ganz unechte Druck ist in den österr. Staaten durch die Druckordnung vom 1. Sept. 1796 und durch eine neuerliche Bestätigung dieser Ordnung vom 5. Aug. 1817 als Betrug verbothen, und nur kleine Verzierungen und Blätter oder schmale Streifen, die als sogenannte Schilderfarben eingemahlt oder eingedruckt werden, können noch mit unechten Farben gedruckt werden, wenn sie das Durchziehen durch kaltes Wasser aushalten.

Bey manchen Stoffen pflegt man einzelne Farben noch mit Pinseln aufzutragen oder zu mahlen, welche dann Schilderfarben genannt werden. Die Farben sind eben dieselben, welche zum Tafeldruck dienen. Auch der baumwollene Sammt wird bloß mit Pinseln gemahlt, nicht gedruckt; der Manchester dagegen wird sowohl wie der Katun, Percal ꝛc. gedruckt, als auch gemahlt. Die Farben, die aus Decocten von Fernambuk, Blauholz, Gelbholz, aus Indigoauflösung in Schwefelsäure bestehen, werden mit salzsaurem Zinn oder essigsaurer Thonerde als Beitzen versetzt, und mit Tragantschleim verdickt.

Die Katundruckerey wird sowohl von einzelnen Druckern, welche statt der Gesellen auch Weibspersonen verwenden dürfen, als von sogenannten Ziz- und Katunfabriken ausgeübt, bey welchen die Lehrzeit nicht auf bestimmte Jahre beschränkt ist, sondern so lange zu dauern hat, bis die Jungen in ihrer Kunst vollkommen ausgebildet sind. Nach einer neuen Verordnung vom J. 1818 dürfen die Weber ihre eigenen Waaren nicht mehr selbst drucken, nicht einmahl für eigene Rechnung drucken lassen, wozu sie vorher berechtiget waren.

Die ältesten und bedeutendsten Katunfabriken im österr. Kaiserstaate sind die 6 alten in Österreich unter der Ens bestehenden, welche zusammen unter dem Nahmen der sechs k. k. priv. Zitz- und Katunfabriken begriffen wurden. Es sind dieß die Fabriken (eigentlich großen Druckereyen) zu Schwechat, Ebreichsdorf, Kettenhof, Friedau, St. Pölten und Himberg. Nebst diesen hatte das Land unter der Ens im J. 1815 noch 13 meist kleinere Druckfabriken außer den Linien Wiens, welche mit jenen zusammen 659 Drucktische und 7 Druckmaschinen beschäftigten, die kleineren Druckereyen in und um Wien ungerechnet. Dieses und einige unmittelbar vorausgegangene Jahre scheinen die blühendste Periode der österr. Katunfabriken gewesen zu seyn; denn von diesem Jahre fingen sie an, sehr in Verfall zu gerathen. Durch die Aufhebung des Continentalsystems war es den Engländern gelungen, ihre seit mehreren Jahren aufgehäuften, und vom Continente zurückgehaltenen Massen von Baumwollwaaren auf das feste Land zu schleudern, und damit auch einen großen Theil der österr. Staaten, ungeachtet des bestehenden Prohibitiv-Systems, zu überschwemmen. Wie sehr dadurch die inländischen Fabriken und Drucker gelitten haben, zeigt sich allenthalben aus der Vergleichung ihres dermahligen Zustandes mit dem von früheren Jahren, und einige scheinen ihre Arbeit gänzlich einstellen zu müssen, wenn nicht strengere Maßregeln zur Aufrechthaltung der Einfuhrsverbothe sie in den Stand setzen, ihre Geschäfte wieder ins Größere auszudehnen.

Die größte Katunfabrik in Österreich unter der Ens, und im ganzen österr. Kaiserstaate war bisher die k. k. priv. Zitz- und Katunfabrik zu Kettenhof, welche im J. 1770 durch den Grafen Cajetan von Blümegen, k. böhm. obersten, und erzh. österr. ersten Kanzler, errichtet wurde. Im J. 1782 associirte sich mit demselben Hr. Joh. Graf v. Fries, dabey übernahm zugleich die Fabrik Hr. Philipp Jacob Edler v. Fries als Mitinteressent, welcher sich 1786 Hr. Joh. Ziegler beyfügte, der dann auch an die Spitze der Direction gestellt wurde. Es waren bey der Übernahme im J. 1782 30 Drucktische in Bewegung, die Industrie und der Verkauf noch unbedeutend. Erst von da an hob sich das Geschäft, dergestalt, daß im J. 1788 schon 33,000 Stück Katun verfertiget wurden, und nun nahm die Fabrik stets an Ausdehnung und Vergrößerung zu. Im J. 1802 war sie bereits zu einer Erzeugung von 65,000 Stück gelangt, womit 36,000 Handspinner, 2603 Spulerinnen und Schweiferinnen, 1157 Weber, 117 Tagwerker, 500 Mahlerinnen, 128 Drucker, 128 Streichkinder, 21 Modelstecher, und ein bedeutendes Personale von Beamten beschäftiget waren. Die folgenden Thatsachen werden zeigen, wie sehr diese Fabrik stets bemüht war, die Katundruckerey in Aufnahme zu bringen und zu vervollkommnen. Im J. 1800 hatte sie schon 2 Dampfkessel bey ihrer Weißbleiche in Bewegung; im J. 1802 führte sie zuerst die Einrichtung ein, Mädchen zum Drucken abzurichten; auch war sie in demselben Jahre unter den ersten Unternehmern der Gespinnst-Fabriken, und hatte den größten Antheil an der Gründung der bedeutenden k. k. priv. Schwadorfer Gespinnst-Fabrik, wovon sie noch Miteigenthümerinn ist; im J. 1803 beschäftigte sie sich mit der Errichtung einer Thermolampe, welche 1804 bereits ausgeführt und die größte war, welche damahls in der österr. Monarchie existirte; im J. 1806 etablirte sie die erste Walzendruckmaschine im Inlande; im J. 1?18 führte sie die chemische Weißbleiche mit oxygenirter Salzsäure ein, welche sie noch gegenwärtig anwendet; im J. 1810 errichtete sie eine große noch jetzt bestehende chemische Producten-Fabrik, in welcher unter andern auch jährlich 500 Ctr. Schwefelsäure erzeugt werden, und wobey sich auch ein Knochen-Verkohlungsofen befand, welcher 300 Ctr. Knochen faßte; sie wendete zuerst die neu entdeckte Fabrication des Lapis im Großen an; sie war die Erste, welche mit großem Kostenaufwande die türkischroth gedruckten und mit Farben geschilderten Baumwollstoffe unter dem Nahmen Baumwoll-Merinos, höchst vollendet ins hiesige Publicum einführte; im J. 1814 war auch sie die Erste, welche die Idee realisirte, den Steindruck auf Baumwolle in Ausübung zu bringen; seit 1816 hat sie die ganz neuen Entdeckungen, die Schafwoll- und Seidenstoffe mit festen Farben zu bedrucken, und diese vaterländischen Stoffe dadurch zu einer vermehrten Veredlung zu erheben, aufs vollkommenste und im Großen ausgeführt, dergestalt, daß nach dem Zeugnisse des k. k. General-Consuls Adam v. Müller in Leipzig, diese gedruckten Schafwollwaaren jede fremde Fabrication übertrafen; nur kamen sie aus unvermeidlichen Ursachen bis Leipzig theurer als die fremden zu stehen. Es ist von dieser Fabrik hier umständlicher gehandelt worden, um ihre wesentlichen Verdienste um die vaterländische Industrie, die sie bey vielen anderen Veranlassungen noch sehr vermehrt hat, öffentlich anzuerkennen. Es kann nicht ihr selbst beygemessen werden, daß sie seit dem J. 1815, wo sie noch 135 Tische und die Walzendruckmaschine beschäftigte, bis 1820 auf 35 Drucktische und eine Walzendruckmaschine zurückgedrängt wurde, und jährlich nur für 20,000 Stück Absatz finden kann.

Die Katunfabrik zu Schwechat wurde im J. 1726 von der orientalischen Compagnie gegründet, ging 1740 an eine andere Gesellschaft über, im J. 1747 ward ihr ursprüngliches Privilegium der neuen Katunfabriks-Compagnie auf 8 Jahre, im J. 1753 neuerdings auf 10 Jahre ausgedehnt, und die Fabrik im J. 1754 vom Freyherrn v. Badenthal übernommen. Die ursprünglichen, ihr gesetzten Bedingungen waren: Aufmunterung der Weberey und Spinnerey durch Factoren, Erzeugung von Katun, Barchet 2c. Sie ist daher die älteste Katunfabrik in Österreich, und die Mutter aller übrigen, welche schon im J. 1785 1056 Weber, 22,499 Spinner und Spinnerinnen 2c. beschäftigte. In der neueren Zeit bis 1815 war sie auf 100 Drucktische gekommen, litt aber auch durch die Verhältnisse der Zeit so sehr, daß sie sich im J. 1818 auf 9 Tische beschränken mußte. — Die Fabrik zu Ebreichsdorf wurde in den 70ger Jahren, Anfangs in Gesellschaft vom Freyhrn. von Lang errichtet und betrieb im J. 1815 noch 90 Tische nebst einer Walzendruckmaschine. Die Friedauer Fabrik ward in den 70ger Jahren von Renke und Fries errichtet und wurde 1815 mit 25 Tischen und einer Walzendruckmaschine betrieben. Nach dem Tode der letzten Besitzerinn, Fürstinn Corsini, wurde sie vorzüglich durch die

Bemühungen des Großhändlers Joh. Konr. Hippenmeyer im Gange erhalten. Die Fabrik in St. Pölten entstand durch Renke im J. 1787, brachte es bis 1815 auf 40 Tische und eine Druckmaschine und gehörte in der letzteren Zeit den H. H. Großhändlern Gebrüdern Anton und Franz Faber. Noch jünger war die Fabrik zu Himberg, welche zuerst von dem Großhändler Joh. Bouvard zu Ens errichtet, sodann nach Himberg übersetzt und hier bis zu ihrer Auflösung im J. 1818 von den H. H. Fries und Comp., Arnstein und Eskeles und J. Jac. Schwarz betrieben wurde. Ihr höchster Stand war 1815 30 Tische und eine Druckmaschine. Aus den im Lande unter der Ens bestehenden kleineren Druckereyen sind auf dem Lande die zu Steinabrückel, zu Erla, Neunkirchen, Berchtoldsdorf, Atzgersdorf und die nächst diesem Orte befindliche u. a. m. die vorzüglichsten. Die Katunfabrik zu Neunkirchen wurde neuerlich von den H. H. Boucher und Comp. an sich gebracht, welche sie zu einer der bedeutendsten Fabriken des Inlandes erheben wollen.

Von den übrigen im österr. Staate bestehenden Zitz- und Katunfabriken verdienen als die ausgezeichnetsten folgende noch einer rühmlichen Erwähnung: Die Franz Leitenberger'sche zu Cosmanoß, die Ignaz Leitenberger'sche zu Reichstadt in Böhmen, nebst welchen noch kürzlich eine große Druckerey von Carl Köchlin und Jeremias Singer zu Jung-Bunzlau errichtet wurde; die von Kramer und Comp. in Mailand, die Katunfabriken zu Grätz in Steyermark, zu Althart und Jngrowitz in Mähren, und die freyh. v. Puthon'sche zu Sassin in Ungarn. Die Druckereyen zu Lettowitz und Pirnitz in Mähren haben aufgehört.

Eine Geschichte der Druckereyen im österr. Kaiserstaate würde bey der großen Ausdehnung der bestandenen Fabriken, und bey der Vollkommenheit der Waaren, womit das Inland sich kühn jedem fremden Lande gleichsetzen darf, von hohem Interesse seyn. Es würden darin die Hauptepochen, welche in derselben Statt gefunden, nahmentlich 1) die Einführung des Walzendruckes, der nun bereits in Kettenhof, Ebreichsdorf, Friedau, St. Pölten, Sassin, Cosmanoß und Reichstadt in Ausübung ist; 2) die Fortschritte, wozu die neueren Entdeckungen in der Chemie und die Anwendung der Säuren und Mittelsalze geführt haben; 3) der Lapisdruck; 4) der Merinosdruck und die Enlevage besonders auszuheben seyn, so wie nicht minder derjenigen verstorbenen oder noch lebenden Männer ehrenvoll gedacht werden müßte, welche durch großmüthige Aufopferungen und Unterstützung von Künstlern, durch Thätigkeit und Leitung der Geschäfte diesen Industriezweig so sehr gehoben haben. Unter diesen würden die H. H. Graf von Blümegen, Graf Moritz v. Fries, Freyh. Phil. Jacob v. Fries, und Joh. Ziegler wegen Kettenhof; die Freyhrn. Franz Xav. v. Lang und Sohn Ignaz wegen Ebreichsdorf; Hr. Joh. Konr. Hippenmeyer, Martin Leinwather und Renke wegen Friedau; Hr. J. Jac. Schwarz wegen Himberg; Freyhr. Joh. Nep. von Badenthal wegen Schwechat; die Gebrüder Faber wegen St. Pölten; Graf Eduard v. Collalto wegen Pirnitz, Frhr. Joh. Bapt. v. Puthon Vater und Söhne wegen Sassin, Franz Leitenberger wegen Cosmanoß, Kramer wegen Mailand, endlich auch Blumauer, Chassel u. a. im Lande unter der Ens vor anderen als Beförderer der vaterländischen Industrie mit um so mehr Recht genannt werden können, als die Zitz- und Katunfabriken gewöhnlich noch außer ihren Gebäuden vielen Tausenden arbeitsamer Menschen Nahrung und Verdienst gewähren.

Der Handel mit Baumwollwaaren beschränkt sich größten Theils auf das Inland; denn die Einfuhr dieser Stoffe aus dem Auslande ist nicht nur gänzlich verbothen, sondern auch der Absatz inländischer Fabricate erstreckt sich nicht, oder nur äußerst wenig über die Gränzen der Monarchie, und das, was von inländischen Baumwollwaaren ausgeführt wird, ist im Ganzen ohne Bedeutung. Denn die Angabe der Mauthtabellen vom J. 1807, wornach damahls die Einfuhr an Baumwollwaaren in die teutschen Provinzen 239,040 fl. 45 kr. (worunter 11,778 Pf. Ziz und weißer Katun im Werthe von 235,560 fl.), die Ausfuhr dagegen über 1,600,000 fl. (worunter 55,018 Pf. Barchet, 82 Pf. Batist, 19,111 Pf. glatter und 1830 Pf. geblümter Musselin, 42,341 Pf. Ziz und weißer Katun, 59,506 Pf. Nankin rc.) betragen hat, kann nicht als Maßstab angenommen werden, da sich seitdem nicht nur vieles in den Handelsverhältnissen geändert hat, sondern auch aus dem Grunde, weil hierunter dem Auslande auch die sämmtlichen ungrischen Länder mitbegriffen sind. Dagegen hat die Einfuhr ausländischer Baumwollwaaren auf Schleichwegen seit den letzten Jahren außerordentlich zugenommen, was auf den Zustand der inländischen Fabrication den nachtheiligsten Einfluß gehabt hat. Wie behauptet wird, machen der noch immer sehr hohe Zoll auf die engl. Baumwollgarne, auf Indigo, Krapp, Färbehölzer, Cochenille und auf die rohe Baumwolle, und die Erleichterungen, welche dem auswärtigen Fabrikanten vor dem inländischen zu Statten kommen, es diesem unmöglich, mit jenem zu concurriren, und befördern die Contrebande mit ausländischen Baumwollwaaren. Aber der inländische Handel mit diesen Fabricaten ist doch noch lebhaft und beträchtlich. Österreich, Böhmen und Mähren versehen mit ihren Baumwollstoffen den größten Theil Galiziens, Ungarns, Siebenbürgens, Illyriens, Innerösterreichs, und versenden nun sehr viel nach den lombardisch-venetianischen Provinzen und nach Tyrol. Die größeren Manufacturen und Druckereyen verschicken ihre Erzeugnisse theils selbst, theils durch größere Handelshäuser, zum Theil befassen sich auch die Leinwandhändler mit dem Absatze der Baumwollstoffe, wie z. B. in Warnsdorf, Rumburg, Reichstadt, Niedergrund, Schönlinde, Georgswalde, St. Georgenthal ꝛc. in Böhmen. In Wien machen die Großhandlungshäuser Reyer und Ullinger, dann Breuß die größten Geschäfte in Baumwollstoffen. Böhmische Händler besuchen in großer Anzahl die Jahrmärkte im Innern der Monarchie.

Die Staatsverwaltung hat, um den Handel mit Baumwollwaaren möglichst zu befördern, im J. 1817 alle Zölle auf diese Artikel im Innern der Monarchie, nähmlich zwischen den alten und neu erworbenen österr. Provinzen (mit Ausnahme von Ungarn, Siebenbürgen, Dalmatien, Istrien und den Freyhafen von Triest und Fiume, mit Inbegriff der dazu gehörigen, außer der Zolllinie gelegenen Districte) aufgehoben, die Einfuhr vom Auslande verbothen, und neue niedrige Zölle gegen das Ausland festgesetzt, die im Jahre 1819 noch tiefer herabgesetzt wurden. Nach diesem Tariffe beträgt der Zoll für das Wiener Pfund, von Baumwollstoffen ohne Beymischung eines fremden Stoffes, sie seyen gewebt, gewirkt oder gestrickt, bey der Ausfuhr überhaupt $\frac{1}{4}$ kr., bey der Einfuhr aus Ungarn 36 kr.; mit Beymischung von echtem Gold und Silber b. d. Ausf. überhaupt 3 kr., b. d. Einf. aus Ungarn 2 fl.; mit Beymischung von Leinen- und Schafwollgarn, unechtem Gold und Silber, wie Barchet, dann Nankin, Nankinet, Wallis ꝛc. b. d. Ausf. $\frac{1}{2}$ kr., b. d. Einf. aus Ungarn 54 kr. C. M.

Die Preise der Baumwollstoffe sind im Allgemeinen, wegen der großen Verschiedenheit der Waaren, sowohl in Ansehung der Feinheit, als der Länge, Breite, der Desseins, der Farben und des Druckes schwer anzugeben. Doch können folgende, die im Jänner 1820 in Wien erhoben wurden, und bloß in W. W. zu verstehen sind, wenigstens im Allgemeinen zu einiger Vergleichung dienen. Rohe ordinäre Katune kamen pr. Stück zu 16 Ellen auf 8 bis 9 fl.; Druckpercale im Durchschnitte auf 20 bis 24 fl. pr. Stück zu 24 Ellen; weißer Percal, $\frac{4}{4}$ breiter auf 17 bis 25 fl., $\frac{5}{4}$ breiter auf 18 bis 28 fl., $\frac{6}{4}$ breiter auf 23 bis 40 fl., $\frac{7}{4}$ breiter auf 28 bis 55 fl., $\frac{8}{4}$ breiter auf 34 bis 80 fl. pr. Stück zu 14 Ellen; Musselin und Vapeur, ordinärer auf 11 fl., der feinste auf 25 fl. pr. Stück zu 12 Ellen; Croisé auf 30 bis 40 fl. pr. Stück zu 24 Ellen; Köper-Nankins auf 57 kr., Harcords auf 1 fl. pr. Elle. Gedruckte Stoffe sind nach Verhältniß des Drucks um 30 kr. bis 2 fl. pr. Elle theurer, und es gibt bereits gedruckte festfarbige Katune bey den großen Druckfabriken, welche zu 50 kr. W. W. pr. Elle verkauft werden. Barchet kostete 20 bis 35 fl. pr. Stück zu 30 Ellen, $\frac{3}{4}$ breit; Molton 28 bis 35 fl. bey gleicher Größe; Wallis 20 bis 24 fl. pr. Stück zu 24 Ellen, $\frac{4}{4}$ breit; Piqué 1 fl. 30 kr. bis 6 fl. pr. Elle; Sommer-Manchester 1 fl. bis 1 fl. 15 kr., Winter-Manchester 1 fl. 15 kr. bis 3 fl. pr. Elle. Die gestickten ordinären Percale standen pr. Stück zu 12 Ellen, $\frac{6}{4}$ breit, zu 14 bis 18 fl. W. W. Zu Warnsdorf in Böhmen kosteten im März 1820 die dreyfädigen Nankinets in allen Farben 18 bis 20 kr., die croisirten oder Köper-Nankins 30 kr. C. M. pr. Elle.

Erklärung der Muster.

In der Anordnung der Baumwollstoffe ist die oben angenommene Abtheilung derselben in glatte, gefärbte und gedruckte, in dichtere, sammtartige, façonnirte, durchbrochene und broschirte beybehalten worden. Hierauf folgen mehrere Tafeln mit Nachträgen von den Jahren 1818 bis 1820, und auf der letzten Tafel ist die Appretur der glatten weißen Stoffe dargestellt.

A. Einfarbige glatte Stoffe, als Katun, Percal, Vapeur, Tull, Croisé.

Taf. I. Nr. 1 bis 6. Mittlere Gattungen roher ungebleichter Baumwollstoffe, als Katun, Musselin, Percal, wie sie vom Webestuhle kommen, daher schmutzig weiß.

Nr. 7 bis 9. Katun aus Handgespinnsten von den Feinheits-Nrn. 16 bis 18, meist $\frac{5}{4}$ breit und im ganzen Stück 66 Ellen lang. Kitay ist dieselbe Waare, aber nur $\frac{7}{8}$ breit. Ehemahls ist der Kitay noch schmäler, nähmlich $\frac{1}{2}$ Elle breit und darunter, gewebt worden. Seiner Wohlfeilheit wegen wird der ungedruckte Katun zuweilen statt grober Leinwand verwendet.

Nr. 10 bis 12. Weißgebleichte Kammertücher von ordinärer und mittlerer Sorte, aus inländischen Maschinengarnen von den Feinheits-Nrn. 30 bis 40 (vgl. Baumwollgespinnste Must. Nr. 59 bis 71). Das Kammertuch hat gewöhnlich 2080 Fäden in der Kette, wird $\frac{8}{8}$ breit und 24 Ellen lang gewebt und größten Theils zum Drucken und Färben verwendet. Ein fleißiger Geselle kann die Woche $1\frac{1}{2}$, höchstens 2 Stück machen.

Taf. II. Nr. 13 bis 15. Geringere und bessere Druckpercale, aus inländischen Maschinengarnen Nr. 40 bis 50 (vgl. Baumwollgespinnste Must. Nr. 69 bis 84), daher richtiger feine Kammertücher genannt. Meist $\frac{5}{4}$ breit und 24 Ellen lang. Feinere Kammertücher werden auch oft Calicos genannt: diese sind also eine Mittelwaare zwischen Kammertuch und Percal, werden aber nur $\frac{7}{8}$ breit gewebt.

Nr. 16 bis 18. Druckpercale feinerer Gattung, von gleicher Größe.

Nr. 19 bis 21. Feine weiße Percale, das erste Muster aus englischem Maschinengarne Nr. 80, das zweyte aus Nr. 100, das dritte aus Nr. 120 (vgl. Baumwollgespinnste Must. Nr. 92, 107, 115). Das letztere ist die feinste Gattung des Percals, aus der Winterschen Fabrik in Wien, und zeichnet sich durch das gleiche und dichte Gewebe aus. Ordinäre Gattungen werden aus Gespinnsten von den Feinheits-Nrn. 60 bis 70 (vgl. Baumwollgespinnste Must. Nr. 87 bis 90, 98 bis 101) gewebt. Man macht sie $\frac{4}{4}$ bis $\frac{7}{4}$, seltener $\frac{8}{4}$ breit und 14 Ellen lang. Der $\frac{4}{4}$ breite fordert 4200 Fäden in der Kette. Ein fleißiger Geselle macht von dem breiten höchstens $1\frac{1}{2}$ Stück in einer Woche, vom schmalen auch mehr. — Was man im Handel Cambriks zu nennen pflegt, sind eigentlich nur dichtere Percale, wozu Garne von den Feinheits-Nrn. 90 bis 100, und bey 6000 Fäden in der Kette genommen werden.

Nr. 22 bis 24. Feiner Musselin und Vapeurs, der erstere aus Garn von der Feinheits Nr. 70, der letzte aus Nr. 250 (vgl. Baumwollgespinnste Must. Nr. 131). Dieß ist die feinste Sorte von Vapeur (Zephyr genannt), welche bis jetzt aus englischem Garne im Inlande gemacht worden ist. Es ist von Joh. Larisch in Wien, und ein ganzes Damenkleid davon wog nicht ganz 4 Loth. Die Musseline und Vapeurs (d. i. feine Musseline) sind $\frac{4}{4}$ bis $\frac{6}{4}$, auch $\frac{7}{4}$ breit, und halten 12 (der Musselin 24) Ellen im Stück. Zum $\frac{7}{4}$ breiten hat die Kette nur 4800 Fäden. Der Gebrauch zu Kleidungsstücken, zu Vorhängen, Zimmer-Verzierungen 2c. ist bekannt genug. Vom gröberen kann ein fleißiger Geselle des Tags 5 bis 6, vom feinen 3 bis 4 Ellen weben.

Nr. 25 und 26. Glatter Tull, ein leichtes Gewebe mit gekreuzten Kettenfäden, aus engl. Garne von den Feinheits-Nrn. 110 bis 120, auf Kleidungen und Kopfputz für Damen, $\frac{6}{4}$ breit und 12 Ellen lang.

Nr. 27. Weißer Croisé, ein starker Stoff, wozu die Kette aus Garn Nr. 40, der Eintrag aus Nr. 60 genommen wird. Die gewöhnliche Breite ist $\frac{8}{4}$, auch $\frac{6}{4}$ und $\frac{5}{4}$, die Länge ist 24 Ellen. Weiß wird der Croisé selten verbraucht, sondern meist gedruckt, und zu Kleidungen und leichten Damen-Umhäng-

O 2

tüchern verwendet. — Eine Art Croisé ist der schon erwähnte Oriental, welcher von Einigen englisches Leder genannt wird. Auch die ganzbaumwollenen Gradel sind hierher zu rechnen.

B. Glatte Stoffe aus gefärbten Garnen.

Taf. III. Nr. 28 bis 30. Gestreifter Croisé, mit schmalen oder breiten Streifen in verschiedenen Farben, auf Kleidungen, Westen u. dgl. Dieser Zeug ist gewöhnlich ¾ breit und 28 Ellen lang.

Nr. 31 bis 33. Muster von quadrillirten Schnupftüchern, unrichtig zuweilen ostindische genannt. Sie haben verschiedenfarbige Kette und Einschuß, und werden sehr häufig in Böhmen verfertiget. Nr. 32 und 33 sind von Franz X. Felbermayer in Wien.

Supplement-Taf. III. a. Nr. 34 und 35. Ordinärer Bettzeug, roth quadrillirt und gestreift.

Nr. 36. Musterfleck für Halstücher, worauf sich verschiedene Arten von rothen und blauen Streifen befinden.

Nr. 37. Baumwollbast, ein quadrillirter Stoff aus weißem und gefärbtem Garne in verschiedenen Farben, zu Kleidern, Putzsachen rc.

C. Im Stück gefärbte glatte Baumwollstoffe.

Taf. IV. Nr. 38. Bauernflor, eine Art sehr groben, locker gewebten, und schwarzgefärbten Katuns aus ordinären Handgespinnsten Nr. 12 bis 14. Dieses Gewebe wird von den Bauern zu Halsbinden und Flören gebraucht, und in der gehörigen Breite zu Flören verrissen.

Nr. 39 bis 45. Gefärbte Futter-Katune, Kammertücher und Percale, von verschiedenen Farben, theils echt, theils unecht gefärbt. Manche davon, wie z. B. Nr. 45, werden zuweilen als Nankinets verkauft, wie überhaupt der leinwandartige Nankin und Nankinet sich wenig von diesen Stoffen unterscheidet.

Nr. 46 bis 48. Gefärbter Baumwoll-Croisé, welcher auf Frauen-Umhängtücher getragen wird. Von Sebastian Kargl in Wien.

D. Gedruckte glatte Baumwollstoffe.

1) Vorarbeit zum Blaudruck mit Reservage (Weißpapp).

Taf. V. Nr. 49. Vordruck mit Druckpapp oder Reservage auf den weißen ungefärbten Stoff. Was hier mit dem bräunlichen oder häufiger grauen Papp bedeckt ist, bleibt weiß, indem es beym Ausfärben keine Farbe annimmt.

Nr. 50. Dasselbe Muster in der Küpe gefärbt.

Nr. 51. Dasselbe in Wasser ausgewaschen. Dadurch wird der Papp weggeschafft, und die Figuren erscheinen auf dem blauen Grunde weiß.

2) Vorarbeit zu Krapproth und Krappviolet mit Mordants.

Nr. 52. Vordruck mit essigsaurer Thonerde zum Krapproth. Die Zeichnung nimmt eine gelbe Farbe an und sättigt sich in der Krappbrühe sehr leicht mit Farbe.

Nr. 53. Dasselbe Muster in der Krappbrühe ausgefärbt. Die mit dem Mordant vorgedruckten Stellen sind dunkelroth, der weiße Grund hat die Farbe nur schwach angenommen.

Nr. 54. Derselbe Dessein ganz fertig und ausgebleicht. Durch die Buntbleiche ist das mit dem weißen Grunde verbundene schwachrothe Pigment weggeschafft worden, die rothe Zeichnung aber, welche vermöge der Beitze echt gefärbt war, ist geblieben.

Nr. 55. Vordruck zum Krappviolet, wobey die Zeichnung eine graue Farbe hat.

Nr. 56. Derselbe Dessein ganz fertig und ausgebleicht. Sobald der Krapp auf den grauen Vordruck kommt, bildet sich das Violet.

3) Vorarbeit zum Lapisdrucke.

Nr. 57. Vordruck mit Mordant und Druckpapp, der erstere zum Krapproth, der zweyte zu Weiß. Man sieht zugleich ein schwarzes Pigment aufgedruckt, welches aus Quecksilber-Sublimat mit Arsenik besteht, und sich durch alle folgenden Operationen auf dem Stoffe unverändert erhält.

Nr. 58. Dasselbe Muster mit Indigo gefärbt. Was nicht vorgedruckt war, ist in der Küpe blau geworden.

Nr. 59. Dasselbe aus Krapp gefärbt. Es zeigt sich nun alles roth, was für den Krapp vorgedruckt war.

Nr. 60. Dasselbe fertig und ausgewaschen. Um den grünen Boden zu erhalten, wird der Stoff gelb ausgefärbt.

h) Gedruckte Katune, Kammertücher, Percale ꝛc.

Taf. VI. Nr. 61 bis 72. Grobe Katune, unrichtig Kammertücher genannt, da es lauter ordinäre Waare ist; in verschiedenen Desseins und Farben, geglänzt und ungeglänzt, alle aus der Friedauer Ziz- und Katunfabrik. Diese Muster sind ungefähr von derselben Gattung, wie die ungedruckten Katune Nr. 7 bis 9. Die schwarzen Katune mit gelben Desseins nennt man insgemein Rauchfangkehrer-Waare, die schwarzen Stoffe mit großen Blumen, wie Nr. 65 und 68, heißen Maronen. Alle dienen zu Kleidungsstücken für das gemeine Volk.

Taf. VII. Nr. 73 bis 83. Grobe Katune, unrichtig Kammertücher genannt, von derselben Art, wie die auf der vorigen Tafel, jedoch meist mit hübscheren Desseins, einige auch geglänzt; theils aus der Friedauer, theils aus der Fehrschen Fabrik zu Fischament.

Nr. 84. Walzendruck auf Kammertuch von ähnlicher Art, wie der Stoff Nr. 10 bis 12. Die darauf befindlichen Blumen sind mittels des Tafeldruckes eingedruckt.

Taf. VIII. Nr. 85 bis 99. Feine Kammertücher von verschiedenen Farben und Desseins, theils Indigo, theils Krapp und Lapis, alle aus der Friedauer und Kettenhofer Fabrik, aus dem Stoffe Nr. 13 bis 15. Mehrere sind Tafeldruck, Nr. 86, 87, 90, 97 und 99 sind Walzendruck oder Maschinenmuster, welche alle einfarbig sind, da die verschiedenfarbigen Desseins erst mit Modeln aufgedruckt werden. Nr. 91 ist durch die Enlevage hervorgebracht, da die weiße Zeichnung aus dem schwarzen Grunde herausgebeitzt ist; Nr. 98 hat zweyerley Muster, roth und grün. Die Verwendung dieser Stoffe zu Kleidungen, Sessel- und Sophaüberzügen, Bettgardinen u. dgl. ist bekannt. Hier muß im Allgemeinen bemerkt werden, daß man hier und da die Katune und Kammertücher bis mit 2 Farben eigentliche Katune, die besseren Stoffe mit aufgedruckten oder gemahlten Figuren Indiennes, die feinsten gemahlten aber Zize (Chitse) oder Persiennes (Perse) genannt hat.

Taf. IX. Nr. 100 bis 114. Verschiedene feine Kammertücher derselben Art, aus der Friedauer, Kettenhofer und Schwechater Fabrik. Nr 103, 109, 111 bis 114 sind Walzendrucke.

Taf. X. Nr. 115 bis 128. Eben solche feine Kammertücher aus der Friedauer, Kettenhofer und Schwechater Fabrik. Nr. 115, 116, 118, 119 und 121 sind Walzendrucke; 113 und 120 heißen in Österreich Violettel.

Taf. XI. Nr. 129 bis 143. Verschiedene Lapisdrucke auf Percal, mit vorzüglich schönen Desseins, aus der Schwechater und Kettenhofer Fabrik. Lapis überhaupt bezeichnet einen bunten Druck mit mehreren echten Farben. Der Nahme wurde vom Lasurstein oder Lapis lazuli entlehnt.

Taf. XII. Nr. 144 und 145. Feine Lapis-Kammertücher mit großen Desseins auf Möbel, aus der Schwechater Fabrik.

Taf. XIII. Nr. 146 und 147. Eben solche Lapis-Kammertücher mit großen, sehr schönen Zeichnungen.

Taf. XIV. Nr. 148 bis 157. Feine Kammertücher mit Lapisdruck, die ersteren von Fischament, die letzteren von Kettenhof.

Taf. XV. Nr. 158 bis 168. Feine Kammertücher und Percale mit Lapisdruck in verschiedenen Desseins, aus denselben Fabriken.

Taf. XVI. Nr. 169 bis 179. Kammertücher, Percale und Croisés, türkischroth (Adrianopelroth, Rouge oriental, oder Merinos), alle durch die Enlevage gedruckt. Der grüne Dessein war blau und ist bloß gelb überdeckt, das Violette wird mit Blau auf Roth gedruckt. Bey mehreren Farben ist Ausbeitzen und Drucken nur Eine Operation, wo nähmlich die gefärbte Reservage in Anwendung gesetzt wird. Die Muster sind alle von Kettenhof und Schwechat, und dienen zu Kleidungen, Mobeln, Tüchern 2c. Nr. 178 enthält ein rothes Tuch mit Bordur nach Shawlart.

Taf. XVII. Nr. 180 bis 183. Türkischrothe feine Kammertücher von Kettenhof und Schwechat, Nr. 181 auf orientalische Art mit vielen Farben.

Taf. XVIII. Nr. 184 und 185. Feine türkischrothe Kammertücher von Kettenhof.

Nr. 186 Türkischrother Croisé aus der Kettenhofer Fabrik, mit sinesischer Zeichnung. Dieses Muster ist der vorzüglich schönen Zeichnung und des sehr reinen Druckes wegen bemerkenswerth und hat vielen Beyfall gefunden.

E. Mit Öhlfarben gedruckte glatte Baumwollstoffe.

Taf. XIX. Nr. 187 bis 193. Ordinäre Katune, mit altmodischen, einfachen großen Desseins bedruckt. Dieser Druck wird in der Regel bloß auf sehr schlechte, zum Theil verdorbene Zeuge angewendet, und hält etwas das Waschen aus. Der geringe Absatz dieser Waare beschränkte sich jedoch bloß auf einige Gegenden des südlichen Ungarns, Croatiens 2c., daher man dieselbe seit 1820 gar nicht mehr verfertiget. Der Letzte, welcher sich damit in Wien beschäftigte, war Ketterer.

Eine ganz andere, erst neuerlich erfundene Art des Öhldrucks auf Baumwollstoffe ist der Steindruck, wovon hier auf zwey Supplement-Tafeln die ersten Proben aus der Kettenhofer Fabrik aufgestellt sind.

Suppl.-Taf. XIX. a. Nr. 194. Schwarzer Steindruck auf weißem Percal, von Phillisdorf ausgeführt.

Suppl.-Taf. XIX. b. Nr. 195. Schwarzer Steindruck auf weißem Percal, von Phillisdorf, vorzüglich schön.

F. Weiße und gefärbte Barchete, ganz aus Baumwolle.

Taf. XX. Nr. 196. Roher Barchet, wie er vom Stuhle kommt, daher ungebleicht, schmutzig weiß und unaufgekratzt.

Nr. 197 bis 200. Fertige Barchete, aufgekratzt und gebleicht, alle unten glatt, bloß auf der rechten Seite rauch, $\frac{3}{4}$ bis $\frac{5}{4}$ breit und 30 Ellen im Stück lang. Außer Böhmen, Mähren, Linz und der Gegend von Steyer werden jetzt auch in Wien viele Barchete gewebt.

Nr. 201. Baumwoll-Molton, d. i. eine Art grauen Barchets, $\frac{3}{4}$ breit und 30 Ellen lang.

Der Barchet mit Leinengarn findet sich in der Unterabth. Halbleinen- und Halbbaumwollstoffe.

G. Wallis und Rips.

a) Weißer Wallis und Rips.

Taf. XXI. Nr. 202 und 203. Geschnürlter Wallis, aus inländischem Maschinengarn von den Feinheits-Nrn. 40 bis 50, $\frac{4}{4}$ breit und im Stück 24 Ellen lang. Wird jetzt in Wien nicht mehr häufig gemacht, da er großen Theils aus der Mode gekommen; in Böhmen und Oberösterreich aber wird noch sehr viel Wallis gearbeitet. Nicht unerhebliche Quantitäten davon gehen nun nach den lombardisch-venetianischen Provinzen. Die Kette beym Wallis ist aus Watergarn.

Nr. 204. Roher Rips, wie er vom Stuhle kommt, ungebleicht.

Nr. 205 bis 207. Gebleichter und fertiger Rips. Nr. 207 ist sehr fein. Alle auf Kleidungsstücke.

b) Rips aus gefärbtem Garne und gedruckt.

Nr. 208 und 209. Rips mit farbig eingewebten Desseins. Diese Stoffe sind im J. 1812 und darnach sehr stark auf Westen getragen worden. Die böhmischen Fabriken lieferten beträchtliche Quantitäten.

Nr. 210 bis 213. Rips mit Lapisdruck in verschiedenen Desseins, auf Kleidungsstücke.

Suppl.-Taf. XXI. a. Nr. 214 bis 220. Gedruckter Rips in verschiedenen Desseins, meist echte Krappwaare.

H. Piqué.

a) Ganz weißer Piqué und weißer mit farbigem Eintrag.

Taf. XXII. Nr. 221. Roher ungebleichter Piqué, schmutzig weiß.

Nr. 222 und 223. Ordinärer weißer Piqué.

Nr. 224. Ordinärer roth eingearbeiteter Piqué für Bauersleute. Zur Kette kommt immer Watergarn.

Nr. 225 bis 232. Mehrere Muster von feinem weißen und gestreiften Piqué, von Jos. Winter in Wien, alle $\frac{3}{4}$ breit und von verschiedener Länge.

Taf. XXIII. Nr. 233 bis 241. Feine weiße Piqués von Joseph Winter in Wien, das letzte Muster ausgezeichnet schön und ripsartig. Die feinsten Gattungen, wie Nr. 240 und 241, haben zur ersten Kette Watertwist Nr. 50, zur zweyten Watertwist Nr. 80, der Eintrag ist Nr. 80.

b) Gefärbter Piqué oder Hosenzeug.

Nr. 242 bis 247. Verschieden gefärbter Piqué auf Beinkleider, gestreift, und wallis- oder struckartig.

Taf. XXIV. Nr. 248 bis 250. Fortsetzung des gefärbten Piqué.

c) Gedruckter Piqué.

Nr. 251 bis 262. Gedruckte Piqués in verschiedenen Desseins, auf Westen ꝛc., von Jos. Winter in Wien.

Taf. XXV. Nr. 263 bis 277. Fortsetzung der gedruckten Piqués. Nr. 263 bis 270 sind gelb mit farbigen Desseins, Nr. 271 bis 276 sind Lapis, Nr. 277 ist türkischroth. In gedruckten Piqués sind Jos. Winter und Ermster die Ersten in Österreich.

I. Manchester.

a) Sommer-Manchester, englisch Leder ꝛc.

Taf. XXVI. Nr. 278. Weißer Sommer-Manchester, ein glattes, dichtes geköpertes Gewebe.

Nr. 279 bis 283. Gedruckter Sommer-Manchester in verschiedenen ordinären Desseins, für Bauersleute auf Westen ꝛc.; alle von Jos. Fehr in Fischament.

b) Winter-Manchester, Thicksets.

Nr. 284. Roher Manchester, unaufgeschnitten und ungebleicht, wie er vom Stuhle kommt.

Nr. 285. Derselbe aufgeschnitten und ungebleicht.

Nr. 286. Derselbe über glühenden eisernen Platten gesengt, daher gelblich oder bräunlich.

Nr. 287. Derselbe ganz fertig und gebleicht. Er wird entweder weiß verwendet, oder gefärbt und gedruckt.

Nr. 288 bis 292. Gefärbter Manchester in mehreren Farben, auf Beinkleider, alle von Jos. Fehr in Fischament. Man hat den Manchester noch von vielerley anderen Farben; doch ist gewöhnlich nur der dunkel- und lichtblaue, der violette, aschgraue, braune und gelbe echtfarbig.

c) Gedruckter Manchester.

Taf. XXVII. Nr. 293 bis 310. Mehrere Muster von gedrucktem Winter-Manchester in verschiedenen Farben und Desseins, von Jos. Fehr in Fischament. Für Bauersleute auf Westen ꝛc.

d) Grobgeschnürlter Manchester.

Taf. XXVIII. Nr. 311. Roher Manchester, wie er vom Stuhle kommt, unaufgeschnitten und schmutzig weiß.

Nr. 312. Derselbe aufgeschnitten. Gebleicht wird dieser Manchester nicht, da man ihn gewöhnlich dunkel färbt.

Nr. 313 bis 316. Derselbe gefärbt, in mehreren dunklen Nuancen.

e) Glatter Manchester.

Nr. 317. Roher Manchester vom Stuhle, unaufgeschnitten.

Nr. 318 und 319. Derselbe aufgeschnitten. Auch dieser wird selten gebleicht, da man ihn zum Gebrauche auf Beinkleider fast immer färbt.

l) Geköperter Manchester.

Nr. 320. Roher Manchester vom Stuhle, unaufgeschnitten. Diese Gattung Manchester ist fester und dichter, als der sogenannte glatte.

Nr. 321. Derselbe aufgeschnitten, gesengt und licht gefärbt, auf Beinkleider.

Nr. 322 bis 324. Derselbe in mehreren Farben. Alle von Jos. Fehr in Fischament.

K. Gestickter, durchbrochener, façonnirter, broschirter Percal, Vapeur, Tull ꝛc.

Taf. XXIX. Nr. 325 bis 333. Ordinäre gestickte Percale mit verschiedenen Desseins. Diese Percale werden mit einem oder mehreren Nadelstäben und mit dem Musterblatte verfertiget. Die Stücke halten gewöhnlich 12 Ellen und sind $\frac{6}{4}$ breit.

Nr. 334 bis 336. Eben solche gestickte Percale, wovon der erste und dritte mit 2 Nadelstäben verfertiget sind.

Nr. 337 bis 339. Sogenannte Knöpferl-Percale nach englischen Mustern, ebenfalls mittels des Nadelstabes verfertiget.

Taf. XXX. Nr. 340. Gestickter Percal mit einem Kleidergebräme, wie man ihn nach Ungarn verschickt hat. Zu dieser Arbeit sind 3 Nadelstäbe erforderlich.

Nr. 341. Durchbrochener ordinärer Percal, mittels des Perlkopfes hervorgebracht.

Nr. 342. Durchbrochener Tull.

Nr. 343 bis 346. Façonnirte durchbrochene Percale, nach verschiedenen Mustern, Nr. 345 auch farbig eingearbeitet. Alle diese Stoffe dienen zu Kleidungen und Putzwaaren für das weibliche Geschlecht und werden in Wien vorzüglich schön gearbeitet.

Taf. XXXI. Nr. 347 bis 358. Façonnirte durchbrochene Percale, mit Ausnahme von Nr. 353, welches Tull ist. Die Muster Nr. 356 bis 358 sind ausgesucht schöne Waare.

Nr. 359 bis 361. Façonnirter Tull in dreyerley Desseins.

Taf. XXXII. Nr. 362 bis 368. Durchbrochene façonnirte Vapeurs und Percale, mit Ausnahme von Nr. 364, welches Tull ist. Alle sehr schön und künstlich gearbeitet.

Nr. 369 bis 376. Tull und Percal, theils mit farbigen Garnen eingearbeitet, theils auf den Stoff gedruckt, alle vom Webermeister Damm in Wien. Die Waare wurde ausschließend für Ungarn verfertiget.

Taf. XXXIII. Nr. 377 bis 381. Sogenannte Baumwoll-Damaste oder aufgeschossene Percale, nach Art des Damast-Tischzeuges, von Jos. Winter in Wien.

Nr. 382. Sogenannter Faltel-Vapeur, abwechselnd aus glatten und gefalteten Streifen bestehend. Diese künstliche Arbeit, welche von Damm in Wien auf Kleider verfertigt wurde, ist ohne Erfolg geblieben.

Nr. 383. Aufgeschossener Maschin-Percal mit breiten und schmalen Streifen, auf Damenkleider.

Nr. 384. Baumwollrips der feinsten Gattung.

Nr. 385. Aufgeschossene Percale auf Damenkleider. Die mittleren Schnüre in der Kette sind von Zwirn.

Nr. 386 bis 388. Glatte Percaltücher mit weißen und farbigen Enden.

Nr. 389 bis 391. Façonnirte Halstücher von Percal, roth und blau eingearbeitet.

Taf. XXXIV. Nr. 392 bis 394. Façonnirte Vapeurs auf Damenkleider, Halstücher etc., mit farbigen Garnen eingearbeitet.

Nr. 395 bis 397. Gestreifte Percale, worauf die Streifen durch gefärbte Garne gebildet sind.

Nr. 398. Sogenannter Spenalstoff, wie er gewöhnlich auf Tücher gearbeitet wird, noch ungebleicht.

Nr. 399. Princessestoff auf Damenkleider und Tücher, mit weißem und rothem Zwirne, mittels des Nadelstabes und des Musterblattes gestickt. Von dieser Arbeit kann ein kleißiger Geselle des Tages höchstens 3 Ellen zu Stande bringen, da sie zur feinsten Kunstweberey gehört.

Nachträge von den Jahren 1818 bis 1820.

Diese Nachträge konnten nicht in derselben Ordnung, wie die auf den vorigen Tafeln enthaltenen Muster, gereihet werden, da sie nur von Zeit zu Zeit der Sammlung einverleibt wurden. Da diese Ordnung ohnedieß schon aus dem Obigen bekannt genug ist, so war es unnöthig, die Stelle nachzuweisen, wohin die Nachträge hätten eingeschaltet werden sollen.

Taf. XXXV. Nr. 400. Sehr feiner Vapeur, insgemein Organtin genannt, von Knizaurek in Wien.

Nr. 401. Feinste Gattungen von Tull, von Knizaurek in Wien.

Nr. 402 bis 408. Verschiedene Piqués nach neueren Mustern, sehr schön und blendend weiß, alle von Jos. Winter in Wien.

Nr. 409 und 410. Sogenannte Schnürel-Percale, ersterer ripsartig, der zweyte mit abwechselnden Streifen.

Nr. 411 bis 414. Façonnirte Percale, weiß eingearbeitet.

Taf. XXXVI. Nr. 415 bis 417. Façonnirte Percale der feinen Gattung. Vorzüglich schön sind Nr. 415 und 416.

Nr. 418 bis 420. Gewöhnliche Knöpferl-Percale nach neuen Mustern.

Nr. 421 bis 424. Sehr schöne Vapeurs, mit Tull- und Nadelstab zugleich gearbeitet; die drey ersten ebenfalls mit Knöpfchen.

Nr. 425 bis 428. Durchbrochene façonnirte Tulls, sehr schön.

Taf. XXXVII. Nr. 429 bis 443. Façonnirte und durchbrochene Percale und Vapeurs von neueren, geschmackvollen Desseins. Nr. 429 und 431 sind noch bedruckt, und Nr. 442 ist gefalteter Vapeur.

Taf. XXXVIII. Nr. 444 und 445. Façonnirte Percale auf Damenkleider, auf einer Maschine mit gefärbten Garnen eingearbeitet. Der aufgeworfene Dessein wird bloß durch den Einschlag gebildet, und die Fäden rückwärts ausgeschnitten.

Nr. 446. Façonnirter Percal mit breitem blauen Gebräme auf Damenkleider, sehr schön gearbeitet. Dieses Muster kann jeder ausländischen Waare kühn an die Seite gestellt werden.

Taf. XXXIX. Nr. 447 und 448. Eben solche Percale in mehreren Farben, von Knizaurek in Wien. Die Arbeit ist so richtig, daß das strengste Auge daran nichts zu tadeln hat.

Taf. XL. Nr. 449 und 450. Ähnliche façonnirte Percale mit rothem Garne, auf Kleider und Halstücher, von Knizaurek in Wien.

Nr. 451. Blau façonnirter Percal mit breiter Bordur, auf Damenkleider. Ausgezeichnet schön.

Taf. XLI. Nr. 452 und 453. Gebräme auf Percalkleider, roth eingearbeitet, beyde von Knizaurek. Eine vorzüglich schöne Arbeit, woran auch eine geschmackvolle Zeichnung ersichtlich ist.

Taf. XLII. Nr. 454 und 455. Blau façonnirte Percale auf Kleidungen. Das zweyte Muster ist eine breite Bordur von Knizaurek in Wien.

Taf. XLIII. Nr. 456. Blau façonnirtes Halstuch.

Nr. 457. Breites, blau eingearbeitetes Percal-Gebräme auf Damenkleider. Ein Meisterstück der Kunstweberey von dem befugten Weber Jos. Gabel in Wien.

Taf. XLIV. Nr. 458. Durchbrochener, blau façonnirter Vapeur auf Damenkleider, schön gearbeitet.

Nr. 459. Geldsack ohne Naht, von dem Weber Joh. Mich. Bayerleitner in Wien aus Baumwollgespinnst verfertigt. (Vgl. den Geldsack aus Hanfgarn, Unterabth. Leinenstoffe Nr. 174.) Auch der Seidenzeug Fabrikant Griller in Wien beschäftigte sich mit der Verfertigung solcher Geldsäcke ohne Naht.

Taf. XLV. Nr. 460 bis 474. Gedruckte Percale mit neueren Dessins, aus der Ebreichsdorfer Fabrik, sowohl Tafel- als Walzendrucke. Es befinden sich darunter mehrere Waterloo's, wie man in der neueren Zeit buntfarbige Kammertücher und Percale genannt hat, worin das Krapproth in den Desseins vorherrschet.

Taf. XLVI. Nr. 475 bis 489. Sogenannte Waterloo's von Ebreichsdorf, in verschiedenen Farben und Desseins, mit Modeln und Walzen gedruckt.

Taf. XLVII. Nr. 490 bis 504. Fortsetzung der Waterloo's aus der Ebreichsdorfer Fabrik.

Taf. XLVIII. Nr. 505 bis 518. Beschluß der Waterloo's aus der Ebreichsdorfer Fabrik; Nr. 516 und 517 sind aus der Kettenhofer Fabrik, Nr. 518 von Joseph Fehr in Fischament.

Nr. 519. Türkischrother Percal (Merinos) von Kettenhof, mit farbigem Drucke.

Taf. XLIX. Nr. 520 bis 534. Türkisch- oder englischrothe Percale mit farbigem Drucke aus der Ebreichsdorfer Fabrik. Die weißen Puncte sind mit dem Ätzpapp bloß ausgebeitzt.

Taf. L. Nr. 535 und 536. Gelb gefärbte Piqués von Ermster in Sechshaus bey Wien, auf Westen.

Nr. 537 bis 540. Sehr feine gedruckte Piqués auf Westen, ebenfalls von Ermster.

Nr. 541 bis 545. Gedruckter Manchester mit Lavisdruck, von Jos. Fehr in Fischament. Die Muster mit größeren Desseins sind auf Möbel und zeichnen sich zu diesem Gebrauche vor jedem anderen Möbelzeuge, besonders aber vor den gedruckten Kammertüchern, durch ihre Dauerhaftigkeit aus.

Taf. LI. Nr. 546. Ganz besonders schönes Muster von Manchester mit Lavisdruck auf Möbel, von Jos. Fehr.

Taf. LII. Nr. 547 bis 551. Weiße Piqués nach neueren Mustern, von Ermster in Sechshaus.

Nr. 552 bis 560. Gefärbte und gedruckte Piqués auf Westen, ebenfalls von Ermster.

Taf. LIII. Nr. 561 bis 572. Beschluß der gedruckten Piqués von Ermster.

Nr. 573 bis 575. Piqués mit Steindruck.

Taf. LIV. Nr. 576 bis 585. Fortsetzung der Piqués mit Steindruck in mehreren Farben. Diese Muster sind sämmtlich von Vinc. Sternadt in Wien; sie unterscheiden sich wesentlich von allen durch Tafel- oder Walzendruck hervorgebrachten Desseins, und würden sicher eben so allgemeine Abnahme finden, wenn die Farben vollkommen haltbar gemacht werden konnten, als sie schon jetzt wegen der schönen Zeichnungen und geschmackvollen Ausführung allen Beyfall verdienen. Bis jetzt ist der Steindruck auf Zeuge noch immer zum falschen Druck zu rechnen.

Taf. LV. Nr. 586 bis 597. Zwölf Muster gedruckter Kammertücher und Percale von den Jahren 1818 und 1819 aus der Fehrschen Fabrik zu Fischament.

Nr. 598 bis 600. Waterloo's aus derselben Fabrik.

Taf. LVI. Nr. 601. Beschluß der Waterloo's von Fehr in Fischament.

Nr. 602 bis 615. Waterloo's und Percale aus der Kettenhofer Fabrik, theils Walzendruck, theils Tafeldruck. Mehrere davon sind ausgezeichnet schön.

Taf. LVII. Nr. 616 bis 621. Sechs Muster von gesticktem Percal, mit glänzender Stickerey, von Macha in Wien im J. 1818 verfertiget.

Nr. 622 und 623. Zwey Muster von falschem Druck, wodurch der Krappdruck nachgeahmt ist. Die fertigen Farben werden bloß mit dem Model ohne alle Beitze auf den Katun aufgedruckt, daher sie keine Haltbarkeit besitzen. Man nennt diese Waare im gemeinen Leben Judenwaare. Ungeachtet der falsche Druck gesetzlich verbothen ist, so sind hier doch die vorliegenden Muster aufgenommen worden, theils um sie mit dem echten Drucke vergleichen zu können, theils weil der falsche Druck hin und wieder doch noch zur Übervortheilung der Käufer angewendet wird.

Taf. LVIII. Nr. 624 bis 629. Sechs Muster von einfarbigem, melirtem und gestreiftem croisirten oder Köper-Nankin, von den Gebrüdern Stolle zu Warnsdorf bey Rumburg, $\frac{7}{4}$ breit und im Stück 30 bis 40 Ellen lang. Diese Waare wird meistens in Böhmen verfertiget, ist wie der gewöhnliche Gradel gearbeitet und empfiehlt sich durch gute Qualität und Echtheit der Farben. Die Warnsdorfer Nankins gehören zu den besten, welche im Inlande verfertigt werden.

Nr. 630 bis 638. Dreyfädige Nankins in verschiedenen Farben, von den Gebrüdern Stolle zu Warnsdorf, einfarbig und gestreift, der erste nach Art des echten Nankins gefärbt.

Taf. LIX. Nr. 639 bis 644. Sogenannte Harcords mit weißem und farbigem Grunde, auch gestreifte Nankins genannt, von den Gebrüdern Stolle zu Warnsdorf, $\frac{3}{4}$ breit, 30, 40 bis 50 Ellen lang, auf Kleidungen 2c.

Nr. 645 bis 647. Feine Nankins aus Böhmen in verschiedenen Farben.

Nr. 648 bis 650. Gefärbte Baumwoll-Croisés von Sebastian Kargl in Wien, auf Frauen-Umhängtücher.

Nr. 651 bis 653. Lapis oriental oder Lapis-Croisé von den Gebrüdern Stolle aus Warnsdorf in Böhmen. Der Stoff hierzu ist der sogenannte croisirte Oriental oder das englische Leder, $\frac{3}{4}$ breit und von verschiedener Länge, der ausschließlich zum Drucken verwendet wird.

Nr. 654 bis 658. Lapis-Calico von den Gebrüdern Stolle zu Warnsdorf in Böhmen, mit verschiedenen Desseins.

Nr. 659. Echter Nankin von dunkler gelblichbrauner Farbe, welchen Hr. Jos. von Dallstein in Wien aus dem Nankingespinnste von der Feinheits-Nr. 20 (vgl. Baumwollgespinnste Must. Nr. 345) weben ließ. Die natürliche Farbe dieses Nankins widersteht selbst der Einwirkung der Salzsäure.

Taf. LX. Nr. 660. Gefärbtes Kaffehtuch mit schwarzem Steindruck, von Phillisdorf in Wien gedruckt.

Taf. LXI. Nr. 661 bis 675. Die neuesten Muster von englischblauem Piqué, theils gestreift, theils bouquetirt, von Jos. Winter in Wien, vom J. 1820.

Taf. LXII. Nr. 676 bis 690. Gedruckte Percale aus der Cosmanosser Fabrik in Böhmen, in verschiedenen Farben und Desseins, vom J. 1820.

Taf. LXIII. Nr. 691 bis 705. Gedruckte Kammertücher und Percale aus der Kettenhofer Fabrik vom J. 1820, meist Walzendrucke in verschiedenen Farben und Desseins.

Taf. LXIV. Nr. 706 bis 717. Gedruckte Kammertücher und Percale aus der Sassiner Fabrik vom J. 1820.

Nr. 718 und 719. Weißer und gemahlter Baumwoll-Sammt, zu Putzsachen, zu Galanterie-Arbeiten rc.

Taf. LXV. Nr. 720. Weiberschürze (moldauisch Pestamen oder Pesztiman), ein länglichtes blau und schwarz quadrillirtes Tuch mit gelben und rothen Endstreifen, und an zwey Seiten mit blauen Baumwollfranzen. Diese Tücher tragen die moldauischen, servischen und bessarabischen Bäuerinnen als Schürze, indem sie selbe zur Hälfte gefaltet auf einer Schnur um den Leib befestigen. Das vorliegende Muster ist von Grigori Manizalew zu Suczawa in der Bukowina; eine feinere Art verfertigt die Nawszier Fabrik des Hrn. Achilles von Johannot, welche seit 3 Jahren auf diesen einzigen, nach der Türkey gehenden ordinären Artikel beschränkt ist.

Nr. 721. Indienne, mit Agatstein geglänzt, wie sie vormahls häufiger in Augsburg gemacht wurden, und jetzt nur auf einzelne Bestellungen noch nach Siebenbürgen gehen.

Bleiche und Appretur der baumwollenen Zeuge.

Taf. LXVI. Nr. 722. Roher Percal vom Stuhle.

Nr. 723. Derselbe über einem glühenden Cylinder gesengt oder gebrannt, wodurch die hervorstehenden Fäserchen der Baumwolle entfernt worden.

Nr. 724. Derselbe in Aschenlauge gesechtelt oder, wie man sagt, vorgebleicht.

Nr. 725. Derselbe ganz ausgebleicht mittels der Kunstbleiche.

Nr. 726. Derselbe appretirt und gemangt.

Dritte Unterabtheilung.

Die Schafwollstoffe.

Schon bey den Schafwollgespinnsten ist der bedeutende Unterschied, welcher zwischen den daraus gewebten Stoffen Statt findet, berührt worden, da hierauf schon bey allen dem Weben vorhergehenden Vorbereitungsarbeiten die gehörige Rücksicht genommen werden muß. Wie man dort das Kämmen von dem Streichen, die gekämmte Wolle von der gestrichenen, die Gespinnste aus ersterer von denen aus letzterer abzusondern bemüssiget war: so müssen auch hier die sogenannten Wollenzeuge, die aus Kämmgarn verfertigt werden, von den Tüchern und tuchartigen Stoffen, wozu Krempelgarn verwendet wird, wohl unterschieden werden. Mit der Verfertigung dieser Stoffe beschäftigen sich nicht nur zwey Classen von Hauptarbeitern, sondern auch viele Nebenarbeiter. Zu den Hauptarbeitern gehören: 1) die Wollenzeugmacher (und zum Theil die Seidenzeug-Fabrikanten), welche sich mit der Verfertigung der ungewalkten Stoffe aus Kämmgarn (die größeren Seidenzeug-Fabrikanten insbesondere mit Verfertigung der wollenen und halbseidenen Merinoszeuge) befassen; 2) die Tuchmacher, die aus Krempelwolle Tücher, Casimire rc. verfertigen. Von den letzteren unterscheiden sich noch die Kotzenmacher, obgleich sie ebenfalls gestrichene Wolle verarbeiten. Alle bilden eigene Innungen oder Zünfte. Für die Zunft der Wollenzeugmacher, bey welcher eine Lehrzeit von 4 oder 5 Jahren bestimmt ist, bestehen seit 5. Dec. 1701 eigene Artikel, welche die Verhältnisse zwischen den Arbeitern und Meistern festsetzen, und die Meisterstücke genau angeben. Nach dieser Ordnung muß ein Geselle, welcher Meister werden will, nicht nur mehrere Stück Zeuge von bestimmter Länge und Breite in vierteljähriger Frist verfertigen, sondern auch die Schafwolle hierzu selbst zurichten und selbst spinnen lassen. Den Tuchmachern ist in Wien seit 6. März 1713 eine Handwerks-Ordnung, und für sie und die Kotzenmacher sind seit 29. März 1775 eigene Artikel gegeben, wornach der freygesprochene Knecht (Geselle) 2 Jahre zu wandern verbunden ist. Jeder Tuchmachermeister ist berechtiget, so viele Stühle auf grobe und feine Tücher zu haben, und so viele Gesellen und Jungen zu halten, als es seinem Nahrungsstande zuträglich ist, und das Meisterstück besteht seit 1786 statt eines Kotzen in mittelfeinem Tuche. Für das Königreich Böhmen wurde unterm 24. Aug. 1758 eine Tuchmacher-Ordnung erlassen, welche im Detail die Wollsortirung, die Spinnerey, die Blätter, das Recken und Dehnen der Tücher, und das Meisterzeichen umfaßt, aber in den übrigen Provinzen nicht zur Anwendung gekommen ist. — Zu den Nebenarbeitern gehören die Walker, die Tuchscherer, die Färber und die Appreteurs der glatten ungewalkten Stoffe, von welchen das Nöthige an den gehörigen Orten gesagt werden wird. In größeren Fabriken und Manufacturen sind alle diese Arbeiten in der Hauptunternehmung vereiniget, und alle die verschiedenen Haupt- und Nebenarbeiter bilden ein zusammenhängendes Ganzes; der einzelne Tuchmacher hingegen muß jeden dieser Arbeiter insbesondere benutzen.

Was die Verfertigung der Wollgewebe anbelangt, so ist vor allem der Unterschied zwischen den Wollenzeugen und tuchartigen Stoffen zu beachten, dann darauf Rücksicht zu nehmen, ob sie ganz glatt, oder croisirt, façonnirt ꝛc. verfertiget werden.

Sehr mannigfaltig sind die leichteren, glatten, nicht gewalkten Wollenzeuge, deren Verfertigung insgemein unter der Benennung der Zeugweberey begriffen wird. Vornehmlich ist es lange, ordinäre Wolle, welche man hierzu verwendet, die Merinoszeuge ausgenommen, welche aus der feinsten spanischen oder Merinos-Wolle verfertigt werden. Außer der Schafwolle werden zu glatten Zeugen auch die Ziegenhaare, das Angorahaar, das thibetanische Ziegenhaar ꝛc. verarbeitet, welche ihrer Natur nach nur zum Kämmen, nicht zum Krempeln geeignet sind. Nicht alle Zeugmacher verfertigen jede Gattung Wollenzeuge, die einen befassen sich mehr mit leichteren, die anderen mit künstlicheren Arbeiten; ja in Wien werden die Merinoszeuge gewöhnlich von den Seidenzeug-Fabrikanten gewebt.

Zu den glatten, leinwandartigen Wollenzeugen bedient sich der Weber des sogenannten Zeugmacherstuhles, der sich wenig vom gemeinen Webestuhle unterscheidet. Er ist jedoch nur schmal und der Kettenbaum liegt oben auf dem Gestelle, so daß die Kette zum Weber heruntergeht; Schäfte sind gewöhnlich zwey oder vier. Nach Verschiedenheit der Zeuge müssen aber am Stuhle mancherley Abänderungen angebracht werden, welche der Weber zu machen verstehen muß. Die Kette (der Anschweif) wird, wenn sie geleimt ist, auf dem Stuhle aufgezogen (aufgebäumt), der Einschlag immer naß mit der gewöhnlichen Schütze, oder mit Schnellschützen eingetragen und mehr oder weniger fest geschlagen, je nachdem der Zeug schwerer oder leichter werden soll. Zu gestreiften oder melirten Zeugen müssen verschiedenfarbige Garne in der Kette oder im Einschlage, oder in beyden genommen werden. Manche Zeuge fordern eine festgedrehte, andere eine lockere Kette. Der dreydrähtige Camelot z. B. hat in der Kette 3 festgedrehte, im Einschlage nur 2 Fäden; beym Concentzeuge ist die Kette gezwirnt, der Einschlag einfach; auch die Malines haben eine gezwirnte Kette, und einen Einschlag von anderer Farbe, wodurch der Stoff melirt erscheint. Nicht so einfach sind die geköperten Wollenzeuge, bey welchen die Fäden der Kette und des Einschlags sich nach der Diagonale durchkreuzen, und die daher auch übers Kreuz gearbeitete oder croisirte Zeuge genannt werden, wie z. B. der Prunel, Chalon, Rasch, Satin, Shawl-Croisé, Merinos rc. Noch künstlicher sind die façonnirten Wollenzeuge, welche entweder geblumt, oder gezogen sind. Die geblumten und gezogenen Zeuge haben Blumen und andere Muster, welche nach einer Patrone, d. h. einer illuminirten Zeichnung, worauf die Zahl der Kettenfäden und des Einschlages durch Linien angedeutet ist, verfertiget werden. Man hat hierzu mehrere, selbst bis 30 Schäfte und Schemme, oder man bedient sich statt der Schemmel des sogenannten Zuges und des Zugstuhls, wie z. B. zum Droguet und geblumten Kalamank. Manche von diesen façonnirten Zeugen werden broschirt (schattirt), wenn die Figuren durch Einschlagsfäden gewebt werden, welche nach dem Muster gefärbt sind. Noch einfacher ist die Methode, womit die Clementiner in Slavonien ihre wollenen Parade-Decken und Tischteppiche weben, indem sie die abgebrochenen Streifen, Figuren und Blumen nicht mit dem Schiffchen, sondern mit dem Finger eintragen, wozu die Fäden so lang, als die Figur es erfordert, zugeschnitten sind. Endlich hat man auch noch geschnittene Wollenzeuge, wie z. B. den wollenen Velpel, der fast eben so, wie der Manchester und Baumwoll-Sammt gewebt, und dann entweder aufgeschnitten oder unaufgeschnitten gelassen wird.

Die Tuchmacherey hat die Verfertigung der gewalkten dichteren Wollenstoffe zum Gegenstande, wozu fast durchgängig gestrichene Wolle verwendet wird; nur beym einfachen Casimir wird zum Theil auch gekämmte Wolle zu den Kettenfäden gebraucht. Der Tuchmacherstuhl kommt ebenfalls fast ganz mit dem gemeinen Leinwebestuhle überein. Vormahls hatte man zur Erzeugung der breiten Tücher nur zweymännige Stühle, worauf zwey Arbeiter zugleich mit dem Weben eines Stücks Tuch beschäftiget waren; nur ordinäre Tücher und Casimire wurden von einem einzigen Arbeiter auf einem einmännigen Stuhle verfertiget. Neueren Verbesserungen zu Folge sind aber im Inlande die zweymännigen Stühle fast ganz aus dem Gebrauche gekommen, da die Schnellschütze zwey Arbeiter unnöthig macht und ein geübter Tuchweber damit auch die breitesten Tücher allein zu bearbeiten im Stande ist. Die Kette muß vor dem Aufziehen gut geleimt seyn, da hierauf beym Weben sehr viel ankommt; ein zu wenig geleimter Faden hat keinen Halt, ein zu stark geleimter ist hart und springt ab. Der Einschlag wird möglichst gleichförmig genetzt eingeschossen und muß mit der Lade gut geschlagen werden, damit im fertigen Gewebe keine Bandstreifen entstehen; auch muß der Weber sich hüten, Doppelschüsse zu machen. Zum ordinären Tuche erhält die Kette 1200 bis 1500, oder, wenn es breit werden soll, 1800 bis 2200, zum mittelfeinen 2400 bis 2800, zum ganz feinen 3000 bis 4000 Fäden. Durch diese Anzahl der Kettenfäden entsteht zugleich die verschiedene Breite der Tücher. Ordinäre Tücher werden so eingestellt, daß sie nach der Walke $\frac{6}{4}$ bis $\frac{7}{4}$, mittelfeine und ganz feine $\frac{7}{4}$ und $\frac{8}{4}$, Casimir $\frac{2}{3}$ und $\frac{7}{8}$, Serailtücher bis $\frac{9}{4}$ W. Ellen Breite erhalten. Auch die Länge ist nicht bey allen Tüchern dieselbe. Die ordinären halten nach der Walke 30 bis 32 Ellen, die mittelfeinen und feinen 24 bis 26 Ellen. Gleich nach dem Weben hat der rohe feine oder superfeine Loden 3 Ellen in der Breite, und 36 Ellen oder 9 Schmitz, den Schmitz zu 4 Ellen, in der Länge. Weil das Tuch bey den folgenden Bearbeitungen angespannt werden muß, so gibt man ihm an den Enden eine starke Leiste (Tuchende, Saalleiste, Saalband) aus schlechter und grober Wolle und gefärbtem Leistengarne (Wollgespinnste Nr. 201 und 207). Zu einem Stück Tuch rechnet man im Durchschnitte $3\frac{1}{2}$ Pf. Leisten; sind diese aber von Zackelwolle, so müssen sie um 3 Ellen länger als die Kette geschweift werden, weil diese Wolle viel stärker walkt, als die gewöhnliche Wolle. Man rechnet zu den tuchartigen Stoffen auch den Casimir, da er fast immer aus gestrichener Wolle verfertiget wird. Er unterscheidet sich aber von dem eigentlichen Tuche dadurch, daß er geköpert ist, d. i. daß die Fäden des Einschlags und der Kette sich durchkreuzen.

Übrigens sind die tuchartigen Gewebe nicht bloß in Ansehung des Verfahrens beym Weben verschieden, sondern noch mehr unterscheiden sie sich nach der Feinheit des hierzu verwendeten Gespinnstes, und nach der Zurichtung, welche dem vom Stuhle genommenen Loden gegeben wird. Sehr grobes Gespinnst wird in der Regel zu den Kotzen und Bett- oder Pferddecken genommen, welche gewöhnlich aus Zackelwolle verfertigt werden. Eben so grob ist das Gespinnst zu dem ordinären Halinatuche oder Darovacz, welches in Ungarn und in den Militär-Gränzen ꝛc. zur Bekleidung beyder Geschlechter in den Häusern selbst verfertigt wird. In dieselbe Classe verdienen die ordinären Tücher oder Rascia, die man in Dalmatien aus dortigen doppelten Schafwollgespinnsten übers Kreuz arbeitet; die dalmatinische Bodena, welche leinwandartig gewebt ist; die Schiavine in Cattaro und Ragusa, die halb aus gesponnener, halb aus roher Wolle verfertigt sind; dann in den Militär-Gränzen die verschiedenartigen Decken aus Schaf- oder Ziegenwolle, die Tornister, Säcke, die sogenannten Fußtücher (Opoike), die mit Streifen nach der Länge und Breite gewebt werden und daher quadrirt aussehen, die Weiberschürzen (Keczelje, Pregacse), die Stoffe zu den Regenmänteln (Kuschma) u. dgl. mehr gesetzt zu werden. Zu den gröbsten Geweben gehören auch die Loden für die Papiermacher, welche in mehreren österr. Provinzen verfertiget werden und geköpert sind. Die übrigen Stoffe sind in Ansehung der Arbeit sich wohl ähnlich; nur die verschiedene nachfolgende Behandlung, die Walke, das Scheren, Färben u. dgl. begründet auch hier einigen Unterschied, welcher sich besser bey der Erklärung der Muster angeben ließ. Ganz neu, wenigstens für die teutsch-österreichischen Provinzen, ist das seit einigen Jahren in Freudenthal und Tauß verfertigte Matrosentuch (Singone, Agneline), welches aus sehr starken ordinären Wollgespinnsten dicht gewebt wird, nur auf einer Seite glatt ist, auf der andern aber den Lammfellen ähnlich sieht.

Die Unterschiede der Wollenstoffe nach den Ländern in Bezug auf den österr. Kaiserstaat, sind nicht so sehr bey den eigentlichen Wollenzeugen, welche in mehreren Provinzen größten Theils aus der Mode gekommen sind, in anderen wenig oder gar nicht verfertigt werden, als vielmehr bey den Tüchern und tuchartigen Stoffen bemerkbar. Obschon sich auch in den Militär-Gränzen, in Dalmatien ꝛc. einige Häuser mit Verfertigung von Wollenstoffen beschäftigen, so sind doch die teutschen Provinzen hierin eigentlich diejenigen, welche die größten Quantitäten, die besten und mannigfaltigsten Gattungen liefern, und viele andere Länder damit versorgen. Unter allen inländischen Wollenzeug-Manufacturen ist die k. k. ärarialische zu Linz die älteste und größte. Diese Fabrik wurde schon im J. 1672 von einem Linzer Bürger, Nahmens Christian Sind, gegründet und hat in diesem beynahe anderthalbhundertjährigen Zeitraume in den vielfältigsten Rücksichten Gutes gewirkt, da sie durch den bedeutenden Betrieb, wozu sie sich erhoben hatte, nicht nur auf die Verbesserung der inländischen Schafzucht mitwirkte, sondern auch, was noch mehr Rücksicht verdient, viele Tausende armer Gebirgsbewohner mit sicherem Verdienste versorgte. Zwischen den J. 1780 und 1790 war sie in einen so blühenden Zustand gekommen, daß durch sie bey 30,000 Menschen in Oberösterreich, Böhmen und Mähren mit Spinnen, Weben ꝛc. beschäftiget waren. Sie war auf solche Art die bedeutendste Wollenzeug-Manufactur nicht nur im österr. Staate, sondern in ganz Mittel-Europa geworden. Seit dem Anfange der französischen Revolution verlor sie allmählich an Absatz ihrer Erzeugnisse, der sich seit dem Anfange dieses Jahrhunderts durch veränderten Geschmack noch mehr verminderte; ihre Unternehmungen mußten daher von Zeit zu Zeit beschränkt werden, und seit kurzem ist, wie aus den gedruckten Preiscurrenten zu ersehen ist, die

Erzeugung mehrerer Wollenzeug-Artikel gänzlich eingestellt. Dessenungeachtet gehört die Linzer Wollenzeug-Manufactur noch zu den ansehnlichsten Fabriken und zeichnet sich noch immer durch Güte ihrer Waaren, durch neue lebhaft colorirte Teppich-Desseins, dann durch ihre feineren Wollartikel, als Merinos, Prunel ꝛc. besonders unter der Direction des Hrn. Regierungsrathes J. Gros v. Ehrenstein aus. Sie verarbeitet sowohl Banater und walachische, als veredelte und spanische Schafwolle, aus verschiedenen Gegenden. Mit Einschluß der Spinner beschäftiget sie gegenwärtig im Ganzen genommen, in Oberösterreich, Böhmen und Mähren ungefähr 10,000 Individuen. Auf Wollenzeuge allein betreibt sie noch in und außer dem Hause 200 Stühle, wobey im Hause gegen 300 Menschen arbeiten. Auch in Wien werden Wollenzeuge verfertiget, jedoch nicht in größeren Fabriken oder Manufacturen, sondern bloß von einzelnen Zeugmachern, deren im J. 1818 34 mit 47 Stühlen in der Hauptstadt vorhanden waren, die Seidenzeug-Fabrikanten ungerechnet, welche Shawls und Merinoszeuge aus feiner Schafwolle verfertigen. Böhmen und Mähren haben aber außer vielen Meisterschaften noch einige nicht unbedeutende Zeug-Manufacturen, nahmentlich die Fabriken zu Neugedein und Tauß im Klattauer Kreise, die schöne Waaren liefern, zu Kloster Ossegg im Leitmeritzer Kreise, zu Mährisch-Neustadt im Olmützer Kreise, außer welchen sich auch einige Tuchmacher mit Verfertigung von Wollenzeugen beschäftigen.

Die Tuchfabrication hat in Mähren und Böhmen, und in ersterem Lande insbesondere zu Brünn ihren Hauptsitz, wo allein bisher 17 bis 20 Tuchfabriken betrieben wurden, die nicht nur ordinäre, mittlere und feine, sondern auch die feinsten Tücher aus inländischer Schafwolle verfertigen. Überdieß bestehen in Mähren und Schlesien die Tuch- und Casimirfabriken zu Namiest, Teltsch, Krzizanau, Weißwasser, Johannesberg, Zuckmantel, Freudenthal, Bielitz ꝛc., und viele Tuchmacher zu Iglau, Neutitschein, Weißkirchen, Freyberg, Fulnek, Friedek, Mistek ꝛc.; viele und schöne Tücher und Casimire werden auf den Herrschaften Mährisch-Neustadt, Proßnitz, Czekin, Trübau, Briesau und Wisowitz theils durch Fabrikanten, theils durch Meister erzeugt. Die größte und vollkommenste Tuch-Manufactur in Mähren und überhaupt in der österr. Monarchie ist die dem Hrn. Grafen v. Haugwitz und Frhrn. v. Puthon gehörige Fabrik zu Namiest, welche unter der Direction des Hrn. Heinrich Zurhelle, der auch Mitinteressent ist, steht. Diese Fabrik ist mit den trefflichsten und vollkommensten Maschinen versehen, worunter auch die neue Cochelersche Schermaschine. In Brünn verdienen die Tuchfabriken der Gebrüder Offermann, von Heinr. Schmal und Comp., Joh. Peschina, Paul Tureczek und Comp., der Gebrüder Schöller u. s. w. ausgezeichnet zu werden. Die bisherige Tuchfabrik der H. H. Hopf und Bräunlich haben die Gebrüder Schöller aus Düren bey Achen kürzlich an sich gekauft, bedeutend vergrößert, und mit ihren aus Düren mitgebrachten Maschinen bereichert. — Böhmen hat bedeutende Tuchmanufacturen zu Reichenberg, Alt-Habendorf, Ober-Leitensdorf, Manetin, Braunau u. s. w., viele zerstreute Fabrikanten und größere Tuchmacherzünfte zu Reichenberg, Schönfeld, Friedland, Kratzau, Liebenau, Turnau, Sobotka, München-Grätz, Jungbunzlau u. v. a. In Reichenberg allein sind 4 Tuchfabriken, und außer diesen wurden 1813 und 1814 daselbst noch 975 Meister mit Einschluß der Tuchscherer und Tuchbereiter rc. gezählt, welche 700 Stühle beschäftigten, und jährlich bis 40,000 Stück Tücher verschiedener Qualität lieferten; bis 1818 waren nur noch 340 Stühle im Gange. Die große Bergersche Tuchfabrik zu Alt-Habendorf, die in den J. 1809 und 1810 noch 32 Stühle betrieb, hatte im J. 1818 nicht mehr als 12 Stühle, nebst 8 Spinnmaschinen, 9 Schermaschinen und 4 Handscheren Wie dieß im Einzelnen der Fall ist, so hat die Tuchfabrication auch im Ganzen sehr gelitten, und Tausende von Arbeitern sind außer Thätigkeit. Der blühende Zustand dieses Industriezweiges, der sich seit Josephs II. Regierung (im J. 1786 zählte ganz Böhmen erst 1316 Tuchmacher mit 3981 Stühlen) so sehr erhoben hatte, ist nun wieder in starker Abnahme begriffen, wovon die Ursachen ohne Zweifel in eben jenen durch die politischen Ereignisse herbeygeführten Verhältnissen zu suchen sind, welche auch auf andere Industriezweige so erdrückend einwirkten. — Im Lande unter der Ens besteht gegenwärtig nur noch eine einzige Tuch- und Casimirfabrik, nähmlich die der Gebrüder the Losen zu Rittersfeld. Die Eigenthümer, vormahls Besitzer einer Tuchfabrik zu Eupen, haben sich erst 1815 hier etablirt, und befassen sich größten Theils mit Serailtüchern, Dreykronentüchern, Casimiren etc. Im J. 1818 waren in dieser Fabrik 40 Tuchmacherstühle aufgestellt, wovon aber nur 35 wirklich betrieben waren; und von diesen arbeiteten eigentlich nur 7 Stühle Waare für das Land, die übrigen 28 bloß Stoffe, die nach der Türkey gehen. Die Fabrik hat den größten Theil ihrer Maschinen, nähmlich die Spinn- und Schermaschinen, und viele zur Färberey und Appretur gehörige Werkzeuge aus Eupen mitgebracht, wozu noch kürzlich die Geräthschaften der eingegangenen Buchberger Tuchfabrik erkauft wurden. Es ist schwer zu begreifen, warum von den übrigen im Lande unter der Ens errichteten Tuchfabriken keine sich einer längeren Dauer erfreuen konnte. Seit dem J. 1785 haben in dieser Provinz mehrere Fabriken bestanden, und sind sämmtlich wieder eingegangen, nahmentlich die fürstlich Esterhazysche zu Neustadt, welche ursprünglich von Hafner errichtet, und in der letzten Zeit von Bruno Neuling betrieben wurde; die Jos. v. Rieselbachsche in Hainburg; die Fabriken von Bargum und Comp. zu Herrnals, von den Gebrüdern Czetiri, von Kühnel und Comp., Michalek und Müller, Krautinger, Hamerl, Rath in Wien; die Fabrik des Frhrn. von Rohrau zu Buchberg und des Frhrn. von Hackelberg zu Kehrbach. Außer der Rittersfelder Fabrik arbeiten gegenwärtig nur noch einzelne zerstreute Meister in Wien, dann um Neustadt, Horn, Zwettel etc., welche grobe und mittelfeine Tücher, Molton, Papiermacher-Filze etc. verfertigen. — In Österreich ob der Ens sind in der k. k. Fabrik zu Linz bey 30 Stühle für Tücher eingerichtet, und in derselben Stadt noch ein Paar kleinerer Fabriken im Betriebe. — Die Tuchfabrication in Steyermark zu Grätz, Waitz, Pöllau, Hartberg, Friedberg etc., in Krain, im Küstenlande, in Tyrol beschränkt sich meist auf grobe Tücher; nur Klagenfurt besitzt die durch ihre schönen Waaren sich auszeichnende Fabrik der Gebrüder Moro. Das lombardisch-venetianische Königreich, besonders das Gouvernement Venedig liefert viele grobe, mittelfeine und feine Wollenstoffe, doch für den eigenen Bedarf nicht hinreichend. Im Mailändischen ist die Tuchfabrik der H. H. Quarta und Comp. in Como zu bemerken, welche sehr ansehnlich ist und vortreffliche mittelfeine und feine Tücher liefert. Außer dieser sind noch ein Paar guter Tuchfabriken in Como und mehrere Tuchmacher bewohnen die Ufer des Comer Sees. In den ungrischen Staaten sind von Zeit zu Zeit Tuchfabriken errichtet worden; aber der größte Theil des dortigen einheimischen Tuches wird von den in mehreren Städten, wie in Ödenburg, Güns, Modern, Tyrnau, Skalitz u. s. w. ziemlich zahlreich ansäßigen Tuchwebermeistern verfertiget. Auch Siebenbürgen und Galizien liefern Wollenstoffe, die sich mehr durch Stärke, als Schönheit auszeichnen, und in den Militär-Gränzen weben sich die meisten Gränzhäuser den für den eigenen Verbrauch benöthigten Bedarf selbst. So schlägt man nur in der slavonisch-syrmischen Gränze allein das jährliche Product auf 230,400 Ellen verschiedener Wollgewebe an, welche die Gränzer selbst verfertigen.

Weitere Zubereitung und Appretur der Wollenstoffe.

In weniger cultivirten Ländern, besonders wo der Familienvater den für das Haus benöthigten Bedarf selbst webt oder vom Weibe weben läßt, geschieht es sehr häufig, daß die Wollenstoffe gleich so, wie sie vom Stuhle kommen, verwendet werden; bey solchen Stoffen aber, die zum Handel bestimmt sind, und überhaupt in cultivirteren Ländern findet, wie bey anderen Geweben, noch eine, kürzere oder längere Zeit dauernde Zurichtung der Wollgewebe Statt, welche hauptsächlich von der Beschaffenheit und Bestimmung derselben abhängt.

Bey den **Wollenzeugen** besteht die Zurichtung im Sengen, Sieden, Glänzen, Pressen, Moiriren, Aufschneiden, und bey vielen endlich im Färben und Drucken. Das **Sengen** findet in der Regel bey vielen glatten Wollenzeugen, die eine rauche Kehrseite haben, so wie auch bey den Merinoszeugen Statt, um die auf der Oberfläche vorstehenden Härchen wegzunehmen, und wird auf ähnliche Art vorgenommen, wie das Sengen der Baumwollstoffe. Andere Zeuge, wie z. B. der Barcan, werden statt des Walkens in klarem Wasser zwey- bis dreymahl aufgesotten, damit die Fäden sich nicht schieben oder brechen. Hier und da wird eine halbe Walke oder das sogenannte Karreyen angewendet, wobey man den Zeug in Seifenwasser auswäscht, in reinem Wasser spült und über eine Walze gewunden in Wasser kocht, damit die Fäden einlaufen und sich einiger Maßen filzen. Das Glänzen oder eigentliche Appretiren besteht darin, daß man den Stoff durch eine Auflösung von Gummi oder Hausenblase, oder auch durch eine mittels Ätzlauge gemachte Auflösung von Schafwolle zieht und nach dem Trocknen in das Cylinder- oder Walzwerk (die Kalander) bringt und rollet, oder mit Agatstein reibt. Es gibt hier und da eigene Appreteurs; sonst befassen sich die Tuchscherer mit dem Appretiren der Wollenzeuge. Das Pressen solcher Zeuge, welche Desseins erhalten sollen, die nicht schon beym Weben eingearbeitet worden, geschieht mittels metallener oder hölzerner gravirter Cylinder, die durch eingelegten glühenden Stahl erwärmt werden. Damit hat das Moiriren oder Wässern einige Ähnlichkeit, wobey man den Stoff auf derjenigen Seite, wo die Zeichnung erscheinen soll, mit reinem Wasser besprengt, und mit Einlage der nöthigen Kupferspäne einer heißen Presse unterwirft. Das Aufschneiden ist nur beym Velpel gebräuchlich und erklärt sich schon aus dem, was bey den sammtartigen Baumwollstoffen darüber gesagt worden ist. Viele Wollenzeuge werden zwar schon aus gefärbten Garnen verfertiget, besonders die gestreiften, melirten, quadrillirten, gezogenen, geblumten u. s. w.; die glatten Wollenzeuge werden aber meist erst nach dem Weben gefärbt. Sie kommen darin mit den tuchartigen Stoffen größten Theils überein, weßhalb auch dort über das Färben der Wollenstoffe das Nähere gesagt ist. Dagegen ist das Drucken größten Theils (einige Tücher und die Casimire ausgenommen) auf die Wollenzeuge beschränkt, und wird gegenwärtig am schönsten auf den Merinoszeugen ausgeübt.

Man hatte schon seit längerer Zeit zweyerley Methoden des Wollenzeugdrucks in Ausübung gebracht: nähmlich durch das

Gießen, und durch das Aufdrucken von Formen, woron man die erstere den Golgasdruck, die zweyte den Beryldruck genannt hat. Bey dem Golgasdrucke brauchte man hölzerne Formen, welche durch und durch ausgeschnitten waren, und deren jede doppelt vorhanden seyn mußte, da der mit Alaun und Weinstein angesottene Stoff zwischen eine untere und obere eingepreßt, und so die heiße Farbe in die ausgeschnittene Stelle eingegossen wurde. Allmählich durchdrang die Brühe die eingepreßten Stoffe und floß endlich unterwärts in die vorgerichteten Gefäße durch. Nach dem Abnehmen der Formen wurden die Zeuge gespült, getrocknet und appretirt. Diese ums J. 1680 in England erfundene Druckmethode hat wegen ihrer Geheimhaltung wenig Fortschritte gemacht, und hat auch nie gefällige Muster geliefert, da die Farben zu sehr in einander flossen. — Beym Beryldrucke wurden dieselben leichten Stoffe, ohne vorher gebeitzt oder angesotten zu seyn, mittels in Messing gegrabener Formen, mit der fertigen, und durch Gummi oder Stärke verdickten Farbe unter einer heißen Presse eingedruckt, jedoch ohne das Verdickungsmittel wieder abzusondern. Die Brühen, welche aus Abkochungen von Fernambuk, Cochenille, Blauholz rc. bestanden, wurden gewöhnlich mit Alaun zu Roth und Violet, und mit Eisenvitriol zu Schwarz entwickelt. — Zu Anfang des gegenwärtigen Jahrhunderts sind Casimire zu Westenzeugen mit Körperfarben und Öhlfirniß bedruckt worden, denen es aber an Echtheit mangelte. Bald darauf gab man glatt gefärbten Mustern durch verschiedene Ätzfarben, die mittels eines heißen Bügeleisens entwickelt und befestigt wurden (als Gelb und Grün auf Scharlach, Carmoisin oder Gelb auf grünem Grunde) mannigfaltige Muster. Die Beitzmittel bestanden in Salpetersäure, und in in Salpetersäure aufgelöstem blausauren Eisen. Andere Farben, die zur Ausschattirung der Muster erforderlich waren, druckte man, ohne diese zuvor auszuwaschen, als Applicationsfarben nach. Noch mehr wurde die Wollenzeug-Druckerey durch die Entdeckung vervollkommnet, daß die Entwickelung der aufgedruckten Farben viel besser und leichter durch die Wirkung der heißen Wasserdämpfe, als durch die Hitze des Bügeleisens erfolge, und seitdem hat sich dieser Zweig der Druckerey sowohl im Auslande, als im Inlande, und hier vorzüglich in den Fabriken zu Kettenhof und Ebreichsdorf, so sehr vervollkommnet, daß Muster von der höchsten Vollendung geliefert wurden, wie bereits in der vorigen Unterabtheilung bey der historischen Beschreibung der Kettenhofer Fabrik in Kürze gesagt wurde und sich hier aus den aufgenommenen unvergleichlich schönen Mustern klar ersehen läßt.

Vor allem muß den Wollenzeugen ein möglichst weißer Grund gegeben werden, indem man sie 24 bis 48 Stunden in verdünnter schweflichter Säure unter öfterem Umwenden bleicht, dann auswäscht, rahmt, trocknet und durch mäßig warmes Pressen zum Drucke vorrichtet. Soll der Grund gefärbt seyn, so geht das Färben voran, worauf die Stoffe erst, wie gesagt, durch Ausspannen, Trocknen und Pressen vorbereitet werden. Die Farben müssen so satt als möglich seyn, ja bey schweren Desseins muß jeder Model zweymahl aufgedruckt werden; am besten verdickt man sie durch Tragant-Schleim. Ein dauerhaftes Schwarz wird aus einer sehr concentrirten Abkochung von Campecheholz mit Galläpfeln und salpetersaurem Eisen; Blau mit schwefelsaurer Indigoauflösung oder mit in Salpetersäure aufgelöstem blausauren Eisen; Gelb mit einer Abkochung von Gelbholz; Grün durch Indigo in Verbindung mit Gelb; Violet durch Blauholz und Alaun; Roth durch Fernambuk, durch Lack-Dye u. s. w. dargestellt. Zinnverbindungen eignen sich zu einigen dieser Farben vortrefflich. Nach dem Drucken werden die Zeuge den Dämpfen siedenden Wassers ausgesetzt, um die Farben zu befestigen, dann ausgewaschen, von den Verdickungsmitteln befreyt, getrocknet und in einer mäßig warmen Presse appretirt. Je feiner die Merinos sind und je weniger das Garn gedreht ist, desto schöner und dauerhafter werden die Farben seyn. — Man pflegt auch bey farbigem Grunde die erforderlichen Beitzen vorzudrucken, dann die Zeuge auszufärben und endlich erst die Schattirungen einzudrucken.

Viel mannigfaltiger ist die Zurichtung und Appretirung der Tücher und tuchartigen Stoffe. Wenn die Tücher vom Stuhle kommen, werden sie genoppt, d. i. mittels eiserner Zangen von den Knoten und anderen Unreinigkeiten befreyt, wenn es nöthig ist, auch geschrobbt, d. i. mit einem Holze die Knoten herausgehoben, damit sie leichter herausgenommen werden können. Das Noppen läßt man gewöhnlich von abgerichteten Mädchen, die tageweise bezahlt werden, verrichten. Hierauf kommt das Tuch zum Auswaschen in die Walke, wozu nebst Urin etwas Seife gegeben wird. Der Loden muß vollkommen rein, aber nicht gefilzt werden, und wenn er erst gefärbt werden soll, so muß durch das Auswaschen alle Fettigkeit daraus vollkommen entfernt werden.

Muß nun das Tuch erst im Loden gefärbt werden, so wird das Färben nach dem Auswaschen am besten vorgenommen; man bestimmt die Farbe gewöhnlich nach der Beschaffenheit des Lodens. Ist er z. B. aus gelber, d. i. natürlich gefärbter Wolle oder aus grobem Garne, so schickt er sich nur zu dunklen Farben. Die dazu nöthigen Färbe-Materialien sind: zu Blau: Indigo, Waid und Blauholz; zu Roth: Cochenille, Krapp, Fernambuk, Lack-Dye, Ofenheimer Roth; zu Gelb: Wau, Scharte, Gelbholz, Quercitronrinde; zu Grün: eine Mischung aus Blau und Gelb; zu Violet: eine Mischung aus Blau und Roth; zu Schwarz: Galläpfel, Schmack, Knoppern, Blauholz ꝛc.; zu Braun: grüne Nußschalen ꝛc. Von vorzüglicher Wichtigkeit ist die Bereitung der Indigoküpe, worin das echte Indigo- oder Franzblau, dann grüne und andere Nuancen gefärbt werden. Sie wird aus Indigo, Krapp, Pottasche, Kalk und Weitzenkleyen zusammengesetzt. Der französische Chemiker Faviez hat neuerlich eine einfachere und bequemere Methode des Blaufärbens entdeckt, wobey die Wolle schichtweise mit Indigostaub in eine Kufe gegeben, und eine Lauge von Asche daraufgegossen wird. Das sogenannte Chemisch- oder Sächsisch-Blau wird mit einer Auflösung des Indigo in Schwefelsäure hervorgebracht, steht aber an Dauerhaftigkeit dem Küpenblaue nach; das unechte Blau wird mit blausaurem Eisen und Eisenvitriol, oder mit Blauholz und Kupfervitriol oder Grünspan gefärbt. Aus den rothen Farben Nuancen ist Scharlach die schönste und theuerste. Sie entsteht durch eine Beitze von salpetersaurem, oder auch salzsaurem Zinn und Weinstein, nebst einem Zusatze von Gelb, dann durch Ausfärben in Cochenille.

Die zum Sude bestimmte Färber- oder Scharlach Composition ist bloß eine Auflösung des Zinns in salpetriger Salzsäure (Königswasser). Seit mehreren Jahren wendet man in der Scharlachfärberey das Lack-Dye und das in Wien bereitete Ofenheimer Roth (Th. I. Färbe-Materialien Nr. 62 und 63) an, und weiß damit, wie mit der Cochenille, mehrere Nuancen von Roth darzustellen, welche den mit Cochenille gefärbten weder an Schönheit, noch Echtheit viel nachstehen. Um mit Lack-Dye Scharlach zu färben, sind auf 100 Pf. Tuch $12\frac{1}{2}$ bis 15 Pf. präparirter Weinstein, 1 Pf. Quercitronrinde oder Gelbholz, 20 bis 24 Pf. salzsaures Zinn, oder irgend eine Zinnauflösung, 16 bis 20 Pf. präparirter Lack erforderlich; doch können sowohl in diesen Verhältnissen, als in der Manipulation noch mancherley Veränderungen und Verbesserungen vorgenommen werden. Die Methode, mit Ofenheimer Roth Scharlach, Aurora, Orange, Carmoisin, Rosenfarb, Pompadour, Türkischroth rc. zu färben, ist von den Erfindern selbst durch den Druck öffentlich bekannt gemacht worden. Auch das Krapproth ist eine Hauptfarbe auf Tuch, um so mehr, da sich durch Abänderungen im Sude und durch Beysetzung anderer Pigmente die mannigfaltigsten Nuancen erlangen lassen. Ein dauerhaftes Schwarz wird hervorgebracht, wenn der Stoff mit Waid blau gefärbt, dann mit Vitriol angesotten, und mit Galläpfeln und Blauholz ausgefärbt wird. Die wegen ihrer tiefen schwarzen Farbe beliebten holländischen Tücher und Casimire werden schon in der Wolle mehr oder weniger dunkelblau gefärbt, dann gewebt, gewalkt, zubereitet und in einem Bade von Blauholz, Gelbholz, Schmack und Mullkrapp gekocht, hierauf abgekühlt, das Bad mit Eisenvitriol geschwärzt, und der Stoff zweymahl in diesem Bade wieder gekocht, worauf man die Waare verkühlt, der Luft aussetzt, und endlich in der Walkmühle mit Seife reiniget.

Größere Fabriken haben ihre eigenen Färbereyen, die im Fabriksgebäude selbst, oder in einem dazu gehörigen Nebengebäude bestehen. In Österreich zeichnet sich in Hinsicht der Mannigfaltigkeit der Farben die the Losensche Tuchfabrik zu Rittersfeld aus, wie dieses auch wegen des besseren Absatzes in die Levante, wohin diese Fabrik ihre Erzeugnisse größten Theils verkauft, nothwendig ist. Auch Mähren, Böhmen, Klagenfurt, das Venetianische &c. besitzen sehr vorzügliche Wollfärbereyen, und Verona ist wegen seiner Scharlach- und Blaufärberey seit vielen Jahren berühmt. Besonders hat Mähren sehr viele Färber, worunter es mehrere gibt, die sich recht gute praktische Kenntnisse eigen gemacht haben. In Brünn allein sind gegenwärtig 5 größere Schönfärbereyen, worunter die von Leop. Schulz, August Holle, Carl Groe, Friedr. Schöll &c.; dann haben viele Fabriken ihre eigenen Färbereyen, wie J. H. Offermann, Schmal und Comp., Peschina, Tureczek und Comp., Gebrüder Schöller u. s. w. Die kleineren Farbhäuser der Tuch- und Casimirmacher sind ziemlich zahlreich. Eine der vorzüglichsten Färbereyen Böhmens ist die Bergersche bey der Tuchfabrik zu Alt-Habendorf, wo die Färbebrühe in den Kesseln nicht unmittelbar von dem darunter angebrachten Feuer, sondern durch Condensirung des in einem allgemeinen Dampfkessel erzeugten, und durch Röhren in die Brühe geleiteten Dampfes erhitzt wird. Außerdem gibt es hier, wie überall viele einzelne Färbereyen, in welchen kleinere Fabriken, Fabrikanten und Meister ihre Erzeugnisse färben lassen. In Unterösterreich ist die Zahl dieser Färbereyen gering, da es hier nur wenige einzelne Tuchmacher gibt, und in Wien waren kürzlich nicht mehr als 9 Schön- und Schwarzfärber, worunter die Hilbertische Färberey mit Auszeichnung genannt zu werden verdient. Mehrere dieser Färber befassen sich nur mit dem Färben alter Kleidungsstücke, und die, welche sich ausschliessend damit abgeben, wurden vormahls F e t z e n f ä r b e r genannt. Die Schön- und Schwarzfärber bilden eigene Innungen, wobey die Lehrlinge 3 Jahre lernen, und die Gesellen 3 Jahre zu wandern verbunden sind. Das Meisterstück besteht nach den Handwerks-Privilegien vom 31. Dec. 1714 im Färben eines Stucks Tuch in viererley Farben, nähmlich gut blau, veilchenblau, grün und schwarz; der Grund zu allen muß in der Waidküpe gegeben seyn. Es sind hierin den Färbern in Ansehung des Färbens mehrere Regeln gegeben, z. B. die Tücher durch allzu langes Kochen oder Liegenlassen nicht zu verbrennen oder fleckig zu machen, sie bey Confiscationsstrafe nicht betrüglich zu färben &c. Der Unterschied zwischen Schönfärber und Schwarzfärber besteht im Inlande noch immer, wiewohl er in der Ausübung nur wenig bemerkbar ist. Schönfärber sind eigentlich jene, welche schön und echt färben; die Schwarzfärber hingegen färben meist unecht, und nur in ganz einfachen Farben, besonders Schwarz, Blau und Braun. Jetzt gibt es wenig Schwarzfärber, die nicht auch mit anderen und echten Farben sich abgäben.

Nach dem Färben wird das Tuch gewöhnlich in die eigentliche oder Fest-Walke geschickt, um ihm den Filz zu geben, d. i. um es dichter und fester zu machen, und zugleich von allem Schmutze zu reinigen. Die in der Wolle gefärbten Tücher werden gleich auf einmahl fest gewalkt. Es bestehen hierzu eigene Walkmühlen, welche den Papier- und Öhlmühlen ähnlich sind, und durch Wasser oder andere Kräfte getrieben werden. Am ganzen Werke darf kein eiserner Nagel seyn, da das Eisen Rostflecken verursacht und den Loden beschädigen könnte, auch müssen die Hämmer schwer und die Löcher im Stocke gut gewölbt seyn, damit das Tuch sich gut wende. Es ist auch eine sehr nöthige Vorsicht, dem Walker die Länge und Breite, welche das Tuch nach dem Walken erlangen soll, bestimmt anzugeben. Im Durchschnitte läßt sich annehmen, daß 4 Ellen Loden $2\frac{1}{2}$ Ellen gutes Tuch geben; doch wird bey vielen Tüchern, und vorzüglich bey den sogenannten Levantiner Tüchern nur eine schwache Walke oder bloßes Auswaschen angewendet, um leichtere Tücher zu erhalten. Eben so ist es gut, die zum Festwalken nöthige Seife dem Walker so viel möglich genau anzugeben, da ihre Menge von der Farbe des Tuches abhängt. Zuerst wird das Tuch mit Urin durchgestampft, dann erst in der eigentlichen Walke mit mancherley Materialien durchgearbeitet, und endlich in reinem Wasser gespült. Die Walkerde, durch deren Gebrauch doch die englischen Tücher ein so schönes Äußeres erhalten, hat im Inlande wenig Eingang gefunden, und wird bisher im Größeren nur in der Rittersfelder Fabrik angewendet. (Th. I. Erden und Steine Nr. 40, 88 u. 89.) Die Walker unterliegen weder einem Zunft- noch Mühlzwange; nur in Böhmen sind den Walkmüllern durch die Tuchmacher-Ordnung vom 24. Aug. 1758 einige Vorschriften gegeben, um die Beschädigung der Tücher hintanzuhalten. Sie arbeiten gegen Bezahlung, die nach dem Stücke bestimmt wird, für die kleineren Fabriken und Tuchmacher. Größere Fabriken haben ebenfalls ihre eigenen Walken, wie z. B. die the Losensche zu Rittersfeld, die Bergersche zu Alt-Habendorf, wo die Walke durch den geschickten Walker Jos. Weiß erbaut wurde, die Namiester in Mähren u. a. m. Von den einzelnen Walken dürfte in Niederösterreich die zu Pottendorf an der Leytha, wo auch alle Kotzenmacher walken lassen, die vorzüglichste seyn. In Wien ist nur eine, und eben nicht sehr bedeutende Tuchwalke, die kürzlich nächst der Stubenthorbrücke erbaut wurde, und durch den Wasserabfall einer Canalschleuße in Bewegung gesetzt wird.

Nur wenn das Tuch vollkommen gut und fest gewalkt ist, kann man demselben die Appretur geben, welche auf den Absatz einen so wichtigen Einfluß hat. Diese besteht darin, daß man das Tuch kardet oder aufraucht und schert. Um dasselbe zu rauchen, wird es etwas eingenäßt und die gefilzte Wolle mit ganz schwachen Karden in die Höhe gezogen, dann mit weichem Wasser stärker genäßt, und so lang aufgeraucht, bis die obere Wolle ganz aufgerissen und in eine parallele Lage gebracht ist, oder, wie man sagt, ihren gehörigen Strich hat. Es ist eine mühsame und anstrengende Arbeit, von welcher aber auch die Schönheit des Tuches mit abhängt. Um daher die Arbeit zu erleichtern, hat man in mehreren österr. Fabriken, z. B. in Rittersfeld, Brünn ꝛc. eigene Rauchmaschinen errichtet, welche die Arbeit schnell und vollkommen verrichten. Die Bergersche Fabrik zu Alt-Habendorf hatte vor mehreren Jahren eine von dem Mechaniker Joh. Reif erbaute Rauchmaschine, von welcher sie jedoch wieder abging. Wenn das Tuch gehörig geraucht ist, spannt man es in die Rahme, wo es jedoch nicht zu sehr gestreckt werden darf, und läßt es mit ganz schwachen Karden, und zuletzt mit einer Abstreichbürste zustreichen und abtrocknen, worauf es dann zum Scheren kommt. Das Scheren geschieht entweder mit den gewöhnlichen Handscheren, oder mit Schermaschinen, und immer muß mit dem Rauchen und Scheren gewechselt und dieses überhaupt so oft wiederhohlt werden, als das Tuch es verträgt, oder als es mehr oder weniger gedeckt, länger oder kürzer in Haaren seyn soll.

Das Tuch wird beym Scheren auf dem Schertische, der mit Scherwolle ausgepolstert und mit einem Wollenzeuge überzogen ist, ausgespannt und mit dem oberen Blatte der Schere (dem Läufer) geschoren. Eine Schere reicht gerade hin, um ein Stück Tuch zu scheren; jede Fabrik muß daher mit einer beträchtlichen Anzahl von Scheren versehen seyn, und diese müssen alle 4 bis 5 Jahre erneuert werden; in einem Tage von 12 Arbeitsstunden konnen 25 bis 30 Wiener Ellen bearbeitet werden. Der Abfall heißt Scherwolle und dient zum Auspolstern und zum Velutiren. (Th. I. Thierhaare Nr. 65 bis 70.) Die Schere darf nicht zu viel aufsetzen, denn das Tuch verliert dadurch seinen Strich und Glanz und wird unansehnlich; auch muß sie von sehr gutem Stahle verfertigt, wohl geschärft, gut calibrirt und gut gerichtet seyn. England und die Niederlande liefern die besten Tuchscheren, doch werden auch in teutschen Fabriken gute Scheren verfertigt. Manche österr. Fabriken lassen die Scheren aus den Niederlanden kommen; seit einigen Jahren aber verfertigt Weinbacher in Wels vortreffliche Scheren, und in Steyer ist eine eigene Tuchscheren-Anstalt errichtet worden, um die Einfuhr dieser Werkzeuge vom Auslande ganz entbehrlich zu machen. Der Maschinist Jos. Wagner aus Preßburg hat auch 1817 eine sehr nützliche Verbesserung an den Tuchscheren gemacht, welche darin besteht, daß er schmale, nur $\frac{1}{12}$ Zoll breite stählerne Schneiden verfertigt, welche mittels Schrauben an alte oder auch neue eiserne Scheren der Länge nach angemacht, und so gestellt werden können, daß dadurch dem Tuche ein mehr oder weniger scharfer Schnitt gegeben werden kann. Diese Erfindung erleichtert das Schleifen, welches bey ganzen Scheren schwierig ist, ungemein, und leistet überdieß noch andere wesentliche Vortheile, weßhalb dem Erfinder unterm 11. Juny 1817 ein ausschließendes Privilegium auf 6 Jahre ertheilt wurde.

Viel regelmäßiger, als nach dieser Methode, fällt das Scheren mit Maschinen aus, wenn der Mechanismus derselben gut ist. Es gibt verschiedene Schermaschinen, worunter die von der Erfindung des Hrn. Offermann und Hrn. Eylardi in Brünn, die Cockeletsche in Brünn, die Gomvellsche in Frankreich, die alle im österr. Staate ausgeführt sind, bemerkt zu werden verdienen. Mehrere inländische Fabriken, auch eine in Ungarn, haben die Offermannsche Maschine eingeführt, worauf das Tuch durch einen sehr einfachen Mechanismus geschoren wird; die Gomvellsche hat das Gute, daß man jede Handschere dabey verwenden kann, und daß sie beynahe gar keiner Ausbesserung bedarf. Man hat im Inlande Schermaschinen mit besonderen Vorrichtungen, wodurch 12 und mehrere Tische zugleich in Bewegung gesetzt werden, die alle ihren Umtrieb durch Wasser, seltener durch Dämpfe oder Menschenhände erhalten. Die neueste Schermaschine ist die durch Hrn. Chevalier Cochelet u. Comp. 1818 in Brünn aufgestellte, welche von dem Erfinder Tondeuse oder Forces hélicoïdes (schraubenförmige Schere) genannt wurde, und unterm 18. April 1818 für die ganze Monarchie ein ausschließendes Privilegium auf 10 Jahre erhielt. Diese Maschine ist nach der in dem schätzbaren Nationalblatte Hesperus 1819, mitgetheilten Beschreibung, ganz aus Metall und äußerst solid verfertigt. Sie bewirkt die Schur mittels eines Cylinders, auf welchem stählerne Klingen spiralartig in langgezogenen Schneckengängen aufgesetzt sind. Dieser Cylinder ist über einer andern befestigten Stahlklinge angebracht, welche wieder über eine mit einem elastischen Kissen versehene kupferne Platte gesetzt ist. Das Tuch liegt der Breite nach auf der Platte, an beyden Enden zusammengenäht, und wird von Cylindern rückwärts geleitet und angezogen, so daß es nach und nach unter der festen Scherklinge mit der Geschwindigkeit von 3 Ellen in einer Minute durchläuft und in eben dieser Geschwindigkeit von dem Schercylinder die Schur erhält. Das geschorne Tuch kommt zusammengelegt in den Hintertheil der Maschine und kann sogleich wieder einen neuen Schnitt bekommen. Auf diese Art werden in 12 Stunden 1300 Ellen von $\frac{7}{4}$ und $\frac{8}{4}$ breitem Tuche, folglich 3 Stück zu 22 Ellen, jedes 20mahl, vollkommen geschoren, wobey sich die Ersparniß über die Handarbeit auf 5840 fl., über die bisher gewöhnlichen Schermaschinen auf 5090 fl. Conv. M. in einem Jahre beläuft. Die Hauptvortheile derselben sind also Ersparniß an Zeit, Menschenhänden, Geldaufwand und Raum (die ganze Maschine braucht nur 10 Quadratschuh Raum), eine regelmäßige und gleiche Schur, Schnelligkeit der Operation, eine größere Menge von Arbeit (worin sie 50 Schertischen gleichkommt) rc. Hr. Cochelet verkauft seine Maschine um 6500 fl. Conv. M. und bereits hat sich die Namiester Tuchfabrik eine angeschafft, welche ganz vortrefflich ist. Die Tuchscherer bilden ebenfalls eine abgesonderte Innung, bey welcher die Lehrzeit 4 bis 5 Jahre dauert und die Gesellen als Meisterstück ein Stück Tuch scheren und ratiniren müssen. Für Wien besteht seit 1779 eine Innungs-Ordnung, und für Böhmen wurde am 20. July 1765 eine Tuchscherer-Ordnung erlassen, in welcher mehrere specielle Vorschriften über das Scheren der Tücher gegeben sind. Die Arbeiten der Tuchscherer umfassen das Aufrauchen oder Karden, das eigentliche Scheren, das Appretiren und Pressen, das Ratiniren und das Einpressen der Desseins; nebstdem befassen sich die Tuchscherer auch mit dem Appretiren der Wollenzeuge. Im Appretiren der Tücher ist das Inland noch gegen Frankreich und England im Allgemeinen zurück, obschon man auch hierin in mehreren großeren Fabriken sehr bedeutende Fortschritte gemacht hat. Unter die vorzüglichsten Tuchscherer Wiens gehören Jos. Laufner, Jos. Wüest, Friedr. Weigl, Jos. Steinzer.

Wenn das Tuch die Haupt-Appretur durch das Rauchen und Scheren erhalten hat, wird es noch einmahl durchgesehen, an den nöthigen Stellen genoppt, mehrmahls auf einem halbrunden Tische, der mit Leder uberzogen ist, mit Abstreichbürsten zugestrichen, und endlich in die Presse gebracht — gewöhnlich eine Arbeit der Tuchscherer, wodurch die Tücher Glanz und äußere Schönheit bekommen. Man faltet das Tuch, legt zwischen jede Lage zwey Preßspäne, d. h. sehr glatte Pappendeckel (vgl. die Abth. Papier und Papier-Fabricate), gibt unten und oben Preßbreter und dazwischen erwärmte eiserne oder kupferne Platten von der Größe der Tuchspäne, und schraubt die Presse fest zu. Die Platten dürfen nicht zu heiß eingelegt werden, damit das Tuch nicht zu viel Glanz bekomme, und die Farben nicht ihre Lebhaftigkeit einbüßen. Das erste Mahl dauert die Presse 24, das zweyte Mahl 48 Stunden, auch länger. Je weniger heiß die Platten sind, desto länger müssen die

Tücher in der Presse bleiben, und desto mehr gewinnen sie an Schönheit. Zu Preßspänen bediente man sich bisher fast ausschließend der feinsten englischen, preußischen, niederländischen oder Luxemburger Papierspäne, welche den englischen wenig nachstehen; gegenwärtig werden auch die Preßspäne der Ärarial-Papiermühle zu Rannersdorf, die allgemein gelobt werden, und viele schlesische gebraucht. Nach der letzten Presse werden die Tücher zusammengelegt, durch 24 Stunden in die Stichpresse gebracht, endlich zugeheftet und eingekappt. — Solche Tücher, welche ganz weiß bleiben sollen, werden vor dem Pressen geschwefelt und etwas gebläuet oder auch mit Kreide weiß gemacht.

Es gibt noch einige besondere Zubereitungsarten der Tücher und tuchartigen Stoffe, welche jedoch nur selten und in einzelnen Fällen Statt finden. Dahin gehört z. B. das Englisch-Zurichten, mittels nasser Schwämme auf Rahmen; das Wasserdichtmachen, wobey ein dem Wasser undurchdringlicher klebrichter Stoff mit dem Innern des Gewebes in Verbindung gebracht wird; das Ratiniren oder Frisiren, wodurch man der Oberfläche des Tuches eine gekräuselte Form gibt; das Aufpressen von Desseins, welches mit erwärmten Cylindern, wie bey den Wollenzeugen geschieht. Vom Drucken der Wollenstoffe überhaupt ist schon oben ausführlicher gehandelt worden. In der Erklärung der Muster wird über die ersteren Zurichtungsarten das Nähere angeführt werden.

Schauordnungen, welche auf die gehörige Fabrication der Tücher, auf ein bestimmtes Längen- und Breitenmaß, auf das Maß des Walkens und Scherens, auf das Färben u. s. w. die nöthige Aufsicht anordnen, die Fabricate mit Stämpeln versehen, folglich den Credit der Fabriken und den Handel mit Tüchern befördern, sind in der österr. Monarchie gesetzlich nicht eingeführt. Nur einzelne Tuchmacher-Innungen in Böhmen und Mähren, denen es um Aufrechthaltung ihres Credits zu thun war, haben Schauordnungen als Privatanstalten eingeführt, wie z. B. Iglau, Fulnek ꝛc. In Fulnek z. B. soll in Folge seiner Schauordnung das Beschauen der Tücher durch eigene dazu verpflichtete Leute vollzogen werden, deren Geschäfte darin bestehen, daß sie die Tücher aus den Rahmen das zweyte

Mahl besehen, und nach Befund stämpeln oder als untüchtig verwerfen. Hat das Tuch die gehörige Qualität, so wird es mit dem Kleeblatte plumbirt; ist es tadelhaft, so darf es der Schauer gar nicht schlagen oder stämpeln. Der Meister muß in diesem Falle zum ersten Mahl eine Geldstrafe erlegen, beym zweyten Mahl wird ihm das Tuch in Lappen zerschnitten, das dritte Mahl wird ihm auf bestimmte Zeit die Ausübung seines Gewerbes untersagt. Es wäre zu wünschen, daß solche Schauordnungen oder Schaugerichte allgemeiner, und zwar nicht bloß bey Wollenstoffen, sondern bey vielen ins Ausland gehenden Fabricaten eingeführt würden; denn der Handel mit Wollenstoffen würde dadurch sehr gewinnen, und hätte in vielen Fabriken nicht die große Stockung veranlaßt, welche seit einigen Jahren eingetreten ist.

Der Tuchhandel mit dem Auslande ist dessenungeachtet noch immer erheblich, besonders aus Mähren, Böhmen, Schlesien, Kärnten und Österreich, da sich die inländischen Wollerzeugnisse größten Theils in Qualität und Ansehen neben den ausländischen behaupten. Es gehen jährlich bedeutende Sendungen in die Türkey, nach Polen, Italien, Teutschland, nach Leipzig und in die Schweiz, gewöhnlich in Ballen zu 10 bis 12 Stück. Nach dem Oriente gehen vornehmlich leichtere Tuchgattungen, als Serailtücher, Dreykronentücher rc., wie sie in Rittersfeld, Brünn, in der Gegend um Troppau, Teschen rc. gewebt werden. Die türkischen und griechischen Handelsleute, meist in Wien, kaufen größere Parthien, und versenden sie auf eigene Gefahr; directe wird der Unsicherheit wegen wenig nach der Levante gehandelt. In den Mauthtabellen vom J. 1807 wurde die Einfuhr der Wollwaaren auf 27,242 fl. 38 kr., die Ausfuhr aber auf 3,731,340 fl. 53 kr. bloß aus den teutschen Erbländern angegeben. Unter der Ausfuhr waren 258,653 Ellen ganze und Halbtücher, 1,763,842 Ellen gemeine und mittelfeine Tücher, 91,247 Ellen Loden, 24,528 Ellen weißer und gedruckter Flanell, 34,896 Ellen Wollenzeuge u. s. w. begriffen. Von Wien allein wurden in den 5 Jahren 1812 bis 1816 69,439 Pfund Ganz- und Halbtücher, 1,940,991 Pf. gemeine und mittelfeine Tücher, 25,268 Pf. Flanell, 469 Pf. Tuchleisten, 57,254¾ Pf. Wollenzeuge, für 12,957 fl. wollene Packsäcke u. s. w. ins Ausland versendet. Besonders lebhaft ist der Handel mit Schafwollstoffen im Inlande, zumahl aus Böhmen und Mähren, welche einen großen Theil des österr. Staates mit ihren Fabricaten versehen. Die Wiedererwerbung der oberitalienischen Provinzen, Illyriens, Dalmatiens und Tyrols hat den Tuchfabriken der teutschen Erbstaaten wieder neue Absatzörter eröffnet. Auch die k. k. Linzer Wollenzeug-, Tuch- und Teppichfabrik setzt nicht bloß ihre Wollenzeuge bis nach Ungarn, Siebenbürgen und Galizien ab, sondern macht auch in Tüchern nicht unbedeutende Geschäfte. In der Erklärung der Muster ist bey vielen Wollenstoffen der Absatzort angegeben. Überdieß verdient noch der Transitohandel mit Tüchern eine Erwähnung, der aus den Niederlanden, aus der Lausitz ꝛc., vornehmlich mit Levantiner Tüchern, nach der Türkey u. s. w. getrieben wird, und für den österr. Staat von Bedeutung ist. Romer in Eupen war einer der größten Fabrikanten in Levantiner Tüchern, bevor er sein Etablissement aufgegeben hat; auch Cherin in Verviers und Schwarz in Bautzen machen gute Tücher für den Orient, die in Ballen zu 12 Stück, das Stück zu 34 bis 35 Brabanter Ellen, verschickt werden. Durch Wien allein sind von 1812 bis 1816 bloß an Tüchern 1,763,981 Pfund, und an Wollenzeugen 209,900 Pf. transito durchgegangen, und im J. 1815 versendete ein einziges hiesiges Haus 5000 St. Tücher aus Bautzen nach der Levante.

Durch die neuen Zolltarife von den Jahren 1817 und 1819 ist der Verkehr mit Wollenstoffen im Innern der Monarchie (mit Ausnahme von Ungarn, Siebenbürgen, Dalmatien, Istrien, Triest und Fiume) ganz zollfrey erklärt, die Einfuhr vom Auslande gänzlich verbothen, und für die Ausfuhr ins Ausland an allen Gränzen der Monarchie ein gleichförmiger Zoll festgesetzt. Alle rein wollenen Stoffe, wie Tuch, Casimir, Molton, Flanell, Kotzen u. s. w. bezahlen b. d. Ausfuhr vom Pfund ½ kr., b. d. Einf. aus Ungarn 24 kr.; alle ungrischen gemeinen und mittelfeinen Tücher, dann Beuteltuch und Rasch ꝛc. vom Ctr. b. d. Einf. aus Ungarn 16 fl., b. d. Ausfuhr 50 kr.; die ungrischen Loden, wie auch Halinatuch und gemeiner Flanell vom

Ctr. b. d. Einf. aus Ungarn 4 fl., b. d. Ausf. 10 kr.; alle übrigen dgl. inländischen Stoffe vom Ctr. b. d. Ausf. 10 kr.; alle Stoffe mit Beymischung von Leinengarn, worunter z. B. die Fußteppiche gehören, vom Pf. bey der Ausf. $\frac{1}{4}$ kr., b. d. Einf. aus Ungarn 12 kr. C. M.

Die Preise der Wollenstoffe sind wegen ihrer großen Mannigfaltigkeit außerordentlich verschieden, und ändern sich auch nach Farben, Desseins, Länge und Breite ungemein. Von der k. k. Linzer Fabrik sind 1819 für alle ihre Erzeugnisse bestimmte Preise in C. M. festgesetzt worden, woraus die folgenden nur die Hauptangaben enthalten. Es kostet nähmlich der Alumnatzeug 54 kr. pr. Elle, Barcan 36 kr. bis 1 fl. 12 kr., Prunel 1 fl. 21 kr. bis 1 fl. 45 kr., Chalon 34 kr. bis 1 fl., Crepon 40 kr. bis 1 fl., halbseidener Damast 1 fl. 4 kr. bis 1 fl. 10 kr., Droguet 40 kr. bis 1 fl., Velpel 50 kr. bis 1 fl. 20 kr. pr. Elle, Gürtelzeug 3 fl. 18 kr. bis 5 fl. 50 kr. pr. Stück, Harbin halbseidener 30 bis 57 kr. pr. Elle, Jesuitenzeug 45 kr., Kalamank 39 kr. bis 1 fl. 10 kr., Kamelot 1 fl. 3 kr. bis 1 fl. 6 kr., Karole 44 kr bis 1 fl. 6 kr., Kronrasch 51 kr. bis 1 fl. 30 kr. pr. Elle, Concentzeug 23 fl. bis 32 fl. pr. Stück zu 40 Ellen, auch bis 1 fl. 5 kr. pr. Elle, Malinès 15 fl. pr. Stück zu 30 Ellen, Mantelzeug 17 fl. 30 kr. bis 25 fl. pr. Stück zu 35 Ellen, englisches Pelzwerk 1 fl. pr. Elle, Pferddeckenzeug 1 fl. 10 kr. bis 1 fl. 30 kr. pr. Stück, Quinet 4 fl. 30 kr. bis 8 fl. 15 kr. pr. Stück zu 13 Ellen, Zwölfer-Rasch 15 fl. 30 kr. bis 25 fl. pr. Stück zu 30 Ellen, Satin 45 bis 46 kr. pr. Elle, Serge Beyll 45 kr. bis 1 fl. 12 kr. pr. Elle, Shawl croisé 2 fl. bis 5 fl. pr. Elle, Tamis 29 bis 45 kr. pr. Elle. Die superfeinen Tücher Nr. 1 kommen nach Verschiedenheit der Farbe auf 10 fl. bis 11 fl. 20 kr., Nro. 2 auf 8 bis 9 fl., die extrafeinen Tücher auf 6 fl. 40 kr. bis 7 fl. 40 kr., die feinen auf 6 bis 7 fl., die mittelfeinen in 3 Nummern auf 3 fl. 45 kr. bis 6 fl., Drap de Berry auf 8 bis 9 fl., Azor auf 3 fl. pr. Elle zu stehen. Der superfeine Casimir kostet 2 fl. 45 kr. bis 3 fl. 9 kr., superfeiner Doppel-Casimir 3 fl. 24 kr. bis 3 fl. 48 kr.; feiner Casimir 2 fl. 12 kr. bis 2 fl. 36 kr., feiner Doppel-Casimir 2 fl. 45 kr. bis 3 fl. 9 kr.; Strock 2 fl. 30 kr., Flanell 1 fl.

12 kr. pr. Elle. — Von dem Serailtuche des Hrn. Römer in Eupen kam die Elle zu Wien im Februar 1820 auf 2 fl. 35 kr.; die Zwey-Fischtücher des Hrn. Cherin aus Verviers kamen pr. Elle auf 8 Brabanter Gulden (1 Brab. fl. ist um 20 Procent geringer, als 1 Gulden nach österr. Fuße), die Zwey-Fischtücher aus Bautzen aber auf 2 fl. 30 kr. C. M.

Die Reichenberger Tücher standen im März 1820 ungefähr in folgenden Preisen: $\frac{6}{4}$ breite ordinäre Waare kostete 1 bis 2 fl., $\frac{7}{4}$ breite ordinäre $2\frac{1}{2}$ bis $3\frac{1}{2}$ fl., $\frac{8}{4}$ breite feine 4 bis 8 fl. C. M. pr. Elle. Die ordinären $\frac{6}{4}$ breiten Iglauer Tücher standen zu 1 bis 2 fl., $\frac{7}{4}$ breite zu 2 bis 3 fl.; die $\frac{8}{4}$ breite feine Brünner Waare zu 5 bis 12 fl., $\frac{8}{4}$ breite feine Prima-Waare zu 12 bis 16 fl.; die Moroischen Tücher aus Klagenfurt zu 8 bis 16 fl., die $\frac{8}{4}$ breiten feinen Namiester Tücher zu 4 bis 10 fl., die $\frac{8}{4}$ breiten feinen Namiester Primatücher zu 10 bis 16 fl. C. M. pr. Elle. In der Grünwaldschen Feintuch- und Casimirfabrik zu Biala in Galizien werden Tücher bis zu 15 fl. W. W., in der Mikulincer Fabrik von 3 bis 25 fl. W. W. pr. Elle gewebt.

Im Sommer 1819 kostete zu Verona das ordinäre Tuch 6 ital. Lire pr. Elle, eisengraues feines 7 L., feinstes schwarzes 14, auch 15. 25 L., blaues 13. 82, auch 18. 18 L., superfeines melirtes Tuch 29 L., superfeiner melirter Casimir 10 Lire die ven. Elle.

Erklärung der Muster.

Nach den vorausgeschickten Bemerkungen zerfallen die gesammten Schafwollstoffe, und somit auch die hier aufgestellten Muster in 2 Hauptgattungen: A. in die Wollenzeuge, welche 1) entweder glatt, façonnirt oder gepreßt, oder 2) gedruckt sind; und B. in die Tücher und tuchartigen Stoffe, welche sich 1) in die glatten, ratinirten und gepreßten, 2) in die gedruckten, 3) in die aufgekratzten oder sogenannten Kotzen unterscheiden lassen. Darauf folgen mehrere Muster von Wollenstoffen aus verschiedenen österr. Provinzen und in den Nachträgen werden noch Muster von besonderen Stoffen, von gedruckten Tüchern ꝛc. mitgetheilt.

A. Wollenzeuge.

1) Glatte, façonnirte und gepreßte.

Taf. I. Nr. 1. Tamis oder Damis, ein geglänzter Wollenzeug aus Gespinnst von der Feinheits-Nr. 26 bis 28 (vgl. Wollgespinnste Nr. 15) leinwandartig gewebt, aus der Linzer Wollenzeugfabrik. Den Glanz gibt man dem Zeuge in dieser Fabrik durch Reiben mit Agatstein, in anderen Fabriken durch das Kalandern oder durch warmes Pressen. Ehemahls wurde der Tamis häufig in den Handel gebracht und zu Unterfutter unter leichte Kleider, zu Frauenkleidern, zu Schürzen, Vorhängen u. s. w. verbraucht; heut zu Tage ist der Verbrauch nur gering, und meist auf Unterfutter beschränkt. Diese Zeuge sind $\frac{3}{4}$ breit, im Stück 38 Ellen lang und das Stück wiegt 3 W. Pfund. Man färbt sie sächsischgrün und in anderen Farben. Nr. 1 nennt man eine gröbere, Nr. 2 eine feinere Sorte.

Nr. 2. Mantelzeug, ein glatter Wollenzeug aus Gespinnst Nr. 36, auch von niedrigeren Feinheits-Nrn. (vgl. Wollgespinnste Nr. 13 bis 15). Dieser Zeug ist $\frac{5}{8}$ breit, im Stück 35 Ellen lang und $5\frac{3}{4}$ Pf. schwer, wird in verschiedenen Farben ausgefertigt, und häufig zur Überziehung auf Möbel, zu Sommerröcken der Weiber u. s. w. verbraucht.

Nr. 3 u. 4 Quinet oder Quinette, ein glatter Zeug, welcher gewöhnlich und in der Regel bloß aus Schafwolle, und nur zuweilen in Vermischung mit Ziegenwolle gewebt wird, aus der Linzer Wollenzeugfabrik. Die darauf sichtbaren Figuren sind mittels eines erwärmten Cylinders glänzend eingepreßt. Es gibt zwey Gattungen des Quinets: den schmalen, der blau und scharlachroth gefärbt wird, $\frac{3}{4}$ breit, 13 Ellen lang ist und im Stück $1\frac{7}{8}$ Pf. wiegt, und den gepreßten, der in mehreren Farben ausgefertigt wird, $\frac{5}{8}$ breit und 13 Ellen lang ist, und im Stück $2\frac{1}{8}$ Pf. wiegt. Die Verfertigung des mittelbreiten glatten Quinets Nr. 1. und 2 ist dermahlen eingestellt. Diese Zeuge wurden sonst zu Weiberröcken, Mannsschlafröcken, Camisölern 2c., die ganz glatten auch zu Kloster-Kleidungen verbraucht; heut zu Tage beschränkt sich ihr Absatz größten Theils auf Ungarn, besonders auf das Ödenburger Comitat, wo sie von den Weibern auf Vorleibchen verwendet werden.

Nr. 5. Alumnatzeug, ein schwarzer grober Zeug, aus der Linzer Wollenzeugfabrik, auf Ordenskleider der barmherzigen Brüder u. a. Dieser Stoff ist $\frac{8}{8}$ breit, 32 Ellen lang, und das ganze Stück wiegt $15\frac{1}{4}$ Pf.

Nr. 6. Jesuitenzeug, ein raucher und grober raschartiger Zeug aus der Linzer Wollenzeugfabrik. Auch dieser wird wie der Alumnatzeug, jedoch etwas leichter gewalkt, schwarz abgefärbt, und in die Klöster abgeliefert. Er ist $\frac{8}{8}$ br., 38 Ellen lang und wiegt ebenfalls $15\frac{1}{4}$ Pf.

Nr. 7. Crepon, ein grober Wollenzeug, der sowohl schwarz, als in mehreren feinen Farben ausgefertigt wird, aus der Linzer Wollenzeugfabrik, $\frac{7}{8}$ br., 20 Ellen lang und im Stück $8\frac{1}{2}$ Pf. wiegend. Dieser Artikel geht in allen Farben stark nach Polen.

Nr. 8 und 9. Glatte Concent- oder Konzentzeuge aus Gespinnsten von der Feinheits-Nr. 34, auch aus gröberen Garnen, aus der Linzer Wollenzeugfabrik. Diese Zeuge, welche sonst auch Polamit oder Polemit genannt wurden, unterscheiden sich von anderen Wollenzeugen vornehmlich durch den gezwirnten Kettenfaden, der oft drey- und vierdrähtig ist (vgl. Wollgespinnste Muster Nr. 113), während der Einschuß einfach genommen wird. Ehemahls wurden davon mehrere Nummern verfertigt; gegenwärtig macht man am häufigsten Nr. 4 in mehreren Farben, $\frac{3}{4}$ br., 40 Ellen lang und im Stück 8 Pf. wiegend; dann gestreiften, $\frac{2}{3}$ br., 30 Ellen lang und 5 Pf. schwer, und extrabreiten, $\frac{4}{3}$ br., 40 Ellen lang und 10 Pf. schwer. Man verwendet diesen Stoff in die Theater zu großen Decorationen; außerdem versendet die Linzer Fabrik jährlich bedeutende Quantitäten nach allen österr. Provinzen, wo sie zu Weiberröcken, Sommerkleidern u. s. w. verbraucht werden. Für die Geistlichkeit ist der schwarzgefärbte noch gesucht.

Nr. 10. Gestreifter Concent, ein dem vorstehenden ähnlicher Zeug, worin jedoch farbige Streifen eingewebt sind, aus der Linzer Fabrik. Die Dessinirung geschieht in der

Vorrichtung der Schweifrahme. Der Absatz geht fast nur noch nach Polen, welches jährlich viel davon verbraucht. Die schmalen gestreiften Concentzeuge werden in der genannten Fabrik jetzt nicht mehr verfertiget.

Nr. 11. Gepreßter Concentzeug, aus der Linzer Fabrik, aus etwas gröberem Gespinnste von der Feinheits-Nr. 28, etwas breiter, als die Quinets, im Ellenmaß den glatten Concenten gleich. Die Figuren werden, wie beym Quinet, mittels eines durch glühenden Stahl erwärmten Cylinders eingepreßt. Man verbraucht sie theils zu Kleidungsstücken, wie die vorigen, theils zu Möbeln. Jetzt ist in der Linzer Fabrik die Erzeugung der gepreßten sowohl, als der figurirten Concente eingestellt.

Nr. 12. Ordinärer Barcan, Baracan oder Perkan aus der Linzer Fabrik, ein Wollenzeug aus grobem Gespinnste Nr. 12 leinwandartig gewebt. Das Garn dazu ist sehr stark gedreht, besonders der Einschuß, welcher vom zweyfachen bis zum sechsfachen Faden steigt; etwas schwächer ist die Kette, die stets nur ein zweyfach gezwirnter Faden ist. Beym Weben wird das Garn sehr stark zusammengeschlagen. Man erhält auf diese Art mehrerley Sorten von Barcan, die verschieden zugerichtet, und entweder schon in der Wolle, oder nach dem Weben gefärbt werden. Soll der Barcan recht gut seyn, so muß er durchaus gleichfädig, und recht dicht und derb gewebt seyn, so daß kein Wasser durchdringen kann.

Taf. II. Nr. 13. Gewässerter Barcan, auch Moir genannt, dem Gewebe nach derselbe Stoffe wie der vorstehende, jedoch moirirt. Die meisten Barcane, wozu auch das vorliegende Muster gehört, bekommen eine wasserähnliche Zeichnung und erhalten dann den Nahmen Wasserzeug und Moir; manche werden auch mit Desseins gepreßt. Sie sind $\frac{3}{4}$ breit, im Stück 20 Ellen lang und 6 Pf. schwer. Man wendet sie in allen Farben auf Möbel an, schwarz und dunkelblau gefärbt gehen sie stark nach Ungarn, Siebenbürgen und zum Theil nach Steyermark, wo sie noch auf Kleider getragen werden.

Nr. 14. Geblumter Kalamank, oder Calming,

und Art Wollen-Damast, der aus Garn von der Feinheits-Nr. 50 sowohl glatt als geblumt gewebt wird, und nur auf einer Seite recht ist. Er wird wie jede andere Zußarbeit gezogen gearbeitet, und immer einfarbig in allen, besonders dunklen Farben ausgefertigt, ist $\frac{5}{8}$ br., 35 Ellen lang und im Stück 8 Pf. schwer. Die Linzer Wollenzeugfabrik versendet diese Zeuge nach Ungarn und Siebenbürgen, wo man sie, wiewohl jetzt seltener, zu Kleidungen und zur Möblirung benutzt.

Nr. 15. Gestreifter Kalamank, aus der Gespinnst-Nr. 34, $\frac{5}{8}$ br., 34 Ellen lang und $6\frac{1}{8}$ Pf. im Stücke schwer, aus der Linzer Fabrik. Dieser gestreifte Kalamank erhält seine Streifen (die Dessinirung) schon durch die Vorrichtung in der Schweifrahme, beym Anlegen der Kette. Zum gestreiften wird die Kette aus einem feinen und einem groben Faden duplirt; der aus Waschwolle bestehende Einschuß wird nur schwach eingeschlagen. Man braucht diesen Kalamank in Siebenbürgen, Ungarn und Galizien vornehmlich auf Weiberröcke.

Nr. 16 u. 17. Satin oder Wollatlas, ein geköperter Zeug aus Gespinnst-Nr. 42 (vgl. Wollgespinnste Nr. 20), wie der seidene Atlas gewebt, meist schwarz oder blau gefärbt, und durch warmes Pressen geglänzt, $\frac{7}{8}$ br., 20 Ellen lang und im Stück $4\frac{3}{4}$ Pf. schwer. Man verbraucht ihn auf Männer- und Weiberkleidungen.

Nr. 18. Kadis, Cadis, unrichtig Carbis, ein croisirter Zeug aus der Linzer Wollenzeugfabrik, $\frac{1}{2}$ Elle breit. Man verfertigte diesen Stoff in allen Farben, halb- und ganz feinfarbig und von verschiedener Feinheit, nach zwey Nummern, wovon Nr. 1 die schlechtere, Nr. 2 die bessere Gattung bezeichnete. Jetzt ist die Verfertigung dieser Zeuge in der Linzer Wollenzeugfabrik eingestellt. Man brauchte dieselben vorzüglich zu Winterkleidungen.

Nr. 19. Sogenannter Nr. 12 oder Zwölfer-Rásch (Räs), ein croisirter gemeiner Wollenzeug aus Gespinnst Nr. 30, in ordinären und feinen Farben, $\frac{3}{4}$ br., 30 Ellen lang und im Stück $7\frac{1}{2}$ Pf. wiegend. Die Kette dazu besteht aus Waschwolle, der Einschuß aus Fettwolle. Man darf diesen gemeinen Rasch, den man sonst Futterrasch und Zeugrasch zu nennen pflegt, nicht verwechseln mit dem aus kurzer Wolle oder Krempelgarn verfertigten sogenannten Krempel- oder Tuchrasch, wozu auch der Kronrasch gehört. Nach der verschiedenen Farbe wird der Rasch entweder zu Fensterrolletten, zu Bettdecken (Converts) oder zu Kleiderfutter von den geringeren Menschenclassen gebraucht. Die Erzeugung des weißen Flanell-Rasches und des gefärbten Halbrasches ist in der Linzer Wollenzeugfabrik für jetzt eingestellt.

Nr. 20 u. 21. Chalon, Chalong oder Soy, gleichfalls ein einfacher croisirter Wollenzeug, jedoch feiner und auf der rechten Seite glätter, als der Rasch, aus der Linzer Fabrik. Man nimmt dazu nicht nur feinere Wolle, sondern auch feineres Gespinnst, gewöhnlich von der Feinheits-Nr. 36, webt ihn übrigens auf eben die Art, wie den Rasch, und appretirt ihn stärker. Je feiner und gleicher die Fäden sind, und je stärker er glänzt, desto besser ist er. In einigen Fabriken unterscheidet man 3 Sorten: extrafein, mittelfein und ordinär; in der Linzer werden nur zwey Sorten verfertigt: Nr. 1, welcher $\frac{4}{4}$ br., 34 Ellen lang und $7\frac{1}{2}$ Pf. schwer, dann Nr. 2, welcher $\frac{9}{8}$ br., 34 Ellen lang und $7\frac{3}{4}$ Pf. schwer ist. Die Linzer Wollenzeugfabrik machte in früheren Zeiten mit diesem Artikel einen bedeutenden Absatz nach der Levante; allein seitdem die Engländer von Maltha aus mit dieser Waare dahin Handel treiben, verlor die Fabrik diesen Absatz. Seiner Ähnlichkeit wegen mit dem Rasch, hat er mit diesem auch die Verwendung zu Unterfutter, zu Decken u. dgl., besonders in Ungarn, gemein. Der sächsischgrün gefärbte wird meist auf Fensterrolletten verwendet, der schwarze stark nach Siebenbürgen abgesetzt.

Nr. 22. Prunel oder Prunelle, ein feiner croisirter Wollenstoff, der in ordinären und feinen Farben ausgefertigt wird, aus der Linzer Wollenzeugfabrik. Man braucht denselben theils auf Möbel, noch häufiger auf Damenschuhe; der schwarze wird auch auf Kleider für die Geistlichkeit verwendet. Das Stück hält 24 Ellen und ist $\frac{3}{4}$ br.

Nr. 23. Shawl croisé, ebenfalls ein croisirter oder geköperter Artikel aus ordinärer oder auch feinerer Wolle, und in verschiedenen Farben, aus der Linzer Wollenzeugfabrik. Der ordinäre ist $\frac{7}{4}$, der extrafeine $\frac{8}{4}$ br. Beyde werden auf die sogenannten Linzer Tücher und auf ordinäre Kleider verbraucht.

Nr. 24 und 25. Merinoszeuge oder schlechtweg Merinos, aus der Linzer Wollenzeugfabrik. Diese neuerfundenen Zeuge sind im Grunde nichts anderes, als ein Serge oder Sarsche, wozu jedoch feinere Wolle und feineres Gespinnst, letzteres gewöhnlich von der Feinheits-Nr. 50 bis 55 (vgl. Wollgespinnste Muster Nr. 27, 29, 30) genommen wird. Der Zeug ist von verschiedener Breite und wird in größeren Städten häufig zu Damenkleidern getragen.

Nr. 26 bis 30. Feine Merinoszeuge in verschiedenen Farben, aus Bertolli's nun nicht mehr bestehender Fabrik zu Wien. Diese Merinos sind aus der feinsten, langen, gekämmten spanischen Schafwolle gewebt und geköpert. Man nimmt dazu gewöhnlich Gespinnste von der Feinheits-Nr. 60 bis 70 (vgl. Wollgespinnste Muster Nr. 39 bis 42). Die Zeuge sind theils eine, theils 2 Ellen breit, und im Stück oft bis 80 Ellen lang. Um die Merinos möglichst glatt zu machen, muß die auf der Oberfläche noch vorfindige rauche Wolle abgesengt werden. Sie dienen sodann gewöhnlich zu Shawls und Damenkleidern.

Taf. III. Nr. 31 bis 34. Feine Merinoszeuge in verschiedenen Farben, aus der Linzer Wollenzeugfabrik.

Nr. 35 bis 38. Feine Merinoszeuge in verschiedenen Farben, von David Hermann in Wien. Der weiße ist vorzüglich schön.

Nr. 39. Rother Merinoszeug, aus echt thibetanischem Ziegenhaar (Th. I. Thierhaare Nr. 75 u. 76) in Wien verfertigt, auf Umhängtücher ꝛc.

Nr. 40 bis 42. Melirte Concente in mehreren Farben, aus der Linzer Wollenzeugfabrik. Wenn sie die Länge und Breite der gemeinen Concente (vgl. oben Nr. 8 und 9) haben, heißen sie eigentlich melirte Concente; sind sie dagegen 30 Ellen lang und $\frac{9}{16}$ breit, so nennt man sie Malines. Doch liegt der Unterschied zwischen beyden nicht allein in der Länge und Breite, sondern auch in der Feinheit der Ge-

R 2

spinnste, indem die melirten Condente aus Garn Nr. 28, die Malines aus Nr. 38 verfertigt werden. Die Melirung wird dadurch hervorgebracht, daß gezwirntes Kettengarn von schwarzer, blauer oder grüner Farbe und rothes Einschußgarn genommen wird. Ungarn, Siebenbürgen und Mähren consumiren davon jährlich eine bedeutende Quantität auf Pelzüberzüge und andere Kleidungsstücke.

Nun folgen von Nr. 43 bis 50 mehrere Muster von gezogener Arbeit, die man geblumte Zeuge oder Zugarbeit zu nennen pflegt.

Nr. 43. Wollener Droguet, sonst auch Amiens genannt, ein gezogener figurirter Wollenzeug, aus Gespinnst von der Feinheits-Nr. 38. Der Einschlag macht bey diesem Zeuge auf der rechten Seite die Figur, und auf der linken die Kette, doch ist der Zeug nur auf einer Seite rechts, und ohne Köper. Es gehört dazu der Kegelstuhl mit dem Harnisch. Gegenwärtig sind die currentesten Artikel Dessins mit Blumen und mit Vögeln. Diese Zeuge sind $\frac{5}{8}$ br., 24 Ellen lang und wiegen im Stück 6 Pf. Die Linzer Wollenzeugfabrik sendet ihre Droguets meist nach Ungarn, wo sie noch zu Kleidungsstücken für Weiber verbraucht werden.

Nr. 44 u. 45. Karole, ebenfalls ein gezogener, theils gemusterter, theils gestreifter, theils geblumter Zeug, aus Wollgarn von der Feinheits-Nr. 40 (vgl. Wollgespinnste Muster Nr. 22). Dieser Zeug ist $\frac{5}{8}$ br., 17 Ellen lang und wiegt im Stück $5\frac{1}{4}$ Pf. Er wurde seiner Desseins wegen, die in allen Farben ausgefertigt werden, zu Westen und Beinkleidern getragen, und die gestreiften waren ehemahls auf Möbelüberzüge sehr beliebt; schwarze Karoles werden noch in Siebenbürgen auf Kleider benutzt. Man macht dergleichen Zeuge auch von Ziegenhaar.

Nr. 46. Dimontino, ein quadrillirter Zeug aus etwas gröberem Gespinnst von der Feinheits-Nr. 36, aus der Linzer Fabrik, $\frac{5}{8}$ br. Die Verschiedenheit der Farben ist in der Kette durch Vorrichtung auf der Schweifrahme angebracht. Ehemahls benutzte man den Dimontino theils auf Möbel, theils auf Kleider; gegenwärtig ist in der Linzer Fabrik die Verfertigung desselben eingestellt.

Nr. 47. Gürtelzeug, ein Wollenzeug aus der Linzer Fabrik, welcher ausschließend nach Polen abgesetzt und dort, so wie auch in der angränzenden Moldau, in der Bukowina und in Rußland auf Leibbinden verbraucht wird. Die Linzer Fabrik verfertigt davon dreyerley Gattungen. Die erste Gattung (Nr. 2 genannt) ist glatt und gewöhnlich roth, $\frac{1}{3}$ breit; ein ganzes Stück wiegt $2\frac{1}{8}$ Pf. und besteht aus 8 Abtheilungen. Die zweyte Gattung (Nr. 3 genannt) ist blau oder grün gestreift, hat gleiche Breite und gleiches Gewicht und besteht ebenfalls aus 8 Abtheilungen. Die dritte Gattung (Nr. 4 genannt) ist quadrillirt, $\frac{7}{16}$ breit, und das Stück, das aus 10 Abtheilungen besteht, wiegt $5\frac{1}{8}$ Pf.

Nr. 48. Taboretas oder Tabouret, ein gezogener Wollenzeug aus Gespinnst von der Feinheits-Nr. 30, $\frac{9}{16}$ breit. Er wird nach Erforderniß der Desseins in 2, 3 und mehreren Farben ausgefertigt. Die Bildung des abstechenden Desseins auf dem einfarbigen Grunde (wozu Grundkette und Einschuß von einerley Farbe sind) geschieht, indem nebst der einfarbigen Grundkette noch eine zweyte (die sogenannte Figurenkette), welche die Farben des beliebigen Desseins auf der Schweifrahme erhält, angebracht, und mittels der Zugarbeit auf dem Kegelstuhle eingearbeitet wird. Vormahls machte die Linzer Wollenzeugfabrik in diesem Artikel weit bedeutendere Geschäfte, als gegenwärtig; denn vor kurzem gingen davon nur noch geringe Quantitäten nach Schlesien, wo dieser Stoff theils auf Möbel verwendet, theils zu Kleidern getragen wird; gegenwärtig ist die Verfertigung desselben ganz eingestellt.

Taf. IV. Nr. 49. Taboretas, wie Nr. 47, jedoch mit großen Desseins auf Möbel.

Die Nrn. 50 bis 53 enthalten noch einige croisirte oder geköperte Muster.

Nr. 59 bis 52. Pferddeckenzeuge, gestreift und quadrillirt, aus der Linzer Fabrik. Es sind $\frac{3}{4}$ breite, $\frac{7}{4}$ lange und $\frac{5}{8}$ Pf. schwere croisirte Wollenzeuge aus ordinärem Wollgespinnste von der Feinheits-Nr. 16. Man hat sie mit grünen, rothen, blauen und gelben Streifen, und besetzt sie rundum mit Franzen. Die quadrillirten werden jetzt nicht mehr verfertiget, auch nicht die mit Baumwollstreifen.

Nr. 53. Kronrasch, ein leichter geköperter Wollenzeug, dessen Kette aus sechsstückiger Waschwolle, der Einschlag aber aus dreystückiger Streichwolle besteht. Er wird wie alle geköperten Zeuge gewebt, eine Stunde gewalkt, um ihn tuchartig zu machen, auf der rechten Seite geraucht, hernach grün, blau, ponceauroth oder schwarz gefärbt und gepreßt. Er ist $\frac{5}{8}$ br., 32 Ellen lang und wiegt im Stück 17 Pf. Man verwendet ihn in allen Farben zur Kleidung, besonders im Bauernstande; grün zu Schürzen oder Vortüchern für Handwerker und Kaufleute.

Die zwey folgenden Muster gehören zu den geschnittenen Zeugen oder sogenannten Wollsammten, welche auf einem dem gewöhnlichen Zeugmacherstuhle ähnlichen Stuhle gewebt werden.

Nr. 54 u. 55. Velpel oder Felper, ein sammtähnlicher Zeug aus Wollgarn von der Feinheits-Nr. 24, $\frac{5}{8}$ br., 20 Ellen lang und im Stück $5\frac{1}{4}$ Pf. wiegend. Diese Zeugart hat außer der gewöhnlichen Kette und dem Einschuß noch eine zwente Kette, welche Florkette genannt wird. Die Kette und der Einschuß sind aus Waschwolle. Die Kette sowoll, als die Florkette müssen doppelt seyn, jedoch nicht gezwirnt. Man bemerkt auf der rechten Seite des Velpels eine aufgeschnittene oder hohlaufstehende Oberfläche, welche mittels der über die gewöhnliche Kette aufgespannten Florkette hervorgebracht wird. Beym Weben werden zwischen die Flor- und Grundkette messingene Ruthen oder Stäbe eingeschoben und eingewebt, sodann diese Ruthen mittels des Dreget (d. i. eines Messers, welches auf einem Lineal angebracht ist) nach 2 und 2 Einschüssen ausgeschnitten oder nur ausgezogen. Wird die Ruthe mit dem Messer ausgeschnitten, so entsteht dadurch der geschnittene Velpel, welcher eine ganz rauche Oberfläche hat; wird sie nur ausgezogen, so bildet sich der ungeschnittene oder ausgezogene Velpel. Von ersterem gibt Nr. 55, von letzterem Nr. 54 ein Muster. Man hat den Velpel von schwarzer, blauer, sächsischgrüner und anderen Farben, auch glatt und getupft. In Ungarn und Siebenbürgen, wo der Velpel zum Ausschlagen und Verbrämen der Überkleider als Surrogat des thierischen Pelzwerks, wohl auch zu Unterfutter und sonstiger Bekleidung verbraucht wird, so wie auch in einigen anderen Provinzen hat die Linzer Wollenzeugfabrik, aus welcher die beyden obigen Muster sind, noch einigen Absatz. — Diese Fabrik liefert auch Velpel von Kämmelgarn (Velpel von Filo genannt) in mehreren Farben, wobey die Kette aus Filo d'Angora, der Eintrag aus Wollgarn ist. Dieser Stoff hat die Verwendung, die Länge und Breite mit dem ganzwollenen Welpel gemein, ist jedoch etwas schwerer, da das Stück bey 6 Pf. wiegt.

2) Gedruckte Wollenzeuge.

Nr. 56 und 57. Serge-Beryll, oder Beryll-Serſche, mit mehreren Farben wolkenförmig gedruckt. Es gibt mehrere Arten von Serſche, welche unter den verschiedensten Benennungen, in verschiedenen Breiten und Längen, und in allen Farben in den Handel gebracht werden. Es sind durchaus geköperte oder croisirte Wollenzeuge, welche mit 4 bis 10 Schäften und 4 bis 6 Schemmeln gewebt werden. Nach Erforderniß der höheren oder niedrigern Feinheit werden auch die Garne von verschiedenen Nummern genommen; die obigen beyden Muster sind aus Gespinnst-Nr. 20. Man nennt diese Zeuge Beryll von der ursprünglichen blauen Grundfarbe, worauf die Desseins mit Modeln aufgedruckt werden. Die Linzer Wollenzeugfabrik erzeugt sie jetzt nur noch in zwey Desseins: mit blauen kleinen und großen Blumen, dann halbroth. Diese Serge-Berylls sind $\frac{5}{4}$ br., 21 Ellen lang und wiegen im Stück $12\frac{1}{4}$ Pf. Man braucht sie ausschließlich in Ungarn auf Bettdecken und Weiberröcke. Die Serge Imperial wird jetzt nicht mehr verfertigt.

Nr. 58. Ein gedruckter glatter Wollenzeug aus der Linzer Fabrik, roth mit Blumen.

Taf. V. Nr. 59 bis 65. Wollene Cambriks, in verschiedenen Farben und Desseins, aus der Linzer Fabrik. Es sind ursprünglich lauter glatte Stoffe, wie Concente und Mantelzeuge, denen man, mit verschiedenen Desseins bedruckt, den Nahmen Cambriks beylegte, um sie leichter im Handel fortzubringen und durch neuen Nahmen anzuempfehlen.

Nr. 66 und 67. Gedruckter ordinärer und feiner Merinoszeug, aus der Zitz- und Katunfabrik zu Kettenhof.

Nr. 68. Gedruckter Merinoszeug, aus Amüllers Druckerey zu Hacking nächst Wien, eine Shawlsbordur darstellend.

Taf. VI. Nr. 69 bis 71. Drey Muster von Wollendruck aus der Fabrik zu Ebreichsdorf, auf Umhängtücher, das letzte eine große Scheibe vorstellend.

Taf. VII. Nr. 72 und 73. Weiße gedruckte Merinoszeuge aus der Ebreichsdorfer Druckerey, der erste mit Fächer, der zweyte mit Bordur auf Umhängtücher; alle mit sehr lebhaften Farben.

Taf. VIII. Nr. 74 und 75. Gedruckte Merinoszeuge aus der Ebreichsdorfer Druckerey, auf Umhängtücher, der erste mit Bouquet, der zweyte mit breiter Blumenbordur.

Taf. IX. Nr. 76. Wollendruck aus der Ebreichsdorfer Fabrik, auf Umhängtücher, mit Palmen, Feld und Bordur.

Taf. X. Nr. 77. Wollendruck aus derselben Fabrik, auf Umhängtücher, mit zwey großen schönen Palmen und schmaler Bordur.

Taf. XI. Nr. 78. Ein sehr schönes Blumenbouquet auf weißem Merinos, und

Nr. 79. Bordur auf Shawls und Umhängtücher, beyde aus der Ebreichsdorfer Fabrik, durch Lebhaftigkeit der Farben sich auszeichnend.

B. Tücher und tuchartige Stoffe.

1) Glatte, ratinirte und gepreßte.

Taf. XII. Nr. 80. Tuchloden (Lacken) aus melirtem Wollgarne (vgl. Wollgespinnste Muster Nr. 188 bis 190), d. i. Tuch, wie es vom Webestuhle kommt, vor dem Walken. Man sieht an diesem Muster deutlich die Unvollkommenheit des Tuches nach dem Weben, und den äußerst beträchtlichen Unterschied, welchen die nachfolgenden Arbeiten des Walkens, Scherens, Pressens u. s. w. sowohl im äußeren Ansehen, als auch im Gefühle, in der Dichtigkeit und Güte, so wie in der Länge und Breite hervorbringen.

Nr. 81. Grober Flanell (Boy oder Boi), aus der Linzer Wollenzeugfabrik, ungefärbt. Man nimmt zu diesem Artikel größten Theils zweyschürige Wolle, zu ordinären oft auch nur Weißgerberwolle. Seine Güte hängt indeß vornehmlich von der Feinheit des dazu genommenen Fadens ab; zu dem vorliegenden Muster wird nur ordinäres Gespinnst ungefähr von der Feinheits-Nr. 18 (vergl. Wollgespinnste Muster Nr. 158) genommen. Er wird, wie das Tuch, jedoch lockerer und weniger dicht gewebt. Das Gewebe wird bloß gewaschen und aufgerauchtt, der Loden also nicht gewalkt. Man verwendet den Stoff nicht nur weiß, sondern manchmahl auch schwarz gefärbt zu Futter unter warme Kleidungen, oder auch zu Kleidern gemeiner Leute.

Nr. 82. Flanell von etwas feinerer Gattung, als der vorige, ungefärbt. Er wird ebenfalls wie das Tuch, nur nicht so dicht gewebt. Bey uns nimmt man gewöhnlich sowohl zur Kette, als zum Einschlage zweyschürige gekratzte Wolle, wodurch er zarter und feiner wird. Übrigens nimmt man dazu selten sehr feine Wolle, auch kein sonderlich feines Gespinnst. Überhaupt wird im Inlande kein so feiner und schöner Flanell gemacht, wie in England und Frankreich, indem bey uns weder Nachfrage nach so feiner Waare ist, noch diejenige Gelegenheit zu auswärtigem Absatze sich darbiethet, welche in jenen Ländern die Flanellfabrication zu einem so bedeutenden und einträglichen Erwerbszweige gemacht hat. Dieser Flanell erhält keine volle, sondern meist nur die halbe Walke, und wird dann aufgeraucht und gepreßt, ohne geschoren zu werden. Indeß gibt es auch glatten Flanell, der nicht aufgeraucht wird, und geköperten. Die Verwendung zu Unterfutter und zu Kleidungen gemeiner Leute hat er mit Nr. 81 gemein.

Nr. 83. Geköperter Tuchloden von brauner Farbe, aus grober Wolle und ordinärem Gespinnste, halb gewalkt, wie ihn die Papiermacher (welche ihn Filz nennen) zum Einlegen zwischen die eben aus der Bütte geschöpften Papierbogen brauchen. Die braune Farbe gibt man diesem Stoffe dadurch, daß er längere Zeit in eine Beitze von Knoppern oder Holzrinden eingelegt wird. Es gibt eigene Tuchmacher, welche sich mit Verfertigung solcher Loden befassen, vorzüglich in Gegenden, wo es Papiermühlen gibt. So findet man z. B. in Unterösterreich dergleichen Tuchmacher im Kreise unter dem Wienerwalde zu Ebenfurt und Neustadt, und im Kreise ober dem Mannhartsberge zu Horn.

Nr. 84. Schwarzgrauer grober Tuchloden, wie ihn die österreichischen Bauern im hohen Gebirge zu Mänteln verwenden, aus grober österreichischer Gebirgs-Schafwolle und grobem Gespinnste (vgl. Wollgespinnste Nr. 155). Das vorliegende Muster ist aus der Gegend von St. Ägid oder St. Gilgen hinter Hohenberg im Kreise ober dem Wienerwalde. Die daraus verfertigten Mäntel, welche die Bauern dortiger Gegend Wettermäntel nennen, haben eine ganz eigene Form: sie sind ohne Ärmel und kurz, nur bis an die Knie; an der Seite haben sie Öffnungen für die Arme, oben eine Öffnung für den Kopf, ungefähr wie Hemden ohne Ärmel.

Nr. 85. Graumelirter Tuchloden aus österreichischer Landwolle und grobem Gespinnste (vgl. Wollgespinnste Nr. 156), ebenfalls aus der Gegend von St. Ägid, wo die Bauern dieses Tuch zu Alltagskleidern tragen.

Nr. 86. Grüngefärbter Tuchloden aus derselben Gegend, von etwas besserem Gespinnste aus zweyschüriger österreichischer Landwolle (vergl. Wollgespinnste Nr. 157), auf Feyertagskleider für Bauern.

Die Loden Nr. 84 bis 86 werden in der genannten Gegend bey den Bauern selbst im Hause gewebt. Die größeren Bauernhäuser haben eigene Webestühle, auf welchen wandernde Tuchmacher oder Gesellen diese Arbeit verrichten, und die für die Bauern nöthigen Tuchloden verfertigen, welche sodann großen Theils wieder im Hause selbst verarbeitet werden. Man kann also im eigentlichen Sinne sagen, daß in jenen Gegenden die rohe Wolle nach allen Stufen der Arbeit bis zum

Fabricate vervollkommnet wird, was sonst nur in den größten Unternehmungen Statt findet.

Nr. 87. Feines Tuch, wie es aus der Walke kommt, viel haariger und raucher als der Loden, in Österreich Haarmann, in Böhmen Klabatsch genannt. Die Verfilzung der Fäden und die vermehrte Dichtheit des Tuches, welche vorzüglich von dem stärkeren oder schwächeren Eingehen desselben in der Walke herrührt, läßt sich an dem vorliegenden Muster gut ersehen.

Nr. 88. Feines Tuch, zum Scheren durch Aufkratzen oder Aufrauchen mit den Karden vorbereitet. Grobe Tücher werden meist mit eisernen Handschrobeln oder Kartätschen aufgekratzt. Da aber hierdurch leicht das Tuch zerrissen werden kann: so bedient man sich bey feinen Tüchern der Karden oder der Rauchmaschinen. Das aufgerauchte Tuch führt den Nahmen Halbwolle. Nun werden die emporgekratzten Haare mit der Tuchschere oder auf der Schermaschine abgeschnitten (geschoren), und zwar desto öfter, je feiner das Tuch ist. Jedes einmahlige Scheren nennt man einen Schnitt oder eine Tracht. Solcher Schnitte werden gewöhnlich 2 bis 3, bey feinen Tüchern 15 bis 20, bey sehr feinen oft noch mehr gegeben.

Nr. 89. Ordinäres schwarz melirtes Tuch, ganz vollendet, d. i. nach dem letzten Scheren (dem Ausscheren) und dem Pressen, aus der Gegend von Zwettel im Kreise ober dem Mannhartsberge, wo dergleichen Tücher häufig aus ordinären Handgespinnsten gewebt werden.

Nr. 90. Ordinäres dunkelblaues Tuch, aus derselben Gegend, mit Blauholz im Loden gefärbt.

Nr. 91. Lichtblaues etwas besseres Tuch, aus ordinärem Handgespinnste von der Feinheits-Nr. 20 (vergl. Wollgespinnste Nr. 159), aus derselben Gegend, wo sich mehrere Tuchmacher mit Verfertigung solcher Tücher abgeben. Sie werden durch einmahliges Eintauchen in die Blauküpe gefärbt.

Taf. XIII. Nr. 92 bis 96. Ordinäre Landtücher, etwas feiner, als Nr. 89 bis 91, aus besserem Gespinnste (vgl. Wollgespinnste Nr. 160 bis 162), alle aus der Gegend von Zwettel.

Nr. 97 und 98. Ordinäres Tuch aus der Gegend von Horn im Kreise ober dem Mannhartsberge, an Güte den vorstehenden Gattungen gleich. Diese Tücher sind gewöhnlich $\frac{6}{4}$ bis $\frac{7}{4}$ breit, und das Stück hält 15 bis 16 Ellen in der Länge. Sie dienen zur Kleidung der Bauern, Taglöhner und anderer gemeiner Leute.

Nr. 99 bis 106, und

Taf. XIV. Nr. 107 u. 108. Mittelfeine, feine und superfeine Tücher, meist schon in der Wolle gefärbt, aus der vormahls in der Vorstadt Margarethen zu Wien bestandenen Reißerschen Tuchfabrik; alle aus gekratzter zweyschüriger Wolle und aus Maschinengespinnsten (vgl. Wollgespinnste Nr. 163 bis 166, 191 und 192) verfertigt, welche in derselben Fabrik vormahls erzeugt wurden. Die mittelfeinen Tücher sind $\frac{7}{4}$ und $\frac{8}{4}$, die feinen, extrafeinen und superfeinen $\frac{8}{4}$ breit, und halten im Stück 24 bis 26 Wiener Ellen.

Nr. 109. Drap, aus der genannten Reißerschen Tuchfabrik, vorzüglich schön. Man versteht unter Drap (auch Drap de Berry genannt) ein geköpertes, stärker geschlagenes und gewalktes, daher dichteres Tuch von verschiedener Feinheit, $\frac{7}{4}$ br. Von der vorzüglichen Dichtheit dieser Tuchgattung rührt die Eigenschaft ihrer Wasserdichtheit und der Verbrauch derselben auf Mäntel, Überröcke u. dergl. her.

Nr. 110 bis 114. Mittelfeine Tücher aus der Linzer Wollenzeugfabrik, von verschiedenen Farben, aus mittelfeinen Gespinnsten von Landwolle oder veredelter Wolle (vgl. Wollgespinnste Muster Nr. 167 bis 173, dann 193 und 194). Von den $\frac{7}{4}$ breiten mittelfeinen Tüchern werden in der genannten Fabrik zwey Gattungen: Nr. 1 und 2, von den $\frac{8}{4}$ breiten nur eine Gattung, Nr. 1 genannt, verfertiget. Besser sind die feinen Tücher, welche durchaus $\frac{8}{4}$ br. in mehreren Farben verfertigt werden.

Nr. 115 bis 117. Extrafeine Tücher aus der Linzer Wollenzeugfabrik, aus extrafeiner Wolle und Gespinnsten von den Feinheits-Nrn. 48, 50, 55 u. s. w., alle $\frac{8}{4}$ breit. Sie machen die Mittelwaare zwischen Fein und Superfein.

Nr. 118 bis 121. Superfeine Tücher aus der Linzer Wollenzeugfabrik, $\frac{8}{4}$ breit. Nr. 119 ist von besonders guter Qualität. Man verwendet dazu superfeine Wolle von der Seconda-Sorte, und sehr feine Gespinnste von Feinheits-Nrn. über 50. Die beste Gattung wird mit Nr. 1, eine etwas geringere mit Nr. 2 bezeichnet.

Taf. XV. Nr. 122 und 123. Superfeine Tücher aus der Prima-Sorte der spanischen oder Merinos-Wolle, aus der Linzer Wollenzeugfabrik, wo sie mit superfein Nr. 1 bezeichnet werden. Sie werden aus Gespinnsten über Nr. 50 gewebt. Besonders zeichnet sich in Hinsicht der schönen Farbe das Muster Nr. 122 aus.

Nr. 124. Drap de Berry, aus der Linzer Wollenzeugfabrik, ein $\frac{7}{4}$ breites, sehr festes dichtes Tuch, welches in mehreren Farben ausgefertigt wird.

Nun folgen einige Muster von Tüchern, worauf neuere Erfindungen angewendet wurden, nähmlich a) wasserdichtes und b) mit Ofenheimer Roth gefärbtes.

Nr. 125. Wasserdichtes Tuch, von Jos. v. Saurimont in Wien zubereitet. Es läßt sich im Allgemeinen eine zweyfache Wasserdichtheit des Tuches annehmen: eine natürliche und eine künstliche. Die natürliche besteht in dem festen und starken Gewebe des Tuches, welches sowohl durch festes Schlagen, als durch starkes Walken zu Stande gebracht wird. Dergleichen wasserdichte Tücher sind die guten Draps. Die künstliche Wasserdichtheit wird hervorgebracht durch die Verbindung des Tuches mit einer fremdartigen, dem Wasser widerstehenden Materie. Daß eine solche Wasserdichtmachung, besonders da sie auf weniger dicht gewebte Tücher angewendet werden kann, eben so wenig unnütz sey, als die Wasserdichtmachung der Hüte und des Leders (vgl Hutmacher-Arbeiten und Leder), erhellet von selbst. Es hat daher das Großhandlungshaus Oßwald und Pacher in Wien diesen Gegenstand schon früher unterstützt, und war Willens, hier ein Etablissement zu errichten, in welchem Jedermann zu billigen Preisen das Tuch hätte wasserdicht zubereiten lassen können. Allein die Sache fand keinen Fortgang. Späterhin, ungefähr im Jahre 1812, hat Jos. v. Saurimont diesen Gegenstand neuerdings bearbeitet, und zwar, wie er behauptete, nach einer verbesserten Methode, die er aber geheim hielt. Jedoch auch diese Anstalt wurde von dem Publicum nicht gehörig unterstützt, und ging in wenigen Wochen wieder ein. Soll eine Erfindung dieser Art ihr Glück machen, so muß das Product möglichste Dauerhaftigkeit besitzen, und nichts an den Eigenschaften des Tuches geändert werden, was bey Saurimont's Methode nicht im erforderlichen Maße der Fall gewesen seyn soll. Denn man behauptet allgemein, daß sich die Eigenschaft der von ihm zu Stande gebrachten Wasserdichtheit bey dem Gebrauche der Kleider bald verlor, wie natürlich durch Ausklopfen, Schlagen und dergl. Um also jene Eigenschaft länger zu erhalten, hätte man solche Kleider nie ausklopfen sollen, was den freyen Gebrauch beschränkte und der Erfindung selbst nicht zur besondern Empfehlung diente. Auch wird dadurch das Tuch, wie aus dem Muster zu ersehen ist, immer etwas spröde (spißig). Der Reiche ist in der Lage, sich gutes Tuch (Drap) anzuschaffen, und bedarf jenes künstlichen Mittels nicht; der Arme legt keinen Werth darauf, zumahl, wenn er über den Ankaufspreis noch insbesondere dafür bezahlen soll.

Nr. 126 bis 128. Zwey rothe und eine orangegelbe Farbennuance, mit Ofenheimer Roth, als Stellvertreter der Cochenille, gefärbt.

Nun folgen einige Muster von leichten Tuchgattungen, welche besonders für den Handel in die Levante bestimmt sind.

Nr. 129 bis 135. Sogenannte Dreykronentücher in mehreren Farben, aus der the Losenschen Fabrik zu Rittersfeld. Dieß sind feine, leichte und wenig gewalkte Tücher, die insgemein von spanischer oder wenigstens von feiner veredelter Wolle, die auf Maschinen zu sehr feinem Garne gesponnen wird (vgl. Wollgespinnste Nr. 177 und 178), gewebt werden. Meistens sind diese Tücher $\frac{8}{4}$, oft über $\frac{9}{4}$ breit. Sie werden aus Frankreich und den Niederlanden häufig nach der Türkey verführt; auch die Fabrik zu Rittersfeld setzt jährlich durch hiesige griechische Kaufleute mittels des Tauschhandels sehr bedeutende Quantitäten dahin ab. Sie dienen den Türken zur Kleidung, und sind in warmen Klimaten ihrer Leichtigkeit wegen viel beliebter, als unsere gewöhnlichen Tücher.

Nr. 134 bis 139. Serailtücher von verschiedenen Farben, aus der the Losenschen Fabrik zu Rittersfeld. Sie sind noch leichter, als die Dreykronentücher, und werden aus der besten veredelten oder aus feiner spanischer Wolle und feinem Gespinnste (vgl. Wollgespinnste Nr. 179 und 180) verfertigt. Auch sie werden über $\frac{8}{4}$, oft bey $\frac{9}{4}$ breit gemacht und halten im Stücke über 30 Ellen. Sie werden beynahe gar nicht gewalkt, wie man aus dem Gewebe abnimmt.

Wie die Dreykronentücher, so sind auch die Serailtücher bloß für den orientalischen Handel bestimmt, und beyde zusammen begreift man gewöhnlich unter dem Nahmen der Levantiner Tücher, die man aber noch unter anderen specielleren Benennungen unterscheidet. Die Türken lieben besonders helle, lichte Farben. Daher gehen in die verschiedenen Handelsplätze, wohin die Sendung von hier durch griechische Handelsleute übernommen wird, eigene Farben-Assortimente; so z. B. nach Constantinopel, nach Alexandrien, nach Kahira 2c. (Vgl. die letzte Tafel.) Die the Losensche Fabrik ist im Inlande die vorzüglichste, die sich auf diese Tuchgattungen verlegt. Wegen des bedeutenden Transitohandels aus den Niederlanden wird es nicht uninteressant seyn, auch die levantischen Tücher aus den Eupener Fabriken mit ihren speciellen Benennungen aufzuführen. Sie heißen Serails, Serails-Mahouts, Mahouts, Mahouts corposé, Dreykronen, Dreykronen Corposé, Corposé, Draps de Dames, Cherin, halbe Saglies, ganze Saglies. Alle diese Gattungen werden auch in der Rittersfelder Fabrik erzeugt. In der Manufactur zu Bautzen werden nebst obigen auch die sogenannten Zweyfischtücher, und zwar $\frac{8}{4}$ breite Zweyfischtücher, $\frac{9}{4}$ breite Seconda-Zweyfischtücher, $\frac{9}{4}$ breite Prima-Zweyfischtücher, und $\frac{10}{4}$ breite Zweyfischtücher verfertigt. Die Serails sind jetzt weniger gesucht. Man behauptet, daß der gemeine Mann auch in der Levante sich an Baumwollstoffe gewöhnt habe, wovon zwey Kleider über einander ihm eines von Tuch ersetzen, und viel wohlfeiler zu stehen kommen.

Nr. 140. Feiner Casimir aus der Linzer Wollenzeugfabrik, ein weicher, geköperter Wollenstoff, der wahrscheinlich seinen Nahmen von der Ähnlichkeit des Gewebes mit dem echten Kaschemir erhalten hat. Der Casimir wird allenthalben in Tuchfabriken oder von Tuchmachern verfertigt, unterscheidet sich aber vom Tuche dadurch, daß seine Fäden nicht gedeckt sind, oder daß die Oberfläche nicht aufgerauht, sondern ganz glatt ist und den Köper sehr deutlich bemerken läßt. Man hat sowohl glatten, als gestreiften, gerippten und façonnirten, wovon jetzt nur der erstere am meisten im Gebrauche ist. Oft nimmt man dazu zweyerley Wolle und Gespinnste, nähmlich Kämmgarn zur Kette, und Krempelwolle zum Einschlag (vgl. Wollgespinnste Nr. 20, 21, 183) und dann nennt man ihn einfachen Casimir. Man macht ihn von allen Farben, auch melirt.

Nr. 141. Feiner Doppelcasimir aus der Linzer Wollenzeugfabrik, bloß aus gestrichener oder gekrempelter Wolle und eben darum Doppel- oder gestrichener Casimir genannt.

Nr. 142. Superfeiner Casimir, aus derselben Fabrik.

Nr. 143. Superfeiner Doppelcasimir aus der Linzer Fabrik, alle in mehreren Farben und melirt.

Nr. 144 und 145. Feine Casimire, aus der the Losenschen Feintuch- und Casimirfabrik zu Rittersfeld, aus sehr feiner, spanischer Wolle und feinem Gespinnste (vergl. Wollgespinnste Nr. 181 und 182). Nr. 145 kann als Muster eines sehr schönen Casimirs gelten. Die Breite der Casimire beträgt gewöhnlich $\frac{7}{8}$, manchmahl nur $\frac{3}{4}$ Ellen. Ihr Gebrauch auf Beinkleider, Westen u. s. w. ist bekannt.

Nr. 146. Wollstruck (Strock) aus der Linzer Wollenzeugfabrik, ein von mehr oder weniger feiner Wolle gewebter dicker Zeug, auf dessen Grunde erhabene Rippen oder Streifen, wie Schnüre sich erheben. In Unterösterreich wird dieser Stoff nicht verfertiget, desto häufiger in Mähren, Böhmen und in Linz. Man nimmt dazu gewöhnlich nur Garn von der Feinheits- Nr. 20, zu feineren Gattungen auch von höheren Nummern. Der Kettenzug, welcher besonders am Stuhl eingerichtet werden muß, bringt das schnürformige Gewebe hervor.

Der Struck, der in allen Farben ausgefertiget, und meisten Theils zu Beinkleidern getragen wird, ist wie der Casimir $\frac{7}{8}$ breit.

Nr. 147. Tuchrasch, aus der Linzer Wollenzeugfabrik, von dem Zeugrasche (vgl. Nr. 19) vornehmlich durch die tuchartige geranchte Oberfläche unterschieden, weßhalb er auch nicht, wie jener, aus gekämmter, sondern aus gekrempelter Wolle verfertigt wird. Das Gespinnst, welches dazu genommen wird, ist nur aus ordinärer Ausschußwolle und von der Feinheits Nr. 8. Seine gewöhnliche Breite ist $\frac{7}{8}$.

Von hier an beginnen die besonders zubereiteten Tücher und Casimire.

Nr. 148 bis 152. Ratinirtes oder frisirtes Tuch, auf dessen Oberfläche kleine Zäpfchen oder Knötchen emporstehen. Als diese Tücher noch mehr in der Mode waren, pflegte man verschiedene Gewebe, und von verschiedenen Farben auf solche Art zuzurichten, zu welchem Ende die Wolle auf derjenigen Seite, welche ratinirt werden sollte, länger gelassen werden mußte. Das Ratiniren oder Frisiren (auch Contoniren und Crispiren genannt) geschieht entweder bloß mit der Hand, oder mit einer Maschine. Das Reiben mit der Hand ist zwar die einfachste und wohlfeilste Methode, jedoch beschwerlich und zeitraubend. Muster solcher mit der Hand frisirter Tücher geben Nr. 148 bis 150. Schneller und gleichförmiger arbeitet die Frisirmühle, wo man das Tuch über einem mit Haaren ausgestopften Tische mittels einer mit Kütt und feinem Sande überzogenen Tafel ratinirt. Muster von Tüchern, welche durch die Maschine ratinirt worden, sind Nr. 151 und 152. Jetzt sind die ratinirten Tücher, mit Ausnahme des schwarzen, welches noch zu Trauerkleidern getragen wird, fast ganz außer Gebrauch. Man hat es daher auch in Österreich im Ratiniren nie weit gebracht.

Nr. 153 und 154. Gepreßter Casimir, nach Art des Strucks gerippt, auf Westen.

Taf. XVII und XVIII. Nr. 155 bis 167. Gepreßte Tücher in verschiedenen Farben, mit großen und kleinen Desseins. Das Pressen ist, wie das Ratiniren, eine Arbeit der Tuchscherer, und wird mittels hölzerner Formen, in welche die

Desseins geschnitten sind, vorgenommen. Um die Desseins möglichst haltbar zu machen, werden die Tücher angefeuchtet und warm gepreßt. Obschon solche Tücher sehr gut ins Auge fallen, und besonders zu Möbeln sich verwenden lassen: so haben sie doch bis jetzt nur wenig Liebhaber gefunden, da die Desseins, ungeachtet sie warm gepreßt werden, doch nicht sehr haltbar sind, und wegen ihrer Erhabenheit außerordentlich dem Staube und dem Verderben unterliegen.

2) Gedruckte.

Taf. XIX. Nr. 168 bis 178. Gedruckte Casimire in mehreren Farben und Desseins, auf Westen und andere Kleidungsstucke. Nr. 178 ist noch insbesondere gepreßt.

Taf. XX und XXI. Nr. 179 und 180. Zwey ausgezeichnet schöne Muster von gedrucktem Casimir, auf Fußteppiche oder Möbel, aus der Kettenhofer Fabrik. Nr. 179 ist ein großes Blumenbouquet, Nr. 180 ein Bouquet von Rosen mit Einfassung. Noch im Jahre 1816 war man in Österreich im Drucken der Tücher und tuchartigen Stoffe weit zurück, und man beschränkte sich bloß auf einige einfache Desseins auf Westen, wie Nr. 168 bis 173. Seitdem aber im Jahre 1817 mehrere größere Druckfabriken, wie jene zu Kettenhof, zu Ebreichsdorf, zu Hacking anfingen, sich auf den Druck der Wollenstoffe zu verlegen, hat man diesen Gegenstand zu einem ziemlich bedeutenden Grade der Vollkommenheit gebracht. Die beyden letzten Muster Nr. 179 und 180 können als Beweise der Fortschritte dienen, welche man im Inlande hierin gemacht hat.

3) Aufgekratzte (oder Kotzen und Azors).

Diejenigen wollenen Gewebe, welche aus meist grobem und starkem Wollgarne verfertigt, und dann zwar gewalkt und gepreßt, nicht aber geschoren, sondern haarig gelassen werden, nennt man in Österreich Kotzen, ein in anderen zu Teutschland gehörigen Provinzen ganz veraltetes und wenig bekanntes Wort, welches einen Filz oder ein grobes wollenes Tuch bezeichnet.

Taf. XXII. Nr. 181. Ungewalkter grober Kotzen, wie er vom Stuhle kommt, aus grober Zackelwolle und ordinärem Gespinnste (vgl. Wollgespinnste Nr. 153). Das Gewebe ist leinwandartig, wie beym Tuche.

Nr. 182. Gewalkter Kotzen, wie er aufgekratzt und ganz vollendet aussieht, aus derselben Wolle und demselben Gespinnste wie der vorige. Man hat diese Kotzen meist ungefärbt. Ihr Gebrauch zu Bettdecken, zu Pferdedecken, für Fuhrleute u. s. w. ist bekannt.

Nr. 183. Feinerer gewalkter Kotzen, ganz vollendet, aus besserer Wolle und feinerem Gespinnste (vgl. Wollgespinnste Nr. 154).

Nr. 184 und 185. Roth und grün gefärbter Kotzen, beyde aus demselben Gespinnste, wie Nr. 183. Sie werden, wie die weißen, zum Bedecken und Schutz gegen die Kälte, auch als Fußteppiche gebraucht.

Supplement-Taf. XXII. a. N. 186. Feiner Kotzen aus der feinsten Zackelwolle mit farbiger Zeichnung, aus Michael Pompichlers Fabrik zu Stockerau. Hier und in Wiener Neustadt werden feinere Kotzen, als in Wien, verfertigt; auch in Galizien werden zu Mikulince und Zalosce wollene Bettdecken gewebt, worauf häufig Blumen und andere Verzierungen aus gefärbter Wolle aufgenäht werden.

Nr. 187. Azor oder Asor, ein haariger, kotzenähnlicher, jedoch viel feinerer, $\frac{7}{8}$ breiter Stoff von verschiedenen Farben, aus der Linzer Wollenzeugfabrik. Auch mehrere mährische und böhmische Fabriken und Weber verfertigen solche Azors. Starker Glanz ist ein Haupterforderniß derselben. Sie dienen auf Winterkleidungen für Männer, auf Mäntel, Überröcke, Spencer u. s. w.

4) Tücher, Kasimire und andere tuchartige Stoffe aus Böhmen, Mähren und anderen österreichischen Provinzen.

Taf. XXIII. Nr. 188 bis 193. Iglauer und Urbauer Tücher aus Mähren, alle von ordinärer und Mittelgattung. Iglau zeichnete sich vormahls durch die große Anzahl seiner Tuchmacher (es waren bey 300 Meister mit 1200 Gesellen) und die Menge der Tücher, welche es sonst jährlich versendete (40,000 Stück) vor anderen mährischen Fabriksstädten aus,

S 2.

und noch gegenwärtig ist dieser Industriezweig, ungeachtet er in der letzteren Zeit bedeutend gelitten hat, nicht unerheblich. Man verarbeitet hierzu meist mährische veredelte und Landwolle. Da jedoch die dasige Tuchmacherzunft sich die vorzüglichsten Maschinen aus Holland angeschafft hat, jede wichtige Verbesserung in ihre Werkstätten einzuführen suchte, und ihre Tücher auf holländische Art zu arbeiten und zuzurichten anfing: so liefert Iglau gegenwärtig auch sehr feine und schöne Tücher. Nr. 188 ist nur Commißtuch und wird an die k. k. Militär-Ökonomie-Commission abgeliefert; die übrigen Muster enthalten feinere Sorten, welche theils im Inlande abgesetzt, theils durch Ungarn in die Türkey, über Triest nach Italien und in die Levante, und auf anderen Wegen nach Teutschland verhandelt werden.

Nr. 196 bis 199. Troppauer Tücher in verschiedenen Farben und melirt, welche sowohl in Troppau, als in mehreren umliegenden Örtern aus mährischer oder ungrischer veredelter Wolle gewebt, und in die Levante verschickt werden.

Nr. 200 bis 202. Reichenberger ordinäre und mittelfeine Tücher. Reichenberg hat es in einer kurzen Reihe von Jahren an Menge seiner Tucherzeugnisse der Stadt Iglau vorausgethan. Es verarbeitet theils böhmische, theils ungrische Landwolle und veredelte Sorten, und liefert alle Gattungen von ordin., mittelfeinen und feinen Tüchern, die superfeinen ausgenommen. Die dasigen Tücher sind gewöhnlich $\frac{8}{4}$ und $\frac{7}{4}$, manche sogar $\frac{9}{4}$ breit und halten im Stück 30 Wiener Ellen. Im Jahre 1810 zählte Reichenberg 60 Webestühle in Fabriken und 620 bey der Tuchmacherzunft; das Erzeugniß belief sich auf 43,424 Stück im Werthe von 4,010,490 fl. Conventions-Münze. Davon wurden 21,596 Stück im Inlande, und 21,833 Stück im Auslande abgesetzt.

Nr. 203. Feines Tuch aus der Waldstein'schen Fabrik zu Oberleitensdorf, einer der besten Tuchfabriken Böhmens, die nach holländischer Art eingerichtet, und mit den vollkommensten Walkmühlen und einer trefflichen Schönfärberey versehen ist. Sie verarbeitet Prima- und Secondawolle, dann alle Sorten inländischer veredelter Wolle, und liefert superfeine sowohl, als extrafeine, feine und mittelfeine Tücher, welche den besten spanischen, englischen und holländischen Tüchern weder an Kernhaftigkeit und Feinheit, noch an Apprerur und Schönheit nachstehen. Der Gründer der Fabrik ließ die ersten Arbeiter aus Holland kommen, und diese lehrten die dortigen Einwohner schrobbeln, streichen, spinnen, weben, walken, scheren und zurichten. Der Handel mit diesen Tüchern ist besonders in den österreichischen Staaten von Belang.

Nr. 204. Feines Tuch aus Teschen in Schlesien, aus spanischer Wolle, wie Nr. 196 bis 199 zum Handel nach dem Oriente bestimmt.

Nr. 205. Feines Tuch aus der Namiester Tuchfabrik in Mähren, gegenwärtig der größten Tuchfabrik im Inlande. Außer der feinsten spanischen wird hier mährische, böhmische und ungrische veredelte und Landwolle verarbeitet. Die Fabrik bezieht mit einem wohl assortirten Lager von extrafeinen Tüchern und Casimiren auch die Leipziger Messe, und verschleißt nicht unbedeutende Quantitäten im Inlande. Sie zeichnet sich besonders in weißen Tüchern aus.

Nr. 206. Brünner Tuch aus der Fabrik des Hrn. Aloys von Pilbach.

Nr. 207 und 208. Superfeine Tücher aus der Fabrik der Gebrüder Moro zu Klagenfurt. Diese Fabrik, die sich durch die unermüdete Thätigkeit ihrer Besitzer von einem unbedeutenden Etablissement zu einer der ansehnlichsten Fabriken emporgeschwungen hat, kann in Ansehung der Schönheit und Güte ihrer Tücher mit jeder andern Fabrik des Inlandes wetteifern. Sie liefert aus spanischer und guter veredelter Landwolle, besonders ungrischer Wolle, hauptsächlich nur superfeine, extrafeine und feine Waare, worunter sich besonders seit einigen Jahren die weißen Tücher höchst vortheilhaft auszeichnen, welche an Schönheit und Glanz den sogenannten Leydner weißen Tüchern nicht nachstehen. Ihren meisten Absatz macht diese Fabrik in den südlichen Provinzen des Staates, nähmlich in Steyermark, Illyrien und Italien.

Nr. 209. Casimir aus der Namiester Fabrik in Mähren.

Nr. 210 und 211. Feine Azors aus Brünner Fabriken.

Taf. XXIV. Nr. 212 bis 226. Tücher aus der Bergerschen Fabrik zu Alt-Habendorf nächst Reichenberg in Böhmen, in verschiedenen Farben und von verschiedenen Graden der Feinheit. Diese Fabrik zeichnet sich durch die Güte und Schönheit ihrer Erzeugnisse aus, und macht damit im Inlande bedeutende Geschäfte. Die Alt-Habendorfer Tücher stehen den niederländischen nicht nach und werden oft dafür verkauft.

Taf. XXV. Nr. 227 bis 241. Tücher aus der Offermannschen Fabrik in Brünn, einer der vorzüglichsten Tuchfabriken Mährens. Die Brünner Tuchfabriken liefern Tücher von der feinsten bis zur ordinären Sorte, und beziehen damit nicht nur viele inländische Messen und Jahrmärkte, sondern treiben auch einen bedeutenden Activhandel ins Ausland. Brünn kann im österr. Staate als Hauptfabricationsort in feinen Tüchern angesehen werden.

Taf. XXVI. Nr. 242 bis 256. Tücher aus dem Venetianischen, von verschiedenen Farben und Feinheitsgraden. Diese Tücher stehen den mährischen und böhmischen an Feinheit und Schönheit nach, weßhalb auch aus den teutschen Erbländern Tücher und Casimire in das lombardisch-venetianische Königreich eingeführt werden. Joh. Bapt. Erbisti in Verona verdient wegen seiner schönen superfeinen Tücher eine ehrenvolle Auszeichnung. Außerdem dürfen auch noch Dominik Bugliago und Jos. Gatto in Verona, und Joh. Bapt. Zabborra in Padua wegen ihrer Tücher genannt werden.

Taf. XXVII. Nr. 257 bis 268. Zwölf Muster verschiedener Tuchgattungen aus der Moroschen Tuchfabrik zu Klagenfurt. (Vgl. Nr. 207 und 208.)

Nachträge.

Taf. XXVIII. XXIX. und XXX. Nr. 269 bis 271. Drey Muster von Ätzdruck auf gefärbtem Serail- und Dreykronentuch, aus der Linzer Wollenzeugmanufactur, zu Tischüberzügen (Tischteppichen) bestimmt.

Taf. XXXI. Nr. 272 bis 275. Vier Muster von gedruckte m Wollenzeug mit großen Desseins auf Möbeln, aus der Linzer Fabrik vom J. 1819.

Nr. 276 bis 279. Flaggenzeuge in vier verschiedenen Farben, ein sehr grobes, leichtes Gewebe aus der Linzer Wollenzeugfabrik, zum Gebrauche der Seeschiffe.

Nr. 280. Matrosenzeug, auch Singone und Agneline genannt, ein schwarzer zottiger Wollenstoff aus der Riedlschen Wollwaarenfabrik zu Freudenthal in Schlesien, welcher eine Nachahmung des türkischen Matrosenzeuges ist und zur Winterkleidung der ärmeren Menschenclasse vorgeschlagen wurde. Der türkische Zeug ist jedoch stärker gewebt, gewalkt, gut verfilzt, und daher wasserdicht, welche Eigenschaften dem vorliegenden Muster zum Theil mangeln. Die in der Schmidtschen Wollenzeugfabrik zu Tauß in Böhmen verfertigten schwarzen Agnelines sollen die zu Satteldecken bey der Cavallerie gebräuchlichen Lammfelle ersetzen, und verdienen in der That zu dem erwähnten Gebrauche eingeführt zu werden.

Taf. XXXII. Nr. 281. Mit velutirter Wolle, nach Art der Papier-Tapeten gedruckter Wollenzeug, aus der k. k. Linzer Fabrik. Hr. Regierungsrath und Director dieser Fabrik, Gros v. Ehrenstein, ließ diesen Druck im Jahre 1819 zu Überdecken auf Betten u. dgl. ausführen.

Taf. XXXIII. Nr. 282. Judenmantel, ein weißer leichter Wollenzeug mit blauen Endstreifen und weißen Franzen, fast in Form eines großen länglichen Umhängtuches, aus der Linzer Wollenzeugfabrik. Die Juden hängen dieses Tuch beym Gebethe und bey gewissen gottesdienstlichen Verrichtungen wie einen Mantel um, daher dasselbe den Nahmen Judenmantel erhalten hat.

Taf. XXXIV. Nr. 283. Halinatuch oder Darovacz aus der Militärgränze, ein sehr grobes Tuch, welches aus schlechter inländischer Wolle und grobfädigem Handgespinnste, nicht selten mit Hanfgarn vermischt gewebt, auf Handwalken gewalkt, und entweder weiß gelassen oder schwarz gefärbt wird. Es dient dort zur Bekleidung beyder Geschlechter. Von ähnlicher Art ist das grobe schwarze Tuch (Szeke) und das weiße Tuch (Harisnya), welches in der siebenbürgischen Militärgränze großen Theil zum Hausgebrauche gewebt und in den eigenen Walkmühlen gewalkt wird.

Nr. 284. Tornisterzeug (Torba), aus der slavonischen Militärgränze, ein grobes gestreiftes Gewebe, zu Futter- und Tragtornistern.

Taf. XXXV. Nr. 285. Zeug zu Weiberschürzen (Oprege), aus der ungrischen Militärgränze, eine Nationalkleidung der walachischen Weiber statt der Röcke, in Form zweyer Schürzen, theils mit, theils ohne Desseins.

Nr. 286. Zeug zu Leibgürteln (Braesiren) für Personen beyderley Geschlechtes aus der ungrischen Militärgränze, ebenfalls mit oder ohne Desseins. Die Wolle zu diesem und dem vorstehenden Zeuge wird roth, gelb, grün, blau oder schwarz gefärbt. Auch werden in diese beyden Zeuge die Desseins hier und da mit unechten Gold- und Silberfäden eingewebt.

Taf. XXXVI. Nr. 287. Oboiken (Opoike), eine National-Fußbekleidung der Männer und Weiber in den Militärgränzen. Es sind $\frac{4}{4}$ oder $\frac{5}{4}$ lange und $\frac{2}{4}$ oder $\frac{3}{4}$ breite Streifen, welche statt der Strümpfe um die Füße gewickelt werden. Die Kette ist aus weißem Wollgarne, der Einschlag besteht aus einfachen Fäden von den kürzesten Abgängen der Wolle, ist ziemlich dick gesponnen, und bey den illyrischen Einwohnern roth, bey den walachischen schwarz gefärbt. Man macht diese Oboiken entweder gestreift oder quadrirt.

In den Militärgränzen werden aus Schafwolle und Ziegenhaaren noch mancherley andere Stoffe gewebt, wie z. B. vielerley Tapeten und Teppiche, Weiberröcke (Sukmje), Vortücher (Keczelje, Pregacse), Gelsengarne (Komarnike), Mehlsäcke (Wreche) u. s. w.

Taf. XXXVII. Nr. 288. Ordinäres Tuch oder Rasche (Rascia) aus Dalmatien, ein geköperter Stoff für die Landbewohner und ärmere Volksclasse, gewöhnlich von grüner, blauer und schwarzer Farbe, $\frac{9}{4}$ breit.

Nr. 289. Bedena, eine Art Camelot aus Dalmatien.

Nr. 290. Schiavina, ein grober Wollenstoff aus Dalmatien, zu Bettdecken ꝛc. für das gemeine Volk.

Taf. XXXVIII. Nr. 291. Schiavina aus der Fabrik des Hrn. Thomas Bettio in Venedig. Man begreift hier unter dem Nahmen Schiavina weiße, mit Schafwoll-Locken besetz-

wollene Bettdecken, welche nicht aufgekratzt werden. An beyden Seiten gehen nach der ganzen Länge der Decke farbige Endstreifen. Man verkauft diese Decken nach dem Gewichte.

Nr. 292. Felzada oder Valanzana aus der Fabrik des Hrn. Thomas Bettio in Venedig. Dieß ist nichts anderes, als ein nach römischer Art gewebter und aufgekratzter, weißer feiner Kotzen, an den Enden mit schmalen blauen Rändern versehen. Man bedient sich dieser schönen und leichten Kotzen in Italien zu Bettdecken und verkauft sie ebenfalls nach dem Gewichte.

Taf. XXXIX. Nr. 293. Zenia, aus der genannten Fabrik des Hrn. Bettio in Venedig. Die Zenia ist eine Art von grober Tapete, welche nicht aus Schafwolle, sondern aus gefärbten Rindshaaren und sehr dickem Gespinnste gewebt und nicht aufgekratzt wird. Sie dient für die Gondeln, und wird daher von Einigen auch Gondeltapete genannt. Jedes Stück für eine Gondel halt ungefähr $6\frac{1}{4}$ W. Ellen in der Länge und $\frac{10}{8}$ in der Breite. Nach der ganzen Länge laufen abwechselnd schwarze, weiße, rothe, gelbe und grüne Streifen.

Taf. XL. Nr. 294. Rassa spinata aus der Fabrik des Hrn. Thomas Bettio in Venedig. Ein sehr grobes schwarz gefärbtes Tuch, womit man die Gondeln auszukleiden pflegt. Der Stoff ist $\frac{4}{4}$ breit und von verschiedener Länge.

Nr. 295. Rasson griggio spinato, aus derselben Fabrik in Venedig. Dieser grobe, graumelirte Stoff dient bloß zum Auspressen des Baumöhls, und wird nach der Elle verkauft.

Taf. XLI. Nr. 296. Bath, ein graumelirtes, leichtes, wenig gewalktes, und ungeschornes $\frac{7}{4}$ breites Tuch, welches im Venetianischen, in Bergamo ꝛc. aus einheimischer Schafwolle verfertiget und zur Kleidung verwendet wird. Man macht dasselbe von verschiedenen Farben und von verschiedener Qualität. Das vorliegende gehört zur ordinären Sorte.

Nr. 297. Scotto, ein geköperter grüner Wollenstoff aus dem Venetianischen, ebenfalls zur Kleidung. Man webt denselben gewöhnlich $\frac{6}{4}$ venet. Ellen breit (die venetianische Elle gleich 68 Centimetres oder $\frac{7}{8}$ W. Elle), von verschiedenen Farben, glatt oder aufgekratzt.

Taf. XLII. Nr. 298 und 299. Graues und weißes

Halinatuch (polnisch Sieraczina genannt), aus der Myszkowicer Herrschaft im Tarnopoler Kreise Galiziens, ersteres sehr grob melirt und $\frac{5}{4}$ Wiener Ellen breit, letzteres etwas schmäler. Dieses grobe und rauche Tuch dient zu Oberkleidern für das galizische Bauervolk, und wird vorzüglich zu Myszkowice, Hluboczek und in den meisten Ortschaften des Tarnopoler Kreises verfertigt; auch wird dasselbe in den übrigen Kreisen von den Unterthanen selbst zum eigenen Gebrauche erzeugt. Gewöhnlich wird es mit grobem ungebleichten Hanfzwirne eingearbeitet (gepfädet).

Nr. 300. Weißes Mittel-Boytuch (poln. Baja Mitlowa) aus der Plotyczer Tuchfabrik im Tarnopoler Kreise, etwas über $\frac{6}{4}$ breit.

Nr. 301. Weißer Mittel-Casimir aus der Plotyczer Tuchfabrik, ein sehr grobes geköpertes Gewebe aus galizischer Landwolle, nicht ganz 1 W. Elle br.

Nr. 302. Weißes Militär-Monturtuch, aus der dem Frhrn. v. Honopka gehörigen Tuchfabrik zu Mikulince in Galizien, $\frac{6}{4}$ br. Dieses Tuch wird von der Fabrik an die Jaroslawer Okonomie-Commission abgeliefert.

Nr. 303 bis 308. Mehrere Tücher aus der Mikulincer Tuchfabrik, welche ganz ordinäre und feine Tücher $\frac{6}{4}$ bis $\frac{8}{4}$ br. in verschiedenen Farben verfertiget. Die scharlachrothen und weißen Tücher verdienen alles Lob.

Nr. 309 bis 311. Mittelfeine und feine Tücher aus der Grünwald'schen Feintuch- und Casimirfabrik zu Biala in Galizien.

Nr. 312. Blaues Tuch aus der Adlerschen Fabrik zu Lipnik in Galizien, von guter Qualität.

Taf. XLIII. Nr. 313 bis 315. Drey Musterkarten von Levantiner Tüchern aus der Rittersfelder Fabrik in Österreich, wie sie dieselben nach dem Oriente versendet. Diese Karten unterscheiden sich hauptsächlich durch die Farben der Tuchmuster, die für jede Gegend der Levante anders gewählt werden. Von den drey vorliegenden ist die erste für Constantinopel, die zweyte für Alexandrien, die dritte für Kahira bestimmt.

Vierte Unterabtheilung.

Die Seidenstoffe.

An Mannigfaltigkeit stehen die Seidenstoffe oder Seidenzeuge den Baumwollstoffen schwerlich nach; an Schönheit der Arbeit, an Desseins u. s. w. übertreffen sie aber nicht nur diese, sondern überhaupt alle übrigen Gattungen der Gewebe. Wegen ihrer erheblichen Menge und Verschiedenheit betrachtet man sie am schicklichsten nach zwey Hauptrücksichten: 1) nach der Art ihrer Verfertigung, und 2) nach der Gattung der Seide, welche hierzu verarbeitet wird.

1) In Ansehung der Verfertigung zerfallen die Seidenstoffe a) in glatte, b) in geköperte, c) in façonnirte, d) in broschirte, e) in halb- und ganzreiche Stoffe, und f) in die Sammte und Velpel.

Die glatten Seidenstoffe sind entweder eigentliche Seidenzeuge, oder Creppe und Flöre. Die ersteren werden auf dem sogenannten glatten oder gemeinen Seidenwebestuhle verfertiget, der rückwärts den Kettenbaum, vorwärts den tiefer liegenden Brustbaum, vor diesem die Lade, die Tümmler mit dem Geschirre oder den Schäften (Kämmen), die Fußtritte 2c. hat. Die Seidenzeugmacher nennen die Schäfte oder Flügel gewöhnlich Litzen, alle Litzen zusammen das Werk, und die Augen der Weber Mayen (Maillons). Nach Verschiedenheit der Zeuge hat der Stuhl besondere Abänderungen theils im Baue, theils in einzelnen Theilen, welche sich hier nicht genauer angeben lassen. Vor dem Weben werden die gefärbten oder gekochten Seidenstrehne auf den Zapfen des Garnstockes gebracht, um die Fäden wieder in Ordnung zu bringen, und dann auf Spulen (Bobinen) gewickelt, wozu man sich der Wickelmaschine bedient. Diese ist entweder eine zusammengesetzte oder eine einfache; erstere wird Lyoner Spulrad oder französische Wickelmaschine, letztere Schweizer Wickelmaschine genannt. Die Kettenseide spult man gewöhnlich auf größere, die Tramseide auf kleinere Bobinen. Im Jahre 1799 erfand der bürgerl. Großuhrmacher Ägid Arzt in Wien eine Seidenspulmaschine; eine andere hatten 1803 Delpini und Deith erfunden, und Delpini wurde 1805 für seine zwey neuerfundenen Spulmaschinen im Gelde belohnt. Die Arztische Spulmaschine, die besonders zum Aufspulen der kleinen Einschußseide dient, hat gewöhnlich 24, auch 48 Spulen, und erspart viele Menschenhände, weßhalb dergleichen Maschinen auch schon von Wien nach Frankreich gegangen sind. Merkwürdig an derselben ist, daß die Spulen sich fortwährend und gleichförmig vor- und rückwärts bewegen, um die Seide auf selben gleich zu vertheilen, welches bloß durch ein in der Maschine befindliches, herzförmiges, dickes, sich drehendes Metallblech bewerkstelligt wird.

Das Aufziehen der Kette und das Weben der glatten Stoffe geschieht auf bekannte Art; nur muß der Weber hierbey seine Arbeit der Gattung und Güte der Zeuge anzupassen wissen. Der gemeinste glatte Stoff ist der Taffet, der leichter und schwerer gearbeitet wird, je nachdem er mehr und stärkere, oder weniger und schwächere Kettenfäden erhält. Der ganz leichte wird Futter- oder Zendeltaffet (sonst auch Avignon), der schwerere doppelter Taffet genannt. Er ist gewöhnlich $\frac{3}{4}$ Wiener Ellen breit, und erhält auf diese Breite im Mittel 3600 Fäden in der Kette, der leichte oft auch nur 2200, der ganz schwere bis 4800. Man webt den Taffet gewöhnlich mit 4 Litzen. Sind Kette und Einschuß von gleicher Farbe, so entsteht der einfarbige Taffet, haben beyde verschiedene Farben, so erhält man den schillernden oder changirenden Taffet. Streifen nach der Länge müssen in der Kette, Streifen nach der Länge und Breite in der Kette und im Eintrage vorgerichtet werden; durch erstere bildet sich der gestreifte, durch die letzteren der quadrillirte (quadrirte) Taffet. Der geflammte Taffet wird durch chinirte Seide in der Kette hervorgebracht, wobey die Seide nach einzelnen Fäden bestimmt werden muß. Noch dichtere, stark glänzende Taffete nennt man Marcelline, und die schweren heißen Grosdenaples, Grosdetours u. s. w. Der Grosdenaples unterscheidet sich vom gewöhnlichen Taffet durch den höheren Conto, in dem er steht, d. h. durch einen Zahn im Kamme gehen statt zwey vier Fäden, oder im Taffet gehen vier einfache, beym Grosdenaples vier doppelte Fäden in der Kette. Einen noch höheren Conto haben die ganz schweren oder Doppel-Grosdenaples, die gewöhnlich mit 800, am besten mit 1000 Zähnen verfertiget werden. Die Grosdetours, welche derselbe Stoff sind, wurden 6-, 8-, 10- und 12drähtig verfertigt, und nur der ganz dicke oder grobdrähtige hieß sonst Grosdenaples, welcher Nahme nun allen schweren Taffeten beygelegt wird. Außer diesen Sorten ist in Wien auch elastisch gestreifter und gefalterer Taffet verfertigt worden, der künstlichere Abänderungen des Webestuhls nöthig machte. Gleichzeitig (J. 1816) erhielt auch der Seidenbandfabrikant Thomas Bischof in Wien, ein achtjähriges ausschließendes Privilegium auf einen selbstwebenden Stuhl, der einige Ähnlichkeit mit dem Bandmühlstuhle hat, daher auch nur schmälere Stoffe, wie Binden u. dgl. auf selbem gemacht werden. Unter die sinnreichsten Erfindungen aber gehört der selbstwebende Stuhl, welcher von Chr. Georg Hornbostel in Wien erfunden wurde, und worauf derselbe unterm 29 März 1816 ein ausschließendes Privilegium auf 8 Jahre erhielt. Diese in der österr. Monarchie zuerst gemachte Erfindung ist bereits mit gutem Erfolge zu Leobersdorf bey Ginselsdorf in einem von Hornbostel eigens hierzu erbauten Gebäude an der Triesting im Großen ausgeführt. — Im J. 1802 haben die Seidenzeugmacher Maurer und Geiger in Wien Doppelwebestühle erfunden, worauf zwey Stück Taffet neben einander gewebt werden konnten, welche jedoch wenig geleistet zu haben scheinen. Eine ähnliche Erfindung wurde vor Kurzem auch von einem Seidenzeugfabrikanten aus Ungarn zur Sprache gebracht. Andere neue Stühle sind im J. 1802 vom Webergesellen Andreas Schmid, 1803 von Leidold erfunden worden, und der letztere erhielt wirklich 1804 das Befugniß, auf seinem Doppelstuhle Seidenzeuge zu verfertigen. In der neueren Zeit werden auch glatte Seidenzeuge doppelt über einander liegend gewebt, wie dieß z. B. auch bey Bayerleithners Säcken ohne Naht der gleiche Fall ist.

Von den ganz glatten Stoffen sind der Crepp, die Flöre, und die Gaze oder Dünntücher verschieden. Diese Stoffe werden auf eigenen Webestühlen mit Perlkopf und Perllitzen verfertiget. Die Fäden der Kette und des Einschlages liegen nicht nahe an einander, sondern werden durch eine Einrichtung des Stuhls in größerer oder kleinerer Entfernung gehalten, so daß die Kette mit dem Einschlage kleine netzförmige Augen und durchsichtige Quadrate bildet. Der Crepp ist eigentlich nichts als ein feineres Dünntuch, welches dann gecreppt wird (vergl. weiter unten). Hierher gehört auch die Gaze-Entoilage, ein dem Petinet ähnliches Gewebe, welches auf gewöhnlichen Webestühlen mit 3 Schemmeln aus roher Seide gewebt, und dann schwarz gefärbt wird. Das Geschirr oder Werk hat nähmlich 6 Schäfte (Flügel), welche mittels dreyer Schemmel und der Querleisten (Spagnolets) auf- und abwärts in Bewegung gesetzt werden, und die Kette ist hier auf zwey rückwärts befindlichen Bäumen abgetheilt, wovon der obere Stuckbaum, der untere Pohlbaum genannt wird. Vorne an der Lade sind noch 2 Schäfte angebracht, deren Litzen kreuzweise durch Glasperlen (Perlköpfe) laufen, durch welche die Fäden des Pohlbaums, so wie diese Schäfte zugleich mit dem Geschirre sich bewegen, wechselsweise zusammen und aus einander gezogen werden, und wodurch eigentlich das netzartige Gewebe hervorgebracht wird. Damit aber die Fäden durch eine zu starke Anspannung nicht an der nöthigen Bewegung gehindert werden, wird durch eine oben angebrachte, mit den Schemmeln in Verbindung stehende Stange (die Schwingstange), der Pohlbaum abgelassen und aufgezogen, so daß die Fäden bald angespannt, bald schlaff sind. Der Eintrag wird hier mit der Lade nicht so stark geschlagen, wie bey anderen Stoffen. Die Spagnolets oder Seitentritte sind auch beym Weben anderer glatter Seidenzeuge gebräuchlich.

Ganz besondere glatte Stoffe waren die im J. 1820 von dem Seidenzeugfabrikanten Georg Griller in Wien erfundenen und von ihm benannten Federplüsche, d. i. glatte Dünntücher, in welche reihenweise kleine meist gefärbte Federn eingewebt wurden; die im J. 1820 von den Brüdern Mestrozi verfertigten doppelt gewebten und gehefteten Dünntücher, welche wie moirirt aussehen; die Dünntuch-Bajadere und manche andere künstliche Stoffe, welche als Erzeugnisse einer vorübergehenden Mode zu betrachten sind.

Die Verfertigung dieser glatten Zeuge ist das Hauptgeschäft der Seidenzeugweber, welche in Österreich eine einzige Innung ausmachen, nachdem 1778 der Unterschied zwischen den Seidenzeugmachern und Dünntuch-Fabrikanten aufgehoben worden ist. Bey diesem Gewerbe lernen die Jungen 6 bis 7 Jahre, und das Meisterstück besteht in einer Arbeit, welche leicht an Mann zu bringen ist. Die Seidenzeugfabrikanten dürfen nicht bloß alle Seidenstoffe, sondern auch alle Gattungen von Halbseidenzeugen verfertigen. Eine Ordnung für die Seidenzeug- und Sammtmacher erschien schon unterm 10. März 1773.

Die geköperten oder croisirten Seidenzeuge, auch Serges oder Sarschen genannt, werden ebenfalls auf dem einfachen Webestuhle verfertiget. Man rechnet hierher den sogenannten Croisé und Levantin, den Virginet, Racemor und Atlas. Die Croisirung geschieht bey den ersteren durch vier Glieder; der Croisé bricht sich mit 2 und 2, der Levantin mit 1 und 3. Beym gestreiften Levantin geschieht die Verbindung der Fäden nur zur Hälfte, daher bleibt eine Hälfte offen. Der Atlas (Satin, Raso) zeichnet sich durch seine glatte und glänzende Oberfläche aus, an welcher die Einschußfäden fast gar nicht zum Vorscheine kommen. Man verfertiget schweren, mittelschweren und leichten Atlas, wovon der erstere auf $\frac{7}{8}$ Ellen Breite 8000 Fäden, der zweyte 6 bis 4000, der dritte 3000 Fäden in der Kette erhält, indem beym schweren vier doppelte, beym mittelschweren sechs oder vier einfache Fäden durch jeden Zahn gehen. Er wird mit 8 Schäften oder Kämmen, und eben so vielen Tritten gewebt, welche dergestalt in Verbindung stehen, daß bey jedem Tritte immer nur der achte Faden mit einem Kamme in die Höhe gehoben, und oben mit dem Einschlage verbunden wird, mithin 7 Theile der Kette in Ruhe bleiben. Indem dieses bey jedem Tritte geschieht, so entsteht dadurch nicht bloß der Köper, sondern die schönen freyliegenden und feinen Seidenfäden geben auch der rechten Seite den Glanz. Der schwere Atlas erhält achtfache, der leichte nur vierfache Einschußfäden. Auch diese Stoffe werden einfarbig, changirend und gestreift verfertiget und gewöhnlich, mit Ausnahme der schweren, appretirt. In der neueren Zeit wurden in Wien auf dem von dem Bandfabrikanten Bischof erfundenen oben berührten Stuhle, der mit einem Mühlstuhle (vergl. die Abth. Posamentirer-Arbeiten auf dem Stuhle) Ähnlichkeit hat, croisirte Seidenzeuge verfertigt. Der Stuhl ist so eingerichtet, daß auf demselben 4 Croisé-Tücher auf einmahl gewebt werden können.

Die façonnirten oder gemusterten Seidenzeuge sind außerordentlich mannigfaltig und in Ansehung der Zeichnungen und sonstigen Desseins unerschöpflich. Die allereinfachsten davon sind diejenigen, welche mit erhabenen Streifen oder Rippen, mit Streifen von anderer Arbeit, mit regelmäßigen kleinen Figuren u. dgl. gewebt werden, wie z. B. der Cordé, die gestreiften Dünntücher, welche auf dem Dünntuchgrunde Atlas- oder andere Streifen haben, der sogenannte Brillant Taffet, der Spiegeltaffet ꝛc. Alle diese Zeuge werden bloß durch die Fußarbeit hervorgebracht. Die eigentliche Kunstweberey zeigt sich erst bey den Stoffen, welche mit Blumen und anderen Desseins eingearbeitet sind, wie die façonnirten Taffete, Marcelline, Grosdenaples, Atlasse, die eigentlichen Brillantine, die Damaste u. s. w., welche man zur Zugarbeit zu rechnen pflegt. Man hat hierzu den Damast- oder Zugstuhl, vielerley Maschinenstühle mit Walzen oder Trommeln, wo die Zeichnung vertieft oder erhoben auf den Walzen angebracht ist, die im Durchmesser oft gegen 4 Fuß halten, und den Lyoner Stuhl. Der letztere ist von allen der merkwürdigste. Er wurde von Jacquart in Lyon vor ungefähr 16 Jahren erfunden und ist dort seit dieser Zeit fast allgemein gebräuchlich, so daß man daselbst allein schon 6000 solcher Stühle zählen soll, wodurch sich eben in Lyon die Seidenzeug-Fabrication in der neueren Zeit so ungemein gehoben hat. In Wien haben ihn bereits die Gebrüder Mestrozi, Hornbostel, Beywinkler, Alexander Daumas u. a.; auch in Mailand ist er seit dem Jahre 1820 eingeführt. Er besteht aus einer Vorrichtung, welche an dem obern Theile des Seidenwebestuhls angebracht ist, und gestattet, daß man ohne den kostspieligen Litzenzug oder die für den Arbeiter beschwerliche Walzenmaschine nach Willkühr alle façonnirten Stoffe zu verfertigen im Stande ist. Das Ganze wird durch einen einzigen Fußschemmel (Tritt) in Bewegung gesetzt, wovon die Ursache vorzüglich darin liegt, daß der Dessein des Stoffes bloß auf dickes Kartenpapier (oder Preßspäne) mittels durchgeschlagener runder Löcher vorgezeichnet ist. Mehrere ähnliche, durch Bänder mit einander verbundene Blätter drehen sich oben am Stuhle über eine vierkantige Rolle, wirken mittels der in ihnen befindlichen Löcher auf lange, vorstehende Eisenstiften, und durch diese und die Platinen auf die Kettenfäden, welche nach Maßgabe der Zeichnung des Stoffes aufgezogen werden oder unaufgezogen liegen bleiben. Diese Maschine hat vor den gewöhnlichen Walzenmaschinen mehrere sehr wesentliche Vorzüge. Man kann auf derselben die sogenannten Platinen; ohne den vierten Theil des Raumes der Walzenmaschine zu bedürfen, aufs Vier- und Mehrfache bringen, welches bey den gewöhnlichen Maschinenstühlen nicht der Fall ist, daher man auf diesen nicht wohl Desseins von größerem Umfange auszuführen im Stande ist. Es können ferner die sogenannten Latzen willkührlich bis zur höchsten Anzahl des Bedarfes, ohne vielen Raumes zu benöthigen, und ohne das Mindeste an der Maschine selbst zu ändern, vermehrt werden, welches auf der Walze, wo der Raum beschränkt ist, nie in diesem Grade Statt finden kann. Hauptsächlich zeichnet sich aber der Lyoner Stuhl dadurch aus, daß die Desseins willkührlich und zwar ohne allen Zeitverlust und ohne je der Beyhülfe eines Maschinisten zu bedürfen, verändert werden können, weil die Maschine gar keiner Veränderung unterliegt, und es bloß der Vorrichtung eines neuen Musters bedarf, welche Vorrichtung kaum 5 Minuten Zeit erfordert, und bey einem und demselben Stücke, so oft man will, geschehen kann. Die Desseins-Erzeugung aber geschieht durch Ausschlagen dünner Kartenspäne auf eine sehr schnelle und einfache Art, und zwar immer vorhinein, um nöthigen Falls mehrere Muster in einer Stunde auf derselben Maschine arbeiten lassen zu können. Man hat hierzu eine eigene Nebenmaschine, welche Vorstechmaschine genannt wird. Denn es handelt sich hier darum, die zur Hervorbringung der Desseins dienenden Löcher genau und schnell zu bezeichnen, damit sie dann mit dem Rundeisen ausgeschlagen werden können. Diese Vorzeichnung mit Puncten geschieht mittels eiserner Stiften, welche auf einem einfachen Gestelle horizontal liegend sich befinden und vor- und rückwärts gehen, je nachdem die am hinteren Theile dieses Gestelles angebrachten Kettenfäden durch den vollkommen nach Maßgabe des Desseins eingerichteten Litzenzug auf- und abwärts gezogen werden. Der Stuhl gewährt überdieß noch den Vortheil, daß bereits zur Seite gelegte, nicht mehr gangbare Muster, im Falle des Bedarfes, wieder hervorgenommen und gearbeitet werden können, welches auf der einmahl veränderten Walze, ohne den Dessein wieder neu auflegen zu lassen, nicht möglich ist. In einem Tage können darauf 3 bis 5 Ellen façonnirten Stoffes gewebt werden, wobey der Geselle viel bequemer arbeitet, da der Stuhl nur einen Tritt hat. Endlich ist der Bau dieser Maschine solid und dauerhaft, ihre Zusammensetzung sinnreich und einfach, und sie läßt als das, was sie ist und leistet, nichts zu wünschen übrig. In Wien verfertiget seit Juny 1820 Johann Bausemer, der sich lang in Lyon aufhielt, die Jacquartstühle, deren seitdem schon mehrere in Thätigkeit sind. Bausemer ist mit der erwähnten Vorstechmaschine versehen, womit die Desseins in das Kartenpapier ein- oder vorgestochen werden. Man ist allgemein mit seinen Stühlen zufrieden, und bald werden dieselben sich noch mehr ausbreiten. Der Preis für eine solche Maschine auf einen Stuhl ist 300 fl. W. W.

Unter der Regierung Kaiser Josephs II. brachte schon der Seidenweber Benedict Favre aus Lyon einen neuen künstlichen Seidenwebestuhl, auch zu geblumten Zeugen, zu Wien ans Licht. Der Kaiser belohnte ihn dafür ansehnlich, und befahl den übrigen Seidenwebern der Residenz, sich dieses neuen Stuhles zu bedienen; doch war dieser Stuhl ganz von dem neuen Lyoner oder dem Jacquartstuhle verschieden.

Der Zug- oder Damaststuhl zum Weben des Damastes ist lange üblich, und erregte wegen seiner vielen Schnüre und Gurten schon früh die Bewunderung der Kunstkenner. Ganz oben an diesem Stuhle befindet sich zum Ziehen die Gaschine (Gasseing), d. i. derjenige Theil, durch welchen die Glieder durchgehen; durch die Gaschine laufen die Corden oder Schnüre, an diese reihen sich die Armaoren, dann folgen die Lizooren, welche mit Maillons oder Glasringen zum Durchpassiren der Seide versehen sind; zuletzt die Cucelloni, d. i. die unteren Eisentheile, welche die eigentliche Spannung bewirken. Von der Gaschine verbinden sich an die Corden die Sacwetten oder Schlingen, welche zum Ausheben der Desseins bestimmt sind; mit diesen sind die Latzen verbunden, welche durch ihre zergliedernden Bresen (d. i. Schlingen, die in einem Knopf zusammen kommen) die Aushebung des Desseins bewirken. Zum Treten hat man das Carett, welches mit Spadoletten versehen ist, von welchen Spagate sowohl an die Litzen, als an die Carcaroni herabkommen. Die letzteren sind zweyerley: lange und kurze (Carcaronzini). Von ihnen kommen die Praghen an die Tritte.

Broschirte Zeuge nennt man solche, wo auf dem einfarbigen Taffet-, Grosdenaples-, Levantin-, Atlas- oder anderen Grunde vielfarbige Blumen nach der Natur eingearbeitet werden. Dieß geschieht bloß durch einen zweyten Eintrag, welcher aus sehr vielen Faden von verschiedenen Farben und Schattirungen besteht, und mit vielen kleinen Schützen eingeschossen wird. Man benöthiget hierzu derselben Stuhle und Maschinen, worauf die façonnirten Zeuge verfertiget werden.

Auch die halbreichen und ganzreichen Zeuge sind eigentlich nur broschirte Stoffe, die nebst der Seide auch mit Gold und Silber, oder mit unechtem leonischen Gespinnste und Lahn eingearbeitet sind. Man webt sie eben so, wie die broschirten Stoffe; die unterlegten reichen Stoffe auf Hauben werden aber auch noch mit dem Latzenzuge gemacht. Wenn die Figuren und Blumen zum Theil aus Seide, zum Theil aus Metall eingewebt sind, so nennt man die Stoffe halbreich; sind sie ganz aus Metall, so heißen sie ganzreich. Wenn auch der Grund reich ist, so nennt man den Zeug Drap d'or (Fond d'or) oder Drap d'argent (Fond d'argent). Auch der Name Brocat ist den reichen Stoffen gegeben worden, und heutiges

T 2

Tages heißt Brocat jeder seidene, mit reichen Blumen oder Figuren eingearbeitete Zeug, er mag Atlas-, Grosdenaples- oder einen andern Grund haben; nur muß die Kette durchaus von feiner Organzin, und der Einschlag von gekochter und dublirter roher Seide gemacht seyn. Übrigens gibt man den reichen Stoffen auch noch verschiedene andere Benennungen, welche theils von der Arbeit, theils von der Verwendung, theils von Ortschaften entlehnt sind, so wie man bey den Seidenstoffen überhaupt nach jeder unbedeutenden Modification im Gewebe, im Dessein, in der Farbe rc. besondere Nahmen zu bilden pflegt. Gänzlich verschieden sind die Gold- und Silbertoques, wo gelbe Seide mit Goldplasch oder gelbem Lahn, und weiße Seide mit Silberplasch oder weißem Lahn leinwandartig durchschossen wird.

Manche broschirte und reiche Stoffe, so wie mehrere Bänder und Borten werden mit Chenillen eingearbeitet.

Die geschnittenen Zeuge oder Sammte werden auf eben die Art, wie die sammtartigen Baumwoll- und Schafwollstoffe gewebt, nähmlich mit 2 Kettenbäumen und mit 3 Schemmeln, wovon 2 die Kette auf- und niederheben, woraus das Grundgewebe oder der Boden gebildet wird, der dritte aber die Fäden der Kette in die Höhe hebt, woraus das Rauche oder der Flor des Sammts entstehen soll. Diese sammtartige Oberfläche besteht aus eigens dazu vorgeschirrten Kettenfäden, welche über feine halbrunde messingene Nadeln geschlagen werden, welche ihrer Länge nach, die der Breite des Sammts gleichkommt, einen Einschnitt (Rinne oder Runze) haben. Werden diese Nadeln nach dem Weben bloß ausgezogen, so wird der Stoff ungeschnittener (ausgezogener) Sammt genannt, und die Oberfläche bildet erhabene, weich anzufühlende Rippen, fast wie starkfädiger Grossdetours oder Rips. Wird dagegen mit einem scharfen Messer (Dreget genannt) nach der ganzen Länge des Einschnitts in der Nadel der Flor aufgeschnitten, so wird die Oberfläche des Sammts rauch, und der Stoff heißt dann aufgeschnittener Sammt. Sind die Haare noch stärker und länger, so nennt man den Zeug Velpel oder Felber. Man gebraucht bey diesem keine Nadeln, sondern hölzerne Leisten, so breit als die Haare des Velpels lang werden sollen, mit Rinnen zum Einschnitte versehen. Eine Art von unaufgeschnittenem Velpel ist in der neueren Zeit wegen ihres pelzartigen Aussehens Astrakan genannt worden; ein anderer ähnlicher Stoff mit hoch emporstehenden unaufgeschnittenen Schlingen, welche durch eingeschobene hölzerne Stäbe entstehen, wurde im J. 1820 unter dem Nahmen Boucĺé gemacht. Der Sammt selbst ist von verschiedener Güte, je nachdem er schwerer oder leichter gewebt ist. Der beste und stärkste hat in jedem Zahn 8 bis 12 Fäden, und heißt vier- bis sechshaariger Sammt; dann hat man dreyhaarigen mit 6 Fäden, zweyhaarigen mit 4, anderthalbhaarigen mit 3 Fäden. Seltener ist der Doppelsammt, der auf jeder Seite einen Flor, und zwar von gleicher oder verschiedener Farbe hat. Der Sammt wird nicht bloß einfarbig, sondern auch gestreift, mit abwechselnden Taffet- und anderen Streifen, mit Seidenspiegeln, geblumt, verschieden façonnirt, mit Goldplasch u. s. w. verfertiget. Zu den künstlichsten Geweben gehören die auf dem Stuhle gewebten Sammtgemählde, nähmlich Porträte, Blumenstücke, Fruchtstücke u. dgl. Das Gemählde wird dabey im Großen mit Pinseln auf die Kette aufgetragen, und zwar fünfmahl größer, als dasselbe im fertigen Zustande erscheinen soll, indem dabey auf das Eingehen des Stoffes beym Weben Rücksicht genommen werden muß. Hornbostel in Wien hat schöne Stücke dieser Art geliefert. (Vergl. Taf. LXVIII.). Schlüßlich ist noch des von dem Fabriks-Eigenthümer, Christian Andrä, zu Wiener Neustadt vor mehreren Jahren erfundenen Stuhls zu erwähnen, auf welchem zwey Stück Sammt zugleich gewebt werden konnten, der auch zugleich aufgeschnitten wurde; doch ist dieser Stuhl nie zur Ausführung gekommen. Rosconi in Pesth wollte im J. 1812 oder 1813 eine ähnliche Erfindung gemacht haben; auch Andrä Bach in Wien suchte im J. 1807 um ein Privilegium an, den Sammt auf einem eigens erfundenen Stuhle zu verfertigen.

2) In Ansehung der Seide selbst sind die Seidenzeuge ebenfalls nicht wenig von einander unterschieden; denn nicht jeder Stoff kann aus einerley Gattung der Seide verfertigt werden, sondern jeder verlangt seine besondere Gattung. Schon

bey den einfachsten Stoffen ist die Kette von dem Einschlage sehr verschieden, indem zu ersterer Organzin, zu letzterem Trama verwendet wird. Der Crepp fordert nur einfache, jedoch zu diesem Behufe eigens stark filirte Seide, andere Stoffe fordern stark filirte mehrfache Seide, wie z. B. die gerippten Stoffe, der Grosdenaples und Grosdetours, die Moirs u. s. w.; zu manchen dichten geköperten Stoffen erhält die Seide noch eine besondere Zurichtung, und hierzu wird sie zum Filiren von Wien sogar bis nach Roveredo in das Bettinische Filatorium gesendet. Aus ganz roher, unfilirter Seide wird die Seiden-Entoilage gewebt, und ehemahls machte man daraus mehrere Gattungen von Stoffen, zumahl die sogenannten Basttaffete; aus roher, filirter Seide webt man in der slavonischen Militär-Gränze gestreifte taffetartige Zeuge und Bettdecken. (Vergl. Taf. LXXX.). Ganz grobe Stoffe werden nicht selten aus Floretseide verfertiget, und dann, wiewohl uneigentlich, zu den Halbseidenzeugen gerechnet. Der Atlas fordert sowohl zur Kette, als zum Einschlage recht feine und geschmeidige Seide u. s. w. Übrigens ist in der Abtheilung der filirten Seide bey der Erklärung der Muster Nr. 16 ffg. die Verwendung der vorzüglichsten filirten Seidengattungen ohnedieß angegeben, und es würde nur Wiederhohlung des Gesagten seyn, diese Unterschiede hier noch weiter zu erörtern.

Weitere Zurichtung der Seidenstoffe.

Sehr viele Seidenstoffe sind, wenn sie vom Stuhle genommen werden, vollendet und Kaufmannswaare; manche erhalten aber in gewissen Fällen eine eigene Zurichtung, welche daher nicht für eine gemeinschaftliche angesehen werden kann. Diese Zurichtung besteht im Creppen, Appretiren, Moiriren, Aufschneiden, Wasserdichtmachen; bey einigen auch im Färben und Drucken.

Das Creppen oder Krausen findet beym eigentlichen Crepp und bey den Flören Statt, und wird entweder mit der Hand, oder mittels Maschinen vorgenommen. Beym Creppen nach der ersten Methode wird der gewebte Stoff mit warmem

Wasser eingenetzt, und mit einem Lappen von behaartem Kalbsfell auf einem schiefliegenden Brete aufwärts gestrichen, indem man mit einem andern kleinen Brete entgegenhält. Dadurch läuft der Crepp in einander, der dann bloß noch auf eigenen Öfen getrocknet wird. Das Creppen mittels der Maschine wurde in Bologna erfunden und wird noch die Bologneser Methode genannt. Ein gewisser Mascos soll diese Methode schon vor ungefähr 47 oder 48 Jahren im Inlande ausgeübt haben, und d'Alvini war der Erste, welcher um diese Zeit aus Bologna nach Wien gezogen wurde, um hier die Bologneser Methode einzuführen. Vor Kurzem zeichnete sich noch die Rossische Seidenzeugfabrik in Wien durch ihre, nach Bologneser Art construirte Creppmaschine aus; gegenwärtig sind Festi in Wien und Jos. Kick zu Gumpoldskirchen die besten Crepper. Auf diesen Maschinen wird der Stoff nach seiner ganzen Breite auf einmahl, und wenn er sehr schmal ist, 3 Stück neben einander und eine Elle lang gecreppt. Die Creppe oder Flöre werden mit warmem Wasser benetzt, und dann auf einer steinernen Unterlage mit einem Kalbs-, oder besser Seehundsfelle, worauf ein Bret liegt, mittels einer fest gehenden Stange aufwärts überfahren. Das Creppen wird hier durch das strenge und schnelle Überfahren, wobey die stark filirte Seide zusammenläuft und so gekraust bleibt, bewirkt. Auf dieser Maschine creppt man in einer halben Stunde ein Stück von 19 Ellen, während man nach der gewöhnlichen Methode hierzu $1\frac{1}{4}$ Stunde braucht; der Crepp fällt auch auf der Maschine viel schöner aus.

Die eigentliche Appretur der Seidenstoffe besteht darin, daß man denselben durch eine gummiartige Substanz Steife und Glanz gibt. Jetzt wird diese Appretur zwar bey vielen Stoffen gar nicht mehr angewendet; doch findet sie noch beym Atlas, besonders beym leichten, dann beym leichten Taffet, bey den Linzer Zeugen, beym Peruvienne u. dgl. Statt. Der Zeug wird nähmlich auf den Appretur- oder Nadelbänken mit einem in Tragantauflösung getauchten Schwamme auf der unteren Seite bestrichen, und durch einen mit Schmiedekohlen erwärmten Wagen (seltener, wie z. B. in Wiener Neustadt bloß im Freyen oder in geheitzten Stuben) schnell getrocknet. Die gummirten Stoffe erhalten dann durch das Cylindriren (Kalandern), d. i. das Durchziehen durch heiße Cylinder den Glanz. Mehrere österreichische Fabriken haben hierzu zwey von Papier gemachte Walzen, zwischen welchen eine messingene läuft, welche durch eingelegte glühende Bolzen erhitzt wird, und bringen die Zeuge zuletzt noch in eine heiße Presse zwischen Preßspänen. Gut gearbeitete Seidenzeuge erhalten entweder gar keine Appretur, oder werden bloß gepreßt. Alle größeren Fabriken appretiren selbst. Außerdem gibt es auch eigene Appreteurs, welche für Fabrikanten und Weber die Seidenzeuge zurichten. In Wien ist die größte Appretur die von Joh. Gianicelli in der Vorstadt Wieden, welche mit einer grossen Mange versehen ist. Gianicelli erhielt besonders im J. 1797 große Begünstigungen und genießt noch jetzt eine k. k. Pension.

Das Moiriren oder Wässern ist gewöhnlich mit dem Appretiren in einer und derselben Anstalt verbunden, und wird vorzüglich bey Grosdenaples, Grosdetours, und beym sogenannten Moir angewendet. Um die wellenartigen Figuren auf dem Zeuge hervorzubringen, wird derselbe mit Wasser besprengt, und entweder zwischen erhitzten metallenen Platten gepreßt, oder durch eine Rolle von gravirten metallenen Walzen durchgelassen. Gianicelli in Wien hat hierzu eine grosse Mange mit einer Last von 30,000 Pfund, welche mittels eines Pferdes in Bewegung gesetzt wird. Der grosse Druck auf die mit Wasser besprengten und dadurch angeschwollenen einzelnen Theile des Stoffes scheint den Moir hervorzubringen. Der moirirt aussehenden doppelten Dünntücher, welche im J. 1820 bey den Brüdern Mestrozi in Wien bloß durch das Weben erzeugt wurden, ist schon oben gedacht worden.

Aufgeschnitten werden nur die sammtartigen Stoffe, nähmlich die eigentlichen leichten und schweren Sammte, die Velpel und diejenigen Zeuge, welche theilweise mit Sammt façonnirt sind. Es geschieht mit einem scharfen Messer, Dreget genannt, womit man die messingenen eingewebten Nadeln oder beym Velpel die hölzernen Leisten nach der ganzen Länge des Einschnitts herunter fährt, und die über der Nadel befindlichen gewölbten Fäden aufschneidet.

Wasserdichter Taffet (Schweißtaffet) ist seit 1816 von Jos. von Saurimont in Wien, dessen in diesem Werke schon mehrmahls wegen seiner Erfindungen gedacht wurde, verfertigt worden. Welche Masse hierzu benutzt wurde, ist nicht bekannt. Der Taffet selbst kommt an äußerem Ansehen sehr dem Wachstaffet nahe.

Das Färben der gewebten Seidenstoffe beschränkt sich mehr auf alte, als auf neue Zeuge, und gehört zu den Arbeiten der sogenannten Seidenfärber, von welchen schon in der Abth. filirte und weiter zubereitete Seide das Nöthige gesagt worden ist. Jedoch pflegt man auch einige neue Zeuge erst nach dem Weben zu färben, wie z. B. die Seiden-Entoilage, welche immer schwarz gefärbt wird, die Flöre, den Crepp etc. Die Färbe-Materialien, welche bey gewebten Zeugen in Anwendung gesetzt werden, sind dieselben, welche überhaupt in der Seidenfärberey gebräuchlich sind.

Auch das Drucken der Seidenzeuge ist in Ansehung der Quantität nicht von Bedeutenheit; es gibt daher nur selten Individuen, welche sich ausschließend mit dem Seidendrucke beschäftigen, sondern meistens wird derselbe von Baumwoll- und Schafwolldruckern ausgeübt, da er auch in Ansehung des Verfahrens und der dazu erforderlichen Hülfsmittel großen Theils mit dem Drucke der Baumwoll- und Schafwollstoffe übereinkommt. Gewöhnlich werden auch hier die Zeuge zuerst mit den Beitzen oder Mordants vorgedruckt, dann gereiniget, in der Brühe ausgefärbt und endlich appretirt. In der Regel werden zum Drucke nur leichte Taffete oder Croisés verwendet, weil die Farben durch schwerere Stoffe nicht leicht durchgreifen, und die Rückseite derselben ungedruckt erscheinen würde; nur zum Volardruck, welcher hier eigentlich als das Feld der wahren Kunst angesehen werden kann, werden auch bessere Taffete genommen. Der Druck geschieht übrigens sowohl mit den bekannten Modeln oder Formen, als mit gravirten Kupferplatten, und in letzterer Hinsicht ist das dem Herrn Ignaz Leitenberger zu Reichstadt in Böhmen ertheilte Privilegium auf seine Plattendruckmaschine bereits bey den Leinen- und Baumwollstoffen angeführt. Aus der Kettenhofer Zitz- und Katundruckfabrik sind in den J. 1819 und 1820 gedruckte seidene Umhängtücher hervorgegangen, welche in Rücksicht der Lebhaftigkeit und Dauer der Farben wenig zu wünschen übrig lassen. Noch neuer ist die Anwendung des Steindrucks auf Crepp, Taffet, Grosdenaples ꝛc., und hierin hat Hr. von Phillisdorf in Wien im J. 1820 vieles geleistet, was die allgemeinere Aufnahme des Steindrucks auf Seidenzeugen erwarten läßt.

Gepreßte (gaufrirte) Sammte werden jetzt nur selten noch verfertiget. Die Figuren werden mit hölzernen Formen oder auch mit warmen Eisen eingedruckt, welche zu dem Ende auf verschiedene Art gravirt oder geschnitten sind.

Zustand der Seidenzeug-Fabrication im österreichischen Kaiserstaate.

Wenn man bloß auf die Quantität der Production Rücksicht nimmt, so ist die Seidenzeug-Fabrication ohne Zweifel am stärksten im lombardisch-venetianischen Königreiche, welches auch die Wohlfeilheit des rohen Stoffes zum Vortheile hat; indessen kann es nicht geläugnet werden, daß in den neueren Zeiten in mehreren Artikeln, besonders in façonnirten und Modewaaren die Wiener Fabriken sich über die italienischen erhoben haben. Im österreichischen Italien hat Mailand einige nicht unbedeutende größere und mehrere kleinere Seidenzeugfabriken, in welchen breite und schmale gute Taffete, Atlasse, Levantine, Sammte, Seidentücher, Tapeten ꝛc. erzeugt werden. Die Seidenzeugfabriken von Giulio Fortis, Carlo Degregori und Comp., Giuseppe Antonio Osnago, Jos. Hippolit Richard, die Shawlsfabrik von Domin. Briani, die Seidentapetenfabrik von Franz Reina u. Comp. in Mailand, die Shawls- und Seidenzeugfabrik von Vincenz Sassi in Monza gehören zu den ansehnlichsten Fabriken der Lombardie. Auch in Como waren sonst große und sehr viele Fabriken, welche geringe Taffete erzeugten. Jetzt ist zwar ihre Zahl geringer, aber sie sind noch immer beträchtlich, und unter den besten verdienen die Fabriken der Hrn. Salvioni und Torchiana, P. Rezzonico, Franc. Stoppa u. Comp., F. Brambilla, Sessa und Paraycola, Joh. Maria Fischer daselbst angeführt zu werden. Jos. Pisterelli zu Mantua zeichnet sich durch seine Sammte aus. Von den venetianischen Provinzen behauptet Vicenza durch seine Seidenzeugfabriken den ersten Rang. Denn es sind hier alte und vortreffliche Fabriken, besonders von schweren Stoffen, die freylich vormahls beträchtlicher als jetzt waren. Die Fabriken von Felice Savi, Andrea Levis, Aurelio Todaro, und Constantini sind darunter die bedeutendsten. Auch Verona, Venedig u. a. Städte haben mehrere nicht unansehnliche Fabriken, welche Stoffe aller Art von der leichtesten bis zur schwersten Art verfertigen, und zwar Grosdetours, Ponsué, Spuniglion, Florence, Taffetas, Manto, Nobiltà, Signoria, Cendà, Spinon, Prunel, Mille-righe, Atlas, Levantin, Sagrin, Gorzoran, Picotté, Veludin, Grisetta, Peruvien, Brocat, Damast, Lucchese, einfachen und gestreiften Sammt, Sammt à la ren etc. In Verona glaubte man die Seidenzeugfabriken der Hrn. Gaetano Alessi und Jos. Casanova, in Venedig die große Seidenzeug- und Tüchelfabrik der Gebrüder Cavenezia, die auch viele orientalische Zeuge liefert, und des Hrn. Jacob Rota, in Padua die Sammtfabrik von Marchi und Pastrovich, welche Sammt à peli $1\frac{1}{2}$ bis 4 (d. i. anderthalb- bis vierhaarigen) von vorzüglicher Güte verfertiget, anführen zu müssen.

Österreich unter der Ens, und vorzüglich Wien hat es in der Verfertigung der Seidenzeuge in einem sehr kurzen Zeitraume außerordentlich weit gebracht. Schon Kaiser Carl VI. hat auf die Emporbringung dieses Industriezweiges bedeutende Kosten verwendet. Maria Theresia hob die Seidencultur in Ungarn, schaffte mit großen Kosten Appreturmaschinen, Appreteurs und viele der Seidenweberey nöthige Hülfsarbeiter in das Land. Joseph II. gab Vorschüsse und Lehrlingsbeyträge, berief Zeichner und Chineurs, und es hob sich unter seiner thätigen Regierung die Kunst so sehr, daß wohl in Modewaaren die Franzosen an Geschmack und Leichtigkeit die Oberhand behielten, die soliden, schweren, broschirten, façonnirten und reichen Zeuge von Wien aber den Vorzug vor den französischen behaupteten. Das Jahr 1797 brachte auch die Fabriken in leichten glatten Zeugen in Flor, da Italien verloren ging, und viele dortige Fabriken unter dem Drucke der Zeit erlagen. Von

1797 bis 1801 hoben sich die niederösterreichischen, und besonders die Wiener Fabriken so weit, daß 8000 Stühle mit großem Gewinne betrieben wurden. Noch im J. 1813 befanden sich in Wien 235 Meister und bey 600 Seidenzeugfabrikanten, welche in guten Zeiten gewiß über 6000 Gesellen, 8 bis 900 Lehrlinge, und 7 bis 8000 wirkliche Arbeiterinnen beschäftigten; denn zur Emporbringung der Seidenzeugweberey wurde bereits im J. 1770 erlaubt, daß glatte und façonnirte Seidenzeuge durch Weibspersonen auf dem Stuhle gearbeitet werden durften. In der neueren Zeit, besonders seit der Wiedererwerbung der oberitalienischen Provinzen hat zwar die Anzahl der Seidenzeugarbeiter in Wien ungemein abgenommen, wozu außer vielen anderen Umständen auch folgende zwey das ihrige beygetragen haben: daß nähmlich die hiesigen Fabriken in glatten und leichten Stoffen die Concurrenz mit Italien auszuhalten unvermögend sind, und daß die schweren, façonnirten und reichen Zeuge jetzt weniger, als vormahls gesucht werden. Bis zum J. 1819 war daher die Anzahl der Stühle auf 4600 bis 4800 herabgekommen. Dieser Verminderung ungeachtet hat doch die Vollkommenheit der Erzeugung keineswegs gelitten, vielmehr trat eben mit dem Augenblicke der Verminderung der quantitativen Production die Periode ein, wo man die möglichste Vollkommenheit der Erzeugnisse zu erreichen suchte. Im J. 1817 haben Chr. Georg Hornbostel und die Brüder Mestrozi in Wien die bisherige Art der Fabrication umgeworfen, alle älteren Maschinen in Unthätigkeit gesetzt, und zum Theil eine ganz neue Erzeugungsart mit neuen Werkzeugen und Stühlen begonnen, und seitdem werden die Wiener Seidenzeuge schöner und vollkommener als jemahls erzeugt, und dürften jedem fremden Erzeugnisse an die Seite gestellt werden können. Zu den ältesten im Lande unter der Ens errichteten Seidenzeugfabriken gehören die Vialische, Massasche und Chartonsche, die aber schon lange nicht mehr betrieben werden. Von den gegenwärtig bestehenden sind die großen Seidenzeugwaaren-Fabriken der Hrn. Christ. Gottlieb Hornbostel, der Brüder Mestrozi u. Comp., des Samuel Murmann, der mit ungefähr 140 Stühlen arbeitet, des Christoph Andrä in Neustadt die vorzüglichsten und bedeutendsten; von den übrigen nehmen Sebastian Kargl, Joh. Georg Hartmann, Stephan Ziegler, Georg Griller, David Hermann, Franz Steyrer, Johann Kollmann, Jos. Fink und Gabriel Schmidt (ehemahlige Geramsche und Neubergische Fabrik), und Bened. Codecasa die ersten Stellen ein. Von den vormahls bestandenen verdienen außer den obigen noch die Fabriken von Franz Bertolli in Shawls, von Hochholzer, Birk und Konstantin in Taffet, von Pernat und Kerons, Joh. Bapt. Rossi in Flören und Creppen, von Georg Wallner und Antonia Wolfsberger, nahmentlich angeführt zu werden. Die älteste der jetzt bestehenden Fabriken ist die des Christ. Gottl. Hornbostel, welche schon im J. 1768 von Hornbostel, eines Predigers Sohn aus Hamburg, für Rechnung eines Hamburger Hauses, ohne alle Vorschüsse oder Unterstützung der Staatsverwaltung errichtet wurde, noch zur Zeit, wo in Hamburg ansehnliche Sammtfabriken bestanden hatten, welches jetzt nicht mehr der Fall ist. In Kurzem übernahm Hornbostel diese Fabrik auf eigene Rechnung, welche durch Josephs II. Probibitivsystem so sehr sich vergrößert hatte, daß sie im J. 1790 eine Zeit lang schon mit 200 Stühlen arbeitete. Im J. 1809 starb Hornbostel, und seitdem besteht die Fabrik blühend fort in Gesellschaft der Frau Witwe und des Sohnes Christian Georg, unter der Leitung des Letztern. Manche nützliche und neue Erfindung wurde in dieser Fabrik gemacht und cultivirt, und noch im J. 1816 erhielt Hornbostel das schon oben angeführte ausschließende Privilegium auf seinen selbstwebenden Stuhl, welche Erfindung zu Leobersdorf im Großen angewendet wird. Es verdient auch bemerkt zu werden, daß Andrä in Neustadt und Hornbostel in Wien in den bedrängtesten Zeiten, nahmentlich in den J. 1817 bis 1819, aus Liebe zu ihren Arbeiten mit ihrem ganzen Personale gearbeitet haben, und es dürfte leicht Jeder an 200 Stühle, Ersterer darüber im Gange haben — eine Anzahl, die von wenigen Seidenzeugfabriken in diesem Augenblicke erreicht seyn dürfte. Auch Jos. Mestrozi hat in den 80ger Jahren vieles zur Emporbringung der Seidenweberey mitgewirkt, wie denn die von ihm gegründete und von seinen beyden Söhnen Paul und Vitalis fortgeführte Fabrik bis zum gegenwärtigen Augenblicke immer eine der ausgezeichnetsten und vollendetsten geblieben ist. Einer rühmlichen Erwähnung würdig ist die besonders in Sammten und reichen Stoffen ausgezeichnete Fabrik des Hrn. Christoph Andrä in Wiener Neustadt. Diese Fabrik war sonst eine Verlagsfabrik, d. i. sie hielt eine Quantität Muster, und verlegte in früheren Zeiten 220 Stuhle, welche die vorzüglichsten Arbeiten lieferten, wie denn die Fabrik auch schon früh Absatz ins Ausland sich zu verschaffen wußte. Nur die Umstände, welche alle Seidenzeugfabriken in Österreich zurücksetzten, brachten in der letzten Zeit auch in dieser Fabrik die Zahl der Stühle herab. Es haben sich überdieß noch mehrere andere Fabrikanten Verdienste um einzelne Zweige ihres Faches gesammelt. So hat z. B. Krauthauf im J. 1786 zuerst die feinen seidenen Halstücher, die sonst über Holland hierher eingeführt wurden, verfertigt, und seit dieser Zeit die Einfuhr derselben entbehrlich gemacht. In eben demselben Jahre verfertigte Kugelmann in Wien zuerst Bologneser Dünntuch, französische Entoilages und Veli tirati, wovon er schon 1788 eine eigene Fabrik besaß. Eine andere Dünntuch- und Taffetfabrik wollte 1788 auch Frhr. Peter von Braun errichten, der in demselben Jahre gläserne Ringel zur Seidenzeug-Fabrication einführte. Im J. 1789 errichtete Walter in Wien eine Mailänder Seidentücherfabrik u. s. w. Mit dem glänzendsten Erfolge aber hat Calliano die schwarzen Mailänder Tücher in Wien eingeführt. Jetzt werden in Österreich unter der Ens alle Gattungen von Seidenzeugen und Stoffen verfertiget. In Seidenzeugen überhaupt sind die schon genannten Fabriken von Hornbostel, Mestrozi und Andrä die ersten, und die letztere zeichnet sich insbesondere in glatten Sammten, in mit Gold broschirten und ähnlichen Artikeln sehr vortheilhaft aus; in Currentwaaren zeichnet sich Ign. Beywinkler, in façonnirten modernen Waaren Hornbostel, Mestrozi, Seb. Kargl, Jan. Beywinkler, Georg Hell und Gabriel Schmidt; in orientalischen Waaren Codecasa; in einfachen glatten Stoffen Murmann und Jos. Schmidt; in Sammt Andrä, Reder und Ziegler; in schönen Atlassen, Dünntuchern und anderen Modewaaren auch Kaspar Klaus und Jos. Hornung, Joh. Steininger und Jacob

Brunner nebst m. a. vortheilhaft aus. — Schon aus der im J. 1770 erschienenen Qualitäten-Ordnung läßt sich die Menge und Gattung der damahls in Wien verfertigten Seiden- und Halbseidenzeuge ersehen. Es kommen nähmlich darin folgende Gattungen vor: 1) ganzreiche, halbreiche und broschirte Stoffe der schweren Art; 2) Bordur-Westen; 3) reiche oder bloß seidene Peruviennes; 4) schwere broschirte Seidenzeuge mit Canelé-Boden; 5) geringe broschirte französische Zeuge; 6) broschirte, mit Gold und Silber vermengte Halbseidenstoffe; 7) schwer broschirte Seidenzeuge mit Canelé-Boden; 8) Ras de Sicile oder zweyfarbig geblumte Zeuge; 9) sogenannte Triomphantes; 10) Sevilles; 11) Spalier-Damaste; 12) Florentiner Damaste; 13) Luccheser Damaste; 14) Due dritti-Damaste; 15) grob geriegelter Grosdetours; 16) schwere Canelés; 17) geringere und viperirte Grosdetours; 18) glatt geriegelte Canelés; 19) façonnirte Grosdetours; 20) englische in opera gearbeitete Grosdetours; 21) Velours à la Reine; 22) Prussiennes; 23) Hosenzeuge; 24) Lustrins; 25) ganz seidene Droguets; 26) Halb-Droguets; 27) schwere façonnirte Faßdroguets; 28) mit Garn eingetragene Halbdamaste; 29) Halbseiden-Camelots; 30) glatte, geblumte und broschirte Moirs; 31) ganz seidene Croisés; 32) halbseidene Croisés; 33) Brocatelle; 34) schwere Rasettes; 35) schwere Atlasse; 36) piquirte Atlasse; 37) halbe Atlasse; 38) Florentiner Taffete; 39) englische Taffete; 40) Mantini oder Ermesini-Taffete; 41) Luccheser Taffete; 42) gestreifte Taffete; 43) piquirte Taffete; 44) Zendeltaffete; 45) glatte ganz seidene Batavias; 46) broschirte ganz seidene Batavias; 47) glacirte Batavias; 48) halbseidene Batavias; 49) façonnirte halbseidene Schweizer Zeuge; 50) halbseidene Gradel; 51) Papelines; 52) Neapolitaner Flöre; 53) seidene Doppeltüchel; 54) weiß broschirte Mailänder Tüchel; 55) mit Farben broschirte Mailänder Tüchel; 56) Grisette-Tücheln. Die Sammte sind in derselben Qualitäten-Ordnung in folgende Gattungen getheilt: 1) in geblumte oder Opera-Sammte; 2) Sammte nach Genueser Art; 3) Köpersammte; 4) holländische leichte Sammte; 5) Hamburger Sammte; 6) Ala-Sammte; 7) Velpel.

In der Qualitäten-Ordnung vom 12. July 1770 ist die Breite und die Zahl der Zähne im Kamme für die meisten Seiden- und Halbseidenzeuge festgesetzt worden, welche hier in Kürze angeführt werden soll, da sie für viele Leser Interesse haben dürfte. Für die seidenen Doppeltüchel wurden 4 Gattungen bestimmt, wovon die erste $1\frac{1}{16}$ breit, in einem Kamme von 1275 Zähnen, mit 3 Fäden im Zahn (welches letztere auch bey den 3 folgenden Gattungen zu beobachten ist), das Dutzend 30 bis 32 Loth schwer; die zweyte 1 Elle breit, in 1200 Zähnen, das Dutzend 26 bis 28 Loth schwer; die dritte $\frac{15}{16}$ Ellen breit, in 1125 Zähnen, das Dutzend 20 bis 22 Loth schwer; die vierte $\frac{7}{8}$ Ellen breit, in 1050 Zähnen, das Dutzend 18 bis 20 Loth schwer, gearbeitet werden mußte, und wobey die rohe, so wie die falsch gefärbte oder sogenannte Atto-Cramoisi-Seide auf das schärfste verbothen wurde. Die weißbroschirten Mailänder Tüchel sollten $1\frac{1}{16}$ Ellen breit, die eine Gattung in 1400 Zähnen (zu 3 Fäden im Zahn), die andere in 1275 Zähnen (4 Fäden im Zahn), das Dutzend 42 bis 45 Loth schwer; die mit Farben broschirten Mailänder Tüchel $1\frac{1}{16}$ Ellen breit, in 1400 Zähnen (zu 3 Fäden), das Dutzend 48 bis 50 Loth schwer; die Grisette-Tüchel von erster Gattung $1\frac{1}{16}$ Ellen breit, in 1275 Zähnen (6 Fäden im Zahn), das Dutzend 38 bis 40 Loth schwer; von zweyter Gattung 1 Elle breit, in 1200 Zähnen (zu 4 Fäden), das Dutzend 32 bis 36 Loth schwer; von dritter Gattung $\frac{15}{16}$ Ellen breit, in 1125 Zähnen (zu 4 Fäden), das Dutzend 28 bis 30 Loth schwer gemacht werden. Für die glatten ganz seidenen Batavias, und zwar für die bessere Gattung, wurde vorgeschrieben $1\frac{1}{16}$ Breite in 1800 Zähnen (zu 2 Fäden), für die mindere $\frac{7}{8}$ Breite in 1400 Zähnen (zu 2 Fäden), für die broschirten ganz seidenen Batavias 1 Elle Breite in 1800 Zähnen (zu 2 Fäden), und für eine andere Sorte mit Croisé-Boden 1 Elle Breite in 1000 Zähnen (zu 4 Fäden); für die glacirten Batavias 1 Elle oder vollkommen $\frac{7}{8}$ Breite; für die halbseidenen Batavias (oder sogenannten Mousselines) $\frac{7}{8}$ Breite in 850 Zähnen; für die façonnirten halbseidenen Schweizer Zeuge erster Gattung $\frac{19}{32}$ Breite in

700 Zähnen, der zweyten in opera $\frac{18}{32}$ Breite, der dritten glatt façonnirten $\frac{17}{32}$ Breite; für die halbseidenen Gradel und das Gelsengarn $\frac{2}{3}$ Breite; für die Papeline mit Angoragarn $\frac{2}{3}$ Breite, und mit Galletseide $\frac{5}{8}$ Breite; für die halbseidenen Croisés mit eingetragenem Garne $\frac{2}{3}$ Breite, mit Galletseide $\frac{5}{8}$ Breite (mit 4 Fäden gut gereinigter Orsojo im Schweif) in einem Kamme von 800 Zähnen, die Elle $\frac{3}{4}$ Loth schwer; für die schweren Atlasse $\frac{2}{3}$ Breite in 1000 Zähnen, die Elle 4 Loth schwer; für die leichten Atlasse $\frac{5}{8}$ Breite in 800 Zähnen (zu 8 Fäden); für die piquirten Atlasse 1 Elle Breite in 1600 Zähnen (zu 5 Fäden), von niederer Sorte $\frac{3}{4}$ Breite in 1200 Zähnen (zu 5 Fäden); für die Halb-Atlasse $\frac{3}{5}$ Breite in 800 Zähnen (zu 6 Fäden); für die Halb-Droguets $\frac{3}{5}$ Breite, und mit Leinengarn eingetragen $\frac{5}{8}$ Breite in 900 Zähnen (zu 8 Fäden); für die Florentiner Taffete 1 Elle Breite in 1600 Zähnen (zu 4 Fäden), die Elle $2\frac{1}{2}$ Loth schwer; für die englischen Taffete $\frac{15}{16}$ Breite in 1560 Zähnen, die Elle $2\frac{1}{4}$ Loth schwer; für die Mantini- oder Ermesini-Taffete $\frac{7}{8}$ Breite in 1200 Zähnen, $1\frac{3}{4}$ Loth schwer; für die Luccheser Taffete $\frac{27}{32}$ Breite in 1150 Zähnen, $2\frac{1}{4}$ Loth schwer; für die gestreiften Taffete der ersten Gattung $\frac{3}{4}$ Breite in 1200 Zähnen, der zweyten Gattung $\frac{5}{8}$ Breite in 1000 Zähnen, beyde $1\frac{1}{4}$ Loth schwer; für die piquirten Taffete der ersten Gattung 1 Elle Breite in 1200 Zähnen, der zweyten Gattung $\frac{3}{4}$ Breite in 900 Zähnen; für die Zendeltaffete $\frac{7}{8}$ Breite in 1100 Zähnen (zu 2 Fäden). Für die Neapolitaner Flöre wurden 5 Breiten bestimmt: zu $1\frac{1}{32}$, $\frac{31}{32}$, $\frac{13}{16}$, $\frac{11}{16}$ und $\frac{19}{32}$ Ellen.

Die Dünntücher werden in der Qualitäten-Ordnung in 10 Gattungen eingetheilt: 1) in glattes Seiden-Dünntuch zum Sticken und Profalen, welches von der bessern Gattung $1\frac{1}{8}$ W. Elle br., in einem Kamme von 1200 Zähnen, von der geringsten Gattung aber nicht unter 1 Elle br. in 1000 Zähnen verfertiget werden soll; 2) in gemeines gestreiftes Seiden-Dünntuch, die bessere Gattung 1 Elle breit mit 1000 Zähnen im Kamme, die niedere Gattung $\frac{3}{4}$ Ellen br. mit 700 Zähnen; 3) in geblumtes Seiden-Dünntuch in

3 Gattungen: die erste 1 Elle br. in 1000 Zähnen, die zweyte $\frac{3}{4}$ Ellen br. in 800 Zähnen, die dritte $\frac{2}{3}$ Ellen br. in 800 Zähnen; 4) in geblumtes holländisches Zwirn-Dünntuch, bey welchem der Schweif aus purer Seide, der Eintrag aus Garn zu bestehen hat, $\frac{3}{4}$ Ellen br. in 800 Zähnen; 5) in geblumtes französisches Dünntuch, $\frac{2}{3}$ Ellen br. in 800 Zähnen; 6) in glattgestreifte englische Seiden-Dünntücher, welche durchaus auf 1 Elle, und der Kamm dazu auf 900 Zähne festgesetzt sind; auch sollen die Streifen rings um das Dünntuch laufen, und der Schweif zu den Streifen 8 Fäden im Zahn halten; 7) in englische Griset-Dünntücher, 1 Elle br. mit wenigstens 900 Zähnen, 6 Fäden im Zahn; 8) in reiche und mit Farben broschirte Dünntücher, 1 Elle br., wenigstens in 1000 Zähnen, mit 8 Fäden im Zahn; 9) in reiche glatte, auch broschirte Dünntücher, $\frac{3}{4}$ Ellen br. in 800 Zähnen; 10) in geblumte Damast-Dunntücher, welche $\frac{2}{3}$ Ellen br. in einem Kamme von 600 Zähnen, mit 5 Fäden im Zahn; die zweyte Gattung aber $\frac{3}{4}$ Ellen br. in 800 Zähnen, mit 3 Fäden im Zahn, auch im Schweif mit lauter gut ausgesottener Seide zu verarbeiten sind, wogegen im Eintrage rohe Seide anzuwenden gestattet wurde.

Mit Recht hat man die Qualitäten-Ordnungen oder Waaren-Reglements abgeschafft. Denn mögen Verordnungen dieser Art bey der Gründung der Fabriks-Industrie, wo sie als Beschreibungen der besten Fabricationsmethoden zu betrachten sind, von entschiedenem Nutzen seyn: so werden sie doch unbrauchbar, wenn der Kunstfleiß in einem Staate eine höhere Stufe erreicht hat. Wo das Auge des Käufers hinreicht, die Qualität der Waare zu beurtheilen, sind alle Reglements überflüssig. Gegen die sogenannten Fabriks-Qualitäten-Ordnungen läßt sich im Allgemeinen folgendes einwenden: a) Es ist unmöglich, eine bleibende Ordnung zu geben; denn will der Käufer durchaus eine andere Qualität der Waare, andere Breite rc., so muß der Fabrikant doch endlich abweichen, und der Staat ihm diese Abweichung gestatten. b) Diese Abweichung wird auch nothwendig werden, wenn die

Nachbarstaaten durch zweckmäßige Änderungen die fremden Käufer an sich zu ziehen, und den Handel zu verkürzen drohen. c) In jedem Lande muß es, rücksichtlich der Qualität, verschiedenartige Fabricate geben, weil es nicht bloß bemittelte Käufer gibt. Überhaupt will man bey Luxuswaaren Abwechselung. Das Zeitalter ist verschwunden, wo das Brautkleid der Großmutter noch zum festlichen Anzuge der Enkelinn dient. Man wünscht lieber um denselben Preis zwey Kleider zu haben, als eines aus jenem dauerhaften Stoffe. Endlich sind d) ähnliche Reglements wegen der Controlle durch Inspectoren, Commissäre ꝛc. lästig für die Fabrikanten und kostspielig, wenn diese ihre eigene Fabriksregie bezahlen müssen. — Man will indessen nicht im Allgemeinen Reglements verwerfen, und bey manchen Gegenständen, wie bey der Legirung der edlen Metalle, bey den gedruckten und gefärbten Stoffen, auch dort, wo Waaren auf sehr entfernte Plätze versendet werden, und die Käufer strenge auf die herkömmliche Qualität halten, können bestimmte, als Garantie dienende Zeichen (z. B. Stämplungen) von großem Nutzen seyn, und sind zuweilen, wie bey Gold und Silber, unentbehrlich. Bey den Seidenstoffen könnte höchstens vorgeschrieben werden, die Echtheit der Farben durch bestimmte schmale Farbenstreifen kenntlich zu machen. Chaptal hat in seinem neuesten Werke: De l'industrie française, hierüber treffliche Vorschläge gemacht. — Man lasse also im Allgemeinen dem Fabrikanten bey Verfertigung seiner Waaren volle Freyheit, und die Industrie wird am besten gedeihen. Nur verhalte man ihn (was auch auf die meisten Waaren angewendet werden könnte), seinen Nahmen und den Fabriksort auf das Fabricat zu setzen. Diese Maßregel, wenn sie Gesetzeskraft erhielte, würde, indem sie den Fabrikanten selbst zur Vervollkommnung seiner Erzeugnisse aneiferte, dem Käufer, wenn er auch Nichtkenner ist, den besten Fingerzeig geben, wo er die Waare zu suchen habe.

Von den übrigen Provinzen, in welchen noch die Seidenweberey betrieben wird, verdienen bloß Tyrol, das Küstenland und Böhmen nahmentlich angeführt zu werden. Tyrol verfertiget in der Regel bloß Seidenstoffe gröberer Art, wozu

U 2

man die Seidenabfälle, welche kartätscht und gesponnen werden, benutzt. Nur die Sammtfabriken zu Ala im südlichen Tyrol, in den sogenannten vier Vicariati, machen hiervon eine Ausnahme, indem sie viel, und mitunter auch schönen Sammt von verschiedenen Farben erzeugen. Gegenwärtig aber werden diese Fabriken nur schwach betrieben. Im Küstenlande, und zwar im Görzischen wurden noch vor 20 Jahren auf mehr als 1000 Stühlen glatte Grosdetours, Doppel-Damaste, und einige andere schwere ordinäre Seidenzeuge gearbeitet; jetzt werden im Ganzen kaum 80 Stühle betrieben. Auch in Prag werden verschiedene Seidenzeuge verfertiget, jedoch nur von geringer Bedeutenheit. In Galizien werden zu Sokal auf 10 Webestühlen seidene zur Nationaltracht gehörige Leibbinden verfertiget.

Man sieht aus dem hier Zusammengestellten, daß unter den Provinzen des österr. Kaiserstaates sich Österreich unter der Ens, oder vielmehr Wien durch Schönheit in der Arbeit und Zeichnung, das lombardisch-venetianische Königreich durch die Menge seiner Seidenstoffe auszeichne.

Der Handel mit Seidenwaaren ist im Innern der österr. Monarchie, besonders seit der Wiedererwerbung Tyrols und des lombardisch-venetianischen Königreichs, und seit der Aufhebung der Zölle auf selbe im Innern des Staates sehr lebhaft, und selbst gegen das Ausland kann derselbe nicht anders als vortheilhaft für den Staat seyn, da das Inland eigene Erzeugnisse dem Auslande zuführt, und dagegen keiner fremden Seidenstoffe benöthiget. Unter allen Städten des österr. Staates versendet Vicenza im Verhältniß seiner verminderten Fabrikenzahl noch das Meiste in das Ausland, da nicht nur viele Seidenstoffe von dort auf die Messen von Frankfurt und Leipzig gehen, sondern Vicenza auch ziemlich beträchtliche Quantitäten nach Bayern, Schwaben und Franken sendet. Mailand und Como verkaufen viele ihrer Seidenzeuge in das nichtösterr. Italien, und durch die Messen von Leipzig nach Teutschland und nach dem Norden, und jetzt gehen selbst ins Innere der Monarchie bis nach Wien u. s. w. viele leichte Taffete aus Como. Tyrol macht mit seinen Sammten von Ala Geschäfte nach Bayern, Schwaben und nach Österreich. In letzterem Lande ist Wien, als Hauptplatz der Seidenfabrication, selbst im Stande, viele seiner Erzeugnisse nicht nur in die Provinzen, sondern manche auch ins Ausland zu verschicken. So gehen z. B. façonnirte und broschirte Seidenstoffe nach Bayern, glatte und Mode-Seidenzeuge durch polnische Juden nach Polen und Rußland, und durch Siebenbürger und Bukowiner Kaufleute in die Moldau und Walachey u. s. w.; doch ist der Betrag der Ausfuhr von Wien in fremde Staaten nicht sehr erheblich. In den 5 Jahren 1812 bis 1816 wurde die Ausfuhr ins Ausland von Wien nach den dasigen Mauthverzeichnissen an ganz- und halbreichen Zeugen und an Sammt auf $1650\frac{3}{4}$ Pf., an broschirten, façonnirten, geflammten, gemahlten und gestickten Zeugen auf $338\frac{1}{2}$ Pf., an glatten, piquirten und gestreiften Seidenzeugen und Tüchern auf $2681\frac{1}{2}$ Pf. u. s. w. angeschlagen.

So wie bey den Baumwoll- und Schafwollstoffen, ist auch bey den Seidenstoffen durch die Zolltariffe von den J. 1817 und 1819 der Verkehr im Innern der Monarchie (Ungarn, Siebenbürgen, Dalmatien, Istrien, Triest und Fiume ausgenommen, da diese nicht zum Mauthverbande gehören) ganz zollfrey erklärt, die Einfuhr vom Auslande verbothen, und für die Ausfuhr ins Ausland an allen Gränzen der Monarchie ein gleichförmiger Zoll festgesetzt worden. Nach dieser Bekegung zahlen alle Seidenstoffe ohne Beymischung, nahmentlich alle broschirten, façonnirten, geflammten, gemahlten und gestickten Seidenzeuge und Tüchel, auch Miniatur- und façonnirte Sammte, gestickte und Bordurkleider und Westen, dann glatte, piquirte und gestreifte Zeuge und Tüchel, Damaste, glatte Sammte, Seidenmoltone und Velpel, Fliegengitter, Strümpfe, Handschuhe, Hauben, auch von Floret- und Galletseide, von 1 Pf. $1\frac{1}{2}$ kr.; alle Stoffe mit Beymischung, nähmlich die ganz und halbreichen Zeuge, und derley Sammte, Kleider und Westen vom Pf. 6 kr. C. M.; für die Durchfuhr aller Seidenwaaren ist ein Transitozoll von 3 fl. $2\frac{1}{2}$ kr. C. M. für den Centner Sporco Wiener Gewicht festgesetzt.

Die Preise der Seidenstoffe sind im Allgemeinen wegen ihrer großen Verschiedenheit schwer anzugeben. In der ersten Hälfte des Jahres 1820 standen sie jedoch in Wien ungefähr in folgendem Verhältnisse: Der Taffet kostete pr. Elle 54 kr. bis 1 fl. 12 kr. C. M.; Atlas 1 fl. bis 1 fl. 24 kr., auch bis 3 fl. (Papier-Atlas nur 51 kr.); Levantin 1 fl. 45 kr.; Grosdenaples 1 fl. 36 kr. bis 2 fl. 18 kr.; Crepp das Stück 16 fl.; Reps die Elle 2 fl. 12 kr.; Racemor 1 fl. 30 kr. bis 2 fl. 45 kr.; Dünntücher 30 kr. bis 3 fl. 15 kr.; Brillantine 2 fl. 15 kr. bis 3 fl.; mit Seide broschirte Zeuge 1 fl. 24 kr. bis 3 fl. 30 kr.; halbreiche broschirte Zeuge 1 fl. 45 kr. bis 7 fl.; ganzreiche Zeuge bey 16 fl.; glatte Velpel 2 fl. bis 4 fl. 30 kr.; glatte Sammte 1 fl. 36 kr. bis 12 fl.; façonnirte ungeschnittene Sammte 4 fl. 30 kr.; façonnirte aufgeschnittene 6 fl. 30 kr. C. M. pr. Elle. — Zu Venedig kostete im July 1819 die venetianische Elle von leichtem Taffet 2 ital. Lire, von schwerem Taffet 4 L.; von Grosdenaples 4 L. 50 Cent.; von Levantin 4 L. 25 Cent.; von leichtem Atlas 4 L. 50 Cent.; von schwerem Atlas 4 L. 75 Cent.; von glattem Sammt 15 bis 16 L.; von façonnirtem Sammt 25 L.; von gestreiftem und quadrillirten Taffet 3 bis $5\frac{1}{2}$ L.; von Brillantine 4 L. 50 Cent. bis 6 L. 25 Cent.

Erklärung der Muster.

Die Hauptgattungen der Seidenstoffe sind in dem bisher Gesagten bereits angegeben, daher es überflüssig scheint, der Erklärung der Muster die genauere Übersicht der Abtheilungen vorauszuschicken, worunter hier die Seidenstoffe gebracht worden sind. Nur glaubte man bemerken zu müssen, daß man unter der Überschrift Nachträge alle seit 1818 der Sammlung zugewachsenen Muster zusammengestellt und die Zurichtung der Seidenstoffe durch die einfache und doppelte Appretur, und durch das Moiriren ganz zu Ende auf eigenen Tafeln (wie bey den Baumwollstoffen) darzustellen versucht hat.

Sämmtliche Seidenstoffe.

1) Glatte Seidenzeuge.

Tafel I. Nr. 1. Gewöhnlicher ungekrauster Crepp, wie er vom Stuhle kommt, die Seide in Natura gelb, also ungefärbt.

Nr. 2. Derselbe schwarz gefärbt ohne Krausung, aus unentschälter Seide. Die Breite dieses Stoffes ist $\frac{5}{8}$ W. Ellen.

Nr. 3. Futter-Gaze, ein schlechtes Gewebe aus roher weißer Seide, auf Damenhüte, schon appretirt.

Nr. 4 bis 11. Gewöhnliche gekrauste und gefärbte Creppe feinerer und gröberer Art, auf Damenkleider, Putzwaaren u. dgl., schwarz gefärbt zur Trauer.

Taf. II. Nr. 12 bis 14. Gaze, weiß und gefärbt, ein gitterartiges, meist $\frac{3}{4}$ Ellen breites Gewebe, das mit dem Perlkopie mittels der Perllitze verfertiget wird und sonst häufiger zu Putzwaaren verwendet wurde.

Nr. 15. Gaze-Entoilage, ein schwarz gefärbter, $\frac{3}{8}$ oder $\frac{3}{4}$ Ellen breiter Stoff von verschiedener Länge, der auf gewöhnlichen Webestühlen verfertigt wird und dem Petinet ziemlich ähnlich ist. Ehemahls wurde diese Entoilage viel häufiger verfertiget und zu Spitzen, Kleidergarnirungen rc. verwendet. Sie wurde auch weiß getragen, und daher erst nach dem Weben ausgesotten. Auch aus Zwirn und Baumwolle, aus ersterem besonders im sächsischen Erzgebirge, werden solche Stoffe gewebt, wovon ein Arbeiter des Tages 7 bis 8 Ellen zu Stande bringen kann.

Nr. 16 bis 24. Glatte Taffete in verschiedenen Farben, zum Futter, alle $\frac{3}{4}$ Ellen breit. Die zwey ersten sind die leichteste Art, sogenannte Futter- oder Zendeltaffete, Nr. 23 heißt Naturellgelb.

Taf. III. Nr. 25 bis 39. Gute Taffete, auf Kleider u. dgl. in den gangbarsten Farben, $\frac{3}{4}$ breit, auf dem gewöhnlichen Stuhle mit 4 bis 8 Litzen gearbeitet. Nr. 31 und 35 bis 37 sind Schiller-Taffete (changirende Taffete) aus verschiedenfarbigem Aufzug und Eintrag.

Taf. IV. Nr. 40 bis 47. Marcelline, d. i. dichtere und glänzende Taffete auf Damenkleider, Kopfputz rc., $\frac{3}{4}$ breit und auf gleiche Art, wie die obigen gearbeitet. Nr. 44, 46 und 47 sind schillernd.

Nr. 48 bis 53. Quadrillirte oder gestreifte Taffete in mehrfachen Farben, wozu Kette und Eintrag eigens vorgerichtet werden müssen. Nr. 48 ist sehr fein.

Nr. 54 bis 56. Quadrillirte geflammte Taffete, mit dreyerley Farben und Desseins, wozu in der Kette chinirte Seide (vergl. filirte Seide Nr. 90) genommen werden muß. Auf Kleider, Seidentücher rc.

Taf. V. Nr. 57 bis 66. Grosdenaples in verschiedenen Farben, eigentlich bloß schwere Taffete, die in höherem Conto stehen, und $\frac{1}{2}\frac{1}{4}$ Stab (der Stab mißt $1\frac{1}{2}$ Ellen) breit gearbeitet werden, auf Damenkleider, Kopfputz u. s. w. Nr. 58 ist auf Hornbostels selbstwebendem Stuhle zu Leobersdorf gewebt.

Nr. 67 bis 69. Geflammte Grosdenaples aus chinirter Seide, $\frac{3}{4}$ breit.

Nr. 70 bis 72. Gestreifte und schattirte Grosdenaples, wo Kette und Eintrag verschiedenfarbige Seide haben, ebenfalls $\frac{3}{4}$ breit.

Taf. VI. Nr. 73 bis 90. Gestreifte und schattirte Grosdenaples, theils einfarbig, theils schillernd. Nr. 76 und 78 sind der feinen Ponceaufarbe wegen bemerkenswerth.

Taf. VII. Nr. 91 bis 108. Gestreifte, schattirte und quadrillirte Grosdenaples auf Damenkleider rc., alle von den Gebrüdern Mestrozi in Wien, und sehr schön. Auch hier zeichnen sich Nr. 103 und 105 durch ihr schönes Ponceau aus.

Taf. VIII. Nr. 109 bis 120. Gestreifte und geflammte Grosdenaples von den Gebrüdern Mestrozi in Wien, zu gleichem Gebrauche.

Nr. 121 bis 126. Gestreifte, quadrillirte und geflammte Grosdenaples vorzüglich schöner Gattung, auf Damenkleider rc.

Taf. IX. Nr. 127 bis 232. Gestreifte, quadrillirte und geflammte Grosdenaples von Hornbostel und Mestrozi in Wien.

Nr. 133 bis 142. Sehr schwere oder Doppel-Grosdenaples, die in noch höherem Conto stehen, $\frac{1}{2}\frac{1}{4}$ Stab breit. Auf Damenkleider u. s. w.

Taf. X. Nr. 143 bis 151. Doppel-Grosdenaples von verschiedenen Farben, von Mestrozi und Hornbostel in Wien.

Nr. 152 bis 158. Rips oder Reps in verschiedenen Farben, auf Kleider rc. Nr. 156 ist streifig in der Kette und wird insgemein Velouté genannt.

2) Geköperte oder croisirte Seidenzeuge.

Taf. XI. Nr. 159. Schwarzer leichter Croisé, auf Halstücher, Binden ꝛc. Das vorliegende Muster ist auf dem patentirten Stuhle des Bandfabrikanten Bischof in Wien gemacht, der mit einem Mühlstuhle Ähnlichkeit hat, und worauf 4 Tücher auf einmahl verfertigt werden können. Dergleichen Croisé-Binden, welche für ungrische und siebenbürgische Edelleute bestimmt sind, halten im Stück 20 Ellen.

Nr. 160. Schwarzer Levantin, auf dem Hornbostelschen selbstwebenden Stuhle zu Leobersdorf verfertiget.

Nr. 161 bis 167. Glatte Levantine in verschiedenen Farben, auf Damen- und Männerkleidungen, Kopfputz u. s. w.

Taf. XII. Nr. 168 bis 173. Glatte Levantine zu Kopfputz u. dgl., alle $\frac{3}{4}$ Ellen oder $\frac{12}{21}$ Stab breit.

Nr. 174 bis 176. Gestreifte Levantine, mit schmalen Taffetstreifen, auf Kleidungen ꝛc.

Nr. 177 bis 181. Glatter und gestreifter Virginet, in mehreren Farben, mit atlasartigen schrägen Streifchen, auf Damenkleider ꝛc.

Nr. 182. Façonnirter Virginet, ebenfalls auf Kleider.

Nr. 183 und 184. Schwerer Racemor, auch Hosenzeug genannt, der meist an galizische Juden abgesetzt wird.

Taf. XIII. Nr. 185 und 186. Papier-Atlasse, d. i. sehr leichte und schlechte Atlasse, zu Futter in Hüte u. dgl., $\frac{5}{8}$ breit.

Nr. 187 bis 195. Mittelschwere Atlasse auf Kopfputz, Kleidungen ꝛc., $\frac{5}{8}$ breit.

Nr. 196 bis 201. Schwere Atlasse in verschiedenen Farben zu gleichem Gebrauche, $\frac{2}{3}$ breit.

3) Gedruckte Seidenzeuge.

Taf. XIV. Nr. 202 bis 209. Ordinäre gedruckte Halstücher, die zwey letzten mit größeren Desseins; der Boden roth, die Figuren meist gelb, worauf bey einigen wieder schwarz und grün aufgetragen ist. Es werden hierzu durchaus sehr leichte Taffete verwendet; denn je besser der Stoff ist, desto schlechter sehen die Rückseiten aus. Gegenwärtig wird die Druckerey dieser Tücher nicht mehr so stark betrieben, wie vor einigen Jahren.

Suppl.-Taf. XIV. a. Nr. 210 bis 217. Gedruckte Halstücher derselben Art, in mehreren Grundfarben mit weißen und gelben Desseins. Ebenfalls schlechte Taffete, besonders Nr. 216; Nr. 214 ist schlechter Croisé.

4) Façonnirte Seidenzeuge.

Taf. XV. Nr. 218 bis 225. Gestreifte Dünntücher in mehreren Farben und Desseins, mit croisirten, atlasartigen und durchbrochenen Streifen, ¾ Ellen oder 12/24 Stab br., auf Kopfputz, Kleidungen 2c. Nr. 222 ist auf einem Maschinstuhle mit der Walze gearbeitet.

Nr. 226 bis 228. Brillantine à jour, mit Grosdenaples-Boden und Blätter-Desseins, durchsichtig auf Stühlen mit Walzenmaschinen gearbeitet. Diese schönen Stoffe, bey welchen sich die herrlichsten Zeichnungen anbringen und die schönsten Ideen ausführen lassen, wurden auf Ball- oder festliche Damenkleider verwendet, sind aber jetzt weniger gesucht.

Nr. 229 und 230. Façonnirte Gaze, d. i. gitterartig gewebte Stoffe, worauf das Gitter von weißer Seide gebildet ist.

Taf. XVI. Nr. 231 bis 239. Gestreifte, geflammte und façonnirte Gaze à jour, mit Grosdenaples- und Atlasstreifen. Nr. 234 und 235 sind mit chinirter Seide gearbeitet.

Nr. 240. Sogenanntes schwarzes Damast- oder Haaremer Dunntuch, mit schwarzen Desseins, auf der Maschine gearbeitet.

Nr. 241 und 242. Gestreifte façonnirte Rips-Canelés, sehr schöne, ¾ breite Stoffe mit abwechselnden farbigen und weißen Streifen, die jetzt nicht mehr häufig verfertiget werden.

Taf. XVII. Nr. 243 bis 257. Façonnirte Brillantine in verschiedenen Farben, von sehr schöner Zeichnung und Arbeit, ¾ breit. Alle von Hornbostel in Wien.

Taf. XVIII. Nr. 258 bis 263. Eben solche Brillantine von Hornbostel.

Nr. 264 bis 266. Sogenannte Barbados.

Nr. 267 bis 270. Façonnirte Marcelline auf Kleidungen etc.

Nr. 271 und 272. Möbel-Atlas-Moir, mit breiten Atlas- und Grosdenaples-Streifen, auf Möbel, von Hornbostel in Wien.

Taf. XIX. Nr. 273 und 274. Gestreifte façonnirte Kleiderstoffe, $\frac{5}{8}$ breit.

Nr. 275 bis 277. Façonnirte Brillantine, wie obige.

Nr. 278. Dessinirter Moir, auf der Moirmaschine gemacht und appretirt; ein Stoff, von dem ehemahls viel in Böhmen gebraucht wurde.

Nr. 279. Möbelzeug mit Grosdenaples-Boden.

Nr. 280 bis 285. Façonnirte Grosdenaples; der letzte mit weißen und blauen Streifen auch gewässert.

Taf. XX. Nr. 286 bis 297. Façonnirte Marcelline, Atlasse etc. mit kleinen Desseins, auf Damenkleider.

Taf. XXI. Nr. 298 bis 306. Eben solche façonnirte Zeuge mit kleinen Desseins; Nr. 305 besonders schattirt und quadrillirt. Es lassen sich bey diesen Zeugen mehrere Schüsse über einander bemerken, wodurch eben die Dessinirung oder Broschirung hervorgebracht wird.

Nr. 307 bis 310. Schwere Saisonszeuge, die ehemahls auf Röcke und Westen stark getragen wurden.

Nr. 311 und 312. Damast, ein geblumter Stoff mit atlasartigem Boden, ein- oder mehrfarbig, mit großen und kleinen Desseins. Die Damaste mit größeren Desseins werden zu Tapezierer-Arbeiten, zum Ausschlagen und Auszieren der Zimmer und Säle, auf Möbel etc. verwendet; die Damaste mit kleineren Desseins wurden vormahls auf Kleider, Schlafröcke etc. getragen.

Taf. XXII. Nr. 313. Schwarzer Damast.

Nr. 314. Grüner Moir-Damast, zu Tapezierer Arbeiten.

Nr. 315 bis 323. Möbelzeuge von verschiedenen Farben und Desseins, aus der Andrä'schen Fabrik zu Wiener Neustadt.

Taf. XXIII. Nr. 324 bis 336. Façonnirte Atlasse, wovon Nr. 330 bis 333 auf Möbel bestimmt sind. Gegenwärtig werden diese Stoffe in Wien noch viel feiner gearbeitet, als die vorliegenden Muster sind.

Taf. XXIV. Nr. 337 bis 349. Façonnirte Atlasse in verschiedenen Farben und Desseins, auf Möbel und Kleider.

Nr. 350. Gestreifter Möbel-Moir, vorzüglich schön, aus abwechselnden Atlas- und Grosdenaples-Streifen.

Nr. 351. Broschirter Atlas mit schattirten Figuren, auf Frauenkleider.

Taf. XXV. Nr. 352 bis 368. Gestreifte, façonnirte und broschirte Atlasse mit großen und kleinen Desseins, auf Möbel und Kleider.

Taf. XXVI. Nr. 369 bis 379. Eben solche Atlasse auf Möbel, Tapeten u. s. w. Nr. 369, 371, 373 und 374 sind bloß Borduren.

5) Broschirte Seidenzeuge.

Taf. XXVII. Nr. 380 bis 394. Mit Seide broschirte Stoffe in verschiedenen Farben, worunter broschirte Marcelline, Grosdenaples, Peaus de poules, d. i. Stoffe mit erhabenen Wärzchen nach Art der Hühner- oder Ganshaut, und Atlas-Grosdetours. Diese Stoffe wurden ehedem vom weiblichen Geschlechte sehr stark auf Kleidungen getragen; jetzt beschränkt sich der Absatz größten Theils auf die Classe der Landleute; von den groß geblumten gehen noch ziemlich viele nach Ungarn und Böhmen.

Taf. XXVIII. Nr. 395 bis 403. Eben solche Stoffe, mit Grosdenaples- und Levantin-Boden, aus der Andrä'schen Fabrik zu Wiener Neustadt.

Taf. XXIX. Nr. 404 bis 416. Mit Seide broschirte Croisés und Atlasse, oder sogenannte Linzer Stoffe mit großen Blumen, aus der Andrä'schen Fabrik. Auf Hauben u. dgl.

Taf. XXX. Nr. 417 bis 422. Eben solche Linzer Zeuge oder broschirte Atlasse auf Hauben.

Nr. 423 bis 428. Orientalische, theils glatte, theils croisirte Seidenzeuge auf Kaftans 2c. Diese Stoffe sind aus Shawlsmustern gezogen, und wie gestreifte und geblumte Shawls gearbeitet. Man verfertigt sie in Wien schon seit mehreren Jahren, und setzt sie durch griechische und türkische Handelsleute nach der Levante ab.

Nr. 429 bis 431. Schwere Peruviennes, d. i. auf Droguetart gewebte Stoffe in mehreren Farben, mit Blumen, Streifen, würfel- und netzförmigen Zeichnungen, $\frac{15}{16}$ Ellen breit. Ehemahls wurden sie auf Sommerkleider, Westen, Mützen, polnische Damenpelze, Schlafröcke 2c. getragen; jetzt nimmt man sie noch auf Hauben und Mieder.

6) Halb- und ganzreiche Seidenzeuge.

Taf. XXXI. Nr. 432 bis 444. Halbreiche Linzer Stoffe, mit Grosdenaples- und Croisé-Grund, meist auf Hauben und Corsetten. Nr. 435, 436 und 438 sind polnische Nationalstoffe.

Taf. XXXII. Nr. 445 bis 456. Fortsetzung obiger halbreicher Linzer Stoffe.

Taf. XXXIII. Nr. 457 bis 459. Beschluß derselben. Alle sind, so wie die ganzreichen Stoffe, $\frac{2}{3}$ breit.

Nr. 460. Drap d'argent (Silberstoff), ein mit Silberplasch eingewebter croisirter Stoff ohne Desseins.

Nr. 461. Mit Silber broschirter weißer Marcellin, auf Kleidungen 2c.

Nr. 462 bis 465. Façonnirte Lama's (Lamés façonnés), mit Silber und Gold, das letzte Muster auch mit schwarzen Blumen.

Nr. 466 bis 471. Gestreifte und façonnirte reiche Seidenstoffe mit Gold und Silber, wovon die letzteren auf Kleidungen bestimmt sind. Diese reichen Stoffe sind sämmtlich von Andrä in Neustadt und Hornbostel in Wien. Auch Müller in Wien zeichnete sich in solchen Stoffen aus.

Taf. XXXIV. Nr. 472 bis 487. Reichbroschirte

Seidenstoffe in verschiedenen Farben und Desseins, mit Gold, Silber und Seide broschirt, für Kirchenornate ꝛc.

Taf. XXXV. Nr. 478 bis 492. Seidenbroschirte reiche Stoffe mit Gold und Silber und großen Blumenbouquets, auf Kirchenornate ꝛc.

Nr. 493 bis 496. Ganz reiche broschirte Kirchenstoffe, d. i. ohne Seidenbroschirung, zu gleichem Gebrauche.

Taf. XXXVI. Nr. 497 bis 502. Reiche Stoffe, mit Seide und Gold broschirt. Nr. 497 ist ein besonders schönes Muster.

Nr. 503 und 504. Unechter reicher Toque (Gold- und Silbertoque), aus Seide und falschem Lahn leinwandartig gewebt, aus der leonischen Waarenfabrik zu Mannersdorf in Österreich unter der Ens. Man braucht diesen Stoff, der jetzt nicht mehr häufig verfertigt wird, auf Theater, zu Möblirungen und Decorationen auf öffentliche Tanzsäle, auch manchmahl als Putz u. s. w.

7) Sammt und Velpel.

Taf. XXXVII. Nr. 505 und 506. Glatte Velpel, aufgeschnitten und vollendet, auf Kleidungen, Kopfputz ꝛc.

Nr. 507 bis 509. Schwere Plüsche oder Plüschsammte, d. i. dichte sammtartige Zeuge, welche sowohl glatt, als gemustert, gestreift und geblumt verfertigt, und auf eben die Art wie der Sammt und Velpel verwendet werden. Viele Plüsche sind zum Gebrauche in Kutschen, auf Stühle, Pölster ꝛc. mit einer heißen gravirten Walze aus Metall gepreßt (gaufrirt) worden, wodurch sich die verschiedensten Desseins auf der Oberfläche des Stoffes erhoben und vertieft darstellen ließen, wie dieß noch bey mehreren Wollenzeugen (vergl. die Unterabth. Schafwollstoffe) zu geschehen pflegt.

Nr. 510 bis 512. Sogenannte holländische, d. i. leichte Sammte, schon aufgeschnitten. Nr. 511 ist der schönen rothen Farbe wegen bemerkenswerth.

Nr. 513 bis 518. Schwerere Sammte in verschiedenen Farben, alle aufgeschnitten. Man verwendet diese Sammte bekanntlich zu Kleidungen, Käppchen und Hauben, Damen-

Kopfputz, zu Möblirungen, auf Schuhe, Damenstiefel, zum Einbinden der Bücher u. s. w.

Taf. XXXVIII. Nr. 519 bis 527. Unaufgeschnittene Sammte in verschiedenen Farben; Nr. 525 und 526 auch schattirt.

Nr. 528 bis 534. Façonnirte ungeschnittene Sammte in verschiedenen Farben und Desseins, zu gleichem Gebrauche, wie die aufgeschnittenen.

Taf. XXXIX. Nr. 535 bis 537. Façonnirte unaufgeschnittene Sammte in verschiedenen Farben und Desseins.

Nr. 538 bis 542. Façonnirte aufgeschnittene Sammte. Die zwey letzten gestreift nach Art eines Shawls mit vertieften Zeichnungen.

Nr. 543 bis 546. Façonnirte unaufgeschnittene Sammte.

Nr. 547 bis 549. Aufgeschnittene Sammte mit Blumen und Tupfen aus chinirter Seide; der erste geblumte besonders schön. Überhaupt gibt es der Desseins, welche sich in Sammt anbringen lassen, unzählige, und man unterscheidet daher vorzüglich den gestreiften, figurirten, ciselirten, geblumten, reichen Sammt u. s. w. Sammt mit ganz kleinen bunten Blumen und Mustern wird Miniatur-Sammt genannt.

Nr. 550 und 551. Aufgeschnittene Velvel, einfarbig und getupft, auf Kleidungen, Kopfputz u. dgl.

Nachträge von den Jahren 1818 bis 1821.

Taf. XL. Nr. 552 bis 560. Brillantin-Taffete und Atlasse vom J. 1818, in verschiedenen Farben und Desseins, auf Damenkleider. Hornbostel und Mestrozi in Wien haben sich in dieser schönen Arbeit vorzüglich ausgezeichnet.

Taf. XLI. Nr 561 bis 563. Satins façonnés à jour, mit Streifen und Blumen, auf Damenkleider, vom J. 1818.

Nr. 564 und 566. Façonnirter Rips in zweyerley Farben und Desseins.

Nr. 565. Crep canelé royal, ein rother Stoff mit breiten Streifen.

Nr. 567 bis 569. Façonnirte unaufgeschnittene Sammte mit Streifen.

Taf. XLII. Nr. 570 und 571. Groscorde, mit Grosdenaples-Grunde und erhobenen Rippen.

Nr. 572. Grenadine, ein croisirter Stoff, auf Kleidungen ꝛc., durch besondere Stärke sich auszeichnend, da er meist aus gezwirnter Seide gewebt wird.

Nr. 573. Crep canelé royal, von ähnlicher Art wie Nr. 565.

Nr. 574 bis 577. Façonnirte Sammte, ungeschnitten und geschnitten, wovon der letzte bloß eine Bordur ist.

Nr. 578 und 579. Broschirte Brillantine, vorzüglich schön. Diese und die vorhergehende Tafel sind ganz von den Gebrüdern Mestrozi in Wien.

Taf. XLIII. Nr. 580 bis 594. Gestreifte Grosdenaples, Brillantine und Canelés in verschiedenen Farben und Desseins, auf Kleidungen; Nr. 581 auch durchbrochen. Diese schönen Muster sind aus der Fabrik des Herrn Hornbostel in Wien.

Taf. XLIV. Nr. 595 bis 597. Broschirte Brillantine von Hornbostel. Nr. 597 ist eine breite Bordur mit großen Desseins, woran die schöne Zeichnung und die geschmackvolle Arbeit bemerkt zu werden verdienen.

Taf. XLV. Nr. 598 bis 606. Verschiedene glatte, gestreifte und façonnirte Seidenzeuge, worunter Nr. 606 auf Spaliere geeignet ist.

Taf. XLVI. Nr. 607 bis 610. Möbelzeuge mit Atlasboden, in mehreren Desseins und Farben, sammt Borduren.

Taf. XLVII. Nr. 611 bis 621. Möbelzeuge, Brillantine und façonnirte, aufgeschnittene und unaufgeschnittene Sammte von Hornbostel in Wien; Nr. 612 auch gewässert.

Taf. XLVIII. Nr. 622 bis 636. Façonnirte Marcelline, Brillantine und broschirte Brillantine nach neueren Mustern, von Hornbostel in Wien.

Taf. XLIX. Nr. 637 bis 651. Verschiedene gestreifte und façonnirte Kleiderstoffe von Ignaz Beywinkler in Wien, meist schwere Taffete, Marcelline und Grosdenaples, wovon die drey letzteren mit kleinen Desseins.

Taf. L. Nr. 652 bis 666. Façonnirte, gestreifte und quadrillirte Stoffe, vornehmlich Marcelline und Levantine, auf Kleidungen, von Ignaz Beywinkler.

Taf. LI. Nr. 667. Schwarzer Cordé mit erhabenen Rippen oder Streifen, auf Kleidungen.

Nr. 668 bis 670. Sammtartige Ripse (Veloutés) zu gleichem Gebrauche.

Nr. 671. Besonders schwerer und schöner Racemor, auf Beinkleider, Westen ꝛc.

Nr. 672 bis 675. Gestreifte aufgeschnittene Velvel, von den Gebrüdern Mestrozi in Wien.

Taf. LII. Nr. 676 bis 678. Gaze-Velours à jour, d. i. Gaze, mit Streifen ungeschnittenen Sammts abwechselnd.

Nr. 679. Gestreifte schwarze Gaze.

Nr. 680. Gemusterter Crepp mit farbigen Tupfen, auf Damenkleider, Kopfputz ꝛc.

Nr. 681. Gestreifter und durchbrochener Grosdenaples.

Nr. 682 bis 685. Brillantine in verschiedenen Farben und Desseins.

Nr. 686 und 687. Sammtartige Ripse (Veloutés) von Hornbostel in Wien, vorzüglich schön.

Taf. LIII. Nr. 688 und 689. Glatte Gaze, zu Kopfputz ꝛc.

Nr. 690 und 692. Crepp-Gaze, gestreift und gegittert.

Nr. 691. Gaze-Velours mit Streifchen von unaufgeschnittenem Sammte.

Nr. 693. Blond-Gaze, einer Blondspitze mit rothen Blumen ähnlich.

Taf. LIV. Nr. 694 bis 707. Gestreifte, quadrillirte und façonnirte Gaze, zu Kopfputz ꝛc. Nr. 701

ist mit unechtem gelben Lahn eingearbeitet, Nr. 707 sieht wie unaufgeschnittener Sammt aus.

Taf. LV. Nr. 708 bis 718. Fortsetzung dieser Gaze, nur Nr. 708 ist Brillantine. Alle Muster sehr schön, besonders Nr. 709 und 711.

Taf. LVI. Nr. 719 bis 722. Verschiedene neuere Seidenstoffe von Georg Griller in Wien, nahmentlich Nr. 719 eine broschirte Bordur mit Blättern auf Möbel, Nr. 720 und 721 orientalische halbreiche Kleiderstoffe, Nr. 722 ein Möbel-Bouquet.

Taf. LVII. Nr. 723 bis 727 und 730. Verschiedene Taffete von dem selbstwebenden Stuhle des Hrn. Hornbostel in Leobersdorf.

Nr. 728 und 729. Glatter und façonnirter Levantin von dem eben genannten selbstwebenden Stuhle.

Nr. 731 bis 733 und 735. Mehrere Seiden-Peruviennes, welche in Wien für Krain und andere Provinzen verfertigt worden sind. Die Seidenzeugfabrikanten rechnen diese Stoffe zu den Halbseidenzeugen, weil hierzu auch Galletseide genommen wird.

Nr. 734. Elastischer, gestreifter und gefalteter Taffet, eine sehr künstliche und sinnreiche Arbeit von dem Webermeister Carl Damm in Wien, welche sich aber nicht erhielt. (Eine ähnliche Arbeit, nähmlich gefalteter Vapeur, kommt in der Unterabth. Baumwollstoffe Nr. 382 vor.)

Taf. LVIII. Nr. 736 bis 756. Façonnirte, geschnittene und ungeschnittene Sammte. Jetzt sind diese Sammte, die ehemahls stark auf Staatskleider getragen wurden, fast ganz außer Mode.

Von hier an beginnen die Nachträge von gedruckten Seidenzeugen, welche die folgenden 5 Tafeln füllen.

Taf. LIX. Nr. 757 bis 760. Volardruck auf Seidenstoffe, mit Blumen, vorzüglich schön.

Taf. LX. Nr. 761 bis 766. Eben solche Drucke zu Kleidern und Borduren. Diese und die vorstehenden sind aus der noch vor Kurzem zu Hacking nächst Wien bestandenen Druckerey von Louis Amüller und Comp.

Taf. LXI. Nr. 767 und 768. Volardruck auf Kleider aus derselben Druckerey.

Taf. LXII. Nr. 769 und 770. Gedruckte Volars und Seidenstoffe, mit Blumen und Bordur.

Taf. LXIII. Nr. 771. Gedrucktes ganzes Umhängtuch mit bunten Blumen aus der Amüllerschen Druckerey. Ausgezeichnet schön und dauerhaft in der Farbe.

Suppl.-Taf. LXIII. a. Nr. 772. Gedrucktes Umhängtuch aus der Kettenhofer Fabrik, welche sich seit Kurzem ebenfalls mit dem Drucke auf Taffet beschäftiget.

Suppl.-Taf. LXIII. b. Nr. 773. Bordur zu einem Umhängtuche, und

Nr. 774. Stück eines Umhängtuches. Beyde aus der Kettenhofer Fabrik, welche gegenwärtig die eingegangene Amüllersche Druckerey auf Seidenstoffe ersetzt.

Taf. LXIV. Nr. 775 bis 781. Façonnirte Dünntücher aus der Fabrik des Hrn. Hornbostel in Wien. Das letztere führt seiner Zeichnung wegen den Nahmen Gaze à éclaire.

Nr. 782. Cordé aus der Hornbostelschen Fabrik.

Nr. 783. Sogenannter Moiré métallique aus derselben Fabrik, ein Stoff, welcher erst im J. 1820 verfertigt und zu Damen-Putzsachen verwendet wurde. Die Moirirung entsteht durch den gewundenen falschen Lahn. Man machte diese Stoffe in allen Farben.

Nr. 784. Brillantine aus der Hornbostelschen Fabrik.

Taf. LXV. Nr. 785 bis 796. Verschiedene Seidenstoffe vom J. 1820, aus der Hornbostelschen Fabrik in Wien. Nr. 788 und 790 heißen Egyptiennes, Nr. 789 Mosaique, Nr. 791 Pluvial, Nr. 796 Mille-points. Viele neue Benennungen von Seidenzeugen sind in der letzten Zeit zum Vorscheine gekommen, worunter aus derselben Fabrik die Nahmen Impératrices, Diamant-Veloutines, Astracanes etc. gehören.

Taf. LXVI. Nr. 797 bis 810. Verschiedene neue Seidenstoffe von den Gebrüdern Mestrozi in Wien, vom J. 1820.

X 2

Nr. 806 ist Pluvial, Nr. 808 bis 810 sind drey Sorten von Seidenvelpel.

Taf. LXVII. Nr. 811 bis 814. Mit Metallblättern aufgelegte Seidenzeuge von den Hrn. Spörlin und Rahn, Papier-Tapeten-Fabrikanten in Wien. Gepulvertes Harz, welches über die Stoffe gestreut, mit den Metallblättern überlegt und mit heißen Eisen gepreßt wird, ist das nöthige Hülfsmittel hierzu. Die beyden ersteren Muster sind mit echtem Golde, die zwey letzteren mit unechtem Metall aufgelegt. Diese Zeuge werden ihres schönen Ansehens wegen zu Ballkleidern ꝛc. verwendet, besitzen aber keine Dauer, da das Aufgelegte sich allmählich wieder abnutzt.

Taf. LXVIII. Nr. 815. Gewebtes Sammtgemählde, darstellend das Porträt Sr. Majestät des Kaisers Franz, bloß aus gemahlter Seide, ohne Nachhülfe des Pinsels. Aus der Fabrik des Herrn Hornbostel in Wien, in welcher auch Frucht- und Blumenstücke ꝛc. gewebt werden.

Taf. LXIX. Nr. 816. Reicher Sammt (Velours à fond d'argent) auf Constantinopolitaner Art, von den Gebrüdern Cavenezia in Venedig. Der Boden ist von Silberfaden gemacht, die Desseins von ungeschnittenem und geschnittenem Sammt.

Nr. 817 und

Taf. LXX. Nr. 818 und 819. Drey Muster von schweren reichen Stoffen, Ganzi genannt, wobey der Boden aus Silber, die Desseins aus Gold und gefärbter Seide sind, aus der Fabrik der Gebrüder Cavenezia in Venedig. Dieser Stoff wird vorzüglich in die Türkey verschickt, wo er zum Gebrauche der Favoritinnen dient.

Taf. LXXI. Nr. 820. Neuer reicher Stoff, welcher von dem vormahligen Vicekönige des Königreichs Italien angeordnet wurde, aus der Fabrik der Gebrüder Cavenezia. Gold bildet den Grund, auf welchem sich die Desseins aus gefärbter Seide und Schafwolle in Gestalt kleiner Palmen erheben.

Nr. 821. Cameloto broccato auf Meßkleider und andere Kirchenornate, aus der Fabrik der Gebrüder Cavenezia.

Taf. LXXII. Nr. 822. Atlas-Möbelzeug (Raso operato) für Tapezierer, aus derselben Fabrik.

Nr. 823. Aufgeschnittener grüner Sammt auf Genueser Art, ein sehr gutes und schönes Muster aus derselben Fabrik.

Taf. LXXIII. Nr. 824. Blauer Sammt von Ala in Tyrol, aus der Fabrik des Hrn. Johann Dibiasi, ein vorzüglich schönes Muster.

Nr. 825 bis 827. Gepreßte Sammte in mehreren Desseins und Farben, von dem ehemahligen Tuchscherermeister Joseph Wüest in Wien, auf Borduren, Ridiculs rc.

Die beyden folgenden Tafeln enthalten einen Nachtrag von verschiedenen Seidenstoffen aus der Lombardie, und zwar aus der Fabrik des Hrn. Joh. Maria Fischer zu Como.

Taf. LXXIV. Nr. 828 bis 834. Leichte Taffete oder sogenannte Florence, wie sie in Italien für die Leipziger Messen gemacht werden.

Nr. 835 bis 839. Schwerere Taffete oder Taffetas.

Nr. 840 bis 842. Grosdenaples.

Taf. LXXV. Nr. 843 und 844. Grosdenaples, wie die vorstehenden, von guter Qualität.

Nr. 845 bis 851. Einfache Levantine und Croisés, der letztere besonders fest.

Nr. 852 bis 857. Façonnirte Seidenstoffe verschiedener Art, zumahl Levantine.

Taf. LXXVI. Nr. 858. Lampas von Sebastian Kargl, zu Tapeten in großen Wohnungen, Kirchen rc. Der halbseidene Lampas erscheint in der Unterabtheilung Halbseidenstoffe.

Taf. LXXVII. Nr. 859. Bajadere aus Dünntuch von den Gebrüdern Mestrozi in Wien, eine Modewaare vom Jahre 1820.

Taf. LXXVIII. Nr. 860. Bajadere aus Dünntuch von den Gebrüdern Mestrozi.

Taf. LXXIX. Nr. 861 und 862. Kleine Umhängtücher von den Gebrüdern Mestrozi.

Taf. LXXX. Nr. 863. Gewebe aus roher slavonischer, in Essegg filirter Seide, aus Vinkovcze im Bezirke des Brooder Gränzinfanterie-Regiments. Dieser Stoff, der dort auf Bettdecken, Vorhänge u. dgl. verwendet wird, ist bloß auf dem gemeinen Leinwebestuhle wie Leinwand gewebt. Der gelbe Boden ist aus ungefärbter Seide, bloß zu den blauen Streifen wurde die Seide erkauft.

Nr. 864. Ein ähnliches leinwandartiges Gewebe aus roher slavonischer Seide, von Vinkovcze im Brooder Regimentsbezirke, zu demselben Gebrauche wie das vorstehende. Der gelbe Boden ist aus gelben, die weißen Streifen aus weißen Galetten.

Nr. 865. Weißes Seidengewebe auf Bettdecken (Csarshav) aus Mitrovicz, im Peterwardeiner Gränzregimentsbezirke. Die weißen Streifen bestehen aus Baumwollgespinnst.

Taf. LXXXI. Nr. 866 und 867. Crepp und Taffet, mit Steindruck, von Hrn. v. Phillisdorf in Wien, auf Bettdecken, Ballkleider u. s. w.

Nr. 868 und 869. Federplüsch, ein ganz neuer Stoff vom J. 1820 auf Damenhüte, von der Erfindung des Herrn Georg Griller in Wien. Der Boden besteht aus Seiden-Dünntuch, in welches streifenweise gefärbte Federn eingewebt sind.

Taf. LXXXII. Nr. 870 bis 872. Federplüsch in dreyerley Farben, ebenfalls von Hrn. Griller in Wien.

Taf. LXXXIII. Nr. 873 und 874. Möbelstoffe neuer Art von den Gebrüdern Mestrozi, beyde von ausgezeichnet schöner Arbeit.

Nr. 875 und 876. Gestreiftes und mit Blumen broschirtes weißes Dünntuch von den Gebrüdern Mestrozi.

Nr. 877 und 878. Bajadere von den Gebrüdern Mestrozi, vom J. 1820, der erste aus quadrillirtem Dünntuch, der zweyte aus einer Art von Peau de Poules, ebenfalls quadrillirt.

Taf. LXXXIV. Nr. 879 bis 882. Sogenannte Astrakane oder schottisch quadrillirte unaufgeschnittene Velpel vom J. 1820, aus der Mestrozischen Fabrik, vorzüglich auf Winterhüte für Damen.

Nr. 883. Bouclé, ein Stoff mit aufstehenden hohen Schlingen, ebenfalls auf Damenhüte, aus der Mestrozischen Fabrik.

Nr. 884. Atlasartiger Kleiderstoff mit kleinen

unaufgeschnittenen Sammtschlingen, vom J. 1820, aus der Mestrozischen Fabrik.

Nr. 885. Doppeltes weißes Dünntuch, welches durch das doppelte Weben und Übereinanderheften ein moirirtes Ansehen erlangt hat.

Appretur der Seidenstoffe.

1) Gewöhnliche Appretur.

Taf. LXXXV. Nr. 886, 888 und 890. Seidenstoffe ohne Appretur, in dreyerley Farben.

Nr. 887, 889 und 891. Dieselben Stoffe, nähmlich Atlas und Brillantine, mit Tragantschleim appretirt und vollkommen zugerichtet.

Taf. LXXXVI. Nr. 892 und 894. Peruvienne-Atlas und halbreicher Linzer Stoff ohne Appretur.

Nr. 893 und 895. Dieselben Stoffe mit der Appretur.

Taf. LXXXVII. Nr. 896. Blauer Linzer Stoff mit großen Desseins, oder sogenannter Persianer Stoff, auf Hauben. Ohne Appretur.

Nr. 897. Derselbe Stoff mit der Appretur. Gegenwärtig hat diese Waare ganz aufgehört.

2) Wässern oder Moiriren.

Taf. LXXXVIII. Nr. 898 und 900. Zwey Seidenstoffe ohne Wässerung.

Nr. 899 und 901. Dieselben gewässert und fertig.

Fünfte Unterabtheilung.

Die Halbleinen- und Halbbaumwollstoffe.

Nachdem in den vorausgehenden Abtheilungen die Leinen-, Baumwoll-, Schafwoll- und Seidenstoffe geschildert worden, kommt nun die Reihe an die gemischten oder Halbstoffe, welche nicht wie jene aus einerley, sondern aus gemischten Gespinnsten verfertiget werden. Der angenommenen Ordnung zu Folge mußte man mit den Halbleinen- und Halbbaumwollstoffen, d. i. solchen Zeugen, welche aus Leinen- und Baumwollgarn, oder aus Leinen- und Schafwollgarn bestehen, beginnen. Man hat dergleichen Mischungen veranstaltet, theils um ein theures Gespinnst zu ersparen und die Zeuge wohlfeiler liefern zu können, theils um denselben ein weicheres und hübscheres Äußere zu geben; häufig aber geschieht es auch, um die bessere, reinere Waare nachzuahmen und durch verfälschte im Verkaufe zu substituiren.

Was die Verfertigung dieser Zeuge anbelangt, so unterscheidet sie sich bloß dadurch von der Verfertigung der ungemischten Zeuge, daß die Kette aus einem andern Gespinnste ist, als der Eintrag, z. B. jene aus Leinengarn, dieser aus Baumwollgarn. Sie werden übrigens eben sowohl glatt, als croisirt, façonnirt, aufgerauht, gefärbt und gedruckt verfertiget, und biethen dem Künstler dasselbe weite Feld dar, welches ihm bey den einfachen Stoffen zu Gebothe steht. Von den glatten Stoffen ist besonders die halbbaumwollene Leinwand zu bemerken, welche in allen Feinheitsgraden von der groben Segelleinwand bis zur feinsten Batistleinwand geliefert wird. Gewinnsüchtige Weber benutzen diese Halbleinwand, die Käufer zu hintergehen, und wissen selbe durch Juden und Hausirer statt echter Leinwand an Mann zu bringen, wie dieß in der neueren Zeit auch durch Engländer mit ihren wohlfeileren, aber halbbaumwollenen Cambriks so häufig geschehen ist. Diese sogenannten Mischlinge sind als betrügerische Waare anzusehen, da sie sich ungleich waschen, und einer ungleichen Abnutzung unterworfen sind. Sehr häufig werden aus Leinen- und Baumwollgarn auch Barchete und Moltone auf die Art verfertiget, wie die ganzbaumwollenen Barchete (vergl. Baumwollstoffe), und scheinen die letzteren eben wegen Beymischung des stärkeren Leinenfadens, welcher dabey den Grund bildet, an Dauerhaftigkeit zu übertreffen. Nicht minder sind in der letzten Zeit Tisch- und Handtücherzeuge, allerley gestreifte Stoffe auf Möbel und Kleidungen aus Leinen- und Baumwollgarn verfertigt werden, welche hier der Mannigfaltigkeit der Arbeit wegen nicht aufgezählt werden können. Aus Schafwoll- und

Hanfgarn, welche hauptsächlich die Bestandtheile der Teppiche bilden (vergl. die folgende Unterabtheilung), werden gewöhnlich die gröbsten Halinatücher gewebt, weil man denselben durch den Eintrag der Leinen- oder Hanffäden mehr Festigkeit zu geben glaubt. Aus Schafwoll- und Baumwollgarn endlich macht man im Inlande das sogenannte englische Pelzwerk, welches wie der Barchet aufgerauchet wird, und mehrerley Westen- und Hosenzeuge, theils einfarbig, theils melirt und gestreift. Eine neuere Art von Stoffen sind diejenigen, welche der Engländer Cartwright aus Schaf- oder Lamm- und aus Baumwolle verfertiget. 5 Th. Schafwolle werden mit 4 Th. Baumwolle gemengt und gekämmt, wobey aber die Schafwolle, da sie einschrumpft, länger seyn muß (etwa wie 9 : 8), dann werden beyde versponnen. Ist die Schafwolle zu lang, so schneidet man sie ab. Sollen die Zeuge wärmer seyn, so nimmt man mehr Schafwolle, im entgegengesetzten Falle mehr Baumwolle.

Die Feinheit der Gespinnste richtet sich nach der Feinheit der Gewebe und nach der Absicht des Arbeiters, und kann daher im Allgemeinen nicht bestimmt werden. Nur so viel kann bemerkt werden, daß sowohl Kette, als Eintrag bey den Zeugen aus Leinen- und Baumwollgarn von einerley Feinheit gewählt werden muß, um denselben ein gleichartiges Gewebe zu verschaffen.

Die weitere Zurichtung dieser Stoffe nach dem Weben richtet sich nach der Beschaffenheit der eingearbeiteten Garne, da Leinen-, Baumwoll- und Schafwollgespinnste nicht auf gleiche Art behandelt werden dürfen. Die Halbleinwand wird, wie oben angedeutet worden, derselben Zurichtung unterworfen, wie die unvermischte Leinwand; daher gebleicht, appretirt, gefärbt, gedruckt u. s. w. Die Barchete werden aufgerauchet; solche Stoffe, worin Schafwolle befindlich ist, werden gepreßt oder geschoren 2c.

Zustand der Halbleinen- und Halbbaumwollweberey im österreichischen Kaiserstaate.

Von den Provinzen der österreichischen Monarchie liefert Böhmen die allermeisten Halbleinen- und Halbbaumwollstoffe, und von diesem Lande gilt dasjenige vorzüglich, was oben über die, die Täuschung des Käufers bezweckende Vermischung von Leinen- und Baumwollgarn gesagt worden ist. Durch die minderen Preise und den dadurch herbeygeführten stärkeren Absatz ist in der neueren Zeit besonders die Fabrication der halbbaumwollenen Leinwand sehr vermehret worden, und sogar baumwollenen Kammertüchern weiß man durch Sengen, starkes Stärken, Bläuen, Mangeln und Zusammenlegen das Ansehen von Leinwand zu geben — freylich nur zum Nachtheile des Credits. Die stärkste Fabrication dieser Halbleinenstoffe findet auf den Herrschaften Rumburg und Starkenbach, auf ersterer nahmentlich zu Schluckenau, Wiesenthal, Alt-Ehrenberg u. s. w. Statt, und in anderen Gegenden, z. B. in Königinhof, macht man viele aus Schafwoll- und Leinengarn gemischte einfarbige und melirte Zeuge. Noch ziemlich bedeutend ist die Verfertigung einiger halbwollener Zeuge in den Gebirgsgegenden des Landes unter der Ens, und noch mehr in Oberösterreich, wo man seit langer Zeit an dergleichen gemischte Stoffe gewohnt ist, worunter die Welser Zeuge, die Neuhofer Zeuge aus Leinenkette und Wolleintrag, die Rockelzeuge ꝛc. zu rechnen sind (vergl. Nr. 31 bis 35). Viele Westenzeuge aus Schafwoll- und Leinengarn werden in Wien und Linz gemacht. Eben so ist die Verfertigung der halbleinenen und halbwollenen Stoffe in Tyrol und Vorarlberg noch ziemlich im Gange, und zumahl in letzterem werden Kammertücher mit baumwollener Kette und leinenem Eintrage, dann mancherley gewürfelte und gestreifte Zeuge gewebt. In Wien, wo die Leinweberey ganz unbedeutend ist, werden zu mancherley Zwecken aus Baumwolle und Schafwolle gemischte Stoffe erzeugt. Halinatücher werden nur in den ungrischen und polnischen Ländern aus gemischten Garnen gemacht, so wie man auch in den Militär-Gränzländern mannigfaltige gemischte Zeuge, meist zu häuslichem Gebrauche verfertiget. So werden z. B. im walachisch-illyrischen Regimentsbezirke ungefärbte Wagenplahen aus leinener Kette und wollenem oder baumwollenem Eintrage, in der siebenbürgischen Gränze Halbleinwand aus Baumwollkette und Hanfeintrag, in der slavonisch-syrmischen Gränze gestreifte und glatte Halbleinwanden u. s. w. verfertiget. In Siebenbürgen macht man vorzüglich glatte gemischte Leinwand, wovon allein in den beyden sächsischen Ortschaften Zeiden und Hetzdorf (im Kronstädter Districte), von den dortigen Bauern jährlich über 1200 Stück, das Stück zu 50 Ellen verfertiget und größten Theils im Lande abgesetzt werden. In Galizien erzeugt die Manufactur zu Lipnik aus Baumwoll- und Leinengarn gemischte Stoffe. Venedig liefert außer vielen anderen Stoffen sogar aus Hanf- und Baumwollgarn gewebte Segelleinwand, und ohne Zweifel werden auch in Ungarn, Mähren u. s. w. mancherley gemischte Stoffe vom Stuhle gebracht.

Für den Handel arbeitet eigentlich nur Böhmen seine Halbleinenstoffe, da in den übrigen Provinzen die Erzeugung derselben zu gering ist, um für den Handel größere Parthien abzuwerfen. Ungeachtet die Waare immer schlechter ist, als reine Leinwand, und durch die baldige Abnutzung jeden Käufer überzeugt, daß er bey anscheinend wohlfeilen Preisen doch theuer gekauft habe, werden doch seit einigen Jahren bedeutende Geschäfte aus Böhmen damit gemacht; aber leider benutzen viele kleinere Zwischenhändler und sogenannte Hausirer dieses Fabricat auch zur Hintergehung solcher Käufer, welche mit den Kennzeichen der echten Leinwand zu wenig bekannt sind. Bey diesem Fabricate würde vielleicht vorzugsweise das Einweben irgend eines Zeichens, etwa einiger farbiger Fäden von einer gesetzlich zu bestimmenden Farbe am Rande zur Sicherung der Käufer von großem Nutzen seyn, und die anerkannte Schwierigkeit, ein sicheres Kriterium durch die bloße Ansicht zu finden, dürfte allerdings ein Reglement dieser Art rechtfertigen.

Das Prohibitivsystem schließt auch diese halbleinenen und halbbaumwollenen Stoffe von der Einfuhr an der gesammten Gränze der Monarchie aus, wogegen der Handel mit selben im Inlande, wie bey den Baumwoll- und Schafwollstoffen, gänzlich zollfrey ist. Nach dem Decrete vom 5. July 1819 bezahlen alle baumwollenen Waaren, mit Beymischung von Leinen- oder Schafwollgarn, unechtem Golde und Silber, vom Pf. bey der Ausfuhr $\frac{1}{2}$ kr., die ungrischen aber bey der Einfuhr 54 kr., bey der Ausfuhr $\frac{1}{2}$ kr. C. M.

Die Preise lassen sich ihrer Verschiedenheit wegen nicht

wohl angeben; insgemein halten sie das Mittel zwischen den reinen Stoffen, woraus sie gemischt erscheinen. Der $\frac{3}{4}$ breite Barchet kostete im Jänner 1820 zu Wien bis 1 fl. W. W. pr. Elle, das $\frac{3}{4}$ breite englische Pelzwerk aus der k. k. Linzer Fabrik 1 fl. C. M. Der schöne halbleinene Batist von Hohenelbe (vergl. Nr. 28) kam im July 1820 im Stück auf 1 fl. 6 kr. C. M. pr. Elle zu stehen; die halbleinenen Batisttücher der glatten weißen Gattung im Dutzend auf 1 fl. 6 kr., die gemusterten und broschirten auf 1 fl. 30 kr. C. M. pr. Stück. Zu Königinhof in Böhmen kam die Elle Barchet auf 42 kr., Halbschafwollzeug auf 33 bis 45 kr. W. W. Der in Tyrol gebräuchliche halbwollene Raß kam im März 1820 nach Feinheit und Farbe auf 50 kr., 55 kr. bis 1 fl. C. M. pr. Elle an Ort und Stelle (zu Lienz) zu stehen. Die halbwollenen Westenstoffe kommen auf 1 fl. bis 2 fl. 12 kr. C. M. pr. Elle.

1) Stoffe aus Leinen- und Baumwollgarn.

Taf. I. Nr. 1. Mittelfeine gemischte Leinwand, oder sogenannter Mischling, ohne Zurichtung, daher in derselben die Flachs- und Baumwollfäden sehr leicht zu unterscheiden sind.

Nr. 2. Feine Halb- oder sogenannte Batistleinwand (Baumwoll-Batist) von Leitmeritz in Böhmen, vollkommen appretirt, und daher von leinwandartigem Ansehen. Beyde dienen zur Wäsche aller Art.

Nr. 3. und 4. Glatter Barchet aus Böhmen, meistens $\frac{3}{4}$, seltener $\frac{6}{4}$ Ellen breit.

Nr. 5 bis 10. Rauche Barchete aus Böhmen von gleicher Breite. Das Rauche wird bloß durch die Baumwolle hervorgebracht, während das Leinengarn den Boden bildet. Nr. 10 ist ganz fein.

Nr. 11. Raucher Barchet aus der k. k. Linzer Teppichfabrik.

Nr. 12. Gefärbter und gedruckter Barchet aus der eben genannten Fabrik.

Nr. 13. Ganz glatter ordinärer Molton, und

Nr. 14 und 15. Raucher und glatter Molton,

alle drey gefärbt. Die Kette ist Leinengarn, der Eintrag sehr grobes Baumwollgespinnst. Man verwendet diese Moltone auf Bauerkleidungen zc.

Taf. II. Nr. 16 bis 18. Gestreifte Moltone, ebenfalls aus Leinenkette und Baumwollschuß. Der zweyte dient auf Kittel für Bäuerinnen.

Nr. 19. Gemischte Segelleinwand aus der Fabrik des Andreas Antonini in Venedig. Die Kette besteht aus starkem Hanfgarne, der Eintrag aus noch dickeren Baumwollfäden, daher man diese Sorte Segelleinwand Cotonina zu nennen pflegt.

Nr. 20. Gefärbter Baumwollstoff mit weißen Leinenstreifen, von Leitmeritz in Böhmen. Auf Beinkleider, Möbel zc.

2) Stoffe aus Hanf- und Schafwollgarn.

Nr. 21. Halinatuch aus Hluboczek im Tarnopoler Kreise Galiziens, mit grobem Hanfgarne eingetragen, zu Oberkleidern für das polnische Bauervolk. Auch in anderen Gegenden wird solches Halinatuch verfertiget. Von feinerer Art sind die sogenannten Röckelzeuge, welche im Gebirge des Landes unter der Ens gegen die steyermärkische Gränze aus Woll- und Flachsgarn gewebt und dann dunkel gefärbt werden.

3) Stoffe aus Baumwoll- und Schafwollgarn.

Nr. 22. Englisches Pelzwerk, ein weißer aufgerauchter Stoff, dessen Grund aus Baumwollgarn gewebt ist, aus der k. k. Linzer Wollenzeugfabrik, $\frac{2}{3}$ breit, und im Stück, welches 4 Wiener Pf. wiegt, 20 Ellen lang. Dieser Artikel wurde im J. 1789 in England erfunden und Fleecy-Hosiery genannt. Gichtkranke und Podagristen sind die meisten Consumenten desselben.

Nr. 23 und 24. Melirte Satinglots auf Beinkleider, von Sebastian Kargl in Wien, von welchem diese Zeuge auch den Nahmen Kargliots erhalten haben, weil er sie in Österreich zuerst verfertiget hat.

Nachträge.

Taf. III. Nr. 25. Schwarzer gemeiner Raß aus dem Landgerichtsbezirke Lienz in Tyrol, aus grobem Leinengarn und ordinärer Schafwolle.

Nr. 26. Farbiger feinerer Raß, quadrillirt, ebenfalls von Lienz in Tyrol. Wird, wie der vorstehende, zur Kleidung des gemeinen Volkes verwendet.

Nr. 27. Farbiger feiner Raß aus gefärbter Leinenkette und Schafwollgarn-Eintrag melirt, aus dem Landgerichtsbezirke Lienz.

Nr. 28. Glatter weißer halbleinener Batist, von dem Fabrikanten Aloys May zu Hohenelbe in Böhmen. Die Kette ist englisches ungebleichtes Baumwollgarn, der Eintrag gebleichtes Hohenelber Leinengarn. Da der Einschuß schon gebleicht ist, so bedarf die fertige Waare nur einer sehr kurzen Bleiche, und steht daher an Dauer und Festigkeit der erst nach dem Weben gebleichten ganzleinenen Waare nur wenig nach. Das vorliegende Muster ist von mittelfeiner Gattung; jedoch verfertiget der erwähnte Fabrikant dergleichen halbleinenen Batist bis zum möglichsten Grade der Feinheit. Je feiner das Gewebe ist, desto reiner erscheint dasselbe.

Nr. 29. Broschirtes oder couleurt gemustertes Halstuch von halbleinenem Batist. Die Kette ist aus englischem gebleichten Baumwoll-Kettengarne, der Eintrag aus gebleichtem Hohenelber Leinengarne, die farbige Broschirung aus baumwollenem Maschinengespinnst, welches in der Gegend von Hohenelbe erzeugt und gefärbt wird. Von diesem Muster gilt dasselbe, was von Nr. 28 gesagt worden. Auch dieses kann noch viel feiner verfertiget werden, wenn sich Absatz dafür darbiethet.

Taf. IV. Nr. 30. Tullinet, ein feiner Stoff aus Schafwoll- und Baumwollgarn, mit vielen gestreiften und schattirten Mustern auf Gilets. Diese Stoffe werden von mehreren Webern in Wien und Linz verfertiget.

Nr. 31 und 32. Halbwollene Welser Zeuge oder sogenannter Halbcastor, aus der Fabrik des bürgerl. Wollenzeug-Fabrikanten Franz Xaver Entmayr zu Wels in Oberösterreich. Dieses Welser eigenthümliche Product ist vor mehreren Jahren in sehr beträchtlicher Menge verfertiget worden, indem jährlich in der Gegend von Wels allein bey 30,000 Stück erzeugt und vortheilhaft abgesetzt, und hierdurch gegen 600 Menschen beschäftiget wurden. Gegenwärtig aber, und eigentlich seit Verbreitung der Baumwollstoffe, zumahl der Kammertücher, Katune, Wallise, Bastzeuge rc. werden kaum noch 1000 Stück erzeugt, wodurch der dortigen Gegend, wenn man das Stück zu 6 fl. C. M. rechnet, ein jährlicher Verdienst von wenigstens 170,000 fl. C. M. entgangen ist.

Taf. V. Nr. 33 bis 35. Halbwollene gestreifte Zeuge von dem bürgerl. Zeugmacher Martin Bachmayr zu Schärding in Oberösterreich. Die Kette ist grobes Leinengarn; der Eintrag grobes Schafwollgarn.

Nr. 36. Halbleinener Cannefaß mit Quadrillirung von rothem türkischen Garne, von dem bürgerl. Zeugmacher Vincenz Wagner zu Schärding. Das rothe Baumwollgarn kommt theils aus Stuttgard, theils aus Salzburg, das weiße gebleichte Flachsgarn durch Handelsleute aus Böhmen oder Schlesien.

Nr. 37. Weißer Leinengradel mit Streifen von rothem Baumwollgarne, von dem Leinwebermeister Wolfg. Wiesinger im Markte St. Georgen auf dem oberösterr. Patrimonialgute Kogl. Dieser Stoff ist $\frac{7}{8}$ breit und hält im Stück 30 Ellen. Der Absatz geschieht bloß nach Wien.

Nr. 38. Mittelfeine Halbleinwand aus Carloviz in Slavonien. Die Kette ist Flachsgarn, der Eintrag Baumwollgarn. Man verwendet diese Halbleinwand zur Wäsche, zu Kopfputz rc.

Sechste Unterabtheilung.

Die Teppiche.

Die Teppich- oder Tapetenweberey wird gewöhnlich als ein Zweig der Wollenstoffweberey betrachtet. Hier mußte sie aber von dieser abgesondert werden, theils weil nicht alle

Teppiche Ganz-Wollenstoffe sind, theils weil die Teppichfabrication eine eigene, abgesonderte Unternehmung bildet. Daß sie in Ansehung der Wichtigkeit der Producte, die sie liefert, weder der Leinen-, noch der Baumwoll- und Schafwollweberey gleichgesetzt werden kann, leuchtet von selbst ein; man pflegt sie aber seit langer Zeit als das Meisterstück der Webekunst anzusehen, und ihre künstlichen Arbeiten erregen um so mehr Bewunderung, wenn man die einfachen Vorrichtungen des Webestuhles mit dem fertigen Producte vergleicht. Um eine klare Übersicht der gesammten inländischen Teppichweberey zu geben, wird es gut seyn, 1) auf die Verfertigung der Teppiche und die dazu erforderlichen Werkzeuge, und 2) auf die Verschiedenheit der Materialien, woraus sie erzeugt werden, Rücksicht zu nehmen.

Die Tapeten oder Fußteppiche sind sammtartige Gewebe, indem auch hier ein doppelter Kettenfaden, nähmlich der zum Grunde dienende, und der oben liegende, welcher entweder aufgeschnitten wird, oder unaufgeschnitten bleibt, erforderlich ist. Der Stuhl muß demnach, wie der Sammtstuhl, zwey Kettenbäume haben. Er ist von zweyerley Art: entweder hochschäftig (Haute-lisse) mit senkrechter, stehender Kette, oder tiefschäftig (Basse-lisse) mit liegender Kette. Bey dem ersten geht die Arbeit sehr schwierig und langsam, weil seine Beschaffenheit es nicht erlaubt, Schäfte anzubringen, welche hier durch Litzen oder Schnüre, an welchen die Kettenfäden gebunden sind, ersetzt werden. Dagegen liefert derselbe die schönsten, künstlichsten und genauesten Stücke. Beym Weben auf diesem Stuhle pflegte man anfänglich die Muster in Streifen zu zerschneiden, die man in die Kettenfäden befestigte, so daß die Linien der Zeichnung genau auf die Fäden paßten, und hierbey hatte der Weber den Vortheil, daß er das Muster beständig, zwar hinter dem Stuhle, aber gerade vor sich hatte, die entstehenden Fehler also leicht vermeiden konnte. Später fing man an, die Hauptzeichnungen des Musters auf durchsichtiges Papier zu tragen, solches dann zu zerschneiden und die Streifen an die Kette zu heften. Das ganze Muster hatte der Künstler außerdem immer vor sich. — Bey dem tiefschäftigen Stuhle liegen die Kettenfäden wagerecht, und ehedem wurde auch in Hinsicht der Stellung der Zeichnung, so wie bey dem hochschäftigen Stuhle, verfahren. Jetzt ist dieser Stuhl besonders zur Erzeugung der Fußteppiche der üblichste, weil die Arbeit viel weniger mühsam, und mehr als ums Drittel schneller geht. Es können nähmlich hierbey die Kettenfäden entweder mit den Schäften, oder bey den complicirteren Desseins mittels des Litzenzuges abwärts gezogen werden, worin dieser Stuhl mit demjenigen, worauf die Shawls verfertiget werden, viele Ähnlichkeit hat. Auch kann der Einschuß mit der Lade, nicht mit dem Kamme (Blatte), wie bey der Hochweberey, in die gekreuzten Kettenfäden gebracht werden. Übrigens bedarf man bey dieser Arbeit, wie beym Sammt, besonderer Nadeln, welche unter die, den Flor bildenden Kettenfäden eingelegt werden; ferner großer hölzerner Spulen, die man wie das gewöhnliche Schiff oder die Schütze anwendet. Bey den ausgezogenen Teppichen werden die Nadeln bloß ausgezogen, bey den aufgeschnittenen wird der rauche Flor mittels eines Messers durch das Aufschneiden der Kettenfäden hervorgebracht. Nicht so künstlich ist das Verfahren der Teppich- oder Tapetenweber in den österreichischen Militär-Gränzen. Bey den Bettdecken oder schweren Teppichen (Chilime), welche in Slavonien verfertiget werden, trägt man die Streifen, Figuren und Blumen nicht mit dem Schiffchen, sondern mit den Fingern ein, zu welchem Ende die Fäden so lang, als die Figur es erfordert, zugeschnitten sind. Die erhoben gewebten Tischteppiche (Csupavcze) aus Slavonien unterscheiden sich von den vorigen durch ihre dem ungeschnittenen Plüsch ähnliche Oberfläche, und werden dadurch verfertiget, daß man die Kette nach jedem Eintrag Faden für Faden, so weit es die Figur erfordert, mit den Fingern in die Höhe, und alle über einen durchgesteckten runden Stab gleich zieht. Man verfertiget in der Militär-Gränze nicht bloß eigentliche Teppiche, sondern auch teppichartige Brotsäcke, welche bey Hochzeiten gebraucht werden, Brauträcke u. dgl., zumahl bey den Clementinern in Slavonien.

Es ist schon gesagt worden, daß nicht alle Teppiche ganz aus Wollengespinnst verfertiget werden; vielmehr wird zu den allermeisten auch Leinengarn genommen. Hier ist nähmlich der

Eintrag Wollgarn, die obere Kette, welche den Flor bildet, ebenfalls Wollgarn, und dagegen wird zur untern Kette oder zum Grunde der Festigkeit wegen, und weil dieselbe ohnehin nicht sichtbar ist, Leinengarn genommen. Bloß bey gröberen Teppichen, z. B. bey den sogenannten Savonnerie-Teppichen, bey den slavonischen Teppichen u. s. w. wird auch zum Grunde Wollgarn genommen, manchmahl bey letzteren auch Seide und reiches Gespinnst eingearbeitet. Zu den feinsten und mitileren Tyroler Teppichen wird gewöhnlich Gerberwolle, zu den groben Ziegen- und Kalbshaar genommen, und zwar zum Eintrage, während die Kette aus grobem Leinengarne besteht. Anderwärts macht man auch viele Fußteppiche ganz aus Kuhhaaren, eine Arbeit, die keine besondere Geschicklichkeit erfordert, und selbst von Züchtlingen leicht vorgenommen werden kann. Die Wollgarne sind alle aus gekämmter Wolle, und wurden schon in der Unterabtheilung Schafwollgespinnste Nr. 11, 12, 111, und 116 bis 140 aufgeführt.

Zustand der Teppichfabrication im österreichischen Kaiserstaate.

Bey dem hohen Alter, welches der Teppichfabrication zugeschrieben wird, hat sie doch in den österreichischen Staaten erst in den letzten Decennien des verflossenen Jahrhunderts Fuß gefaßt. Der Verbrauch der Teppiche war im Inlande, verglichen mit anderen Ländern, immer unbedeutend. Nur der reiche Particulier und Kaufmann belegten ihre Wohnungen damit: jener der Pracht, dieser der fremden Sitte wegen, die er von seinen Reisen auf den heimathlichen Boden mitgebracht hatte. Es mangelte daher an Reitz, Geld auf die Etablirung so kostspieliger Unternehmungen zu wenden, und man mußte damahls dieses Fabricat aus Frankreich, England, und vorzüglich aus den Niederlanden beziehen. So wie aber der Geschmack für Teppiche allgemeiner und das Begehren darnach größer ward, wurden sie ein Gegenstand einheimischer Speculation, und man fing, zumahl in Wien, an, um das J. 1780 Versuche mit der Erzeugung dieses Artikels zu machen. Es soll hier nur die im J. 1792 errichtete Fabrik des Wilhelm Greil angeführt werden, welche Savonnerie-Teppiche verfertigte, im J. 1799 aber, wo sie sich in Hietzing nächst Wien befand, ihre Arbeiten eingestellt hat. Ein gleiches Schicksal hatten einige Jahre früher noch andere Privatunternehmungen dieser Art, indem damahls der Absatz der Teppiche noch zu gering, und der Gewinn zu wenig erheblich war, um für die großen Vorauslagen, welche die Stuhleinrichtung und die sonstigen Maschinen forderten, Entschädigung zu gewähren. Erst von der Zeit an faßte die Teppichfabrication festere Wurzel, als die k. k. Wollenzeugfabrik in Linz im J. 1796 unter der Leitung ihres damahligen Directors, Frhrn. von Sorgenthal, auf diesen schönen Zweig der Industrie ihr Augenmerk richtete, und ohne Zweifel durch die in derselben schon längere Zeit betriebene Bearbeitung einiger, in der Erzeugungsart zum Theil ähnlicher broschirter Stoffe, wie z. B. der Droguets, Kalamanks, des Damastes (vergl. Schafwollstoffe Nr. 43, 14 und 15, dann Halbseidenstoffe Nr. 333 und 334) auf die Idee geführt wurde, dieses ausländische Fabricat nachzuahmen. Es lag also nicht nur die Möglichkeit der Ausführung, sondern auch der günstige Erfolg eines solchen Unternehmens vor Augen. Männer von Talent, die sich bey ähnlichen Gelegenheiten auszeichnen, verdienen, wenn sie auch auf einem niedrigen Standpuncte stehen, immerhin der Vergessenheit entzogen zu werden, und in dieser Hinsicht darf der noch jetzt lebende, in der Linzer Manufactur angestellte Oberwerkmeister Jacob Feßl, ein geborner Oberösterreicher, mit Lob angeführt werden, da derselbe unter der Anleitung seiner Vorsteher und mit Beyhülfe der angeschafften Muster, mehrere Erfindungen in der Einrichtung der Stühle und andere Verbesserungen bey diesem Industriezweige vorgeschlagen und in Ausführung gebracht hat. Anfänglich hatte die Manufactur sich ausschließend auf die sogenannten aufgeschnittenen Teppiche nach Niederländer Art beschränkt, und wenn dieselben auch damahls den ausländischen nicht ganz gleichgestellt werden konnten und noch manche Mängel hatten: so fehlte es dennoch nicht an Absatz, und binnen wenigen Jahren waren schon 15 Stühle damit belegt. Bald darauf fing man an, die Teppich-Erzeugung auf die ausgezogenen, d. i. unaufgeschnittenen Teppiche, die ihrer Dauerhaftigkeit wegen viele Vorzüge vor den aufgeschnittenen haben, auszudehnen. Überhaupt nahm die Ausdehnung dieses neuen Arbeitszweiges mit jedem Jahre zu, so wie man auch in der Vervollkommnung der Waare nicht zurückblieb. Wesentlich trug hierzu die Umstaltung der Webestühle nach der Art, wie sie in der Berliner Teppichfabrik eingeführt wurden, bey. Hat gleich der als Director der Linzer Fabrik nach dem Frhrn. von Sorgenthal aufgestellte Hofrath Lacasa sich durch seine Sorgfalt viele Verdienste um die Teppichfabrication erworben: so war es doch dem kürzlich verstorbenen Fabrikschef, Hrn. Regierungsrathe Jos. Gros von Ehrnstein, vorbehalten, die Linzer Teppiche zu einer solchen Stufe der Vollkommenheit zu bringen, daß sie in Hinsicht der Ausführung der Zeichnungen, der Lebhaftigkeit und Dauer der Farben, und der Qualität des Stoffes, selbst den englischen Mustern gleichgestellt werden können. — Gegenwärtig beschäftiget die k. k. Linzer Teppichmanufactur bey einem Betriebe von 30 bis 35 Stühlen, an Spinnern, Zwirnern, Webern ꝛc. ein Arbeitspersonale von beyläufig 400 Köpfen, und sie würde, wenn die allgemeine Handelskrisis nicht so drückend auf allen Fabriksunternehmungen lastete, die Production noch zu erhöhen im Stande seyn, da in späteren Zeiten viele Vorbereitungen in Hinsicht eines angemessenen Locals gemacht worden, und die nöthigen Anschaffungen des zum Stuhlbaue dienenden Materials nicht unterblieben sind.

Außer der k. k. Fabrik wurde vor einigen Jahren in Linz noch ein ähnliches Unternehmen von Lorenz Helm gegründet, welches sodann von Ignaz Zetzenberger fortgesetzt wurde, bis es in der neuesten Zeit einging. Ganz ordinäre und mittelfeine Teppiche werden auch zu St. Siegmund, Welsberg und Tefferegen im Pusterthaler Kreise von Tyrol verfertiget. Diese Teppiche sind gewöhnlich 2 Ellen 3 Zoll lang und 2 Ellen breit. Man rechnet jährlich im Pusterthale allein an 10,000 Stück, mit deren Verfertigung sich 4 bis 500 Menschen beschäftigen. In den nördlichen Provinzen befanden sich bloß zu Radziechow im Zloczower Kreise Galiziens einige Werkmeister, welche aus Wolle nach Art der Linzer, gute und ziemlich schöne Fußteppiche verfertigten; die dort errichtete Teppichfabrik ist jedoch schon vor mehreren Jahren wieder eingegangen. Im lombardisch-venetianischen Königreiche werden in der Provinz von Brescia Tischteppiche von verschiedener Breite und Länge gewebt, wobey die Kette gewöhnlich Leinengarn, seltener Baumwollgarn, der Eintrag Woll- und Baumwollgarn ist. Die Gebrüder Alexander und Faustus Bellandi in Brescia besitzen in Pralboind eine sehr bedeutende Fabrik, worin außer Tischzeug, Leinwand und Baumwollzeugen auch Teppiche mit leinener und schafwollener Kette verfertiget werden. Die sogenannten Bergames, welche von der Stadt Bergamo den Nahmen führen, sind ganz geringe Tapeten, und haben zur Kette gemeiniglich Hanfgarn, zum Eintrage Wolle, Angoragarn, Baumwollgarn oder Flockseide. Die mannigfaltigen Teppiche endlich, welche in den Militär-Gränzen meist zum eigenen Gebrauche und von vorzüglicher Güte verfertiget werden, vollenden das Ganze der österreichischen Teppichfabrication, und sind nicht selten so mühsam und richtig ausgeführt, daß sie mit vollem Rechte in einer Sammlung vaterländischer Kunsterzeugnisse aufgenommen werden. Von der im J. 1817 gemachten Erfindung Laurents in Amiens, wollene Teppiche mit doppeltem Gewebe und mit Figuren auf beyden Seiten zu verfertigen, ist im Inlande, so viel man weiß, noch kein Gebrauch gemacht worden.

Der Handel mit Teppichen theilt sich zwischen dem In- und Auslande. Im Inlande verbraucht wohl Wien die meisten Teppiche. Außerdem ist der Absatz bedeutend nach Ungarn, von geringem Belange nach Böhmen und Steyermark. Tyroler Handelsleute, zumahl die Tefferegger, verschleißen ihre Teppiche mittels des Hausirhandels durch die meisten österreichischen Provinzen, dann nach Italien, Teutschland, nach den Niederlanden, nach Polen und Rußland — ein Handel, der bereits mehr als 60 Jahre besteht und in Teffereggen über 100 Familien ernährt. Aus der Militär-Gränze dagegen wird nichts ausgeführt. Nach dem Auslande ist vorzüglich der Absatz nach Rußland, Polen, nach der Moldau, Walachey, und noch mehr in andere türkische Provinzen von Bedeutung, und seit mehreren Jahren sind auch mit günstigem Erfolge Versendungen von Teppichwaaren nach Italien gemacht worden. Vor einigen Jahren haben die Tyroler Teppichhändler viele fremde Teppiche aus Nördlingen bezogen und zur Vermehrung ihres Absatzes im In- und Auslande verhandelt. Diese Nördlinger Teppiche waren aus Abfällen der Wollfabricate und aus Rinderhaaren verfertiget. Da jedoch die Einfuhr aller Schafwollwaaren seit Kurzem verbothen ist, so hat sich auch dieser Handelszweig vom Auslande gänzlich verloren. Die in der Handels-Bilanz Österreichs für diesen Artikel entfallende jährliche Activ-Summe ist noch kürzlich auf 100,000 fl. W. W. berechnet worden. In den Mauthregistern Wiens dagegen wird in den 5 Jahren 1812 bis 1816 die Einfuhr an persischen gemahlten, genähten und gestickten Fuß- und Tischteppichen auf 900 fl. W. W., an gemeinen Teppichen von Schafwolle oder Ziegenhaar auf 84,062 Pf.; die Ausfuhr von Wien nach dem Auslande an persischen ꝛc. auf 3279 fl., an gemeinen schafwollenen ꝛc. auf 3517 Pf. angegeben.

In Ansehung des *Zollwesens* werden die Teppichwaaren eben so behandelt, wie die Wollenstoffe überhaupt. Es ist demnach der Verkehr im Inlande gänzlich zollfrey, die Einfuhr vom Auslande verbothen und für die Ausfuhr ins Ausland an allen Gränzen der Monarchie ein gleichförmiger Zoll bestimmt. Ganzschafwollene Teppiche bezahlen demnach bey der Ausfuhr ½, mit Leinengarn gemischte ¼ kr. C. M. vom Wiener Pf.; ungrische Teppiche der ersten Art entrichten einen Einfuhrszoll von 24 kr., der zweyten Art von 12 kr. C. M. vom Pfund.

Der *Verkauf* der Teppiche, so wie der hierzu gehörigen Borduren geschieht insgemein nach der Elle. In der Niederlage der k. k. Linzer Ärarialfabrik kostete im November 1820 die Elle der ausgezogenen Teppiche, $\frac{8}{4}$ breit, Nr. 42 und glatt 2 fl. 30 kr. Nr. 54, 57 und 71: 3 fl. 20 kr., Nr. 40, 41, 43, 46, 47, 48, 50, 53, 67, 69 und 77: 3 fl. 30 kr., Nr. 44, 52, 56, 65 und 75: 3 fl. 40 kr. C. M.; die Elle der aufgeschnittenen Teppiche, $\frac{8}{4}$ breit, Nr. 8 und 9: 2 fl. 18 kr., Nr. 23, 45, 49, 66, 68, 70, 72 und glatt 2 fl. 45 kr., Nr. 74: 3 fl. 40 kr., alle übrigen Nrn. 3 fl., die schottischen in allen Farben, $\frac{8}{4}$ br. 2 fl.; die $\frac{7}{4}$ breiten Teppiche Nr. 79 und 82: 1 fl. 54 kr. C. M. Ausgezogene Teppich-Borduren kosteten pr. Elle Nr. 41, 49 und 44: 1 fl., Nr. 54 schmal 45 kr., alle übrigen Nrn. 1 fl. 45 kr., aufgeschnittene 1 fl., schottische in allen Farben 1 fl. 20 kr. C. M.

Von den feinsten Tyroler Teppichen kostete im März 1820 das Stück zu Teffereggen 1 fl. 36 kr., von den mittelfeinen 1 fl. 24 kr., und von den gröbsten 40 kr. C. M.

Erklärung der Muster.

Man hat hier sämmtliche Teppichmuster in drey Abtheilungen gebracht: 1) in aufgeschnittene ordinäre, 2) in Savonnerie-Teppiche, 3) in ausgezogene Teppiche. Der Eintheilungsgrund geht aus den vorausgeschickten Bemerkungen hervor, und wird aus dem Folgenden noch klarer werden.

1) Aufgeschnittene ordinäre Teppiche.

Taf. I. Nr. 1 und 2. Aufgeschnittene Teppiche, wie sie in Wägen verwendet werden, beyde in Quadraten gearbeitet, aus der k. k. Linzer Fabrik.

Suppl.-Taf. I. a. Nr. 3. Große Teppich-Bordur aus derselben Fabrik.

Suppl.-Taf. I. b. Nr. 4. Teppich mit großen Blumen, aus der von Lorenz Helm in Linz errichteten Teppichfabrik, welche gegenwärtig nicht mehr betrieben wird.

Taf. II. Nr. 5. Teppich-Bordur, woran die geschmackvolle Zeichnung der Rosen bemerkenswerth ist, aus der k. k. Linzer Fabrik.

Suppl.-Taf. II. a. Nr. 6. Teppich-Bordur aus der eben genannten Fabrik.

2) Savonnerie-Teppiche.

Taf. III. Nr. 7. Ein Bouquet in Savonnerie-Teppicharbeit von Johann Hager, dem einzigen, noch hier befindlichen Teppicharbeiter aus der ehemahligen Greil'schen Savonnerie-Teppichfabrik zu Hietzing nächst Wien, der auf Bestellungen noch ähnliche Teppiche zu liefern im Stande ist. Bey dieser Gattung ist die Kette des Grundgewebes ebenfalls Schafwollgarn (vergl. Schafwollgespinnste Nr. 208 bis 215), daher man die Savonnerie-Teppiche, die zwar auch aufgeschnitten sind, von den vorausgeschickten aufgeschnittenen Teppichen der Linzer Manufactur, deren Grundgewebe zum Theil aus

Leinengarn besteht, abgesondert hat. Hager arbeitet die Savonnerie-Teppiche nach der älteren Art auf einem hochschäftigen Stuhle (Haute-lisse).

3) Ausgezogene Teppiche.

Taf. IV. Nr. 8 und 9. Wagen-Teppiche in verschiedenen Farben, aus der k. k. Linzer Fabrik.

Taf. V. Nr. 10. Teppich mit Decorations-Dessein (wie man sich in der Handelssprache auszudrücken pflegt), aus der vormahligen Helm'schen Fabrik in Linz.

Taf. VI. Nr. 11. Sehr schöne breite Teppich-Bordur.

Taf. VII. Nr. 12. Teppich zur vorstehenden Bordur gehörig.

Taf. VIII. Nr. 13. Breite Teppich-Bordur mit Blumen, sehr schön gearbeitet.

Taf. IX. Nr. 14. Teppich mit Blumen-Dessein, vorzüglich schön. Alle Muster von Nr. 11 bis 14 sind aus der k. k. Linzer Fabrik.

Nachträge.

In diesen Nachträgen sind mehrere Teppichmuster aus anderen österreichischen Provinzen zusammengestellt, welche der Vollständigkeit wegen in einer Sammlung inländischer Teppiche nicht fehlen durften.

Taf. X. Nr. 15 und 16. Teppiche aus Tyrol, von St. Siegmund im Pusterthale, Landgericht Lorenzen, feinste und mittlere Sorte.

Taf. XI. Nr. 17 und 18. Teppiche aus Tyrol, ebenfalls von St. Siegmund, schlechte und schlechteste Sorte. Sehr grob mit matten Farben.

Taf. XII. Nr. 19. Teppich aus dem Bezirke des zweyten Banal-Gränzinfanterie-Regiments, grob, aber gut und dauerhaft gearbeitet.

Nr. 20. Gestreifter Teppich (illyr. Csillim, walach. Kilim) aus Gaya im teutschbanatischen Gränzinfanterie-Regiments-Bezirke, von derjenigen Gattung, wie die Gränzweiber jener Gegend die Teppiche verfertigen.

Taf. XIII. Nr. 21. Façonnirter Teppich (Chilem) in mehreren Farben aus dem Csaikisten-Bataillons-Districte. Diese Teppiche sind gewöhnlich 7 Schuh lang und $\frac{3}{4}$ Ellen breit, und müssen daher, da man dort keine breiteren Weberkämme hat, aus 2 Breiten zusammengesetzt werden. Man verwendet sie zu Tischtüchern, Bettdecken und zu sonstiger Verzierung der Wohnungen. Die weißen Desseins bestehen bloß aus Leinengarn, welches von den Gränzweibern selbst gesponnen und gebleicht wird.

Taf. XIV. Nr. 22. Schmales, teppichartiges Wollgewebe, kaum $\frac{1}{3}$ Ellen breit, aus dem Peterwardeiner Gränzinfanterie-Regiments-Bezirke. Die Weiber verfertigen dort verschiedene schmale Stoffe dieser Art, welche dann auf Weiberröcke, auf Vortücher, und von Männern auch zum Einwickeln der Füße verwendet werden.

Nr. 23. Gestreifter Teppich aus Isbistie im walachisch-illyrischen Gänzregiments-Bezirke. Grob, aber dauerhaft gearbeitet.

Taf. XV. Nr. 24. Vielfarbiger Teppich aus dem Peterwardeiner Gränzinfanterie-Regiments-Bezirke, mit vorherrschender Orangefarbe. Diese Teppiche sind im Ganzen gewöhnlich $2\frac{2}{3}$ Ellen lang und $1\frac{5}{8}$ Ellen breit, und zeichnen sich nicht allein durch die Dauerhaftigkeit der Farben, sondern noch mehr durch die ganz besondere Güte des Stoffes aus. Überhaupt wird man bey Vergleichung der in dieser Abtheilung aufgestellten Teppichmuster nicht in Abrede stellen können, daß die Tyroler Teppiche von den in den Militär-Gränzen verfertigten weit übertroffen werden, aus welchem Umstande zu wünschen wäre, daß sich für jene südlichen Gegenden hieraus ein gewiß nicht uneinträglicher Nahrungszweig entwickeln möchte.

Schlüßlich hat man noch ein Paar größere Teppichmuster der Sammlung einverleibt, um die Wirkung der Teppich-Desseins im Großen zu zeigen, nähmlich:

Nr. 25. Ausgezogener Teppich aus der k. k. Linzer Fabrik, eines der schönsten Muster, welche bisher in dieser Fabrik gearbeitet worden sind.

Nr. 26. Teppichartiger Clementiner Brautrock aus dem Bezirke des Peterwardeiner Gränzinfanterie-

Regiments vom J. 1820. Die Arbeit an sich ist wenig von Nr. 24 verschieden.

Siebente Unterabtheilung.

Die Halbseidenstoffe.

Unter dem Nahmen Halbseidenstoffe sind hier alle jene gemischten Stoffe zusammen gefaßt, wobey Seide zur Kette oder zum Eintrage genommen wird, und welche sich daher durch diese Mischung von allen übrigen halbleinenen, halbbaumwollenen und halbschafwollenen Stoffen, so wie von den Teppichen, unterscheiden. Sie sind in zweyfacher Hinsicht darzustellen: 1) in Ansehung ihrer Erzeugung, 2) nach der Feinheit der hierzu verwenderen Garne.

1) In Betreff der Erzeugung können auch die Halbseidenzeuge, wie die unvermischten Stoffe abgetheilt werden: a) in glatte, b) in dichtere, c) in geköperte oder croisirte, d) in façonnirte, e) in gezogene und broschirte, und f) in sammtartige.

Die glatten Stoffe, sie mögen nebst der Seide aus Baum- oder aus Schafwolle bestehen, werden sämmtlich auf dem gewöhnlichen Seidenwebestuhle verfertiget, und unterscheiden sich von dem Teffet bloß durch den nichtseidenen Eintrag, welcher nicht geschlichtet werden darf. Die halbseidenen Zeuge mit Baumwolleintrag werden selten ganz einfarbig gewebt, sondern man bringt in der Kette verschiedenfarbige Streifen hervor, oder auch in Kette und Eintrag zugleich, wodurch die Zeuge dann ein gewürfeltes (quadrirtes, quadrillirtes) Ansehen bekommen. Hierher gehören vornehmlich die sogenannten Bastzeuge aus seidener Kette und Baumwolleintrag, welche theils leichter, theils dichter gearbeitet werden; die Ginghams mit zweyfarbigen Streifen nach Art der Harcords; die einfachen Bajadere; dann manche für den Orient bestimmte, quadrillirte, sehr leichte Stoffe. Aus Seide und Schafwolle bestehen die wollenen Bastzeuge, welche auf schottische Art quadrillirt sind.

Die dichteren Stoffe werden größten Theils auf dieselbe Art gewebt, wie die glatten Stoffe, und unterscheiden sich von diesen nur durch ihren stärkeren Eintrag, welcher der Oberfläche ein streifiges oder geripptes, dem Grosdetours ähnliches Ansehen gibt. Zunächst an die glatten Stoffe schließen sich die Papeline an, welche Seide zur Kette und zweyfach gezwirnte Baumwolle zum Eintrage haben, und auf ganz einfachen Stühlen gewebt werden. Sie sind entweder vollkommen einfarbig, oder gestreift, quadrillirt, melirt u. s. w. Die melirten entstehen durch den Einschuß von Baumwollzwirn, welcher aus einem lichten und dunklen Faden gedreht ist. Es gibt Baumwoll-Papeline und Angora-Papeline, wovon die letzteren sich durch den Eintrag von Angora- oder Kämmelhaargarn kenntlich machen. Von ähnlicher Arbeit sind die Seidencamelots, wozu ein Eintrag von doppelt gezwirnter Baumwolle (Stickgarn) genommen wird. Noch dichter sind die Semline, welche gewöhnlich mit zwey Schützen gearbeitet werden, wovon die eine sehr dicken, gewöhnlich fünffachen Baumwollzwirn, die zweyte nur einfaches Garn oder offene Seide abwechselnd einträgt. Man hat einfarbige, gestreifte und schattirte Stoffe dieser Art, welche ihre Farbe und die Streifen hauptsächlich durch die seidene Kette erlangen. Wird statt des gewöhnlichen Baumwollgarns Creppon-Baumwolle genommen, d. i. Baumwollzwirn mit creppartigen Krümmungen, so entsteht der Creppon, der ebenfalls gleichfarbig oder streifig gewebt wird. Am dichtesten sind die Velours und Veloutés, die nach Art der Semline mit zwey Schützen gewebt werden, und dem starken Sammtrips ähnlich sehen. Gibt man dem Baumwoll-Eintrage schlangenförmige Windungen durch die Kette; so entsteht der Velveret und Velour imperial. Aus Seide und Schafwolle verfertiget man auf gewöhnlichen Stühlen den Schafwollrips und mancherley Giletzeuge, meist gestreift. Eine andere Art von Schafwollrips, wobey die Kette Watertwist und dagegen der Eintrag Schafwolle ist, hat man Merinos ambres genannt.

Die geköperten oder croisirten Zeuge werden auch auf gewöhnlichen Stühlen so gewebt, wie die unvermischten Stoffe dieser Art, da der Unterschied bloß durch das Materiale entsteht. Man hat aus dieser Classe von Geweben ganz einfarbige Baumwoll-Croisés oder Japonnaises mit seidener Kette und Baumwollschuß; gestreifte Croisés zu Umhängtüchern und verschiedene Giletzeuge aus denselben Gespinnsten; halbseidenen Atlas und Satin; Halbmerinos, die wie die Ganzmerinos (vergl. Schafwollstoffe) gearbeitet sind, jedoch zur Kette Seide und nur zum Eintrage feines Wollgespinnst haben; Seidengradel aus Leinengarn und Seide u. s. w. Durch die schickliche Vermischung der Seide mit anderen Gespinnsten, durch passende Einrichtung der Kette und des Eintrages, durch gute Auswahl und Zusammenstellung der Farben lassen sich die mannigfaltigsten glatten, dichten und croisirten Stoffe hervorbringen, weßhalb man sie hier um so weniger vollständig aufführen konnte, da von Jahr zu Jahr neue Stoffe dieser Art zum Vorscheine kommen, wie eben Geschmack und Mode sie verlangen. Noch mannigfaltiger sind die façonnirten und gezogenen Halbseidenzeuge.

Bey den façonnirten Halbseidenzeugen besteht der Boden oder Grund meist aus einem der obenangeführten, doch so, daß mittels besonderer Vorrichtungen aus denselben Fäden, woraus der Grund gewebt wird, Desseins gebildet werden. Man wendet nun häufig hierzu den von Jacquart erfundenen Lyoner Stuhl an, der bey den Seidenzeugen gebraucht wird (vergl. Seidenstoffe), und wo dieser noch nicht eingeführt ist, verfährt man ganz nach der ältern Methode der Seidenzeugweber. Auf solche Art erzeugt man z. B. façonnirte Bastzeuge oder Stamboul-Scallis auf gewöhnlichen Seidenzeugmacherstühlen mit Walzen, worauf sich der Dessein befindet; ostindische façonnirte Kleiderstoffe, wobey gewöhnliche Organzin zu Kette, Baumwollgarn zum Eintrage und Trama zur Façonnirung genommen wird, ebenfalls mit Maschinen oder dadurch, daß der Dessein von einer Gehülfinn gezogen wird; Etosses de Chine, mittels der eben genannten Vorrichtungen; Giletzeuge, wobey die Kette aus Baumwolle, die Streifen aus Schafwolle und die Façonnirung aus Trama besteht, mittels der Maschine; Persiennes oder Kleiderstoffe mit Organzinkette, Baumwoll-Grundeintrag und Schafwoll-Façonnirung;

façonnirte Papeline, Crepppons u. s. w. Hierher gehören auch mehrere Möbel- und Tapetenzeuge, z. B. der halbseidene Lampas, der aus Seide und Flachsgarn besteht u. a. m.

Die gezogene und broschirte Arbeit kommt ganz mit der Zug- und Broschirarbeit der Seidenstoffe überein, daher es überflüssig scheint, die dabey gewöhnlichen Vorrichtungen anzuführen. Man wendet diese Arbeit bey Umhängtüchern, Shawls, Borduren, Möbelstoffen, Kleider- und Giletstoffen, einigen halbreichen Zeugen u. s. w. an. Seit ein Paar Jahren hat man aber in Wien angefangen, bey Umhängtüchern (zuerst bey denen aus Baumwolle und Seide, nun auch bey denen mit Schafwoll-Eintrag oder den eigentlichen Shawls), die Arbeit dadurch zu erleichtern, daß man die Kettenfäden ohne den Litzenzug oder die schwere Trommelmaschine aufwärts ziehen kann. Die Vorrichtung besteht aus ungefähr $\frac{3}{4}$ bis 1 Zoll dicken Holzstäben, welche an grobe Leinwand festgemacht sind; darauf werden, je nachdem es der Dessein erfordert, kürzere oder längere Holzstücke in bestimmten Entfernungen aufgeleimt, welche, indem sich die Leinwand über zwey Rollen dreht und die Stelle der Trommeln vertritt, die Platinen, und hierdurch die Kettenfäden aufhebt. Der Weber Fr. Blümel, welcher zuerst die sogenannten englischen Shawls mit Baumwoll-Eintrag verfertigte, hat auch der Erste diese Einrichtung in Wien eingeführt, die nun bereits bey vielen Halbseidenstoffen und bey Shawls in Anwendung ist. Die Zampelstühle, welche zur Verfertigung der feinen Shawls gebräuchlich sind, sind ihrer künstlichen Einrichtung wegen besonders sehenswerth. Die allerfeinsten Shawls webt man nun in Wien mit 3400 Zähnen und eben so vielen Liseren, in jeder mit 2 Kettenfäden; das Eisen allein wiegt 1700 Loth. Zum Ziehen ist nur eine Weibsperson erforderlich; bey bedeutender Schwere hat man hierzu auch Maschinen mit Hebeln. Die meisten dieser Shawls werden mit 10 Farben broschirt, wovon jede eine andere kleine Schütze fordert; zum Grunde oder Boden dient eine eigene größere Schütze. Zur Verfertigung halbseidener Tücher, auf deren jeder Seite sich verschiedene Blumen zeigen, erfand im J. 1812 der Wiener Seidenzeugfabrikant Philipp Bordorsky einen Stuhl.

Aus der Classe der sammtartigen Stoffe macht der Halbseidenzeugweber gegenwärtig nur halbseidenen Peipel ganz so, wie den seidenen, mit dem Unterschiede, daß der Grund aus Baumwolle, und nur der Flor aus Seide ist.

2) Die Feinheit der Seide und der Gespinnste ist bey den Halbseidenzeugen, wenn sie die gehörige Qualität und Dauer haben sollen, eben so wenig gleichgültig, wie bey den unvermischten Zeugen, um so mehr bey jenen, welche sich durch eine außerordentliche Mannigfaltigkeit und Verschiedenheit auszeichnen. Wo Seide zur Kette genommen wird, muß die gewöhnliche Organzin, wie sie zu Seidenzeugen erforderlich ist, gewählt werden; wo der Einschlag aus Seide seyn muß, wird gute Trama genommen, die bey manchen Stoffen auch zur Façonnirung dient. Ganz schlechte Floret- oder Gallerseide von durchgefressenen Cocons wird nur zu Borduren u. dgl. nach englischer Art verwendet. Die Baumwollgespinnste nimmt man von verschiedener Feinheit, je nachdem die zu webenden Stoffe sie erfordern. Bastzeuge verlangen ein Mule-Gespinnst von den Feinheits-Nrn. 40 bis 60 (vergl. Baumwollgespinnste Muster Nr. 71 bis 87); zu den ostindischen façonnirten und halbreichen Kleidern wird Garn von der Feinheits-Nr. 54; zum Baumwoll Papeline von der Feinheits-Nr. 40 (vergl. Baumwollgespinnste Muster Nr. 71 und 72); zum Baumwoll-Croisé oder Japonnaise von der Feinheits-Nr. 45; zu den croisirten Baumwoll-Gilets von der Feinheits-Nr. 30 (vergl. Baumwollgespinnste Muster Nr. 59 und 60); zur Kette der ordinären Gilets Mulegarn von den Feinheits-Nrn. 45 bis 50 genommen. Daß manche Stoffe auch gezwirnte und Creppon-Baumwolle verlangen, ist schon oben gesagt worden. Die Schafwollgarne müssen ebenfalls nach der Feinheit der Stoffe bestimmt werden und sämmtlich Kämmgarne seyn. Die schottisch quadrillirten schafwollenen Bastzeuge erhalten Einschußgarne von den Feinheits-Nrn. 40 und 45 (vergl. Schafwollgespinnste Muster Nr. 22 und 18), die ordinären Halbmerinos von der Feinheits-Nr. 35, die feinen Halbmerinos von den Feinheits-Nrn. 60 bis 80 und noch höher; die schafwollenen Rips-Gilets von den Feinheits Nrn. 50 bis 60, die ordinären

Gilets von der Feinheits-Nr. 30; die Persiennes erhalten eine Façonnirung von feinem Schafwollgarn Nr. 54 oder 60 u. s. w.

Weitere Zubereitung der Halbseidenstoffe.

Während die Leinen-, Baumwoll- und Schafwollstoffe eine mehr oder weniger kostspielige und langwierige Zurichtung zum Gebrauche fordern, können die meisten Halbseidenzeuge so, wie sie vom Stuhle kommen, verwendet werden, und kommen darin mit vielen Seidenstoffen überein. Eine eigentliche Appretur oder Steife wird ihnen fast nie gegeben, da bey vielen möglichste Weiche und Leichtigkeit zu den geforderten Eigenschaften gezählt, bey anderen wieder durch den Eintrag der gehörige Grad von Festigkeit und Steife hervorgebracht wird. Mehrere Bastzeuge, Baumwoll- und Angora-Papeline werden gewässert oder moirirt (vergl. Seidenstoffe); der halbseidene Velpel aufgeschnitten, wie der wollene und seidene (vergl. Schafwollstoffe und Seidenstoffe). Die echtfarbigen Shawls und Umhängtücher werden nach dem Weben gewaschen und beym Tuchscherer gepreßt, die schlechtfarbigen bloß gepreßt. Endlich werden bey den meisten broschirten Stoffen, zumahl bey den Shawls, Umhängtüchern, Gilets, Borduren etc. die rückwärtigen Broschirfäden ausgeschnitten, weil diese dem Stoffe zu viel von seiner Leichtigkeit benehmen würden.

Gedruckt werden eigentlich bloß die Halbmerinos, und da diese Arbeit ganz mit dem Drucken der Wollenzeuge und Merinos übereinkommt, so wird jedes weitere Detail hier übergangen. Erst neuerlich sind auch Papeline und andere Halbseidenzeuge, eben so wie Baumwoll- und Ganzseidenstoffe, mit Stein gedruckt worden, worin Hr. v. Phillisdorf in Wien die ersten gelungenen Versuche gemacht hat.

Zustand der Halbseidenzeug-Fabrication im österreichischen Kaiserstaate.

In Rücksicht auf die Länder behauptet die Stadt Wien vor allen Städten der Monarchie, wo Halbseidenzeuge verfertiget werden, den Vorzug, nicht bloß wegen der Menge ihrer Stoffe, sondern auch wegen deren Schönheit und Güte. Alle oben angeführten Stoffe und fast alle diejenigen, welche in der unten vorkommenden Erklärung der Muster genannt sind, werden bloß in Wien verfertiget. Die bedeutendsten Fabriken Wiens, welche sich mit Verfertigung von Halbseidenzeugen befassen, sind in Umhängtüchern, Shawls und Borduren: Georg Griller, David Hermann; in anderen Halbseidenzeugen J. Chr. Hornbostel, Sebastian Kargl, Georg Griller, Gebrüder Mestrozi; in broschirten Shawlstüchern Joh. Kollmann; in Stamboul-Scallis u. a. orientalischen Kleiderstoffen, z. B. Jermesgut, Samalagia, Cettari, Cutny rc. Benedict Codecasa. Von den früher bestandenen verdient Fr. Bertolli wegen seiner ausgezeichnet schönen Shawls vorzugsweise genannt zu werden. Gegenwärtig beschäftigen sich aber auch viele Baumwollzeug- und Seidenweber mit der Verfertigung von Halbseidenzeugen, und in Shawls und Tüchern zeichnen sich von ihnen insbesondere aus: Anton Baumär, Mayer, Aloys Berndorfer, Wolf, Schaller, Franz Blümel, Stecker, Eberhard, Neumüller u. a.; auch der ehemahlige Vorsteher der Weber-Innung, Fröhlich, hat sich um diesen Arbeitszweig Verdienste gesammelt und durch mehrere Jahre eine Landesfabrik betrieben. Das ansehnlichste Etablissement ist noch immer das von Georg Griller, welches früher 160 Stühle und noch vor ein Paar Jahren 130 Stühle mit einem Arbeitspersonale von wenigstens 250 Köpfen beschäftigte. Es begann im J. 1796 und verfertigte damahls viele Halbseidenzeuge und Goldstoffe für den Orient; seine zweyte Epoche begann ums J. 1800 mit seidenen Modewaaren, und die dritte im J. 1805 mit Tüchern, Shawls, Gilets, Borduren u. s. w. Die letzteren Stoffe wurden anfänglich nur mit Angoragarn gearbeitet, einige Jahre später mit Schafwolle gröberer Art und erst seit ungefähr 8 Jahren mit feiner Schafwolle. In extrafeinen Waaren hatte Bertolli, welcher 50 bis 60 Stühle betrieb, für die damahlige Zeit es am weitesten gebracht, indem er eigene Kämmereyen und Spinnereyen errichtete, und sich seine Wolle so spinnen ließ, wie er sie brauchte. Nun hat auch Georg Griller seine Kämmerey; spinnen aber läßt er noch in Znaym, Namiest und in anderen Gegenden Mährens, dann im Tyrnauer Invalidenhause. Die Fabrik von Sebastian Kargl existirt gleichfalls seit beyläufig 1796, und hatte oft 40 Stühle in reichen Stoffen mit einem Arbeitspersonale von 180 bis 190 Köpfen im Gange. Übrigens muß bemerkt werden, daß auf Halbseidenzeuge keine eigenen Befugnisse in Wien verliehen werden, sondern jedem Seidenzeugmacher, so wie den Webern ist gestattet, alle Halbseidenzeuge zu verfertigen. — In den übrigen Provinzen ist die Fabrication dieser Stoffe nur gering, da dieselben größten Theils von Wien aus damit versehen werden. Mehrere Gattungen werden im lombardisch-venetianischen Königreiche und in Tyrol, halbseidene Haubenflecke u. dgl. von mehreren Fabrikanten in Linz, halbseidener Damast in der k. k. Linzer Wollenzeugfabrik, halbseidener Gradel zu Warnsdorf in Böhmen ꝛc. verfertiget. Ein ganz besonderer Stoff ist die halbseidene Leinwand, welche in vermöglicheren Gränzhäusern der slavonisch-syrmischen Militär-Gränze aus seidener Kette und Flachsgarneintrag sehr dauerhaft zu Hemden und Vortüchern gewebt wird.

Im Allgemeinen kann man behaupten, daß die Fabrication der Halbseidenstoffe nicht in dem Maße, wie die Fabrication der Seidenzeuge, Nachahmung ausländischer Fabricate sey, da hierin besonders in Wien vieles ganz unabhängig vom Auslande geleistet wurde. Möchte doch jeder Fabrikant, der für die wechselnde Mode arbeitet, innigst überzeugt seyn, daß keine Mode von dem Consumenten hervorgerufen wird, sondern einzig und allein von dem genialischen Fabrikanten ausgeht! Er würde dann sein ganzes Augenmerk, statt auf empirische Nachahmung, nur darauf richten, eigenthümliche neue Fabricate zu liefern. Eine Pariser Mode wird in Wien nicht deßwegen angenommen werden, weil sie aus Paris ist, sondern deßwegen, weil sie neu ist und demjenigen, der sie zuerst annimmt, nach seiner Meinung eine Auszeichnung gewährt.

Daß Österreich unter der Ens und nahmentlich Wien die meisten Halbseidenzeuge im österreichischen Staate liefere, und die übrigen Provinzen zum größten Theil damit versorge, ist bereits erinnert worden. Denn es gibt darunter viele beliebte Modestoffe, zumahl für das weibliche Geschlecht, und manche solide Zeuge, welche gern getragen werden. Den meisten Absatz im Inlande finden die ordinären und feinen Umhängtücher, Shawlstücher, Shawls, Giletzeuge und Borduren, dann die Bastzeuge und Papeline, in der letzten Zeit auch die Bajadere u. s. w. Der Handel mit diesen Stoffen beschränkt sich jedoch nicht bloß auf das Inland, sondern auch ins Ausland geschehen von mehreren Artikeln nahmhafte Versendungen. So gehen z. B. viele halbseidene und wollene Umhängtücher und Shawls nach Rußland, Polen und nach Teutschland; und Bukowiner und siebenbürgische Kaufleute, Griechen und türkische Juden führen viele dergleichen Stoffe in die türkischen Provinzen, besonders nach der Moldau und Walachey. Glatte und façonnirte Bastzeuge oder Stamboul-Scallis, orientalische Kleiderstoffe, halbreiche und reiche Stoffe, Shawls-Borduren sind die Hauptartikel für den ottomanischen Handel. Bloß allein von Shawls-Borduren der breiten und schmalen Art gehen aus der Grillerschen Fabrik in Wien bey 20,000 Ellen jährlich in die Türkey. Vor einigen Jahren wurden viele ordinäre und feine Shawls nach Italien, und vorzüglich nach Frankfurt und Leipzig verschickt. Seit Kurzem scheint aber der Handel mit Wiener Shawls nach Teutschland abzunehmen, und man beklagt sich selbst im Inlande über die Einschwärzung englischer und französischer Shawls. Es ist bekannt, daß schon vor mehreren Jahren in der Stadt Rheims 6265 Stühle mit 19,965 Arbeitern auf Shawls betrieben wurden, und daß sich das jährliche Erzeugniß beynahe auf 1 Million Stück belief, welche zum Theil auswärts abgesetzt werden müssen.

Die Einfuhr der Halbseidenzeuge, sie mögen was immer für Nahmen haben, ist durch die Verordnungen und Zollsätze von den Jahren 1817 und 1819 an allen Gränzen der Monarchie verbothen; dagegen wurden für die Ausfuhr und Durchfuhr neue gleichförmige Zölle festgesetzt und der Verkehr mit diesen Artikeln im Innern der Monarchie, nähmlich zwischen den alten und neu erworbenen österr. Provinzen (mit Ausnahme von Ungarn, Siebenbürgen, Dalmatien, Istrien und der Freyhäfen von Triest und Fiume, mit Inbegriff der dazu gehörigen, außer der Zolllinie gelegenen Districte) ganz zollfrey erklärt. Alle Seidenstoffe mit Beymischung anderer Materialien, nahmentlich die ganz- und halbreichen Zeuge zahlen bey der Ausf. vom Pfund 6 kr., die halbseidenen Bastzeuge, Velpel ꝛc. 1 kr., die Shawls und Shawlstücher vom Pf. 10 kr. C. M. Der Durchfuhrszoll beträgt vom Wiener Centner 3 fl. 2½ kr. C. M. Sollte dennoch Jemand ausländische Waaren dieser Art beziehen wollen, so bezahlt das Pfund der Seidenstoffe mit Beymischung 24 fl., der übrigen Halbseidenzeuge 3 fl. 35 kr. C. M.; Shawls und Shawlstücher bezahlen 60 Procent des Werths.

Die Preise der Halbseidenzeuge sind wegen der großen Verschiedenheit der Arbeit und des Materials ungemein verschieden. Die ¾ breiten glatten Bastzeuge kamen im Sommer 1820 auf 1 fl. 6 kr. bis 1 fl. 30 kr. pr. Elle, die façonnirten Bastzeuge auf 1 fl., die Baumwoll-Croisés auf 1 fl. 24 kr., die Papeline auf 1 fl. 36 kr. C. M., die Trauer-Papeline auf 1 fl. 6 kr., die façonnirten Papeline auf 2 fl. 6 kr. pr. Elle, die Bajadere auf 8 fl. W. W. pr. Stück, ordinärer ⅞ breiter Halbmerinos auf 4 fl. W. W., feiner 8/4 breiter Halbmerinos auf 18 fl. W. W. Die schönen feinen Shawls standen vor ein Paar Jahren noch zu 5 bis 600 fl. W. W., Umhängtücher bis 250 fl. W. W.; gegenwärtig kosten die schönsten Shawls 150 bis 400 fl. W. W., Umhängtücher bis höchstens 200 fl. W. W. Von den gewöhnlichen Shawls, wie sie allenthalben in Wien von Webern verfertiget werden, kostete das Stück im August 1820 von 7 fl. bis 20, 40, 60, 100 und 120 fl. W. W. Die ordinären Borduren standen zu 45 kr. bis 1 fl. 30 kr. W. W., die feinen zu 1 bis 5 fl. W. W. pr. Elle.

Erklärung der Muster.

Nach Verschiedenheit des Materiales theilen sich die Halbseidenzeuge A) in die Stoffe aus Seide und Baumwolle, B) aus Seide und Schafwolle, C) aus Seide, Baum- und Schafwolle. Die Nachträge enthalten eine vorzüglich schöne Suite von neueren Stoffen jeder Gattung.

A. Halbseidenzeuge aus Seide und Baumwolle.

Taf. I. Nr. 1. bis 8. Ordinäre und feine Bastzeuge oder glatt gestreifte Stamboul-Scallis, auch Pasämi genannt, aus Organzinseide und Baumwollgarn Nr. 40, wie sie von Sebastian Kargl, Codecasa, Hornbostel u. a. verfertiget werden. Nr. 4, 7 und 8 sind besonders fein. Die regelmäßige Breite dieser Zeuge ist $\frac{7}{8}$ Wiener Ellen.

Nr. 9 bis 15. Façonnirte Bastzeuge oder Stamboul-Scallis, von gleichem Materiale und gleicher Breite, wie die vorstehenden. Größten Theils werden die Bastzeuge von Griechen und Türken auf Kleidungen verwendet; auch im Inlande werden sie auf Frauenkleidungen getragen.

Suppl.-Taf. I. a. Nr. 16 und 17. Glatt gestreifte Bastzeuge, $\frac{3}{4}$ oder eigentlich $\frac{7}{8}$ breit, Nr. 16 auch gewässert.

Nr. 18, 19, 21 bis 26. Acht Muster façonnirter ostindischer Kleiderstoffe von Georg Griller in Wien, $\frac{5}{8}$ br. Die Kette ist Organzin, der Eintrag Baumwollgarn Nr. 54, die Façonnirung Trama.

Nr. 30. Etoffe de Chine, von Hrn. Griller in Wien, $\frac{5}{8}$ breit. Dieser Stoff hat Organzin zur Kette, Trama zum Eintrage, und wurde auf Kleidungen verwendet. Jetzt wird derselbe nicht mehr verfertiget.

Nr. 27 bis 29. Halbreiche ostindische Kleiderstoffe von Georg Griller in Wien, $\frac{5}{8}$ breit. Dieser Stoff hat Organzin zur Kette, Baumwollgarn Nr. 54 zum Eintrage, Gold und Trama zur Façonnirung. Er ist in die Türkey ꝛc. bestimmt und wird jetzt nur noch in geringer Quantität gewebt.

Taf. II. Nr. 20. Façonnirter und gestreifter Bastzeug oder Stamboul-Scalli, besonders fein.

Nr. 31. Glatt gestreifter Bastzeug, wie Nr. 1, besonders fein.

Nr. 32. Croisirte gestreifte Baumwoll-Giletzeuge, $\frac{3}{4}$ breit, wie sie bey den meisten Webern verfertigt werden. Die Kette ist ordinäre grobe Organzin, zum Eintrage wird Baumwollgarn Nr. 30 genommen.

Nr. 33 u. 34. Baumwoll-Papeline in zwey verschiedenen Farben, ein $\frac{2}{3}$ breiter Stoff aus Organzinkette und doppelt gezwirnter Baumwolle Nr. 40, der erst seit einigen Jahren in Wien sehr rein gearbeitet wird. Hornbostel,

Griller, Schmidt und Kargl liefern die meisten und schönsten Paveline in allen Farben. Man verwendet sie auf Kleidungen, Damenhüte ꝛc.

B. Halbseidenstoffe aus Seide und Schafwolle.

Nr. 35 bis 37. Gestreifte Schafwoll-Rips-Gilets, ein gewöhnlicher, $\frac{7}{8}$ breiter Weberartikel in Wien, mit Organzinkette und Eintrag von gekämmtem Wollgarne Nr. 50 bis 60. Diese Westenzeuge kommen den englischen sehr nahe.

Nr. 38 bis 40. Gestreifte und façonnirte Woll-Gilets ordinärer Webergattung, ebenfalls $\frac{3}{4}$ breit. Die Kette besteht aus Baumwollgarn Nr. 45 bis 50, die Streifen aus Schafwollgarn Nr. 30, die Façonnirung aus Tramseide.

Nr. 41 und 43. Gestreifte und façonnirte Woll-Gilets ordinärer Webergattung, $\frac{3}{4}$ breit, wobey die Kette grobe Organzin, Eintrag und Façonnirung Bauwollgarn Nr. 30 ist.

Nr. 42. Schottisch quadrillirter schafwollener Bastzeug in vielen Farben, $\frac{5}{8}$ breit. Die Kette besteht aus Organzin, der Eintrag aus Schafwollgarn Nr. 40 oder 45.

Taf. III. Nr. 44 bis 46. Ordinäre gestreifte und façonnirte Woll-Gilets, wie Nr. 41.

Nr. 47 bis 49. Ordinäre Halbmerinos, wie sie von vielen Webern in allen Farben verfertiget werden. Zur Kette wird Organzin, zum Eintrage Schafwollgarn Nr. 35 genommen. Der Stoff ist $\frac{7}{8}$, $\frac{4}{4}$ und $\frac{8}{4}$ br., und wird auf ordinäre Umhängtücher, auf Damenkleider und Gilets verwendet, auch häufig gedruckt.

Nr. 50 bis 53. Feine Halbmerinos, wozu noch viel feineres Wollgarn Nr. 60 bis 80 als Eintrag verwebt wird. Georg Griller, Fr. Bertolli, David Hermann, Böhm u. a. haben sich in diesen feinen Stoffen vorzüglich ausgezeichnet. Nr. 53 ist weißer Halbmerinos der feinsten Gattung und besonders schön. Man macht sie von gleicher Breite wie die ordinären, und verwendet sie zu demselben Zwecke.

Taf. IV. Nr. 54 bis 60. Ordinäre und mittelfeine Palmen von Umhängtüchern in verschiedenen Farben und Desseins, wie sie insgemein von Webern gearbeitet werden. Sind die Tücher durchaus im gleichen Dessein gewebt, so heißen sie Emplein-Tücher; haben sie aber wie Nr. 57 unten und oben eine Bordur und übrigens glatte Felder, so nennt man sie Shawlstücher. Die gewöhnlichste Breite und Länge ist $\frac{7}{8}$ oder $\frac{8}{4}$, d. i. bis 4 Quadrat-Ellen.

Nr. 61. Emplein-Tuch mit kleinen Palmen von der ordinärsten und wohlfeilsten Weberarbeit. Dergleichen Webertücher wurden sonst sämmtlich mit dem Litzenzuge gewebt, gegenwärtig auch mit der Vorrichtung, wobey die auf Leinwandstreifen aufgeklebten Stäbe die Platinen heben.

Taf. V. Nr. 62 bis 69. Mittelfeine große und kleine Palmen auf Umhängtücher und Shawls in verschiedenen Farben und Desseins. Ebenfalls gewöhnliche Weberarbeit.

Taf. VI Nr. 70 bis 74 Etwas feinere große und kleine Palmen von gewöhnlicher Weberarbeit.

Nr. 75. Mittelfeiner Palm aus einem weißen Emplein-Tuche, von Sebastian Kargl in Wien.

Nr. 76. Mittelfeine Palm-Bordur auf weißen glatten Stoff zum Ansetzen, aus der Fabrik des Herrn Georg Griller.

Nr. 77. Sogenannter Etoffe anglais auf Damenkleider, aus der Fabrik des Hrn. Georg Griller, nach Art eines Empleintuchs mit kleinen Palmen gearbeitet.

Taf. VII. Nr. 78 und 79. Palmen von derselben Gattung, wie Nr. 70 u. s. w.

Nr 80. Ordinäres gestreiftes Umhängtuch gemeiner Webergattung, aus grobem Schafwollgarne Nr. 30. Diese Tücher wurden auf beyden Seiten rechts gearbeitet, scheinen aber nicht viel Beyfall gefunden zu haben.

Taf. VIII. Nr. 81. Palmen sammt Bordur auf ordinäre Shawlstücher von gemeiner Weberarbeit.

Nr. 82. Gestreiftes Umhängtuch, auf beyden Seiten rechts wie Nr. 80, jedoch von feinerer Gattung, und daher besser ins Auge fallend.

Nr. 83 bis 87. Breite und schmale Borduren ordinärster Gattung, zum Ansetzen auf Umhängtücher. Bloß gemeine Weberarbeit.

Taf. IX. Nr. 88, 90, 91, 92 und 94. Breite und schmale Borduren in verschiedenen Desseins; etwas feiner, als die vorstehenden.

Nr. 89 und 93. Noch feinere Borduren auf Umhängtücher, wie sie bey den Herren Kargl und Kollmann verfertiget werden.

Nr. 95. Mittelfeines gestreiftes Umhängtuch aus der Fabrik des Hrn. Georg Griller.

Nr. 96. Mittelfeines weißes Emplein-Tuch aus der Fabrik des Hrn. Mazella in Wien.

Nr. 97. Mittelfeines gestreiftes Umhängtuch von Hrn. Mazella.

Nr. 98. Feines Millefleurs-Gilet von Hrn. Griller in Wien, mit vielen kleinen Palmen und Borduren.

Taf. X. Nr. 99. Mittelfeine große Palmen zum Ansetzen auf Shawls, von Georg Griller. Gegenwärtig werden die Palmen nicht mehr angesetzt, sondern bey allen Shawls und Umhängtüchern gleich mit im Ganzen eingewebt. An einem feinen schweren Shawl, 4 Ellen lang und 2 Ellen breit, arbeitet ein Geselle bey 5 Wochen, an einem Tuche 2 Wochen.

Nr. 100. Mittelfeines gestreiftes Umhängtuch mit abwechselnden breiten und schmalen Streifen, von Georg Griller.

Taf. XI. Nr. 101. Mittelfeines schweres Emplein-Tuch, weiß mit Palmen, von Hrn. Mazella in Wien.

Nr. 102. Mittelfeines leichtes Emplein-Tuch, roth mit kleinen Palmen und eingearbeiteten Borduren, von Hrn. Mazella.

Taf. XII. Nr. 103. Mittelfeines Emplein-Tuch, quer gestreift, von Hrn. Mazella.

Nr. 104 bis 107. Feinere Emplein-Tücher mit und ohne Borduren, von den Herren Kargl, Kollmann, Böhm und Steininger in Wien.

Nr. 108. Weißes schweres Emplein-Tuch der schönsten

und feinsten Gattung, aus der Fabrik des Hrn. David Hermann in Wien.

Suppl.-Taf. XII. a. Nr. 109. Schweres gestreiftes Emplein-Tuch schwerer Gattung, von Hrn. Georg Griller.

Nr. 110. Fächer feiner Gattung, von Hrn. Georg Griller, welcher diese kleinen Gewebe in Wien zuerst erzeugt hat. Man setzte sie in die Ecken der Umhängtücher ein, welche dann den Nahmen Fächer-Tücher erhielten. Jetzt sind sie größten Theils aus der Mode.

Taf. XIII. Nr. 111. Schweres gestreiftes Emplein-Tuch der feinsten Gattung, mit abwechselnden breiten und schmalen Streifen. Dieses ausgezeichnet schöne Muster ist aus der nun nicht mehr bestehenden Fabrik des Hrn. Bertolli in Wien.

Nr. 112 bis 114. Palm-Emplein-Tücher der feinsten Gattung, von den Herren Bertolli und David Hermann. Vorzüglich schön.

Suppl.-Taf. XIII. a. Nr. 115 und 116. Feine große Palmen zum Ansetzen auf Schawls, von Hrn. Georg Griller, besonders fein und schön.

Nr. 117. Schmal gestreiftes Umhängtuch der feinsten Art von Hrn. Georg Griller.

Nr. 118. Weißes Emplein-Tuch mit kleinen Palmen, leichter, aber feinster Gattung, von Hrn. Georg Griller.

Taf. XIV. Nr. 119 bis 121. Mittelfeine rothe Emplein-Gilets mit Borduren aus den Fabriken von Sebastian Kargl, und von Lazzers sel. Witwe.

Nr. 122 bis 127. Breite und schmale Borduren feiner Gattung aus den Fabriken der H. H. Bertolli und Thomas Wallner. Die Nrn. 122 und 125 bis 127 von Hrn. Bertolli zeichnen sich besonders durch ihre Feinheit aus.

Suppl.-Taf. XIV. a. Nr. 128 bis 137. Breite und schmale Borduren feinster Gattung von Hrn. Griller. Nr. 128, 129, 134 bis 136 sind besonders schön und fein. Ein großer Theil dieser Borduren, wovon Hr. Griller allein 126 an Breite, Dessein und Farben verschiedene Muster verfertiget, sind nach der Türkey bestimmt, wo man sie, zumahl in der Walachey und Moldau, zu Kleidern, zu Garnirungen, Binden u. s. w. verwendet. Seltener werden sie im Inlande auf Kleidungen gebraucht, desto häufiger zum Ansetzen an glatte Umhangtücher.

Taf. XV. Nr. 138 und 139. Mittelfeine Borduren von Hrn. Mazella in Wien.

Nr. 140 und 147. Mittelfeine Borduren von Hrn. Thomas Wallner in Wien.

Nr. 141 bis 144. Feine Borduren von Hrn. Bertolli, ausgezeichnet schön gearbeitet.

Nr. 145, 146, 149 bis 152. Mittelfeine Borduren von Hrn. Griller.

Nr. 148 und 153. Mittelfeine Borduren von Hrn. Sebastian Kargl und Lazzers sel. Witwe.

Taf. XVI. Nr. 154 und 159. Mittelfeine große und kleine Fächer zum Einsetzen in Umhängtücher, von Hrn. Griller. (Vergl. Nr. 110.)

Nr. 155, 156, 158, 160 und 161. Feine Borduren von Hrn. Griller. Nr. 158 ist besonders fein.

Nr. 157. Bordur nach englischer Art, aus der Fabrik des Hrn. Griller. Bey dieser Gattung ist die Kette Organzin, der Eintrag und die Façonnirung Galletseide von durchgebissenen Cocons. Griller war der Erste, welcher diese Borduren in Wien verfertigte, und zwar so vollkommen, daß sie den englischen ganz gleichkommen. Obwohl dieses Gewebe bloß Seide enthält, so wollte man dasselbe doch nicht aus der Reihe der übrigen Borduren absondern, wozu auch der Umstand mit beytrug, daß man die Galletseide insgemein Halbseide nennt.

C. Halbseidenstoffe aus Seide, Baum- und Schafwolle.

Nr. 162 und 163. Stoffe auf Kleider oder Pelze für Damen, oder sogenannte Persiennes, eine Gattung neuer Stoffe, welche von Hrn. Griller vor wenigen Jahren erfunden und verfertiget wurde. Die Kette besteht aus Organzin, der Eintrag aus Baumwollgarn von der Feinheits-Nr. 54 oder 60. Die Breite ist die gewöhnliche Taffetbreite.

Nachträge.

In diesen Nachträgen sind nicht bloß Supplemente zu den obigen Tafeln aufgestellt, sondern es finden sich darunter viele ganz neue Halbseidenstoffe, welche erst seit Einrichtung jener Tafeln erfunden worden und in die Mode gekommen sind.

Taf. XVII. Nr. 164. Weißer Vigognestoff auf Umhängtücher, worin Organzin die Kette und thibetanisches Ziegenhaar (hier unrichtig Vigognewolle genannt) den Eintrag bildet. Das Muster ist von Hrn. Griller in Wien, welcher hier diesen Stoff allein verfertiget hat.

Nr. 165. Fächer der feinsten und schönsten Gattung von Herrn Griller, zum Einsetzen in Umhängtücher. (Vergl. Nr. 110.)

Taf. XVIII. Nr. 166 und 167. Große feine Palmen zu Shawls, von Hrn. Griller. (Vergl. Nr. 115 und 116.)

Nr. 168. Sehr feine halbbreite Bordur von Herrn Griller.

Taf. XIX. Nr. 169 bis 175. Gestreifte Emplein-Tücher von den H. H. Bertolli und David Hermann. Besonders fein und rein gearbeitet.

Taf. XX. Nr. 176 bis 180. Extrafeine gestreifte Emplein-Tücher, wie die vorstehenden.

Taf. XXI. Nr. 181. Sehr feiner Palm eines Emplein-Tuches mit grünem Grunde, von Hrn. Griller.

Nr. 182. Mittelfeiner rother Palm aus der Fabrik des Hrn. Jos. Hermann in Wien.

Nr. 183 bis 185. Feine Palmen aus der Fabrik des Hrn. David Hermann.

Taf. XXII. Nr. 186 und 187. Sehr feine Palmen zu Emplein Tüchern, von Hrn. David Hermann.

Nr. 188. Emplein-Tuch à la grèc mit rautenförmigen Desseins, von Hrn. Bertolli. Eine der schönsten und feinsten Arbeiten, welche in Tüchern und Shawls ausführbar sind.

Taf. XXIII. Nr. 189. Gestreiftes Emplein-Tuch der feinsten Gattung, von Hrn. David Hermann, vorzüglich schön.

Nr. 190. Halbbreite Bordur der feinsten Gattung aus derselben Fabrik.

Nr. 191 bis 193. Glattgestreifte Bastzeuge oder Stamboul Scallis. (Vergl. Nr. 1 bis 8.)

Nr. 194 bis 199. Façonnirte Bastzeuge oder Stamboul Scallis. (Vergl. Nr. 9 bis 15.)

Taf. XXIV. Nr. 200 bis 214. Bastzeuge der feinsten Gattung in verschiedenen Farben. Meist auf Kleidungen für Griechen.

Taf. XXV. Nr. 215 und 216. Quadrillirte Bastzeuge oder Stamboul-Scallis zu gleichem Gebrauche.

Nr. 217. Gestreifter Bastzeug mit Gallet Eintrag. Auch dieser Zeug ist aus dem bey Nr. 157 angeführten Grunde hier beybehalten worden, ungeachtet er nicht im eigentlichen Sinne der Abtheilung der Halbseidenstoffe angehört.

Nr. 218. Bastzeug mit Croisé-Streifen.

Nr. 219 bis 222. Façonnirte Bastzeuge oder Stamboul-Scallis mit neueren Desseins.

Nr. 223. Gestreifter Angora-Papelin aus seidener Kette und Angoragarn-Eintrag, auf Kleidungen ꝛc.

Nr. 224 bis 226. Baumwoll-Papeline vom J. 1819. (Vergl. Nr. 33 und 34.)

Nr. 227. Baumwoll-Rips-Gilet mit Seidenstreifen.

Nr. 228 und 229. Façonnirte Stoffe auf Damenpelze oder Überröcke, von Hrn. Sebast. Kargl, aus Baumwolle, Seide und Schafwolle.

Taf. XXVI. Nr. 230 bis 233. Extrafeine Halbmerinos auf Kleider, Umhängtücher ꝛc. (Vergl. Nr. 50 bis 53.)

Von hier an beginnen die gedruckten Muster zu Shawls und Umhängtüchern.

Nr. 234 und 235. Gedruckte Bordüren auf Halbmerinos zu Umhängtüchern, aus der Ebreichsdorfer Zitz- und Katundruckerey.

Taf. XXVII. Nr. 236. Gedruckte Palmen zu Shawls auf mittelfeinem Halbmerinos, aus der Ebreichsdorfer Druckfabrik. Die Farben sind ausgezeichnet schön und lebhaft.

Taf. XXVIII. Nr. 237. Großer Palm auf weißem Halbmerinos, zu Shawls.

Nr. 238. Großer Palm sammt Bordur auf weißem Halbmerinos.

Nr. 239. Gestreiftes Emplein-Tuch. Alle drey aus der Ebreichsdorfer Druckfabrik.

Taf. XXIX. Nr. 240. Großer Palm auf weißem Halbmerinos, zu Shawls.

Nr. 241. Gedruckte Bordur zum Ansetzen an Umhängtücher. Beyde aus der Ebreichsdorfer Druckfabrik.

Taf. XXX. Nr. 242. Gedruckte Palmen mit Borduren auf Halbmerinos.

Nr. 243 und 244. Gestreifte Emplein-Tücher, auf weißen Halbmerinos gedruckt. Alle drey Muster aus der Ebreichsdorfer Druckfabrik.

Taf. XXXI. Nr. 245. Gedruckter Halbmerinos mit lebhaft colorirtem Rosenbouquet und mit Einfassungen, aus der Kettenhofer Druckfabrik.

Nr. 246. Großer Palm auf schwarzem Boden von Halbmerinos, zu Shawls, aus der Kettenhofer Fabrik.

Taf. XXXII. Nr. 247. Palmen mit Borduren auf schwarzem Halbmerinosboden, sehr lebhaft.

Nr. 248. Gestreiftes Emplein-Tuch von Halbmerinos, besonders schön gedruckt und der gewebten Arbeit täuschend ähnlich. Beyde Muster aus der Kettenhofer Druckfabrik.

Taf. XXXIII. Nr. 249 bis 251. Gestreifte Emplein-Tücher in verschiedenen Desseins, auf Halbmerinos in der Kettenhofer Fabrik gedruckt.

Taf. XXXIV. Nr. 252. Großer Palm mit Bordur zu Shawls, auf weißem Halbmerinos. Aus der Ebreichsdorfer Druckfabrik.

Nun folgen wieder bloß eingewebte Stoffe.

Taf. XXXV. Nr. 253 bis 256. Ordinäre Emplein-Tücher in verschiedenen Desseins, von gewöhnlicher Weberarbeit. Die Kette ist Seide, der Eintrag und die Façonnirung Baumwollgarn. Diese Tücher kamen wohlfeil zu stehen, konnten sich aber nicht lang erhalten, da sie zu wenig Beyfall fanden.

Taf. XXXVI. Nr. 257 bis 259. Ordinäre Emplein-Tücher von ähnlicher gemeiner Weberarbeit, aus seidener Kette und Baumwoll-Eintrag.

Taf. XXXVII. Nr. 260 bis 263. Gestreifte Emplein-Tücher ganz neuer Art, von Hrn. Sebast. Kargl in Wien. Die Kette besteht aus streifig aufgezogener Seide, der Eintrag und die Dessinirung aus weißer und gefärbter Baumwolle. Die Arbeit war ausgezeichnet schön und wurde sowohl auf Tücher und Shawls, als auf Gilets angewendet. Sie dankte zugleich der Baumwolle einen hohen Grad von Weichheit, wodurch sie der Arbeit der echten Shawls ziemlich nahe kam.

Nr. 264 und 265. Ordinäre Emplein-Tücher mit Baumwoll-Eintrag, ebenfalls von Sebast. Kargl.

Taf. XXXVIII. Nr. 266 bis 271. Gestreifte und façonnirte schwarze Giletstoffe aus den Seidenzeugfabriken des HH. Hornbostel und Sebastian Kargl in Wien.

Nr. 272. Quadrillirter gewässerter Halbseidenstoff, von Seb. Kargl.

Nr. 273 bis 275. Quadrillirte und gestreifte Bastzeuge der feinsten Art, von Hornbostel und Kargl.

Taf. XXXIX. Nr. 276 bis 282. Gestreifte und façonnirte Bastzeuge oder Stamboul-Scallis der feinsten Art von Hornbostel und Kargl.

Nr. 283 bis 285. Einfarbige Bastzeuge zu demselben Gebrauche, wie die gestreiften.

Nr. 286. Neuer quadrillirter türkischer Stoff von Seb. Kargl, nach Art der Bastzeuge, jedoch sehr leicht gewebt.

Nr. 287. Façonnirter Baumwoll-Papelin.

Nr. 288 und 289. Angora-Papeline von Sebast. Kargl, $\frac{5}{8}$ breit.

Taf. XL. Nr. 290 bis 296. Einfarbige glatte Baumwoll-Papeline von Hornbostel und Kargl.

Nr. 297. Angora-Papelin von Kargl.

Nr. 298 bis 303. Baumwoll-Croisés oder sogenannte Japonnaises in verschiedenen Farben, von Kargl, Hornbostel und Griller. Dieser $\frac{5}{4}$ breite Stoff hat Seide zur

Kette und Baumwollgarn Nr. 45 von gleicher Farbe zum Eintrage. Man verwendet ihn auf Umhängtücher, Kleidungen u. s. w.

Taf. XLI. Nr. 304. Halbseidener Velours mit gedrehtem dicken Baumwoll-Eintrag, wodurch der Stoff ein sammt- oder ripsähnliches Ansehen gewinnt. Das Muster ist aus der Fabrik des Hrn. Hornbostel in Wien.

Nr. 305. Einfarbiger Creppon zeug von Hornbostel, aus seidener Kette und einem Eintrage von Creppon-Baumwolle, zu Überröcken, Kleidern ꝛc. Man verfertigt diesen Stoff in allen Farben.

Nr. 306 und 307. Gestreifte Creppons von Hornbostel, zu demselben Gebrauche.

Nr. 308 bis 310. Quadrillirte, façonnirte und melirte Creppons von Hornbostel.

Nr. 311 bis 317. Velours imperial, von David Hermann in Wien, ein neuer Stoff vom J. 1820.

Nr. 318. Velveret, ebenfalls ein neuer Stoff vom J. 1820, mit geschlängelter Oberfläche, von David Hermann.

Taf. XLII. Nr. 319 bis 322. Einfarbige Semline von Sebast. Kargl, auf Kleider, Damenhüte ꝛc.

Nr. 323 und 324. Gestreifte Semline von Sebast. Kargl, zu demselben Gebrauche.

Nr. 325 und 326. Façonnirte Papeline von Sebast. Kargl.

Nr. 327. Sogenannter Mosaikstoff, quadrillirt mit Baumwolle in der Kette, von Sebast. Kargl.

Nr. 328. Giletsmuster, paillegelb, von Seb. Kargl.

Taf. XLIII. Nr. 329 bis 332. Giletsmuster von Kargl, in verschiedenen Farben und Desseins.

Nr. 333 und 334. Halbseidener Damast aus der k. k. Linzer Wollenzeugfabrik. Dieser $\frac{5}{8}$ breite und im Stück 21 Ellen haltende Stoff wird aus weißer Seide und gefärbter Schafwolle in dreyerley Farben verfertiget und nach Ungarn, Siebenbürgen ꝛc. abgesetzt. Das ganze Stück wiegt $6\frac{1}{4}$ Pf.

Taf. XLIV. Nr. 335 bis 340. Gestreifte Bajadere von Sebast. Kargl, d. i. halbseidene sehr leichte Shawls in mehreren Farben, wie sie im J. 1820 getragen wurden.

Taf. XLV. Nr. 341. Gestreifte Bajadere von Sebast. Kargl.

Nr. 342. Gestreifter Baumwoll Croisé mit seidener Kette, auf Damenkleider, Umhängtücher ꝛc.

Nr. 343. Halbseidener Gradel aus weißem Leinengarn und gefärbter Seide, auf Vorhänge, Möbel ꝛc.

Nr. 344 und 345. Halbseidener Velpel auf Winterkleidungen und Kopfputz.

Taf. XLVI. Nr. 346 bis 349. Madras, d. i. Baumwollstoffe, mit Seide eingearbeitet, aus der Strehleschen Fabrik zu Imst in Tyrol.

Taf. XLVII. Nr. 350. Lampas oder Tapeten- und Möbelstoff aus Seide und Leinengarn, von Hrn. Sebast. Kargl in Wien.

Taf. XLVIII. Nr. 351. Vorzüglich schönes Shawlsmuster von Georg Griller in Wien vom Jahre 1821.

Taf. XLIX. Nr. 352 bis 355. Papeline, ungewässert und gewässert, dann halbseidener Croisé, alle mit Steindruck von Hrn. v. Phillisdorf in Wien, vom J. 1820.

VI. Abtheilung.

Die Posamentirer-Arbeiten aus freyer Hand.

Posamentirer-Handarbeiten werden alle jene Arbeiten genannt, welche nicht auf den gewöhnlichen Posamentirerstühlen, Band- und Mühlstühlen ꝛc. gewebt, sondern größten Theils mit der Hand und mit Zuhülfenehmung kleinerer und einfacherer Maschinen und Werkzeuge verfertiget werden. Man kann alle diese Arbeiten in 4 Gattungen theilen: a) in Gold- und Silbergespinnste, echte sowohl als unechte,

b) in Bouillons-, Ketten- und Schnürarbeiten, c) in Crepinarbeiten und Franzen, d) in Knöpfe. Man benutzt hierzu echten und unechten Gold- und Silberdraht, Plött und Plasch, verschiedene Sorten von Seide, Angoragarn, Baumwollgarn, Zwirn u. dgl., wie aus dem Folgenden noch deutlicher entnommen werden kann.

a) Die Gold- und Silbergespinnste bestehen aus Seide, welche mit Gold- oder Silberplätt oder Plasch übersponnen wird. Die gewöhnlichen Gespinnste werden nach ihrer Feinheit in mehrere Gattungen oder Nummern unterschieden, und nach ihrer Dicke durch filirte Spinnseide auf Goldspinnmühlen von 8, 10, 12 und 16 Gängen verfertigt, worauf sich diese Spinnseide mit dem Metallplätt überspinnt. Es gibt mehrerley Gattungen solcher Gespinnste, welche sich auch in Ansehung ihrer Verfertigung von einander unterscheiden. So z. B. verfertiget der Posamentirer auch Frisé- oder gekrausstes Gespinnst, wo die Seide mit einem feineren Seidenfaden überriegelt und dann mit Plött übersponnen wird; Goldritz, wozu die gefärbte Seide (meist Trama oder Cusir) mit Gold- oder Silberplätt auf der gewöhnlichen Spinnmaschine überritzt wird u. dgl. m. Die Qualitäten-Ordnung, die sich bey dieser Waare, wo so leicht Betrug und Täuschung zwischen echten und unechten Metallgespinnsten Statt finden kann, noch am ersten rechtfertigen läßt, und welche im J. 1754 den Posamentirern in Wien vorgeschrieben wurde, bestimmt zu mehreren dieser Gespinnste ausdrücklich das Materiale, woraus sie gedreht werden sollen. Zu allen Gold- und Silbergespinnsten, welche zum Eintrage in Borten gebraucht werden, soll nur Plätt von Draht Nr. 9 zum Überspinnen der Seide genommen werden; ferner soll zu dem Gespinnste, welches als Eintrag in Musketier- Treß- und Plaschborten gebraucht wird, keine gröbere Spinnseide, als von 6 S, und in die Halbborten von 4 S genommen werden; die Farbe der Seide, welche mit Gold übersponnen wird, muß etwas höher als der Schweif seyn, die Seide zu den Silbergespinnsten muß nicht milch-, sondern perlweiß seyn; das bey dem Aufspinnen in der Farbe zuweilen ungleich oder blasser laufende Gold muß ausgespult und zu geringen Arbeiten verwendet werden; von allem Gold- und Silbergespinnst auf Militär-Schärpen, Degengehänge, Degenquasten, Hutschnüre, Feldzeichen u. a. Militärsachen soll das feinere mit Plätt Nr. 9, das gröbere mit Plätt Nr. 8 ganz reich übersponnen, und zur Arbeit weder Leinengarn und Zwirn, noch Halbseide (d. i. Floretseide) verwendet werden; zu den guten Gold- und silbernen Crepinen darf das feinere Gespinnst nur von Plätt Nr. 9, das gröbere von Plätt Nr. 8, das grobe von Plätt Nr. 7, durchaus reich auf echter Spinnseide gesponnen, und hierbey weder Floretseide, noch Zwirn und Garn, noch auch falscher Draht oder Plätt eingearbeitet seyn; die Gespinnste zu den guten goldenen und silbernen Spitzen und Points d'Espagne dürfen nur von Plätt Nr. 9, zu gröberen nur von Plätt Nr. 8 auf natürlicher guter Spinnseide, durchaus reich gesponnen seyn; zu dem reichen Stickermatt, zu den gröberen Riegelfäden, zu den Plaschlöchern, zu Sprengzeug und Spitzgittern, zu Frisé für die Sticker- und Crepinarbeit mittlerer Gattung muß ordentliche Spinnseide 6 S und Plätt Nr. 9 gebraucht werden; zu dem Schneiderglanz und Anlegzeug, dann zu dem Legaturgespinnst, zum gröberen Sprengzeug und groben Frisé kommt ordentliche 5 S-Spinnseide und Plätt Nr. 9; zu dem Gespinnste auf krause und glatte Franzen 4 S-Spinnseide mit Plätt Nr. 9; zum feineren Stickergespinnste oder Stechzeuge 4 S-Spinnseide mit Plätt Nr. 8; zum gröberen Stechzeuge, gröberen Anleg, zu den gröberen und mittleren Franzen 3 S-Spinnseide mit Plätt Nr. 8; zum groben Zuge zu den Spitzen 1 S- oder verdoppelte Spinnseide mit Plätt Nr. 8; zum ganz groben Stechzeuge, Anleg und Glanze, zu Profalschnüren ꝛc. 1 oder 2 S-Spinnseide mit Plätt Nr. 7. — In der Erklärung der Muster findet sich noch manches, was zur Verständlichmachung der mancherley Materialien beytragen kann.

Diese Gespinnste werden nicht bloß zu Handarbeiten, sondern auch zu mehreren Stuhlarbeiten des Posamentirers, besonders zu echten und unechten Gold- und Silberborten, zu Gold- und Silberspitzen, zu halbreichen und reichen Seiden- und Halbseidenstoffen, zu Stickereyen, zu Schnürmacher-Arbeiten ꝛc. verwendet, und sind daher als ein nicht unerhebliches Fabricat zu betrachten. Ihre Verfertigung ist eine ganz freye

Beschäftigung, obschon die meisten Posamentirer, welche Borten verfertigen, eigene Goldspinnereyen bey Hause haben, oder doch außer dem Hause auf ihre Rechnung spinnen lassen.

b) Die Bouillons, Ketten, Schnüre ꝛc. werden aus dergleichen Drahtgespinnsten, aus Plasch, Seide ꝛc. auf verschiedene Weise verfertiget. Matte Bouillons spinnt man aus Gold- oder Silberdraht auf Nadeln von verschiedener Dicke und dreht sie dann in 2 und 3 Stangen auf Gimpenrädern zusammen. Die Glanzbouillons werden auf gleiche Art, doch aus Plätt verfertiget. Die Kettchen werden gewöhnlich aus freyer Hand mittels eines Hakens gekettelt, die Rundschnüre aus Goldgespinnst oder Goldfranzengespinnst und aus Spinnseide von verschiedenen S auf Handrädern von verschiedener Dicke zusammengedreht; die Drahtbörtchen mit 2 Klöppeln auf einer Handtrommel geklöppelt; die Suitasch (eine Art ungrischer Schnüre) nach ihrer Breite mit 4 bis 6 Klöppeln auf einem Sattel (d. i. hängend) geklöppelt; viele seidene Schnüre mit 6, 8, auch 10 Klöppeln im Hängen mit freyer Hand geklöppelt, mehrere Zwirnschnüre endlich, wie die Seiler-Arbeiten, auf Rädern gedreht.

c) Die Crepinarbeiten, wozu auch die Gimpen gehören, die Franzen ꝛc. fordern nicht bloß verschiedene Materialien, sondern auch mancherley Fertigkeiten und Handgriffe. Die meisten Goldcrepinarbeiten werden auf Pergament gestickt und dann nach den Formen ausgeschnitten. Man verwendet hierzu meisten Theils übersponnene Gimpen, d. i. starke Zwirnfäden, welche mit gleichfarbiger Seide umwunden sind. Die Franzen, die sich selbst wieder in mehrere Arten unterscheiden, werden meist über Bretchen geschlagen und dann jeder Faden einzeln mit einer Spindel gedreht. Man macht sie aus offener oder gedrehter Seide, aus Baumwolle ꝛc. häufig mit Börtchen. Alle einzelnen Arbeiten anzuführen, schien überflüssig. Wichtiger ist es, daß durch die oben erwähnte Qualitäten-Ordnung der Posamentirer auch für die Güte der hierher gehörigen Arbeiten zweckmäßige Vorschriften gegeben wurden, um jeden Betrug zu beseitigen. Die Verfertigung dieser Crepinarbeiten ist, so wie die Verfertigung der Knöpfe, durch die österreichischen Gesetze als eine freye Arbeit, welche von Jedermann beyderley Geschlechts getrieben werden kann, erklärt.

d) Die Knöpfe, die eigentlich zur Handarbeit gehören, werden mit Seide, Kämmelgarn, Gold- oder Silbergespinnst genäht, und mit Figuren, Sternen u. dgl verziert. Eine besondere Art davon sind die Crepin- oder Gimpenknöpfe, bey welchen die Seide mit Gimpen ausgenäht wird. Sie unterscheiden sich dadurch von den Stuhlknöpfen, welche in der Abth. Posamentirer-Stuhlarbeiten beschrieben sind.

Zustand der Posamentirerey im österreichischen Kaiserstaate.

Da die Posamentirer-Handarbeiten beynahe ausschließend in größeren Städten und vom Militär gebraucht werden, so sind auch die meisten Arbeiter dieser Art in die großen Städte zusammengedrängt. Österreich unter der Ens und insbesondere Wien liefert daher die meisten Posamentirer Handarbeiten, und versorgt damit auch einen großen Theil der Provinzen, welche diesen Fabricationszweig wenig betreiben und in Ansehung des Geschmackes und der Schönheit der Arbeit hinter der Hauptstadt zurückstehen. In Gold- und Silberarbeiten dieser Art zeichnen sich in Wien vorzüglich aus: Franz v. Partenau, Inhaber einer k. k. priv. Landesfabrik, welche in besseren Zeiten bloß allein auf Gold- und Silbergespinnste 30 Maschinen im Gange hatte; dann Anton Kautsch's Witwe (Anton Pilsack), Joh. Mich. Nebodi, Marschall, Georg Tapfer u. a. Meister und Befugte. In leonischen oder falschen Arbeiten sind die Fabriken von Cornides, Steininger und Comp. zu Mannersdorf am Leythagebirge, von Franz Xav. Schmidt's sel. Witwe und Mich. Spindler in Wien die ersten, wiewohl man behaupten will, daß die inländischen Erzeugnisse dieser Art, obschon sie allerdings schön und brauchbar sind, die französischen und Berliner Arbeiten noch nicht erreicht haben. In Crepinarbeiten von Gold und Seide beschäftiget Wien sehr viele Arbeiter im Kleinen, während in den Provinzen hierin nur sehr wenig geleistet wird. Am häufigsten werden die Seidencrepin- oder Möbelarbeiten verfertiget. In Gimpen war der Posamentirermeister Joh. Löbl der Erste;

Aa 2

gegenwärtig betreiben Mathias Kalteis und einige andere dieses Geschäft noch stark. Der Posamentirermeister Ignaz Mayer verfertiget viele Crepin- oder Gimpenknöpfe, Kettchen und Hutschnüre aus leonischen Gespinnsten u. dgl. Militär-Crepinarbeiten werden von Georg Kinesperger und Schwarzinger verfertiget; Handknöpfe machen die meisten Posamentirer.

Der Absatz der fertigen Waaren ist, wie schon gesagt worden, hauptsächlich in den Städten und beym Militär, daher Wien im Inlande eben nicht unbedeutenden Absatz hat. Nach dem Auslande ist der Handel geringer und fast allein auf die Levante beschränkt. Eine Einfuhr vom Auslande findet in der Regel nicht Statt; dagegen weisen die Zolltabellen Wiens vom Jahre 1812 bis 1816 zusammen eine Ausfuhr ins Ausland aus, von 15,466 Pfund 20 Loth an übersponnenem Golde, 5254 Pf. an leonischem Gespinnste u. s. w., außer vielen Artikeln, welche unter der Hauptrubrik der Posamentirer-Arbeiten begriffen sind.

Die Gold- und Silberarbeiten werden im Verkaufe nach dem Wiener Lothe gerechnet. Nach dieser Rechnungsart standen im May 1820 zu Wien die Goldgespinnste zu 42 kr. bis 1 fl. 42 kr. C. M. pr. Loth, die Silbergespinnste zu 1 fl. 24 kr. bis 1 fl. 39 kr., die Goldgimpen zu 1 fl. 12 kr. bis 1 fl. 18 kr., die Goldschnüre und Kettchen zu 1 fl. 24 kr. bis 1 fl. 42 kr., die Silberschnüre und Kettchen zu 1 fl. 12 kr. bis 1 fl. 24 kr., die Goldbörtchen zu 2 fl., die Suitasch zu 1 fl. 30 kr., die Goldbouillons zu 2 fl. 15 kr. bis 2 fl. 18 kr., die Silberbouillons zu 2 fl. bis 2 fl. 3 kr.; die Goldcrepins zu 4 fl., die Goldfranzen zu 2 bis 2½ fl., die Bouillonsfranzen mit Crepinarbeit zu 2 fl. 30 kr. bis 2 fl. 42 kr. C. M. pr. Loth. Kettchen aus leonischen Gespinnsten kosteten im Jänner 1821 pr. Elle 9 kr. W. W., Hutschnüre für steyermärkische Bauern aus leonischen Gespinnsten pr. Dutzend 1 fl. 18 kr. bis 16 fl. W. W., wovon die letzten mit großen Quasten, aufgenähten Flittern, Bouillons rc. verziert sind. Die seidenen Gimpen kosteten 24, 36, 48 kr., 1 fl. bis 1 fl. 30 kr. W. W. pr. Elle, die Knöpfchen-Franzen 1 fl. 30 kr. bis 1 fl. 40 kr. W. W. pr. Elle. Die seidenen Crepin- und Gimpenknöpfe kamen im Februar

1821 pr. Karte (d. i. 60 Stück, die auf Kartenpapier aufgenäht sind) auf 1 fl. 45 kr. W. W. zu stehen.

Erklärung der Muster.

Auf den folgenden Tafeln sind die vorzüglichsten Posamentirer-Handarbeiten, wie sie im Lande unter der Ens verfertiget werden, meist nach der angenommenen Ordnung zusammengestellt. Nur die allmähliche Zusammenreihung derselben war Ursache, daß sie nicht streng in obige vier Hauptclassen getheilt werden konnten.

Taf. I. Nr. 1 bis 8. Goldgespinnste von verschiedenen Feinheitsgraden, wie sie auf den Spinnrädern in Wien zum Gebrauche der Posamentirer, Seidenzeugweber, Schnürmacher, Sticker u. s. w. gewöhnlich gesponnen werden. Das Muster Nr. 1 ist die feinste Sorte, und wird im Handel und in der Fabrikssprache mit 000 bezeichnet. Nr. 8 wird dagegen mit 00½, Nr. 2 mit 00, Nr. 3 mit 0½, Nr. 5 mit 0 bezeichnet. Nr. 4 ist ein schütteres Goldgespinnst, ebenfalls von Nr. 0. Nr. 6 wird dreyfach vergoldetes Gespinnst genannt. Nr. 7 ist das sogenannte Gold-Sprenggespinnst oder Sprengzeug, welches bey Stickereyen aufgelegt wird.

Nr. 9. Gold-Friségespinnst oder gekrausetes Gold. Dieses Gespinnst unterscheidet sich nicht nur in der Arbeit von den vorigen, sondern auch in der Seide, welche schon filirt aus Verona gebracht wird. Sie wird nach S benannt, und läuft von 8 S (der feinsten) bis zu 1 S (der gröbsten) herab. Zu gröberen Gespinnsten wird gröberer, zu feineren Gespinnsten feinerer Plätt genommen. In der Qualitäten-Ordnung ist größten Theils die Gattung der Seide und der Plätte zu den verschiedenen Gespinnsten bestimmt. (Vergl. oben.)

Nr. 10 bis 16. Silbergespinnste verschiedener Art. Davon ist Nr. 15 das feinste Gespinnst aus 7½ S-Spinnseide, welches in den Fabriken und im Handel mit 000 bezeichnet wird. Das Muster Nr. 10 ist feines Gespinnst 00 von perlweißer 7 S-Spinnseide; Nr. 13 schütteres Silbergespinnst 00 von 7 S-Spinnseide; Nr. 11 feines Gespinnst 0½ von 6½ S-Spinnseide. Nr. 12 ist Silber-Sprenggespinnst oder

Sprengzeug von 4½ S-Spinnseide, zu gleichem Gebrauche, wie das Gold-Sprenggespinnst. (Vergl. Nr. 7.) Nr. 14 wird Silber-Nähgespinnst genannt, und besteht aus 7 S Spinnseide, welche wie gewöhnlich übersponnen und aus 2 Fäden auf Handrädern zusammengedreht wird. Nr. 16 ist Silber-Friségespinnst von zweyerley Gattung Seide. (Vergl. Nr. 9.)

Nr. 17. Gefärbter Goldritz, d. i. gefärbte Seide (Trama oder Cusir) mit Gold- oder auch Silberplätt auf der Spinnmaschine überritzt.

Nr. 18. Gold-Nähgespinnst oder Nähgold aus 7 S-Spinnseide, wie Nr. 14 verfertiget.

Nr. 19. Goldglanz oder Glanzgimpe, aus grober gesponnener Pelseide (Pelo), welche mit grobem Goldplätt auf gewöhnlichen Spinnmaschinen übersponnen wird.

Nr. 20. Goldgekraustes Gespinnst oder gekrauste Goldgimpe, wobey ein Faden gröberen Goldgespinnstes von einem Faden feineren Goldgespinnstes auf gewöhnlichen Spinnmaschinen überlaufen wird.

Nr. 21. Sehr feine Goldrundschnur, geriegelt, auch gekrauste Goldgimpe genannt, aus 2 feinen Goldgespinnstfäden zusammengedreht.

Nr. 22. Schwarzer Ritz aus Harrasgarn, welches mit Goldplätt auf gewöhnlichen Spinnmaschinen überritzt wird. Dieser Ritz wird vorzüglich auf Degenquasten verwendet.

Nr. 23. Goldglanz-Überlauf, eine Art Gimpe, welche wie Nr. 19 erzeugt, jedoch mit einem feineren matten Bouillonsfaden überlaufen wird.

Nr. 24 und 25. Grobe Goldrundschnüre, aus verschiedenen S der Spinnseide, je nachdem die Schnüre beschaffen seyn sollen. Man nimmt dazu gewöhnliches Goldgespinnst oder Goldfranzengespinnst, und dreht sie auf Handrädern.

Taf. II. Nr. 26 und 27. Ähnliche starke Goldrundschnüre, welche ebenfalls aus verschiedenen S-Gattungen der Spinnseide verfertiget werden.

Nr. 28 bis 31. Goldkettchen-Schnüre (Kettelschnüre) von verschiedener Art und Feinheit, wie sie gewöhnlich aus freyer Hand mittels eines Häkchens gekettelt werden.

Nr. 32 und 33. Silberkettchen-Schnüre von gleicher Arbeit.

Nr. 34. Silber-Drahtbörtchen aus Silberdraht, mittels zweyer Klöppel auf einer Handtrommel geklöppelt.

Nr. 35. Silber-Suitasch, eine Art sehr schmaler Borten, die größten Theils von den ungrischen Schnürmachern mit 4 bis 6 Klöppeln auf einem Sattel geklöppelt wird. (Vergl. die Abth. Schnürmacher-Arbeiten.)

Nr. 36. Silberrundschnur von gleicher Arbeit, wie obige Goldrundschnüre.

Nr. 37 und 38. Unechte oder leonische Gold- und Silbergespinnste, auch bloß gelbes und weißes Gespinnst genannt. Statt der Seide wird hierzu Zwirn genommen.

Nr. 39. Unechte oder leonische Kettenschnur (falsche Kettenschnur).

Nr. 40 und 41. Gelbe und weiße leonische Rundschnur aus 2 Gespinnstfäden zusammengedreht.

Nr. 42 bis 44. Gedrehte matte Goldbouillons aus Golddraht.

Nr. 45 bis 47. Gedrehte matte Silberbouillons aus Silberdraht, wie die vorstehenden.

Nr. 48 bis 50. Gedrehte Glanzgoldbouillons aus Goldplätt, übrigens wie die matten gearbeitet.

Nr. 51 bis 53. Gedrehte Silberglanzbouillons aus Silberplätt, wie die vorstehenden.

Taf. III. Nr. 54 bis 57. Gedrehte Seidenbouillons auf Ports d'Epée für Unterofficiere. Diese Gattung Bouillons wird aus mit Seide übersponnenem Draht mit 6, 8 oder 10 Klöppeln im Hängen mit freyer Hand geklöppelt.

Nr. 88. Glattes Seiden-Gimpengespinnst oder Draht mit Seide, woraus die Seidenbouillons zusammengedreht werden.

Nr. 59 bis 63. Gefärbte seidene Gimpen, worunter die letzte gröber übersponnen ist. Sie dienen sämmtlich für Damen, zu Gimpenfranzen auf Kleider u. dgl.

Nr. 64 und 65. Überritzte unechte gedrehte Seidenbouillons fürs Militär.

Nr. 66. Unechter gedrehter Goldbouillon.

Nr. 67. Goldene Militär-Hutrose für Subaltern-Officiere.

Nr. 68 und 69. Epauletten-Röschen, eine Crepin-Handarbeit aus übersponnenen Gimpen.

Nr. 70 und 71. Goldgestickte Crepinarbeiten oder gestickte Röschen, zu allerley Gebrauche für den Adel und das Militär auf Kleidungen, Epauletten rc.

Nr. 72 und 73. Goldgespinnst-Franzen aus gewöhnlichem Goldgespinnste. Man macht dergleichen Franzen auch aus Franzenseide von 4½ S.

Nr. 74. Gekrauste Goldplaschfranzen, wie sie meistens nach Ungarn gehen, wo sie auf die ungrischen Hauben verwendet werden.

Nr. 75. Gedrehte Goldbouillonsfranzen mit gestickten Crepinarbeiten, auf ungrische Kleider, Pekesch rc.

Nr. 76 und 77. Seidene geklöppelte Roulettenschnüre zu Roulettenzügen, für Militär-Jäger rc.

Nr. 78 und 79. Zwirnene Roulettenschnüre, auf Rädern gedreht.

Nr. 80, 83 und 86. Goldgestickte Handknöpfe, d. i. bloß mit der Hand gearbeitet.

Nr. 81 und 82. Erhabene Goldgespinnst-Knöpfe.

Nr. 84 und 85. Silbergespinnst-Knöpfe derselben Arbeit.

Taf. IV. Nr. 87 bis 104. Seidene Handknöpfe in verschiedenen Farben, bloß genäht. Auf Mannsröcke rc.

Nr. 109 bis 115. Seidene Crepinfranzen oder Troddeln in verschiedenen Farben und Formen, mit hölzernen runden oder tropfenförmigen Knöpfen. Auf Draperien, Vorhänge, Möbel rc. Die daran befindlichen kleinen Borten sind Stuhlarbeit.

Taf. V. Nr. 116 und 117. Seidene Crepinfranzen derselben Art.

Nr. 118 und 119. Weiße baumwollene Borduren mit Franzen, auf Vorhänge.

Nr. 120 und 121. Gefärbte seidene Franzenborten, auf Kleidungen, Möbel rc.

Nr. 122. Weiße Garnfranzen aus Baumwolle auf Vorhänge rc.

Taf. VI. Nr. 123 und 124. Korallenbänder, zur Gimpenarbeit gehörig.

Nr. 125 bis 137. Gimpenborten in verschiedenen Formen und Farben. Alle sind von Seide, Nr. 136 ausgenommen, welche aus Baumwollgarn gemacht ist.

Nr. 138. Gimpenborte aus Goldgespinnst.

Alle diese Gimpenborten waren vor Kurzem noch ausschließend Handarbeit; jetzt werden sie auch auf dem Stuhle gemacht, wodurch die Abtheilung der Posamentirer-Handarbeiten sich an die Abtheilung der Posamentirer-Stuhlarbeiten anschließt.

VII. Abtheilung.

Die Posamentirer-Arbeiten auf dem Stuhle.

Wenn die vorhergehende Abtheilung der Posamentirer-Arbeiten aus freyer Hand sich auf eine geringe Anzahl von Fabricaten beschränken mußte: so sind dagegen die Posamentirer-Arbeiten auf dem Stuhle sowohl 1) rücksichtlich der Art des Fabricats, als 2) in Ansehung des verwendeten Materials, 3) der Erzeugungsart, und 4) nach der Art der Ausübung außerordentlich mannigfaltig.

1) In Betreff der Art des Fabricats umfassen die Posamentirer-Arbeiten auf dem Stuhle a) Gold- und Silberborten, b) Wagen- und Livreeborten, c) Gurten und Leitseile, d) wollene und seidene Militärsborten, e) Borduren und Tapezierer-Börtchen rc., f) Seiden-, Sammt-, Leinen-, Woll- und

Baumwollbänder aller Art, g) Wirthschafts- oder Stuhlspitzen, Franzen, Rollschnüre, Knöpfe, eingesetzte Arbeiten ꝛc. Man ersieht schon aus dieser Aufzählung der Hauptgattungen der Stuhlarbeiten, wie ausgedehnt das Gebieth des Posamentirers ist, und wird aus der unten folgenden Erklärung der Muster noch genauer den Umfang dieser bedeutenden Gewerbsbranche ermessen lernen. Daß nicht jeder Posamentirer alle hierher gehörigen Arbeiten verfertige, sondern sich vorzugsweise auf die eine oder die andere Gattung, oder auf mehrere zugleich beschränke, und daß es daher mehrere abgetheilte Branchen der Posamentirerey gebe, braucht nicht ausführlicher erwähnt zu werden.

2) In Ansehung des Materials findet zwischen den einzelnen Posamentirer-Arbeiten ein sehr erheblicher Unterschied Statt, indem ihre Verschiedenheit nicht bloß auf der Verfertigungsart, sondern hauptsächlich auch auf dem rohen Stoffe beruht, woraus dieselben erzeugt werden. Zu den Borten z. B. ist Gold- und Silberdraht, oder Gold- und Silberplasch nebst ungefärbter oder gefärbter Seide erforderlich, oder es wird statt des echten Materials unechter (leonischer) Gold- und Silberdraht, oder Lahn mit gefärbtem oder ungefärbtem Zwirn, auch mit Seide genommen. Die nöthigen Gold- und Silbergespinnste, und die zum Sticken erforderlichen Bonillons sind bereits in der VI. Abth. aufgeführt worden. Die Menge des hierzu verwendeten Gespinnstes gibt wieder einen Abtheilungsgrund der Borten in ganze und in halbe Borten. Die Wagen- und die Livreeborten werden aus Schafwollgarn, Leinenzwirn, Seide und Floretseide gemacht, doch so, daß der Zwirn vollkommen bedeckt ist; die Gurten und Leitseile aus Schafwollgarn, Leinenzwirn und Seide; die Militärsborten aus Wolle und Seide; die Borduren und Tapezierer-Börtchen aus Schafwolle, Baumwolle, Seide ꝛc. Die eigentlichen Bänder, welche das stärkste Fabricat dieser Abtheilung sind, werden insgemein schon nach dem Material benannt, welches zu ihrer Erzeugung verwendet wurde. Man hat daher ganzseidene, halbseidene, floretseidene und Frisoletbänder, wozu noch die Sammtbänder ganz aus Seide gehören; ferner Zwirn-

bänder, Schafwollbänder, halbwollene und Baumwollbänder. Die Spitzen, Franzen, eingesetzten Arbeiten, Rollschnüre und Knöpfe werden endlich aus Zwirn, Seide, Baumwolle, und die letzteren auch aus reichem Gespinnst verfertiget. Nähere Angaben sind im Verfolge dieser Abtheilung noch bey Gelegenheit der Schilderung einzelner Artikel mitgetheilt worden.

3) In Hinsicht auf die Verfertigungsart der Posamentirer-Arbeiten müssen vorzüglich die drey Hauptgattungen der hierbey üblichen Stühle angeführt werden, nahmentlich der gemeine Posamentirer- oder Handstuhl, der Schubstuhl und der Mühlstuhl.

Der gemeine Posamentirerstuhl, den man auch Handstuhl und Bortenwirkerstuhl nennt, ist ein viereckiges Gestelle, welches aus 3 Abtheilungen über einander besteht, und hinten noch ein viertes Gestell angehängt hat. Der ganze Stuhl ist etwa $7\frac{1}{2}$ Fuß hoch und $2\frac{1}{2}$ Fuß breit. Unten sind die Tritte, deren Anzahl sich bis auf 36 beläuft; in der Mitte der zweyten Abtheilung hängen die Hochkämme (Litzenkammeln), welche zu demselben Zwecke dienen, wie die Schäfte oder Flügel am Seitenweberstuhle. Diese Hochkämme bestehen aus 2 Stäben und vielen Zwirnschleifen; 2 solcher Schleifen bilden allemahl eine Litze. Die Anzahl der Hochkämme ist gemeiniglich 36. Der künstlichste Mechanismus des Stuhls liegt in dem hintersten Gestelle, wo die Wellen befindlich sind, durch welche die künstliche Arbeit der façonnirten Bänder und Borten hervorgebracht wird, indem daran die Schnüre gebunden sind, die man durch die Hochkämme zieht. Je künstlicher der Stuhl ist, desto mehr solcher Wellen hat er; je einfacher er ist, desto weniger. Oft steigt die Anzahl derselben auf 24. Endlich ist zum Handstuhle auch die Lade und das Rietblatt nothwendig, nur daß sie nicht so lang und so schwer zu seyn brauchen, wie zum Zeugweberstuhle. Der gemeine Handstuhl kann fast zu allen Arbeiten gebraucht werden; vorzüglich werden aber darauf die echten Gold- und Silberborten, die Wagen- und Livreeborten, und alle schweren Seidenbänder, zumahl die façonnirten mit größeren Desseins gewebt. Die Wagenborten haben meist Schafwolle und Seide zur Kette, und Zwirn zum Eintrage, und bey der Arbeit werden stets Nadeln eingelegt. Sollen darauf ganz glatte Arbeiten gemacht werden, so läßt man die Welle zurück. Das Weben der gemusterten Borten und Bänder geschieht nach einer Musterzeichnung. Der Posamentirer zeichnet sich nähmlich sein Muster auf eine Tafel, worauf die Fäden der Kette und des Einschages durch gerade Querlinien angezeigt sind. Diese Zeichnung trägt er dann vergrößert auf einen eben so linirten Bogen Papier über, der ihm nun das Muster oder die Patrone abgibt, nach der er den Stuhl einzurichten verstehen muß. Denn die Verschiedenheit der Borten und Bänder fordert mancherley Abänderungen in der Einrichtung desselben: es gibt Bänder mit einfachem oder mit Grosdetoursboden, mit Atlasboden, bloß façonnirte Bänder, schattirte Bänder, broschirte Bänder, Bänder mit Spiegeln, mit Öhrchen oder Zacken (Ösen); manche Bänder haben Stellen, die wie Dünntuch oder Crepp gewebt sind; andere Stellen sind Taffet- oder Atlasgrund, andere sind wieder gegittert oder gerippt u. dgl. Alle Veränderungen anzuführen, würde zu weitläufig seyn, auch ohne Abbildungen nicht die nöthige Deutlichkeit haben. Nur so viel kann bemerkt werden, daß zur Hervorbringung des Gitterwerks ein eben solcher Perlenkopf (ein Schaft mit Perlen) nothwendig ist, wie ihn der Gazemacher gebraucht, und daß die Zacken oder Öhrchen (Ösen) an den Kanten der Bänder durch Haarfäden, die aus mehreren Pferdehaaren zusammengedreht sind, gebildet werden. Eine besondere Art von Gold- und Silberborten sind die sogenannten Corellenbänder, welche einen spitzenartigen Grund und eingearbeitete Figuren, Blumen &c. haben. Sie kommen aber jetzt eben so wenig, als die mit Goldfäden flach eingearbeiteten Borten im Handel vor, sondern werden nur noch von angehenden Posamentirern als Meisterstücke verfertiget.

Die Schubstühle, worauf man vorzüglich die Sammtbänder macht, werden wie die gemeinen Posamentirerstühle, in so weit es das Auf- und Abwärtsziehen der Kettenfäden anbelangt, getreten, haben jedoch die Vorrichtung, daß darauf mehrere Bänder zugleich erzeugt werden können, indem mehrere Schützen, welche sich in der Lade befinden, mit der Hand hin und her geschoben werden. Für jede Schütze ist nach Maßgabe der Breite des Bandes die Bahn der Bewegung durch Stiften bestimmt. Der Arbeiter setzt alle Schützen zugleich in Gang, indem er die Lade, welche die Gestalt einer Holzlatte hat, mit den Händen an beyden Enden faßt und von der rechten Seite zur linken, und umgekehrt fortwährend bewegt (schiebt). Diese Stühle haben 2 bis 14 Läufe, so daß 2 bis 14 Bänder zugleich gewebt werden, und sind sowohl zu glatten, als zu gestreiften, musirten und Leisten-Sammtbändern brauchbar. Die Litzen (d. i. das Geschirr der Weber) nennt der Sammtbandmacher das Zeug, die Flügeln Kammeln (Hochkämme), den Knopf bey den Litzen Äugel (Auge). Das Aufbäumen (Scheren) geschieht mittels einer Welle (des Kettenbaumes), worauf die Kettenseide aufgewunden wird; bey manchen Bändern, wo gefärbte Seide in verschiedenen Desseins sich zeigt, sind 2 Kettenbäume erforderlich: der Stückbaum und der Spiegelbaum, welcher die gefärbte Seide zum Spiegel enthält. Die glatten und musirten Sammtbänder wurden sonst häufiger auf einfachen Schubstühlen gewebt, die figurirten fordern die Patrone und den Figurenstuhl. Viele Bandfabrikanten brauchen zu den Sammtbändern theilweise den Posamentirerstuhl. Zu den geöhrlten oder gezackten Sammtbändern gebraucht man den Öhrldraht, der immer herausgezogen wird, gleichsam die Kette am Ende darstellt, und wenn er herausgezogen ist, bloß den Eintrag (das Öhrchen) zurückläßt. Es gibt übrigens sowohl aufgeschnittene, als bloß ausgezogene oder nicht aufgeschnittene Sammtbänder, so wie andere, welche nur theilweise geschnitten werden. Eine andere Art von Schubstuhlmaschine, worauf zugleich 2 Stück Bänder verfertiget werden konnten, hatte im J. 1809 Günther in Wien erfunden, und J. 1819 brachte der Seidenzeugfabrikant Bernard in Wien einen Schubstuhl zu Stande, worauf mehrere façonnirte Bänder, auch mit den complicirtesten Desseins, auf einmahl gewebt werden konnten. In den letzteren Jahren ist man zum Theil wieder von den Schubstühlen abgegangen, und verfertiget besonders viele glatte Sammtbänder wieder auf Mühlstühlen, wie denn überhaupt jeder Seidenbandmacher auch die Sammtbänder fabriciren darf. Übrigens werden seit einiger Zeit in Wien auf Schubstühlen auch sogenannte Katheterschläuche, d. i. kleine hohle Röhrchen aus Seide über starkem Eisendrahte, den man wieder auszieht, gewebt, so wie man schon früher über dicken Stricken die hohlen Schnüre der Achselbänder aus herzförmigen Maschen geschlungen hat.

Mühlstühle oder Bandmühlen nennt man in der neueren Zeit erfundene Maschinenstühle, worauf mehrere Bänder von einerley oder mehreren Desseins zugleich gewebt werden können. Ein solches von Latten und Kreuzhölzern zusammengesetztes Gestelle ist gewöhnlich 5 Fuß lang, 4 Fuß breit, und rückwärts 6 Fuß hoch. Man hat dergleichen von 8 bis 36 und mehr Läufen oder Gängen, so daß zu gleicher Zeit 8 bis 36 Bänder gewebt werden. Dieß hängt hauptsächlich von der Breite der Bänder ab; denn zu breiten hat man nur 8 bis 10, zu halbbreiten 12, zu schmalen 16, 18, und zu ganz schmalen bis 36 und mehr Läufe. Was man bey den Webern Geschirr nennt, heißt man hier Schäfte; der Kamm, welcher bey den Mühlstühlen fest steht, und zur Absicht hat, daß die Fäden gleich laufen, wird Scheibblatt genannt. Die Anzahl der Schützen ist immer der Anzahl der Läufe oder der Bänder gleich. Alle Schützen stecken auf einer Stange, eine jede an ihrem Anschweife, und werden alle zugleich bald rechts, bald links durch den Mechanismus des Stuhles bewegt, welcher durch die Abtheilung der Kettenfäden das Aufrollen der gewebten Bänder bewirkt. Die Verrichtung, welche die Schützen bewegt, wird Würfel oder Schlag genannt. Man macht auf diesen Stühlen, die an einigen Orten durch Wasser oder durch Dampf, am häufigsten aber durch einen Arbeiter, der mittels einer vor sich befindlichen Stange die Kurbel in Bewegung setzt, getrieben werden, unechte oder leonische Borten, Seiden-, Sammt-, Leinen-, Schafwoll- und Baumwollbänder, sowohl glatt als façonnirt, Wirthschaftsspitzen, die man vor einigen Jahren noch auf Schubstühlen verfertigt hatte, Rundschnüre u. s. w. Bey den façonnirten Bändern wird der Dessein, wie bey den Seiden- und Halbseidenstoffen, an einer ober dem Stuhle hängenden Trommel mit hölzernen Absätzen aufgetragen, und wird, indem diese die Kettenfäden wechselsweise auf- und niederziehen, so in das Band eingewebt; bey den glatten Bändern bleiben diese Maschinen oder Walzen weg. Zu solchen Bändern, wo die Schützen in mehreren Farben gewechselt werden müssen, bedient man sich lieber der Hand-, als der Mühlstühle, daher die schönsten Bänder noch immer auf Handstühlen verfertiget werden. Indessen hat man jetzt auch Mühlstühle, welche mehrere Schützen in der Lade über einander haben, die verschiedenfarbige Spulen enthalten; die Lade geht auf- und abwärts, und diese Stühle dienen vorzüglich, um die quadrillirten Bänder zu machen. Die Mühlstühle sind nun bereits zwischen 50 und 60 Jahren in den österreichischen Staaten bekannt und zu ordinären, Mittel- und selbst zur feineren Waare allgemein im Gange. Es sind im Inlande auch mancherley Verbesserungen und Abänderungen in der Einrichtung dieser Stühle gemacht worden. Müller und Eisenmeyer erhielten schon im J. 1792 ein 5jähriges ausschließendes Privilegium auf ihre neu erfundenen Mühlstühle, welche aber nicht ausgeführt worden zu seyn scheinen. Im J. 1806 erhielt Bräunlich in Neustadt ein 10jähriges ausschließendes Privilegium auf seine Erfindung, Sammtbänder auf Mühlstühlen zu verfertigen. Im J. 1816 wurde den Bandfabrikanten Bernhard Neuffer und Carl Wreden ein 3jähriges Privilegium für ihre Bändererzeugung auf Mühlstühlen durch eine mechanische Vorrichtung der Wasserkraft mit dem Schützenregulator ertheilt, welches den 20. April 1818 auf 10 Jahre verlängert wurde. Vermöge dieser Vorrichtung mißt jeder Stuhl sich die zu seiner Bewegung nöthige Kraft selbst zu, dergestalt, daß auch diese aufhört, sobald er stille steht, und daß, wenn von 30 Maschinen oder Stühlen 29 auf einmahl stille stehen, doch der 30ste fortarbeitende keineswegs einer geschwinderen Bewegung unterliegt. Die zur Hemmung des Ganges nöthige Vorrichtung ist an jedem Stuhle angebracht; überdieß ist der Gang der Schützen so gleichförmig, daß wenige Kettenfäden reißen. Die Besitzer haben bereits alle Bandartikel auf diesen Stühlen versucht und sich vollkommen überzeugt, daß alle Gattungen, von der schmälsten bis zur breitesten, ohne Anstand auf diesen Mühlstühlen gearbeitet werden können. Besonders wichtig aber zeigte es sich bey schwerer Arbeit, daß auch ein schwacher Mann selbe übernehmen und unausgesetzt betreiben kann. Die erste Idee zu diesem Regulator gab Hr. Professor Joh. Arzberger am polytechnischen Institute in Wien, und die Ausführung geschah unter Mitwirkung des Hrn. Neuffer und des verstorbenen Compagnons Wreden. Eine der merkwürdigsten Vervollkommnungen dieser Art war die Einrichtung der Mühlstühle, worauf, wie oben bemerkt worden, Carl Friedr. Bräunlich in Neustadt im J. 1806 ein ausschließendes Privilegium auf 10 Jahre erhalten hatte. Auf diesem Maschin-Mühlstuhle konnten in jeder Abtheilung 2 Sammtbänder über einander, folglich statt 24 Bänder 48 zugleich gewebt werden; es wurden am Stuhle sogleich die oberen Maschen an beyden Geweben, mit einem durch den Mechanismus in Bewegung gesetzten Messer aufgeschnitten und dadurch der Flor an beyden Bändern gebildet. Es wurde dabey nicht bloß die doppelte Arbeit eines gewöhnlichen Mühlstuhles verrichtet, sondern auch beträchtlich an Zeit erspart, welche sonst das Einlegen und Ausziehen der Nadeln zum Aufschneiden des Sammts erfordert. Obschon aber die Benutzung dieser Stühle jetzt Jedermann freysteht, so werden sie wenig und selbst in der Bräunlichschen Fabrik nicht mehr gebraucht. — Nicht weniger wichtig ist diejenige Einrichtung der Mühlstühle, wodurch auf denselben die Modebänder von den complicirtesten Desseins gewebt werden können. Zu diesem Behufe erhalten die Mühlstühle, wie z. B. diejenigen, welche in der Breitznerschen Bandfabrik zu Wien in Betrieb stehen, oben keine Trommel oder Walze, sondern statt dieser eine sich rollenförmig bewegende, mit angeleimten Stäbchen, welche zum Heben der Platinen bestimmt sind, versehene Leinwand. Man kann damit Zeichnungen hervorbringen, wobey die Schütze tausendmahl durch die Kettenfäden geht, bevor die Figur geschlossen ist.

Weitere Zubereitung der Seidenbänder.

Nicht alle Posamentirer-Stuhlarbeiten erhalten nach dem Weben eine weitere Zurichtung, sondern die meisten sind, wenn sie vom Stuhle kommen, schon verkäufliche Waare und bedürfen bloß des ihrer Gattung zukommenden Packens oder Zusammenrollens in Stücke, Garnituren u. s. w. Seiden- und Sammtbänder jedoch müssen in vielen Fällen noch vor dem Verkaufe mehr oder weniger Zurichtung erhalten. Die Sammtbänder, welche einen rauchen Flor erhalten sollen, müssen nähmlich auf eben die Art, wie es beym Sammt geschieht, aufgeschnitten werden, wozu man sich hier meist nur eines gewöhnlichen Rasirmessers schon während des Webens bedient. Manche Bänder werden nur zum Theil aufgeschnitten. So haben z. B. die musirten Sammtbänder aufgeschnittenen Boden und unaufgeschnittene Desseins oder umgekehrt aufgeschnittene Desseins im unaufgeschnittenen Boden. Hierbey werden die Figuren auf dem Stuhle bloß aus freyer Hand über den Nadeln geschnitten. Andere Sammtbänder pflegt man mit hölzernen oder metallenen Modeln zu pressen, um ihnen dadurch ein figurirtes Ansehen zu geben. Dieß geschieht auch häufig bey Taffet- und Grosdetours-Bändern, welche durch eine hölzerne und eine gravirte messingene Walze gelassen werden. Eine sehr gewöhnliche Zurichtung der seidenen, besonders der schlechteren Atlasbänder, ist das Gummiren oder Steifen, indem sie auf der unteren Seite mit Tragantschleim überstrichen und über Kohlenfeuer schnell getrocknet werden; noch gewöhnlicher ist bey Grosdetours- und Grosdenaples-Bändern, dann bey den sogenannten Moir- und Ordensbändern das Moiriren oder Wässern, wozu man sich nicht, wie zu den Seidenzeugen, der großen Mange, sondern kleinerer Pressen oder Cylindermaschinen bedient. Das Wesentliche der Arbeit ist jedoch ganz gleich. Vor einiger Zeit sind auch Bänder mit Farben und Gold gemahlt worden.

4) Nach der Art der Ausübung können die Arbeiter, welche sich mit der Verfertigung der Posamentirer-Stuhlarbeiten beschäftigen, in zünftige, auf Befugnisse beschränkte und in ganz freye unterschieden werden. Zunftmäßig ist die Verfertigung der echten Gold- und Silberborten und der Bänder, in so weit man sich zu letzteren der gewöhnlichen Handstühle bedient; auf einfache Befugnisse beschränkt ist die Verfertigung der unechten Gold- und Silberborten; gänzlich frey ist alles, was auf Mühl- und Schubstühlen gemacht wird. Für die zünftigen Posamentirermeister und Gesellen bestehen im Lande un-

ter der Ens noch die Wiener Artikel vom 15. July 1773, so wie die Qualitäten Ordnung vom 12. Dec. 1754, und die Handwerks Privilegien vom 20. Aug. 1717. Diesen Anordnungen zu Folge dauert bey den Posamentirern die Lehrzeit 5, und wenn der Lehrling auch Kleidung von seinem Meister erhält, 6 Jahre; jeder Geselle, der Meister werden will, muß 4 Jahre gewandert und 2 Jahre bey einem oder zwey Meistern in Arbeit gestanden haben. Seine Meisterstücke bestehen in einem durchsichtigen Stück von gutem Gold und Silber mit rother Seide vermengt, und mit gedrehten goldenen Franzen; in einem hohl gearbeiteten Stück von Seide mit Preß und gewürfeltem Sammt, auf der andern Seite aber glatter Sammt unaufgeschnitten, auf beyden Seiten mit überlaufenem Atlas; in einer hohlsammtenen Borte, auf der rechten Seite mit den geschnittenen Buchstaben: „Gott allein die Ehre" u. s. w. Übrigens sind die Meisterstücke nach der Gattung des Arbeitszweiges verschieden. Nach der Qualitäten-Ordnung sollen, obschon die Mode auch hier manche Abweichungen hervorbringen mußte, alle Borten in der Arbeit gleich gut geschlagen, und sowohl bey den Plasch-, als bey den façonnirten Gespinnstborten die Blumen oder Figuren mit Strich- oder zweyschüssigen Fädchen, nach Zulassung oder Beschaffenheit der Desseins, verbunden werden; bey allen goldenen und silbernen Treß- und musirten überlegten Borten wurde der grobe Glanz völlig abgestellt, und statt dessen sollen gedrehte Schnürchen, wie auch die Überleg-Fränzchen von gedrehten, mit zwey Schützen verfertigten Schnürchen überlegt werden; bey den Plaschborten aber wurde nebst dem Gebrauche der gedrehten Fränzchen das Einweben des Glanzes nicht anders erlaubt, als wenn selber mit einem feinen Gespinnstfaden überritzt worden; bey den halben Borten ward sowohl der steife, als schlappe Grund abgestellt, und es sollten derley Halbborten nur mit einem Figuren-Pisengrund, einfach von 3 und 4 S-Spinnseide, je nachdem der Dessein es erheischt, angeschweift werden; überhaupt wurde aber der Gebrauch aller gewichsten und gedrehten, oder fälschlich zugerichteten Seide, besonders der Floretseide und des Zwirns, wie auch des leinenen Garns, gänzlich verbothen.

Wie sehr die Freyheit vom Zunftzwange bey jenen Zweigen der Posamentirerey, wo er vormahls Statt fand, zumahl bey der Bandfabrication, auf die Verbreitung und Vervollkommnung derselben gewirkt habe, wird aus dem, was im Folgenden über den Zustand der Posamentirer Waarenfabrication im Inlande gesagt ist, erhellen, und dieses günstige Resultat, wo der Versuch im Großen die Richtigkeit der Theorie erwiesen hat, könnte am ersten die Staatsverwaltung bestimmen, ähnliche, zur Emporbringung der Gewerbe überhaupt dienende Verfügungen auch bey anderen Zweigen der Industrie anzuwenden.

Zustand der Posamentirerey in den österreichischen Staaten.

Um den Zustand dieser Gewerbsbranche, welche in mehrere Unterabtheilungen zerfällt, vollständig und richtig darzustellen, scheint es am vortheilhaftesten zu seyn, jede einzelne Abtheilung für sich vorzunehmen.

Die Fabrication der echten Gold- und Silberborten ist in Wien am weitesten gekommen. Es bestehen in dieser Hauptstadt gegenwärtig über 400 Posamentirermeister, welche in Gold und Seide arbeiten; außer Wien gibt es nur wenige Posamentirer, und diese betreiben ihr Gewerbe nicht in der Ausdehnung und Vollkommenheit, wie die Wiener Posamentirer. Die Fabrik des Hrn. Franz von Partenau, die sowohl Gold- und Silberdraht, als Bortengespinnste, Borten, Trepin- und Knopfwaaren verfertiget, ist hier die vorzüglichste; sie besteht seit dem J. 1804, und hatte in besseren Zeiten bis 170 Arbeiter und 34 Stühle, wovon im J. 1820 noch 16 im Betriebe standen. Die Fabrik hat sich das vorzügliche Verdienst erworben, die inländischen Arbeiten sehr gehoben und die Einfuhr ausländischer Artikel um vieles beschränkt zu haben. Außer ihr betreiben Ant. Kautsch's Witwe (nun Anton Pilsack), dann Nebodi, Jos. Marschall, Niklas Veit, Jos. Mayer, Jos. Perl's Witwe, Jacob Tapfer u. a. m. noch das Geschäft im Großen. Viele Posamentirer, die mehr im Kleinen arbeiten, kaufen den Draht und lassen von anderen spinnen. — In Arbeiten dieser Art sind durch längere Zeit Berlin, Zerbst, Lyon und

Bb 2

Moskau berühmt gewesen, und in der neueren Zeit ist auch Wien hinzugekommen. Als die Moskauer Gespinnstfabrik abbrannte, hatten die Wiener Posamentirer viel zu thun, obgleich die russische Vergoldung besser seyn soll, als die Wiener zu 3 und 5 Ducaten. (Vergl. d. Unterabth. Gold- und Silberdraht, wo auch die Ursache angegeben ist, warum diese Artikel nicht so leicht mit den ausländischen in Concurrenz treten können.) — In unechten oder leonischen Arbeiten ist die Fabrik der HH. Cornides und Steininger in Mannersdorf am Leythagebirge die erste; nebst ihr verdient noch Strobel in Wien mit Auszeichnung genannt zu werden. Die erstere Fabrik wurde im J. 1752 in Wien von dem ehemahligen Handlungshause Schwarzleithner und Comp. gegründet, im J. 1786 aber durch eine besondere Begünstigung Josephs des II. nach Mannersdorf auf der k. k. Familienherrschaft Scharfenegg versetzt, wo ihr das eingegangene herrschaftliche Badhaus angewiesen wurde. Im J. 1799 ward sie vom Großhandlungshause Cornides und Steininger übernommen, unter dessen Leitung sie sehr an Vervollkommnung und Ausdehnung gewann. Außer den wichtigen Verbesserungen beym Drahtzuge haben die Besitzer auch eine neue Bortenerzeugung auf 5 Maschinstühlen angelegt, welche, von fünf Personen getrieben, so viele Gänge erzeugen, als sonst nur 136 Personen liefern konnten. Diese Fabriken wurden von der Staatsverwaltung immer sehr berücksichtiget, da sie die fertige Waare fünf- bis sechsmahl theurer verkaufen, als der Urstoff zu stehen kommt, da sie vielen Leuten Arbeit geben, den meisten Absatz in die türkischen Provinzen hatten und Abnehmer des Staates waren. In der letzteren Zeit, wo im Inlande die unechte Flitterwaare fast ganz aus der Mode gekommen ist, und der ausländische Absatz durch die Nürnberger Fabriken viel gelitten hat, sind die inländischen Fabriken fast auf ein Drittel ihrer vormahligen Erzeugung zurückgesetzt worden. Gegenwärtig werden die hiesigen Arbeiten fast nur noch an die Theater, Säle, und an eine geringe Anzahl Bauern abgesetzt. Die ausländischen Waaren dieser Art von Lyon, Nürnberg und Berlin finden noch immer Beyfall, und scheinen dem Absatze der inländischen im Auslande Eintrag zu thun.

In Wagen- und Livreeborten behauptet Wien ebenfalls den Vorzug vor allen übrigen Städten der österreichischen Monarchie. Franz Brotzka, welcher 12 Stühle betreibt, Franz Heller, Lechner, Barthol. Moschigg, Joh. Blasius, Apeller und Simon Weinmann sind hier die ersten Arbeiter in diesem Zweige, und liefern alle Gattungen Borten von der ordinärsten bis zur feinsten Gattung.

Gurten und Leitseile, wollene und seidene Militärsborten, Borduren für Tapezierer u. dgl. werden von den meisten Posamentirern, am vorzüglichsten wieder in Wien, verfertiget; in Militär-Arbeiten sind Georg Kinesperger und Barthol. Schwarzinger in Wien ohne Zweifel die Ersten; in Tapezierer-Arbeiten, Franzen, Quasten, Schnüren und Bändern Math. Kalteis, Joh. Oberthaner und Ant. Zach.

Die Seidenband-Fabrication macht einen eigenen, sehr bedeutenden Zweig der Posamentirerey aus, der abermahls im Lande unter der Ens, und zumahl in Wien, am stärksten betrieben wird. Es gibt hier mehrere größere priv. Seiden- und Floretbandfabriken nebst vielen befugten Fabrikanten und Bandmachern, die alle zusammen, was die Gattung der Arbeit anbelangt, unter die Hauptabtheilung der Posamentirer gehören. Eine wahre, bestimmte Gränzlinie in Gewerbsbeziehung besteht nicht zwischen den Posamentirern im engern Sinne und den Bandmachern; nur dürfen die letzteren nicht zugleich Borten wirken, und sich keiner eigentlichen Posamentirer-Handstühle bedienen. Eine der angesehensten und ältesten Bandfabriken der Monarchie in currenten Artikeln ist die zu Penzing nächst Wien bestehende k. k. erbl. privil. Schweizer Bandfabrik von des sel. Hrn. Thaddäus Berger Söhnen. Diese Fabrik wurde im J. 1764 von einem Schweizer Nahmens Kännel, unter dem Schutze und mit Unterstützung der Kaiserinn Maria Theresia gegründet. Da jedoch damahls das Prohibitiv-System noch nicht angenommen war, so drohte ihr nach einigen Jahren schon die gänzliche Auflösung, weßhalb gegen Ende des J. 1769 Hr. Franz Michael Weigl in Gesellschaft mit seinem Neffen Hrn. Franz Anton Edlen von Weigl unter der Firma Weigl und Comp. von dem Hofe zur Übernahme aufgefordert wurde. Nach dem

Tode des Ersteren und dem Austritte des Letzteren im J. 1776 übernahm die Fabrik Hr. Thaddäus Berger, durch dessen ausharrende Thätigkeit und fortwährendes Streben nach möglichster Vollkommenheit der Fabricate, dieselbe zu einer solchen Ausdehnung gedieh, daß sie im J. 1793 schon 171 Stühle mit 684 Menschen betrieb. In Gesellschaft seiner Söhne und seines Stiefsohnes Joseph Weigl, die er nach und nach interessirte, führte er sie bis zum J. 1807 fort, wo er mit Tode abging. Von dieser Zeit an, wo sie aus 76 Mühlstühlen mit einem Arbeitspersonale von 305 Köpfen bestand, wurde sie von seinen Söhnen Thaddäus Edlen v. Berger, Jos. Weigl und Fr. Berger übernommen und fortgetrieben. Aller Thätigkeit ungeachtet mußte der eingetretenen politischen Verhältnisse und deren Folgen wegen die Zahl der arbeitenden Stühle vermindert werden. Die Eigenthümer sind aber noch immer in unverändertem Besitze aller erforderlichen Werkzeuge und Localitäten, um bey dem ersten günstigen Anlasse der Fabrik wieder die vorige Ausdehnung zu verschaffen. Sie war die erste im Inlande, welche sowohl halb- (d. i. floret-), als ganzseidene Bänder nach Schweizer Art auf Mühlstühlen verfertigte, und nach vielen kostspieligen Versuchen auch die Fabrication façonnirter Bänder auf die Mühlstühle übertrug. Sie kann als die Mutter aller größeren und kleineren Etablissements dieser Art, die nach der Hand entstanden sind, betrachtet werden, und behauptet rücksichtlich der Qualität und des unverkürzten Ellenmaßes ihrer Erzeugnisse noch immer einen vorzüglichen Rang. Überdieß errichtete sie im J. 1788 zur Erzeugung der Floretbänder eine Floretspinnerey, von welcher aus die öffentlichen Versorgungshäuser mit Arbeit verlegt, und im Ganzen 200 Menschen beschäftiget wurden. Sie zog jedoch im J. 1808 die Spinnerey wieder ein, da der Spinnlohn im Lande zu hoch gegen das Ausland stieg, um die Concurrenz mit dem fremden Floretgarne halten zu können. Die gegenwärtigen Besitzer der Fabrik sind zugleich auch Interessenten und Directoren der Pottendorfer Baumwollgarn-Spinnfabrik. — Die zweyte bedeutende Fabrik in currenten Artikeln ist die des Hrn. Bernhard Neuffer in Wien mit 40 Mühlstühlen, womit auch die demselben Besitzer gehörige, im J. 1816 errichtete Bandfabrik in der Grünmühle zu Traiskirchen verbunden ist, in welcher die Maschinen-Mühlstühle durch Wasser betrieben werden. Die zu Traiskirchen aufgestellten Stühle, 40 an der Zahl, sind von den übrigen Bandmühlstühlen nicht wesentlich verschieden, nur viel länger, so daß mehrere davon 42, 44 bis 46 Läufe zählen, und doch eine Breite-Eintheilung in Bezug auf die Spulen haben. Auf jedem dieser Stühle können von den ordinären Gallet- oder Floret-Seidenbändern wöchentlich über 11,000, also in einem Tage bey 2000 Ellen erzeugt werden. Ein Wasserrad, vor welchem der sogenannte Regulator sich befindet, treibt alle Stühle, die Seidenwindmaschinen und selbst die Appretur-Cylinder. — Ferner zeichnen sich unter den Wiener Bandfabrikanten in currenten Artikeln vorzüglich aus: Emerich Breitzner, der über 100 Stühle beschäftiget und besonders schöne Grundfigur- oder sogenannte Bauerbänder liefert; Anton Dietz, Leopold Englisch, der sich ebenfalls in façonnirten Bauerbändern auszeichnet, Stephan Götz, Lorenz Aumüller, Joh. Friedr. Stetter, Jos. Göbl und Sebast. Rauscher; ferner in Mode-Artikeln: Ignaz Adolph, Carl Möring, Simon Zmuditschz, Math. Joh. Nepallek, Thomas Bischof, der ein Alleinrecht zur Benutzung des von ihm erfundenen Maschinstuhls besitzt, worauf 4 Stück breite seidene Bänder oder Binden zugleich gewebt werden können, Joh. Benz, Joh. Enzinger, Thom. Garstett und Sohn, Franz Praller und Sohn, Jacob Harpke u. a. m. Man kann mit Gewißheit annehmen, daß im J. 1813 noch 1500 Maschinstühle in Wien in Betrieb waren; durch die veränderten Zeitverhältnisse ist ihre Anzahl bis 1818 auf 600 herabgekommen. Gegenwärtig scheint der Gewerbsbetrieb wieder im Steigen zu seyn, da man allein inner den Linien Wiens die Zahl der Bandmacher auf 160, der Gesellen auf 700, der Jungen auf 350, und der Weibspersonen auf 350 annimmt. Nimmt man für jeden Bandmacher 6 Stühle überhaupt an, so wären 960 Stühle vorhanden gewesen; jeder Stuhl zu 12 Läufen gerechnet, gibt die Gesammtzahl von 11,520 Läufen, welche im J. 1820 in Wien wirklich in Betrieb standen. — Von den früher bestandenen Unternehmern dieser Art können Zouba, hernach Rötzer in Stockerau, Gundian, Sanguin, Aumüller, der an 100 Stühle betrieben hatte, Bauer, Pfeifer, Bairle, Dragedorf, Isellin in Medling, Thadd. Schack, der 40 Stühle besaß, vor anderen genannt werden.

In den Provinzen gibt es mehrere und zum Theil nicht unbedeutende Seidenbandfabriken, z. B. im lombardisch-venetianischen Königreiche, zumahl in Padua, das wegen seiner schönen glatten Bänder bekannt ist; in Mailand, wo Andreas Bernay eine bedeutende Seidenbandfabrik besitzt und viele Gattungen feiner Modebänder verfertiget; in Prag u. s. w.; allein ihre Erzeugnisse stehen im Allgemeinen den Bändern aus dem Lande unter der Ens sowohl an Schönheit, als an Gute weit nach. In Tyrol werden in mehreren Städten, z. B. in Innsbruck, Trient, Roveredo, Botzen rc. Seidenbänder verfertiget, doch kommen die feineren und geschmackvolleren aus anderen Ländern. Selbst in der slavonischen Militär-Gränze sind auf dem gemeinen Webestuhle sehr schöne und starke seidene Ordensbänder gewebt worden.

Die Fabrication der Sammtbänder ist gleichfalls im Lande unter der Ens am stärksten und vollkommensten, und zwar in Wiener Neustadt und Wien. Schon früher bestanden mit Ärarial-Unterstützung in Wien die Sammtbandfabrikanten Köring und Klein; nachdem aber in den Jahren 1784 bis 1790 durch die Einwanderung der HH. Andrä und Carl Friedr. Bräunlich in Neustadt die Sammt-, Roll- und Pfundgallonen-Fabrication auf Schubstühlen eingeführt wurde, und Bräunlich viele Begünstigungen, worunter die zollfreye Einfuhr eines bedeutenden Quantums von Sammtbändern und Rollgallonen, die vortheilhafte Überlassung eines Klostergebäudes rc., vom Staate erhalten hatte, so waren jene genöthiget, ihre Werke ganz einzustellen. Die Fabrik des Hrn. Carl Friedr. Bräunlich, die im J. 1784 in Gesellschaft mit Hrn. Andrä errichtet worden und seit 1799 von Bräunlich allein betrieben wird, ist noch jetzt die bedeutendste und vollkommenste im ganzen österr. Kaiserstaate. Sie verfertiget sowohl Sammtbänder, als Rollgallonen, und beschäftiget damit bey 100 Mühlstühle, die dort gegenwärtig an der Stelle der privilegirt gewesenen, oben bemerkten Stühle zu doppelten Bändern auf einem Laufe gebraucht werden. Auch die

Gebr. Mohr haben zu Wiener Neustadt eine bedeutende Sammtbandfabrik. In façonnirten Sammtbändern nach Niederländer oder Crevelder Art zeichnet sich Leonhard Schlecht in Wien vorzüglich aus, und von den übrigen Sammtbandfabrikanten der Hauptstadt verdienen noch Hermann Götges, Franz Spiegel, Joh. Berger und Georg Och mit Auszeichnung genannt zu werden. Die meisten dieser Fabrikanten arbeiten auf Schubstühlen von 2 bis 14 Läufen, gegenwärtig jedoch auch glatte Waare auf Mühlstühlen. In den Provinzen wird von Sammtbändern sehr wenig verfertiget, und fast einzig bloß im lombardisch-venetianischen Königreiche, wo Venedig, Padua, Mailand u. a. Städte Sammtbänder liefern. Die Wiener Bänder behalten unstreitig den Vorzug; während sie vormahls dicker und höher gemacht wurden, sind sie jetzt schöner und leichter, und die façonnirten mit Figuren in mannigfaltigen Farben insbesondere sind noch besser, als die ausländischen von Creveld, Cöln, Elberfeld, Iserlohn, Eschweiler u. s. w. Indessen kommen noch immer viele Gesellen aus diesen Gegenden in die Wiener Sammtbandfabriken.

Die Leinen- und Schafwollbänder sind weniger der Arbeit wegen, als vielmehr wegen ihres starken Verbrauches und ihrer bedeutenden Anfertigung merkwürdig. Man macht sie beynahe in allen Provinzen, da sie überall zu den nöthigsten Bedürfnissen gehören. Eine derjenigen Gegenden, wo die Leinenbandweberey am stärksten betrieben wird, ist die Gegend von Groß-Siegharts im Lande unter der Ens, welche wegen dieses eigenthümlichen Nahrungszweiges unter dem Nahmen des Bandkrämer-Ländchens bekannt ist. Auch mehrere Gebirgsbewohner in anderen Gegenden des Kreises ober dem Mannhartsberge verlegen sich auf diesen Arbeitszweig. Man arbeitet überall auf sehr einfachen Mühlstühlen von 12, 16 bis einigen 20 Läufen oder Gängen, und verfertiget zweyerley Gattungen Bänder: gemeine und feinere; außerdem Languetten und die breiteren und stärkeren Wollbänder aus Harrasgarn. Nur die gemeinen Bänder werden noch von manchem Bauer erzeugt, für die übrigen bestehen größere Unternehmungen oder Fabriken. Die gemeine Banderzeugung ist sehr stark in Groß-Siegharts und der nächsten Umgebung mit wenigstens 300 Mühlstühlen, dann zu Dietmanns, Allendsteig und Zwettel, ebenfalls mit mehreren hundert Mühlstühlen. Unter die größeren Unternehmungen, wo meist feinere oder geköperte Niederländer Bänder rc. gemacht werden, gehört die Fabrik der Gebrüder Wührer zu Rosenau nächst Zwettel, welche noch vor einigen Jahren 23, im J. 1818 18 Mühlstühle, meist von 10 und 2 Läufen beschäftigte. Eine ähnliche Bandfabrik ist vor Kurzem auch zu Neustift von einem Sohne Wührers errichtet worden. In Böhmen verdient die den Praschillschen Erben gehörige Bandfabrik zu Tauß wegen der Güte und Mannigfaltigkeit ihrer Bandwaaren genannt zu werden. Nicht unerheblich ist auch die Verfertigung der Leinen- und Schafwollbänder in der Militär-Gränze, wo sich meistens die Weiber damit beschäftigen. Ein Hauptartikel, der dort verfertiget wird, sind die bortenähnlichen Gürtelbänder oder Binden, welche auf dem gemeinen Webestuhle, aber ohne Kamm und Schiffchen gearbeitet werden, indem man den Einschlag von einem Knäuel aus der Hand durchzieht, und statt des Kamms mit dem Brecheleisen fest schlägt.

Die Fabrication der baumwollenen Bänder, sowohl der einfarbigen, als gestreiften, ist im Ganzen von wenig Bedeutung. Einer der besseren Arbeiter in diesem Zweige ist Sebastian Erdinger in Baden nächst Wien, welcher diesen Fabricationszweig seit 1813 betreibt und gegenwärtig 4 Mühlstühle von 12 bis 40 Läufen im Gange hält, worauf täglich an 1000 Ellen Bänder gewebt werden.

Die Wirthschaftsspitzen, Franzen, Rollschnüre u. s. w. werden endlich noch in vielen Provinzen theils zum Verkaufe, theils zum eigenen Gebrauche auf dem Stuhle gearbeitet. Ehemahls kamen die Wirthschaftsspitzen größten Theils aus Holland; jetzt werden sie von Listopadt in Wien und von Müller in Klosterneuburg, der sein Fabriksbefugniß schon seit dem J. 1788 besitzt, von ausgezeichneter Güte aus Rumburger Zwirn und aus Seide verfertiget. Seidene Spitzen wurden im J. 1811 auch von Math. Weiß in Wien auf Mühlstühlen gearbeitet, wie es denn noch mehrere Fabrikanten in diesem Artikel gibt. In den Jahren vor dem Verluste Illyriens waren in Wien wenigstens 60 Mühl-, 200 Schub- und 400 Posamentirerstühle, worauf bloß Wirthschaftsspitzen gemacht wurden. In der sogenannten eingesetzten Arbeit sind in Wien Stephan Leschcinsky und Leopold Kramer die vorzüglichsten.

Der Handel mit den Posamentirer-Stuhlarbeiten ist nach Beschaffenheit der einzelnen Artikel ungemein verschieden, und erstreckt sich selbst bis ins Ausland. Außer Gold- und Silbergespinnsten gehen von Wien aus viele echte und unechte Borten aller Art, vorzüglich Bandborten und Bouillons durch Griechen und türkische Juden in die Levante, so wie nach den meisten Provinzen des österreichischen Staates, zumahl nach Mähren und Ungarn. Livreeborten werden in Wien selbst in großer Menge verbraucht. Außer den Posamentirern dürfen hier auch die Hutstepper, nicht aber die Kaufleute mit Borten handeln; die leonischen werden von den Nürnberger Händlern verkauft. Wagenborten, so wie wollene und seidene Livreeborten verbraucht Wien in bedeutender Quantität, außerdem werden von hier aus viele in die Provinzen, zumahl in die größeren Städte verschickt. In den Militär-Gränzen machen die Weiber selbst die für den Haushalt und zur Kleidung nöthigen Borten aus Schafwolle, zum Theil sehr schön und vorzüglich dauerhaft; für den Handel aber arbeiten sie nicht. Gurten, Leitseile, Militärsborten und Tapezierer-Borten sind zu unbedeutende Gegenstände, als daß Wien damit einen erheblichen Handel betreiben könnte; doch werden die schönsten Artikel dieser Art gemeiniglich von Wien bezogen. Bedeutender ist der Handel mit Seidenbändern, und war es vor mehreren Jahren noch in höherem Grade. Wien versorgt gegenwärtig den größten Theil des österreichischen Staates mit glatten und façonnirten, mit Mode- und Bauerbändern, das lombardisch-venetianische Königreich ausgenommen, welches seinen Bedarf selbst hervorbringt. Vor einigen Jahren sind Wiener Seidenbänder auch auf den Leipziger Messen verkauft worden. Eben so gehen die Wiener und Neustädter Sammtbänder durch die ganze Monarchie, und durch Bräunlich auch in das lombardisch-venetianische Königreich. Leinen- und Schafwollbänder sind gleichfalls ein bedeutender Handelsartikel für das Land unter der Ens. Schon der Kleinverschleiß durch die wandernden Bandkrämer aus dem Kreise ober dem Mannhartsberge, der sich bis Wien und noch weiter erstreckt, noch mehr aber die Versendungen in die Provinzen nähren viele hundert Arbeiter. Die Wührersche Fabrik zu Rosenau setzt ihre blauen und weißen Niederländer Bänder vorzüglich im Erzherzogthume, die grünen wollenen Hosenträgerbänder größten Theils nach Tyrol, Steyermark, Kärnten und Illyrien, die sogenannten Katunbänder aus Schafwolle zum Theil nach Böhmen, sehr stark aber nach Galizien, die Languetten nach Österreich und Salzburg, die Strumpfbänder nach Österreich und Salzburg, Kärnten, Krain, Steyermark, Ungarn und Galizien ab. Nur die ganz ordinäre Waare, wie sie in und um Groß-Sieghart erzeugt wird, scheint etwas in Mißcredit gekommen zu seyn, indem Einige, durch eine betrügerische Speculation geleitet, anfingen, die Käufer durch schlechtere Qualität und Verkürzung des Ellenmaßes zu bevortheilen. — Die Wirthschaftsspitzen gehen von Wien aus vorzüglich nach Krain, Ungarn u. s. w.

Die Zollgebühren sind für alle in dieser Abtheilung beschriebenen Gegenstände noch nicht in den neuen Zolltariffen festgesetzt, und einige davon erwarten noch die nähere Bestimmung. Die leinenen Bänder, die Languetten und Zwirngallonen ohne Unterschied, bezahlen nach dem Tariffe vom J. 1818 vom Pf. Sporco mit Einschluß des Papieres, der Rollen und Bretchen bey der Ausf. $\frac{1}{4}$ kr. C. M.; die Einf. vom Auslande ist nur gegen Entrichtung von 2 fl. 30 kr., aus Ungarn gegen Entrichtung von 25 kr. C. M. gestattet. Wollene Bänder und Binden dürfen vom Auslande nicht eingeführt werden, und zahlen bey der Ausf. ins Ausland oder nach Ungarn $\frac{1}{2}$ kr., bey der Einf. aus Ungarn 24 kr. C. M. vom Pfund.

Die Preise der Posamentirer-Stuhlarbeiten sind nach Beschaffenheit der Artikel sehr verschieden. Die echten Goldborten werden nach dem Wiener Loth verkauft, das Loth zu 1 fl. 18 kr., 2 fl. 18 kr., und wenn sie gestickt sind, bis 3 fl. 30 kr. C. M. Bey den unechten Borten kommt das Gold wohlfeiler zu stehen, als das unechte Silber. Im August 1820 kam von den ganz ordinären leonischen Goldborten das Pfund zu 20 bis 22 Loth in Wien auf 5 fl. 30 kr. W. W., von den besseren das Pf. zu 26 Loth auf 11 bis 12 fl. W. W., von den ordinären Silberborten auf 6 fl., von den besseren auf 12 fl. W. W. Wagen- und Livreeborten kamen pr. Elle auf 6 bis 54 kr., auch bis 3 fl. W. W., gewöhnliche Tapeziererborten auf 12 bis 36 kr. seidene Hosenträgerbänder auf 1 bis 2 fl. pr. Elle. Von den schönsten Modebändern kam die Elle im Durchschnitte auf 48 kr. C. M., von façonnirten Bändern die Garnitur auf 9 bis 12 fl. und von den schwersten auf 15 bis 16 fl. C. M. Die Seidenbänder der Penzinger Fabrik standen im Sommer 1820 zu folgenden Preisen: Frisoletbänder kosteten das Stück zu 40 Ellen 39 kr. C. M., Zwilchbänder zu 40 Ellen 36 kr. bis 1 fl. 50 kr., Hahnenkämme zu 40 Ellen 1 fl. 12 kr., Fortbänder zu 39 bis 43 Ellen 51 kr. bis 1 fl. 52 kr., Grosdetours-Gallonen zu 35 Ellen 54 kr. bis 1 fl. 1 kr., Lisier-Callonen zu 35 Ellen 1 fl. bis 1 fl. 14 kr., Paßfins zu 44 Ellen 54 kr. bis 2 fl. 45 kr., mittelfeine Renforcés zu 30½ bis 37½ Ellen 42 kr. bis 2 fl. 18 kr., schwere Renforcés zu 87 Ellen 1 fl. 46 kr. bis 12 fl. 10 kr., Fins-Doubles zu 34 Ellen 1 fl. 6 kr., ordinäre Moirés zu 17 Ellen 43 kr. bis 4 fl. 24 kr., ordinäre gaufrirte oder gepreßte Moirés zu 17 Ellen 36 kr. bis 1 fl. 49 kr., Franz-Moirés zu 18 Ellen 1 fl. 32 kr. bis 2 fl. 51 kr., Gürtelbänder zu 18 Ellen 10 fl. 48 kr., Kanonenbänder zu 18 Ellen 3 fl., Noir Doubles zu 35 Ellen 37 kr. bis 1 fl. 15 kr., Noir Doubles à Luisant zu 35 Ellen 51 kr. bis 6 fl. 39 kr., Franz-Doubles zu 35 Ellen 1 fl. 54 kr. bis 2 fl. 51 kr., Grosgrains à Luisant zu 18 Ellen 38 kr. bis 1 fl. 46 kr., Figurbänder zu 18 Ellen 1 fl. 36 kr., Adlerbänder zu 18 Ellen 1 fl. 42 kr. bis 1 fl. 54 kr., Grosdetoursbänder zu 18 Ellen 1 fl. 14 kr. bis 4 fl. 17 kr., façonnirte Grosdetoursbänder zu 18 Ellen 1 fl. 18 kr. bis 4 fl., Atlasbänder zu 18 Ellen 43 kr. bis 2 fl. 42 kr., Atlasbänder mit Zacken zu 18 Ellen 42 kr. bis 3 fl. 52 kr., façonnirte Atlasbänder (Bauerbänder) zu 18 Ellen 1 fl. 10 kr. bis 5 fl. 30 kr., durchaus in C. M. — Von den glatten Sammtbändern des Hrn. Bräunlich in Neustadt kostete im April 1820 das Stück zu 40 Ellen von Nr. 00: 2 fl. 46 kr., und von der höchsten Nr. 200: 42 fl. W. W.; die halbmusirten sind um 1, die ganzmusirten um 2 Nrn., die schwarz façonnirten oder gestreiften um 4, die in Farben figurirten um 2 Nrn. theurer, als die schwarzen glatten. Von den in Farben figurirten Sammtbändern kostete zu Wien das Stück zu 36 Ellen 32 fl., die schmalen bis 8 fl. W. W. herab; von den gepreßten Hutbändern wurde das Stück auf einen Hut sammt Franzen um 1 fl. bis 1 fl. 30 kr. W. W. verkauft. — Die Leinen- und Schafwollbänder aus der Wührerschen Fabrik zu Rosenau wurden im December 1819 zu folgenden Preisen notirt: die langen Niederländer Bänder 5 fl. 45 kr. bis 30 fl. 30 kr. W. W. pr. Pack (der Pack zu 24 Stück, das Stück zu 15 Ellen), die kurzen Niederländer Bänder 4 fl. 36 kr. bis 24 fl. 24 kr. W. W. pr. Pack (d. i. 24 Stück zu 12 Ellen); die wollenen grünen Hosenträgerbänder 10 bis 12 fl. pr. Stück zu 60 Ellen; die grünen Wollbänder mit Streifen 3 fl. 45 kr. bis 5 fl. pr. Stück zu 30 Ellen; die wollenen Katunbänder 5 bis 6 fl. pr. Stück zu 8½ Ellen; die Languetten zu 10 bis 12 fl. pr. Pack (24 Stück zu 10½ Ellen); feine Wollstrupfen 2 fl. 15 kr. pr. Stück zu 30 Ellen; feine Wollbänder 1 fl. 15 kr. bis 2 fl. pr. Stück zu 30 Ellen; Strupfen oder Hosenbänder 2 fl. bis 3 fl. 15 kr. W. W. pr. Stück. Die Languetten von Listopadt in Wien kamen im Sommer 1820 pr. Pack (d. i. 12 Stück zu 10 Ellen) von Nr. 00 auf 10 fl., Nr. 0 auf 11 fl. 24 kr., Nr. 1 auf 13 fl., Nr. 2 auf 14 fl. 24 kr. W. W. — Die einfachen Baumwollbänder aus Baden kosteten im November 1820 pr. Stück zu 12 Ellen 15 kr. bis 1 fl. 16 kr., die gestreiften 30 kr. bis 1 fl. 40 kr. W. W. — Von den schmälsten weißen Wirthschaftsspitzen oder Nr. 0 kostete im Sommer 1820 zu Wien das Stück zu 10 Ellen 15 kr. W. W.; alle übrigen stiegen von Nummer zu Nummer um 4 kr. W. W., so daß Nr. 10 auf 55 kr., Nr. 20 auf 1 fl. 35 kr., Nr. 30 auf 2 fl. 15 kr., Nr. 40 auf 2 fl. 55 kr. W. W. zu stehen kam. Von den schwarzen Wirthschaftsspitzen stand die schmälste Sorte oder Nr. 0 auf 24 kr. W. W. pr. Stück; die übrigen Sorten stiegen von Nummer zu Nummer um 5 kr. W. W., so daß Nr. 10 1 fl. 9 kr., Nr. 20 2 fl. 4 kr. kostete.

Erklärung der Muster.

Die sämmtlichen zu dieser Abtheilung gehörigen Muster sind nach der oben gegebenen Übersicht in 10 Unterabtheilungen gebracht worden, so daß sich die Nachträge in fortlaufenden Nummern an jede dieser Unterabtheilungen anschließen.

I. Gold- und Silberborten.

A. Echte Gold- und Silberborten.

Taf. I. Nr. 1 bis 3. Dreyfache oder sogenannte $\frac{3}{0}$ Gold-Treßborten, die erste auf türkische Frauengürtel, die beyden letzteren mit schwarzer Seide für das k. k. Militär.

Nr. 4. Dreyfache oder $\frac{3}{0}$ Silber-Treßborte mit gefärbter Seide, auf Livreen.

Nr. 5 bis 12. Einfache oder $\frac{1}{0}$ Gold-Treßborten, die meist in die Levante gehen, und zum Theil im Inlande auf Livreen verwendet werden.

Nr. 13. Einfache oder $\frac{1}{0}$ Gold-Treß-Broschirborte, mit gefärbten Chenillen broschirt, ebenfalls nach der Levante bestimmt.

Nr. 14. Einfache oder $\frac{1}{0}$ Gold-Treßborte, wie Nr. 5 bis 12.

Taf. II. Nr. 15. Einfache oder $\frac{1}{0}$ Gold-Treßborte, wie Nr. 5 bis 12.

Nr. 16. Einfache oder $\frac{1}{0}$ Gold-Treß-Broschirborte, wie Nr. 13.

Nr. 17 bis 19. Einfache oder $\frac{1}{0}$ Silber-Treßborten von verschiedener Breite, auf Hüte, Livreen u. dgl.

Nr. 20 bis 25. Feine Band- oder Gold-Halbborten von verschiedener Breite, meist für die Levante, zum Theil auch auf Livreen.

Nr. 26. Gefärbte feine Band- oder Gold-Halbborte, auf einer Seite mit gefärbter Seide, zum Gebrauche auf Livreen.

Nr. 27. Broschirte feine Band- oder Halbborte mit Silber und Seide, als Gürtelborte für Weiber nach der Levante bestimmt.

Nr. 28 bis 30. Feine Band- oder Silber-Halbborten, meist auf Livreen.

Nr. 31. Gefärbte feine Band- oder Silber-Halbborte, wie Nr. 26.

Nr. 32 bis 34. Mittelfeine Band- oder Gold-Halbborten, zu gleichem Gebrauche wie Nr. 20 bis 25.

Taf. III. Nr. 35. Schwere Gold-Broschir-Atlasborte mit Goldplasch und gefärbten Chenillen, für die Levante.

Nr. 36 und 37. Gold-Broschir-Atlasborten mit gefärbten Chenillen, die zweyte aus Gold und Silber gemischt, für die Levante.

Nr. 38. Goldgitter-Broschir-Atlasborte mit Silbergespinnst und Goldplasch, ebenfalls für die Levante.

Nr. 39, 40 und 42. Goldgitter-Broschir-Atlasborten mit Silberbouillons und Goldplasch, zu gleichem Gebrauche. Man nennt diese Gattung auch sommerbroschirte Atlasborten (Sommerborten).

Nr. 41 und 43. Silbergitter-Broschir-Atlasborten mit Goldplasch, für die Levante.

Nr. 44. Silbergitter-Atlasborte mit Goldstickerey und Folien, ebenfalls für die Levante.

Nr. 45 und 46. Silbergitter-Broschir-Atlasborten mit Goldbouillons und Goldplasch, für denselben Gebrauch.

Nr. 47 bis 52. Goldgitter-Atlasborten von verschiedener Breite, gleichfalls für den levantischen Handel.

Nr. 53. Goldplaschgespunnst-Borte, sogenannte Pariser Borte.

Nr. 54 und 55, 57 und 58. Pariser Goldplaschgespunnst-Borten mit Silberbouillons.

Nr. 56. Pariser Goldplaschgespunnst-Borte mit Silberfrisé.

Nr. 59 und 60. Pariser Goldplaschgespunnst-Borten, mit gefärbten Chenillen broschirt, die letzte auch mit Silberbouillons gestickt. Alle von Nr. 53 angeführten Bortengattungen gehen in die Levante.

Taf. IV. Nr. 61. Pariser Goldplaschgespunnst-Tresse mit weißem Boden und gelben Desseins.

Nr. 62 bis 64. Pariser Silberplaschgespunnst-Tressen, mit Bouillons broschirt. Das letzte Muster heißt eigentlich Plaschgespunnst-Ritz.

Nr. 65 bis 79. Feine Gold-Atlasborten, schmal und breit.

Nr. 80 bis 84. Feine Gold-Atlasborten, mit Silber gemischt.

Nr. 85 bis 88. Feine Silber-Atlasborten von verschiedener Breite. Auch die von Nr. 61 an beschriebenen Bortengattungen sind sämmtlich nach der Levante bestimmt; einige gehen indeß auch nach Mähren.

B. Unechte oder leonische Gold- und Silberborten.

Taf. V. Nr. 89 und 90. Gelbe Bandtressen oder Halbborten von verschiedener Breite.

Nr. 91 und 92. Gelbe Gespunnst-Atlastressen.

Nr. 93 bis 97. Gelbe Bandtressen, wie Nr. 89 und 90.

Nr. 98 bis 103. Gelbe und weiße Gespunnsttressen mit gefärbter Seide, in verschiedenen Breiten und Desseins.

Nr. 104 bis 107. Weiße Halbtressen.

Nr. 108 und 109. Weiße Drahttressen. Sämmtliche Muster dieser Tafel sind aus der Fabrik der H. H. Cornides und Steininger zu Mannersdorf, welche stets ein vollständiges Lager ihrer Erzeugnisse, nahmentlich aller Bortengattungen, Gallonen, Spitzen, Franzen, Toques, Gespinnste, Bouillons, Plötte, Flittern rc. in Wien hält.

Taf. VI. Nr. 110. Gefärbte Gespunnsttresse mit weißer und schwarzer Seide.

Nr. 111 bis 118. Gelbe Drahttressen von verschiedener Breite.

Nr. 119 bis 128. Weiße Drahttressen von verschiedener Breite.

Nr. 129. Weißes mit Gelb gemischtes Klappbörtchen.

Nr. 130 bis 132. Gelbe Plasch- oder eigentlich Lahntressen von verschiedener Breite. Auch diese Muster sind sämmtlich aus der Mannersdorfer Fabrik.

Taf. VII. Nr. 133 bis 137. Gelbe Lahntressen.

Nr. 138 und 139. Gelbe Atlasborten, breit und schmal.

Nr. 140 und 141. Gelbe Lahntressen.

Nr. 142 bis 152. Weiße Lahntressen mit Überlegung. Ebenfalls aus der Mannersdorfer Fabrik. Größten Theils gehen die unechten Borten nach der Levante; im Inlande hat der Verbrauch bedeutend abgenommen, da das gemeine Volk dieses Flitterwerk nicht mehr gerne kauft.

Nachträge.

Suppl.-Taf. VII. a. Nr. 153. Dreyfach vergoldete oder $\frac{3}{0}$ durchlöcherte Gespunnst-Treßborte, ein sehr mühsames Fabricat mit Schweifung und Überlegung, welches in Wien als Meisterstück von einem angehenden Posamentirermeister verfertiget worden ist.

Nr. 154. Echte Silber-Halbborte mit gefärbter Seide auf Livreen.

Nr. 155. Echte Silber-Halbborte.

Nr. 156. Weiße leonische Drahttresse mit gefärbter Seide, aus Mannersdorf.

Nr. 157. Weiße leonische Drahttresse von Zobel in Wien.

Nr. 158 bis 160. Gelbe leonische Drahttressen von Zobel in Wien.

Nr. 161 und 162. Gelbe leonische Drahttressen mit gefärbter Seide, von Zobel in Wien.

Nr. 163. Echte mährische Plasch-Haubenborte aus der Fabrik des Hrn. von Partenau in Wien. Man macht diese Borten von $\frac{1}{8}$ bis $\frac{1}{3}$ Wiener Elle breit; doch hat die Verfertigung der echten Borten dieser Gattung stark abgenommen, da man bey diesem Artikel des niedrigen Preises wegen die unechten noch vorzuziehen scheint.

II. Wagen- und Livreeborten.

Taf. VIII. Nr. 164. Ordinäre Nahtschnur, d. i. ein schmales Börtchen, welches zum Besetzen der Nähte gebraucht wird.

Nr. 165. Halbseidene Noppenborte, auch Kugelband genannt. Unter diesem Nahmen begreift man Borten, die wie ausgezogene oder unaufgeschnittene Teppiche aussehen.

Nr. 166. Doppel-Nahtschnur, zu gleichem Gebrauche, wie Nr. 164.

Nr. 167. Wagenborte der ordinärsten Gattung, wobey die Kette aus gefärbter Schafwolle, der Eintrag aus Zwirn besteht. Man macht diese Gattung in vielerley Farben und Desseins.

Nr. 168 bis 171. Halbfeine wollene Noppenborten in Wägen.

Nr. 172. Halbseidene Noppenborte in Wägen.

Taf. IX. Nr. 173 und 174. Halbseidene Noppenborten, wovon die zweyte schon reicher an Seide ist.

Nr. 175 und 176. Ganzseidene Noppenborten, dem unaufgeschnittenen Sammt ähnlich. Vorstehende 4 Gattungen Wagenborten sind sämmtlich von dem Posamentirermeister Franz Brotzka in Wien.

Nr. 177. Wollene Noppenborte.

Nr. 178 und 179. Halbseidene Noppenborten.

Nr. 180. Ganzseidene Noppenborte. Sämmtlich für Wägen.

Nr. 181 bis 184. Seidene Nahtschnüre oder schmale Borten zum Besetzen der Nähte.

Taf. X. Nr. 185 bis 192. Seidene Noppen- und Balletborten in verschiedenen Desseins. Balletborten nennt man die seidenen Wagenborten mit Spiegel, d. i. mit glänzender Seide, wie hier alle, mit Ausnahme von 186 und 189, welche Noppenborten sind.

Taf. XI. Nr. 193 bis 199. Feine seidene Balletborten in verschiedenen Desseins. Nur Nr. 197 ist eine Noppenborte.

Taf. XII. Nr. 200. Seidene Balletborte.

Nr. 201 bis 204. Seidene Noppenborten.

Nr. 205 bis 208. Seidene Balletborten in verschiedenen Desseins. Die Nrn. 203, 204, 205 und 208 sind von Hrn. Brotzka in Wien, und zeichnen sich durch ihre geschmackvolle Arbeit vortheilhaft aus. Das letzte Muster mit Kronen und Lorberkränzen wurde für den k. k. Hof verfertiget.

Taf. XIII. Nr. 209. Seidene Sammtborte mit Atlasboden.

Nr. 210. Seidene Sammt-Livreeborte mit farbiger Zeichnung. Eine vorzüglich schöne Borte, welche als Meisterstück in Wien verfertiget wurde.

Nr. 211 bis 215. Seidene Sammtborten mit Atlasboden, aufgeschnitten und unaufgeschnitten. Diese Borten sind von keiner Dauer in Wägen.

Nr. 216. Gezogene Sammt-Livreeborte.

Nr. 217 und 218. Gezogene Sammtborten, aufgeschnitten.

Nachträge bis zum Jahre 1821.

Suppl.-Taf. XIII. a. Nr. 219 bis 222. Halbseidene Noppenborten.

Nr. 223 und 224. Seidene Balletborten.

Nr. 225 bis 228. Seidene Ballet- und Atlasborten. Sämmtlich für Wägen bestimmt.

Suppl.-Taf. XIII. b. Nr. 229 bis 234. Seidene Atlasborten.

Nr. 235. Seidene Balletborte.

Nr. 236. Seidene gezogene Borte. Alle für Wägen.

Suppl.-Taf. XIII. c. Nr. 237 bis 242. Seidene Atlasborten der feinsten Gattung.

Nr. 243 und 244. Seidene Sammtborten mit Atlasboden, unaufgeschnitten. Alle für Wägen. Sämmtliche Nachträge sind aus der Werkstätte des Hrn. Brotzka in Wien.

III. Gurten und Leitseile.

Taf. XIV. Nr. 245. Mittelbreite gestreifte Pferdgurte, ganz aus Schafwolle.

Nr. 246. Ganz breite weiße Bauchgurte nach englischer Art, aus Schafwolle.

Nr. 247. Mittelbreite gestreifte Pferdgurte aus Schafwolle.

Nr. 248 und 249. Mittelbreite schafwollene Pferdgurten, einfarbig und gestreift.

Nr. 250. Gestreifte Pferdgurte aus Leinenzwirn (Zwirngurte).

Nr. 251 bis 254. Seidene Leitseile, einfarbig und gestreift. Alle auf dieser Tafel befindlichen Muster sind in Wien verfertiget, und zeichnen sich durch Schönheit und Dauerhaftigkeit aus. (Vergl. damit die Abth. Seiler-Arbeiten.)

IV. Wollene und seidene Militärsborten.

Taf. XV. Nr. 255. Wollene Uhlanen-Leibbinde für Gemeine, mit schwarzen und gelben Streifen.

Nr. 256. Wollene gestreifte Schabrackenborte für die Cavallerie.

Nr. 257 Seidene Porte-Epee'sborte für Unteroffiziere der k. k. Armee.

Nr. 258. Seidene Treß-Csakoborte, schwarz und gelb mit Spiegel.

Nr. 259. Seidene Treß-Csakoborte mit Spiegel.

Nr. 260. Seidene Uhlanen-Leibbinde, für Wachtmeister, vorzüglich schön gearbeitet.

Nr. 261. Seidene schmale Treßborte.

Nr. 262 und 263. Eben solche Treßborten, schwarz und gelb, die letztere ist vorzüglich schön. Auch diese Muster sind in Wien verfertiget; doch sind sie nicht vollständig, da es überflüssig schien, alle für das k. k. Militär erforderlichen Posamentirer-Stuhlarbeiten aufzunehmen, indem sie in Rücksicht der Fabrication sich wenig von einander unterscheiden.

V. Bänder zu Borduren, Tapezierer-Borten 2c.

Taf. XVI. Nr. 264 bis 277. Seidene Tapezierer-Borten von verschiedenen Desseins, Farben und Breiten, zum

Verzieren der Canapees, Sessel ꝛc. Man macht sie in Wien von der ordinärsten bis zur feinsten Gattung.

Nr. 278 bis 281. Wollene Borduren, wie sie die hiesigen Posamentirer nach Art der schmalen halbseidenen Shawlsborduren arbeiten. Sie dienen auf Möbel, auf Kleidungen, zu Uhrbändern u. dgl.

Nr. 282. Seidene Bordur der feinsten Art, mit Dessein besonders schön gearbeitet.

Nr. 283 bis 285. Seidene Noppenbänder.

Nr. 286 und 287. Gestreifte seidene Hosenträgerbänder, durch Stärke sich auszeichnend.

Nr. 288. Seidenes grünes Treß-Hosenträgerband, noch schöner und stärker. Diese Gattung wurde ehemahls von den Bauern stark getragen.

Nr. 289 und 290. Seidene schmale Noppenbänder mit Zacken oder Öhrchen.

Suppl.-Taf. XVI. a. Nr. 291 bis 301. Seidene Tapezierer-Borten der neuesten Art vom J. 1820.

VI. Seidenbänder.

Taf. XVII. Nr. 302 bis 326. Floret- oder Zwillichbänder (Gallonen), croisirte, von verschiedenen Breiten, einfarbig und gestreift. Diese Bänder werden aus Floret- oder Galletseide und anderen Abfällen, so wie die Rollgallonen aus dem schlechtesten Abfalle oder den Stumpen auf Mühlstühlen von 18 bis 48 Gängen oder Läufen verfertiget, und auf dem flachen Lande zu Schnürriemen, zum Einfassen der Bauernkittel, und zu vielfältigem anderen Gebrauche verwendet, und häufig nach Steyermark, Ungarn, Polen ꝛc. verschickt. Das Stück hält meist 18, in manchen Fabriken auch 40 Ellen. Neufser in Wien, und die Bergersche Fabrik zu Penzing liefern diese Gattung, wovon es eine ordinäre und feine Sorte gibt, am vorzüglichsten.

Taf. XVIII. Nr. 327 und 328. Mühlcordel (insgemein Mühlgurtel), ein schweizerischer Ausdruck, welcher schmale Bänder bezeichnet, die man sowohl schwarz, als in Farben verfertiget. Die vorliegenden Muster sind aus der Fabrik des Hrn. Neuffer in Wien.

Nr. 329. Schmales Spiegelband, des Glanzes wegen so genannt.

Nr. 330 und 331. Hahnenkämme, d. i. gezackte Bänder, breit und schmal, im Stück meist 40 Ellen haltend.

Nr. 332 bis 346. Hutbänder (Hutererbänder), d. i. schwarze Bänder, die theils glatte Leistenbänder, theils Riegel- und Bürstelbänder, theils geschnürt, theils figurirt und façonnirt sind. Größten Theils werden sie von Hutmachern und Staffirern auf die Filzhüte, hier und da auch von Schuhmachern verwendet. Joh. Weidinger macht diese Bandgattung gegenwärtig in Wien am vorzüglichsten.

Nr. 347 bis 351. Leichte Renforcésbänder, d. i. leichte Taffetbänder für die Schneider zum Einfassen. In der Penzinger Fabrik werden die Renforcés am besten auf Mühlstühlen verfertiget. Viele davon werden nach Ungarn und Steyermark verschickt.

Nr. 352 bis 354. Schwarze Moirbänder (Moirés), d. i. gewässerte starke Taffetbänder auf Hauben, Hüte u. s. w., in Oberösterreich vorzüglich auf Hauben.

Taf. XIX. Nr. 355 bis 377. Leichte und schwere Moirbänder in verschiedenen Farben und Nummern (Breiten). Von guter Qualität kommen diese Bänder aus der Penzinger Fabrik.

Taf. XX. Nr. 378. Gepreßtes oder gaufrirtes (ordinär gedrucktes) schwarzes Band, eine Art von Grosdetoursband, mit der gravirten Walze gepreßt. Meistens sind diese Bänder von mittelfeiner Gattung, während man die Moirés mit reiner Wässerung sowohl mittelfein, als fein und extrafein hat.

Nr. 379 bis 381. Gemahlte Atlasbänder mit unechtem Golde und verschiedenen Farben. Diese Gattung wurde sonst nach Ungarn verschickt, wird aber jetzt fast gar nicht mehr gemacht.

Nr. 382 und 383. Schmale Bänder mit eingewebten Lahnstreifen, die ebenfalls nur noch selten gemacht werden.

Nr. 384 bis 392. Gepreßte einfarbige Bänder (Druckbänder genannt) in verschiedenen Desseins, von dem Bandfabrikanten Thomas Bischof in Wien. Außer diesem beschäftigen sich auch Emerich Breitzner, die Penzinger Fabrik u. a. mit dem Pressen der Bänder; früher hat Felix Broschat in Wien die gepreßten Bänder am schönsten geliefert.

Suppl.-Taf. XX. a. Nr. 393 bis 399. Gepreßte Bänder in verschiedenen Desseins, eine leichte Art Grosdetoursbänder. Man verwendet sie zum Theil zum Kopfputz, häufiger aber gehen sie nach Ungarn, wo man sie auf Schnürriemen u. dgl. gebraucht.

Nr. 400 und 401. Gemahlte Atlasbänder mit Leisten von Lahn. (Vergl. Nr. 379 bis 381.)

Nr. 402 bis 404. Gestreifte ordinäre Spiegelbänder in dreyerley Breiten, vorzüglich für Galizien. Spiegel heißt hier die glänzende Figur.

Taf. XXI. Nr. 405 bis 410. Ordinäre oder glatte Bauern-Grosdetoursbänder, sämmtlich von Leopold Englisch in Wien. Auch Emerich Breitzner und Anton Dietz in Wien beschäftigen sich viel mit Verfertigung der Grosdetoursbänder. Von dieser Gattung gehen viele nach Oberösterreich und Ungarn.

Nr. 411. Grosdetoursband der feinsten Gattung mit Zacken, von Hornbostel in Wien.

Nr. 412 und 413. Ordinäre oder glatte Bauern-Grosdetoursbänder, wie Nr. 405 bis 410.

Nr. 414 bis 418. Geblumte Bauerbänder in verschiedenen Breiten oder sogenannte Grundfigurbänder. Nr. 414 ist vorzüglich schön und extraschwer.

Taf. XXII. Nr. 419 bis 421. Geblumte Bauerbänder ähnlicher Art, wie die auf der vorstehenden Tafel.

Nr. 422 bis 424, 426, 428, 430 bis 433, 435. Glatte, leichte, einfarbige und steif zugerichtete Atlasbänder, wie sie allgemein auf Mühlstühlen verfertiget, und zu hunderterley Gegenständen des Putzes benutzt werden. Die Breite der Atlasbänder, sowohl der leichten, als der schweren, wird insgemein mit Ziffern bezeichnet, nähmlich mit Nr. 0, $1\frac{1}{4}$, $1\frac{1}{2}$, 2, 4, 6,

8, 12 und 16; Nr. 16 sind die breitesten. Das Stück hält 18 Ellen, und nur bey verkürztem Maße 16 Ellen. Man webt die Atlasbänder auf Mühlstühlen mit 18 Schäften, worauf 8 immer herabgehen und den Atlas machen, 10 aber zur Verbindung aufwärts gehen. Die Öhrchen werden nebstdem durch eine Walze oben gemacht, und seitwärts befindet sich die sogenannte Atlasmaschine zum Bewegen der Schäfte. Im Allgemeinen unterscheidet man drey Gattungen Atlasbänder: leichte, mittlere und schwere. Die Kette wird auf 10 bis 18 Stück zu 18 Ellen aufgebäumt. Zu den meisten Atlasbändern wird sowohl zur Kette, als zum Eintrage Orsoyseide genommen, manchmahl aber zum Eintrage auch Tramseide.

Nr. 425, 427 und 429. Gestreifte und schattirte Atlasbänder.

Nr. 434. Façonnirtes leichtes Atlasband. In leichten Atlasbändern ist in Wien Thomas Garstett der vorzüglichste; schwerere macht die Penzinger Fabrik u. a.

Taf. XXIII. Nr. 436 bis 446. Leichte, façonnirte Bauern-Atlasbänder, gleichfalls auf Mühlstühlen verfertiget.

Nr. 447 bis 450. Schwere façonnirte Mode-Atlasbänder, unzugerichtet, zum Kopfputz u. dgl.

Suppl.-Taf. XXIII. a. Nr. 451 bis 456. Schwere glatte Mode-Atlasbänder von Simon Zmuditschz in Wien, der sich in dieser Gattung von Bändern vorzüglich auszeichnet.

Nr. 457 bis 462. Feine einfarbige Mode-Grosdetoursbänder, mit Zacken oder Öhrchen, zum Kopfputz, auf Damenkleider 2c.

Taf. XXIV. Nr. 463 bis 465. Atlasbänder von Math. Joh. Nepallek in Wien; das erstere gestreift.

Nr. 466 bis 473. Grosdetoursbänder verschiedener Art, sämmtlich auf Mühlstühlen mit besonderen Vorrichtungen gewebt. Davon sind Nr. 468 bis 471 sogenannte Gitterbänder; einige haben fremde Öhrchen, d. i. solche, welche aussehen, als ob sie angenäht wären. Diese Öhrchen werden mittels Roßhaare gebildet. Auch die Grosdetoursbänder werden in den verschiedenen Fabriken nach ihrer Breite mit Nummern bezeichnet, z. B. mit Nr. 6, 8, 12, 16. Das breite und halbbreite Band von gleichem Dessein, z. B. Nr. 6 und 12, Nr. 8 und 16, bilden zusammen eine Garnitur, nähmlich von jeder Nummer ein Stück; das Stück nach dem unverkürzten Maße zu 18 Wiener Ellen.

Suppl.-Taf. XXIV. a. Nr. 474 bis 478, 482 und 483. Ganz schwere façonnirte Atlasbänder von Simon Zmuditschz in Wien, der in façonnirten Bändern viele Fortschritte gemacht hat.

Nr. 479 bis 481. Schwere façonnirte Grosdetoursbänder. Auch in dieser Gattung kann Simon Zmuditschz nebst Ignaz Adolph und Carl Möring in Wien mit Auszeichnung genannt werden.

Taf. XXV. Nr. 484 bis 495. Schwere façonnirte Grosdetoursbänder in verschiedenen Desseins und Breiten, theils von Nepallek, theils von Adolph in Wien.

Nr. 496. Schmales Atlasband mit Zacken.

Taf. XXVI. Nr. 497 und 498. Grosdenaples-Spitz- oder Gitterbänder, zum Damen Kopfputz.

Nr. 499. Weißes façonnirtes Moirband von Nepallek in Wien.

Nr. 500, 502 und 503. Grosdenaples-Flammbänder, zum Kopfputz.

Nr. 501. Glattes Grosdenaplesband.

Nr. 504 bis 518. Verschiedene schwere Ordensbänder in allen Farben, meist moirirt, wie sie häufig in Wien von Math. Joh. Nepallek, Jac. Knolls Witwe u. a. verfertiget werden.

Die folgenden Nachtragstafeln von a bis o enthalten die neuesten Seidenbänder bis gegen Ende des Jahres 1820.

Suppl.-Taf. XXVI. a. Nr. 519 bis 530. Façonnirte Grosdetoursbänder von Math. Joh. Nepallek in Wien, zum Theil moirirt.

Suppl.-Taf. XXVI. b. Nr. 531 bis 533. Façonnirte breite Grosdetoursbänder von Ignaz Adolph in Wien, alle auf Handstühlen gearbeitet.

Nr. 534 bis 540. Schattirte Regenbogenbänder von Adolph in Wien.

Suppl.-Taf. XXVI. c. Nr. 541 bis 550. Schwere façonnirte Grosdetours-, Atlas- und andere Modebänder, sämmtlich von Ignaz Adolph in Wien. Nr. 541 und 544 sind Ripsbänder, Nr. 548 ist sehr schön gegittert, Nr. 546 ist ein Florband; die beyden letzten sind gegittert oder quadrillirt.

Suppl.-Taf. XXVI. d. Nr. 551 bis 560. Extraschwere façonnirte Bauern-Grosdetoursbänder, einfarbig und in zweyerley Farben. Diese vorzüglich schönen Bänder sind von Leopold Englisch in Wien.

Suppl.-Taf. XXVI. e. Nr. 561 bis 570. Schwere façonnirte Grosdetours-Modebänder, von Leopold Englisch in Wien auf Mühlstühlen gearbeitet.

Suppl.-Taf. XXVI. f. Nr. 571 und 572. Schwere façonnirte Grosdetoursbänder von Englisch in Wien, ausgezeichnet schön.

Nr. 573 bis 580. Façonnirte Modebänder von Hornbostel in Wien. Die zwey letzten Muster sind sehr schöne glatte Grosdetoursbänder.

Suppl.-Taf. XXVI. g. Nr. 581 bis 590. Façonnirte schwere Grosdetours-, Spitz-, Moir- und Atlasbänder.

Suppl.-Taf. XXVI. h. Nr. 591, 592, 594 bis 598. Façonnirte schwere Grosdetoursbänder.

Nr. 593. Façonnirtes Spitzband.

Nr. 599 und 600. Façonnirte Moirbänder. Alle auf dieser, und mehrere auf der vorhergehenden Tafel befindliche Bänder sind von Nepallek in Wien.

Suppl.-Taf. XXVI. i. Nr. 601 bis 608. Façonnirte Grosdetoursbänder der neuesten Art vom J. 1820, sämmtlich von Simon Zmuditschz in Wien. Aus den 4 ersten Nummern sieht man die Garnituren, welche aus breiten und halbbreiten Bändern von gleichem Dessein bestehen.

Nr. 609 und 610. Florband und façonnirtes Spitzband von Zmuditschz in Wien.

Suppl.-Taf. XXVI. k. Nr. 611. Besonders schönes, breites, quadrillirtes Grosdetoursband.

Nr. 612 und 613. Moirirte Grosdetoursbänder.

Nr. 614 bis 616. Quadrillirte und gestreifte Grosdetoursbänder, wovon die beyden ersten moirirt sind.

Nr. 617 und 618. Gestreifte gepreßte Bänder. Alle auf dieser Tafel vorkommenden Bänder sind im J. 1820 von Ignaz Adolph in Wien verfertiget worden.

Suppl.-Taf. XXVI. l. Nr. 619 bis 623. Neueste Modebänder vom J. 1820. Davon ist Nr. 620 ein façonnirtes, Nr. 622 ein gepreßtes Florband, Nr. 623 ein sehr schönes Strohband aus Seide und Strohhalmen, zum Gebrauch auf Strohhüte. Auch diese Bänder sind von dem schon mehrmahls erwähnten Fabrikanten Adolph in Wien.

Nr. 624 bis 627. Quadrillirte breite Marcellinbänder, eine sehr schöne und ganz neue Arbeit von Carl Möring in Wien.

Suppl.-Taf. XXVI. m. Nr. 628 bis 634. Quadrillirte Grosdenaplesbänder vom J. 1820, ebenfalls von Carl Möring.

Nr. 635. Façonnirtes weißes Grosdetoursband von Carl Möring.

Suppl.-Taf. XXVI. n. Nr. 636 und 637. Breiteste Grosdetoursbänder, beyde moirirt.

Nr. 638 bis 641. Glatte und gestreifte Atlasbänder.

Nr. 642 und 643. Sogenannte Shawlsbänder, d. i. Grosdetoursbänder, in welche Shawlspalmen von Seide eingearbeitet sind. Diese Bänder sind erst ganz neuerlich zu Frauenputz in die Mode gekommen. Alle Muster dieser Tafel sind von Carl Möring in Wien.

Suppl.-Taf. XXVI. o. Nr. 644 bis 651. Dünntuch- oder sogenannte Marabubänder, zum Frauenputz. Auch diese vorzüglich schönen Bänder sind von Carl Möring in Wien.

Suppl.-Taf. XXVI. p. Nr. 652. Einfarbiges Grosdetoursband.

Nr. 653 bis 658. Gestreifte und quadrillirte Grosdetoursbänder.

Nr. 659. Schwarzes façonnirtes oder figurirtes Grosdetoursband für Hutmacher zum Einfassen großer gestulpter Hüte.

Nr. 660. Kleines Ordensband. Die auf dieser Tafel befindlichen 9 Bandmuster sind alle von dem Seidenbandmacher Anton Paraubek in Prag.

Die folgenden 9 Tafeln enthalten eine vollständige Übersicht aller Banderzeugnisse der v. Bergerschen Fabrik zu Penzing nächst Wien. Da diese Fabrik als die Mutter aller übrigen Bandfabriken im österreichischen Staate angesehen werden kann, und so viel zur Einführung und Vervollkommnung der Bandfabrication im Inlande beygetragen hat: so glaubte man die Erzeugnisse derselben abgesondert zusammenstellen zu dürfen, um so mehr, da sie sich durch Mannigfaltigkeit und Güte ihrer Waaren so vortheilhaft auszeichnet. Bey allen Mustern ist zugleich die Breite mit Buchstaben oder Ziffern angegeben, wie man sie in der Fabrik und im Handel zu bezeichnen pflegt, wobey zu merken ist, daß Nr. 4 beyläufig $1\frac{1}{8}$ W. Zoll, Nr. 6 $1\frac{1}{2}$ Zoll, Nr. 8 2 Zoll, Nr. 10 $2\frac{1}{3}$ Zoll, Nr. 20 $3\frac{1}{2}$ Zoll, Nr. 24 $4\frac{2}{3}$ Zoll u. s. w. in der Breite mißt.

Suppl.-Taf. XXVI. q. Nr. 661. Frisoletband Nr. $\frac{1}{2}$, ein leichtes grobes Seidenband zum Einfassen, im Stück 40 Ellen lang.

Nr. 662 bis 665. Zwillichbänder lit. C, dann Nr. 1, 2 und 3, ebenfalls grobe croisirte Bänder, einfarbig und gestreift, 40 Ellen im Stück haltend. Man dreht sie häufig zu Schnüren und verwendet sie auf Binden u. s. w.; auch Schuster, Hutmacher und Kürschner machen davon Gebrauch. Eine noch schmälere Sorte wird mit lit. A bezeichnet.

Nr. 666. Hahnenkamm, ein gezacktes leichtes Band, 40 Ellen im Stück lang.

Nr. 667 bis 670. Halbseidene Cusirgurten Nr. 11, 13, 9 und 9. Bey dieser Gattung besteht die Kette aus guter Seide, der Eintrag aus Floretseide (von den Fabrikanten Halbseide genannt). Das Stück hält 25 Ellen.

Nr. 671 und 672. Ganzseidene Cusirgurten Nr. 9 und 11, ebenfalls 25 Ellen pr. Stück.

Nr. 673 und 674. Treßborten Nr. 6 und 9, wovon 30 Ellen aufs Stück geben.

Suppl.-Taf. XXVI. r. Nr. 675. Ganzseidene Treßborte Nr. 11, von gleicher Länge, wie die vorstehenden.

Nr. 676 bis 678. Salzburger Gallonen, oder schlechtweg Salzburger Bänder genannt, Nr. 8, 10 und 12, eine Art leichter Grosdetoursbänder, wovon das Stück 36 Ellen hält.

Nr. 679 und 680. Gedrehte Seidenschnüre der dickeren und dünneren Art, erstere zu 50, letztere zu 100 Ellen im Stück. Eine Mittelgattung hält 70 Ellen.

Nr. 681 und 682. Fortbänder Nr. $1\frac{1}{4}$ und 2, d. i. sehr leichte Taffetbänder, wovon das Stück 39, auch 43 Ellen hält.

Nr. 683. Seidenzankerl, ein sehr schmales Band, 40 Ellen auf das Stück.

Nr. 684 bis 686. Mühlcorden Nr. 2, 3 und ff. 3. Auch diese halten 40 Ellen im Stück.

Nr. 687 bis 689. Grosdetours-Gallonen Nr. 0, 1 und ff. 1. Leichte Leistenbänder, wovon 35 Ellen ein Stück machen.

Nr. 690 und 691. Lisier-Gallonen Nr. 0 und 1. Taffetartige Leistenbänder, 35 Ellen im Stück haltend.

Nr. 692 bis 696. Passefins Nr. $1\frac{1}{4}$, 2, 3, 4 und 5. Eine Art leichter Taffetbänder, wovon 44 Ellen im Stück enthalten sind.

Suppl.-Taf. XXVI. s. Nr. 697 bis 704. Schwere Renforcés oder Taffetbänder Nr. $1\frac{1}{8}$, $1\frac{1}{4}$, 2, 3, 4, $5\frac{1}{2}$, 7 und 8. Diese Bänder haben im Stück 87 Ellen und werden meist von den Schneidern zum Einfassen gebraucht. Auch liefert die Penzinger Fabrik mittelfeine Renforcés Nr. $1\frac{1}{4}$, 2, 3, 4 und $5\frac{1}{2}$ zu $30\frac{1}{2}$ und $37\frac{1}{2}$ Ellen im Stück.

Nr. 705 bis 712. Ordinäre Moirés oder gewässerte einfarbige Grosdetoursbänder Nr. $1\frac{1}{4}$, 2, 3, 4, 5, 5, 6 und 7. Das Stück von dieser mit Zacken versehenen Gattung hält 17 Ellen.

Suppl.-Taf. XXVI. t. Nr. 713 bis 715. Ordinäre

Moirés Nr. 8, 10 und 14, von schwarzer Farbe mit Zacken, ebenfalls 17 Ellen im Stück.

Nr. 716 bis 719. Franz-Moirés Nr. 4, 4, 5 und 7, gleichfalls mit Zacken, das Stück zu 18 Ellen.

Nr. 720 und 721. Moirirte Gürtelbänder von der Breite Nr. 20, für Geistliche. Auch von diesen hält das Stück 18 Ellen.

Suppl.-Taf. XXVI. u. Nr. 722. Militärisches Ordens- oder Kanonenband Nr. 6, gleichfalls 18 Ellen im Stück.

Nr. 720 bis 728. Ordinäre Moirés gaufrés, d. i. gepreßte Grosdetoursbänder Nr. $1\frac{1}{4}$, 2, 3, 4, 5, 6 in mehreren Desseins, mit glänzendem Boden. Das Stück hält, wie von den ungepreßten ordinären Moirés (Nr. 705 bis 710) 17 Ellen. (Vergl. auch gepreßte Bänder aus anderen Fabriken Nr. 617 und 618.)

Nr. 729 bis 733. Grosgrains à Luisant Nr. $1\frac{1}{4}$, 2, 3, 4 und 5. Dieß sind in mehreren Farben gestreifte Grosdetoursbänder zum Gebrauche des Landvolks, das Stück zu 18 Ellen.

Nr. 734 bis 739. Noir-Doubles Nr. $\frac{1}{2}$, 1, $1\frac{1}{4}$, 2, 3 und 4, d. i. schwarze gummirte Taffetbänder für Hutmacher und Hutstülper zum Einfassen der Filzhüte, das Stück zu 35 Ellen.

Suppl.-Taf. XXVI. v. Nr. 740. Noir-Doubles Nr. 5.

Nr. 741. Franz-Double oder Zopfband Nr. 5, eine Gattung schwarzer Grosdetoursbänder, die ehemahls häufig gebraucht wurden.

Nr. 742 bis 750. Noir-Doubles à Luisant Nr. 1, $1\frac{1}{4}$, 2, 3, 4, 5, 20, 22 und 24, durchaus starke Grosdetoursbänder mit Leisten, 35 Ellen im Stück.

Suppl.-Taf. XXVI. w. Nr. 751. Adlerband Nr. 5, d. i. ein schwarzes Grosdetoursband mit eingearbeiteten Adlern von offener Seide, für das k. k. Militär, 18 Ellen im Stück.

Nr. 752. Kreuzband Nr. 5, ebenfalls ein figurirtes Grosdetoursband mit Kreuzdessein.

Nr. 753. Adlerband Nr. 6. (Vergl. Nr. 751.)

Nr. 754. Kreuzband Nr. 0. (Vergl. Nr. 752.)

Nr. 755 und 756. Finsdoubles Nr. 1, eine Art Grosdetoursbänder, 34 Ellen im Stück.

Nr. 757 bis 761. Einfarbige, glatte Grosdetoursbänder Nr. 3, 6, 9, 12 und 14, zu sehr mannigfaltigem Gebrauche. Diese Gattung hält 18 Ellen im Stück, und wird in der Penzinger Fabrik von vorzüglicher Güte verfertiget.

Nr. 762 bis 765. Façonnirte Grosdetoursbänder Nr. 3, 3, 4 und 5, in mehreren Farben, für die Bauern in Österreich.

Suppl.-Taf. XXVI. x. Nr. 766 bis 773. Façonnirte Grosdetoursbänder Nr. 6, 6, 6, 6, 9, 9, 11 und 13, ebenfalls zum Gebrauche der Bauern, wie die vorstehenden.

Nr. 774 bis 778. Glatte Atlasbänder Nr. 1, 3, 4, 6 und 12, zum Frauenputz u. dgl.

Suppl.-Taf. XXVI. y. Nr. 779 bis 783. Glatte Atlasbänder mit Zacken Nr. 1¼, 3, 4, 6 und 12, zu gleichem Gebrauche.

Nr. 784 bis 789. Façonnirte Atlasbänder mit Zacken, Nr. 6, 6, 9, 9 und 13, zum Gebrauche für Landleute. Alle Atlasbänder, sowohl die glatten als die façonnirten, enthalten im Stück 18 Ellen.

VII. Sammtbänder.

Taf. XXVII. Nr. 790. Ordinäres schwarzes, glattes Sammtband, aufgeschnitten, von der Breite Nr. 90. Hierbey muß bemerkt werden, daß auch die Sammtbänder rücksichtlich ihrer Breite mit Ziffern bezeichnet werden. Man hat hierzu einen eigenen Maßstab, der in 302 Theile getheilt ist, und womit man bloß die eigentliche Sammtbreite zu messen pflegt. Die schmälsten Sammtbänder werden mit Nr. 00, die breitesten mit Nr. 300 bezeichnet; doch werden sie meist nur bis zur Breite Nr. 250 verfertiget. Mit Einschluß der Leisten mißt Nr. 0 nur $\frac{1}{8}$, Nr. 6 $\frac{1}{4}$, Nr. 10 $\frac{3}{8}$, Nr. 16 $\frac{4}{8}$, Nr. 24 $\frac{5}{8}$, Nr. 40 $\frac{13}{16}$,

Nr. 50 $\frac{7}{8}$ Wiener Zoll, Nr. 60 $1\frac{1}{16}$, Nr. 80 $1\frac{1}{4}$, Nr. 100 $1\frac{1}{2}$, Nr. 120 2 Zoll, Nr. 140 $2\frac{1}{4}$, Nr. 190 $2\frac{7}{8}$ W. Zoll.

Nr. 791 bis 800. Eben solche schwarze glatte Sammtbänder Nr. 80, 70, 50, 40, 30, 24, 18, 10, 4 und 0, sämmtlich auf Mühlstühlen gemacht, aus der Fabrik des Hrn. Bräunlich in Wiener Neustadt. Von breiten Sammtbändern können in einem Tage auf jedem Laufe 5, von den schmalen 20 und mehr Ellen verfertiget werden.

Nr. 801 bis 804. Schwarze mäsirte Sammtbänder, in welchen der Boden aufgeschnitten, die Desseins nicht aufgeschnitten sind. Diese Gattung ist bloß noch in Ungarn und Polen auf Kleider im Gebrauche.

Taf. XXVIII. Nr. 805 bis 812. Musirte Sammtbänder von verschiedenen Breiten, in mehreren Desseins.

Nr. 813 bis 817. Glatte farbige (couleurte) Sammtbänder, aufgeschnitten, aus der Fabrik des Hrn. Bräunlich in Wiener Neustadt.

Suppl.-Taf. XXVIII. a. Nr. 818 bis 823. Musirte Sammtbänder in zweyerley Farben, von Franz Spiegel in Wien, welcher diese Bänder vorzüglich schön verfertiget. Das Stück dieser grünen und carmoisinrothen halbmusirten Sammtbänder hält 40 Ellen; der Breite nach bezeichnet man sie mit den Nrn. 12, 14, 16, 18, 20, 24, 30, 40, 50, 60, 70, 80, 90, 100.

Nr. 824 bis 827. Glatte schwarze Sammtbänder Nr. 40, 90, 80 und 50, von Bräunlich in Neustadt; alle aufgeschnitten und sehr schön.

Suppl.-Taf. XXVIII. b. Nr. 828 bis 837. Glatte schwarze Sammtbänder Nr. 24, 20, 16, 10, 8, 6, 4, 2, 0 und 00, sämmtlich von Bräunlich in Neustadt.

Nr. 838 bis 840. Glatte schwarze, doppelte, halb aufgeschnittene Sammtbänder von der berührten Maschine des Hrn. Bräunlich in Neustadt, worauf zwey Bänder über einander gewebt, und dann mittels eines besondern Mechanismus in der Mitte von einander geschnitten wurden. Man sieht an den vorliegenden drey Mustern von der Breite Nr. 18, 12 und 0 die Arbeit des Aufschneidens; die fertigen Maschinenbänder dieser

Art aber stellen sich in den vorhergehenden Mustern Nr. 828 bis 837 dar. Gegenwärtig wird dieser künstliche Mühlstuhl nicht mehr betrieben, weil die Qualität der darauf verfertigten Bänder in mehreren Hinsichten doch manches zu wünschen übrig ließ.

Nr. 841 bis 843. Musirte schwarze Sammtbänder Nr. 130, 100 und 30, ersteres mit Leisten, letzteres mit Adler.

Nr. 844. Façonnirtes oder gestreiftes Sammtband Nr. 40.

Nr. 845, 846 und 848. Sammtband mit Spiegeln, wobey die Seide offen liegt, Nr. 70, 120 und 110, das letzte auch musirt mit Leisten.

Nr. 847. Farbiges glattes Sammtband Nr. 60.

Taf. XXIX. Nr. 849 bis 862. Geschnittene und in Farben figurirte Sammtbänder, deren Desseins durch offen liegende Seide gebildet werden. Diese Bänder sind eine Nachahmung der Crevelder u. a. und werden auf Kleider, auf Bauernhüte, auf Tapezierer-Arbeiten ꝛc. verwendet. Leonhard Schlecht hat sie seit 1812 zuerst in Wien verfertiget, und seine Waare wird noch jetzt stark gesucht. Das Stück hält 36, auch 40, von den schmalen immer nur 36 Ellen.

Suppl.-Taf. XXIX. a. Nr. 863 bis 865. Glatte farbige Sammtbänder, aufgeschnitten.

Nr. 866 bis 878. Farbig figurirte Sammtbänder für Tapezierer, von Leonhard Schlecht in Wien, wie obige Nr. 849 bis 862. Das Muster Nr. 876 ist mit Gold eingetragen.

Suppl.-Taf. XXIX. b. Nr. 879 bis 882. Façonnirte Sammtbänder aus der Fabrik des Hrn. Neuffer in Wien.

Nr. 883. Façonnirtes unaufgeschnittenes Sammtband in mehreren Farben, sehr schön gearbeitet.

Nr. 884 bis 887. Figurirte Sammtbänder von Leonhard Schlecht in Wien.

Nr. 888 bis 890. In Farben figurirte Sammtbänder von Leonhard Schlecht in Wien.

Suppl.-Taf. XXIX. c. Nr. 891 bis 894. In Farben figurirte Sammtbänder von Leonhard Schlecht, wie die vorstehenden.

Nr. 895 bis 907. Schwarz figurirte Sammtbänder, welche mit dem Litzenzuge durch das Treten gemacht werden. Die Desseins sind daher tief liegender Taffetboden. Der Hauptabsatz der figurirten Bänder geht nach Ungarn.

Suppl. Taf. XXIX. d. Nr. 908 bis 912. Schwarze gepreßte Sammtbänder in verschiedenen Desseins, wie sie von Fuhrleuten, Bauern rc. auf Hüten getragen werden. Alle von Leonhard Schlecht in Wien.

VIII. Leinen- und Schafwollbänder.

Taf. XXX. Nr. 913. Grobes ungebleichtes Leinenband, oder sogenanntes Indiband, für Tapezierer, auch zum Aufhängen der Wäsche u. s. w. Das Stück hält 28 Ellen.

Nr. 914. Extrabreites, ungebleichtes, feines Indiband, zu gleichem Gebrauche, wie das vorstehende.

Nr. 915 bis 918. Ordinäre Indibänder verschiedener Art, wovon Nr. 915 noch insbesondere Blechband, Nr. 916 Dreyßigerband, Nr. 917 Zwanzigerband, Nr. 918 Zehnerband genannt wird. Von allen hält das Stück 28 Wiener Ellen.

Nr. 919. Strippen- oder Strupfenband Nr. 5, wovon ebenfalls 28 Ellen aufs Stück gehen.

Nr. 920. Strupfenband Nr. 2. Die Strupfen oder Struppen dienen, wie bekannt, zu Beinkleidern und Stiefeln, auch für Tapezierer, Riemer, Sattler u. s. w. Man macht sie im Lande unter der Ens von 6 verschiedenen Breiten, und bezeichnet sie mit Nr. 1 bis 6.

Nr. 921 bis 927. Niederländer Zwirnbänder aus der Wührerschen Fabrik zu Rosenau, von der Breite Nr. 50, 40, 32, 28, 24, 20 und 16. Überhaupt steigen diese feinen geköperten Zwirnbänder in Ansehung ihrer Breite durch die Nummern 10, 12, 14, 16, 18, 20, 22, 24, 26, 28, 30, 32, 34, 36, 40, 50, 60 und 70, wovon die letzten die breitesten sind. Nr. 10 mißt in der Breite ungefähr $\frac{1}{8}$ Zoll, Nr. 20 $\frac{1}{3}$ Zoll, Nr. 30 $\frac{1}{2}$ Zoll, Nr. 60 1 Zoll, Nr. 70 $1\frac{1}{8}$ Zoll. Man hat sie sowohl blau als weiß, und unterscheidet sie in langhaltende und kurzhaltende. Von den langhaltenden gehen 15, von den kurzhaltenden 12 Ellen aufs Stück, und 24 Stück machen einen Pack. Sie dienen zur Wäsche, zu Kleidungen u. s. w.

Nr. 928 und 929. Weiße gebläute Hemdbesetze, d. i. schmale Bänder zum Besetzen der Hemdärmel, 10 Ellen im Stück.

Nr. 930. Ungebleichtes Buttenband, wovon 28 Ellen im Stück enthalten sind.

Nr. 931. Gestreiftes Strupfenband, 28 Ellen im Stück.

Nr. 932. Ordinäres gestreiftes Blechband, auf Strumpfbänder für Bauern.

Nr. 933 bis 936. Languetten oder Hemdbesetze, meist von blauer Farbe, das Stück zu $10\frac{1}{2}$, auch 10 Ellen. Die schmäleren werden mit Nr. 00, die breiteren mit Nr. 0, 1 und 2 bezeichnet. Die ersteren halten in der Breite $\frac{7}{16}$, die zweyten $\frac{9}{16}$, die dritten $\frac{11}{16}$, die vierten $\frac{13}{16}$ Wiener Zoll. Die österreichischen und besonders die salzburgischen Bauern brauchen dieselben zu Hemdbesetzen.

Nr. 937 bis 943. Gefärbte ordinäre Zwirnbänder zu dem mannigfaltigsten Gebrauche, 28 Ellen im Stück. Alle auf dieser Tafel enthaltenen Bandgattungen werden insgemein von den österreichischen hausirenden Bandkrämern geführt und im Kleinen verkauft.

Suppl.-Taf. XXX. a. Nr. 944 bis 955. Doppelte weiße Zwirn- oder leinene Köperbänder von der Breite Nr. 70, 60, 50, 40, 36, 32, 28, 24, 20, 16, 12 und 10, sämmtlich aus der Wührerschen Fabrik zu Rosenau.

Nr. 956. Dunkelblaues Niederländer Band.

Nr. 957 bis 959. Zwirnbänder der feinsten Gattung, oder sogenannte Percalbänder, wie sie in Schlesien aus sehr feinem Zwirne verfertiget werden. Das Stück hält 10 bis 12 Wiener Ellen. Man gebraucht sie meistens zur feinen Wäsche.

Nr. 960 bis 962. Böhmische halbwollene feine Katunbänder von der Breite Nr. 2, welche die schmälere Gattung bezeichnet. Man nennt diese Bänder nicht wegen des Stoffes, sondern wegen der vielfarbigen Desseins Katunbänder. Größten Theils werden sie in Böhmen, sehr stark auch in Polen zum Binden der Schürzen 2c. verwendet.

Nr. 963 und 964. Eben solche geblumte halbwollene Katunbänder von der Breite Nr. 3, d. i. von der breiteren Gattung, zu demselben Gebrauche. Das Stück hält gewöhnlich $8\frac{1}{2}$ Ellen, und 12 Stück machen einen Pack.

Nr. 965. Strupfenband, nach Art der Katunbänder gearbeitet. Alle auf dieser Tafel enthaltenen Bänder sind in der Wührerschen Fabrik zu Rosenau gearbeitet.

Suppl.-Taf. XXX. b. Nr. 966 bis 969. Weiße und in Farben gestreifte Hosenbänder oder Strupfen, wie man sie in Österreich und Salzburg, in Kärnten, Steyermark, Krain, Ungarn und Polen auf Hosenträger und auf Strupfen an den Stiefeln verwendet.

Nr. 970 und 971. Grüne wollene Hosenträgerbänder mit weißen Streifen, im Stück 30 Ellen haltend.

Nr. 972. Grünes wollenes Hosenträgerband, im Stück 60 Ellen haltend. Diese und die vorhergehende gestreifte Gattung wird sowohl breit als schmal gearbeitet, und größten Theils nach Tyrol, Steyermark, Kärnten und Krain abgesetzt. Auch die auf dieser Tafel bis hierher enthaltenen Muster sind aus der Adam Wührerschen Fabrik zu Rosenau.

Nr. 973. Wollenes façonnirtes Band, aus der Banalgränze, nach Art der dort üblichen geblumten Teppiche auf dem gewöhnlichen Webestuhle verfertiget.

Suppl.-Taf. XXX. c. Nr. 974 bis 979. Einfarbige und gestreifte harrassene Köperbänder von der Breite Nr. $\frac{1}{2}$, $\frac{3}{4}$, 1, 3, 5 und 6 aus der k. k. priv. Praschillschen Bandfabrik zu Tauß in Böhmen. Von der ersten Gattung werden 24, von der zweyten 20, von der dritten 16, von der vierten 12, von der fünften und sechsten 10 Stück auf einem Stuhle zugleich verfertiget. Das Stück dieser Bänder, welche in allen Farben gemacht werden, hält 23 W. Ellen.

Nr. 980 bis 983. Feine weiße und gestreifte zwirnene Hosen- oder Strupfenbänder von der Breite Nr. 1, 2, 3 und 4, aus der Taußer Fabrik, wo von der ersten Sorte 12, von der zweyten 10, und von der dritten und vierten 8 Stück auf einem Stuhle zugleich verfertiget werden. Das Stück hält 30 Wiener Ellen.

Nr. 984 bis 986. Gestreifte harrassene Hosenbänder aus der Taußer Fabrik, von der Breite Nr. 1, 2 und 3. Man macht auch ganz breite oder Nr. 4, das Stück zu 30 Ellen.

Nr. 987 bis 989. Neugeblumte oder façonnirte halbwollene Bänder von der Breite Nr. 1, 2 und 4, aus der Taußer Fabrik, das Stück zu 12 W. Ellen.

Nr. 990 und 991. Gestreifte halbwollene Bänder von der Breite Nr. 0 und $\frac{4}{4}$, aus der Taußer Fabrik, wo diese Gattung auch von der Breite Nr. $\frac{1}{2}$, 1 und 2 verfertiget wird, das Stück zu 14 W. Ellen.

Nr. 992. Halbwollenes Köperband von der Breite Nr. $\frac{1}{2}$, aus der Taußer Fabrik, das Stück zu 30 Ellen.

Nr. 993. Sogenannte Nestelschnur aus Schafwolle, eine Art schmaler Bänder, welche in der genannten Fabrik von allen Farben verfertiget wird. Das Stück hält 30 W. Ellen.

Nr. 994 und 995. Wollene Katunbänder von der Breite Nr. 30 u. 35, aus der Taußer Fabrik. (Vergl. Nr. 960 fg.)

IX. Baumwollene Bänder.

Taf. XXXI. Nr. 996 bis 1000. Percalbänder von verschiedener Breite, aus feinem Baumwollgespinnste.

Nr. 1001 bis 1014. Gestreifte, gegitterte u. a. weiße Baumwollbänder, zur Wäsche, zu Damenkleidungen rc.

Suppl.-Taf. XXXI. a. Nr. 1015 bis 1038. Weiße, in verschiedenen Farben gestreifte Baumwollbänder von Sebastian Erdinger in Baden nächst Wien, auf Damenkleider rc. Diese Bänder werden auf Mühlstühlen gewebt, und steigen nach ihrer Breite von Nr. 0 bis 7. 12 Ellen machen ein Stück.

X. Spitzen, Franzen, Rollschnüre u. s. w.

Taf. XXXII. Nr. 1039 und 1040. Baumwollene Entoilages oder Vorderschrankspitzen, auf dem gewöhnlichen Bandweberstuhle verfertiget.

Nr. 1041 bis 1045. Breite weiße Wirthschaftsspitzen aus Rumburger Zwirn, von Listopadt in Wien. Der Breite nach werden die weißen Wirthschaftsspitzen oder Kanten in 41 Sorten von Nr. 1, welche die schmälste Sorte bezeichnet, bis

Nr. 40 oder der breitesten Sorte verfertiget. Davon ist Nr. 0 nur $\frac{1}{2}$ Wiener Zoll breit, Nr. 6 schon $1\frac{1}{4}$ Zoll, Nr. 11 $1\frac{1}{2}$ Zoll, Nr. 15 2 Zoll u. s. w. Jeder Lauf eines Mühlstuhls kann täglich fast ein Stück, d. i. 10 Wiener Ellen abliefern.

Taf. XXXIII. Nr. 1046 bis 1057. Schmälere weiße Wirthschaftsspitzen von Listopadt in Wien.

Nr. 1058 bis 1060. Schwarze seidene Wirthschaftsspitzen oder Kanten von Listopadt in Wien. Von dieser Gattung werden 21 Sorten von Nr. 0 bis 20 verfertiget.

Nr. 1061. Seidene gefärbte Gitterspitze, auf dem Posamentirerstuhle gearbeitet.

Taf. XXXIV. Nr. 1062. Doppelte Schnüre aus weißer und rother Seide für Buchbinder. Auf ähnliche Art werden auch doppelte Franzen gewirkt, welche man bloß in der Mitte von einander zu schneiden braucht.

Nr. 1063 und 1064. Korallenbänder mit falschem Lahn, für Theater, Säle ꝛc.

Nr. 1065 bis 1075. Verschiedene weiße Franzen, Borduren auf Vorhänge, Gimpen u. s. w., wie sie von jedem Posamentirer verfertiget werden. Nr. 1065, 1070 bis 1075 sind eingesetzte Arbeiten.

Taf. XXXV. Nr. 1076 bis 1079. Falsche Silber- und Goldgespinnstfranzen.

Nr. 1080 bis 1084. Seidene Rundschnüre verschiedener Art.

Nr. 1085. Seidener Katheterschlauch, inwendig hohl, auf dem Schubstuhle verfertiget.

Nr. 1086 und 1087. Chenillen in zweyerley Farben, zum Sticken, Broschiren, Einwirken ꝛc.

Nr. 1088 bis 1095. Posamentirer-Stuhlknöpfe aus Gold- und Silbergespinnst, aus Plasch und Seide.

Anhang vom Jahre 1821.

Taf. XXXVI. Nr. 1096 und 1097. Gold- und Silberplasch-Borten, erstere mit Bouillons gestickt.

Nr. 1098. Durchlöcherte Goldgespinnst-Treßborte, wie sie als Meisterstück von angehenden Posamentirermeistern verfertiget wird.

Nr. 1099. Gradischan- oder Corellenborte, d. i. spitzenartige Borte aus Silbergespinnst mit Blumen aus Goldplasch, ebenfalls Meisterstück angehender Posamentirermeister.

Nr. 1100. Seidene Livreeborte mit Blumen aus Silbergespinnst. Alle Muster dieser Tafel sind vom k. k. Hofposamentirer Franz Heller in Wien.

Die folgenden 3 Tafeln enthalten ein Assortiment der sogenannten Bauerbänder oder Grundfigurbänder von Breitner in Wien, nähmlich

Taf. XXXVII. Nr. 1101 und 1102. Bauerbänder von der Breite Nr. 2.

Nr. 1103 bis 1106. Bauerbänder von der Breite Nr. 6.

Nr. 1107 bis 1114. Bauerbänder von der Breite Nr. 7.

Taf. XXXVIII. Nr. 1115 bis 1118. Bauerbänder von der Breite Nr. 8.

Nr. 1119 bis 1126. Bauerbänder von der Breite Nr. 9.

Nr. 1127 und 1128. Bauerbänder von der Breite Nr. 10.

Taf. XXXIX. Nr. 1129 und 1130. Bauerbänder von der Breite Nr. 12.

Nr. 1131 bis 1136. Bauerbänder von der Breite Nr. 13.

Nr. 1137 und 1138. Bauerbänder von der Breite Nr. 16, welche die breiteste Gattung ist. Da auch die Breite dieser Bauerbänder nach Nummern bestimmt wird: so ist zu bemerken, daß Nr. 2 1 Zoll, Nr. 4 $1\frac{1}{4}$ Zoll, Nr. 6 $1\frac{1}{2}$ Zoll, Nr. 8 2 Zoll, Nr. 13 $2\frac{3}{4}$ Zoll, Nr. 16 bis $3\frac{1}{4}$ Zoll in der Breite mißt.

VIII. Abtheilung.

Die gestrickten Arbeiten.

Stricken überhaupt nennt man einen Faden Garn oder Zwirn so um metallene oder hölzerne Nadeln oder Stifte (Stricknadeln) schlingen, daß dadurch ein Ganzes, z. B. ein Strumpf, zum Vorscheine kommt. Darin besteht auch das eigentliche gewöhnliche Stricken oder Strumpfstricken, wovon man noch das Litzenstricken und das Netz- oder Filetstricken unterscheidet. Ungeachtet das Netzstricken schon wohl ein Paar Jahrtausende ausgeübt wird, so ist das Strumpfstricken mit Schlingen oder Maschen erst eine Erfindung der Spanier aus dem XVI. Jahrhunderte, und wurde, wie vorhandene Nachrichten zeigen, schon im J. 1564 in Mantua betrieben, von wo diese Kunst nach England gekommen ist. Seitdem hat sich dieselbe so sehr verbreitet, daß sie nun fast allgemeines Eigenthum des weiblichen Geschlechts geworden ist, und hat überdieß so viel Leichtes, daß Kinder von 5 bis 6 Jahren dadurch sich schon Verdienst zu erwerben im Stande sind. Man verwendet hierzu Leinengarn, Leinenzwirn (vergl. Abth. Flachs- und Hanfgespinnste Nr. 53 bis 64, 71 bis 77 u. s. w.), Baumwollgarne und Zwirne (die sogenannten Strickgarne, vergl. Baumwollgespinnste Nr. 135 bis 173, 174 bis 218, 349 bis 355), Schafwollgarne und Zwirne (besonders der Harrasgarne), rohe, filirte und gezwirnte Seide (vergl. Abth. filirte Seide Nr. 48, 49, 52 ꝛc.), in Oberösterreich und Venedig auch Hasenhaare als Hauptmaterialien, dann Stahl- und Glasperlen, Glasstifte u. dgl. als Nebenmaterialien, und liefert daraus nicht bloß halbe und ganze Strümpfe, sondern auch Handschuhe, Schlafmützen, Manns- und Frauenleibchen, Röcke, Beinkleider, Westen, Hosenträger, Strumpfbänder, Uhrbänder u. dgl. mehr. Die Methode des Strickens selbst ist zu bekannt, als daß es nothwendig wäre, hierüber Einiges zu sagen. Auch kennt man die verschiedenen Arten des Strickens, wodurch die glatte, die gestreifte, gemusterte, durchbrochene Strickerey, die Perlenstrickerey ꝛc. hervorgebracht wird, allenthalben.

Obwohl das Stricken schon durch eine Verordnung vom 1. July 1775 für eine ganz freye Beschäftigung erklärt wurde, die von Jedermann auf eigene Hand getrieben werden kann, und ausdrücklich bestimmt ist, daß Alle, die eine solche Arbeit, ohne sie ordentlich, d. i. nach gewöhnlicher Zunftordnung gelernt zu haben, auf ihre Hand unternehmen, gegen den Zunftzwang kräftigst geschützet werden sollen: so bilden die Stricker doch in einigen Ländern, z. B. in mehreren Theilen Österreichs, seit vielen Jahren eigene Zünfte, welche von den Strumpfwirker-Zünften getrennt sind. Im Lande unter der Ens gibt es z. B. bürgerliche Strickermeister, für welche im J. 1780 eine eigene Innungs-Ordnung gegeben wurde, und denen es durch neuere Verordnungen gestattet ist, sich Wirkstühle beyzuschaffen, auf die Verfertigung der Baumwoll-, Harras- und Zwirnstrümpfe Wirkergesellen zu halten, ihre Jungen, deren Lehrzeit 4 bis 5 Jahre dauert, durch Wirkergesellen unterrichten zu lassen, und die von ihnen selbst verfertigten oder auf Verlag erzeugten und verkauften Waaren durch Färben u. s. w. gänzlich zu vollenden; wogegen sie keine gutseidenen Waaren verfertigen dürfen, und auf das Wirken und Stricken aller Gattungen Zwirn-, Schaf-, Baumwoll- und Galletseiden-Waaren von der gröbsten bis zu den mittleren Gattungen beschränkt sind. Auf solche Art geschah es, daß die eigentliche Strickerey im Großen fast nur noch dem Nahmen nach besteht, indem die meisten Strickermeister ihr Gewerbe auf Wirkstühlen betreiben. Von einiger Ausbreitung ist dieselbe noch im Kreise ober dem Mannhartsberge, wo eine Strickerzunft zu Zwettel ist; im Salzburger Kreise, in Tyrol, in einigen Kreisen Böhmens u. s. w. In Tyrol und Vorarlberg ist die Strickerey eine ziemlich einträgliche Beschäftigung, besonders um Schwaz und Hall, wo man wollene und baumwollene Strümpfe und Kappen, kegelförmige Mützen zur Kopfbedeckung der Landweiber ꝛc. strickt. Im Vorarlbergischen werden sowohl von zünftigen Strumpfstrickern, als von Weibspersonen aus Schafwoll-, Baumwoll- und Leinengarn alle Gattungen Strümpfe, Hauben, Winterleibchen, Handschuhe, Kinderröckchen u. a. Kleidungsstücke gestrickt. Das Montafon liefert blaue und schwarze Kappen und sehr viele wollene Handschuhe. In Wien waren im J. 1816 nebst der Fellnerschen Strickwaarenfabrik noch 3 befugte Stricker, 21 Strumpfstricker mit 14 Gesellen und 1 befugter Litzenstricker gezählt worden. Im Übrigen wird die Strickerey in den einzelnen Haushaltungen fast ausschließlich zum häuslichen Gebrauche betrieben, und zwar größten Theils von dem weiblichen Geschlechte. Auch in den Militär-Gränzen ist dieß der Fall; doch verdienen hier die Arbeiten der Clementiner Weiber in der slavonischen Gränze eine besondere Erwähnung, nicht wegen Menge oder wegen Absatz derselben, da dieser gar nicht Statt findet, sondern vielmehr wegen der buntfarbigen Schafwolle, woraus man dort die Strümpfe, Socken und Handschuhe zu stricken pflegt. In Siebenbürgen werden viele wollene Winterstrümpfe, Fußsocken und grobe Handschuhe auch von eigenen zünftigen Strumpfstrickern mit 3 Nadeln, wovon die eine immer in einem Stocke steckt, ziemlich schnell gestrickt, indem stets an der Spitze angefangen und so nach Art der Strumpfwirker verfahren wird. Diese locker und weit gestrickten Strümpfe werden dort hierauf gewalkt und weiter zubereitet.

Eine besondere Zurichtung oder Appretur wird den gestrickten Arbeiten selten gegeben; außer man wollte das Färben und Bleichen einiger und das Absengen der zu langen Haare hierher rechnen. Das Färben richtet sich nach dem Materiale der Gespinnste, und kann daher füglich übergangen werden. Dergleichen Zurichtungen finden in der Regel nur dort Statt, wo größere Manufacturen bestehen, die von Landleuten die rohe Waare übernehmen und den weiteren Absatz auf eigene Gefahr besorgen.

Die Litzenstrickerey unterscheidet sich von der gewöhnlichen Strickerey gänzlich, und hat zum Zwecke, den Webern die zur Fabrication der gezogenen Artikel erforderlichen Litzen oder Schnüre zu liefern. Es wird hierzu meistens gewaschener dreydrähtiger Zwirn (vergl. Flachs- und Hanfgespinnste Nr. 65) verwendet; auch bedienen sich die Wiener Seidenzeug-

und Bandfabrikanten hierzu gern des venetianischen Litzen= oder Damastzwirns. Die Arbeit des Litzenstrickens wird insgemein bey den Fabrikanten und Webern von Weibspersonen verrichtet, und nur in größeren Städten, z. B. in Wien, beschäftigen sich hiermit auch eigene Litzenstricker. In commerzieller Beziehung ist aber die Litzenstrickerey ohne Belang.

Eine besondere Art der Strickerey ist noch das Häkeln, wodurch sich die schönsten, fast der Stickerey ähnlichen Gemählde in Seide hervorbringen lassen. Doch wird sie mehr für häuslichen Gebrauch, als für den Handel von einzelnen Frauenspersonen getrieben.

Der Handel mit gestrickten Waaren ist für solche Gegenden, wo die Strickerey noch allgemeiner betrieben wird, kein uneinträglicher Gewerbszweig, wiewohl er durch die Vermehrung der Strumpfwirkerstühle außerordentlich beschränkt worden ist; denn unläugbar haben die gestrickten Waaren vor denen, welche auf dem Stuhle gewirkt werden, viele Vorzüge, welche hauptsächlich in ihrer größeren Elasticität und längeren Dauer bestehen, nur geht ihre Verfertigung viel langsamer von Statten, als das Wirken. Noch vor einigen Jahren machte die Stadt Steyer im Lande ob der Ens nicht unbedeutende Geschäfte mit gestrickter weißer Waare, welche in der Stadt und in der Umgegend verfertigt wurde, und selbst bis ins Ausland Absatz fand. Auch Salzburg und Hallein haben mit ihren gestrickten Waaren im Inlande guten Absatz, wiewohl derselbe eben nicht ausgebreitet ist, und aus dem Thale Montafon gehen gestrickte wollene Handschuhe auch ins Ausland. Aus Siebenbürgen, besonders aus Kronstadt, wird jährlich ein beträchtliches Quantum wollener Fußsocken in die Walachey verführt.

Die Zollsätze auf die gestrickten Waaren sind zugleich mit den Sätzen auf andere aus gleichen Gespinnsten erzeugte Artikel bestimmt worden. Die Einfuhr aller gestrickten Waaren vom Auslande ist verbothen; bey der Einfuhr aus Ungarn aber bezahlen die leinenen gestrickten Waaren von 1 Pfund Sporco ½ kr., die baumwollenen von 1 Pfund 36 kr., die schafwollenen gestrickten Waaren ohne Beymischung vom Pfund 24 kr., und mit Beymischung eines fremden Stoffes vom Pfund 12 kr., die gemeinen wollenen Hauben, Socken, Strümpfe, Fäustlinge ꝛc. vom Cent. 16 fl. C. M. Bey der Ausfuhr nach dem Auslande oder nach den ungrischen Erbländern entrichten die leinenen gestrickten Waaren aller Gattungen von 1 Pf. Sporco $\frac{1}{2}$ kr., die seidenen Strümpfe, Handschuhe, Hauben ꝛc., auch von Floret- und Galletseide von 1 Pf. 1$\frac{1}{2}$ kr., die baumwollenen gestrickten Waaren von 1 Pf. $\frac{1}{4}$ kr., die schafwollenen ohne Beymischung von 1 Pf. $\frac{1}{2}$ kr., mit Beymischung $\frac{1}{4}$ kr., die ungrischen gemeinen wollenen Hauben, Socken, Strümpfe, Fäustlinge u. dgl. vom Ctr. 50 kr. C. M..

Die Preise sind nach Art der Arbeit, nach Verschiedenheit des Stoffes, nach Größe der Stücke, und nach mannigfaltigen Localitäts-Rücksichten ꝛc. sehr verschieden und können im Allgemeinen gar nicht angegeben werden. Nur von dem Halleiner Strumpffabrikanten Severin Wanerstorfer in Salzburg will man die Preise einiger Artikel mittheilen, da dort die Strickwaaren eigentliche Handelsartikel sind. Es kostete nähmlich im Sommer 1820 zu Salzburg: ein gestricktes baumwollenes Mannsleibchen 4 fl., ein solcher Frauen-Spencer 3 fl., ein extrafeines baumwollenes Kinderkleid 4 fl., ein solches Kinderleibchen 1 fl. 30 kr., ein ordinäres gestricktes Kinderleibchen 1 fl., eine extrafeine gestrickte Kinderhaube 40 kr., feine blau gemodelte Mannsstrümpfe das Dutzend 22 fl., dergleichen glatte Mannsstrümpfe das Dutzend 16 fl., feine weiße gestrickte Frauenstrümpfe das Dutzend 10 fl. C. M.

Erklärung der Muster.

A. Die gewöhnliche Strickerey.

Taf. I. Nr. 1. Grobe, glatte Strickerey aus roher ungewaschener Schafwolle, wie sie auf gemeine Strumpfe, Socken, Nachtleibchen ꝛc. angewendet wird.

Nr. 2. Grobe gestreifte Strickerey aus gewaschener Schafwolle, zu ähnlichem Gebrauche, auch auf Weiberröcke. Beyde Seiten dieser Arbeit sind recht.

Nr. 3. Feine gefärbte Strickerey aus Schafwolle, auf Strümpfe, Handschuhe, Beinkleider ꝛc.

Nr. 4 und 5. Gewöhnliche Strickereyen aus Baumwollzwirn.

Nr. 6. Gegitterte Strickerey aus Baumwollzwirn.

Taf. II. Nr. 7 und 8. Verschiedene gestreifte und quadrillirte Strickereyen aus Baumwollzwirn, auf Strümpfe, Nachtleibchen :c.

Nr. 9. Feine durchbrochene Strickerey aus weißem Flachszwirne.

Nr. 10. Feine glatte Strickerey aus weißem Baumwollzwirne mit farbigen Glasperlen.

Nr. 11 und 12. Glatte und gestreifte Strickerey aus weißem Flachszwirne, auf Strümpfe, Socken :c. Man zieht diese Strickerey aus Flachszwirn der Dauerhaftigkeit wegen jeder andern vor. Auch aus ungebleichtem Zwirne, dann aus Hanfzwirn werden mancherley Gegenstände gestrickt.

Nr. 13 bis 15. Künstlichere oder Luxus-Seidenstrickerey mit ungefärbten und gefärbten Glasperlen und mit Glasstiften.

Taf. III. Nr. 16 bis 19. Feine gestrickte Artikel in Modellen, aus Baumwollzwirn, von dem Strumpfwaaren-Fabrikanten Severin Wanerstorfer in Salzburg. Diese Artikel zeichnen sich durch schöne Arbeit und Form sehr aus. Als Muster besonderer National-Arbeiten dieser Art folgen hier:

Taf. IV. Nr. 20. Farbige Kindersocken, und

Nr. 21. Weiße Mannssocken, aus grober Schafwolle, beyde aus dem Bezirke des Peterwardeiner Gränzregiments in Slavonien.

Nr. 22. Fäustling, d. i. Handschuh bloß mit einem Daumen ohne Finger, aus grober, verschieden gefärbter Schafwolle, im Bezirke des Csaikisten-Bataillons gestrickt, wo man diese landesübliche Gattung Handschuhe Rukavizo nennt.

Taf. V. Nr. 23 und 24. Handschuhe mit Fingern und bloß mit dem Daumen aus grober gefärbter Schafwolle, beyde mit Messingknöpfen. Dieß ist eine Arbeit der Clementiner Weiber in den beyden Dörfern Hertkovze und Nikinze in Slavonien.

Nr. 25. Clementiner Mannssocken aus Slavonien, worüber im Sommer die Albaneser Opanken (Nationalschuhe) aus rohen Häuten getragen werden. Diese Socken sind aus grober gefärbter Schafwolle in verschiedenen Desseins, mit vorherrschendem Orange, gestrickt und an der Seite zum Schnüren gerichtet.

Taf. VI. Nr. 26. Clementiner Weiberstrumpf aus Slavonien, mit vielen Farben und Desseins, worin ebenfalls das Orange vorherrscht.

B. Die Litzenstrickerey.

Taf. VII. Nr. 27. Fertige gestrickte Litzen.

Nr. 28. Ganzer Flügel für die Kettenfäden auf den Webestuhl, so wie er wirklich angewendet wird.

Nebst den Tafeln ist noch beygeschlossen:

Nr. 29. Tabaksbeutel von gehakelter Arbeit.

IX. Abtheilung.

Die Strumpfwirker-Arbeiten.

Die Strumpfwirker-Arbeiten kommen darin mit den gestrickten Arbeiten überein, daß sie eben so wie diese, aus einem einzigen ungezwirnten oder gezwirnten Faden in Schlingen oder Maschen hervorgebracht werden, unterscheiden sich aber von ihnen wesentlich durch die Art ihrer Erzeugung, indem sie nicht mit Nadeln aus der Hand gestrickt, sondern mittels eigener künstlicher Maschinen gewirkt werden. Waren sie in früheren Zeiten auf wenige, und zwar auf eigentlich gewirkte, der Strickwaare ähnliche Artikel beschränkt, so hat die neuere Zeit, welche die meisten Gewerbszweige zu höherer Reife gebracht hat, die Strumpfwirker-Arbeiten nicht nur im Einzelnen vervollkommnet, sondern mit ganz neuen Gattungen von Fabricaten bereichert. Zum Unterschiede von den Strickern, welche bloß gestrickte Arbeiten liefern, werden diejenigen Professionisten, die sich mit der Verfertigung der gewirkten Waaren abgeben, Strumpfwirker, und größere Anstalten Strumpffabriken, Petinetfabriken u. s. w. genannt. Die Strumpfwirker bilden in allen österr. Provinzen eigene Zünfte, bey welchen die Lehrzeit auf 3 bis 4, und mit Kleidung auf 5 Jahre festgesetzt ist. Seit dem 13. April 1772 ist der niederösterr. Strumpfwirker-Zunft eine Innungs-Ordnung gegeben, wozu in der neueren Zeit noch nachträgliche Anordnungen gekommen sind. In diesen letzteren ist den Strumpfwirkern nicht nur gestattet worden, in Wolle, Leinengarn, Baumwolle und Seide zugleich unter Voraussetzung der gehörigen Prüfungen, zu arbeiten, sondern es ist seitdem auch ihr Arbeitsrecht genau festgesetzt. Es gibt nähmlich Gegenstände, welche nur von Strumpfwirkern ausschließend verfertiget und nicht auch von den Strickermeistern gearbeitet werden dürfen, und andere, welche beyde Zünfte gemeinschaftlich bearbeiten und verschleißen können. Ausschließend sind dem Strumpfwirker zugewiesen: alle gewirkten Erzeugnisse aus Seide, nähmlich Männer- und Damenstrümpfe, Handschuhe, Tricots, Westen, Schlafmützen, Beutel, Petinets, Frauenkleider, dann alle gewirkten Zwirn-, Schaf- und Baumwollwaaren von der mittleren bis zur feinsten Gattung; — gemeinschaftlich mit den Strickern: alle Gattungen gewirkter Zwirn-, Schaf- und Baumwollwaaren von der gröbsten bis zur mittleren Gattung; überdieß ist den Strumpfwirkern auch die Verfertigung und der Handel mit gestrickten Waaren unbeschränkt gestattet. Die Meisterprobe besteht in der Verfertigung von einem Paar Strümpfe derjenigen Art, deren Fabrication der Geprüfte ausüben will.

Nach der in den vorhergehenden Abtheilungen angenommenen Behandlungsart sollen auch die Strumpfwirker-Arbeiten nach zwey verschiedenen Gesichtspuncten betrachtet werden: 1) in Hinsicht auf ihre Verfertigungsart und auf die hierbey nöthigen Maschinen und Werkzeuge; 2) in Hinsicht auf die Materialien, die hierzu verwendet werden.

1) In Ansehung der Verfertigungsart muß vor allem bemerket werden, daß die gewirkten Arbeiten in 4 Hauptgattungen: a) in glatte Arbeiten, b) in Ketten-Arbeiten, c) in Petinets und spitzenartige Arbeiten, und d) in Tricots zerfallen, wovon jede Gattung eigener Werkzeuge und Handgriffe bedarf.

Die glatten Arbeiten, wohin vornehmlich die gewöhnlichen Strümpfe, Handschuhe, Beinkleider, Jacken rc.

gehören, werden auf dem gemeinen Strumpfwirkerstuhle gewirkt. Dieser ist entweder ein ordinärer Walzenstuhl, meist aus Holz, zu den gröberen Arbeiten; oder ein ordinärer Stuhl mit dem Rossel, Rösselstuhl oder Roßstuhl genannt, worauf sehr viele, auch feine Arbeiten geliefert werden können. Beyde führen den gemeinschaftlichen Nahmen des Cullirstuhls, so wie die darauf verfertigten Arbeiten auch Cullirarbeiten genannt werden. Ein solcher Stuhl besteht aus ungemein vielen, kunstlich zusammengesetzten Theilen, welche in dieser Darstellung wegen Mangel an Raum nicht vollständig angegeben werden können. Zu den Haupttheilen desselben gehören die oberen und unteren Platinen (Plateln), d. i. senkrechte Messingbleche vorne am Stuhle, durch deren ausgeschweifte Mitte die Nadelbleye gehen. Jedes Bley besteht aus 2 bis 3 Nadeln mit umgebogenen flachen Spitzen, in welchen sich eigentlich die Masche beym Wirken bildet. Vor den Platinen über den Nadeln hängt die Presse, d. i. eine eiserne Stange, die gegen die Platinen zu abgeschärft und polirt ist: sie gibt der Arbeit Festigkeit, indem sie die hervorragenden Nadelspitzen, wenn sie den Faden zu einer Masche drehen, so lange zusammendrückt, bis die Masche fertig ist, weil sonst die Fäden wieder herausgehen würden. Die Unden (Unten) steigen in einem Drahte auf und nieder, und berühren eine Reihe stählerner Griffel, welche in einen hölzernen Balken eingeschlagen sind. Vor diesen Griffeln oder Federn geht die Roßstange oder Walze vorüber, welche bey Baumwollwaaren oft von Holz, bey Seidenwaaren besser von Eisen ist. Diese Stange hat eine Vorrichtung, das Roß oder Rössel genannt, d. i. ein dreyeckiges Eisen, welches mit seinen Schenkeln auf der Stange hin- und hergezogen wird (reitet), und mit seinen über sich stehenden Spitzen die Unden in die Höhe hebt und wieder fallen läßt. Bewegt wird es durch die Schnur des Trittrades und durch die Schemmel. Bey dem Rösselstuhle sind die beweglichen Theile meist aus Eisen, bey dem Walzenstuhle hingegen sind hauptsächlich die Unden von Holz; sie werden bey dem Culliren durch eine hölzerne Walze bewegt, an deren Umfange sich in einer Spirallinie Zähne befinden. Auf diesen Stühlen nun werden alle glatten Waaren aus Leinenzwirn, Baumwolle, Schafwolle und Seide gewirkt.

Jeder Strumpf wird an dem obern breitern Ende angefangen, und zwar nach der ganzen Breite, weil man ihn nachher rund zusammennäht, was auch bey anderen Kleidungsstücken der Fall ist.

Um dem Strumpfe die erforderliche Gestalt zu geben, muß in der Breite bald zu-, bald abgenommen, d. i. die Anzahl der Maschen muß bald vermehret, bald vermindert werden. Dieß geschieht mit der Schaffnadel, womit man eine fertige Masche auf die benachbarte Nadel legt, oder mit dem Kettelholze, womit die Masche der zweyten Nadel auf die dritte benachbarte gehoben wird. Manche Strümpfe bleiben ohne Zwickel, andere erhalten Zwickel, welche entweder gleich in den Strumpf, so daß die Zwickelmaschen quer gegen die Strumpfmaschen laufen, oder abgesondert auf verschiedene Art gewirkt und in den Strumpf eingesetzt (angekettelt) werden. Man unterscheidet gewöhnlich schiefe Zwickel, Schweizer Zwickel, englische Zwickel, Spitzzwickel, durchbrochene Zwickel, geworfene Rankenzwickel. — Es können jedoch nicht alle Gattungen Waaren auf einem und demselben Stuhle verfertiget werden, wie schon oben, wo von dem Unterschiede zwischen dem Walzen- und Roßstuhle die Rede war, angedeutet worden; vielmehr muß man nach der Feinheit der Waare in der Einrichtung des Stuhles mancherley Änderungen, zumahl in der Feinheit und Anzahl der Nadeln vornehmen. Feinere Waare braucht immer mehrere und feinere Nadeln, als grobe Waare; zu feiner Seidenarbeit ist der Stuhl zusammengesetzter, und hat mehr Unden, mehr Platinen, mehr Nadeln, als zu feiner Wollarbeit. Man unterscheidet daher die Waare gewöhnlich nach der Anzahl der Nadeln, die zum Wirken gebraucht worden. So nennt man z. B. grobe Waare, wenn 10 Nadeln auf den Zoll kamen; 30nadlige Strümpfe gehören schon zur feinen Waare. (Vergl. die Erklärung der Muster, wo bey vielen die Anzahl der Nadeln genau angegeben ist.) Man macht sie in Wien jedoch schon bis Nr. 40, gewöhnlich aber nur bis 36. Mit diesen Nummern pflegt man hier auch die Stühle selbst zu benennen, die nun zum Theil nach französischer Art gebaut werden. Der Stuhl ist von verschiedener Breite, je nachdem die Gattung der Arbeit es erfordert. Eine besondere Art der auf dem Cullirstuhle verfertigten gewirkten Waare ist der sogenannte Pelz aus Baumwolle, wobey die gekrempelte Baumwolle in die Nadeln eingehängt und in die Maschen eingearbeitet wird. Es gibt einfachen und doppelten Pelz. Bey seidener Strumpfarbeit und anderen Seidenwaaren wird auch ein langhaariger Velpel angebracht, den der geschickte Strumpfwirker vorzuglich dicht und dauerhaft zu verfertigen im Stande ist. Eben so sind die Hosensäcke bloß ein Erzeugniß vom Culliristuhle und werden nach der Elle sowohl von Schafwolle, als von Baumwolle und Seide verfertiget. Bey dieser Gelegenheit muß des von dem Mechanicus Gottlieb Friedr. Schuster zu Pottendorf im J. 1817 erbauten selbstwirkenden Strumpfwirkerstuhles gedacht werden, welcher vom Wasser seine Bewegung erhält, und wobey zu 3 Stühlen ein einziger Mensch zum Aufstecken der Spulen und Anknüpfen der abgerissenen Fäden hinreichend ist. Er war dort vorzüglich durch die Unterstützung des wegen seiner Verdienste um die inländische Industrie rühmlichst bekannten Hrn. Hofrathes von Hartl zu Stande gebracht worden, wird aber seit der Entweichung des Erfinders (J. 1819) nicht mehr benutzt.

Die Kettenarbeiten werden auf einem Maschinstuhle ohne Roß, dem sogenannten Kettenstuhle gewirkt, an welchem die Unden und alle zum Culliren erforderlichen Theile ganz fehlen, wogegen die Fäden, woraus der Strumpf gewirkt werden soll, in Form einer Kette, wie beym Webestuhle, auf eine Walze gewickelt werden. Diese Walze ist vor den Nadeln an dem Gestelle des Stuhls angebracht, und durch Überlegung der einzelnen Fäden von einer Nadel zur andern wird das Wirken verrichtet. Die Maschen laufen bey dieser Arbeit kreuzweise, d. i. auf einer Seite laufen sie in gerader Richtung herab, auf der andern Seite im rechten Winkel quer über die ganze Breite des Stoffes. Es lassen sich auf diesem Stuhle die mannigfaltigsten und feinsten Arbeiten verfertigen, zumahl wenn die schicklichen Abänderungen an demselben angebracht werden. Vor allem verdienen die geblumten Arbeiten erwähnt zu werden, welche der geschickte Strumpffabrikant Franz Huter in Wien vor meh-

Ee 2

reren Jahren verfertiget hat. Die Seide hierzu wurde nicht chinirt, sondern es wurde die gespannte Kette (wie beym gemahlten Sammt) mit Pinseln gemahlt, wodurch sich diese Arbeit von der aus chinirter Seide verfertigten unterschied. Diese mühsame Arbeit hat jedoch ganz aufgehört, da man dieselbe Wirkung mittels des Farbendrucks viel wohlfeiler hervorbringen kann. Auf manchen Kettenstühlen wird auch Petinet verfertiget, und diese Stühle werden gewöhnlich Doppel-Kettenstühle genannt. Sie sind $\frac{6}{4}$ bis $\frac{8}{4}$ Wiener Ellen breit. Hierher gehört ferner die sogenannte durchbrochene Cullirarbeit, wozu oben am Stuhle die Wurfmaschine angebracht wird. Endlich verdienen bey Gelegenheit der Kettenarbeiten noch die von dem Fabrikanten Math. Opferkuh im J. 1812 aufgestellten Patent-Kettenstühle (Drehstühle) eine auszeichnende Erwähnung. Vorne befand sich eine Kette, der Umtrieb des ganzen Stuhls geschah von einer einzigen Arbeiterinn oder einem Kinde sehr leicht an einer kleinen Kurbel; das Wesentliche hierbey war eine Scheibe seitwärts vom Stuhle. Es wurden auf dieser Patentmaschine bloß seidene Patentstrümpfe, Hosensäcke, Tabaksbeutel u. dgl. verfertiget. Jedoch hat der Gebrauch dieser Stühle wieder aufgehört.

Die Petinets sind leichte, aus Seide, Baumwolle oder Leinenzwirn gewirkte, mit vielen regelmäßigen Öffnungen versehene Stoffe, die zwar häufig auf dem Cullir- und Kettenstuhle, meist aber auf eigenen Petinetstühlen oder mittels der an dem Kettenstuhle angebrachten Petinetmaschine verfertiget werden. Ungemein vielfältig sind die Desseins, in welchen man den Petinet wirkt, und eben deßhalb muß der Strumpfwirker die erforderlichen Änderungen der Maschine zu bewirken wissen. Es gibt hierzu französische oder Lyoner, und englische Petinetmaschinen, Berliner Schraubmaschinen u. dgl., die zum Theil für sich, zum Theil auf dem Kettenstuhle angewendet werden; und zum sogenannten Cullir-Petinet nach französischer Art, der viel feiner im Faden ist, als der gewöhnliche Petinet, bedient man sich der Bajonetmaschine. Der Fabrikant Adam Dill in Wien vereinigte im J. 1827 die Lyoner Petinetmaschine und die Berliner Schraubmaschine auf einem französischen Cullirstuhle, und verfertigte auf solche Art Umhängtücher à jour mit eingearbeiteten Borduren, dann große und kleine Bajadere von verschiedenen Farben und Mustern; ja im J. 1819 brachte er es dahin, die Lyoner und Berliner Maschine in eine einzige Maschine zu verbinden, und damit nach seiner Willkühr die verschiedenen Desseins beyder Maschinen auf dieser einzigen zugleich zu verfertigen. Der Strumpf- und Petinetwaarenfabrikant Franz Michelmann brachte im J. 1818 eine andere zweckmäßige Verbesserung der Stuhleinrichtung zur Erzeugung sehr feiner Petinets zu Stande. Der Mechanicus Gottlieb Friedr. Schuster zu Pottendorf, der sich schon durch seinen selbstwirkenden Strumpfwirkerstuhl ein Verdienst erworben hatte, führte im J. 1812 einen künstlichen Petinet-Maschinenstuhl aus, welcher doppelt war, d. i. auf beyden Seiten wirkte, auf deren jeder er von einem Knaben zum Einlegen der etwa reißenden Fäden bedienet wurde. Jede Seite verfertigte in einer Stunde fast eine Elle Petinet, 2 Ellen breit, mit doppelt geschlungenen Maschen, sowohl glatt, als mit verschiedenen Desseins. Der Petinet ist nähmlich entweder ganz glatt, und zwar eigentlicher Petinet mit gleich großen Öffnungen, und Blond-Petinet mit größeren und kleineren Öffnungen, oder er ist gestreift, gewürfelt, broschirt, auf verschiedene Art gemustert, mit Streifen glacirt u. s. w., oder er ist sogenanntes Petinet-Dünntuch mit schmalen und breiteren Streifen. Eine ähnliche Arbeit sind die Petinetspitzen oder Entoilages, welche man ebenfalls glatt, gemustert u. s. w. wirkt. Der Strumpfwirker Anton Römisch in Wien hat im J. 1820 zum ersten Mahl auch Stuhlblonden zu Stande gebracht, welche eben so gut verknüpft sind, wie die echten Blondspitzen. Von dem in Farben quadrillirten Petinet ist noch insbesondere anzuführen, daß er auf einem Doppel-Kettenstuhle mit Schützen gearbeitet wird, welches eine Erfindung des Hrn. Adam Dill in Wien vom J. 1817 ist. Vor einigen Jahren machte man im Inlande den Petinet nicht breiter, als $\frac{4}{4}$ bis $\frac{7}{4}$ Wiener Ellen; seit 1808, wo die Petinet-Arbeiten in Wien so sehr in Aufnahme gekommen sind, macht man ihn gewöhnlich $\frac{8}{4}$ breit, und Franz Michelmann und Anton Römisch daselbst waren unter den Ersten, welche sich mit den breitesten Stühlen auf 3 Ellen einrichteten.

Die Tricots werden gleichfalls auf Doppel-Kettenstühlen gewirkt, die eben so verschieden eingerichtet werden können, als es selbst Varietäten dieses Stoffes gibt. Eine der künstlichsten Maschinen, welche auf Tricot errichtet wurden, ist der von dem Pottendorfer Mechanicus Gottlieb Friedr. Schuster im J. 1817 ausgeführte Tricot- oder Strickmaschinenstuhl, der einen von dem gewöhnlichen Strumpfwirkerstuhle wesentlich verschiedenen Mechanismus hat. Derselbe arbeitet gleichfalls doppelt, und liefert auf jeder Seite ein abgesondertes Tricotstück von Schafwolle, Baumwolle, Leinenzwirn oder Seide, 2⅛ W. Ellen breit. In jeder Stunde können auf einer Seite 2 Ellen, folglich zusammen 4 Ellen verfertiget werden.

Bey den vielseitigen Bestrebungen, die Strumpfwirker-Arbeiten zur höchsten Vollkommenheit zu erheben, und den französischen und englischen Waaren den Eingang zu versperren, mußten mancherley Verbesserungen und neue Erfindungen in der Construction und Einrichtung, so wie in der Anwendung der Stühle gemacht werden, wie denn auch im Auslande eine Menge verschiedener Strumpfwirkerstühle zum Vorscheine gekommen ist. Schon oben wurde mehrerer im Inlande gemachter Verbesserungen und Erfindungen erwähnt, und mancher fremder Maschinen gedacht, welche im Inlande zur nützlichen Ausführung gebracht worden sind. Die von dem Mechanicus Gottlieb Friedr. Schuster durch Unterstützung des Hrn. Hofrathes von Hartl zu Pottendorf errichtete Petinet- und Tricotmaschine, dann dessen selbstwirkender Strumpfwirkerstuhl haben das Auszeichnende, daß sie sämmtlich durch Wasser getrieben werden und sehr vorzügliche Fabricate liefern. Der Erfinder erhielt auf seine Petinet- und Tricotmaschine den 23. Octob. 1817 ein zehnjähriges, und auf seinen selbstwirkenden Strumpfwirkerstuhl den 20. April 1818 ebenfalls ein zehnjähriges ausschließendes Privilegium für die ganze Monarchie. Hierzu gesellet sich noch die Erfindung eines ganz neuen Mechanismus, vermöge dessen jeder gemeine Strumpfwirkerstuhl zum Betriebe durch Wasserkraft an die Stelle der Menschenhände, hergestellt werden kann.

Ein anderes fünfjähriges Privilegium wurde den 15. und 18. Sept. 1818 dem Paul Uboldi in Mailand auf die von ihm erfundene Vorrichtung beym Strumpfwirkerstuhle, zur Verfertigung der Baumwoll-Strickwaaren mit schafwollenem Eintrage ertheilt, jedoch nur für den Umfang des lombardisch-venetianischen Königreiches. Im J. 1807 verfertigte Spär in Wien die sogenannten platirten Patentstrümpfe. Endlich verdient noch der von dem geschickten und äußerst thätigen Schlosser und Spinnmaschinerbauer Gottfried Preißger zu Schönlinde in Böhmen im J. 1818 neuerfundene Strumpfwirkerstuhl eine Erwähnung, welcher nach einer Nachricht im Hesperus gar keiner Presse bedarf, und daher auch für den kleinsten Arbeiter brauchbar ist, worauf jeder Arbeiter um ⅓ mehr, als auf dem gewöhnlichen Stuhle soll verfertigen können u. s. w.

Strumpfwirkerstühle, Petinetstühle aller Art, so wie alle einzelnen Maschinen werden gegenwärtig in Wien von besonderer Vollkommenheit verfertiget, worin sich die Schlossermeister Salomon Wiedemann und Arzt vor Anderen auszeichnen. Ehemahls sind viele Petinetstühle aus den teutschen Kreisen Böhmens nach Wien gebracht worden. Ein vollkommener Petinetstuhl, der vor einigen Jahren 2000 fl. Bancozettel gekostet hatte, kam im Herbste 1820 auf 5 bis 600 fl. W. W. zu stehen, ein Rösselstuhl auf 100 bis 150 fl. W. W.

2) Was die Materialien zu den Strumpfwirker-Arbeiten anbelangt, so werden hierzu Leinengarn oder Zwirn, gezwirnte Baumwoll-, Schafwoll- und Anpragespinnste, endlich Seide verwendet. Flachsgarne und Zwirne werden meistens auf Hauben, Strümpfe, Fußsocken und Handschuhe verarbeitet, und kommen größten Theils aus Böhmen und Schlesien unter dem Nahmen der Strickzwirne. Man verarbeitet sie zwey- und dreydrähtig; doch dürfen sie nur locker gezwirnt seyn. Die Baumwollzwirne oder sogenannten Strickgarne beziehen die Strumpfwirker theils von den einzelnen Zwirnern, theils aus der Pottendorfer Spinnfabrik, und nur zu den feinsten Strümpfen und Petinets wird in der Regel englisches Gespinnst genommen. Baumwollgarne von der Feinheits-Nr. 60 geben schon feine Strümpfe, die höheren Gespinnste bis Nr. 100,

120, 150 und 200 superfeine Strümpfe; zu Bauernstrümpfen, wozu das Gespinnst vorher meist blau gefärbt wird, nimmt man Garne von der Feinheits-Nr. 20. Man rechnet auf ein Paar solcher ordinärer Strümpfe 6 bis 8 Loth Garne. Die Baumwoll Petinets macht man theils aus einfachen, theils aus gezwirnten Garnen, und verwendet sie häufig zu sehr ordinären Spitzen. Die gezwirnten Schafwollgarne kauft der Wiener Strumpfwirker größten Theils für seinen Bedarf schon zugerichtet. Es sind meist zweyfache locker getrehte Zwirne aus Krempelwolle, seltener aus Kämmwolle. (Vergl. Schafwollgespinnste Nr. 199, 200, 203 bis 206, 216 bis 218, 148.) Sie werden schon in der Wolle gefärbt, nach Bedarf jedes Landes, z. B. blau, grün, roth, schwarz. Die Angoragespinnste werden ebenfalls schon zugerichtet angeschafft, die Seide hingegen wird roh gekauft, dann gefärbt und vom Strumpfwirker selbst dublirt. Man nimmt sowohl gute Organzin oder Trama, als schlechte Floretseide. Eine besondere Gattung der für Strumpfwirker bestimmten, und hauptsächlich in Frankreich und in der Schweiz angewendeten Seide ist die Bobinaseide, welche gar nicht ordentlich filirt, sondern aus 7, 10 bis 12 rohen Faden sehr locker gedreht wird. Die Strümpfe erhalten durch diese Zurichtung eine ausgezeichnete Weiche und Elasticität.

Weitere Zurichtung der Strumpfwirker-Arbeiten.

Die große Mannigfaltigkeit der Strumpfwirker-Arbeiten verlangt eine eben so mannigfaltige Zurichtung; denn viele sind so, wie sie vom Stuhle genommen werden, noch zu roh und daher wenig brauchbar, und bey anderen ist das Wirken nur als eine Art von Vorarbeit zu betrachten, indem der eigentliche Werth der Fabricate nicht im Stoffe, sondern in der weiteren Zurichtung und Vollendung aus der Hand besteht, wie dieß z. B. bey den falschen Blondspitzen u. s. w. der Fall ist. Leinene Strümpfe müssen, wenn sie nicht schon aus gebleichtem Zwirne gewirkt sind, sehr sorgfältig gebleicht werden, und selbst wenn weißer Zwirn hierzu genommen worden, bedürfen sie noch eines fleißigen Waschens, um den erforderlichen hohen

Grad der Weiße zu erlangen. Eben dieß ist der Fall bey den baumwollenen Strümpfen, welche entweder schon aus gebleichtem Strickgarne gewirkt, oder nach dem Absengen der vorstehenden Fäden an der Sonne oder mittels der oxydirten Salzsaure vollends weiß gebleicht werden müssen. Zu den gefärbten nimmt man lieber schon gefärbte Baumwollgespinnste, obwohl das Färben häufig auch erst nach dem Wirken geschieht. Die Form erhalten alle durch das Ausspannen über dem Formbrete, auf welchem man sie nach dem Zusammennähen, Waschen und Ausspülen trocknet. Die wollenen Strümpfe und andere wollene Strumpfwirker-Waaren bleiben entweder glatt, und dann werden sie über einem Flammfeuer abgesengt, und durch Pressen zwischen Preßspänen und heißen Metallplatten glatt und glänzend gemacht, oder sie erhalten eine tuchartige Zurichtung, zu welchem Ende man sie in heißem Seifenwasser walket, mit Karden aufrauchet, und mit einer großen Schere schert — lauter Arbeiten, welche, so wie das Schwefeln und Färben, mit Ausnahme des Walkens, gemeiniglich im Hause des Strumpfwirkers verrichtet werden. Die seidenen Strümpfe werden ebenfalls abgesengt, in warmem Seifenwasser gewaschen, wenn sie weiß bleiben sollen, mit etwas Indigo gebläuet, und endlich, nachdem sie ausgerungen, geklopft und über das Strumpfbret gezogen sind, so lange gerollt, bis sie trocken sind. Viele seidene Strümpfe werden aus roher Seide gewirkt, und erst im fertigen Zustande schwarz gefärbt, wie z. B. die ehemahligen Neapolitaner Strümpfe; jetzt werden sie in Wien auch aus schwarzer Seide gewirkt. Diejenigen Strümpfe oder sonstigen Strumpfwirker-Arbeiten, welche einen Velpel haben, müssen so, wie es beym seidenen Velpel erwähnt worden, aufgeschnitten werden, indem man die längeren Maschen mittels eines Messers zertheilt. Manche seidene Kettenarbeiten, z. B. Shawls, Umhängtücher, Beutel rc. sind in der neuern Zeit mit Farben, und zwar mit gewöhnlichen Modeln, mit Platten und Steinen gedruckt worden, welche Arbeit im Wesentlichen mit dem Drucken der Seidenstoffe übereinkommt. Am häufigsten aber werden die Petinets-Arbeiten verschiedenen Zurichtungsarten unterzogen. Der glatte und façonnirte Petinet, so wie die Petinet-Entoilages, werden, um einen gewissen Grad von Steife zu erlangen, mit Stärke oder Gummi appretirt. Andere Petinets werden mit ausgehauenen Blättern und Verzierungen von Atlas mittels Gummileims aufgelegt, andere mit weißer dicker Farbe gedruckt, andere mit einem firnißartigen Pappe vorgedruckt, und mit weißer oder gefärbter Velutir-Baumwolle bestäubt; andere Petinets und Entoilages endlich mit gezwirnter Baumwolle oder mit Seide ausgenäht oder tamburirt, und auf solche Art zu falschen Blondspitzen, zu aufgelegten Spitzen, zu ausgenähten und tamburirten Spitzen und Tüchern, zu gestickten Voiles (Schleyern) u. s. w. umgestaltet.

Zustand der Strumpfwirkerey im österreichischen Kaiserstaate.

Das lombardisch-venetianische Königreich ist in der Verfertigung feiner gewirkter Strumpfwaaren allen übrigen Provinzen vorangegangen, und Venedig gehört unter diejenigen Städte, welche den im J. 1589 in England erfundenen Strumpfwirkerstuhl auf dem Continente zuerst ausgeführt haben, indem diese Erfindung im J. 1614 durch den damahligen venetianischen Gesandten Antonio Correr aus England nach Venedig gebracht wurde, von wo sie bald darauf nach Udine und nach Gradisca kam, während diese Maschine in Teutschland erst seit dem J. 1690 bekannt seyn soll. Gegenwärtig sind fast in allen Provinzial-Hauptstädten des Königreichs Strumpfwirkerstühle in Thätigkeit, welche seidene und galletseidene, zwirnene und baumwollene Strümpfe glatt und in mancherley Mustern verfertigen. Mailand, Como, Mantua und Venedig liefern die meisten und schönsten Arbeiten, und in Mailand insbesondere zeichnen sich durch ihre gewirkten Waaren Galbiati, Paul Uboldi, Joseph Bellini, Jos. Ponzio und Borde u. Comp., in Venedig Barthol. Belleri durch seine Pelzhandschuhe vortheilhaft aus. — Nach dem lombardisch-venetianischen Königreiche dürfte das Land unter der Ens und besonders die Hauptstadt Wien wegen der schönen Arbeiten dieser Art zu nennen seyn. Es bestehen hier außer 3 k. k. priv. Fabriken noch 45 Fabrikanten oder Befugte, und

136 Strumpfwirkermeister, welche alle in diese Abtheilung gehörigen Fabricate von seltener Schönheit und Vollkommenheit liefern. Die bedeutendsten Fabriken und Werkstätten haben daselbst Adam Dill, der die meisten Gattungen von Strumpfwirker-Waaren liefert, dann Franz Michelmann, Jac. Pasemann, Joh. Christ. Hoyer, Philipp Mattel, Anton Römisch, der sich besonders durch seine schönen Petinets auszeichnet, Konrad Riebelmann, Konrad Senn und Ostertag, welche alle Gattungen Baumwoll- und Seiden-Petinets wirken, und Weber, der die feinsten Zwirnarbeiten verfertiget; in groben Waaren verdienen genannt zu werden Wilhelm Lydin und Adam Turiet, der eine aus ungefähr 10 Stühlen bestehende Baumwoll-Strumpffabrik nach Halleiner Art betreibt u. a. m. Die Adam Dillsche priv. Fabrik von Petinets und gewirkten Waaren besteht als solche seit April 1818, nachdem sie schon im J. 1811 im Kleinen war begonnen worden. Der Eigenthümer strebte gleich anfänglich dahin, eine vollständige, mit englischen und französischen Maschinen und Stühlen versehene Fabrik zu errichten, um alle im Auslande verfertigten Artikel auch hier erzeugen zu können. Im J. 1812 machte derselbe die Erfindung, den französischen Petinet aus einem einzigen Organzinfaden mit doppelter Bindung zu verfertigen, so daß er sich nicht, wie der französische, beym Putzen ablösete. Die aus diesem Etablissement hervorgegangenen Ketten-Petinets und Tricots fanden wegen ihrer Schönheit und Güte häufige Nachfragen, daher denn in den J. 1816 und 1817 die vorzüglichsten französischen Cullir- und Doppel-Kettenstühle angeschafft wurden. Im J. 1817 erfand Dill, wie oben gesagt ward, die Methode, auf einem Doppel-Kettenstuhle mit Schützen zu arbeiten, und auf einem französischen Cullirstuhle die Lyoner Petinetmaschine und die Berliner Schraubmaschine zu vereinigen, und à jour-Umhängtücher mit angearbeiteten Borduren zu verfertigen. Um es in der Verfertigung aller gewirkten Waaren zu einem noch höheren Grade der Vollkommenheit zu bringen, ließ der Eigenthümer im J. 1818 neue Cullir-Strumpfstühle bauen und mit allen nöthigen Maschinen versehen, was auch im J. 1819 auf baumwollene und zwirnene Strümpfe ausgedehnt wurde. In demselben Jahre erfand er,

wie ebenfalls schon gemeldet wurde, eine Methode, die Lyoner Petinetmaschine und die Berliner Schraubmaschine in eine einzige Maschine zu verbinden. Im J. 1820 wurde die Fabrik noch mit einer neuen Erfindung, nähmlich mit einer dritten Maschine auf dem Doppel-Kettenstuhle vermehrt, um verschiedene neue Entoilages und façonnirte Petinets zu verfertigen. So ist die Fabrik allmählich dahin gekommen, daß sie gegenwärtig 12 Stuhle in Thätigkeit erhält, und gegen 50 Arbeitern Brot und Beschäftigung gibt. Auf dem Lande sind in der Reihe der Anstalten, welche gewirkte Waaren erzeugen, nicht die künstlichen, von dem Mechanicus Gottlieb Friedr. Schuster zu Pottendorf errichteten Stühle und Maschinen, obschon sie gegenwärtig außer Betrieb sind, zu übersehen, da sie sich durch vollendetes Fabricat so sehr auszeichnen. Dem Vernehmen nach sollen diese Maschinen sich jetzt in Wien befinden. Die Zahl der übrigen Strumpfwirkermeister auf dem flachen Lande ist nicht bedeutend, da sie im J. 1811 nicht mehr als 44 Stühle betrieben haben, während Wien allein in den 6 privilegirten Fabriken 119, bey den 40 Fabrikanten 130, und bey den 127 Bürgern und Meistern 362, folglich zusammen 611 Strumpfwirkerstühle gezählt hatte. Von den früher bestandenen Werkstätten dieser Art dürfen als ausgezeichnet noch genannt werden: die Fabrik von Mathias Opferkuh wegen ihrer Drehstühle, die Fabrik von Franz Hutter, welche 44 Stühle hatte, wegen der Verschiedenartigkeit ihrer Arbeiten, und die Werkstätte von Joh. Hofmann wegen der schönen Petinets. — Im Lande ob der Ens werden viele und gute Strumpfwirker-Arbeiten, größten Theils für den Landesbedarf, verfertiget, zumahl im Salzburger Kreise, wo Salzburg und Hallein durch ihre gestrickten und gewirkten Strumpfwaaren sich schon seit vielen Jahren auszeichnen. — Böhmen liefert eine außerordentliche Menge gewirkter Waaren aus Schafwolle, Baumwolle und Zwirn, und man hat es darin seit einigen Jahren sehr weit gebracht. Die meisten Schafwollwaaren werden von den Strumpfwirkern zu Gratzen, Brünnel, Heilbrunn, Schweinitz und Kaplitz im Budweiser Kreise, von den Strumpfwirkerzünften zu Wildstein und Flüssen im Elbogner Kreise, von den Strumpfwirkerzünften zu Oberleirensdorf auf der Herrschaft Dux, und zu Böhmisch-Leippa im Leitmeritzer, dann zu Strakonitz im Prachiner Kreise; baumwollene Waaren von den Strumpfwirkern der Ht. Gratzen, von der Zunft zu Wildstein, ferner zu Asch im Elbogner und zu Schönlinde, Merkersdorf, Alt-Ehrenberg ꝛc. im Leitmeritzer Kreise verfertiget; Zwirnstrümpfe kommen von Schönlinde, Hainspach, Warnsdorf ꝛc. Zu Lichtenstadt auf der Herrschaft Schlackenwerth werden Strümpfe aus englischem Baumwollgespinnste bis zur Feinheits-Nr. 140 gewirkt. — In den übrigen Provinzen ist die Strumpfwirkerey, mit Ausnahme von Mähren und Schlesien, von geringer Bedeutung, indem man theils nur die ordinärsten Artikel, und theils nur sehr unansehnliche Quantitäten erzeugt.

Der Handel mit Strumpfwirker-Waaren ist daher ganz zum Vortheile des lombardisch-venetianischen Königreichs, des Landes unter und ob der Ens, dann Böhmens, Mährens und Schlesiens, welche beynahe den ganzen österr. Staat mit gewirkten Waaren versorgen. Das lombardisch-venetianische Königreich verschickt noch viele seiner seidenen Strümpfe, die sonst auch im Auslande Absatz gefunden haben; Wien verschickt seine gewirkten Waaren meistens nach Steyermark, Kärnten, Illyrien, Italien und Ungarn, und seine Petinets-Arbeiten auch nach Böhmen, Mähren, Schlesien und Galizien; leinene Strümpfe werden aus dem nördlichen Böhmen, schafwollene aus Böhmen, Mähren, Schlesien und Oberösterreich weiter versendet. Die gewalkten Durer Strümpfe gehen seit kurzem bis nach Italien. Selbst nach Leipzig sind in der neueren Zeit von Wien aus Waaren geschickt worden, ungeachtet noch immer auch sächsische Strumpfwirker-Waaren über die Gränze hereinkommen.

Um diesen Handel im Inlande mehr zu beleben, die Ausfuhr zu erleichtern, und die Einfuhr ganz zu beseitigen, sind in den Jahren 1817 bis 1819 auch auf die Strumpfwirker-Arbeiten neue gleichförmige Zollabgaben gelegt worden, welche für alle Gränzen der Monarchie gelten. Die Einfuhr aller gewirkten Waaren ist im Allgemeinen verbothen; die Zölle sind ganz dieselben, wie bey den gestrickten Waaren. (Vergl. die vorhergehende Abth.)

Was die Preise der Strumpfwirker-Waaren anbelangt, so müssen die eigentlichen Strumpfwaaren von den sämmtlichen Petinets-Arbeiten wohl unterschieden werden. a. Gewirkte Strumpfwaaren. Im November 1820 kam das Paar blauer Halleiner Strümpfe zu Wien auf 2 fl., weiße baumwollene Strümpfe das Dutzend Paar bis auf 30 fl., mittelfeine Zwirnstrümpfe auf 10 bis 12, ganz feine durchbrochene Zwirnstrümpfe auf 50, 70 bis 80, selbst bis 130 fl. W. W. und noch höher, seidene fast eben so hoch; grober gewirkter Stoff auf Bauernröcke ꝛc. stand zu 2 fl., baumwollene ordinäre Pelzarbeit ebenfalls zu 2 fl. W. W. pr. Elle. b. Petinets-Arbeiten. Die Elle vom $\frac{6}{4}$ breiten Seiden-Petinet stand zur selben Zeit zu 2 fl. 15 kr., vom $\frac{7}{4}$ breiten zu 2 fl. 45 kr., vom $\frac{8}{4}$ breiten zu 3 fl. W. W., baumwollener Petinet kostete 1 fl. 15 kr. bis 2 fl., die seidenen Entoilages kamen pr. Elle auf 8 bis 30 kr., die ausgenähten baumwollenen Petinets-Spitzen auf 1 bis 2 fl., die unechten Blondspitzen auf 1 bis 2 fl., die schwarzen Petinets-Umhängtücher auf 20, 30 bis 40 fl. W. W. — In der Adam Dillschen Fabrik zu Wien, wo vorzüglich schöne Waare verfertiget wird, waren im November 1820 folgende Preise in C. M. festgesetzt. Männer-Handschuhe 9 fl. 36 kr., Damen-Handschuhe 12 fl. das Dutzend Paar, seidene Schlafmützen 19 fl. 12 kr. das Dutzend; feine und ordinäre baumwollene weiße Damenstrümpfe von 6 bis 18 fl., Männerstrümpfe von 12 bis 24 fl., baumwollene weiße à jour-Damenstrümpfe 58 bis 72 fl., baumwollene weiße Männer-Halbstrümpfe 4 fl. 48 kr. bis 7 fl. 12 kr. das Dutzend Paar; feine und ordinäre seidene lange Damenstrümpfe 30 bis 53 fl., Männerstrümpfe 53 fl. bis 67 fl. 12 kr., Männer-Halbstrümpfe 29 bis 39 fl., à jour-Damen- und Männerstrümpfe 86 fl. 24 kr., à jour-Männer-Halbstrümpfe 53 fl. das Dutzend Paar; superfeine baumwollene Damenstrümpfe 36 fl., und Männerstrümpfe 48 fl., superfeine seidene Damenstrümpfe 53 fl. und Männerstrümpfe 67 fl.; glatte baumwollene Hosensäcke das Stück 4 fl., baumwollene Hosensäcke auf englische Art 4 fl. 48 kr., seidene auf englische Art 14 fl. das Stück; seidene Belpel 2 fl. 48 kr. die Elle. — Seiden-Petinet $\frac{6}{4}$ br. 1 fl., $\frac{7}{4}$ br. 1 fl. 12 kr., $\frac{8}{4}$ br. 1 fl. 24 kr.

die Elle, glatter Baumwoll-Petinet 45 kr., façonnirter 1 fl. 12 kr. die Elle, Petinet in allen Farben $\frac{6}{4}$ br. 1 fl., Petinet-Dünntuch in allen Farben 1 fl. bis 1 fl. 12 kr. die Elle; ordinäre Entoilages Nr. 1 zu 3 kr., Nr. 2 zu 4 kr., Nr. 3 zu 5 kr., Nr. 4 zu 6 kr., Nr. 5 zu 7 kr. die Elle; feine Entoilages in allen Desseins Nr. 1 zu 6 kr. die Elle, und jedes folgende Nr. bis Nr. 7 um 2 kr. theurer; unechte Blondspitzen 10 bis 50 kr., Brillant-Spitzen 3 fl. die Elle; Petinet Spitzenkleider mit Borduren 8 fl., schwarze und weiße gestickte Petinet-Umhängtücher $\frac{5}{4}$ br. 3 fl., $\frac{6}{4}$ br. 4 fl., $\frac{7}{4}$ br. 5 fl., $\frac{8}{4}$ br. 6 fl. bis 6 fl. 24 kr., schwarze und weiße gestickte Voiles und Fürtücher zu 2 fl. 24 kr. bis 4 fl. 24 kr., in Farben quadrillirte halbe und ganze Petinet-Tücher 2 bis 8 fl., ganze à jour-Tücher mit Borduren 9 fl. 36 kr., große und kleine Bajadere in allen Farben und Schattirungen 4 bis 12 fl. das Stück.

Erklärung der Muster.

A. Glatte Strumpfwirker-Arbeiten.

Taf. I. Nr. 1. Rohe, ungewalkte Schafwoll-Arbeit, sogenannte Castorarbeit auf Bauernstrümpfe u. dgl. Dieser Stoff ist auf dem gemeinen Roßstuhle, mit 10 Nadeln auf den Zoll, gewirkt und wird daher 10nadlige Arbeit oder auch Nr. 10 genannt.

Nr. 2. Eben solche weiße Arbeit von demselben Stuhle, auf Bauernröcke, Jacken u. dgl.

Nr. 3 und 4. Gewalkte Schafwoll-Arbeiten, die sich von den vorstehenden durch ihren Filz unterscheiden.

Nr. 5 und 6. Schafwollene, etwas feinere Stoffe vom 14nadligen Stuhle, auf Handschuhe, Strümpfe 2c. Das letzte Muster ist auch gefärbt.

Taf. II. Nr. 7. Glatte Arbeit aus Kämmelhaargarn, vom Roßstuhle mit 18 Nadeln auf den Zoll.

Nr. 8. Dichter gewalkter Schafwoll-Filz aus England, ein besonders fester Stoff, welcher zum Poliren der Augengläser gebraucht, und zu dem Ende noch kürzlich aus England eingeführt wurde. Wegen dieser Benutzung, und weil das Inland nichts Ähnliches fabricirt, hat man dieses Muster hier eingereihet.

Nr. 9. Glatte baumwollene Strumpfarbeit, von 14 Nadeln auf den Zoll.

Nr. 10. Etwas feinere Baumwoll-Arbeit von 15 Nadeln.

Nr. 11 und 12. Sogenannte Haller oder Halleiner Strumpfarbeit aus blau gefärbtem Baumwollgespinnste, 25 Nadeln auf den Zoll.

Nr. 13 und 14. Gefärbte Haller Arbeit von gleicher Feinheit. Diese Gattung gehört noch zur ordinären Arbeit, und wird ungemein stark zum Gebrauche der Landleute verfertiget. Man rechnet im Durchschnitte, daß jeder Strumpfwirker-Geselle in der Woche, d. i. in 6 Tagen 2 Dutzend Paar verfertigen könne. Von der mittelfeinen Gattung können dagegen in einem Tage nur 5 Stück oder höchstens 3 Paar gewirkt werden.

Taf. III. Nr. 15. Weiße baumwollene Pelzarbeit vom Cullirstuhle mit 16 Nadeln auf den Zoll. Dieser Stoff ist auf einer Seite glatt, auf der andern rauch, welches durch Einwirken gekrempelter Baumwolle hervorgebracht wird. Man arbeitet auf solche Art Handschuhe, Strümpfe, Jacken &c., und verfertiget den Stoff auch nach der Elle.

Nr. 16. Gefärbte Pelzarbeit gleicher Art.

Nr. 17 und 18. Gefärbte glatte Strumpfarbeit, wie Nr. 15 und 16, jedoch nicht rauch.

Nr. 19. Rohe glatte Strumpfarbeit aus ungebleichter Baumwolle, 15nadlig.

Nr. 20. Dieselbe halbgebleicht, oder richtiger aus gebleichter Baumwolle.

Nr. 21. Glatte gefärbte Strumpfarbeit derselben Gattung. Grau oder blau ist die gewöhnlichste Farbe.

Nr. 22. Baumwollener gefärbter Doppelpelz auf Strümpfe, Handschuhe, Jacken &c.

Taf. IV. Nr. 23 und 24. Glatte 18nadlige Strumpfarbeit, roh und gebleicht aus Baumwolle.

Nr. 25. Dieselbe gefärbt.

Nr. 26. Glatte 20nadlige Strumpfarbeit, gefärbt.

Nr. 27 und 28. Eingeschlagene Polzarbeit von 18 Nadeln auf den Zoll, aus Baumwolle.

Nr. 29 und 30. Glatte baumwollene Strumpfarbeit von 26 Nadeln, roh und gebleicht, beyde schon fein. Von dieser Gattung kann in einem Tage nicht mehr als ein Paar Strümpfe gewirkt werden.

Taf. V. Nr. 31 und 32. Baumwollener eingeschlagener Pelz, roh und gebleicht, auf Nachtleibchen u. dgl. Das zweyte Muster gehört schon zur sehr feinen Gattung.

Nr. 33. Ordinäre Leinenzwirnarbeit von 14 Nadeln. Es gibt jedoch noch viel grobere Waare, selbst aus ungebleichtem Flachs- und Hanfzwirne.

Nr. 34. Etwas bessere Zwirnarbeit von 16 Nadeln, mit durchbrochenen Buchstaben im Ende.

Nr. 35. Mittelfeine Zwirnarbeit von 18 Nadeln.

Nr. 36 und 38. Seidenvelpel, aufgeschnitten, weiß und gebläuet, auf Handschuhe, Frauenhauben rc.

Nr. 37. Feine weißseidene Strumpfarbeit aus der Fabrik des Hrn. Michelmann in Wien. Diese Arbeit ist 28nadlig und daher schon sehr schön.

Nr. 39 und 41. Feine rothseidene Strumpfarbeit von 30 Nadeln.

Nr. 40. Glatte Strumpfarbeit aus rother Gallet- oder Halbseide, von grobem Ansehen, auf ordinäre Strümpfe, Handschuhe rc.

Suppl.-Taf. V. a. Nr. 42 und 43. Glatte 30nadlige Strumpfarbeit aus Baumwolle, melirt.

Nr. 44 bis 46. Grobe baumwollene Hosensäcke, einfarbig und melirt. Man verfertiget diesen Stoff nach der Elle und rechnet auf das Beinkleid oder auf ein Stück 4 Ellen.

Nr. 47 bis 49. Hosensäcke aus Kämmelhaargarn, einfarbig und melirt. Nr. 47 und 49 sind auf beyden Seiten recht.

Nr. 50. Weißer baumwollener Velpel, aufgeschnitten.

Nr. 51. Melirter Seidenvelpel, aufgeschnitten. In diesem ist Baumwolle und Seide eingeschlagen.

B. Ketten-Patentarbeiten.

Taf. VI. Nr. 52. Melirte schafwollene Patentarbeit vom Kettenstuhle, daher die Maschen, wie auf allen Kettenarbeiten, auf einer Seite herab, auf der andern Seite quer laufen.

Nr. 53. Baumwollene Kettenarbeit.

Nr. 54. Gefärbte schafwollene Kettenarbeit.

Nr. 55 und 56. Gefärbte baumwollene Kettenarbeit.

Nr. 57. Graumelirte seidene Kettenarbeit, vorzüglich schön und fein.

Nr. 58. Gefärbte schafwollene Kettenarbeit, sehr fein.

Taf. VII. Nr. 59 bis 62. Verschiedene Patent-Kettenarbeiten von Adam Dill in Wien.

Nr. 63 und 65. Seidene Patentarbeiten in verschiedenen Farben, vom Stuhle des Hrn. Mathias Opferkuh in Wien. Es wurden nach diesen Mustern große und kleine Umhängtücher, Shawls u. s. w. verfertiget.

Nr. 64. Melirte seidene Kettenarbeit.

Nr. 66. Durchbrochene Cullirarbeit, mittels der Wurfmaschine verfertiget.

Taf. VIII. Nr. 67, 68, 69 und 71. Patentarbeiten von verschieden gefärbter Seide, auf dem von Opferkuh erfundenen Drehstuhle gewirkt. Es wurden Umhängtücher, Shawls, Beinkleider, Strümpfe ꝛc. verfertiget, welche sich durch die Lebhaftigkeit der Farben auszeichneten.

Nr. 70. Auf dem Stuhle eingearbeitete Kettenarbeiten aus chinirter Seide, von Anton Römisch in Wien. Auf Umhängtücher.

Nr. 72. Kettenarbeit von Franz Hütter in Wien, mit gemahlter Kette, gleichfalls auf Umhängtücher. Die Farben sind etwas matt.

Suppl.-Taf. VIII. a. Nr. 73 und 74. Kettenarbeiten aus gefärbter Seide, mit eingedruckten Blumen, auf Umhängtücher und Shawls. Beyde Muster sind von dem geschickten, vormahligen Wiener Strumpfwirker Hofmann.

Suppl.-Taf. VIII. b. Nr. 75. Kettenarbeit auf

Umhängtücher und Shawls, mit Palmen und Borduren, ebenfalls von Hofmann in Wien. Die Kette ist Seide, der Eintrag Schafwolle, die Blumen sind eingedruckt. Ein solches Umhängtuch kam auf 50 bis 60 fl. W. W. zu stehen.

Suppl.-Taf. VIII. c. Nr. 76 und 77. Kettenarbeiten aus gefärbter Seide, mit eingedruckten Blumen, von Hofmann, wie Nr. 73 und 74.

Suppl.-Taf. VIII. d. Nr. 78 bis 81. Kettenarbeiten aus gefärbter Seide von Hofmann, mit eingedruckten Blumen. Es sind durchaus Borduren zu Shawls und Umhängtüchern, die drey ersten ganz aus Seide, die letzten aus seidener Kette und schafwollenem Eintrage.

C. Petinets-Arbeiten.

Weiß, gefärbt, glatt, façonnirt, aufgelegt, gestickt u. s. w.

Taf. IX. Nr. 82. Ordinärer glatter Baumwoll-Petinet. Man nimmt hierzu meistens Gespinnste von der Feinheits-Nr. 80, auch 90 u. s. w. Von dem $\frac{6}{4}$ breiten Stoffe dieser Art kann ein fleißiger Geselle des Tags gegen 4 Ellen zu Stande bringen.

Nr. 83. Glatte seidene Petinet-Entoilage, d. i. ein schmaler spitzenähnlicher Petinetstreifen von ordinärster Gattung, auf Damenhüte, Kleidergarnirungen ꝛc.

Nr. 84. Glatte seidene Blond-Entoilage ordinärer Gattung. Der Blond-Petinet unterscheidet sich von dem gewöhnlichem Petinet dadurch, daß er größere und kleinere Löcher, die regelmäßig mit einander abwechseln, hat, während der letztere nur gleich große Löcher hat.

Nr. 85. Gewöhnlicher glatter Seiden-Petinet, auf Kopfputz, Damen-Überwurfkleider ꝛc.

Nr. 86 und 87. Ganz feiner glatter Seiden-Petinet, vorzüglich schön und gleich gearbeitet.

Nr. 88 bis 91. Gestreifter Seiden-Petinet von Anton Römisch in Wien.

Taf. X. Nr. 92. Petinet mit Dünntuchstreifen von Anton Romisch in Wien, eine besonders schöne Arbeit.

Nr. 93 bis 95. Ketten-Petinet-Dünntuch mit feinen weißen Streifen, von Anton Römisch. Zu gleichem Gebrauche, wie das Dünntuch des Seidenzeugfabrikanten.

Nr. 96 bis 103. Seiden-Petinets in mehreren Farben, auf Damenputz, Hauben, Kleidungen u. s. w. Nr. 97 ist jedoch schwarz gefärbte Blond-Entoilage. Der meiste farbige Petinet wird schon aus gefärbter Seide gewirkt; der schwarze jedoch wird weiß gewirkt, und erst vor der Appretirung gefärbt.

Suppl.-Taf. X. a. Nr. 104 bis 111. Seidene weiße Entoilages in verschiedenen Mustern, auch mit sogenannten Erbsenlöchern, sämmtlich von Anton Römisch in Wien, vom J. 1820. Die erste sehr feine Entoilage, welche allein mehrere Desseins zeigt, ist auf einem von Römisch verfertigten Strumpfwirkerstuhl-Modelle gewirkt.

Suppl.-Taf. X. b. Nr. 112 bis 121. Façonnirte Entoilages in verschiedenen Desseins, vom Maschinenstuhle mit 28 Nadeln. Sämmtlich im J. 1820 von Anton Römisch verfertiget.

Nr. 122. Echter Blond-Petinet von Römisch in Wien, zum ersten Mahle auf dem Strumpfwirkerstuhle gemacht und so gut verknüpft, wie die geklöppelte Arbeit. Dieser Blond-Petinet ist vorzüglich zur Verfertigung ausgenähter Blondspitzen geeignet, und dürfte selbst diese an Dauer übertreffen.

Suppl.-Taf. X. c. Nr. 123 bis 135. Weiß und in Farben gestreifte und quadrillirte Petinets, oder sogenannte Carolinets, von der Petinetmaschine des Mechanicus Gottlieb Friedr. Schuster in Pottendorf. Diese Carolinets wurden $\frac{17}{8}$, $\frac{8}{4}$, $\frac{7}{4}$ und $\frac{4}{4}$ breit verfertiget. Die $\frac{8}{4}$ breiten kamen auf 2 fl. 20 kr. bis 2 fl. 46 kr.; die $\frac{4}{4}$ breiten auf 57 kr. C. M. pr. Elle zu stehen. Nr. 132 ist ein Stück von einem Carolinet-Shawl, welche 3 Ellen lang und 2 Ellen breit verfertiget wurden, und pr. Stück auf 9 fl. 40 kr. C. M. zu stehen kamen.

Nr. 136 bis 139. Weiße und gefärbte Petinets von derselben, durch Wasser getriebenen Petinetmaschine. Die weißen wurden pr. Elle zu 2 fl. 5 kr., die gefärbten zu 2 fl. 23 kr. C. M.

netirt. Wegen dieser hohen Preise scheint der Absatz ganz ins Stocken gerathen zu seyn.

Suppl. = Taf. X. d. Nr. 140 bis 146. Petinets mit verschiedenen Desseins, einfarbig und in mehreren Farben, aus der Fabrik des Hrn. Franz Michelmann. Alle zeichnen sich durch Schönheit und Güte aus.

Suppl. = Taf. X. e. Nr. 147 bis 154. Aufgelegte Petinets, d. i. mit ausgehauenen Blumen, Blättern und anderen Verzierungen von weißem oder farbigem Atlas mittels Gummi überklebte Petinets auf Ballkleider ꝛc., von Pasemann in Wien.

Taf. XI. Nr. 155 bis 157. Ausgenähte Baumwoll=Petinets auf Spitzen für ungrische Weiber.

Nr. 158 bis 161. Ausgenähte baumwollene Entoilages, gleichfalls zu Spitzen für ungrische Weiber. Diese Entoilages können ohne Beschädigung geputzt werden, weil sie an den Rändern mit angearbeiteten Öhrchen versehen sind.

Nr. 162 bis 166. Tamburirte grobe Spitzen aus Baumwoll=Petinet.

Taf. XII. Nr. 167 bis 169. Seidene unechte Blondspitzen, d. i. Petinet=Entoilages, worein die Desseins mit offener Seide eingenäht sind. Man macht sie bis $\frac{1}{4}$ Wiener Elle breit.

Nr. 170 und 173. Tamburirte Petinet=Umhängtücher, mit Baumwollgarn ausgenäht, von dem Strumpffabrikanten Philipp Mattel in Wien.

Nr. 171 und 172. Falsche Blondspitzen aus Petinet, wie Nr. 167 bis 169.

Taf. XIII. Nr. 174 und 176. Schwarze seidene Entoilages, mit Seide ausgenäht, auf Kopfputz, auch zur Trauer ꝛc.

Nr. 175. Schwarze Petinetspitze, mit Seide ausgenäht.

Nr. 177. Aufgelegtes und tamburirtes schwarzes Petinet=Umhängtuch. Dergleichen Tücher, die vor mehreren Jahren noch häufiger getragen wurden, werden gegenwärtig $\frac{5}{4}$ bis $\frac{8}{4}$ breit in Wien gearbeitet.

Nr. 178 bis 180. Tamburirte schwarze Petinetspitzen.

Nr. 181. Mit Seide tamburirtes schwarzes Petinet-Umhängtuch. Alle auf dieser Tafel befindlichen Muster sind von dem Strumpffabrikanten Philipp Mattel in Wien.

Suppl.-Taf. XIII. a. Nr. 182 bis 184. Unechte Blondspitzen aus Petinet, mit Seide ausgenäht.

Nr. 185. Aufgelegte und tamburirte schwarze Petinetspitze der breiten Gattung.

Nr. 186. Tamburirte schwarze Petinetspitze.

Suppl.-Taf. XIII. b. Nr. 187. Seidene Petinetspitze, mit Baumwollgarn tamburirt.

Nr. 188 bis 190. Unechte schöne Blondspitzen von Anton Römisch in Wien, der sich in diesen, so wie in allen Petinets-Arbeiten, vortheilhaft auszeichnet.

Taf. XIV. Nr. 191 bis 194. Seiden-Petinets, mit Plasch oder Lahn gestickt, auf Ballkleider, auf Theater u. s. w.

Nr. 195 bis 197. Seiden-Petinets, mit Schafwolle eingeschossen, von Anton Römisch in Wien. Auf solche Art ließen sich Umhängtücher, Shawls, Westen, Beutel u. dgl. verfertigen.

D. Tricots, auf Schusters Maschine zu Pottendorf verfertiget.

Taf. XV. Nr. 198 bis 202. Weiße glatte und gestreifte Baumwoll-Tricots (Säcke), auf Beinkleider, Balletkleider ꝛc.

Suppl.-Taf. XV. a. Nr. 203 bis 209. Weiße glatte und gestreifte baumwollene Patent-Tricots, alle $1\frac{6}{8}$ W. Elle breit, zu gleichem Gebrauche.

Suppl.-Taf. XV. b. Nr. 210 bis 215. Gefärbte und melirte baumwollene Tricots auf Beinkleider, sämmtlich gestreift.

Nr. 216 bis 221. Baumwollene Patent-Tricots, welche weiß auf Jacken, Nachtleibchen, Röcke ꝛc. verbraucht werden. Der erste und zweyte ist $\frac{6}{4}$, der dritte $\frac{7}{8}$, der vierte $\frac{6}{4}$, der fünfte $\frac{6}{8}$, der sechste $\frac{7}{4}$ W. Ellen breit.

Suppl.-Taf. XV. c. Nr. 222. Melirter schwerer Seiden-Tricot, von ausgezeichneter Schönheit und Dauer.

Ein Beinkleid von diesem Stoffe kam im Sacke schon auf 70 bis 80 fl. W. W. zu stehen.

Nr. 225 bis 227. Baumwollene Tricots in mehreren Farben, auf Beinkleider. Sämmtliche Tricots von Schusters Maschine zeichnen sich nicht nur durch ihre Breite und Elasticität, sondern vorzüglich dadurch aus, daß sie gleich jedem gewebten Zeuge zugeschnitten werden können, ohne daß eine Masche sich auflöset.

Nachträge vom Jahre 1820.

Taf. XVI. Nr. 228. Verschiedene Petinets-Borduren, mit weißer Velutir-Baumwolle gedruckt, wie man sie in den J. 1819 und 1820 sehr häufig auf Damen-Kopfputz verwendete.

Nr. 229 und 230. Mit weißer Velutir-Baumwolle gedruckte Petinets in verschiedenen Mustern.

Taf. XVII. Nr. 231 bis 234. Eben solche mit Velutir-Baumwolle gedruckte Petinets, sämmtlich wie obige von Anton Römisch in Wien. Diese Waare konnte nicht von Dauer seyn, da die Desseins sich zu leicht vom Petinet ablöseten, und das Putzen durchaus nicht möglich war.

Alle folgende Tafeln bis zu Ende enthalten bloß die neuesten Muster der Adam-Dill'schen Fabrik in Wien, vom J. 1820.

Taf. XVIII. Nr. 235. Tricot, halb aus Seide, halb aus Baumwolle, so daß auf der rechten Seite bloß die Seide sichtbar ist, nach englischer Art gearbeitet.

Nr. 236. Gewirkter seidener Velpel nach englischer Art, welcher den vom Weber gelieferten Velpel an Dichtigkeit und Dauer weit übertrifft.

Nr. 237. Mit Streifen glacirter Petinet.

Nr. 238. Petinet-Dünntuch, welches in der vorerwähnten Fabrik sowohl mit schmalen, als mit breiten Streifen verfertiget wird.

Nr. 239. Glatte gezackte und schattirte Entoilage nach französischer Art. Eigene Erfindung der genannten Fabrik.

Nr. 240. Façonnirter Baumwoll-Petinet nach Berliner Art.

Nr. 241. Einfache Entoilage mit Lisiere nach englischer Art.

Taf. XIX. Nr. 242 und 243. Brillanten-Spitzen in mehreren Farben schattirt und in mehrerley Desseins, von eigener Erfindung der vorerwähnten Fabrik.

Nr. 244 und 245. Gefärbte Seiden-Petinets.

Nr. 246. Quadrillirter Petinet, welcher nach der Erfindung des Adam Dill mit Schützen auf dem englischen Kettenstuhle verfertiget wurde.

Nr. 247. Façonnirter Petinet, durch Vereinigung der französischen Petinet- und Berliner Schraubmaschine erzeugt.

Nr. 248. Aufgelegte Spitze von Seiden-Petinet.

Taf. XX. Nr. 249. Glatte baumwollene Damenstrümpfe nach englischer Art.

Nr. 250. Baumwollene à jour-Damenstrümpfe.

Taf. XXI. Nr. 251. Weißseidene superfeine Strümpfe.

Nr. 252. Weißseidene super-superfeine Damenstrümpfe (von Dill so genannt), von ungewöhnlicher Schönheit.

Taf. XXII. Nr. 253. Schwarzseidene superfeine lange Damenstrümpfe.

Nr. 254. Weißseidene à jour-Damenstrümpfe.

Taf. XXIII. Nr. 255. Schwarzseidene à jour-Männerstrümpfe nach französischer Art.

Nr. 256. Weißseidene gestreifte Männerstrümpfe nach englischer Art, durch den hohen Grad ihrer Elasticität sich auszeichnend, wodurch sie sich selbst nach der Form des Fußes ausziehen.

Taf. XXIV. Nr. 257. Bajadere nach französischer Art.

Nr. 258. Bajadere nach englischer Art.

Taf. XXV. Nr. 259. Bajadere mit eingezogenen Chenillen.

X. Abtheilung.

Die türkischen Käppchen.

Die türkischen oder orientalischen Käppchen, die man auch Calotten nennt, gehören unter diejenigen Fabricate, welche für den österreichischen Staat am gewinnbringendsten sind, indem das Inland den Hauptstoff dazu, nähmlich die Schafwolle, liefert, der Arbeitslohn ganz im Lande bleibt, die Waare selbst aber die Bestimmung hat, im Auslande consumirt zu werden. Die Fabrication dieser Käppchen ist einiger Maßen der Bearbeitung des Tuches ähnlich, bloß mit dem Unterschiede, daß der Stoff selbst nicht gewebt, sondern gestrickt oder gewirkt wird.

Viel hängt von der guten Auswahl des Gespinnstes ab, indem der Faden zu den türkischen Käppchen viel weicher und weniger gedreht seyn muß, als ihn das Tuch oder andere tuchartige Stoffe erfordern. Aus diesem Grunde haben die größeren Unternehmungen dieser Art ihre eigenen Maschinspinnereyen, und, da das einfache Gespinnste vor der Verarbeitung zwey- oder dreyfädig zusammengedreht werden muß, auch ihre eigenen Vorrichtungen zum Zwirnen. (Vergl. das einfache und gezwirnte Gespinnste zu türkischen Käppchen in der Unterabth. Schafwollgespinnste Nr. 184 und 202.)

Die erste Bildung der Käppchen geschah vormahls durch Stricken aus der Hand, wozu man sich, der wohlfeileren Erzeugung wegen, der ärmeren Landbewohner in Oberösterreich, Mähren und Böhmen bediente, die sich damit in den Jahren 1805, 1806 u. s. w. vom Stück 5 kr., später aber bey dem Herabsinken der Wiener Valuta bis 22 kr. Bancozettel verdienten. Die Reisersche Fabrik in Wien beschäftigte allein mehrere hundert Stricker in Böhmen und Mähren. Des steigenden Strickerlohnes wegen suchte man hierzu den Strumpfwirkerstuhl zu benutzen — eine Aufgabe, die nicht sehr leicht zu lösen war, indem der gewöhnliche Strumpfwirkerstuhl nicht angewendet werden konnte, und erst eine Vorrichtung ausgedacht werden mußte, um bey der zugespitzten Form, welche diese Käppchen im ungewalkten Zustande haben, das Abnehmen der Maschen auf eine schnelle und bequeme Weise zu bewirken. Reiser überwand diese Schwierigkeit nach vielen kostspieligen Versuchen, und hatte im J. 1814 schon 12, und später noch mehrere Strumpfwirkerstühle aufgestellt, so daß er die Handstrickerey ganz aufzugeben im Stande war. Da nunmehr erwiesen ist, daß ein geübter Arbeiter täglich auf dem Stuhle 20 bis 24 Stück Käppchen wirken kann, während ein Stricker mit der Hand 2, höchstens 3 Stück in einem Tage zu Stande bringt: so ist es bey dem auch außerdem noch eintretenden Umstande, daß die Maschinenarbeit gleichförmiger und vollkommener ausfällt, erklärbar, warum in größeren Etablissements die Strumpfwirkerstühle zu dieser Arbeit nunmehr fast allgemein eingeführt sind, und nur der ärmere Unternehmer, dem es an Fond zur Bestreitung dieser hohen Vorauslage fehlt, bey der Handstrickerey stehen bleibt.

Die zweyte Arbeit ist das Walken, welches in den gewöhnlichen Tuchwalken mit Seife, jedoch stärker, als es bey dem Tuche der Fall ist, geschieht. (Vergl. Unterabth. Wollenstoffe.) So wie der Hutfilz, wenn er durch das Walken die erforderliche Festigkeit erlangt hat, über eine hölzerne Form zum Formen gebracht werden muß, so ist dieß auch bey den türkischen Käppchen der Fall. Man bedient sich hierzu eines aus Holz verfertigten, abgekürzten Kegels, welcher die Gestalt eines Menschenkopfes hat und oben sphärisch geformt ist. Nach dem Formen werden die Käppchen, wie das Tuch, mit Karden aufgerauht und dann mit kleinen Hand- oder Schlagscheren geschoren, und zwar desto öfter, je feiner die Waare werden soll; hierauf genoppt, d. i. von den Knöpfen und überflüssigen Fäden gereiniget, sodann gefärbt, zwischen Preßspänen und heißen metallenen Platten gepreßt und endlich an der Spitze mit einer Quaste von offener blauer Seide geziert. Da man im Oriente vorzüglich auf eine schöne hochrothe

Farbe hält, so schenkt man dem Färben eine besondere Sorgfalt. Man verfährt hierbey wie beym Farben des Halbscharlachs. Zum ersten Sude wird Krapp beygesetzt, das Ausfarben geschieht bey feinerer Waare mittels der sogenannten Composition in salzsaurem Zinn und Cochenille. Gewöhnlich pflegt man in großen Kesseln 60 bis 80 Dutzend Käppchen auf einmahl zu färben. — Von dieser in Wien üblichen Fabricationsmethode der türkischen Käppchen ist zum Theil die venetianische abweichend. Man nimmt dort hierzu die feinste paduanische Wolle, oder auch Merinoswolle, welche gehörig sortirt und so gleich als möglich gesponnen wird. Die gedrehten Gespinnste werden sodann auf die benachbarte Terraferma geschickt, und hier von Weibspersonen zu Käppchen gestrickt. Der Strumpfwirkerstuhl war hierzu bis zum J. 1820 noch nicht in Anwendung gekommen. Um das Stricken, welches große Genauigkeit erfordert, einiger Maßen zu erleichtern, pflegt man die Wolle mit Olivenöhl weicher zu machen. Die halbkugelförmigen, gespitzten Käppchen werden hierauf in die Walke gegeben, dann gereiniget, getrocknet und etwas gekardet. Nun kommen sie in die Farbe. Die schönsten werden mit Cochenille auf gewöhnliche Art scharlachroth gefärbt, oder man versetzt die Färbebrühe mit Curcume u. dgl., um dem Roth mancherley Gradationen zu geben; manche werden mit Cochenille und Krapp, die ordinären in Krapp allein, einige Gattungen auch blau und grün gefärbt. Nach dem Färben werden sie über hölzerne Formen gespannt, um ihnen die halbkugelförmige Gestalt zu geben, dann zum wiederhohlten Mahle gekardet, geschoren, und stets fleißig gereiniget und gebürstet, endlich mit der blauseidenen Quaste versehen.

Die türkischen Käppchen sind in Ansehung der Qualität und Form von verschiedener Art. Die Qualität hängt von der Feinheit der Wolle und von der gehörigen Bearbeitung der Wolle überhaupt, vorzugsweise aber von der schönen Farbe ab. Es gibt daher feine, mittlere und ordinäre Sorten. In Betreff der Form hat man ganz flache und kleine Käppchen, welche in Albanien getragen werden, größere und etwas höhere für Constantinopel, noch etwas höhere und zugespitzte für Servien, endlich sogenannte Halb- und Ganz-Janitscharen für das türkische Militär. Die letzteren sind $1\frac{1}{2}$ bis 2 Schuh lang, und reichen, wenn sie getragen werden, bis über den Rücken tief herab.

Zustand der Käppchen-Fabrication im österreichischen Kaiserstaate.

Ungeachtet die Fabrication der türkischen Käppchen für das Inland, wie zu Anfang bemerkt worden, von großer Wichtigkeit ist: so hat man derselben in den teutschen österr. Provinzen doch erst in den neueren Zeiten einige Aufmerksamkeit geschenkt, obgleich Frankreich schon lange aus seinen Manufacturen zu Orleans und Marseille, und Italien aus Livorno, Genua und Venedig große Parthien dieser Waare nach dem Oriente versendet, und damit erhebliche Summen gewonnen haben. Die erste Fabrik dieser Art in den teutschen Provinzen gründete Seitter vor ungefähr 40 oder 42 Jahren zu Brünn in Mähren, und diese blieb durch lange Zeit die einzige, bis Zimmermann ums J. 1803 ein zweytes Etablissement zu Linz in Oberösterreich errichtete, welches einige Jahre später nach Döbling bey Wien übersetzt, in Linz aber von Zimmermanns Gesellschafter, Dr. Preuer, fortgesetzt wurde. Während Zimmermanns Fabrik zu Döbling ins Stocken gerieth, fing Joh. Reiser zu Inzersdorf am Wienerberge im J. 1808 diesen Arbeitszweig in noch größerer Ausdehnung zu betreiben an, und hatte bereits im J. 1811 eine bedeutende Fabrik, die mit allen hierzu gehörigen Spinnmaschinen, mit einer Walke, einer großen Färberey u. s. w. versehen war, und die rohe Wolle bis zur letzten Vollendung in Einer Werkstätte verarbeitete, in der Vorstadt St. Margarethen zu Wien etablirt. Im J. 1813 beschäftigte diese Fabrik schon über 200 Personen, mit Inbegriff jener, welche auf dem Lande vertheilt zum Stricken der Kappen verwendet wurden, und ihr Absatz war damahls im In- und Auslande schon sehr groß. Durch Reisers Tod im J. 1816 ging zwar diese Fabrik wieder ein; indeß hat sein ehemahliger Geschäftsleiter Anton v. Volpini durch den Ankauf der nöthigsten Maschinen sich in den Stand gesetzt, diesen Beschäftigungszweig fortzusetzen, und schon seit 1818 ist seine Fabrik so gut eingerichtet, daß, mit Ausnahme des Walkens, alle Arbeiten im Hause geschehen, und wöchentlich über 100 Dutzend Käppchen geliefert werden. Im J. 1820 war sie mit einem großen Tretrade versehen, womit die Spinnerey und die Zwirnmaschinen in Bewegung gesetzt wurden. Außer dieser Fabrik ließ Hr. v. Rohr zu Buchberg im Kreise ober dem Mannhartsberge, in seiner dortigen Tuchfabrik türkische Käppchen verfertigen, was aber mit dem Untergange der Fabrik ebenfalls aufgehört hat. Im Kleinen wird diese Waare auch von einigen Strumpfwirkermeistern in Wien, so wie in Mähren und Böhmen, hier besonders von einigen Meistern zu Strakonitz, producirt. In Linz bestehen schon seit mehreren Jahren die Fabriken des Joseph Preuer und des Handelsmannes Rosa; in Brünn wird von Leop. und Barth. Seitter eine türkische Kappen- und zugleich Feintuchfabrik betrieben, welche als die älteste in den teutschen Provinzen noch gegenwärtig sich im aufrechten Zustande befindet, und ausgezeichnete Waare liefert. Die meisten und ältesten Käppchenfabriken der Monarchie sind ohne Zweifel in Venedig, wo noch jetzt 7 bis 8 solcher Fabriken gezählt werden, unter denen sich die des Antonio Brotto am meisten auszeichnet. Man verfertiget daselbst blaue für die Seeleute, grüne für die Barbaresken, und sehr viele rothe, wovon die ordinärsten Fessi genannt werden.

Diese Waare ist beynahe allein für den orientalischen Handel bestimmt, und man kann annehmen, daß jährlich im Durchschnitte durch die griechischen und türkischen Handelshäuser in Wien bey 20,000 Dutzend solcher Käppchen in die Türkey verschickt werden. Venedig verkauft seine Käppchen auf beyden Küsten des adriatischen Meeres, sowohl in Italien, als in Dalmatien, Griechenland ꝛc.; jedoch bey weitem die meisten gehen von dort nach Constantinopel, nach den Inseln des Archipels, nach Syrien und nach Afrika. Bey dem Handel mit diesem Artikel sind einige Eigenheiten zu beobachten, auf welche der Fabrikant, wenn er anders auf einen glücklichen Erfolg seines Geschäftes rechnen will, besondere Rücksicht nehmen muß. Jedes feine Käppchen muß, bevor es verpackt wird, an der Quaste ein Zeichen von weißem Papier, das nach einem bestimmten Dessein ausgeschnitten ist, erhalten, so wie an der inneren Seite desselben ein Kreuz oder eine andere Figur mit Zwirn eingenäht wird. Die Orientalen sind so sehr an diese äußeren Zeichen gewohnt, daß eine Waare, die nicht damit versehen ist, als ordinär betrachtet und daher gar nicht geschätzt wird. Ohne Zweifel rührt dieses Vorurtheil daher, daß die Käppchenfabrik zu Tunis, deren Waare noch von keiner andern Fabrik übertroffen werden konnte, und so vorzüglich schön ist, daß ein einziges Käppchen in Constantinopel mit einem Ducaten bezahlt wird, ihre Fabricate auf obige Art bezeichnet. Dann ist bey den Käppchen auch eine eigene Art von Verpackung nothwendig. Sie müssen nähmlich zu halben Dutzenden in dickes, etwas geglänztes Papier, welches von außen mit einer bunten Zeichnung im orientalischen Geschmacke versehen ist, eingelegt, und immer 60 bis 80 Dutzend in eine Kiste eingepackt werden, damit diese das Sporco-Gewicht von 90 Pfund erreiche. Dieses Gewicht gründet sich auf den Umstand, daß im Oriente, wo diese Waare bis nach Ägypten und Persien versendet wird, der Transport auf Kamehlen geschieht, und zwey solcher Kisten gerade eine gewöhnliche Ladung ausmachen.

Da noch immer größere Quantitäten von türkischen Käppchen transito, vorzüglich aus Italien durch Wien nach dem Oriente gehen, so dürfte schon aus diesem Umstande die Überzeugung hervorgehen, daß es dabey an Absatz nicht fehle und bey stärkerer inländischer Production dieses Artikels die Handelsbilanz mit der Türkey noch vortheilhafter ausfallen könnte. Vielleicht wäre Ungarn oder die Militär-Gränze der Platz, wo vorzugsweise Unternehmungen dieser Art wegen der Nähe der türkischen Provinzen, wegen der wohlfeileren Lebensmittel und Arbeitslöhne, und wegen des Überflusses an Schafwolle errichtet werden könnten.

In Ansehung des Zollwesens sind die türkischen Käppchen ganz den Schafwollwaaren ohne fremde Beymischung gleichgesetzt. Die Einfuhr vom Auslande ist also gänzlich verbothen; bey der Einfuhr aus Ungarn in die teutschen Provinzen bezahlt das Pfund 24 kr. C. M. Einfuhrszoll; der Ausfuhrszoll ist für alle auf $\frac{1}{2}$ kr. C. M. vom Pfunde bestimmt.

Die Preise dieser Waare werden immer in C. M. nach dem Dutzend gestellt. Im Februar 1821 wurde zu Wien das Dutzend der ordinären Sorten um 6 ½ bis 7 fl.; die mitelfeine Sorte um 8¼ fl.; die feine Sorte um 9½ fl.; die ganz feine Sorte um 12 fl. C. M. von den Fabrikanten an die griechischen und türkischen Handelsleute verkauft.

In Venedig gehen die Preise nach Nummern, die nach der Güte der Waare gestellt sind. Das Dutzend Nr. 8 der superfeinen scharlachrothen Käppchen kostete im J. 1819: 70 ital. Lire, Nr. 6 67 Lire, Nr. 4 55 Lire, ordinäre Nr. 4 46 Lire, blaue superfeine Nr. 8 68 Lire, Nr. 6 65 Lire, Nr. 4 54 Lire, ordinäre Nr. 4 42 Lire; von den sogenannten Fessi kam das Dutzend nur auf 20 bis 30 Lire zu stehen.

Erklärung der Muster.

A. Die Vorarbeit.

Taf. I. Nr. 1. Türkisches Käppchen im rohen Zustande, wie es vor dem Walken sich darstellt. Das vorliegende Muster ist nicht gestrickt, sondern nach der neuen Verfahrungsart auf dem Strumpfwirkerstuhle gewirkt.

Taf. II. Nr. 2. Dasselbe gewalkt und über die Form gezogen.

Nr. 3. Dasselbe geschoren und genoppt, also zum Färben ganz vorbereitet.

B. Fertige Käppchen.

Taf. III. Nr. 4. Mittelfeines Käppchen aus der Reiserschen Fabrik in Wien, wie sie zum Gebrauche für Constantinopel gemacht werden.

Nr. 5. Feines Käppchen aus derselben Fabrik, nach der in Albanien üblichen Form.

Taf. IV. Nr. 6. Käppchen der feinsten Art aus der Volpinischen Fabrik in Wien, vom J. 1817, für Constantinopel. Aus dem Vergleiche dieses, besonders durch die schöne rothe Farbe sich auszeichnenden Musters mit Nr. 5, sieht man die bedeutende Verfeinerung dieser Waare seit einem Jahre. Sowohl dieses Käppchen, als Nr. 5, haben das Zeichen von Papier an der Quaste, und das eingenähte Kreuz, wovon oben die Rede war.

Nr. 7. Feines Käppchen aus der Volpinischen Fabrik in Wien, vom J. 1820, zum Gebrauche für Bulgarien, ebenfalls mit Quaste und Papier versehen.

Taf. V. Nr. 8. Feines Käppchen aus der priv. Preuerschen Fabrik zu Linz in Oberösterreich, mit den angeführten Zeichen.

Nr. 9. Mittelfeine Janitscharen-Kappe mit schwarzer und weißer Quaste, aus derselben Fabrik.

Den Tafeln ist, mit Nr. 10 bezeichnet, noch beygelegt das Papier, in welches die Käppchen halbdutzendweise eingepackt werden. Es finden sich auf demselben 2 Zeichnungen, wovon die erste aus der Fabrik zu Wien, das zweyte mit den Buchstaben A. B. aus der Fabrik des Antonio Brotto zu Venedig ist.

XI. Abtheilung.

Die Spitzen-Fabricate.

Spitzen sind schmale oder breitere durchbrochene Streifen, die mit mehr oder weniger Desseins versehen sind, und zum Putze, vorzüglich des weiblichen Geschlechtes, verwendet werden. Sie unterscheiden sich sowohl durch das äußere Ansehen, als durch die Art der Verfertigung von den Wirthschaftsspitzen oder eigentlichen Kanten, indem die letzteren auf dem Bandstuhle gewebt (vergl. die Abth. Posamentirer-Arbeiten auf dem Stuhle), die ersteren aber mit der Nadel genäht oder mit hölzernen Klöppeln geklöppelt werden; und eben so von den Petinetspitzen, welche in der Abth. Strumpfwirker-Arbeiten beschrieben worden sind. Es gibt zwey Hauptgattungen der Spitzen: a) die echten und unechten Gold- und Silberspitzen und die Points d'Espagne, wozu Gold- und

Silbergespinnst und Seide verwendet wird; b) die eigentlichen Spitzen, welche am häufigsten aus Flachszwirn, oft aber auch aus gezwirntem Baumwollgespinnste, und zum Theil aus weißer oder gefärbter Seide verfertiget werden.

Das Haupterforderniß zur Verfertigung der Spitzen sind die Klöppelpölster oder Klöppelpulte, d. i. gepolsterte und mit blauer oder grüner Leinwand überzogene Pulte, welche mit einer Schublade zum Aufwickeln der fertigen Spitzen versehen sind. Auf einem solchen Polster wird der grüne oder rothe Pergamentstreifen, worin das Muster der künftigen Spitze mit Nadeln durchgestochen ist, der Länge nach befestiget. Es ist begreiflich, daß auf die gute Zeichnung dieser Muster (Klöppelbriefe genannt) sehr viel ankommt, daher sich in Gegenden, wo die Spitzen-Fabrication im Großen betrieben wird, mehrere Weibspersonen ausschließend mit dem Ausstechen dieser Muster beschäftigen, worin sie sich eine besondere Fertigkeit erworben haben. Ganz ordinäre Zwirnspitzen werden jedoch oft auch ohne Muster aus freyer Hand geklöppelt. Bevor nun die Arbeit des Klöppelns angefangen wird, steckt man oben im Muster Nadeln durch das Pergament in den Polster, und befestiget um dieselben die Enden der Zwirnfäden jedes Klöppelholzes, worauf die an den Hölzern befindlichen Fäden um die hervorstehenden Stecknadeln rechts und links geschlungen und in einander verknüpft werden. Sobald der ganze Musterstreifen mit der Spitze bedeckt ist, werden die Nadeln ausgezogen, und von neuem auf dem durchgestochenen Dessein gesteckt. Das Klöppeln hat demnach einige Ähnlichkeit mit dem Flechten, nur mit dem Unterschiede, daß dabey sehr viele Fäden erforderlich sind. Ordinäre schmale Spitzen verlangen zuweilen nur 18 bis 50 Klöppelhölzer, bey feinen und breiten aber steigt ihre Anzahl auf 200, 400, 500 und darüber, da für jedes Löchelchen des Grundes 4 Klöppel erforderlich sind. Diese Klöppel sind länglichrund gedrechselte Hölzer, die an dem obern Ende eine kleine ausgerundete Scheibe haben, damit der aufgewundene Spitzenzwirn während der Arbeit nicht abgleiten könne. Das untere Ende aber ist schwer, damit durch das Niederfallen des Klöppels die Fäden fest genug zusammengezogen werden. Es gibt auch mehrerley Gattungen von Klöppelpölstern, je nachdem man die eine oder die andere Gattung von Spitzen, oder Pelerins, Tücher, Voiles u. dgl. arbeiten will. So hat man z. B. besonders zu den Blondspitzen, auch walzenförmige mit Stroh oder Haaren ausgestopfte und mit Leinwand überzogene Trommeln, welche während der Arbeit in einem cylindrischen Gefäße ruhen. Die gewöhnlichsten nennt man Handpölster.

Auf solchen Handpölstern werden die echten und unechten Gold- und Silberspitzen aus Drahtgespinnsten und Plasch geklöppelt. Dieses Klöppeln sowohl, als die Crepinarbeit ist eine freye Beschäftigung, welche von Einzelnen insgemein für größere Borten- und Spitzenfabriken, auch von mehreren Posamentirern auf eigene Rechnung betrieben wird. Man hat davon verschiedene Gattungen, welche theils nach der Arbeit, theils nach dem Geschmacke, theils nach der Verwendung benannt werden, z. B. Rutelspitzen, Muschelspitzen, Plasch- und Lahnspitzen, Levantiner Spitzen, Points d'Espagne u. s. w. Die letzteren sind entweder glatt, oder gestickt, und werden auch bloß von Seide verfertiget. Man hat dergleichen Spitzen aus Gold- und Silbergespinnsten bis $\frac{1}{3}$ W. Elle breit.

Nach der Wiener Qualitäten-Ordnung für die Posamentirer vom 12. Dec. 1754 soll alles dasjenige feinere Gespinnst, welches zu den guten Gold- und Silberspitzen erfordert wird, von keinem feineren, als einem ordentlichen Nr. 9 Plätt, und das gröbere oder der sogenannte Zug von einem Nr. 8 Plätt, auf natürliche gute Spinnseide reich übersponnen werden, damit der Plätt unmittelbar in einander zu liegen komme; hingegen soll in die schmalen und Gitterspitzen kein anderer, als ein ordentlicher Nr. 4 Plasch, und in die breiten oder sogenannten Points d'Espagne kein anderer, als ein Nr. 3 Plasch verarbeitet werden, auch wurde überhaupt der Gebrauch von Galletseide, Leinengarn und Zwirn, das Wichsen der Seide, das Vermischen des falschen Gespinnstes und Plasches mit echtem strenge verbothen. Zu den goldenen und silbernen Points d'Espagne soll das Gespinnst ebenfalls auf gute Seide, nähmlich das feinere mit Nr. 9 Plätt, das gröbere mit Nr. 8 Plätt reich übersponnen, nebstbey zu dieser Arbeit kein anderer Plasch, er sey gekrauset oder glatt, als von einem Nr. 3 Draht gebraucht, und im Übrigen das hierbey zur Ausfüllung kommende Drap d'Or und Drap d'Argent oder Stickerey nicht zu grob, noch weniger aber durch das übermäßige Gummiren oder durch andere Übervortheilung zu schwer im Gewichte gemacht werden. In derselben Ordnung ist befohlen, daß alle in Wien verfertigten goldenen und silbernen Borten, Spitzen, Points d'Espagne, Crepinen, Knöpfe, Franzen, Quasten, und alle übrigen gutgoldenen und silbernen Gespinnstgattungen in das eigens errichtete Beschau- und Plumbirungsamt gebracht, daselbst untersucht und beschaut, und nur diejenigen plumbirt werden sollen, welche in der vorgeschriebenen guten Qualität verfertiget worden sind.

Die eigentlichen Spitzen unterscheiden sich vornehmlich in zwirnene und in seidene, wovon die ersteren entweder aus Flachszwirn (Spitzenzwirn, Batistzwirn) oder aus gezwirntem Baumwollgespinnste gearbeitet sind. Früher hat man viele ordinere und feine Zwirnspitzen bloß mit der Nadel auf dem Polster nach den vorliegenden Zeichnungen verfertiget, und hierin zeichneten sich besonders die Brüßler und die venetianischen Spitzen aus. Man nannte sie auch Pointsspitzen und dentelles à l'aiguille. Sowohl Grund, als Dessein waren bloß mit der Nadel gemacht. Nachdem aber im J. 1561 Barbara Uttmann zu St. Annaberg im sächsischen Erzgebirge das Klöppeln erfunden hatte, wodurch die Spitzen viel schneller und wohlfeiler geliefert werden konnten, nahm das Nähen immer mehr ab, und heut zu Tage werden nur ganz wenige Zwirnspitzen, und andere spitzenähnliche Arbeiten noch in einzelnen Gegenden, z. B. in Venedig, in Siebenbürgen, in den Militär-Gränzen &c. mit der Nadel verfertiget. Die Points d'Alençon, die nun aber außer der Mode sind, waren ebenfalls sammt dem Grunde genäht, und im Handel unter den Nahmen Points à la Reine, Points de Gènes bekannt. Die geklöppelten Spitzen (Platsspitzen, dentelles au fuseau) sind daher gegenwärtig die allgemeinsten. Bey einigen wird anfänglich bloß der Boden oder Grund (fond, réseau) nach verschiedenen Mustern geklöppelt, und der Dessein erst aufgenäht, bey anderen wird Boden und Dessein zusammen geklöppelt. Die Desseins (Pleins) werden bey feineren Spitzen besonders auf Pergamentstreifen genäht

Gg 2

oder geklöppelt, und dann erst, wenn sie vom Pergamente abgeschnitten sind, auf den Grund gebracht, wie dieß z. B. bey den Brüßler Spitzen der Fall ist, welche man a) in Pointsspitzen mit genähten Blumen (Points) auf dem geklöppelten Grunde, b) in Platsspitzen mit geklöppelten Blumen (Plats) auf dem geklöppelten Grunde unterscheidet. Das Zusammensetzen der einzelnen Bestandtheile, nähmlich der réseaux, points und plats zu Spitzen geschieht entweder durch joindre oder durch striquer (zwey bey den Spitzenfabrikanten übliche technische Ausdrücke).

Die Brüßler Spitzen sind die feinsten und theuersten, und werden aus dem feinsten und weißesten Flachszwirne verfertiget. Die Mechelner oder Maliner Spitzen unterscheiden sich von den Brüßler Spitzen dadurch, daß die Desseins nicht aufgelegt, sondern zugleich mit dem Grunde geklöppelt werden. Dieß ist auch bey den meisten ordinären Zwirnspitzen der Fall, z. B. bey den böhmischen, sächsischen, oberösterreichischen, tyrolischen 2c.; doch bey einigen davon wird der Dessein auch besonders aufgenäht. Es gibt eine außerordentliche Verschiedenheit der Spitzen, welche hier um so weniger berücksichtiget zu werden braucht, da sie meist bloß im Auslande Statt findet. Die inländischen lassen sich aus der unten folgenden Erklärung der Muster ersehen.

Die baumwollenen Spitzen werden eben so geklöppelt, wie die zwirnenen, nur sind sie gewöhnlich gröber und stehen den ersteren sehr an Dauer, zum Theil auch an Schönheit nach. Bey vielen ist der Grund aus Leinenzwirn, und nur die Desseins aus Baumwolle.

Die seidenen Spitzen werden Blonden genannt, und ebenfalls auf den gewöhnlichen Pölstern, oder auf Trommeln, Grund und Dessein zusammen, geklöppelt, indem man eigene Klöppel mit dickerer offener Seide für die Desseins nach Erforderniß des Musters neben den Klöppeln für den Grund hat. Man hat sie meistens weiß, doch zuweilen auch schwarz. Eine vorzügliche Geschicklichkeit fordert die Appretur der Blonden, worin die Franzosen es am weitesten gebracht haben.

Die Mechaniker haben viele Versuche gemacht, die Spitzen-

Erzeugung auf Maschinen zu bewirken. Daß in Wien bereits auf dem Strumpfwirkerstuhle echte Blond-Entoilages (ohne Desseins) erzeugt worden sind, ist in der Abth. Strumpfwirker-Arbeiten gesagt worden. Im J. 1817 hatte Joh. Esche, Zeichner für Seidenfabriken in Wien, einen eigenen Spitzenstuhl erfunden, worauf zwey und mehr Ellen breite Spitzen nach Brüßler Art verfertiget werden konnten. Die Maschine kam indeß nicht zur Ausführung, da es dem übrigens sehr industriösen Erfinder an Mitteln fehlte, dieselbe ganz zu vollenden. In England werden seit Kurzem sehr schöne Spitzen auf Maschinen erzeugt, die so niedrig im Preise stehen, daß sie schon in der Leipziger Michaelismesse 1820 den sächsischen Gebirgsfabrikanten (eigentlich den nächsten Erzeugern) den empfindlichsten Abbruch machten. Auch in Frankreich erhielt kürzlich der Engländer Heathcoat ein Patent auf die Verfertigung besonderer Maschinenspitzen.

Zustand der Spitzen-Fabrication im österreichischen Kaiserstaate.

Zur Zeit, als noch die Niederlande zum österreichischen Staate gehörten, war dieser unter allen europäischen Staaten in Ansehung der Spitzen-Fabrication der erste. Denn in den Niederlanden hatte dieser Industriezweig den höchsten Grad der Vollkommenheit erreicht, weßhalb die Spitzen beynahe in alle Länder Europas versendet wurden und sehr beträchtliche bare Geldsummen ins Land brachten. Brüssel, Brabant, Mecheln, Binsch, Beaumont, Chimay u. s. w. sind schon seit mehreren Jahrhunderten wegen ihrer feinen und schönen Spitzen im Rufe, und noch gegenwärtig macht man der Stadt Brüssel, wo Madame Kint jetzt die bedeutendste Fabrik besitzt, und mehrere tausend Arbeiter beschäftiget, hierin die erste Stelle nicht streitig. Jede Werkmeisterinn, welche 5 Jahre zu bestehen hat, lernt nur einen Stich, in dem sie arbeitet. In der Fabrik werden eigentlich nur die in den Wohnungen verfertigten einzelnen Bestandtheile zu einem Ganzen, aber mit solcher Kunst zusammengesetzt, daß keine Spur davon zu bemerken ist. Die feinsten Garne kommen aus Frankreich und werden in Antwerpen gebleicht sie kosten 40 bis 120 Louisd'or pr. Pfund. In den eigentlichen österr. Staaten war das Spitzenklöppeln bisher meist nur in einigen nördlichen und westlichen Gegenden Böhmens, besonders im Elbogner, Saazer und Klattauer Kreise, wohin dieser Arbeitszweig aus dem sächsischen Erzgebirge übergepflanzt worden zu seyn scheint, im Gange. Zu Anfang des neunzehnten Jahrhunderts sind im böhmischen Erzgebirge nicht weniger als 16,743 Klöpplerinnen gezählt worden, und noch im J. 1819 waren im Elbogner Kreise 12,000, im Saazer Kreise 2 bis 3000, und im Klattauer Kreise 1 bis 2000 Menschen mit Spitzenklöppeln beschäftiget. Anfänglich waren diese böhmischen Spitzen, welche den sächsischen von Annaberg an Güte und Schönheit nicht nachstehen, ganz aus inländischem feinen Zwirne, zum Theil auch aus holländischem Zwirne verfertiget; jetzt macht man sie fast durchaus von gezwirntem Baumwollgarne. Außerdem werden aber noch viele Spitzen aus gebleichtem Zwirne im Elbogner, Klattauer und Königgrätzer Kreise, und ordinäre, zum Schwarzfärben bestimmte, aus ungebleichtem Zwirne zu Michelsberg im Pilsener Kreise geklöppelt. Einer der vorzüglichsten Fabrikanten in Niederländer Spitzen ist Johann Hinkelmann zu Hohenelbe, welcher sich im J. 1818 eine Zwirnmaschine aus den Niederlanden verschaffte. — Auch in Tyrol ist das Spitzenklöppeln aus Zwirn ziemlich allgemein, besonders im Landgerichte Taufers (Pusterthal), im kleinen Grödner Thale (Botzener Kreis), in der Gegend von Riva (Rovereder Kreis) u. s. w. Im Grödner Thale wird das Klöppeln von den Weibspersonen größten Theils zur Zeit getrieben, wo sie mit anderen häuslichen oder mit Feldarbeiten nicht beschäftiget sind. Die Zahl der Klöpplerinnen beläuft sich auf 50, wovon man jedoch nur die Hälfte als beständig arbeitend annehmen kann. Der Zwirn hierzu wird von Linz bezogen, daher diese Zwirnspitzen auch nur zur groben und gröbsten Gattung gerechnet werden können. Der tägliche Verdienst einer geübten Arbeiterinn beläuft sich im Durchschnitte wegen der hohen Preise des Materials auf nicht mehr als 18 kr. rhein., und der ganze jährliche Gewinn des Grödner Thales auf 4000 fl. Reichsw. — Im Lande ob der Ens wurden bisher bloß Spitzen aus Zwirn und Seide für das gemeine Volk, dann Spitzen für Hand- und Tischtücher aus Flachsgarn und Baumwolle gearbeitet; seit Kurzem verfertiget aber der in Linz ansässige Spitzenfabrikant Wenzel Schreiber eine bedeutende Menge gröberer und feinerer Zwirnspitzen von der schmälsten bis zur breitesten Gattung, die mit den böhmischen und sächsischen an Schönheit wetteifern, dann echte Blondspitzen, nebst ausgenähten, aufgelegten und tamburirten Seiden- und Baumwoll-Perinetspitzen, welche letztere eigentlich zu den Strumpfwirker-Arbeiten gehören. (Vergl die Abth. Strumpfwirker-Arbeiten.) In Illyrien, und zwar zu Idria in Krain werden ebenfalls viele ordinäre Zwirnspitzen geklöppelt, was auch in einigen Theilen Ungarns und der Militar Gränzen der Fall ist, wiewohl man in den letzteren mehr die spitzenartigen Einfassungen der Tischtücher, Handtücher, Hemder u. s. w. mit der Nadel in den Stoff einnäht und stickt. — Venedig war seit langen Jahren durch seine genähten Zwirnspitzen, die auch außer Italien häufig gesucht waren, berühmt; in der neueren Zeit aber hat dieser Beschäftigungszweig sehr abgenommen, da man anderwärts viel schönere Spitzen verfertiget. Nur in der eigentlichen Provinz Venedig, und zwar von den armen Weibspersonen der Insel Burano, worunter es viele geschickte Arbeiterinnen gibt, werden noch Zwirnspitzen verfertiget. Sie erhalten den Zwirn, der insgemein von Lille bezogen wird, von Fabrikanten und Handelsleuten in der Hauptstadt, wohin sie von Woche zu Woche die fertigen Arbeiten abliefern und neuen Zwirn in Empfang nehmen. Einer der vorzüglichsten dieser Fabrikanten ist Antonio Retti und Comp. Man arbeitet diese Spitzen theils mit der Nadel, und zwar a punto di aria, und a punto di Buran, theils mit Klöppeln.

Nach dem Verluste der Niederlande schien es bey der Menge des vorhandenen Materials räthlich, die Spitzen-Fabrication nach Brüßler Art in die teutschen Provinzen zu verpflanzen und hier einheimisch zu machen. Se. kaiserl. Majestät beschlossen die Errichtung einer Spitzenmanufactur in Wien, und übergaben die Leitung derselben der Frau des Stabsarztes Vandencruys, welche mit ihren 4 Töchtern von Brüssel nach Wien berufen wurde. Um diese Ärarial-Spitzenmanufactur auf eine solide Art zu gründen, mußte man die besten und geübtesten niederländischen Spitzenarbeiterinnen kommen lassen, um sie hier als Lehrerinnen anzustellen. Zwey Töchter der Frau von Vandencruys unternahmen zu diesem Ende eine Reise nach Brussel, und kamen im J. 1806 mit 18 der besten Arbeiterinnen, die auf 6 Jahre aufgenommen wurden, und mit Modellen der besten Werkzeuge versehen, zurück; auch 2 Aufseherinnen wurden bey Gelegenheit dieser Reise für die Spitzenmanufactur in Sold genommen. Schon nach 2 Jahren wurden die schönsten Fabricate geliefert, worunter zwey für den k. k. Hof bestimmte Kleider, ganz denen ähnlich, welche für die damahlige Kaiserinn Josephine in Paris gemacht wurden, genannt zu werden verdienen. Nach Verlauf der 6 Jahre erhielten alle aufgenommenen Fremden die ihnen zugesicherten Jahrsgehalte; die Familie Vandencruys aber erhielt die Weisung, das Etablissement für eigene Rechnung fortzuführen. Die Staatsverwaltung fand es zugleich zweckmäßig, eine Spitzen-Lehranstalt in Böhmen zu errichten, wo ohnedieß die Spitzen-Fabrication im Großen betrieben wird, und nur die Methode nach Brüßler Art zu fehlen schien, um die böhmischen Spitzen-Fabricate noch mehr zu erheben. Zu dem Ende waren bereits im J. 1810 auf Ärarial-Kosten 31 Mädchen aus dem Elbogner und Saazer Kreise nach Wien abgeschickt worden, um daselbst in der Fabrication der Brüßler Spitzen unterrichtet zu werden. Sie kehrten im J. 1812 mit der Bestimmung nach Böhmen zurück, in ihrer Heimath Unterricht in den erlernten Arbeiten zu ertheilen. Allein die Sache hatte den gewünschten Erfolg nicht. Auf die von Sr. Maj. dem Kaiser am 14. Juny 1813 zu Gitschin gefaßte Entschließung, die Hauptlehranstalt der Brüßler Spitzen-Fabrication nach Prag zu übersetzen und diesen Erwerbszweig in Böhmen durch praktische Lehranstalten zu begründen, wurden noch im J. 1813 fünf neue Spitzenschulen zu Graßlitz, Joachimsthal und Elbogen mit Anstellung besoldeter Lehrerinnen errichtet; jedoch auch diese Schulen entsprachen nicht der Erwartung und erhielten sich nur deßhalb bis 1818, weil vom Ärarium der erforderliche Zwirn unentgeltlich verabreicht und den Lehrerinnen ein Taggeld von 2 fl. W. W. ausbezahlt wurde. Mittlerweile wurde die in Wien bestandene ärarialische Spitzenmanufactur und Lehranstalt aufgehoben und in das Privat-Eigenthum der Schwestern Vandencruys übertragen, ihnen zugleich alle Requisiten der Anstalt unentgeltlich überlassen und ein Vorschuß von 60,000 fl. W. W. unter der Bedingung gegeben, diesen Manufacturszweig in Wien auf eigene Rechnung zu betreiben und die in Böhmen errichteten Lehranstalten zu leiten. Erst im August 1817 wurde von der Vorsteherinn Ch. Vandencruys die Haupt-Spitzenschule zu Prag in dem hierzu eingerichteten Locale im St. Galli-Klostergebäude mit dem Unterrichte in Réseaux, Plats und Points angefangen. Noch in demselben Jahre wurde Ch. Vandencruys ihres Einflusses enthoben und die Einlösung der Arbeiten für Rechnung des Ärariums angeordnet und der Commerz- und Fabriken-Inspection in Prag übertragen. Aus diesem Grunde hatte die Lehranstalt ununterbrochenen Fortgang, und es wurden ungefähr 120 Mädchen in den genannten Arbeiten unterrichtet. Da bey Übersetzung der Anstalt nach Prag die Absicht vorzüglich dahin ging, die Brüßler Spitzen-Erzeugung in die Prager weiblichen Klöster der Ursulinerinnen und englischen Fräulein zu übersetzen, und dadurch für immer im Lande einheimisch zu machen, daß in Zukunft von den Klosterfrauen nebst anderen weiblichen Arbeiten auch die Verfertigung der Brüßler Spitzen gelehrt werde: so wurden seit November 1817 mehrere Klosterfrauen von den Lehrerinnen der Hauptanstalt in allen Theilen dieses Manufacturzweiges unterrichtet. Nach der allerhöchsten Entschließung vom 18. Dec. 1818 wurden endlich noch zwey Lehrerinnen im joindre und striquer bey der Hauptlehranstalt in Prag angestellt und dieser Unterricht im April 1819 begonnen. Seit dieser Zeit werden daselbst auch aus den Bestandtheilen fertige Brüßler Spitzen zusammengesetzt, wozu bis Herbst 1820 12 Mädchen, welche bisher die Verfertigung einzelner Bestandtheile erlernet hatten, abgerichtet wurden. In den beyden Klöstern begann der Unterricht im joindre und striquer erst im April 1820. Weil die im Gebirge des Elbogner Kreises zweymahl durch Ch. Vandencruys errichteten Spitzenschulen gar keinen Erfolg gezeigt hatten, so wurden dieselben im J. 1818 zum dritten Mahle neu organisirt und bis auf 15 vermehrt. Der Fortgang dieser Schulen entsprach der Erwartung vollkommen, jedoch lediglich aus dem Grunde, weil die Arbeiten der Schulerinnen eben so, wie in Prag, auf Rechnung des Ärars abgelöset und an die Hauptlehranstalt nach Prag zur weiteren Verwendung abgeliefert wurden. So sind in diesen 15 Gebirgsschulen von 1818 bis 1820, oder richtiger in dritthalb Jahren 294 Mädchen in der Verfertigung der Réseaux, Plats und Points unterrichtet worden.

Es bestehen demnach gegenwärtig in Böhmen folgende Anstalten zur Fabrication der Brüßler Spitzen. A. Bestandtheile werden gearbeitet, und zwar a) mit Kloppeln auf Pölstern: Réseaux in Prag in der Centralanstalt unter zwey Lehrerinnen, dann im Gebirge des Elbogner Kreises in den Schulen zu Graßlitz, Joachimsthal, Bleystadt, Fribus, Platten, Aberthan, Gottesgab, Littmitz, Schlackenwald, Kupferberg, und im Gebirge des Saazer Kreises in den Schulen zu Schmiedeberg und Preßnitz; Plats zu Prag unter zwey Lehrerinnen, dann zu Graßlitz und Sandau im Elbogner Kreise; b) mit der Nadel gearbeitete Bestandtheile oder Points zu Prag unter einer Lehrerinn und zu Grossengrün im Elbogner Kreise. B. Die Zusammensetzung der Spitzen wird bis jetzt nur in der Centralanstalt zu Prag gelehrt. Außerdem haben bereits auch die Ursulinerinnen zu Prag den Unterricht zu ertheilen angefangen.

Es muß hierbey bemerkt werden, daß die Wiener Anstalt früher den zu den verschiedenen Spitzenarbeiten erforderlichen Zwirn aus den Niederlanden bezog, und dadurch in Ansehung des Materials vom Auslande abhängig war. Gegenwärtig aber bedient sich diese Fabrik bloß des inländischen Zwirnes, der in Döbling bey Wien aus dort erbautem Flachse gezwirnt wird. (Vergl. die Unterabth. Flachs- und Hanfgespinnste Nr. 98 bis 101.) Um auch die böhmische Lehranstalt in Ansehung des Materials vom Auslande unabhängig zu machen, wurde angeordnet, daß der Flachs nach der Verfahrungsart der Niederländer im Lande cultivirt, im Wasser geröstet, auf besondere Art zubereitet und gesponnen, und das Garn zu Zwirn und Batist verwendet werde, und auch zur Ertheilung dieses Unterrichtes wurden eigene Individuen aus den Niederlanden herbeygezogen.

Die Gold- und Silberspitzen werden meistens von den

Posamentirern in größeren Städten gemacht. In Wien liefern die schönsten die Fabrik des Hrn. Franz v. Partenau, dann Franz Nebodi, Kautsch's Witwe, eine gewisse Kick und mehrere andere. Die Points d'Espagne bedürfen insbesondere seit dem J. 1805 keines Befugnisses.

Der Handel mit den Spitzen-Fabricaten war in früheren Zeiten, wo die Spitzen mehr in der Mode waren, und sowohl von Frauens- als Mannspersonen zum Staate getragen wurden, weit einträglicher, als gegenwärtig. Die Gold- und Silberspitzen, so wie die Points d'Espagne werden zum Theil nach der Levante, zum Theil nach einzelnen Gegenden der Monarchie, z. B. nach Mähren, Oberösterreich, Böhmen, Ungarn rc., wo sie noch zu Hauben-Gebrämen u. dgl. verwendet werden, abgesetzt. Die Levantiner Spitzen werden in Sachsen und Berlin am billigsten erzeugt; jedoch sind die in Wien verfertigten eben so schön und würden gleichen Absatz finden können, wenn sie nicht im Preise hoher zu stehen kämen. Die böhmischen Zwirn- und Baumwollspitzen mögen wohl unter allen in der Monarchie verfertigten Spitzengattungen den meisten Vertrieb haben, wozu ihre Wohlfeilheit, zugleich mit ihrer Schönheit und Dauer das Meiste beyträgt. Viele davon sind sogar unter dem Nahmen Niederländer Spitzen in Böhmen sowohl, als im Erzherzogthume Österreich, in Steyermark, Ungarn, Siebenbürgen, Polen und Teutschland verkauft worden. Die zu Linz verfertigten Spitzen werden meist nach Wien gebracht, die Tyroler aber durch hausirende Händlerinnen größten Theils in der Provinz abgesetzt. Venetianische Spitzen sind nun in den teutschen Erbländern selten zu finden, und ihr Absatz beschränkt sich fast nur auf Italien; dagegen finden die groben Spitzen von Idria nicht nur in Illyrien, sondern auch in Steyermark, Österreich und besonders in Croatien Abnahme.

Da nun im Inlande, wie sich aus dem Obigen ersehen läßt, Spitzen der ordinärsten, wie der feinsten Gatung, in großer Menge erzeugt werden, so ist durch den im J. 1818 für alle leinenen Stoffe erschienenen Zolltariff der Verkehr mit fremden Spitzen oder Kanten ohne Unterschied des Urstoffes untersagt, und sie können demnach nur gegen besondere Bewilligung, gegen einen eigenen Einfuhrspaß und gegen Entrichtung eines Zolls von 36 kr. C. M. vom Guldenwerthe eingeführt werden; im Inlande dagegen, nahmentlich zwischen den alten und neu erworbenen Provinzen (mit Ausnahme von Ungarn, Siebenbürgen, Dalmatien, Istrien und der Freyhäfen von Triest und Fiume) ist der Verkehr mit Spitzen aller Art ganz zollfrey. Bey der Ausfuhr nach Ungarn oder ins Ausland wird vom Guldenwerthe 1 kr. C. M. als Zoll entrichtet.

Die Preise waren gegen Ende des J. 1820 ungefähr folgende: Echte Goldspitzen kamen zu Wien pr. Loth auf 2 fl. bis 2 fl. 15 kr., echte Silberspitzen auf 1 fl. 48 kr. bis 2 fl. 6 kr., Points d'Espagne-Gebrame auf 2 fl. bis 2 fl. 15 kr., und gestickt auf 2 fl. 30 kr. C. M. Die schmälsten Zwirnspitzen, etwa $\frac{1}{8}$ Zoll breit, kamen pr. Elle auf 6 kr. W. W., die breiteren stiegen stufenweise nach Breite, Feinheit und Schönheit des Desseins auf 2 fl., 3 fl und noch höher. In Venedig und Burano kamen die schönsten ganz genähten Zwirnspitzen auf 20 bis 10 ital. Lire, die zum Theil geklöppelten, zum Theil genähten Zwirnspitzen nach Verschiedenheit der Breite auf [illegible] Lire 50 Cent., 1 Lire 85 Cent. 60 Cent., bis 12 Cent. herab, pr. venet. Elle. Die groben Tyroler Zwirnspitzen aus dem Grödner Thale werden ellenweise zu 1 bis 40 kr. Reichsw. verkauft. Über die Preise der feinen Spitzen nach Niederländer und Brüßler Art läßt sich nichts Bestimmtes angeben, da diese Spitzen so außerordentlich mannigfaltig sind, und der Preis vorzüglich durch die verschiedene Breite und die mehr oder weniger complicirte Arbeit regulirt wird. Man hat z. B. Brüßler Spitzen von der schmälsten und einfachsten Gattung zu 4 bis 6 fl. W. W. die Elle; die breiteren mit reichen Desseins steigen auf 60, 80, 100 und mehr Gulden. Ganze Voiles kommen auf 100, 150, 200, auch 800 bis 1000 fl., Spitzenkleider auf 600, 800, 1000, 2000 bis 3000 fl. WW. zu stehen.

Erklärung der Muster.

A. Gold- und Silberspitzen, und Points d'Espagne.

1) Echte Gold- und Silberspitzen.

Taf. I. Nr. 1 bis 6. Feine Goldgespinnst-Spitzen, breit und schmäler, sogenannte Nutelspitzen, alle auf Pölstern geklöppelt. Diese Gattung geht häufig nach Ungarn; wenigstens wurden noch vor mehreren Jahren viele dergleichen Spitzen dahin verschickt.

Nr. 7 und 8. Mittel feine goldene Rutelspitzen, von welchen dasselbe gilt. Sie sind theils aus Goldgespinnst, theils aus Goldplasch verfertiget.

Nr. 9 und 10. Silberne Rutelspitzen gleicher Arbeit.

Nr. 11 Silberne Muschelspitze, größten Theils aus Silberplasch.

Taf. II. Nr. 12 und 13. Türkische Goldplasch-Spitzen, des Glanzes wegen mit sehr breitem Plasch.

Nr. 14 bis 17. Türkische Goldplasch-Spitzen mit gefärbtem Gold- und Silberplasch, alle auf Hand- oder Nadelpölstern geklöppelt und für den levantinischen Handel bestimmt.

Nr. 18. Gemischte türkische Gold- und Silberplasch-Spitze derselben Art.

Nr. 19 bis 25. Goldene und silberne Points d'Espagne im türkischen Geschmacke, wie sie in der Türkey auf Kleider gebraucht werden. Es sind meist zu Desseins verschlungene und mit Plasch überwundene Seidenschnüre.

Nr. 26 und 28. Goldplasch-Points d'Espagne-Gebräme auf sogenannte reiche Hauben, aus Drahtgespinnst und breitem Plasch, zum Gebrauche der Landweiber in einigen Gegenden des Inlandes.

Nr. 27. Goldplasch-Gebräme mit reicher Stickerey, ebenfalls auf Hauben. Der Dessein ist derselbe, wie bey Nr. 26.

2) Unechte oder leonische Spitzen.

Taf. III. Nr. 29 bis 45. Gelbe Lahnspitzen in verschiedenen Desseins, von der breitesten bis zur schmälsten Sorte, aus der k. k. priv. Fabrik zu Mannersdorf am Leythagebirge. Ebenfalls auf Nadelpölstern geklöppelt.

Taf. IV. Nr. 46 bis 61. Weiße Lahnspitzen, oder sogenannte Rutelspitzen, Muschelspitzen &c., alle sehr schön gearbeitet, ebenfalls von der breitesten bis zur schmälsten Sorte. Die breiten messen 3 Zoll, die schmälsten $\frac{1}{4}$ Zoll in der Breite.

Taf. V. Nr. 62 und 63. Unechte gestickte Points d'Espagne auf Haubengebräme.

3) Seidene Points d'Espagne.

Nr. 64 und 65. Schwarzseidene Points d'Espagne-Haubengebräme, welche vorzüglich in Mähren statt der goldenen Gebräme getragen werden. Es gehen daher auch viele solcher seidener Haubenspitzen von Wien in die genannte Provinz.

Nachträge.

Taf. VI. Nr. 66 und 67. Goldplasch- und Silberplasch-Schuppengebräme auf Hauben.

Nr. 68. Unechte gelbe feine Muschelspitze von Zobel in Wien. Diese Gattung geht sehr stark nach Böhmen in die Gegend von Eger.

Nr. 69 bis 73. Weiße Muschelspitzen derselben Art, von Zobel in Wien. Sie sind sämmtlich auf Handpölstern geklöppelt und gehen wie die gelben, vornehmlich nach Eger, wo sie auf Hauben, Mäntel 2c. getragen werden.

Nr. 74. Breite Haubenspitze zum Gebrauche für Mähren.

B. Zwirn- und Seidenspitzen 2c.

Taf. I. Nr. 1 und 2. Gröbere und feinere Réseaux oder Böden zu den Brüßler Spitzen, auf dem Handpolster geklöppelt. Es ist der erste Bestandtheil der Spitzen, worauf die Desseins durch joindre oder striquer aufgesetzt werden.

Nr. 3 Points d'Alençon, d. i. Desseins zu den Pointsspitzen, noch auf dem grünen Pergamentstreifen, worauf sie mit der Nadel genäht werden; jetzt nicht mehr in der Mode.

Nr. 4. Desseins der Brüßler Spitzen, oder sogenannte Plats, welche auf dem Pergamentstreifen geklöppelt werden. Es gibt demnach zweyerley Desseins zu Brüßler Spitzen: geklöppelte oder Plats, und genähte oder Points; die ersteren haben kleine Öhrchen, die letzteren nicht, wie sich aus den vorliegenden Mustern ersehen läßt. Daraus lassen sich auch sehr leicht die Platsspitzen von den Pointsspitzen unterscheiden.

Nr. 5. Points à l'aiguille, d. i. mit der Nadel genähte Desseins zu Brüßler Spitzen.

Nr. 6. Point de Valenciennes, eine besondere Art von Spitzen, worin die Desseins sehr fein zugleich mit dem Réseau genäht sind.

Nr. 7. Tüll- oder Zwirnspitze nach Niederländer Art.

Nr. 8. Maliner oder Mechelner Spitze, ebenfalls nur eine feine Art von Zwirnspitzen.

Nr. 9. Brüßler Pointspitze mit genähten Desseins.

Nr. 10 und 11. Brüßler Platsspitzen mit geklöppelten Desseins. Sämmtliche Muster dieser Tafel sind aus der Spitzenmanufactur der Fräulein Vandencruys in Wien.

Taf. II. Nr. 12. Point d'Alençon aus der vorgenannten Fabrik, mit genähten Desseins.

Nr. 13 bis 15. Breite und schmale echte Blondspitzen aus derselben Fabrik. (Die unechten Blondspitzen sind bloß ausgenähte Seiden-Petinets; vergl. die Abth. Strumpfwirker-Arbeiten.)

Nr. 16 und 17. Breite echte Blondspitzen aus Böhmen, sehr schön. Die Desseins werden zugleich mit dem Boden, jedoch aus stärkerer Seide, geklöppelt.

Nr. 18. Maliner Zwirnspitze aus der Wiener Spitzenfabrik.

Nr. 19. Zwirnspitze aus Böhmen, schon zur schönsten Sorte der sogenannten böhmischen Spitzen gehörig, von Joh. Hinkelmann zu Hohenelbe.

Taf. III. Nr. 20 bis 30. Zwirnspitzen von der Insel Burano bey Venedig, von der breiten bis zur schmälsten Gattung. Besonders fein sind die beyden ersteren genähten Spitzen, deren Boden sich von dem gewöhnlichen Spitzenboden oder Réseau auffallend unterscheidet, indem er lauter quadratförmige Öffnungen bildet. Die übrigen sind geklöppelte Zwirnspitzen ähnlicher Art, wie die böhmischen.

Taf. IV. Nr. 31 bis 43. Grobe Zwirnspitzen aus

dem Grödner Thale in Tyrol, für Kirchenwäsche, dann auf Tischtücher, Handtücher, auch zum Putze des weiblichen Geschlechtes in Tyrol.

Nr. 44. Grobe Zwirnspitze aus der Banalgränze, den vorstehenden in Rücksicht der Arbeit ähnlich, aber von noch stärkerem, wenig gebleichtem Zwirne.

Taf. V. Nr. 45 bis 55. Österreichische Zwirnspitzen aus Linz, von dem dortigen Spitzenfabrikanten Wenzel Schreiber. Den böhmischen aus dem Erzgebirge ganz ähnlich.

Taf. VI. Nr. 45 bis 47. Brüßler Spitzen aus der k. k. Spitzen-Lehranstalt zu Prag vom J. 1820. Das erste Muster ist eine Platspitze, die zwey letzten sind Pointsspitzen.

XII. Abtheilung.

Die gestickten Arbeiten.

Stickerey ist im Allgemeinen die Kunst, mit verschiedenen Fäden und Körpern auf irgend einem Zeuge Blumen, Figuren, Blattwerk u. dgl. nach Zeichnungen durch Einziehen der Fäden anzubringen. Sie beruht ganz auf der Zeichnenkunst, und gehört zum Theil schon zu den freyen Künsten, obschon auch sie bis jetzt nicht ganz vom Zunftzwange befreyt worden ist. Hier kann die Stickerey also nur in so fern in Betrachtung gezogen werden, als sie gewerbsmäßig und für den Handel ausgeübt wird. Sie ist entweder Weißstickerey in Leinen- und Baumwollstoff, oder Schafwollstickerey, oder Seiden- und gemahlte Stickerey, oder reiche Stickerey, oder endlich Perlenstickerey. Das Hauptwerkzeug hierzu ist die Stickrahme, in deren innerem Raume Bänder oder Leinwandstreifen angeheftet sind, um damit das zu stickende Zeug einspannen zu können, dann verschiedene Nadeln, welche nach der Gattung des Materiales gewählt werden. Das letztere besteht aus Baumwoll- und Leinenzwirn, aus gezwirntem Schafwollgespinnste, aus offener und gedrehter Seide von verschiedenen Farben, aus Goldgespinnst, Plasch, Bouillons, Flittern, gefärbten Folien, gefaßten Glassteinen, Schmelzperlen, echten Perlen ꝛc., welche sämmtlich zur eigentlichen Stickerey gebraucht werden; dann aus Pergament zum Unterlegen.

Die Züge der auf Papier verfertigten Zeichnung werden mit einer Nadel durchgestochen, mittels zerstoßener Kreide oder Kohlen auf das Zeug durchgebauset, und dann mit Farbe oder Tinte auf dem letzteren nachgezeichnet; oder sie werden aus freyer Hand auf dem Zeuge gemacht, oder auch, besonders bey Weißzeug, mittels hölzerner Formen mit Waschblau oder schwarzer Farbe vorgedruckt. Darauf beginnt erst das eigentliche Sticken mit den vorerwähnten Materialien.

Bey der Weißstickerey auf Leinwand, Percal, Musselin, Vapeur, Batistpercal ꝛc. wird gewöhnlich zwey- und dreydrähtiger inländischer und englischer Baumwollzwirn (vergl. Unterabth. Baumwollgespinnste Nr. 135 ffg.), feiner Leinenzwirn, auch gefärbte Baumwollgespinnste, zumahl rothe und blaue, angewendet, da diese letzteren am besten das Waschen aushalten. Die Stickerey wird entweder im Gewebe des Stoffes selbst spitzenähnlich gemacht, und dann gewöhnlich Ausnähen genannt (man erhält auf solche Art mancherley einfache und doppelte Böden oder Fonds, Gitter ꝛc.), oder es werden die Ränder verschiedener Streifen mannigfaltig geschlungen und dann ausgeschnitten, oder es wird die platte Arbeit oder die flache Stickerey hierbey angewendet, wobey die Desseins keinen Grund erhalten, sondern die Fäden unmittelbar durch den Stoff gezogen werden. Zur feinsten Arbeit gehören die Gitter, welche aus den feinsten englischen Baumwollzwirnen (Gitterwolle genannt) verfertiget werden. Übrigens ist auf Weißzeug auch das Tamburiren (mittels des Kettenstiches), die Knöpfchen- oder Knötchenstickerey, der Steppstich ꝛc. gebräuchlich. Eine der einfachsten Stickereyen in Weißzeug ist das sogenannte Merken mit dem Kreuzstiche, welches sich jedoch meist auf Buchstaben und Ziffer beschränkt, und wozu es, so wie zu allen Gattungen der Stickerey zahllose Muster und Vorschriften sowohl auf linirtem Papiere, als auf Beuteltuch gibt.

Die Wollstickerey wird hauptsächlich bey Teppichen, bey Montirungen, Livreen, bey Aushängetüchern der Verkaufsläden u. s. w. benutzt. Es lassen sich dadurch die mannigfaltigsten Erzeugnisse von den ordinärsten ausgenähten Tuchenden bis zu den schönsten Teppichen hervorbringen. Bey manchen Stickereyen auf Tuch werden die Desseins, z. B. Weinlaub, Trauben, Epheulaub, Früchte rc., nach einer Zeichnung aus verschiedenfarbigem Tuche oder Casimir ausgeschnitten, aufgenäht, und die Nähte durch Stickerey verzieret. In den Militär-Gränzen pflegt man sehr grobe schafwollene Gelsengarne und Tischtücher mit grobem gefärbten Schafwollgarne auszunähen, so wie man in einigen Werkstätten, wo Kotzen und Bettdecken gemacht werden, ebenfalls in diese vor dem Aufkratzen Blumenguirlanden, Fruchtstücke, Wapen u. dgl. aus gefärbtem Schafwollgarne einnäht (vergl. Schafwollstoffe Nr. 186), welche dann nach dem Aufkratzen des Stoffes wie eingearbeitet aussehen.

Die Seidenstickerey liefert viel künstlichere Producte, und geht zum Theil schon in wahre Kunst über. Sie ist entweder flache Arbeit, die mit der oben beschriebenen platten Arbeit bey der Weißstickerey übereinkommt, oder erhabene Arbeit, wobey zuerst ein Grund von Zwirn gemacht, und über diesem mit offener oder gedrehter Seide gestickt wird. Fast alle Methoden, welche bey der Weißstickerey gebräuchlich sind, und noch mehrere, werden bey der Seidenstickerey benutzt, bey welcher sich die Kunst auf die verschiedenste Art zu entwickeln Gelegenheit hat. Insbesondere muß hier des Perlstiches, der sich durch seine besondere Dauerhaftigkeit auszeichnet, und der gemahlten Stickerey erwähnt werden, welche sich von der flachen Arbeit dadurch unterscheidet, daß die Seide nach dem erforderlichen Grade des Lichtes und des Schattens an einem und demselben Stücke gebraucht wird. Man stickt mit Seide sowohl auf Seidenstoffe, als auf reiche Stoffe, auf Tuch, Casimir, Baumwoll- und Leinenstoffe, und selbst auf Papier, Leder u. s. w., und nimmt hierzu außer der Stickseide oft auch die sogenannten Chenillen, ferner schmale Seidenbänder, Schnüre, gefaßte Glassteine u. s. w. Selbst die Stickerey aus Schmelz- oder Glasperlen, die meist auf Geld-, Tabaks- und Strickbeutel, und auf Uhrbänder angewendet wird, kann hierher gerechnet werden, da die eigentliche Verbindung und die Anreihung der Perlen bloß durch gedrehte Seide geschieht. Daß endlich das Tamburiren und Ausnähen der Petinetspitzen (vergl. die Abth. Strumpfwirker-Arbeiten) ebenfalls zur Stickerey gehöre, braucht nur im Vorübergehen erinnert zu werden, da die Arbeiten selbst schon am gehörigen Orte beschrieben worden sind.

Die reiche Stickerey bedient sich des echten Goldes und Silbers, der leonischen Gespinnste und Lahne, der Glassteine, Folien rc., und findet auf Seidenstoffe, auf Drap d'Or und Drap d'Argent, auf Tuch, Casimir, Leder u. s. w. Statt. Auch diese ist entweder flache oder erhabene Arbeit, bey welcher letzteren man einen Grund von Zwirn oder Pergament, welches aufgeklebt wird, gibt, dann diesen mit reichen Fäden nach der Breite bedeckt, die aufgelegten mit einer hölzernen Klammer festgehaltenen Fäden aber fein mit Seide überstickt und dadurch festhält. Beyde Arten von Stickerey werden durch Flittern, Bouillons, Folien u. s. w., auch mit falschen und echten Perlen verziert, welche Arbeiten hier ihrer großen Verschiedenheit und Mannigfaltigkeit wegen nicht beschrieben werden können. Nur so viel muß bemerkt werden, daß die schon mehrmahls erwähnte Qualitäten-Ordnung für die Posamentirer vom 12. Dec. 1754 sich auch auf die zum Sticken erforderlichen reichen Gespinnste ausdehnt, um den dabey so leicht möglichen Betrug zu verhüten. In dieser Ordnung heißt es ausdrücklich, daß zu den Gespinnsten, welche man Sprengzeug nennt, dann zum Riegelfaden für Schneider, auch Stickermatt oder Nähgold, und Frisé für Bundmacher u. dgl. keine andere als ordentliche 78-Spinnseide und lauter Nr. 9 Draht zum Plätt und Spinnen genommen werden soll; das Gold- und Silbergespinnst aber zu dem Riegelfaden für Schneider, auch Stickermatt und sogenannten Nähgold und Silber soll aus 3 Gespinnstfäden zusammengedreht werden. Ferner soll zu dem reichen Stickermatt, zu den gröberen Riegelfäden auf Plaschlöcher, so wie zu Sprengzeug und Spitzgitter, Frisé für die Sticker- und Crepin-Arbeit von mittlerer Gattung, keine andere als ordentliche 68/

Hh 2

Spinnseide und Nr. 9 Plätt gebraucht; hingegen zu dem Schneiderglanz und Anlegzeug, dann zum Legaturgespinnste, zum gröberen Sprengzeuge und groben Frisé keine andere als ordentliche 5S-Spinnseide und Nr. 9 Plätt genommen werden. Das feinere Stickergespinnst oder das sogenannte Stechzeug soll bloß von 4S-Spinnseide und Nr. 8 Plätt ganz gleich, so wie das gröbere Stechzeug, das gröbere Anlegzeug und das Gespinnst zu den gröberen und mittleren Franzen in die Spitzen, auf eine ordentliche 3S-Spinnseide mit Nr. 8 Plätt; der grobe Zug zu den Spitzen mit einer 1S oder verdoppelten Spinnseide mit Nr. 8 Plätt übersponnen seyn; der ganz grobe Stechzeug, das ganz grobe Anleg und Glanz, Profalschnüre rc. sollen auf 1 und 2S, oder nach der Proportion auf verdoppelte Seide mit keinem andern als Nr. 7 Plätt reich übersponnen, überhaupt aber aller Draht nicht übermäßig oder zu stark ausgeplättet werden.

Die Perlenstickerey wird theils in Verbindung mit Seiden- und reicher Stickerey, theils, jedoch sehr selten, für sich allein angewendet, und beruht bloß darauf, daß die an Fäden gereihten Perlen größerer und kleinerer Art auf den Stoff aus Schafwolle oder Seide zu schicklichen Desseins an einander gesetzt werden.

Die meisten Zweige der Stickerey sind in Österreich eine ganz freye Beschäftigung, und werden fast ausschließend von Frauenspersonen ausgeübt, vornehmlich die Weiß-, Woll- und Seidenstickerey; nur in Wien machen die Gold- und Perlensticker eine bürgerliche Innung, für welche daselbst schon seit dem 13. Sept. 1688 eine Handwerks-Ordnung besteht, nach welcher die Lehrzeit auf 6 Jahre bestimmt, und jeder Geselle 2 Jahre in der Fremde zu wandern, und sich in der Kunst zu vervollkommnen verpflichtet ist. Das Meisterstück bestand in der Verfertigung der Abbildung des heil. Josephs, von Gold und Silber gestickt. Keinem Perlensticker-Kunstgenossen ist erlaubt, etwas den Crepin- und Bandarbeitern Zugehöriges zu verfertigen, so wie auch kein Handarbeiter in der Perlenstickerey den geringsten Eingriff thun darf; besonders ist es aber den Perlenstickern in jener Ordnung verbothen, „falsch unter gut zu arbeiten, widrigens er aus der Kunst gestoßen und für untauglich erkannt werden soll."

Zustand der Stickerey im österreichischen Kaiserstaate.

Es ist mit der Stickerey der gleiche Fall, wie mit einigen anderen Gewerbszweigen, daß sie durch die veränderte Mode zwar an quantitativer Ausdehnung verloren, hingegen durch den verbesserten Geschmack in Ansehung der Zeichnung und reinen Arbeit gewonnen haben. Im österreichischen Staate werden nun alle Gattungen von der ordinärsten ausgenähten Arbeit, wie sie in den Militär-Gränzen verfertiget wird, bis zur höchsten Kunstarbeit erzeugt, und hierin glaubt man ohne Zweifel der Stadt Wien die erste Stelle einräumen zu dürfen. In der Weißstickerey und Schlingerey sind in Wien gewiß mehrere tausend Frauenzimmer beschäftiget, welche großen Theils für den Verkauf arbeiten, und dieß scheint gegenwärtig im Ganzen der einträglichste Zweig der Stickerey zu seyn, ungeachtet die Arbeiten sehr wohlfeil zu stehen kommen. Diese Stickerey ist auch in allen übrigen Provinzen der Monarchie üblich, selbst bis an die türkische Gränze in Slavonien, wo man dergleichen Arbeiten unter dem Nahmen Schmisle verfertiget, und selbst mit Goldgespinnst in weiße Leinwand stickt. Weißgestickte baumwollene Umhängtücher und Gaze Voiles (Schleyer) werden auch zu Dornbirn und Höchst im Vorarlbergischen verfertiget und damit ein bedeutender Handel getrieben. Diese Arbeiten lassen vornehmlich die Fabrikanten Jos. Fussenegger an der Segen und Joh. Kaufmann zu Dornbirn durch dortige Stickerinnen verfertigen. Die Seidenstickerey hat in Wien in Ansehung der Arbeit sehr zugenommen, wiewohl das Abkommen der mit Seide gestickten Staatskleider derselben viel geschadet hat; doch steht die inländische Seidenstickerey der französischen noch nach, woran die minder haltbaren Farben die meiste Schuld tragen. Dagegen ist man in der reichen und Perlenstickerey sehr weit gekommen, und selbst die leonischen gestickten Waaren kommen an Schönheit den Lyoner Arbeiten ganz gleich, wiewohl dergleichen noch eingeführt werden. In Wien zeichnen sich gegenwärtig durch die schönen reichen Stickereyen Andr. Alckens, Ignaz Bernitz u. a., am meisten aus. Die Fabrikanten und bürgerl. Stickermeister daselbst lassen meistens durch Weiber, auch durch Gesellen, die sämmtlich zeichnen lernen müssen, gewöhnlich außer dem Hause arbeiten. In Ungarn wird die reiche Stickerey häufig auch auf Tischmen angewendet. Man nimmt jedoch dazu meist Schnurmacher-Arbeiten, weßhalb dort auch die Schnurmacher sticken dürfen.

Ein eigentlicher Handel mit gestickten Arbeiten wird im Großen nicht geführt, die Weißstickereyen ausgenommen, welche wenigstens in den größeren Städten und auf den Jahrmärkten ein sehr gangbarer Artikel sind, der sowohl von Putz-, als Spitzenhändlern u. a. geführt wird.

In Ansehung des Zollwesens sind die gestickten Arbeiten in die Classe der Putzwaaren überhaupt gesetzt. Die Einfuhr ist daher im Allgemeinen verbothen, der Handel im Innern der Monarchie (mit Ausnahme von Ungarn, Siebenbürgen, Dalmatien, Istrien, Triest und Fiume) zollfrey. Sollte dennoch eine Einfuhr Statt finden, so kann sie nur gegen den vorgeschriebenen Paß und gegen Entrichtung eines Zolls von 1 fl. 12 kr. C. M. vom Guldenwerthe geschehen; der Ausfuhrszoll beträgt vom Guldenwerthe ½ kr. C. M.

Die Preise der Stickereyen richten sich zum Theil nach den Desseins, zum Theil nach dem Gewichte der dazu verwendeten Gold- und Silbergespinnste, Flittern rc. Die Silberstickerey auf ein Kleid kommt auf 200 bis 600 fl. C. M., in Gold um 20 Procent höher zu stehen. Ein Mantel für den Orden der eisernen Krone kam auf 1000 fl. C. M. Die gestickten weißen Halstücher von Dornbirn im Vorarlbergischen kamen im Juny 1820 pr. Dutzend $\frac{8}{4}$ breit auf 14 fl., $\frac{9}{4}$ br. auf 24 fl. bis 30 fl. $\frac{10}{4}$ br. auf 50 fl. Reichsw.

Erklärung der Muster.

1) Weißstickerey.

Taf. I. Nr. 1. Vapeurstreifen, mit weißem gezwirnten Baumwollgespinnste (Stickwolle) gestickt. Neben diesem Muster befinden sich noch einige Desseins als Vordruck oder Vorarbeit zur Stickerey.

Nr. 2 bis 7. Vapeurstreifen mit ähnlicher Baumwollstickerey und geschlungenen Randern, mit und ohne Gitter.

Taf. II. Nr. 8 bis 14. Fortsetzung dieser mit Baumwolle gestickten Vapeurstreifen. Sie dienen sammtlich zum Putze des weiblichen Geschlechtes auf Kleidergarnirungen, Halskrausen, Hauben, Chemisetten rc., auch auf Bettdecken, Fenstervorhänge u. s. w. Auf ähnliche Art werden auch Halstucher, Schnupftücher, ganze Hauben und andere Wäschstücke gearbeitet.

Nr. 15 und 16. Vapeurstreifen, mit gefärbtem Baumwollzwirne gestickt.

2) Seidenstickerey.

Taf. III. Nr. 17 und 18. Schwarzer Atlas, mit gefärbter Seide gestickt, auf Hauben, Westen rc.

Nr. 19 und 21. Weißer Atlas, mit gefärbten Chenillen gestickt.

Nr. 20. Weißer Atlas mit farbiger Seidenstickerey, eine Bordur für Westen darstellend.

Nr. 22. Grüner Seidenstoff, mit gefärbten und schattirten schmalen Seidenbändchen gestickt. Eine Arbeit, die sich sehr gut ausnimmt, wenn durch die geschickte Zusammenstellung der Bänder Licht und Schatten gut ausgedrückt wird.

Taf. IV. Nr. 23. Schwarzer Grosdetours, mit gefärbter Seide gestickt, auf Staatskleider.

Nr. 24. Grünes Tuch, mit gefärbter Seide gestickt, und

Nr. 25. Unaufgeschnittener Sammt mit ähnlicher Stickerey, beyde ebenfalls auf Staatskleider.

Taf. V. Nr. 26. Grünes Tuch, mit gefärbter Seide und mit gefaßten böhmischen Glassteinen gestickt, zu demselben Gebrauche.

3) Echte reiche Stickerey.

Nr. 27. Grünes Tuch mit halbreicher Seidenstickerey, eine breite Bordur für Staatskleider darstellend.

Nr. 28. Braunes Tuch mit ganzreicher Stickerey aus Golddrahtgespinnst, Bouillons, Gold- und Silberflittern, gefaßten Glassteinen, gefärbten Folien und Seide, ebenfalls eine breite Bordur auf Staatskleider.

Taf. VI. Nr. 29. Brauner Seidenstoff, mit echtem Silber, gefaßten Glassteinen und mit Seide gestickt. Diese Stickerey wurde vormahls stark auf Staatskleider getragen, ist aber jetzt aus der Mode.

Nr. 30. Weißer Baumwollstoff, mit Goldgespinnst gestickt.

Nr. 31. Drap d'Or, mit Silber, mit Bouillons, Flittern und gefaßten Glassteinen gestickt. Eine ausgezeichnet schöne Arbeit auf Staatskleider.

Nr. 32. Drap d'Argent, mit Silberplasch gestickt, zu demselben Gebrauche.

Nr. 33 und 34. Gefärbte Grosdetours, mit Goldgespinnst gestickt, auf militärische Fahnen, Standarten ꝛc.

Taf. VII. Nr. 35. In Farben broschirter aufgeschnittener Sammt, mit Goldflittern, Goldbouillons, gefärbten Folien und gefaßten weißen und farbigen Steinen gestickt. Eine Bordur auf Staatskleider.

Nr. 36. Violetter aufgeschnittener Sammt, mit Goldgespinnst, Goldbouillons, Goldflittern und gefärbten Folien gestickt. Eine sehr reiche, vorzüglich schöne Arbeit auf Staatskleider.

Taf. VIII. Nr. 37. Schwarzes Tuch, mit Goldgespinnst, Goldbouillons, Goldflittern und gefaßten Steinen gestickt. Auf Staatskleider.

Nr. 38. Braunes Tuch, mit Goldgespinnst und Goldbouillons gestickt, auf Staatskleider. Diese Stickerey, Laubwerk mit Früchten darstellend, ist einfach und sehr geschmackvoll.

4) Unechte Stickerey.

Taf. IX. Nr. 39 und 40. Gestickte leonische Haubenflecke, mit weißen und gelben Gespinnsten und Flittern, mit gefärbten unechten Folien ꝛc. Auf sogenannte reiche (unechte) Hauben.

5) Lederstickerey.

Nr. 41 und 42. Saffianleder mit reicher Gold- und Silberstickerey aus Gold- und Silbergespinnsten, Bouillons und Flittern. Bloß auf Zischmen ungrischer Edelleute gebräuchlich.

Nr. 43. Leder mit Seide gestickt. Die Desseins sind ausgeschnitten, und mit gefärbtem Stoff unterlegt, worauf die Stickerey angebracht ist. Von anderer Art sind die in Ungarn üblichen farbig gestickten ledernen Kleidungsstücke, Pelzmäntel (Bunden), Tabaksbeutel u. dgl.

Nachträge.

Taf. X. Nr. 44. Leinwand mit weißer Zwirnstickerey, aus dem Bezirke des Peterwardeiner Gränz-Infanterie-Regiments in Slavonien, zum Kopfputz für Weiber.

Nr. 45. Leinwand mit weißer Zwirn- und Goldgespinnststickerey, aus demselben Regimentsbezirke und zu gleichem Gebrauche.

Nr. 46. Grober weißer Schafwollstoff, mit gefärbtem sehr grobem Schafwollgespinnste gestickt, oder vielmehr nur ausgenäht, aus dem Csaikisten-Bataillons-Districte, wo man dieses grobe $\frac{3}{4}$ Ellen breite Wollgewebe, also gestickt, auf Gelsengarne (Komarnik) und Tischtücher (Csarschaw) verwendet.

Taf. XI. Nr. 47. Farbige Baumwollstickerey, wie sie auf Westen, Tücher ꝛc. angewendet wird.

Nr. 48. Stickerey mit dem Steppstiche.

Nr. 49. Stickerey mit dem Kettenstiche.

Nr. 50. Stickerey mit dem Perlstiche.

Nr. 51. Sogenannte gemahlte Stickerey aus offener Seide.

Nr. 52. Stickerey mit Schnüren, welche besonders in den ungrischen Ländern gebräuchlich ist.

Nr. 53. Glasperlen-Stickerey, welche vorzüglich auf Ridiculs, Uhrbänder, Tabaksbeutel ꝛc. angewendet wird.

XIII. Abtheilung.

Die Seiler-Arbeiten.

Die Seiler, welche in einigen Ländern auch Repschläger, so wie deren Arbeitsplätze Repbahnen genannt werden, verfertigen verschiedene Gattungen von Seilen, Tauen, Schnüren rc., dann gewebte, geknüpfte und genetzte Arbeiten. Sie bilden, mit Ausnahme der größeren Seil- und Taufabriken, die in einigen Seestädten bestehen, überall bürgerliche Zünfte, bey welchen, wie z. B. bey den österreichischen, 3 Lehrjahre festgesetzt sind, und nur, wenn der Junge vom Meister mit Kost und Kleidung versehen wird, derselbe erst nach 6 oder 7 Jahren freygesprochen wird. Nach den alten Wiener Innungs-Artikeln vom 4. Sept. 1744 waren die Meisterstücke sowohl für die Stadt- als Landseiler bestimmt, und bestanden in mehreren Gattungen Seilen, Strängen, Buttenbändern, Sattelgurtscheiben, Repschnüren; heut zu Tage aber besteht das Meisterstück hier zu Lande in Verfertigung eines Seiles, 30 Klafter lang und 60 Pfund wiegend, eines zweyten Seiles, 30 Klafter lang und 30 Pfund wiegend, endlich in der Verfertigung einer Sattelgurte und einer Repschnur, welche letztere, in so fern sie zum Meisterstücke gehört, nach der Innungssprache Riegel genannt wird. Überdieß ist den Seilern der Verkauf des von ihnen zugerichteten Hanfes und Flachses gestattet.

Das Hauptmateriale, welches der Seiler verarbeitet, ist der Hanf, den er gewöhnlich selbst hechelt und nach Maßgabe der Verwendung sortirt. So wird z. B. der feinste sortirte Hanf zu feinen Bindfäden und Schnüren, der mittelfeine zu gröberen Bindfäden und dickeren Schnüren, Seilen rc., das grobe Werg zu Gurtenfäden rc. verwendet. In Wien und Unterösterreich versehen sich die Seiler mit galizischem und ungrischem Hanf, auch mit kärntnischem; am meisten schätzen sie den italienischen, slavonischen und ungarischen. (Th. I. Abth. Flachs und Hanf.) Flachs wird im Ganzen viel weniger verarbeitet; zu einigen Fabricaten auch Leinenzwirn, Schafwoll- und Baumwollgespinnste, zuweilen selbst Seide und Seidenbänder. Man kann die daraus verfertigten Arbeiten in 4 Gattungen unterscheiden: 1) in gedrehte, 2) in gewebte, 3) in geknüpfte Arbeiten, und 4) in Netze. Zu jeder sind eigene Werkzeuge und Handgriffe nöthig.

1) Die gedrehten Arbeiten, d. i. Stricke, Seile, Taue, Schnüre, Bindfäden (Spagat) ꝛc. werden mit dem Seiler- oder sogenannten Vorderrade verfertiget. Dieses ist ein hölzernes, 4 Fuß hohes, in einem Gestelle angebrachtes Rad (Scheibe), welches mittels einer Kurbel gedreht werden kann und oben mit einem Hakenkopfe versehen ist, d. i. mit zwey bogigten mit einander vereinigten Hölzern, die vorne in gleichweiten Abständen 4 Pfannen und in jeder derselben einen eisernen Haken haben. Jeder Haken besteht aus einer eisernen, vorne gekrümmten Spille und einer hölzernen, in der Mitte der Spille befindlichen Rolle, welche zwischen den beyden Bretern des Hakenkopfes liegt. Eine Darmsaite verbindet die sämmtlichen Rollen mit der Scheibe, die während der Arbeit von einem Gehülfen oder Lehrlinge an der Kurbel umgedreht wird. Will der Seiler nun Bindfäden oder Stricke machen, so gibt er den Hanf in seine Schürze, zieht daraus mit den Fingern mehrere Fäden in einen, welcher nach Maßgabe der künftigen Waare gröber oder feiner ist, und legt diesen ausgezogenen Faden über einen Haken des Vorderrades mittels eines kleinen Öhrs (oder Masche). Der Lehrling dreht das Rad um, und der Seiler oder Geselle geht beständig rückwärts, zieht mit der rechten Hand den Faden weiter aus, und hält dabey um den zuletzt gesponnenen Theil ein angefeuchtetes Stück Tuch (Strichhader genannt), um den Faden zu glätten und geschmeidig zu erhalten, damit er nicht reiße. Ist er an die Stütze (d. i. ein harkenartiges Werkzeug mit 8 bis 12 aufstehenden Zähnen) gekommen, so legt er den Faden in einen Zwischenraum der Zähne und dreht oder spinnt nun weiter fort bis zum Nachhänger oder Nachhalter, wo er den Faden verloren befestiget. Dieser Nachhalter ist eigentlich

die zweyte Stütze und verhindert mit der ersten, daß der lange Faden nicht auf dem Boden geschleppt werde. Wenn so auch der zweyte Faden gesponnen ist, so werden beyde an den Spitzen mit den Fingern gewickelt und über einen Haken des Nachhalters gehängt. Am Vorderrade aber hängt der Seiler jeden Faden auf einen besondern Haken, läßt dann die Scheibe des Rades links und zwar sehr schnell drehen, und geht am Faden vom Nachhalter bis zum Rade hin, indem er ihn da, wo er sich zusammendreht, mit den Fingern hält, damit die Vereinigung beyder Fäden regelmäßig erfolge. Auf solche Weise werden 2 Fäden zusammengesponnen. Aus 3 bis 5 Fäden wird der gewöhnliche Bindfaden oder Spagat verfertiget; der ganz weiße aber aus gebleichtem Garne. Er wird ausgespannt und gestrichen und zuletzt auf einem Wickelholze zu einem Knäuel gewunden. So verfährt man in allen teutschen Seilerwerkstätten. In Italien aber sitzt der Geselle, und der Lehrling hat beym Gehen das Rad anhängen. Übrigens ist der Sommer zu den meisten Seiler-Arbeiten die beste Zeit, da bey feuchter Witterung nicht gestrichen werden kann.

Zur Verfertigung der Stricke, die eine Person allein machen kann, bedient sich der Seiler des Läufers, d. i. eines kleineren Rades, worauf er die einzelnen Fäden spinnt, und des Geschirrs (Seilergeschirrs), welches aus 4 Haken besteht, die durch ein eisernes Rad in Bewegung gesetzt werden, und dazu dient, die Stricke aus den einzelnen Fäden gleichförmig und stark zusammenzudrehen. Damit sich aber die einzelnen Schnüre (oder Litzen), woraus man die Seile und Taue verfertiget, nicht bald fester, bald lockerer drehen, steckt man zwischen die Schnüre eine Lehre, d. i. einen stumpfspitzen hölzernen Kegel, in welchem der Länge nach in gleichweiter Entfernung so viele Rinnen ausgehöhlt sind, als das Seil Fäden hat. Der Seiler macht auch verschiedene Gattungen Schnüre, z. B. Repschnüre, Litzenschnüre, Rollettenschnüre aus weißen und gefärbten Garnen, Paläster-Sehnen aus Zwirn und Leinenfäden, Peitschenschnüre ꝛc.; ferner dünne Seile oder Leinen, die meist aus 4 Theilen oder Litzen bestehen; mancherley Stricke und Stränge und vielerley Seile, wovon die dicksten Schiffsseile und Taue genannt werden. In Ansehung der letzteren rüget eine österr. Regierungsverordnung vom 15. Febr. 1800 den Unfug, vermöge welchem die Seiler von der althergebrachten nützlichen Ordnung in Verfertigung der Schiffsseile zum Schaden ihrer Haltbarkeit abgewichen sind, indem sie zu einem Schilling ordinären Seiles statt 12 Paar Fäden nur 9 Paar, und zu einem Schilling gestickten Seiles statt 9 Paar nur 6 Paar Fäden gesponnen haben, und trifft die Verfügung, daß künftig wieder die alte Fadenzahl genommen werde, und daß jedes vollkommen verfertigte Schiffsseil 32 Klafter lang seyn und für jeden in sich enthaltenen Schilling $7\frac{1}{2}$ Pfund wiegen soll. Einige Wiener Seiler machen auch Schnüre zu Quasten und Garnirungen von Seide und Schafwolle. Zu den künstlicheren Arbeiten gehören die Maschinschnur ohne Ende und die Henkersschnur, deren Litzen so verbunden seyn müssen, daß kein Ende sichtbar ist. Auch muß hier bemerkt werden, daß nicht bloß die vorerwähnten Materialien, sondern andere Pflanzenstoffe, und mancherley Thierhaare zu Stricken und Seilen verarbeitet werden. Zu Velo im Venetianischen und im Banate werden Stricke aus Lindenbast, zu Chioggia und in Dalmatien Seile und Taue aus Sparto- und Sandriedgras gedreht, die sich durch ihre Dauer auszeichnen. Stricke oder Schnüre aus Kuh- und Roßhaaren werden in Papierfabriken zum Aufhängen der Papierbogen gebraucht. Stricke aus Ziegenhaaren hat man in der siebenbürgischen Militär-Gränze. — Bey den Fortschritten, welche die Seilerwaaren-Fabrication in den neueren Zeiten überhaupt gemacht hat, haben die Seile vorzügliche Aufmerksamkeit erregt, und es sind zu ihrer Vervollkommnung viele Versuche gemacht worden. Man fand, daß schwächer gedrehte Seile stärker sind, als stärker gedrehte, und daß jedes in Hinsicht der Haltbarkeit am besten gedreht wird, wenn es durch das Zusammenseilen der Litzen um $\frac{1}{5}$ kürzer wird. Überhaupt wurde man gewahr, daß ungedrehte Seile viel stärker sind, als gedrehte, daher man ganze Seile aus parallel liegenden Fäden zu verfertigen suchte, was endlich auf gewebte schlauchförmige Seile hinführte. (Vergl. Muster Nr. 83.) Sehr merkwürdig und wichtig ist die Erfindung des Engländers Chapman, welche in einer Maschine besteht, die zu gleicher Zeit Stricke aus einzelnen Fäden und aus den Stricken wieder Seile spinnt, also zwey Operationen mit einander vereiniget, die man gewöhnlich mit grossem Verluste an Zeit und Mühe einzeln verrichten muß. Bey dieser Maschine wird die ganze Länge der Stricke zugleich gedreht, indem der Strick oder das Seil durch einen hohlen Schaft läuft, der sich um seine eigene Axe dreht. Alsdann drehen sich die einzelnen Theile oder Stricke, woraus das Seil besteht, besonders durch eigene hohle Schäfte, deren jeder sich ebenfalls um seine Axe bewegt. Zugleich windet die Maschine das gesponnene Seil selbst auf. — John Curr in Sheffield hat neuerlich flache Seile erfunden, welche die Taue ersetzen. Sie bestehen aus 4 an einander genähten Stricken, wovon zwey nach einer Seite hin, die anderen nach der entgegengesetzten Seite gedreht sind. Das Zusammennähen geschieht mit einer Maschine. Ferner will man auch ein Mittel entdeckt haben, Seile und andere dergleichen Artikel, die lange in Magazinen liegen, vor dem Verderben (dem Mehlthau) zu bewahren, welches im Begiessen mit der neutralen Auflösung von salzsaurer oder schwefelsaurer Pottasche oder Soda bestehen soll. — Die zu Plymouth angestellten Versuche, aus dem neuseeländischen Lein (Phormium tenax L.) Stricke und Seile von verschiedener Dicke zu machen, sind gut ausgefallen.

2) Die gewebten Arbeiten, nähmlich die Gurten, Bänder, Schläuche und Koppbeutel werden auf einer Art von Weber- oder Posamentirerstuhl verfertiget. Zum Weben der ordinären Gurten und der sogenannten Buttenbänder hat der Seiler den kleinen Gurten- oder Seilerschlagstock oder Schlagstuhl, welcher um so interessanter ist, je mehr man an ihm die einfachste Anwendung des Webestuhls erkennt. Auf einem hölzernen Gestelle hängen nähmlich über eine Rolle an Schnüren oder Riemen zwey längliche viereckige Rahmen, in welchen der Länge nach in gleichen Entfernungen Eisendrähte aufgespannt sind. Jeder dieser Drähte besteht aus 2 feineren Drähten, die so zusammengedreht sind, daß in der Mitte eine Öffnung bleibt, wodurch die Kettenfäden der zu webenden Gurte gezogen werden. An den eben erwähnten Rahmen (auch Kämme genannt), die das Geschirr des gewöhnlichen Webestuhls ersetzen, befinden

sich Riemen wie Steigbügel, womit der Seiler die Kämme oder Schäfte auf und ab bewegt. Um die Kettenfäden der Gurte gespannt zu erhalten, dienen zwey aufrecht stehende hölzerne Rollen, die in hölzernen Gestellen befestiget sind. Das eine dieser Gestelle nennt man den Seilesel, das andere, welches beweglich ist, den Schlitten. In der Mitte zwischen beyden sind die Kämme, und die Kettenfäden sind abwechselnd durch die in denselben befindlichen Drähte durchgezogen, damit bey der auf- und abwärts Statt findenden Bewegung der Schußfaden eingetragen werden kann. Statt der Schütze bedient sich der Seiler eines Stücks Holzes (in der Handwerkssprache Nadel), an dessen beyden Enden zwey Spitzen hervorragen, damit der aufgewundene Eintragfaden darauf festhalte. Der Seiler führt diese Schütze, wenn er arbeitet, mit der linken Hand, indem er in der rechten Hand ein messerähnliches Holz (das Schlagholz) hält, womit er den Eintragfaden, je nachdem das Gewebe lockerer oder feiner werden soll, schwächer oder stärker anschlägt, und wodurch dasjenige bezweckt wird, was auf dem Webestuhle die Lade leistet. Die ordinären Sattel-Spanngurten werden aus feinen Hanffäden, die Deckengurten aus guten Bindfäden, die Buttenbänder aus Wergfäden auf dem eben beschriebenen Schlagstocke gewebt. — Zu den Sattelgurten aus Zwirn und Schafwollgespinnsten bedient sich der Seiler des großen Gurtenstuhles, d. i. eines gemeinen Posamentirerstuhles mit 4 Tritten. Meistens werden die Wollgurten zweyfädig, oft auch dreyfädig gewebt. Auch mehrere Posamentirer geben sich mit Erzeugung der Sattelgurten ab. (Vergl. Posamentirer-Arbeiten auf dem Stuhle Nr. 245 ffg.) — Zur Verfertigung der Schläuche sind endlich Stühle gebräuchlich, die mit den Posamentirerstühlen Ähnlichkeit haben, wobey jedoch die Lade und alle übrigen Theile sehr stark seyn müssen. Sie heißen große Schlauchstühle. Man nimmt zu den Schläuchen gutes Hanfgarn, meist dreyfädig. Auf demselben Stuhle werden die Koppbeutel verfertiget. Der Webergeselle Schulz in Wien hat im J. 1796 eine besondere Art hanfener Schläuche gewebt, und Blassius in Hamburg hat kürzlich Schläuche aus Segeltuch ohne Naht zu verfertigen erfunden.

5) Die geknüpften Arbeiten bestehen aus gefloch-

tenen Schnüren und Borten, Bauchgurten, Gürteln, Halftern, Maulkörben, Zuckerkörben, Preßgittern ꝛc., und werden theils bloß mit den Fingern geflochten, theils auf Gestellen gearbeitet, theils nach der Quere oder über Eck gestochen. Mehrere Arbeiten davon, besonders zwirnene, mit der Hand geflochtene Gürtel auf Fliegengarne ꝛc. werden in der Seilersprache Zweifelsknöpfe genannt.

4) Die Netze, wozu nicht bloß die eigentlichen Fisch-, Jagd- und Vogelnetze, sondern auch Fliegengarne, Jagdtaschen u. s. w. gehören, werden aus Bindfäden und Zwirn mit einer hölzernen Nadel und einem länglichen Holze, worauf die Maschen aufgenommen werden, gestrickt, oder auch bloß mit den Fingern geflochten. In dem Districte des walachisch-illyrischen Gränzregiments macht man die Fischnetze aus dreyfädigem Hanfzwirne bloß mittels eines flachen, etwa 6 Zoll langen, nach Verhältniß der Netzlöcher breiteren oder schmäleren, an beyden Enden gabelförmigen Holzes (Andrja genannt), auf welches der Zwirn nach der Länge aufgewunden, und sodann wieder ringweise auf die Breite des Holzes abgewunden und geknüpft wird. Manche Seiler haben sehr schöne und künstliche Arbeiten dieser Art geliefert. Übrigens ist es bekannt, daß die Jäger und Fischer sich oft ihre Netze selbst verfertigen, wie denn auch Frauenzimmer in Städten mancherley genetzte spitzenähnliche Arbeiten aus feinem Zwirne und aus Seide zu verfertigen wissen, welche so fein gearbeitet sind, daß sie zum Putze verwendet werden.

Eine weitere Zurichtung erhalten in der Regel die Seiler-Arbeiten nicht, ausgenommen man müßte das Wasserdichtmachen oder Betheeren, welches bey einigen Seilen vorgenommen wird, hierher rechnen. Man läßt nähmlich die Seile, vornehmlich Schiffsseile, mit Pech und Theer ein, um ihre Dauerhaftigkeit zu erhöhen und das Eindringen des Wassers zu verhindern. Im Auslande, zumahl in den großen Seeplätzen, ist diese Zubereitung der Seile schon sehr lange bekannt; und auch in Venedig, Triest und den größeren inländischen Häfen am adriatischen Meere werden die Seile für Kauffahrtey- und andere Schiffe betheert. Im Erzherzogthume Österreich wurden die ersten betheerten Seile im J. 1814 von dem befugten Seiler Bauer in Wien verfertiget. Obgleich sich anfänglich das dasige k. k. Wasserbauamt und die k. k. Militär-Oberst-Schiffamts-Direction für die Sache interessirten, so scheint doch dieser Gegenstand bey der Donauschifffahrt nicht den erwünschten Erfolg gehabt zu haben. Noch besser soll man diesen Zweck erreichen können, wenn man die Seile, Taue, Netze, Segelleinwand etc. in Leimwasser tränkt, dann in Lohbrühe legt und endlich mit Fett einläßt.

Zustand der Seilerwaaren-Fabrication im österreichischen Kaiserstaate.

Die Seilerwaaren sind ein allgemeines, unentbehrliches Bedürfniß, und werden daher in allen Provinzen, vornehmlich aber in solchen, welche an großen, schiffbaren Strömen oder am Meere liegen, theils fabriksmäßig, theils zunftmäßig verfertiget. In Österreich unter der Ens ist dieses Gewerbe, das zu den ältesten gezählt werden muß, sowohl in Wien, als auf dem flachen Lande in starkem Schwunge, und es gibt hier, nebst der Wiener Innung noch mehrere sogenannte Viertelladen, z. B. zu Wiener Neustadt, Stockerau, Mistelbach, Krems, Egenburg, Bruck an der Leytha, Waidhofen an der Thaya, Kornenburg und Ips, wovon die zwey ersten die vorzüglichsten sind. Im J. 1810 zählte man in Wien und in den 4 Kreisen Unterösterreichs 61 Meister und 6 befugte Seiler, die zusammen 93 Gesellen und 44 Lehrjungen beschäftigten, und im J. 1816 befanden sich in Wien 13 bürgerliche Seilermeister und 20 befugte Seiler, welche zusammen 87 Hülfsarbeiter hatten. Unter die vorzüglichsten Seiler daselbst müssen die Meister Obst, Winter, Vierthaler und Wagner gerechnet werden; mehrfältige Verbesserungen verdanket die dasige Seiler-Innung dem verstorbenen befugten Seiler Thomas Schmidt, der in der unten folgenden Erklärung der Muster noch mehrmahls genannt ist. — In Österreich ob der Ens werden alle benöthigten Artikel verfertiget; doch ohne etwas besonders Ausgezeichnetes darzubiethen. — Auch in Tyrol und Vorarlberg wird das Bedürfniß ganz im Lande selbst befriediget. Besonders geben sich die Fischer zu Hard im

Vorarlbergischen viel mit Verfertigung von Fischnetzen ab, wozu theis im Lande gebauter, größten Theils aber kärntnischer Hanf verwendet wird. Die Seiler Arbeiten aus dem südlichen Tyrol, besonders aus Trient, sind gesuchter, als die aus den übrigen Gegenden, weil der daselbst erzeugte und dazu verarbeitete Hanf mehr Festigkeit und Stärke hat. Zur Seiler-Arbeit wird in Tyrol auch die Erzeugung der Wagenschmiere gerechnet, die im nördlichen Tyrol von besserer Qualität ist, als im südlichen. — Im lombardisch venetianischen Königreiche, in Illyrien und Dalmatien hat die Seilerwaaren Fabrication ihren Sitz vornehmlich an der Seeküste, da hier der Bedarf an Seilen und Netzen auch der größte ist. Die geschicktesten Arbeiter im Venetianischen befinden sich zu Venedig und Chioggia, wo man alle Gattungen von Spagat, auch für Segeltuchmacher, Schnüre, Stricke, Seile, Taue, Netze, Durchschläge für Öhlpressen, Gurten rc. verfertiget. In Venedig waren im J. 1817 außer dem k. k. Arsenale, wo die größte Seilmanufactur in Europa besteht, noch 17 Seilerwerkstätten; Chioggia hat mehrere Seilerwerkstätten, wo auch, besonders von Jos. Bonaldo, aus Spartogras und aus italienischem Sandriedgras Seile gedreht werden; zu Este werden die meisten und besten Gurten gewebt, und zu Velo verfertiget Anton Ferrari Seile und Stricke aus Lindenbast. — Zu Triest sind 2 große Seilfabriken, die sehr viele und große Schiffsseile aller Gattungen liefern; auch in Fiume sind 2 Seilfabriken, wo auch Fischernetze gemacht werden. Eben so werden in Dalmatien aus italienischem Hanf von Bologna, Ferrara und Ravenna Schiffsseile aller Art, und viele Fischnetze, letztere besonders auf den Inseln, gemacht; in Spalato auch Gurten. Aus Sandriedgras (Brulla) werden hier, wie in Chioggia, Seile für die Fischer gedreht. — In Ungarn und in den Militär-Gränzen, wo der Seiler den Vortheil des guten Materials für sich hat, sind die Arbeiten zahlreich und dauerhaft, aber weniger zierlich; in vielen Gegenden macht in Ermangelung eigentlicher Seiler der Einwohner selbst sich seinen Bedarf an Seilen, Stricken und Netzen. Sowohl im Banate, als in der slavonischen Militär-Gränze und in Siebenbürgen verwendet man auch Lindenbast zu Stricken, welche an Dauer und Stärke den hänfenen wenig nachstehen. Zu den stärksten Seilen, welche in Ungarn und Siebenbürgen verfertiget werden, gehören die armdicken Grubenseile, welche bey Bergwerken gebraucht werden, woran aber gewöhnlich mehrere Meister gemeinschaftlich arbeiten. — Galizien bedarf ebenfalls keiner fremden Seiler-Arbeiten, da im Lande eine hinreichende Anzahl von Seilern vorhanden ist, und in Radymno bisher sogar viele Netze für die Ausfuhr verfertiget wurden. — Mähren liefert über seinen eigenen Bedarf, und besonders thätig zeigen sich die Seiler zu Sternberg, Proßnitz, Olmütz, Brünn u. s. w. — Auch Böhmen ist hinlänglich für sein Bedürfniß versehen. Auch werden von Christoph di Valle in Eger hänfene Wassereimer und Spritzenschläuche verfertiget.

Aus der vorstehenden Darstellung der gegenwärtigen Seilerwaaren-Fabrication ergibt sich, daß im Ganzen mit dergleichen Artikeln wenig Handelsgeschäfte gemacht werden, indem die meisten Provinzen sich auf die Befriedigung ihres eigenen Bedarfes beschränken. Die meiste Gelegenheit zum Absatze biethet sich den venetianischen und illyrischen Seilfabriken dar, da sie ein Fabricat liefern, welches zu den unentbehrlichsten Bedürfnissen aller Seefahrer gehört. Dessen ungeachtet ist der Handel nach dem Auslande nicht von Bedeutung. Die in Chioggia verfertigten Seile aus Spartogras werden meistens an Fischerbarken verkauft und gehen selbst bis nach Dalmatien, wo man sich ihrer beym Öhlpressen bedient; man rechnet, daß $\frac{2}{3}$ der ganzen Fabrication exportirt werden. Von den in Chioggia fabricirten Seilen aus Sandriedgras (Brulla) geht nach Istrien fast $\frac{2}{3}$ des ganzen fabricirten Quantums, wo man sich derselben gleichfalls zum Öhlpressen bedient, und überdieß versendet Chioggia jährlich noch 5000 Quintali an rohem Sandriedgras nach Dalmatien und Neapel zum Anstecken der Feigen ꝛc. Dalmatien allein bezieht fremde Fischnetze meist aus Neapel, da die Provinz nicht die große Anzahl der für die einheimische Fischerey nöthigen Netze zu liefern vermag. Aus Siebenbürgen wird viel Spagat, so wie mehrere andere Seiler-Fabricate nach den türkischen Provinzen ausgeführt, und Galizien versendete sonst auch Fischnetze nach dem nördlichen Polen. Im Übrigen wird

Ii 2

der Handel bloß zwischen den Provinzen getrieben, worin die Stadt Wien mit ihren schönen Erzeugnissen, und Mähren mit seinem Spagat wahrscheinlich die meisten Geschäfte machen.

Nach den Mauthtariffen vom J. 1818 ist der Verkehr mit allen Artikeln aus Flachs und Hanf, folglich auch mit Seiler-Arbeiten, im Inneren der Monarchie, nähmlich zwischen den alten und den neuerworbenen Provinzen (mit Ausnahme von Ungarn, Siebenbürgen, Dalmatien, Istrien, Triest und Fiume) ganz zollfrey: dagegen wurden einige Artikel, nahmentlich die Gelsengarne, Fliegengitter und dergleichen Gaze, und alle gedrehten und eigentlichen Seiler-Arbeiten als außer Handel gesetzt erklärt, und können nur gegen besondere Bewilligung, gegen einen eigenen Paß und gegen Bezahlung festgesetzter höherer Gebühren eingeführt werden. Es bezahlen demnach die Gelsengarne, Fliegengitter und dergleichen Gaze vom Pfunde bey d. Einf. 49 kr., bey d. Ausf. $\frac{1}{4}$ kr.; die gedrehten Arbeiten, als Seile, Stricke, Gurten, Bindfäden oder Spagat vom Centner bey d. Einf. vom Auslande 18 fl., aus Ungarn 3 fl., b. d. Ausf. $7\frac{1}{2}$ kr.; die sämmtlichen Netze vom Ctr. b. d. Einf. 15 fl., b. d. Ausf. $18\frac{3}{4}$ kr.; die Schläuche und Feuerlöschriemen vom Pfunde b. d. Einf. 18 kr., b. d. Ausf. $\frac{1}{4}$ kr. C. M.

Die Preise der Seiler-Arbeiten waren gegen Ende des J. 1820 in Wien beyläufig die folgenden: Seile und gute Schnüre das Pfund 1 fl. W. W., ordinäre Schnüre das Pf. 48 bis 56 kr., Bindfaden oder Spagat das Pf. 1 bis 3 fl., ganz feine Schnüre aus Flachs das Pf. 4 fl., Rollettenschnüre 4 fl., Roßhaarschnüre das Pf. 2 fl. 30 kr., Buttenbänder das Stück zu 18 Klafter 3 fl., ordinäre Deckengurten die Klafter 40 kr., feinere nach englischer Art 1 fl., breite Schläuche die Klafter 10 fl., Koppbeutel die Elle 45 kr., Fischnetze 4 fl. und mehr, das Paar Fliegengarne ordinär 16 fl., mittelfein 24 fl., fein 30 bis 36 fl. W. W., und wenn sie geknüpft sind, das Doppelte. Von den in Chioggia fabricirten Seilen aus spanischem Spartogras kam das metrische Pfund auf 40 bis 50 Centesimi, während das rohe Materiale 30 bis 40 Cent. kostete; von den Seilen aus Sandriedgras (Brulla) das metrische Pf. auf 30 Cent., während das unverarbeitete Materiale auf 20 Cent. zu stehen kam.

Erklärung der Muster.

1) Gedrehte Arbeiten oder Seile, Leinen, doppelt gedrehte Schnüre, ordinäre Schnüre, Bindfäden, Zwirnschnüre u. s. w.

Taf. I. Nr. 1 bis 4. Seile und Leinen von verschiedener Dicke. Leinen oder Leinel (Leindel) nennt man in Österreich die aus 4 Litzen gedrehten dünnen Seile zum Packen, zum Aufhängen der Wäsche ꝛc., wie hier Nr. 3 und 4, während alle, die 2 Zoll und darüber im Durchmesser halten, Taue genannt werden. Die letzteren werden in den meisten Provinzen in geringer Menge verfertiget, da man sie bloß auf großen Schiffen, bey Ankern, zum Aufziehen schwerer Lasten bey großen Bauten u. s. w. verwendet. Alle Seile werden in der Regel nach dem Gewichte verkauft, zuweilen auch nach Schillingen (der Schilling zu 7½ W. Pfund). Von den dicksten Schiffzugsseilen wiegt die Klafter 4 bis 5 Pf., von dünneren 2 bis 3 Pf., von den Leinen wiegen 10 Klafter 1 bis 2 Pf. Von den letzteren konnen in einem Tage 60 bis 70 Pf. gedreht werden. Besondere Gattungen von Seilen und Schnüren sind noch: das Kellerseil, theils einfach aus 4 Litzen gedreht, theils doppelt aus 4 Litzen, die schon vorher gedreht waren, zu Aufzügen bey Bauten; der Lederstrick, der entgegengedreht, daher sehr stark und aufgeworfen und besonders zum Packen sehr brauchbar ist; der Ochsen- oder Knebelstrick zum Anhängen der Ochsen ꝛc.

Nr. 5. Wasserdichtes Schiffsseil, nach der oben angegebenen Art mit Pech und Theer eingelassen, von dem befugten Seiler Bauer in Wien. Die meisten Seile, welche auf diese Art betheert werden, bestehen aus 3 Litzen und sind doppelt gedreht (abgeschlagen), d. i. jede der 3 Litzen war schon aus dünneren Litzen zu einem Stricke gedreht. Das vorliegende Muster ist des üblen Geruches wegen in einer Büchse eingeschlossen.

Nr. 6 bis 11. Doppelt gedrehte Schnüre, oder sogenannte Repschnüre verschiedener Dicke, meist aus 3 Theilen, wozu bloß guter Hanf genommen werden kann. Der Verkauf geschieht pfund- oder buschelweise.

Taf. II. Nr. 12 bis 17. Ordinäre Schnüre aus schlechterem Hanf, meist von dem zweyten Abzuge beym Hecheln, sämmtlich aus 3 Litzen bestehend. Diese Schnure dienen zu dem mannigfaltigsten Gebrauche im gemeinen Leben und in Fabriken, die ganz ordinären zu Peitschenschnuren, zum Binden ꝛc., die feineren, wie Nr. 17, zu den sogenannten Litzen am Zeugwebestuhle. Man verkauft diese Schnure buschenweise, aber stets nach dem Gewichte.

Nr. 18 bis 23. Bindfäden oder Spagat von verschiedener Dicke, grau und weiß. Der feine wird aus fein gehecheltem, besonders sortirten Hanf, der weiße, wie Nr. 23, aus Zwirn oder weißem Garne gemacht. Da die Wiener Seiler sich mit der Verfertigung des weißen Spagats wenig abgeben, so beziehen sie denselben größten Theils aus Mähren, vorzüglich von Sternberg. Der Spagat ist ein in Kanzelleyen, Kaufladen, Fabriken und Haushaltungen unentbehrlicher Artikel, der größere vornehmlich zum Binden, der feinere zum Nähen fur Sattler, Tapezierer, Matratzenmacher, Segeltuchmacher u. s. w., der allerfeinste zu Litzen. Im Handel wird er zu Knäueln gewunden ebenfalls nach dem Gewichte abgesetzt. Von den vorliegenden Mustern ist das zweyte dunnere bey Nr. 18 Maschinen-Spagat von Franz Wurm in Wien, aus dem bey dessen Flachsspinnmaschine entstehenden Wergabfalle gesponnen, und durch besondere Stärke sich auszeichnend. Von dem gewöhnlichen Spagat kann der Seiler in einem Tage 10, auch 12 bis 14 Strich (den Strich zu 12 Schnüre, die Schnur zu 40 Klafter Länge) verfertigen.

Nr. 24 bis 31. Verschiedene Schnüre aus weißem und gefärbtem Zwirne und Garne und aus Harrasgarn, alle aus 3 Litzen gedreht, theils auf Vorhang- oder Rollettschnüre, theils zum Aufhängen der feinen Wäsche und zu mancherley Galanterie-Gebrauche, selbst zum Stricken starker Netze. Sie werden nach dem Gewichte verkauft.

Nr. 32. Roßhaarschnur aus 2 Litzen zum Gebrauche der Papierfabriken, nahmentlich zum Aufhängen der Papierbogen in den Trockenhäusern oder auf dem Trockenboden. Zu gleichem Zwecke werden auch kuhhaarene Stricke aus zwey dicken Fäden gedreht. Vorzüglich wählt man hierzu Schnüre aus Thierhaaren wegen der Dauerhaftigkeit, da hanfene Stricke bey dem starken Wechsel von Feuchte und Trockenheit bald zu Grunde gehen würden; und überdieß scheint der vegetabilische Stoff ein Pigment zu enthalten, welches das Papier makelhaft machen könnte. Gewöhnlich sind es die Landmeister, die sich mit Verfertigung solcher Schnüre abgeben. Hierher gehören auch die roßhaarenen Stricke, welche nach Art der gewöhnlichen Stricke gemacht werden. Sie dienen zum Anhängen der Pferde, damit sie dieselben nicht abbeißen, und können auch Halfterstricke genannt werden.

Nr. 33. Schnur ohne Ende oder Maschinenschnur aus 3 Litzen, von dem sehr geschickten, verstorbenen Seiler Thomas Schmitt in Wien zuerst verfertiget. Da die Enden so mit einander verbunden sind, daß die Vereinigung derselben nicht sichtbar ist, so leistet diese Schnur sehr gute Dienste bey Maschinen, wo es auf einen gleichförmigen Gang ankommt, und wo in der Schnur kein Knopf seyn darf. Diese Schnur hat daher bereits in mehreren Weber-, Gelbgießer-, Drechsler-, Wagner- u. a. Werkstätten eine nützliche Anwendung gefunden, und sicher würde sie auch in Schleif- und Polirwerken, wo man sehr feine Schneidwaaren erzeugt, große Vortheile gewähren.

Nr. 34. Modell einer Palästersehne mit beyden Schlingen, ebenfalls von dem befugten Seiler Thomas Schmidt in Wien. Diese Schnur muß die Eigenschaft haben, nicht nachzugeben, oder sich nicht zu dehnen, weßhalb die Maschen mit besonderer Genauigkeit gemacht werden müssen. Eigentlich sollte man hierzu bloß italienischen Hanf verwenden, doch macht man sie auch aus Zwirn und Hanffäden, und zuweilen wird die Schnur mit Firniß eingelassen.

Nr. 35. Modell einer Henkersschnur (eines Henkersstricks). Der Zunftgeist hat in früheren Zeiten dieses Fabricat zum Meisterstücke beym Seilerhandwerke auserkoren. Die Aufgabe hierbey ist, aus 7 Litzen eine Schnur so zu drehen, daß

6 davon die siebente, welche damit überwunden wird, und die, wie man sagt, als Seele dient, gleichförmig bedecken, und am Ende der Arbeit von diesen 6 Litzen nichts übrig bleibt; — oder auch eine einzige Litze siebenmahl auf und ab zu drehen, daß der Strick die gehörige Festigkeit erlangt. In Österreich war dieses Meisterstück nie üblich, daher man diese Gattung Stricke immer vom Auslande bezog, bis Thomas Schmidt sie vor einigen Jahren auch in Wien zu machen anfing. Ein sonderbarer Zufall hat auf der vorliegenden Tafel die Schnur ohne Ende (das Bild der Ewigkeit) und dieses Todeswertzeug (das Bild der Vergänglichkeit) an einander gereihet.

2) Gewebte Arbeiten, als Buttenbänder, Gurten ꝛc.

Taf. III. Nr. 36. Gemeines Buttenband aus den gröbsten und unreinsten Wergfäden, auf dem kleinen Gurtenschlagstocke verfertiget. Ein geübter Seilergeselle kann des Tags 4 Stuck (das Stück zu 18 Klafter) zu Stande bringen. Der Verkauf geschieht nach der Klafter.

Nr. 37. Ordinäre Pferd-Deckengurte, aus Spagat auf dem Schlagstocke gewebt. Man macht diese Gurten auch aus Hanfschnüren von verschiedener Breite, und verwendet sie häufig auch zu Tragbändern.

Nr. 38 bis 40. Sattel-Spanngurten, von dem Sattler auch Grundgurten genannt, aus feinen Hanffäden auf dem vorerwähnten Schlagstocke gewebt. Von diesen 3 Mustern zeichnet sich Nr. 39 durch die gute Qualität aus. Auf dem Posamentirerstuhle werden dergleichen Gurten auch mit 4 Schäften nach englischer Art gewebt.

Nr. 41 bis 45. Sattelgurten aus Zwirn, so wie man sie über die englischen Sättel zu nehmen pflegt. Nr. 42, 44 und 45 sind nach englischen Mustern von Thomas Schmidt in Wien gemacht worden. Man verwendet hierzu theils weißen, theils gefärbten Zwirn, zur schönsten Sorte den besten weißen Dresdner Zwirn; die gefärbten Streifen werden meistens aus Harrasgarn gemacht. Man verkauft sie nach der Elle.

Hierher gehörige Arbeiten sind noch die Kuppelzaumgurten (Kappelzäume) aus Spagat, für Riemer auf schmale Gurten, ordinäre Zäume rc., und die Kofferborten aus weißem Garne, welche zu Koffern, zu Laufseilen der Pferde auf der Reitschule rc. gebraucht werden.

Nr. 46 bis 49. Sattelgurten aus weißen und gefärbten Harrasgarnen (vergl. Schafwollgespinnste Nr. 110, 114, 115, 141 bis 144), und zwar Nr. 49 von Garn, welches im Wiener Blinden-Institute gesponnen wurde (daselbst Nr. 110). Die meisten dieser Gurten sind nach englischen Mustern aus zwey- oder dreyfädig gezwirntem Wollgespinnste, auf einem Posamentirerstuhle mit 4 Tritten gewebt. (Die Gurten des Posamentirers vergl. in der Abth. Posamentirer-Arbeiten auf dem Stuhle Nr. 245 ffg.) Man macht übrigens auf solche Art nicht bloß Sattelgurten, sondern auch Deckengurten.

Nr. 50. Hanfschlauch, ebenfalls von Thomas Schmidt in Wien verfertiget, aus rauchem, ungestrichenem Spagat. Da das Gewebe dieser Schläuche sehr dicht ist, so ist die Arbeit sehr anstrengend. Ihrer Wasserdichtigkeit und Dauerhaftigkeit wegen werden sie mit Nutzen zu Feuerspritzen (daher Spritzenschläuche genannt), dann zu Wein- und Wasserschläuchen verwendet. Man hat sie von verschiedenen Dimensionen; die größten gehören zu Feuerspritzen. Thomas Schmidt hat auch eine zweyte Gattung von Schläuchen, übers Kreuz gearbeitet, mit 16 Kämmen aus Hanfzwirn verfertiget, die ungeachtet ihrer großeren Dauerhaftigkeit doch keine Aufnahme gefunden haben. Man verkauft die Schläuche nach der Klafter. Gegenwärtig ist der Seilermeister Obst in Wien im Besitze des Stuhls, auf welchem Thomas Schmidt seine Schläuche verfertiget hat.

Nr. 51. Koppbeutel, ein schlauchähnliches, 1 Elle langes Gewebe aus mittelfeinem Spagat, für Müller zum Reinigen des Getreides. Auf dem Schlauchstuhle gewebt.

3) Geknüpfte Arbeiten, als Schnüre, Halftern rc.

Nr. 52 bis 55. Verschiedene mit der Hand aus weißem und gefärbtem Zwirne geflochtene Arbeiten, die als Muster zu Peitschen, Pferdehalftern u. s. w. dienen können.

Diese Waare wird nach dem Stücke, oder nach dem Gewichte verkauft. Man macht die verschiedensten Schnüre und Verzierungen zur Einfassung der Fliegengarne, ordinäre Gürtel und Zweifelsknöpfe, ordinäre durchgestochene Bauchgurten, Gurten zum Kanonen-Hebzeug, Cilicien oder 3 Schuh lange und 4 Zoll breite Gurten aus Roßhaar, die von Mönchen auf dem bloßen Leibe getragen wurden, auf einer Seite mit Leder überzogen, mit einer Schnalle versehen sind, und in früheren Zeiten sogar mit eisernen Spitzen besetzt wurden u. dgl. mehr. Gegenwärtig scheint dieses Fabricat in den Klöstern wohl kein Modeartikel mehr zu seyn.

Nr. 56. Modell einer geflochtenen feinen Pferdehalfter aus grün gefärbtem Zwirne.

Nr. 57 und 58. Modelle einer ordinären einfachen und einer doppelt geknüpften Pferdehalfter, beyde aus Spagat.

4) Genetzte Arbeiten.

Taf. V. Nr. 59 und 60. Netze aus grünem Zwirne, nach der gewöhnlichen Art gestrickt, so wie sie als Hutnetze im Wägen oder als sogenannte Fliegengarne für Pferde angewendet werden.

Nr. 61 bis 65. Borten aus weißen und gefärbten Zwirnschnüren zu Fliegengarnen und Jagdtaschen, zum Theil aus freyer Hand, zum Theil auf Stühlen gemacht. Die letzteren Muster sind crepinähnlich.

Nr. 66. Fünf Muster von genetzter und ganz vorzüglich schöner Arbeit aus grün gefärbtem Zwirne, von dem Seiler Thomas Schmidt in Wien.

Taf. VI. Nr. 67. Netz nach einer neuen Methode von Thomas Schmidt, oder sogenanntes doppelt gestricktes Netz auf Fliegengarne, wobey man sieht, daß zwey Netze in einander verflochten sind. Diese Netze waren zu schwer und zu mühsam, und kamen daher nicht in Gebrauch.

Nr. 68. Grobes Fliegengarn aus gefärbtem Zwirne.

Nr. 69. Grobes Fliegengarn aus gefärbtem Spagat.

Nr. 70. Grobes Fliegengarn aus weißem Zwirne und türkisch rothem Baumwollgarne.

Nr. 71 und 72. Fliegengarne aus Zwirn, von feiner und mittelfeiner Gattung. Alle diese genetzten Arbeiten werden stückweise verkauft.

Taf. VII. Nr. 73 bis 77 und 79. Fischer- und Jagdnetze von stärkerer und schwächerer Art, mit Ausnahme von Nr 79, welches ein Goldfischnetz aus weißem Zwirn ist, alle aus groberem und feinerem Spagat gestrickt. Viele sogenannte Fischdaubeln und Fischbeeren (Senkgarne) werden bloß aus Hanfzwirn gemacht.

Nr. 78. Vogelnetz aus ungebleichtem Zwirne, sogenanntes feines Zug- und Schlaggarn, welches man sowohl von grauem, als von grüngefärbtem Zwirne strickt. Die Seiler verkaufen die Fischer- und Vogelnetze gewöhnlich nach dem Pfunde.

In Wien werden überdieß auch aus grünen schlesischen Zwirnschnüren Jagdtaschen für Cavaliere verfertiget. Endlich müssen noch zwey besondere Arbeiten des mehrmahls genannten Thomas Schmidt angeführt werden, nähmlich Panzerhemde für Theater aus weißem und schwarzem zusammengedrehten Zwirne, und Beinkleider für Ballette aus Seidenbändern genetzt, beyde sehr gut ausgeführt.

Nachträge.

Taf. VIII. Nr. 80. Strickleiter, aus dünnen Seilen geknüpft. Man macht sie auch mit Steighölzern, die an den Seilen befestiget werden.

Nr. 81. Panzerhemd für Theater, nach der Erfindung des Seilers Thomas Schmidt aus weißem und schwarzem Zwirne genetzt.

Nr. 82. Gestochenes Preßgitter für Lebküchler zum Auspressen der Wachskuchen, ebenfalls eine Erfindung von Thomas Schmidt in Wien. Diese Gitter werden aus Leinen über die Quere gestochen.

Nr. 83. Holländischer Pferdestrang, welchen die Riemer mit Leder überziehen. Bey diesen Seilen ist die bekannte

Erfindung angewendet, sie aus parallelliegenden Fäden zu verfertigen und mit einem schlauchartigen Gewebe zu überziehen. Allein auch diese Erfindung hatte nicht den gewünschten Erfolg, da dergleichen Stränge für ordinäre Züge zu theuer kamen.

Nr. 84. Modell einer Discipline, d. i. einer Art von Geißel mit Knöpfen für Mönche, aus guten doppelt gedrehten Hanfschnüren verfertiget. Der Zeitgeist hat auch dieses Kasteyungs-Instrument verschwinden gemacht.

Nr. 85. Zuckerkorb zum Einhängen der Zuckerhutformen in Zuckerraffinerien, ebenfalls aus doppelt gedrehten Hanfschnüren, von Thomas Schmidt erfunden. Zur geknüpften Arbeit gehörig.

Nr. 86. Geknüpfte Gurte für große Maschinen, besonders für Wollschlägereyen, von Thomas Schmidt zuerst verfertiget. Diese Gurte ist von ganz besonderer Arbeit und wird aus dicken, doppelt gedrehten Hanfschnüren gitterartig geknüpft. Sie könnte bey großen Maschinen statt der Seile, die doch immer beym Wechsel der Temperatur sich verlängern oder verkürzen, sehr dienlich seyn. Die stärksten Gurten sind ohne Zweifel die zum Kanonen-Hebzeug bestimmten, da sie aus lauter Seilen verfertiget werden.

Taf. IX. Nr. 87. Spannseil zum Spannen der Pferde und Ochsen auf der Weide.

Nr. 88. Maulkorb für bissige Pferde, aus den besten dünnen Leinen gestochen.

Nr. 89. Ganz ordinäre gestochene Bauchgurte für ordinäre Züge, aus schlechten Hanfschnüren.

Nr. 90 bis 94. Nachträgliche Muster von englischen Gurten nach neuen Desseins aus Harrasgarn und Leinenzwirn.

Taf. X. Nr. 95. Seil aus Spartogras (ital. Erba spagna, Ginestra hispanica L.), wie sie von Jos. Bonalto zu Chioggia im Venetianischen verfertiget werden. Das Spartogras kommt von den spanischen Küsten zu Korben geflochten mit Seife, Soda, Asche ꝛc. Diese Körbe werden aus Venedig und Triest zusammengekauft, von den Arbeitern in Chioggia aufgelöset und zu Seilen verarbeitet, die man in verschiedenen Dimensionen und meist 50 bis 60 Wiener Fuß lang verfertiget. Meistens werden sie von Fischern zum Behufe für ihre Barken gemacht und selbst weiter verkauft, da sie außerordentlich dauerhaft sind. Man fabricirt aber wegen Mangel an rohem Material des Jahrs nicht mehr als 15 metrische Quintali.

Nr. 96. Seil aus italienischem Sandriedgras (ital. Brulla, Arundo arenaria L.), ebenfalls von Jos. Bonaldo zu Chioggia. Das rohe Materiale dazu kommt von den Ufern des Po, und zwar in so großer Menge, daß man in Chioggia jährlich 30,000 Quintali Seile daraus zu liefern im Stande ist, die in denselben Dimensionen, wie die Spartoseile, und ebenfalls aus 3 oder 4 Litzen verfertiget werden. Diese Seile sind jedoch weniger dauerhaft, als die vorstehenden.

Nr. 97. Lindenbastseil von Anton Ferrari zu Velo im Venetianischen, aus 3 Litzen zusammengedreht. Durch Leichtigkeit und Elasticität zeichnen sich diese Lindenbastseile vorzüglich aus.

XIV. Abtheilung.

Die Schnürmacher-Arbeiten.

Schnüre werden zwar von mehreren Arbeitern, nahmentlich von Posamentirern, Bandfabrikanten, Knopfmachern und Seilern verfertiget; jedoch gibt es in Österreich auch eigene Schnürmacher, und zwar teutsche und ungrische, und überdieß werden nach den bestehenden Gewerbsgesetzen auf die Verfertigung der Hängschnüre eigene Befugnisse ertheilt.

Die Schnüre, welche hier als eigentliche Erzeugnisse des Schnürmachers betrachtet werden, sind entweder Rundschnüre, oder viereckige oder Plattschnüre (Börtchen), außer welchen die ungrischen Schnürmacher sich noch mit der Verfertigung von Schlingen, Quasten, Knöpfen, Kettchen, Rosen, Leibgürteln rc. befassen. Die runden Schnüre werden aus Baumwollgespinnst, Leinenzwirn, Schafwollzwirn oder Seide fast auf eben die Art, wie die Schnüre des Seilers, mittels eines Schnur- oder Drehrades verfertiget. Sie sind entweder einfach oder doppelt, d. i. aus mehreren dünneren fertigen Schnuren zusammengedreht, und unter den letzteren gibt es die sogenannten Perlschnüre, wo eine Mittelschnur, die als Seele dient, mit einer andern spiralformig überwunden ist. Die Platt- oder Breitschnüre (Plattlitzen, ungrisch Suitasch) sind bortenähnliche, schmälere oder breitere Schnüre, aus denselben Materialien, wie die vorstehenden, und überdieß auch noch aus Angoragespinnst, aus Gold- und Silbergespinnst. Diese wurden früher, so wie die viereckigen und mehrere Gattungen der Rundschnüre, nach der seit langer Zeit in Österreich üblichen Art, von einzelnen Arbeitern, meist Weibspersonen, auf Satteln von Leinwand, d. i. Klöppelpölstern, wo die Anzahl der Klöppel bis auf 30 geht, auf sehr mühsame Art geklöppelt und zum Verkaufe gebracht. Nach dieser Methode können in einem Tage höchstens 14, und in einem Jahre von 300 Arbeitstagen 4200 Wiener Ellen geklöppelt werden. Um diese Unbequemlichkeit zu vermeiden, suchte in den Jahren 1792 und 1793 der Wiener Maschinentischler Heinrich Stoppelhart, anfänglich runde (Litzenschnüre) und später mittels der Schütze auch platte und viereckige Schnüre auf einer dem Bandmühlstuhle ähnlichen Maschine (Rundschnurmaschine genannt) zu verfertigen. Er brachte die Maschine zu Stande und sowohl seine beyden Söhne, als Anton Funk, der im Jahre 1803 mit einer angeblich neuen Erfindung, halbseidene und wollene Schnüre auf Mühlstühlen zu verfertigen, auftrat, haben sich mehrere Jahre derselben zur Erzeugung der Rundschnüre bedient. Diese Mühlstühle haben 16 Läufe, deren jeder des Tags 20 Ellen Rundschnüre liefert. Da diese Schnüre Erzeugnisse des Mühlstuhles sind, und ihre Verfertigung auf gleichen Principien mit der Bandmacherey beruht, so kommen die Muster in der Abth. der Posamentirer-Arbeiten auf dem Stuhle vor, von welchen sie nicht wohl getrennt werden konnten. Seit dem J. 1811 ist aber im Inlande eine andere Schnürmaschine in Anwendung, welche zwar im Auslande, z. B. in Westphalen, Elsaß &c. schon seit längerer Zeit gebraucht wurde, im Inlande aber bis dahin noch unbekannt geblieben war, nähmlich die sogenannte Trommel- oder Dockenmaschine. Zuerst wurde diese Maschine im J. 1811 von dem Schnürfabrikanten Joh. Fürst, welcher aus Straßburg einwanderte, nach Wien gebracht, und bereits im darauf folgenden Jahre hatte auch Joh. Friedr. Stetter, Inhaber einer k. k. priv. Seidenbandfabrik in Wien, nach Zeichnungen, die er auf seinen Reisen gesammelt hatte, eine ähnliche Schnürmaschine zu Stande gebracht, bey welcher die Arbeit ungemein beschleuniget wird, und worauf nicht nur runde und eckige Schnüre, sondern auch die Breitschnüre oder Plattlitzen fabricirt werden können. Das Wesentliche dieser Maschine besteht in einer horizontal liegenden Scheibe, in welcher sich ein Ausschnitt in Form eines Achters (der Ziffer 8) befindet In diesem bewegen sich die vertical stehenden Spulen oder Docken, welche mittels eines Räderwerkes im Gange erhalten werden, und indem sie sich nach der oben angegebenen Form des Ausschnittes stets fortbewegen, verschlingt sich der zu den Schnüren angewendete Stoff in einander. Von den beyden in Wien zuerst erbauten Schnürmaschinen hatte die des Anton Fürst 4 viereckige Scheiben, von welchen jede mit 17 Spulen versehen war, und jede von einer Weibsperson in Bewegung gesetzt wurde; die des Joh. Friedr. Stetter bestand aus 6 runden Scheiben, jede von 21 Spulen, und das Ganze wurde von einem einzigen Arbeiter, der das Schwungrad mit einer Hand sehr leicht bewegte, in ununterbrochenem Gange erhalten. Diese Maschine scheint alle früheren Werkzeuge entbehrlich zu machen, da sie dieselben in Hinsicht der schnellen Erzeugung der Schnüre, also auch in dem wohlfeilen Preise derselben weit übertrifft. Man hat sie gegenwärtig von 21 bis 29 Docken. Nach einer mit aller Genauigkeit angestellten Berechnung ist jede Scheibe im Stande, in der Minute ¾ W. Ellen, in der Stunde 45 Ellen, in einem Tage, nur zu 6 Arbeitsstunden gerechnet, 270 Ellen zu liefern, und eine ganze Maschine von 6 Scheiben (deren Anzahl leicht bis auf 10 vermehret werden konnte) kann täglich 1620, und in einem Jahre (zu 300 Arbeitstagen) 486,000 W. Ellen verfertigen. Von den schmalen Baumwollbändchen auf Hüte können täglich 6 Stück (das Stück zu 60 Ellen), im Sommer noch mehr verfertiget werden. Es sind demnach nur wenige Maschinen erforderlich, um den gesammten Bedarf an Schnüren für die Monarchie herzustellen. Dessenungeachtet bedienen sich noch mehrere Schnürmacher, besonders die ungrischen, des Sattels mit den Klöppeln, zumahl zu den festeren, mit Gold- oder Silbergespinnst geschlagenen Schnüren. Eine andere Methode zur Verfertigung der Schnüre, nahmentlich der viereckigen, hat man im walachisch-illyrischen Gränzregimente. Man macht sie nähmlich auf einem Gabelholze mit 3 Zoll weit auswärts stehenden Zinken und langem Stiele. Auf die Gabel wird rings um beyde Zinken der Wollfaden vier- bis fünfmahl gewunden, dann immer der untere Ring wieder abgenommen, über die oberen Fäden bis auf die Mitte derselben geschoben und sodann angezogen, auf welche Art sich die Schnur mitten zwischen beyden Gabelzinken abwärts verlängert.

Zustand der Schnürmacherey im österreichischen Kaiserstaate.

Da die Schnüre ein Haupterforderniß zur Nationaltracht der Ungarn sind, so ist leicht begreiflich, daß dieser Gewerbszweig in Ungarn am stärksten betrieben wird, und in der That hat beynahe jede Stadt ihre eigene Schnürmacher-Innung. In Pesth sind z. B. 20 Meister, in Debreczin 52, in Erlau 24 Meister rc., auch im Agramer Comitate Croatiens wird die Schnürmacherey stark betrieben. In Siebenbürgen werden viele geklöppelte und gekettete Schnüre und schmale Bändchen aus Wolle und Seide, auch gestrickte Knöpfe aus Seide, Angoragarn, Gold- und Silbergespinnst verfertiget. In der walachischen Vorstadt zu Kronstadt befinden sich unter den Einwohnern viele unzünftige Schnürklöppler und Klöpplerinnen, welche jährlich gegen 200,000 Stück Wollschnüre erzeugen. Auch in der Militär-Gränze gibt es theils Schnürmachermeister, theils beschäftigen sich die Weiber mit Erzeugung der für den Hausgebrauch erforderlichen Schnürmacher-Arbeiten. In den teutschen Provinzen werden zu Wien die meisten und schönsten Schnüre gemacht. Es befinden sich nähmlich hier außer 6 Rundschnür- und Litzenfabrikanten, mehrere teutsche und 12 ungrische Schnürmachermeister, welche letzteren eine besondere Innung ausmachen. Die vorzüglichsten unter letzteren sind Philipp Edner und Stephan Honth; die Gesellen sind lauter Ungarn. Besonders werden in Wien auf der neuen Schnür- oder Dockenmaschine zum Gebrauche des Militärs viele Schnüre verfertiget, so wie auch die seit ein Paar Jahren zur Mode gewordenen Damenhüte aus Baumwollbändern (vergl. die Abth. Geflechte und Gewebe aus Stroh und Bast) den Schnürmachern einen nahmhaften Verdienst verschafft haben. In Böhmen werden in der Bandfabrik der Praschillschen Erben zu Tauß mehrere Gattungen harrassener Rundschnüre, das Stück 24 Ellen lang, dann sogenannte Nestelschnüre oder Börtchen auf einer Drehmaschine, 30 Ellen lang, endlich auch ponceaurothe gewalkte Wollschnüre zu 52 Ellen im Stück gemacht. In den übrigen Provinzen ist nur Carlstadt noch wegen seiner Schnürmacher-Arbeiten zu nennen, da diese sonst gewöhnlich von Posamentirern verfertiget werden.

Der Handel mit Schnürmacher-Arbeiten ist im Ganzen genommen wenig erheblich. Indessen macht Wien zur Armee, in mehrere Provinzen, auch nach Ungarn und selbst in die Türkey einigen Absatz. Die in der Kronstädter Vorstadt erzeugten 200,000 Stück Wollschnüre werden bloß für das Ausland gearbeitet und durch griechische Handelsleute nach Natolien verschickt.

In Ansehung des Zollwesens gilt alles dasjenige, was überhaupt von Schafwoll- und Seidenstoffen am gehörigen Orte gesagt ist. Die Einfuhr ist verbothen und findet ohnedieß nirgends Statt. Nur bey der Einfuhr aus Ungarn in die teutschen Provinzen zahlen die Wollschnüre vom Pfund 24 kr., bey der Ausf. dagegen nur $\frac{1}{2}$ kr. C. M.

Die Preise der Schnüre richten sich nach Arbeit und Materiale. Die baumwollenen gedrehten Schnüre kamen in Wien gegen Ende 1820 pr. Loth auf 24 kr., die baumwollenen Bändchen zu Damenhüten auf $1\frac{1}{2}$ kr. pr. Elle, die seidenen Perlschnüre pr. Loth auf 1 fl. 30 kr., die goldenen Suitasch auf 6 fl., die goldenen Massioketchen auf 6 fl. W. W. pr. Loth zu stehen. Es wurden auch goldene ungrische Gürtel bis zu 500 fl., auch bis zu 1000 fl. W. W. verfertiget.

Erklärung der Muster.

A. Schnüre.

1) Von dem Schnür- oder Drehrade.

Taf. I. Nr. 1 bis 4. Weiße Baumwollschnüre dickerer und dünnerer Art, auf Damenkleider. Diese Schnüre werden auch von Seilern gemacht.

Nr. 5 und 6. Seidene gedrehte Schnüre, weiß und gefärbt, zu verschiedenem Gebrauche.

Nr. 7 und 8. Seidene doppelt gedrehte Schnüre, aus 4 Schnüren von verschiedenen Farben verfertiget.

Nr. 9 bis 14. Seidene Perlschnüre, über eine Mittelschnur oder Seele spiralförmig gedreht. Alle auf Kleidungen, Stickereyen und zu verschiedenen Putzarbeiten.

Nr. 15. Schnürriemen auf Schuhe, aus gefärbtem Zwirne sammt dem Stiften.

2) Vom Sattel oder Klöppelpolster.

Nr. 16. Seidenes Börtchen zum Besetzen und Einfassen auf Beinkleider, Gehröcke ꝛc. Man macht sie in allen Farben aus Seide, Wolle, Baumwolle, Angoragarn, Gold- und Silbergespinnst. Von ähnlicher Art sind die baumwollenen Bändchen, woraus die oben erwähnten Baumwollhüte zusammengenäht werden.

Nr. 17. Fonasch (ungr. Fonás) oder gedrehtes Seidenbörtchen auf ungrische Kleider.

Nr. 18. Seidene Lanzolasch (ungr. Lántzolás), mit 9 Klöppeln gearbeitet, ein schmales Börtchen von schwarzer Farbe, auf schwarze ungrische Kleider.

Nr. 19. Seidene Rundschnur grober Art, auf Spencer für Gewerbsleute ꝛc.

Nr. 20. Boritasch (ungr. Boritás) aus Goldgespinnst und schwarzer Seide, zum Einfassen der Schabracken, zum Ausnähen der Kleider ꝛc. Man macht sie von allen Farben.

Nr. 21. Silberne Boritasch zu gleichem Gebrauche

Hier ist die Seele von weißem, bey dem vorstehenden Muster von gelbem Zwirne.

Nr. 22. Suitasch (ungr. Sujtás) oder Plattlitze, ein bortenähnliches Schnürchen aus Angoragarn von zweyerley Farbe, auf herrschaftliche Husaren Livreen.

Nr. 23. Seidene Suitasch, einfarbig.

Nr. 24 und 25. Suitasch aus Gold- und Silbergespinnst, mit 5 Klöppeln gemacht.

3) Von der neuen Schnürmaschine.

Taf. II. Nr. 26 bis 28. Rundschnüre aus Schafwolle, auf der Dockenmaschine mit 12 Docken oder Klöppeln gemacht. Die Seele ist Zwirn.

Nr. 29 und 30. Dünnere Rundschnüre ohne Seele, auf Damenkleider, auf derselben Maschine mit 12 Docken verfertiget.

Nr. 31. Vierklöppelschnur aus gelber und schwarzer Wolle fürs Militär.

Nr. 32. Achtklöppelschnur aus gleicher Wolle für Husaren.

Nr. 33 und 34. Achtklöppelschnüre aus Angoragarn, ordinär und fein.

Nr. 35. Schwarzseidene Schnur, sehr fein, für die Türken auf die Ärmel.

Nr. 36. Schwarzseidene türkische Schnur stärkerer Art.

Nr. 37. Rothwollene türkische Schnur mit Seele von Zwirn.

Nr. 38 bis 46. Börtchen verschiedener Art aus Seide, Schafwoll- und Baumwollgespinnst. Nr. 38 und 40 sind Siebenzehnklöppler.

Nr. 47 bis 49. Suitasch von der Maschine, in Silber, Seide und Schafwolle.

B. Mehrere fertige Arbeiten der ungrischen Schnürmacher.

Nr. 50 und 51. Seidene ungrische Dolmanschlingen mit Knöpfen und Rosen. Auf einen Dolman sind 36 Schlingen mit 18 Knöpfen erforderlich.

Nr. 52. Seidene Pelz-Bindschnur mit Schlinge.

Nr. 53 bis 55. Goldene Dolmanschlingen aus Goldgespinnst, Bouillons, Plasch, Flittern ꝛc.

Nr. 56. Seidene Schlinge nach Art der teutschen Crepinarbeiten.

Nr. 57. Schlinge aus Seide, Goldgespinnst und Plasch.

Nr. 58. Spencerschlinge für Husaren Officiere, aus schwarzer Seide und Goldgespinnst.

Taf. III. Nr. 59. Goldenes Massivkettchen aus Seidenschnüren, die mit Goldgespinnst überwunden sind, zur Husaren.

Nr. 60. Glanz- und mattgoldene Filigranschnur aus eben solchen überwundenen Seidenschnüren, für Civilisten auf Pelz Bindschnüre.

Nr. 61. Geschlagene goldene Lanzolasch aus Seidenschnürchen, die mit mattem und Glanz-Goldgespinnst überwunden sind, auf Pelzschlingen.

Nr. 62. Silber-Karell, ein kettenähnliches Geflecht auf Damenkleider.

Nr. 63. Schwarzseidener Schneckenknopf.

Nr. 64. Schwarzseidener Röschen- u. Büschchenknopf.

Nr. 65 und 67. Olivenknöpfe aus Gold- und Silbergespinnst.

Nr. 66. Goldener Massiv-Habasknopf, ein Wiener Meisterstück.

Nr. 68. Seidener Röschenknopf ohne Büschchen.

Nr. 69. Blauseidener Habasknopf.

Nr. 70 und 71. Seidene Olivenknöpfe.

Nr. 72. Duttenknopf aus Goldgespinnst und Seide.

Nr. 73 und 74. Seidene Olivenknöpfe.

Nr. 75. Halber Knopf aus Seide, spitzig geformt.

Nr. 76. Seidener Sternknopf.

Nr. 77. Schwarze Stiefelrose aus Angoragarn. Man macht sie auch aus Seide.

Nr. 78. Geschneckelter seidener Knopf von ähnlicher Arbeit, wie Nr. 76.

Nr. 79. Seidener Rosmarinknopf. Alle diese Knöpfe dienen auf verschiedene ungrische Kleider und Uniformen.

Nr. 80. Seidene Fangschnur auf Kalpags.

Nr. 81. Leibgürtel für ungrische Edelleute, aus seidenen Schnüren, Goldgespinnst, Schlingen, Knöpfen u. s. w. gewunden.

XV. Abtheilung.

Die Geflechte und Gewebe aus Stroh und Bast.

Daß das Stroh zu vielen Fabricaten, vornehmlich zu Hüten, Blumen, Guirlanden, Hauben, Büschen, Bändern, Körbchen, Kästchen, Tellern, Decken, Tapeten, Vasen, Etuis, Tafelaufsätzen, Billeten u. s. w. verarbeitet wird, ist bereits im I. Theile (Abth. Stroh) bemerkt worden, wo zugleich gesagt wurde, daß die wichtigste Verwendung desselben in der Verarbeitung zu Hüten und Blumen bestehe. Dasselbe ist großen Theils der Fall auch mit einigen weichen Holzgattungen (Abth. Hölzer Nr. 135 und 136), welche zu ähnlichen Arbeiten, vornehmlich zu Hüten und zu Geweben benutzt werden. Hier wird vorzüglich von der Verwendung auf Hüte gehandelt; die Blumen aus Stroh sind in der XXVIII. Abth. beschrieben.

Im Allgemeinen lassen sich die hierher gehörigen Arbeiten in 4 Hauptgattungen unterscheiden. Man verfertiget sie nähmlich 1) durch Flechten und Nähen, 2) durch Auflegen und Pressen, 3) durch Aneinanderreihen der Halmen mit Fäden, 4) durch Weben. Im Folgenden sind diese Arbeiten in Kürze dargestellt; nebstdem sind aber auch solche Arbeiten angeführt, welche zwar weder aus Stroh, noch aus Holz gemacht sind, sondern nur zu gleicher Verwendung gewöhnlich von den Strohhutmachern verfertiget werden. Es gibt im österreichischen Staate sowohl bürgerliche, als befugte Strohhutfabrikanten und priv. Fabriken, welche sich mit der Verfertigung aller Stroh- und Bastarbeiten beschäftigen.

1) Durch das Flechten und Nähen werden vornehmlich die sogenannten Strohgeflechte oder Strohbänder, als Bestandtheile der Strohhüte, dann die Holzbänder, verschiedene Borduren, Schnüre und Gimpen aus Stroh und Holz gemacht. Das Stroh wird hierzu entweder im Ganzen verwendet (Abth. Stroh Nr. 1 bis 8), oder es wird nach einer neueren in England und Sachsen entdeckten Art in gröbere und feinere Theile gespaltet oder aufgeschlitzt (daselbst Nr. 9 und 10), und dann aus diesem gespalteten Stroh die Geflechte, Borduren u. s. w. verfertiget. Die eigentlichen Strohgeflechte werden gewöhnlich aus 13, oder auch aus 11, 9, 7 und 5 Halmen mit den Fingern so geflochten, daß daraus ein schmales Band entsteht. Bey der Arbeit müssen die Finger immer feucht erhalten werden, weil, wenn sie nicht genugsam kalt wären, dem Stroh seine Geschmeidigkeit benommen würde. Nach der Feinheit des Strohes und nach der Menge der Halme sind die Geflechte selbst sehr verschieden. Die 13- und 11hälmigen Geflechte aus ganzem, d. i. ungespaltetem Stroh sind unter dem Nahmen der Florentiner Geflechte bekannt, weil zu den Florentiner Hüten aus der Gegend von Florenz, Campi u. s. w. bloß solche Geflechte verwendet werden. Dergleichen Geflechte sind schon vor mehreren Jahren in Wien aus echtem Florentiner Weitzenstroh verfertiget worden; dann fing man an, den Weitzen selbst auf Florentiner Art zu cultiviren, und seit dem J. 1813 und 1814 verwendet man nebst dem echten Florentiner Stroh (zu ganz besonders feinen Hüten) auch inländisches, wohl sortirtes Stroh zu solchen Florentiner Geflechten, wovon die feinen aus 13, die mittelfeinen aus 11, die ordinären aus 7 ganzen Halmen bestehen. Die Venetianer Geflechte der feinsten, wie der ordinärsten Art, sind jedoch immer nur aus 11 Halmen geflochten. Man hat nun österreichische, böhmische, steyrische, krainische und venetianische Florentiner, d. i. aus ungespalteten Halmen verfertigte Geflechte, von welchen die letzteren die feinsten, die

krainer Geflechte die gröbsten sind. Werden diese Strohgeflechte oder Bändchen aus gespaltetem Stroh gemacht, so erhält man die sogenannten Schweizer Geflechte der Schweizer Bänder, die, wie sich von selbst versteht, viel wohlfeiler, aber auch weniger dauerhaft sind, als die Florentiner Geflechte. Auch diese Geflechte werden mit den Fingern gemacht, doch hat vor mehreren Jahren ein gewisser Steinauer zu Rapperschwyl in der Schweiz eine Maschine erfunden, womit die Strohbänder geflochten wurden, und zwar mit solchem Erfolge, daß von gröberen 7hälmigen Geflechten 75 Ellen in einem Tage erzeugt werden konnten. Im Inlande sind diese Maschinen noch nicht im Gange, obschon der Wiener Strohhutfabrikant Locher bereits vor mehreren Jahren eine ähnliche Maschine aus der Schweiz nach Wien gebracht hat. Indeß sollen im J. 1821 Katharina Tanzmann und Geilinger eine Strohhutstrickmaschine erfunden haben. Eine dritte Gattung der Strohgeflechte sind die Glanzstrohgeflechte, aus breiteren gespalteten und flach über einander liegenden Halmen in verschiedenen Mustern gearbeitet (daher mustrirtes Glanzstroh genannt). Auch die Holz- oder Bastgeflechte werden auf dieselbe Art gemacht, jedoch meist bloß im Modenesischen, in Mantua und im Venetianischen. Zuletzt pflegt man die Geflechte, mit Ausnahme der Glanzstrohgeflechte, durch eine Walze zu ziehen, um ihnen die erforderliche Glätte zu geben. Sie sind nun geeignet, zu Hüten verarbeitet zu werden. Zu dem Ende werden sie einzeln zu der verlangten Form in die Rundung mit Zwirn an einander genäht, bey welcher Arbeit die Nadel nicht in die Substanz des Strohs eindringen darf, sondern unter den Maschen am Rande stets ringsum hinfahren muß. Die Platte oder der oberste Theil des Kopfes wird zuerst gemacht, indem man die Geflechte vom Mittelpuncte aus spiralförmig zusammen näht; hierauf wird die Umgebung des Kopfes genäht und der ganze Kopf, wenn er geendiget ist, in einer Presse mit einem polirten Stämpel von Buxbaumholz (Magliolo genannt) geglättet. Zuletzt wird der Schirm oder die Krempe gemacht, und an den Kopf angenäht. Es gehört dazu eine geschickte Hand, und die Vorsicht, den Zwirn möglichst zu verbergen, worin eben die Florentiner Hüte sich so sehr zu ihrem Vortheile auszeichnen, daß man insgemein nur die Schweizer Hüte unter der Benennung der genähten Hüte begreift. Die Feinheit der Florentiner Hüte wird im Handel nach der Anzahl der Gänge oder Bändchen in der Breite des Schirms gerechnet, welche ihr bestimmtes Maß hat, und bey 7 oder $7\frac{1}{2}$ Wiener Zoll beträgt. Je mehr Gänge bey gleicher Breite sind, desto feiner ist das Geflecht, und desto mühsamer die Arbeit. Man hat sie bis 60, 62, 64, auch 70 Gänge und noch höher, und bezeichnet sie dann mit den Nrn., welche die Zahl dieser Gänge ausdrücken. Ein Florentiner Hut, welcher 48 Gänge im Schirme zählt, wird demnach zur Sorte Nr. 48 gerechnet. Zu feinen Hüten mit halbem Schirme braucht man 72 Ellen, zu den mittelfeinen 55, zu den gröberen 45 Ellen Florentiner Geflechte; von den Schweizer Geflechten sind beyläufig 90 Ellen oder 5 Stück (zu 18 Ellen) auf einen Hut erforderlich. An einem ganz feinen Hute aus Florentiner Geflecht näht ein Mädchen beynahe 10 Tage, an einem Hute aus Schweizer Bändern 2 bis $2\frac{1}{2}$ Tage. Im Venetianischen rechnet man zu den feinsten Hüten, mit Einschluß der Geflechte, 4 Wochen, zu den gröbsten 1 Tag Arbeit. Bey dieser Gelegenheit darf nicht unberührt bleiben, daß die von Jos. Madersberger zu Wien erfundene Nähemaschine nun vorzüglich zum Nähen der Strohhüte verwendet werden soll, nachdem der Erfinder einige wesentliche Verbesserungen an derselben angebracht hat. Die verfertigten Hüte werden geschwefelt und gepreßt, einige auch mit arabischem Gummi und Stärke gesteift und geglänzt, indem man sie auf einem als Unterlage dienenden glatten Holze mit einer runden sehr schweren Stange, deren Enden mit Bley versehen sind, stark überfährt. Die meisten Hüte behalten ihre strohgelbe Farbe; nur wenige werden schwarz gefärbt, welches auf dieselbe Art, wie das Schwarzfärben des Strohs (vergl. Th. I. Abth. Stroh) geschieht. Es beschäftigen sich damit theils die Strohhutfabrikanten, theils eigene Färber, worunter in Wien Ferd. Honig mit Auszeichnung genannt zu werden verdient. Die sogenannten weißen Basthüte aus Weidenholzspänen werden nicht genäht, sondern die Geflechte werden bloß an den Rändern in einander gekerbt, durch Pressen vereiniget, und aufs stärkste geglättet.

Auch bey ihnen gilt die Bestimmung der Feinheit nach der Anzahl der Gänge, wie bey den Florentiner Hüten. Je mehr Gänge der Stram, dessen Breite $7\frac{1}{2}$ Wiener Zoll beträgt, enthält, desto feiner und theurer ist der Hut, und zu einem desto höheren Nr. gehört er. Dasselbe ist auch bey den runden Baststreifen oder Platten der Fall, welche im Durchmesser 19 W. Zoll halten sollen, nur mit dem Unterschiede, daß man hier die Gänge von dem Mittelpuncte, wo sie ihre Entstehung nehmen, zu zehlen anfängt.

Ganz schmale Börtchen aus 6 ganzen oder gespaltenen Strohhalmen nennt man Strohschnüre (Cordonnés oder unrichtig Erbsenstroh), und diese werden wieder zu allerley Geflechten, Borduren, Gimpen ꝛc. verwendet, indem man ihnen die nöthigen Biegungen gibt, und sie mit Zwirn heftet. Andere Geflechte heißen nach ihrer Form Ringgeflechte, Spitzgeflechte, Zackengeflechte, durchbrochene Geflechte ꝛc., da die Formen unermeßlich sind, in welche sich die Strohhalme, wenn es bloß auf Verzierungen ankommt, bringen lassen. Besonders ist dieß bey den durchbrochenen, gezogenen, geschlängelten, gekrausten ꝛc. Strohborduren der Fall, für welche der großen Mannigfaltigkeit wegen nicht einmahl bestimmte Benennungen bestehen können. Weniger kunstreich sind die Holzborduren.

Die gröbsten Geflechte aus Stroh sind diejenigen, woraus die Bienenkörbe, die Schüsseln zum Brotteige (in Österreich Simperl genannt), die Strohsessel, und in Tyrol die Strohschuhe verfertiget werden, oder eigentlich sind hier die ganzen Fabricate als Geflechte zu betrachten, da sie nicht aus einzelnen Geflechten, sondern aus groben Halmen oder dicken Strohschnüren bestehen.

2) Bey der aufgelegten und gepreßten Stroharbeit werden die ganzen oder gespaltenen Halmen auf Papier, Pappe, Seidenstoff oder Holz aufgeklebt und die ersteren dann gepreßt. Man hat vor einiger Zeit verschiedene Arbeiten aus dergleichen aufgelegtem Stroh verfertiget. Hierher gehören auch die aufgelegten hölzernen Kästchen und Schatullen, die Strohteller, Körbchen, Tapeten, Etuis, Billeten u. s. w. Durch Gaufriren und Pressen mit gravirten Walzen oder Plat-

ten weiß man solchen Arbeiten ein noch hübscheres äußeres Ansehen zu geben.

3) Das Aneinanderreihen der Strohhalme mit Fäden ist die leichteste und einfachste aller Stroharbeiten, und wird vorzüglich zu Strohdecken, Strohröhrelplatten, Strohtellern, Matten ꝛc. angewendet. Man nimmt dazu starke, meist gefärbte, auch mit gespalteten Halmen überwundene Strohhalme, legt sie reihenweise und in verschiedenen Desseins neben und über einander, und heftet sie nach Maßgabe der Desseins mit starkem Zwirne zusammen. In der Arbeitsschule zu Krummau in Böhmen werden viele solcher Arbeiten gemacht. Hierher dürften vielleicht auch die aus Triest und dem lombardisch-venetianischen Königreiche kommenden Kleiderbürsten oder Besen aus Halmen des Sorgsamens (Saggina rossa), unrichtig Reißbesen genannt, zu rechnen seyn.

4) Durch Weben bringt man große Platten zu Stande, welche von den Putzarbeiterinnen zerschnitten und zu Hüten verarbeitet werden. Nach Verschiedenheit des Materials gibt es Strohgewebe, Holzgewebe und halbseidene, d. i. mit Seide eingearbeitete Gewebe. Bey den Strohgeweben (der Strohspartarie) ist sowohl Kette als Eintrag Stroh von gelber Farbe, oder oft auch gefärbtes Stroh; bey den Holzgeweben bestehen Kette und Eintrag aus ungefärbten, gebläuten oder gefärbten Holzbändchen oder Spänen (Abth. Hölzer Nr. 135), welche auf einer Art von Webestuhl leinwandartig oder croisirt ꝛc. zu Platten (Hutböden, Bastdecken) verwebt werden. Von allen diesen Geweben hat man gröbere und feinere Sorten, mit und ohne Desseins. Vor einigen Jahren wurde in England auch die Erfindung gemacht, Zeuge halb aus Stroh, halb aus Seide zu weben, welche Patent-Strohzeuge genannt, und nun im Inlande in großer Menge verfertiget werden. Man macht sie glatt, d. h. aus einer Kette von leichter Seide mit dicht neben einander liegendem Eintrage von gespalterem Stroh, oder façonnirt in außerordentlich vielfachen Abwechselungen. Die façonnirten Patent-Strohzeuge pflegt man gemeiniglich nach dem seidenen Grundstoffe zu benennen, z. B. Taffetpatent, Dünntuchpatent, Sammtpatent, Perlpatent (mit einem Grunde von unaufgeschnittenem Sammt) u. s. w.,

und verwebt in dieselben außer dem gespaltenen Stroh auch Strohschnüre, Strohbändchen, Seidenschnüre, gepreßte Papierstreifen, Chenillen ꝛc. Daher wird dieser Stoff von Seidenzeug- und von Strohwaaren-Fabrikanten in großer Menge verfertiget. Eine zweyte Gattung solcher halbseidener Patentzeuge sind die Bast-Patentstoffe, welche sich von den vorstehenden bloß dadurch unterscheiden, daß sie, statt des Strohs, mit Holzbändchen oder Spänen gewebt sind.

Dieß sind diejenigen Arbeiten, welche in den Strohhutfabriken am allermeisten verfertiget werden. In den Jahren 1818 bis 1820 sind auch andere Gegenstände, als Stroh und Holz, in den genannten Fabriken verarbeitet worden, die hier der Analogie wegen aufgenommen wurden. Eine besondere Ausbreitung haben die weißen Hüte aus Baumwollbändchen (vergl. Schnürmacher-Arbeiten) erlangt, welche in Berlin erfunden und in Wien zuerst von Lorenz Bawinger verfertiget wurden. Diese Bändchen werden auf dieselbe Art, wie die Strohbändchen, an den Rändern zusammengenäht, hierauf die Hüte gewaschen, gesteift und gepreßt (geformt). Die Vervollkommnung der gepreßten Papiere und Leder brachte den schon in der Abth. des Leders erwähnten Galanterie-Lederwaaren-Fabrikanten Franz Kratzer im J. 1820 auf die Verfertigung gepreßter Stoffe auf Damenhüte, und die Strohhut-Fabrikantinn Katharina Morawska in Wien war die Erste, welche gepreßte Baumwollzeuge in verschiedenen Farben zu gleichem Gebrauche verfertigen ließ. Eben so erhielten im J. 1820 der Baumwollwaaren-Fabrikant Jos. Winter in Wien und ganz neuerlich Franz Kratzer Befugnisse zum Pressen baumwollener Damenhüte, zumahl aus Piqué, anderen Baumwollstoffen und Sammt. In demselben Jahre erhielt unterm 27. Februar Lorenz Bawinger ein 5jähriges ausschließendes Privilegium auf die Verfertigung der von ihm erfundenen Damenhüte aus Papier, welche bloß aus Draht, der mit gefärbtem Papier überwunden ist, bestehen. Nicht weniger sind auch Hüte aus mit Seide übersponnenem Drahte auf ähnliche Art, wie die Papierhüte, verfertiget worden, und im J. 1819 wurde der Wiener Strohhutfabrikantinn Josepha Effinger ein 5jähriges ausschließendes Privilegium auf die von ihr auf neue Art, ohne Strohbänder, verfertigten Männerhüte aus Stroh, ertheilt. Eine neuere, zu Paris erfundene und in Wien bereits nachgeahmte Art von Huten glaubt man hier nicht übergehen zu können. Es sind die von Demoiselle Manceau erfundenen Hute aus Seidengeflechten. Das Flechten geschieht auf Maschinen, vielleicht wie das Flechten der Baumwollbänder zu den weißen Huten auf der Dockenmaschine (vergl. Schnürmacher-Arbeiten), die geflochtenen Bänder werden zusammengenäht, und der fertige Hut steif zugerichtet, über die Form geschlagen und gepreßt. Diese Hüte, welche den feinsten Florentiner Strohhüten ähnlich sehen, sind sehr schon und zugleich sehr leicht und dauerhaft; sie lassen sich putzen, und wenn sie alt sind, schwarz färben. Hr. Lorenz Bawinger und Johanna Kißling in Wien verfertigen Hüte aus solchen Seidenbändchen. Man wird sie in verschiedenen Graden der Feinheit erhalten und diese nach der Anzahl der Gänge oder Bändchen so bestimmen, wie es bey den Strohhüten nach Florentiner Art gewöhnlich ist. Bawinger verdient wegen seines Eifers und wegen der Thätigkeit, ausländische Erfindungen auf einheimischen Boden zu verpflanzen, besonderes Lob. — Endlich will man der Sonderbarkeit wegen noch G. F. Schmidts in Berlin Damenhüte aus Kork (J. 1817) erwähnen, welche zierlich und zart seyn, auch gegen Regen und Sonne schützen sollen.

Zustand der Strohwaaren-Fabrication im österreichischen Kaiserstaate.

Strohwaaren wurden im österreichischen Staate zwar schon seit einer langen Reihe von Jahren verfertiget; die eigentliche Strohhutfabrication aber hat in den teutschen Provinzen erst im neunzehnten Jahrhunderte eine bedeutendere Ausdehnung gewonnen. Im Venetianischen ist dieser Arbeitszweig schon lange erheblich, und in der Provinz Vicenza, besonders im gebirgigen Theile des Districts von Marostica, sind noch jetzt mehr als tausend Personen aus dem Bauernstande, zumahl im Winter, bey Tag und Nacht, mit der Verfertigung von Strohhüten sowohl aus Marzolo, als aus Winterstroh (Vernizzo), beschäftiget. Die Mannspersonen und Kinder befassen sich in der

Regel mit den groben, die Weibspersonen mit den feinen und superfeinen Hüten. Eine eigentliche Fabrik besteht dort aber nicht, sondern es sind nur 3 bis 4 Handelsleute oder Speculanten daselbst, zu welchen die Arbeiter die fertigen Hüte stückweise zum Verkaufe bringen. Die vorzüglichsten dieser Handelsleute sind die Gebrüder Cantelli zu Angarano (zur Gemeinde Bassano gehörig), welche auch eine Art von Etablissement zum Formen und Appretiren der Hüte besitzen. Auch in Venedig werden viele Strohhüte verfertiget, und hierin zeichnet sich Margherita Rubbi vorzüglich aus. Diese letzteren sowohl, als die ersteren sind unter dem Nahmen der Venetianer Strohhüte (unechter Florentiner) bekannt. Man hat es hierin in der neueren Zeit sehr weit gebracht, und manche Stücke sind selbst von den echten Florentinern nicht zu unterscheiden. Von den mittelgroßen Hüten dieser Art haben die feinen bis 40, die groben 14 Bänder im Schirme, von den großen die feinen bis 54, die groben 20; zwischen diesen Extremen gibt es noch viele Mittelsorten. Außerdem werden in der Stadt Venedig seit einigen Jahren viele Glanzstrohhüte, und ausgezeichnet schöne Bast- oder Holzhüte und Bastplatten (Stuorette) von weißer, gelber, grüner, blauer und schwarzer Farbe verfertiget. Ein Hut aus grobem Bastgeflechte hat meist 14 Bändchen, einer aus feinem Geflechte 38. Diese Holzarbeiten sind in Venedig zu einem hohen Grade der Vollkommenheit gestiegen, und übertreffen die französischen Arbeiten dieser Art weit. Nicolaus Parochi ist einer der vorzüglichsten Fabrikanten in diesem Zweige. Auch die Basthüte aus Mantua und aus mehreren Gegenden der Lombardie werden gelobt. — Nach dem lombardisch-venetianischen Königreiche wird die Strohhutfabrication am stärksten in Wien, und zwar fabriksmäßig, betrieben. Im J. 1801 waren daselbst die Geschwister Zebisch beynahe die einzigen Arbeiterinnen; seit dem hat sich aber die Anzahl der Stroharbeiter so bedeutend vermehrt, daß schon im J. 1814 in Wien allein (außer den damahls bestandenen Fabriken zu Büchsendorf und Enzersdorf am Gebirge, worunter die erstere von den Papiertapeten-Fabrikanten Spörlin und Rahn, die letztere von dem um die Strohhutfabrication sehr verdienten Aloys Müller errichtet war), 21 Strohhutfabriken gezählt wurden, wovon die meisten, zumahl gegen den Sommer zu, über 20, mehrere auch 40 bis 50 Mädchen, mit Strohflechten, Nähen und Appretiren der Hüte beschäftigten. Gegenwärtig bestehen in Wien die k. k. priv. feine Strohhutfabrik des Hrn. Lorenz Bawinger und 36 Strohhutfabrikanten, nebst 11 bürgerlichen zu einer Innung vereinigten Strohhutmachern, welche gewöhnlich nur ordinäre Waare, nahmentlich die für die gemeinen Weiber gehörigen, konisch geformten und rückwärts geschlossenen Strohhüte (Gugelhüte) verfertigen, außerdem aber auch feine Hüte führen und Winterschuhe aus Filz und Tuchenden (sogenannte Batschen) machen. Die bedeutendste Fabrik ist die von Lorenz Bawinger, die sich hauptsächlich in neuen Erfindungen auszeichnet. Sie wurde im J. 1816 gegründet, und beschränkte sich anfänglich bloß auf genähte oder Schweizer Hüte; später ließ sie im Inlande die ersten Patent-Strohzeuge nach ganz besonders schönen Mustern, so wie die ersten Hüte aus Baumwollbändern verfertigen, vervollkommnete die Borduren, Guirlanden und Strohblumen zu einem Grade, in welchem sie in dem österreichischen Staate noch nie erzeugt worden sind, und erwarb sich ein Patent auf die oben erwähnten Papierhüte; besonders aber zeichnet sich diese Fabrik durch ihre Appretur aus, in welcher sie das gesammte Ausland, und selbst Paris, übertrifft. Im J. 1818 hatte diese Fabrik 170, im J. 1819 110 Arbeiterinnen gezählt. Nebst ihr dürfen noch die Fabriken des Anton Morawski, des Sebast. Boldrini, der Anna Singer, der Geschwister Zebisch, des Bichierai als vorzüglich angeführt werden. Im Allgemeinen kann man behaupten, daß Wien in Ansehung seiner Florentiner Geflechte, was die Arbeit betrifft, nicht hinter Italien zurückstehe, und nur vielleicht der höhere Arbeitslohn bey dieser mühsamen Arbeit die Quantität der Erzeugung beschränke, welcher Umstand es auch nicht leicht zulässig machen wird, rücksichtlich der Geflechte aus gespaltetem Stroh mit der Schweiz und mit Sachsen zu concurriren. Im Nahen und Formen ist man hier so weit gekommen, wie in Frankreich; im Appretiren übertrifft Wien alle Fabriken des Auslandes; die Patentweberey ist hier so gut wie in Frankreich, ja noch kunstreicher, und besonders sind die fazonnirten Patentzeuge schöner und wohlfeiler, als die ausländischen. Nur in der großen Fabricatur, d. i. in Ansehung der Quantität möchte der österreichische Staat von England übertroffen werden. — In Böhmen besteht zu Leitmeritz unter der Firma Jos. Fiedler und Comp. eine Strohwaarenfabrik, welche Schweizer Strohhüte, Geflechte und Borduren der verschiedensten Art, Bouquets, Guirlanden, Tischtapeten, Teller, Strickkörbchen, Ridiculs, und vorzüglich schöne Patentzeuge liefert. Andere Stroharbeiten werden in der Industrial-Lehranstalt des Kaplans Peter Plaschke zu Krummau, dann von Jos. Terne und Korn zu Böhmisch-Kamnitz, von Michael Ziegelberger eben daselbst, und von den Gebrüdern Fritsche zu Schönlinde, und Strohdecken insbesondere von mehreren Familien im Dorfe Schlikowes auf der Herrschaft Gitschinowes im Bidschower Kreise verfertiget. Überhaupt liefert der Leitmeritzer Kreis außer zahlreichen Stroharbeiten auch sehr viele gewebte Holzplatten oder hölzerne Hutböden, die vorzüglich zu Schönbühel nächst Rumburg häufig gewebt werden. — In Mähren werden nur zu Brünn Strohhüte und andere Stroharbeiten verfertiget. — In Steyermark macht man aus Rockenstroh Hüte nach der Nationaltracht des Kainachbodens, des Sulmthales und der Gegend von Hitzendorf, ferner viele Strohgeflechte zu Hüten für den Handel; in der Gegend von Grätz werden auch Fußreinigungsdecken, Strohkörbe, mit Stroh eingeflochtene Sessel und Sofen in bedeutender Menge gemacht; endlich auch verpichte Wassereimer aus Stroh zu Feuerlöschgeräthen. — In Tyrol sind die Stroharbeiten ganz unbedeutend, einige grobe Hüte, die sehr kunstlosen Geflechte auf Tische, um die Wäsche rein zu erhalten, die Schuhe, welche sich Arme aus Weitzen-, Rocken- und Maysstroh flechten, und die Sessel, welche in Südtyrol aus Stroh und Schilf gemacht werden, ausgenommen. — In Krain beschäftigen sich mehrere Gemeinden mit Stroharbeiten, nahmentlich die Dörfer Voischan und St. Jacob in der Commende Laibach, die Gemeinden Mannsburg, Tersain, Stob, Studa und Dragorell im Bezirke Kreuz, und die Pfarre Jauchen im Bezirke Kreutberg. Sie verfertigen grobe Sommerhüte aus Weitzenstroh für Männer und Weiber; nur selten sind darunter auch feinere Stücke. — In Dalmatien werden aus Stroh Hüte auf Sineser Art gewebt, um sich dadurch gegen die Sonne zu schützen. — In Ungarn und in den Militär-Gränzen ist der geringe technische Verbrauch des Strohes fast ausschließlich auf den häuslichen Gebrauch beschränkt. In Siebenbürgen macht man aus rohem Weitzenstroh grobe Sommerhüte mit breitem Rande, meist zum Gebrauche der Landweiber, wozu das Stroh an den Knoten abgeschnitten, im Wasser geweicht und zu fingerbreiten Bändern geflochten wird. In der Verfertigung dieser Hüte zeichnen sich besonders die Szekler, und im Hermannstädter Stuhle die Michelsbergerinnen und Heltauerinnen aus. In der Mediascher Gegend macht man auch Hüte mit hohen Kappen für Männer, welche nicht geflochten, sondern nach Art einiger Strohtassen, die man auch hier und da verfertiget, aus neben einander liegenden gehefteten Halmen gemacht, und höchstens noch mit Wachstaffet überzogen werden. Ähnliche Strohhüte für Männer und Weiber aus Weitzen- und Rockenstroh werden auch in den beyden Szekler Regimentern verfertiget.

Der Handel mit Strohwaaren ist im Ganzen genommen nicht unbedeutend, und nicht bloß auf das Inland beschränkt, da auch mit dem Auslande in einzelnen Artikeln Geschäfte gemacht werden. Eingeführt werden bis jetzt noch echte Florentiner Hüte, glattes Patentstroh, Schweizer Geflechte und Schnüre, wie sie in den Cantonen Freyburg, Aargau, Schafhausen und Zürich verfertiget werden, dann Glanzgeflechte, seltener sächsische Geflechte aus gespaltetem Stroh; denn in den inländischen, besonders in den Wiener Fabriken machen die Arbeiterinnen gegenwärtig fast ausschließend Geflechte aus ganzen Halmen, da die Schweizer Geflechte, d. i. aus gespaltetem Stroh, wie oben bemerkt wurde, wohlfeiler vom Auslande bezogen werden. Die Einfuhr der sächsischen Strohgeflechte hat sehr abgenommen. Dagegen werden auch Strohgeflechte aus Böhmen, die besseres Ellenmaß, als die Schweizer Geflechte haben, verhandelt; auch Steyermark schickt seine feineren Strohgeflechte fast sämmtlich nach Wien. Mit fertigen Strohhüten macht Wien sowohl im Inlande, als nach dem Auslande guten Absatz. Die Hüte aus gespaltetem Stroh (Schweizer Hüte oder

Bandelhüte), wobey die Arbeit des Strohhutfabrikanten sich nur auf das Zusammennähen und Appretiren beschränkt, gegen von Wien bis nach Polen und Rußland, und in Teutschland kann Wien bis München die Concurrenz mit französischen Hüten halten. Es scheint für diese Hüte wieder ein günstigerer Zeitpunct einzutreten, da sie bereits angefangen haben, die Patentstrohhüte zu verdrängen. Im Venetianischen werden die groben Hüte größten Theils in den Provinzen Vicenza, Treviso, Verona und Padua verbraucht, zuweilen werden auch Versendungen nach Ferrara, Mantua und Parma gemacht; die feinen Venetianer Hüte haben ihren Hauptabsatz in Teutschland, in der Schweiz, in Frankreich und in mehreren Staaten Italiens. Die Bast- oder Holzhüte, so wie die Geflechte dieser Art aus dem lombardisch-venetianischen Königreiche gehen fast nach allen europäischen Ländern, besonders nach Frankreich, wo man ihnen eine sehr schöne Zurichtung zu geben weiß. Böhmen macht mit seinen Stroherzeugnissen gleichfalls nicht unbedeutenden Absatz.

Durch die bestehenden Zolltariffe ist die Einfuhr der fertigen Stroh- und Holzhüte, der Strohgewinde und Strohgeflechte, in so weit letztere zum Verkaufe dienen sollen, so wie aller übrigen Stroh- und Holzwaaren vom Auslande verbothen und wird nur einzelnen Privaten gegen einen Paß von der Landesstelle und gegen Entrichtung eines Zolles von 1 fl. 12 kr. C. M. vom Pfund gestattet; zur Verarbeitung können die Strohgeflechte und Bastplatten gegen einen Zoll von 12 kr. C. M. vom Guldenwerthe ohne Paß, die Strohgewebe gegen einen Paß und Zoll von 20 Procent, jedoch bloß von den Strohwaaren-Fabrikanten eingeführt werden. Im Inlande, d. i. zwischen den alten und neu erworbenen Provinzen (mit Ausnahme von Ungarn, Siebenbürgen, Dalmatien, Istrien, Triest und Fiume) ist der Verkehr mit diesen Artikeln ganz zollfrey. Der Ausfuhrszoll der Strohgeflechte und Bastplatten beträgt vom Guldenwerthe $\frac{1}{4}$ kr. C. M., der Ausfuhrszoll aller übrigen Stroh- und Holzwaaren vom Pf. $\frac{1}{2}$ kr. C. M.

Die Preise der Stroh- und Bastarbeiten waren im Jänner 1821 zu Wien folgende: Siebenhälmige Strohgeflechte, Schweizer zu 10, 12, 14, 18 und 20 kr., sächsische um 2 kr.

wohlfeiler, böhmische zu 6, 8 und 10 kr. C. M. das Stück zu 18 Wiener Ellen; Glanzgeflechte, Schweizer zu 40 kr. bis 1 fl., sächsische zu 24 bis 36 kr. C. M. das Stück zu 18 W. Ellen; Cordonné oder Erbsenstroh, Schweizer zu 6, 8 und 9 kr., böhmisches zu 4, 6 und 8 kr. C. M. das Stück zu 18 W. Ellen, wovon aber das ausländische nicht zum allgemeinen Verkaufe gebracht werden darf. Fertige Hüte von 7hälmigen Strohgeflechten zu 2, 3, 4, 6 bis 8 fl., von Glanzstroh zu 2, 3, 4 fl., Patenthüte zu 1½, 2, 3 und 4 fl. C. M. Strohbörtchen von Cordonnés die Elle 4 kr. bis 1 fl., Strohborduren die Elle 24 kr. bis 1 fl. 30 kr., Patentstroh die Elle 24 kr. bis 2 fl. C. M. Baumwollene Hüte aus Bändchen auf Florentiner Art 5 fl. 30 kr., 8 fl. bis 14 fl. C. M., gepreßte baumwollene Hüte, wovon anfänglich das Stück bis 14 fl. W. W. gekostet hatte, 36 fl. W. W. pr. Dutzend; die neuen Hüte aus Seidenbändchen werden auf 30 bis 60 fl. W. W. pr. Stück zu stehen kommen. Die feinen Strohhüte aus Florentiner Geflechten sind sehr verschieden im Preise; echte Florentiner der schönsten Art wurden um 120 bis 140 fl. W. W. und höher verkauft. — Die feinsten Venetianer Hüte kamen im J. 1820 am Erzeugungsorte auf 40, 50, 60 bis 75 ital. Lire, die ordinären zum Gebrauche des Landvolks auf 2, 5, 6 bis 12 ital. Lire.

Erklärung der Muster.

A. Strohgeflechte oder Strohbänder.

1) Österreichische.

Taf. I. Nr. 1. Feines 13hälmiges Strohgeflecht nach Florentiner Art, in Wien aus echtem Florentiner Stroh (Marzolo) geflochten, auf feine Hüte.

Nr. 2 und 3. Mittelfeines und grobes 13hälmiges Florentiner Geflecht, ebenfalls aus wahrem Florentiner Stroh in Wien geflochten.

Nr. 4. Feines 13hälmiges Florentiner Geflecht, aus Schweizer Weitzenstroh in Wien geflochten, auf feine Hüte. Von den feinsten Florentiner Geflechten können in einem Tage nicht mehr als 3 bis 4 Ellen gemacht werden.

Nr. 5 bis 7. Mittelfeines und zwey gröbere 13hälmige Florentiner Geflechte, aus Schweizer Stroh in Wien geflochten.

Nr. 8 und 9. Feines und gröberes 13hälmiges Florentiner Geflecht aus ungrischem Weitzenstroh.

Nr. 10. Gröbstes 13hälmiges Florentiner Geflecht aus ungrischem Weitzenstroh, auf die ordinärsten Bauernhüte.

Nr. 11 bis 14. Schwarzgefärbte Florentiner Geflechte, die zwey ersten aus echtem Florentiner, die zwey letzten aus Schweizer Stroh. Meistens zum Ausbessern alter Hüte.

Nr. 15. Cordonné oder 3hälmige Schnur (sogenanntes Erbsenstroh), aus Schweizer Stroh in Wien geflochten.

Nr. 16. Dasselbe aus französischem Schweizer Stroh, jedoch gröber.

Nr. 17. Dasselbe aus Schweizer Stroh, sehr fein. Man braucht diese Schnüre zur Verzierung der Damenhüte, zur Verfertigung von Borduren und Gimpen, zum Verweben in den Patentzeug u. dgl.

Nr. 18. Grobes 7hälmiges Schweizer Geflecht, d. i. aus gespaltetem Stroh, daher auch gespaltetes Geflecht genannt.

Nr. 19 und 20. Mittelfeines und feines 7hälmiges Schweizer Geflecht, das letzte aus französischem Schweizer Stroh. Diese Geflechte dienen zur Verfertigung der sogenannten Schweizer oder genähten Bandelhüte.

Taf. II. Nr. 21 bis 24. Mittelfeine und feine Hutplatten, aus Florentiner Geflechten von Schweizer Stroh, in Wien spiralförmig zusammengenäht.

Nr. 25. Feine Hutplatte aus echten Florentiner Strohgeflechten.

Nr. 26. Sehr feine Hutplatte aus Florentiner Geflechten von Schweizer Stroh.

Nr. 27 bis 32. Mustrirte Schweizer Glanzstrohgeflechte, in Wien geflochten. Diese Geflechte werden in vielen Desseins gearbeitet und sowohl weiß als schwarz zu den Glanzstrohhüten verwendet; sie sind aber sehr brüchig, besonders die schwarz gefärbten.

Ll 2

2) Böhmische, steyrische u. a.

Nr. 33. Böhmisches 7hälmiges Strohgeflecht, ordinär.

Nr. 34. Böhmisches 9hälmiges Strohgeflecht, etwas feiner, aus ganzen ungespalteten Halmen.

Nr. 35 bis 37. Böhmische 9hälmige ordinäre Strohgeflechte aus ganzen Halmen, das letzte sehr grob auf die ordinärsten Hute.

Nr. 38. Böhmisches Cordonné, oder 3hälmige Strohschnur (Erbsenstroh genannt), sehr stark.

Taf. III. Nr. 39 bis 41. Steyrische 13hälmige Strohgeflechte aus ganzen Halmen, von der ordinärsten Gattung.

Die Krainer Geflechte vergl. b. d. Nachträgen Nr. 136 bis 139, die venetianischen Nr. 140 bis 151.

3) Ausländische.

Nr. 42 bis 48. Feinere und gröbere 7hälmige Schweizer Geflechte aus gespaltetem Stroh, zu den sogenannten Schweizer Hüten. Man bezeichnet diese Geflechte nach ihrer verschiedenen Breite und Gattung mit Nummern. Die gewöhnlichen 7hälmigen Geflechte gehen von Nr. 00 bis Nr. 6, das Spiegelgeflecht wird mit Nr. 0, das 11hälmige Geflecht mit Nr. 0, die Löchli-Flechte (die in Österreich nicht gangbar sind) mit Nr. 1 bis 5, die 9hälmigen Geflechte mit Nr. 0 und 1, die Spizle-Flechte (die im Inlande ebenfalls sehr selten gebraucht werden) mit Nr. 0 bis 4 bezeichnet.

Nr. 49 und 50. Schwarz gefärbte Schweizer Geflechte.

Nr. 51 und 52. Grobe 11hälmige Schweizer Geflechte zu gleichem Gebrauche.

Nr. 53. Schweizer Ring- oder Ringelgeflecht aus gespaltetem Stroh.

Nr. 54. Schweizer Spitzengeflecht, etwas feiner.

Nr. 55. Schweizer Ringgeflecht.

Nr. 56 und 57. Schweizer Zackengeflechte, ordinär und fein.

Nr. 58 und 59. Schweizer Cordonnés oder 3hälmige Strohschnüre.

Nr. 60 und 61. 7hälmige Schweizer Geflechte.

Nr. 62 bis 71. Mustrirte Schweizer Glanzstrohgeflechte in mehreren Desseins, auf Schweizer Glanzstrohhüte.

Taf. IV. Nr. 72 bis 74. Hutplatten aus 7hälmigem Schweizer Geflechte, ordinär und fein.

B. Holz- oder Bastgeflechte.

Nr. 75 bis 82. Verschiedene Holzgeflechte oder Bastbänder aus dem lombardisch-venetianischen Königreiche, weiß und gefärbt. Man verwendet diese Bänder theils auf Hüte, theils zum Einfassen anderer Hüte. Die letztere Verwendung ist bey den groben nach Wien kommenden Bändern die gewöhnliche.

Nr. 83. Bastplatte ordinärer Art, aus dem lombardisch-venetianischen Königreiche. Man hat ganze Hüte dieser Art und noch häufiger runde Platten oder Scheiben, welche nach Belieben zugeschnitten werden können. 3 Platten geben 2 Hüte, und 100 Dutzend Platten wiegen einen Centner.

C. Stroh- und Holzgewebe.

Taf. V. Nr. 84 bis 92. Strohgewebe oder sogenannte Strohspartarie, von dem ehemahligen Strohhutfabrikanten Aloys Müller. Diese Gewebe werden auf Hüte und zu anderem Gebrauche verwendet.

Nr. 93 bis 101. Österreichische Strohgewebe von Müller in verschiedenen Desseins, zu demselben Gebrauche.

Nr. 102 bis 104. Böhmische Holz- oder sogenannte Bastplatten aus dem Leitmeritzer Kreise, meist leinwandartig, oft auch in verschiedenen Desseins aus weißen, gebläuten und gefärbten Holzspalten gewebt. Die weißen und gebläuten Platten dienen den Putzarbeiterinnen zum Unterlegen der seidenen und anderer Hüte, oder eigentlich zur Form, welche mit dem Stoffe überzogen wird; die farbigen wurden vor ein Paar Jahren ihrer Wohlfeilheit wegen stark auf Hüte verarbeitet.

Nachträge.

Taf. VI. Nr. 105 bis 124. Österreichische Strohgeflecht-Borduren von Lorenz Bawinger in Wien, meist aus Cordonnés geflochten und mit Zwirn geheftet, zur Verzierung der Stroh- und anderer Hüte.

Taf. VII. Nr. 125 bis 130. Österreichische Strohgeflecht-Borduren von Lorenz Bawinger in Wien, meist aus Cordonnés, mit Ausnahme von Nr. 127, welches aus einem Schweizer Strohbändchen gewunden ist.

Nr. 131 bis 135. Österreichische Strohpatent-Blätterborduren von Lorenz Bawinger in Wien. Die Blätter sind aus glattem Patentstrohzeug ausgehauen und gaufrirt. Zum Theil gehören sie daher schon zu den künstlichen Blumen. (Vergl. die XXVIII. Abth.)

Taf. VIII. Nr. 136 bis 139. Drey weiße und ein schwarzes Florentiner Geflecht aus ganzen Halmen, wie sie gewöhnlich in Krain (im Bezirke Kreutberg) zu den dort üblichen Strohhüten für Manns- und Weibspersonen (vergl. Nr. 217 bis 220) aus einheimischem Weitzenstroh geflochten werden. Man nennt diese Geflechte in der dortigen Landessprache Küte.

Nr. 140 bis 146. Venetianer 11hälmige Strohgeflechte aus Sommer- oder Marzolo-Weitzenstroh, aus der Gegend von Marostica. Man sieht hier alle 7 gewöhnlichen Sorten von der gröbsten bis zur feinsten, wovon Nr. 140 für die gröbsten Bauernhüte, Nr. 146 für die feinsten Venetianer Hüte nach Florentiner Art bestimmt ist.

Nr. 147 bis 151. Venetianer 11hälmige Strohgeflechte von Winterweitzenstroh (Vernizzo) aus der Gegend von Marostica. Auch diese 5 Sorten sind in fortlaufender Ordnung von der gröbsten bis zur feinsten Sorte geordnet.

Taf. IX. Nr. 152 bis 154. Österreichische Patent-Strohzeuge von Lorenz Bawinger in Wien, aus ungefärbten und gefärbten Strohspalten, die durch die seidene Kette verbunden sind. Sehr häufig werden diese Strohzeuge auf Hüte verwendet, auch macht man daraus Blumen etc.

Nr. 155. Österreichisches Patent-Strohzeug mit

Seidenstreifen, Cordonnés und Petinet, von Lorenz Bawinger in Wien.

Taf. X. Nr. 156 und 157. Glatte Patent-Strohzeuge mit eingetragenen Seidenstreifen.

Nr. 158 bis 161. Geschnürte Patent-Strohzeuge mit Cordonnés, Seiden- und Creppstreifen.

Taf. XI. Nr. 162 bis 165. Perl-Patent-Strohzeug, mit aufstehenden, unaufgeschnittenen Sammtschlingen, mittels eingelegter Nadeln verfertiget.

Nr. 166. Glattes Patent-Strohzeug von Bawinger in Wien.

Nr. 167. Bast-Patentzeug von weißer Farbe, wo statt des Strohs schmale Holzstreifen eingewebt sind.

Nr. 168. Sammt-Patentzeug aus abwechselnden aufgeschnittenen und unaufgeschnittenen Sammtstreifen, Cordonnés und Patentstreifen.

Taf. XII. Nr. 169 bis 174. Perl-Patentzeug in mehreren Farben und Desseins, von Hornbostel, Bawinger, Mestrozi u. a. in Wien. Dieser schöne Stoff wird von mehreren Seidenzeug- und Strohwaaren-Fabrikanten Wiens in den mannigfaltigsten Abwechselungen verfertiget.

Nr. 175 und 176. Sammt-Patentzeug, aufgeschnitten.

Nr. 177. Dünntuch-Patentzeug von dem Seidenzeugfabrikanten Georg Griller in Wien.

Taf. XIII. Nr. 178 bis 183. Ordinäre böhmische Patent-Strohzeuge, glatt und façonnirt, aus der Jos. Fiedlerschen Strohwaarenfabrik zu Leitmeritz vom J. 1820.

Nr. 184 bis 192. Feine böhmische Patent-Strohzeuge aus derselben Fabrik vom J. 1820.

Taf. XIV. Nr. 193 bis 209. Verschiedene Strohgeflechte, Schnüre und Borduren aus derselben Fabrik vom J. 1820.

Taf. XV. Nr. 210 bis 212. Gepreßte Baumwoll-Sammte (Sammt Manchester), weiß und gefärbt, auf Damenhüte, von Franz Kratzer in Wien. Zu einem Hute sind die obere runde Platte und zwey lange Streifen erforderlich.

Außer den vorstehenden Tafeln gehören zu dieser Abtheilung noch folgende Muster, welche sich nicht auf Tafeln anbringen ließen.

Nr. 213 bis 216. Sogenannte Strohröhrel-Platten oder Strohdecken, aus an einander gereihtem und gehefteten Stroh, in der Arbeitsschule zu Krumau in Böhmen verfertiget. Diese Tafeln dienen zu Tisch- und Fußdecken u. dgl.

Nr. 217 bis 220. Ein gelber und drey schwarze ganze Hüte, wie sie in Krain, im Bezirke Kreutberg, aus groben Strohgeflechten (vergl. Nr. 136 bis 139) nach Florentiner Art genäht werden. Man macht daselbst feine, mittelfeine und grobe, weiße und schwarze, auch weiß und schwarz gestreifte Strohhüte.

Nr. 221. Feiner Schweizer Strohhut aus gespaltenen Schweizer Strohbändern, von Lorenz Bawinger in Wien.

Nr. 222. Façonnirter Patentstrohhut neuer Art, von Lorenz Bawinger in Wien.

Nr. 223. Weißer fertiger Hut aus Baumwollbändern zusammengenäht, nach Art der Florentiner Hüte.

Nr. 224. Kleiner gepreßter Baumwollhut von Lorenz Bawinger in Wien.

Nr. 225. Papierhut von Bawinger, auf deren Erzeugung derselbe das obenerwähnte 5jährige Privilegium erhalten hat.

Nr. 226. Ein Paar Schuhe aus ordinärem Weitzenstroh, aus Tyrol.

XVI. Abtheilung.

Die Geflechte und Gewebe aus Menschen- und Thierhaaren.

In den vorausgehenden und den beyden nachfolgenden Abtheilungen sind viele Producte aus thierischen Haaren dargestellt, welche überhaupt sich ihrer Beschaffenheit nach zu einer großen Anzahl von Fabricaten eignen und ohne Zweifel mit zu den ersten Materialien gehören, auf deren Bearbeitung der Mensch verfiel; in dieser Abtheilung aber sind ausschließlich die Menschenhaare, und nebst diesen noch einige besondere Fabricate aus Thierhaaren, die sich nicht wohl in eine andere Abtheilung aufnehmen ließen, zusammengestellt.

Die Hauptartikel, die aus Menschenhaaren verfertiget werden, sind schon im I. Th. in der Abth. Menschenhaare angegeben. Die Art der Bearbeitung ist aber auch hier verschieden, je nachdem die einzelnen Artikel sie verlangen, so wie es auch verschiedene Arbeiter gibt, welche sich mit der Verarbeitung der Menschenhaare beschäftigen. Die zahlreichste Classe dieser Arbeiter bilden die Friseurs (Haarkräusler) und Perückenmacher, woron die letzteren in Österreich bürgerliche Innungen, für welche zu Wien eine Confraternitäts-Ordnung vom 4. May 1742 besteht, ausmachen, während das Frisiren auf eigene Hand eine unzünftige freye Beschäftigung, das Frisiren mit Jungen und Gesellen aber eine zünftige, auf Befugnisse und Meisterrechte beschränkte Polizey-Beschäftigung ist. Die Perückenmacher befassen sich hauptsächlich mit Verfertigung der künstlichen Kopfbedeckungen, als Perücken, Haartouren, Boucles, Haarlocken etc., doch sind häufig Perückenmacher und Friseur in einer Person vereiniget. Die Arbeit des ersteren besteht darin, daß er die Haare gehörig reiniget, kräuselt und dressirt (vergl. Abth. Menschenhaare Nr. 2 und 3), welches letztere entweder mit der Dressirkarte oder mit der Dressirschraube (Dressirbank), aus zwey hölzernen Stäben mit zwey Schraubenzwingen bestehend, geschieht, daß er dann die fertigen einfachen oder doppelten Tressen auf die Perückenhaube oder Montur, welche auf einem hölzernen Kopfe (dem Perückenstocke) nach dem Maße gemacht worden, am gehörigen Orte mit Seide oder Zwirn durch eine überwendliche Naht befestiget, die zum Festmachen nöthigen Bänder, Schnallen oder Federn anbringt, und endlich die Perücke mit dem Glätteisen, der Schere, Puderquaste etc. vollendet. Auf ähnliche Art werden die Touren gemacht. Man hatte in früheren Zeiten sehr viele abweichende Formen der Perücken, die oft mit lächerlichen Nahmen bezeichnet wurden; jetzt ist ihre Anzahl, so wie das ganze Gewerbe, ungemein beschränkt. Dergleichen Perücken wurden nicht bloß aus Menschenhaaren, sondern auch aus Schafwolle, Ziegen- und Pferdehaaren gemacht, und selbst gegenwärtig verfertiget man noch zum Gebrauche der Frauenzimmer falsche Locken aus gefärbter roher Seide, die ihre Form standhaft behalten sollen.

Auch mannigfaltige andere Producte werden aus Menschenhaaren verfertiget, z. B. Uhrketten, Kniebänder, Armbänder oder Bracelets, Ringe, geflochtene Aufsätze, Halsschnüre rc., womit sich gewöhnlich Weibspersonen, selbst auch einige Friseurs und Perückenmacher beschäftigen. Es werden hierzu die längsten und schönsten Haare ausgezogen, mit etwas Gummiwasser befeuchtet, und mit den Fingern oder auf einer Flechtmaschine geflochten. Auf Posamentirerstühlen lassen sich auch Gewebe aus Menschenhaaren verfertigen. Stickereyen aus Menschenhaaren, Miniaturgemählde, denen von eigenen Haaren Kopf, Augenbraunen rc. aufgelegt werden, Landschaften aus Menschenhaaren auf Glas, sind sowohl im In- als im Auslande nicht selten. Unter die künstlichsten Arbeiten aber gehören die aus Menschenhaaren geflochtenen Damenhüte, Hauben, Bouquets, Guirlanden, Blumen u. s. w., welche seit dem J. 1811 von dem bürgerlichen Perückenmacher und Damenfriseur Gottfried Sannenberg in Wien, nebst seinem Gehülfen Jos. Pech, mit den gehörigen Abstufungen von Licht und Dunkel, verfertiget wurden. Noch im J. 1815 erhielt Kaspar Fischer in Wien ein besonderes Befugniß, Bänder u. dgl. aus Menschenhaaren zu erzeugen.

Das Roßhaar vereiniget Stärke, Dauer und Länge, um sich zu mehreren Gattungen von Fabricaten zu empfehlen. Außer dem Gebrauche zu Füllhaar in Matratzen, Pölster rc. und außer ihrer Verwendung zu Decken, Hüten, Stickereyen, Geigenbögen u. s. w. kommen in dieser und den beyden folgenden Abtheilungen die meisten roßhaarenen Arbeiten vor, die theils durch Flechten, theils durch Weben, Filzen und Binden hervorgebracht werden. Die hierher gehörigen Hauptfabricate sind die Roßhaargewebe, welche Stuhl- oder Möbelzeuge genannt, und auf einem gewöhnlichen Webestuhle entweder glatt, oder geköpert und atlasartig, oder façonnirt, gestreift und melirt, entweder ganz aus Roßhaar, oder gemischt mit

Seide und Leinengarn gewebt werden; ferner, die gewebten Hutmaschen, die Halsbinden fürs Militär und für Geistliche, geflochtene Knöpfe, Fischangelschnüre, Ringe; gefilztes Roßhaar in Stiefel und Schuhe u. s. w. Der Webestuhl, welcher zu den Roßhaargeweben gebraucht wird, gleicht ganz dem Stuhle des Leinwebers; zu den façonnirten Zeugen ist aber eine Maschine, wie man sie zum Manchester hat, angebracht. Die Kette ist schwarzgefärbter Leinenzwirn, und die Fäden laufen durch die Zähne eines Stahlkammes; der Eintrag (d. i. die einzelnen Roßhaare) wird mit einem besondern Werkzeuge, welches die Stelle der Schütze vertritt, durchgezogen. Dieß ist eine Latte von Holz (etwas länger, als der Stoff breit ist), an welcher sich an dem einen Ende seitwärts ein kleines Röllchen befindet. Indem nun der Arbeiter am andern Ende diese Latte von der linken zur rechten Seite durch die Kettenfäden durchzieht, wird zu gleicher Zeit von einem Gehülfen (welcher auch ein Kind seyn kann) ein einzelnes Roßhaar an der Seite über das Röllchen durchgezogen. Während des Durchziehens hält dieser das eine Ende des Haares fest, bis das Eintraghaar durch den Schlagbaum an das zuvor durchgezogene Haar angedrückt worden. Der webende Arbeiter fährt dann wieder mit der Latte leer durch die Kettenfäden, und das Weben geht auf die beschriebene Weise ununterbrochen fort. Es ist eine sehr anstrengende Arbeit, da der Arm wegen der Länge der Latte weit und schnell ausgestreckt werden muß.

Wenn die Zeuge vom Stuhle kommen, erhalten sie noch eine Appretur, die ihnen den Glanz gibt. Diese Appretur hat Ähnlichkeit mit dem Pressen des Tuches oder vielmehr der glatten Wollenstoffe, und wird auch von den Tuchscherern mit den gewöhnlichen Preßwerkzeugen verrichtet.

Die Roßhaarbinden und andere schmale Gewebe dieser Art werden auf keinem Webestuhle, sondern mittels einer sehr einfachen Vorrichtung verfertiget. Die Haare, welche zur Kette dienen, sind auf dem Segmente eines starken hölzernen Reifes angespannt, und um sie in gleicher Richtung zu erhalten, ist an beyden Seiten ein Kamm aus Horn von gewöhnlicher Form angebracht. Statt der Litzen dienen Roßhaare, welche die aufzuhebenden Kettenfäden umschlingen, und in einen Büschel oder eine Schleife (einen Knopf) verbunden sind. Der Arbeiter hat sitzend dieses Webeinstrument vor sich, und hält es fest, indem er es mit der Brust an die Wand der Stube oder an einen andern festen Körper andrückt. So wie er den die Litzen vertretenden Haarbüschel, und mit diesem die Kettenfäden in die Höhe hebt, schiebt er ein einzelnes Roßhaar durch die getrennten Kettenfäden quer durch, und drückt dieses (statt mit der Lade) mit einem messerartig geformten Werkzeuge von Holz an das früher eingeschossene Eintraghaar. Dieß möchte wohl eines der einfachsten Webewerkzeuge seyn, und aus diesem Grunde glaubte man davon eine nähere Beschreibung geben zu müssen. Die Arbeit geht äußerst schnell und gestattet niedrige Preise.

Einer der Ersten in Wien, welche Roßhaarzeuge verfertiaten, war unter Josephs II. Regierung der bürgerl. Siebmacher Stockacher. Einige Jahre später (J. 1790) hat der bürgerl. Tapezierer Reiß mehrere Muster solcher Zeuge aus England kommen lassen, und hier einige Arbeiter zur Nachahmung derselben aufgemuntert. Ums Jahr 1798 fing er diesen Arbeitszweig selbst an, den er noch gegenwärtig betreibt. Ein ums J. 1790 bekannter guter Arbeiter war Popinger. Auch Mayerhofer machte im J. 1793 in Wien die verschiedensten Roßhaarzeuge; doch scheinen sie damahls noch in geringer Menge fabricirt worden zu seyn, da Mayerhofer hierauf ein ausschliesendes Privilegium auf 12 Jahre verlangte. Beynahe gleichzeitig oder etwas später fing der Weber Praschinger in Wien an, sich auf diesen Artikel zu verlegen, und machte hierin bald bedeutende Fortschritte; er blieb nicht bloß bey der Nachahmung stehen, sondern kam durch die am Webestuhle angebrachten wesentlichen Verbesserungen, und durch die Vereinfachung des als Schütze dienenden Werkzeuges bald in den Stand, complicirtere Desseins in diese Gewebe zu bringen, und sie selbst zu eleganteren Möbeln anwendbar zu machen. Roßhaarene Hutmaschen u. dgl. werden seit dem J. 1816 von Jacob Oberndorfer in Wien fabricirt.

Es ist übrigens nicht unbekannt, daß man außer Schafwolle, Ziegenhaaren, Kamehlhaar und Roßhaaren noch manche andere Gattungen von Thierhaaren zu verweben gesucht hat, wie bereits in der Abth. der Thierhaare u. a. O. bemerkt worden ist. Gelegentlich kann hier noch der Kuhhaarzeuge gedacht werden, welche im J. 1812 von Schütz in Wien proponirt wurden.

Zustand der Menschenhaar- und Roßhaar-Verarbeitung im österreichischen Kaiserstaate.

Die Verarbeitung der Menschenhaare zu Perücken war noch im letzten Decennium des verflossenen Jahrhunderts kein unbedeutender Nahrungszweig, wie überhaupt alle Gewerbe, welche allgemeine Bedürfnisse oder Modeartikel liefern. Seitdem aber die Mode dieses Gewerbe größten Theils verdrängt hat, wurde die Zahl der Perückenmacher außerordentlich beschränkt, und viele mußten sich zur Verfertigung anderer, mit ihrem Gewerbe in Verbindung stehender Haarartikel bequemen. Dessenungeachtet waren in Wien im J. 1816 noch 106 Perückenmacher und Friseurs mit 43 Hülfsarbeitern gezählt worden. Die vorzüglichsten Arbeiter in Menschenhaaren sind gegenwärtig in Wien Ludw. Liebler, Jacob Dentrich, Vincenz Karabetz und Lorenz Geiger. Doch im Allgemeinen, besonders in commercieller Hinsicht, ist die Verarbeitung der Menschenhaare ohne Bedeutung. Die Verwebung des Roßhaars wird (abgesehen von den Siebböden) ebenfalls nur in geringem Umfange betrieben, da die Roßhaargewebe so leicht durch andere Stoffe ersetzt werden, oder vielmehr selbst nur als Surrogate von Stoffen, an denen es nicht gebricht, zu betrachten sind. In Wien beschäftigen sich vornehmlich Michael Praschinger und Leopold Wilh. Reiß mit Fabrication roßhaarener Zeuge, und Jacob Oberndorfer mit Verfertigung roßhaarener Hutmaschen und Halsbinden. Der Grund, warum die Roßhaarzeuge nicht leicht eine große Ausbreitung erlangen und nur wenig gesucht werden, scheint einerseits in dem eingetretenen Luxus im Ameublement, wobey man ebenfalls, wie es die Mode gebiethet, gerne wechselt, zu liegen; andererseits mag wohl gerade der Vorzug der Dauerhaftigkeit diejenigen, welche diese Zeuge zu Möbeln verarbeiten, bestimmen, solche den Abnehmern nicht anzuempfehlen.

Außer Wien sollen bloß in London, Paris, Stockholm, Frankfurt am Mayn, Berlin und Rom Roßhaarzeuge verfertiget werden. In London sollen sie verhältnißmäßig theurer, als anderwärts zu stehen kommen, weil das rohe Materiale (das lange Roßhaar) nur gegen einen hohen Zoll eingeführt werden darf. Die Wiener Roßhaarzeugmacher beziehen das zugerichtete, d. i. ausgesuchte und gereinigte Roßhaar (vergl. Th. I. Abth. Thierhaare) in Büschen aus Krain, wo zum Gebrauche für die Siebmacher ohnehin diese Arbeit fabriksmäßig betrieben wird. Das Färben der Roßhaare geschieht erst in Wien.

Der Handel mit diesen Fabricaten ist bey der geringen Ausdehnung der Fabrication und des Bedürfnisses ganz unbedeutend. Der Bedarf der Provinzen wird meist aus Wien bezogen; doch werden auch Halsbinden für Geistliche häufig aus Ungarn auf die Wiener Märkte gebracht.

Was die Preise betrifft, so wird es genügen, nur einige davon anzuführen. Die Haartressen der leichtesten Art kamen zu Anfang 1821 in Wien auf 6 kr. W. W. pr. Elle. Von den oben erwähnten künstlichen Arbeiten aus Menschenhaaren kostete im J. 1814 zu Wien ein Damenhut mit Guirlanden und Bouquets 400 fl., eine Haube mit denselben Decorierungen 300 fl., ein Bouquet 150 fl., eine Guirlande 250 fl. W. W. Die schmälsten Roßhaarzeuge auf Eckseßel oder Stockel zu 21 Zoll Breite kosteten im März 1821 zu Wien 1 fl. 36 kr. bis 1 fl. 54 kr., die mittelbreiten zu 24 Zoll auf gewöhnliche Sessel 2 fl. 15 kr. bis 2 fl. 30 kr., die ganz breiten 29zölligen auf Canapees 3 fl. 30 kr. bis 4 fl. C. M. pr. Elle. Die roßhaarenen Halsbinden, wie sie das k. k. Militär benöthiget, kosteten im März 1821 mit Leder gefüttert pr. Stück 8 kr. C. M., die Hutmaschen pr. Dutzend 2 fl. C. M., die Halsbinden für Geistliche pr. Dutzend 18 fl. W. W. Das Paar gefilzter roßhaarener Fußsohlen kam auf 1 fl. W. W. zu stehen.

Erklärung der Muster.

A. Arbeiten aus Menschenhaaren.

Taf. I. Nr. 1. Einfach dressirtes und gekräuselter Haar.

Nr. 2. Doppelt dressirtes blondes Haar.

Nr. 3. Einfache Tresse, wie Nr. 1, nur von dunklerer Farbe. Diese Tressen werden auf die aus Bändern oder aus einem gewebten Zeuge bestehende Haube oder Montur aufgenäht. Neuerlich hat man auf ganz kleinen Webestühlen dergleichen Zeuge gemacht, welche der Kopfhaut sehr ähnlich sehen; auch mit Haaren eingewebte Touren werden gemacht, wobey das Grundgewebe zur Kette und zum Eintrage Seide hat.

Nr. 4 bis 9, 12 und 13. Verschiedene Haargeflechte und Schnüre auf Uhrketten, Uhrbänder u. dgl., Nr. 8 auch auf Ringe und Armbänder.

Nr. 10 und 11. Halsschnüre, welche, wie die vorstehenden Geflechte, gewöhnlich mit Gold beschlagen werden.

B. Zeuge aus Roßhaar.

Taf. II. Nr. 14 bis 19. Schwarze Stuhl- oder Möbelzeuge, theils glatt, theils in verschiedenen Desseins gewebt, sämmtlich in Wien verfertiget. Diese Zeuge sind auf Möbel sehr dauerhaft, sollen aber wegen der Schärfe der Haare die Kleider sehr abnutzen.

C. Gefilztes Roßhaar.

Nr. 20. Eine Roßhaarsohle in Stiefel und Schuhe, sehr elastisch und warm haltend.

Anhang zu den gewebten Roßhaarzeugen.

Taf. III. Nr. 21 und 22. Gewebte Streifen aus schwarzem Roßhaar, zur Verfertigung der Hutmaschen.

Nr. 23 und 24. Fertige Hutmaschen aus schwarzem und gefärbtem Roßhaar.

Nr. 25. Halsbinde für Ordensgeistliche, aus schwarzem, weißem und gefärbtem Roßhaare gewebt.

Nr. 26. Schmales weißes Roßhaarband oder Börtchen, welches zum Besetzen der vorstehenden Halsbinden bestimmt ist.

XVII. Abtheilung.

Die Siebmacher-Arbeiten.

Zu den Arbeiten des Siebmachers gehören nicht allein die Siebe, worauf sich der Nahme des Gewerbes gründet, sondern auch die Drahtgitter, alle Gattungen Trommeln und Tamburetten ꝛc. Die Siebe selbst aber werden in Österreich nicht vom Siebmacher ganz verfertiget; denn die Ränder kauft derselbe von Holzarbeitern an, und die Siebböden aus Roßhaar werden von eigenen Sieblödenwebern verfertiget; der Siebmacher setzt also die Siebe größten Theils nur aus den einzelnen Bestandtheilen zusammen.

Die **Böden** sind der wesentlichste Bestandtheil der Siebe. Sie sind entweder von Seide, oder von Roßhaar, von Holz, oder von Metalldraht. Die **seidenen Siebböden** sind nur Dünntuch oder leicht geschlagener Taffet, welchen der Siebmacher vom Seidenzeugfabrikanten abnimmt. Eben so wenig gibt sich im Inlande der Siebmacher mit der Verfertigung der **Siebböden aus Roßhaar** ab, wofür eigene Arbeiter bestehen, die man in Österreich **Haarbödenmacher** oder **Siebbödenweber** nennt, und welche in Wels und in Ungarn besondere Zünfte bilden. Sie machen bloß Roßhaargewebe oder Siebböden (franz. rapatelles, ital. tamisi, tela da sedazzi), welche sie nach Art der Leinwand auf kleinen Webestühlen weben, nachdem sie die Roßschweife gehörig zugerichtet, d. h. von ihrem Fette und sonstiger Unreinlichkeit gesäubert haben. Der Weber gebraucht hierbey die gewöhnliche Lade nicht, sondern bedient sich einer Schütze, die ein runder Stab (Rohr) ist, und mit diesem schlägt er den eingeschossenen Haarfaden stark an. Nach der Verschiedenheit der Siebböden wählt man die hierzu bestimmten Haare. So werden die feinen zierlichen Böden aus weißem, meist aber aus gefärbtem, die ordinären aus schwarzem Roßhaare gewebt. (Vergl.

Th. I. Abth. Thierhaare Nr. 84.) Gewöhnlich webt man sie einhärig; es gibt aber auch zwey- und dreyhärige. Nach dem Grade der Feinheit unterscheidet man die Roßhaarböden nach Nrn. von Nr. 1 (dem feinsten) bis Nr. 16, oder man benennt sie auch nach der Verwendung, z. B. Pfefferböden aus schwarzem Haare, zum Durchsieben des gestoßenen Pfeffers, Piments etc.; Safranböden für die Bergwerke zur Säuberung des gestoßenen Erzes, auch für Farbmühlen und Farbfabriken; Pulverböden zum Durchsieben des Schießpulvers und Tabaks; Müllerböden zum Durchsieben des Mehls, auch zum Durchseihen des Biers, der Milch, des Wassers etc.; Holländer oder Moskowiter Böden zum Durchsieben des Haarpuders und anderer feiner Waaren, besonders aber für Apotheker und Fabriken u. dgl. m. — Dagegen aber verfertiget der Siebmacher die Siebböden aus Holz und Draht. Bey den letzteren wird der Draht, nachdem er, um geschmeidig zu werden, im Feuer ausgeglüht worden, wie die Kette auf dem Webestuhle auf einem aufrecht stehenden viereckigen Rahmen von starkem Holze (einem sehr einfachen Haute-lisse-Stuhl), und zwar an der obern und untern Stange (Ober- und Unterriegel) aufgespannt. Der Rahmen (Drahtbodenstuhl oder Wirkrahmen genannt) ist so eingerichtet, daß man mittels 4 in den Winkeln befindlicher Nägel diese eben genannten Stangen nach Belieben entfernen oder einander nähern kann. Um nun den als Eintrag dienenden Draht durchziehen zu können, müssen, wie bey der Weberey überhaupt, die Kettendrähte abwechselnd von einander getrennt werden. Hierzu bedient sich der Siebmacher eines eigenen Kammes, bey welchem immer ein Kettendraht durch ein Loch im Kamme, der andere zwischen den Rieten desselben leer durch, und so abwechselnd nach der ganzen Breite durchgezogen ist. Beym Weben zieht der Arbeiter einmahl den Kamm gegen sich, das andere Mahl stößt er ihn von sich weg, und zieht sofort den Drahteintrag, welcher an einem flachen Stäbchen (der Schütze) angeheftet ist, durch die Kette durch. Der Eintragdraht wird nach jedesmahligem Durchziehen mit der Schere abgeschnitten. Bey sehr feinen Drahtgeweben hat die Vorrichtung zum Aufheben der Kettendrähte mehr Ähnlichkeit mit der Vorrichtung des gewöhnlichen Webestuhls, hat aber ebenfalls keine Tritte. Man nennt diese Arbeit das Haarlaufen, zum Unterschiede von der vorbeschriebenen, welche das Weben mit dem Schiebkamme genannt wird. Die letztere erfordert große Anstrengung; denn der Siebmacher muß dabey bloß die Kräfte seiner Hände anwenden, während jeder andere Weber mit den Tritten sich die Arbeit sehr erleichtert; überdieß muß er immer stehend arbeiten. Auch die Drahtgewebe werden, um ihre Feinheit zu bezeichnen, so wie die Haarböden, nach Nummern bestimmt. Die feinsten Drahtgewebe aus Eisen- und Messingdraht wurden in Böhmen noch vor einiger Zeit blinddicke Siebböden genannt; nachdem man aber jetzt noch viel feinere Gewebe, besonders aus Messingdraht (z. B. die Papierscheiben zu Velinformen) liefert, so erhielten jene das Zeichen und die Benennung Nr. 3. An die Drahtgewebe reihen sich die Drahtgeflechte, welche eigentlich aus freyer Hand gestrickt werden, und wobey der Aufzug zugleich die Stelle des Eintrages vertritt. Der Siebmacher befestiget nähmlich starke Drahtfäden mit der Spitze auf einem Brete (nach Beschaffenheit des künftigen Siebes) enger oder weiter von einander, und schlingt sie in einander. Diese Arbeit ist zwar sehr mühsam, dagegen liefert sie um so dauerhaftere Waare. Er nimmt übrigens zu Drahtsiebböden und Geflechten sowohl Eisen- als Messingdraht, welcher letztere den Vorzug hat, daß er nicht rostet. Je kleinlöcheriger das Sieb seyn soll, desto feineren Draht muß er wählen. Von Eisendraht verarbeitet er meistens Banddraht und sogenannten Bley. (Vergl. die Unterabth. Eisen- und Stahldraht.) Auf ähnliche Art, wie die feinen Messingsiebe, werden auch die gemeinen teutschen oder holländischen Papierformen gemacht, in welche nur noch die Zeichen und Buchstaben mit Draht eingeflochten werden. — Was das Weben der Holzsiebböden anbelangt, so ist schon oben bemerkt worden, daß sie auf dem Drahtbodenstuhle erzeugt werden, welcher aber darin vorzüglich abweicht, daß der Kamm nicht nur stärker ist, sondern die Riete desselben weiter von einander abstehen müssen, als bey den Drahtsiebboden. Zu diesen Holzgeweben werden die Schienen von Eschen- oder Haselnußholz gespalten. Österreich bezieht dieselben größten Theils aus Oberösterreich und Bayern. Bevor sie aber verarbeitet werden können, müssen sie noch gespaltet, und durch zwey Klingen eines Hobels, der dem Hobel des Stuhlmachers gleicht, gezogen werden, um ihnen die erforderliche Breite zu geben, weil die Klingen nach dieser Breite von einander gestellt sind. Meistens aber schabt man die gespalteten Schienen mit dem sogenannten Schnitzer, wenn man recht dauerhafte Siebböden machen will.

Außer dem Siebboden braucht der Siebmacher noch den Siebrand, und zwar den Ober- und Unterrand, an deren letzterem der Siebboden befestiget wird. Diese Ränder sind aus Tannen- oder Fichtenholz, und werden ebenfalls schon zugerichtet aus Oberösterreich und Bayern in Ringen (der Ring zu 30 Stück) nach Wien gebracht. Diese Siebränder müssen nach der Größe der Siebe zusammengeheftet werden, wozu man sich eines einfachen Werkzeugs, der Kluppe oder Klappe, bedient. Es werden damit die beyden Enden des Randes so lange über einander festgehalten, bis man selbe mit dem dünnen, oft gefärbten Holzbande (vergl. Abth. Hölzer, Nr. 137), welches durch die mit einem Stecher (einer Bindahle) vorgestochenen Löcher durchgezogen wird, vereiniget hat. Ist auf solche Art der untere und obere Siebrand fertig, so wird auf den ersteren, welcher etwas schmäler ist und auf den oberen Rand genau passen muß, der Siebboden befestiget. Die gehörige Spannung erhält er eben durch dieses genaue Aneinanderpassen der beyden Ränder, und durch den sogenannten Wulst, d. i. den durch das Überwinden des unteren Bodenreifes mit den Holzbändern entstehenden elastischen Rand. Die Siebe unterscheiden sich nicht bloß nach ihrer Form, nach welcher sie offene oder bedeckte Siebe (Deckel- oder Trommelsiebe) sind, und nach ihrer Größe, sondern hauptsächlich nach dem Boden, der sich immer nach der Verwendung des Siebes richten muß.

In Österreich haben die Siebmacher neben den Pergamentmachern auch das Recht, Trommeln und Pauken zu verfertigen, und zwar von der größten, sogenannten türkischen Musiktrommel, bis zur kleinsten Kindertrommel. Die Militärtrommeln werden aus runden, von Messingblech zusammengerollten Walzen, die an beyden Enden offen sind, um ein Kalbfell darüber spannen zu können; andere werden aus hölzernen Zargen, wie die Schachteln verfertiget. Mit hölzernen Reifen und mit Leinen wird das Fell angezogen und befestiget. Nur kommt es darauf an, daß alle Theile in dem gehörigen Maßstabe verfertiget, und in das beste Verhältniß gegen einander gebracht werden. Eine Pauke besteht aus einem geschmiedeten Kessel von Kupfer, Messing oder Silber, dessen obere Öffnung mittels mehrerer Schrauben und Ringe mit Pergament (dem Paukenfelle) bespannt ist. Unten hat der Paukenkessel ein rundes Loch, und über diesem einen Trichter von der Weite eines Waldhorns, Schallstück genannt. — Seit Jahrhunderten ist an den Militärtrommeln bey aller unnöthigen Material-Verschwendung, keine Verbesserung vorgenommen worden. Der k. k. österr. Feldzeugmeister, Graf Hieronymus von Colloredo-Mansfeld, ließ zuerst vor einigen Jahren für sein Regiment eine von dem sehr industriösen bürgerl. Siebmacher Joh. Gottlieb Philippi in Wien erfundene verkürzte Trommel machen, welche bey geringerem Gewichte mehr Resonanz gibt. Im J. 1814 wurden diese Trommeln bey der ganzen österr. Armee eingeführt. Eine noch leichtere, dem Zwecke eben so entsprechende Militärtrommel ist vor ein Paar Jahren ebenfalls von dem Wiener Siebmacher Joh. Gottlieb Philippi verfertiget, und bey den vorgenommenen Proben sehr brauchbar befunden worden. Die nun eingeführten Trommeln nach Philippis Verbesserung wiegen nicht mehr als 6½ Pfund, während die älteren 14 Pf. wogen. Zudem können nun aus demselben Materiale 2 Trommeln gemacht werden.

Die Siebmacher in Österreich machen ebenfalls eine besondere Zunft aus, für welche in Wien unterm 15. Juny 1815 eine Zunftordnung gegeben wurde, nach welcher die Lehrzeit auf 3, und, wenn der Lehrling vom Meister Kleidung erhält, auf 4 Jahre festgesetzt ist. Ehemahls waren die bürgerl. Kamm- und Siebmacher, und die bürgerlichen Bürstenbinder in Wien in eine einzige Zunft vereiniget, wovon aber seit 1793 die letzteren getrennt sind. Die Meisterstücke der Siebmacher sind in der neuen Zunftordnung genau angegeben, und bestehen bey den Stadtmeistern: aus einem Trommelsiebe von einem sehr feinen Haarboden Nr. 1; aus einer dreyeckigen Hutschachtel, die aufgesetzt werden kann; aus einem messingenen Griessiebe der größten Gattung; aus einem von Eisendraht gestrickten Gitter, welches mit den neuesten Formen und den gehörigen Abtheilungen versehen seyn muß; aus einem von Messingdraht gewirkten Stafboden oder sogenannten vergoldeten Siebe, welches jeden feinsten Haarboden an Feinheit zu übertreffen hat; — bey den Landmeistern: aus einem Griessiebkamme, der gesetzt werden muß; aus einem messingenen Griessiebe, welches durch diesen Kamm zu verfertigen ist; aus einem eisernen gestrickten Amreuter mittlerer Gattung; aus einem roßhaarenen Dunstsiebe. Im J. 1796 wollte man die Haarbödenmacher und die Siebmacher in eine Zunft unter der Benennung Sieberer vereinigen; allein nach einer Verordnung der k. k. Commerz-Hofcommission vom 6. April 1819 hat es bey dem bisher bestandenen Unterschiede zu verbleiben.

Zustand der Siebmacherey im österreichischen Kaiserstaate.

Es muß hier das Verfertigen der Haarböden von der eigentlichen Siebmacherey wohl unterschieden werden. Die meisten Haarböden werden ohne Zweifel in Krain gewebt, wo um Strasische und Feichting viele Siebmacher beschäftiget sind, die fast durchaus fremdes Roßhaar verarbeiten. Es ist dieß die älteste Manufactur in Krain, welche noch gegenwärtig in starker Ausdehnung betrieben wird. Dieselben Gattungen von Siebböden, so wie Metallgewebe werden jetzt auch in Steyermark in beträchtlicher Menge verfertiget. Auch Ungarn hat viele Siebbödenmacher, welche aus dortigen Roßhaaren die verschiedensten Gattungen von Siebgeweben erzeugen. Dasselbe ist der Fall in Siebenbürgen und in den Militär-Gränzen, wo auch viele Gewebe und Geflechte aus Draht theils von ansäßigen Arbeitern, theils von reisenden Pfannenflickern mittels kleiner Spitzzängelchen aus freyer Hand verfertiget werden. In den letzteren Ländern sind die Siebbödenmacher auch zugleich Siebmacher. In Siebenbürgen insbesondere sind die Siebmacher größten Theils Szekler Bauern aus dem Udvarhelyer und Haromszeker Stuhle. Im Dorfe Szitás-Keresztur sind fast alle Einwohner Siebmacher. Sie verfertigen gewöhnlich nur gröbere und feinere Siebe und Seiher aus Roßhaargeweben; Siebe aus Holz und Metalldraht, dann die feinen Siebe für Apotheker werden nur von Wenigen gemacht. Ordinäre Kornsiebe aus durchlöchertem Hundsleder verfertigen einige Zeltzigeuner, so wie Drahtgitter, Topf- und Pfanneneinbände u. dgl. Zu Korös im Bezirke des zweyten Szekler Regiments werden jährlich aus Roßhaar 10 bis 12,000 Stück groberer und feinerer Art fertig gemacht. In Galizien bestehen mehrere Siebmachereyen, besonders bedeutend ist die zu Jaworow, in welcher Saalweiden, Aspen, junges Ahorn- und Eschenholz verarbeitet werden. Mähren erhält seine Siebe vorzüglich aus Brünn, und zum Theil von der schlesischen Gränze. In Böhmen werden sehr viele Siebböden aus Metalldraht, und zwar Treffenböden, Staubsiebböden, Griesböden, Papierscheiben (d. i. Böden zu Velinformen), gestrickte Böden rc. im Budweiser Kreise zu Kaplitz, im Leitmeritzer Kreise zu Schönbühel, Wolfsberg, Schanhübel, Neu-Ehrenberg, und zu Prag, Siebböden aus Roßhaar zu Puchers im Budweiser Kreise, Holzböden zu Neu-Ehrenberg und Rothenhaus verfertiget. Das Land ob der Ens liefert Draht-, Haar- und Holzsiebe aller Art, und in Wels bestehen schon seit vielen Jahren sechs Haarbödenmacher, deren Zunft die unterösterreichischen Haarbödenmacher einverleibt sind. In Tyrol werden Siebmacher-Arbeiten zu Innsbruck, noch mehr aber im südlichen Theile verfertiget, und im Vorarlbergischen gibt es einige herumziehende Siebmacher. Von geringer Erheblichkeit ist dieß Gewerbe im lombardisch-venetianischen Königreiche. Am weitesten dagegen hat man es in diesen Arbeiten zu Wien, und zwar nicht in Verfertigung der Haarböden, da dort nur ein einziger Arbeiter dieser Art besteht, sondern in der Siebmacher-Arbeit überhaupt gebracht. Wien zählt gegenwärtig 6 bürgerl. Siebmachermeister; im übrigen Lande sind noch 4 Siebmacher meister vorhanden. Unter den Wiener Meistern sind der bürgerl. Siebmacher, Trommelmacher und Gitterstricker Johann Philippi, der sich durch die Vervollkommnung mehrerer Siebmacher-Arbeiten, besonders der Trommeln, ausgezeichnet hat, und Ant. Fritz, nahmentlich anzuführen.

Was den Handel mit Siebböden und Sieben anbelangt, so ist derselbe nicht von großer Erheblichkeit. Krain verschickt seine Siebböden in mehrere österr. Provinzen, nach Italien, nach Frankreich und in die Türkey; Steyermark setzt viele Siebe nach Croatien, Siebenbürgen die seinigen vorzüglich nach der Moldau und Walachey ab. Wien bezieht die nöthigen Haarsiebböden größten Theils aus Ungarn und Böhmen; der Handel mit fertigen Sieben ist aber gegenwärtig meist nur auf die Hauptstadt und deren nächste Umgebung beschränkt. Noch vor einigen Jahren wurden viele Siebe von Wien auf der Donau nach den entfernteren Gegenden Ungarns und nach der Türkey verschickt; seitdem sich aber mehrere Siebmacher in Ungarn, nahmentlich in Pesth, ansäßig gemacht haben, geschehen von dort aus die meisten Versendungen nach der Türkey. Man kann annehmen, daß jährlich mehrere tausend Stück Siebe dahin abgesetzt werden. Ohne Zweifel hat der wohlfeilere Transport von Pesth aus, oder vielleicht der geringere Preis der Waare bey geringerer Qualität, den Wiener Siebmacher im türkischen Handel aus der Concurrenz gesetzt. Auch aus dem nördlichen Böhmen, vorzüglich von Schönbühel, sind mit der Siebwaare früher bedeutende Geschäfte, besonders ins Ausland getrieben worden, wodurch ein großer Theil der Bewohner jener Gegend sich ernährte. Allein da im Auslande seit einigen Jahren auf mehreren Hauptplätzen dergleichen Waare fabricirt wird, und in einigen Ländern der Einfuhrszoll sehr erhöht wurde, so ist der Handel dahin sehr erschwert, und man kann annehmen, daß das Geschäft fast auf den sechsten Theil seines vormahligen Umfanges herab gesunken ist.

Die Preise der Siebe richten sich hauptsächlich nach Beschaffenheit des Bodens. Die Krainer roßhaarenen Siebböden kamen im May 1819 zu Krainburg auf folgende Preise: Feine Siebböden großer Gattung (Linzer Gattung genannt, Tamisi di Linz) pr. Stück Nr. 1 auf 34 kr., Nr. 2 auf 18, Nr. 3 auf 14, Nr. 4 auf 15, Nr. 6 auf 12, Nr. 8 auf 8, Nr. 10 auf 5, Nr. 12, 14 und 16 auf 4 kr. C. M.; grobe Siebböden kleiner Gattung

(Linzer Gattung genannt, Tamisi ordinarj) Nr. 2 und 3 auf 8, Nr. 4 auf 5, Nr. 6 auf 4, Nr. 8 auf 3, Nr. 10 auf $2\frac{1}{2}$ kr. C. M. Die fertigen Siebmacher-Arbeiten standen im März 1821 in Wien zu folgenden Preisen in W. W.: Roßhaarsiebe feinster Gattung Nr. 1 bis 10 pr. Stück 4 fl. bis 1 fl. 10 kr.; kleine Siebe von Roßhaar 3 fl. 30 kr. bis 18 kr; Drahtsiebe Nr. 1 bis 18 nach der Feinheit des Gewebes von Messingdraht 8 bis 4 fl., von Eisendraht 4 fl. bis 2 fl. 30 kr.; Apotheker-Pulversiebe mit doppeltem Deckel 12 bis 4 fl.; Holzsiebe 4 fl. bis 54 kr.; Eisendrahtgitter pr. Pfund 2 fl. 30 kr. bis 1 fl. — Große Trommeln zur türkischen Musik pr. Stück 250, 60 bis 20 fl., gewöhnliche hölzerne Regimentstrommeln 15 bis 6 fl.; neue Regimentstrommeln von Messing nach Philippis Verbesserung 50 bis 30 fl.; kleine hölzerne Trommeln 4 fl. bis 1 fl. 15 kr. W. W.

Erklärung der Muster.

A. Siebböden und Drahtgeflechte.

1) Siebböden aus Seide und Roßhaar.

Taf. I. Nr. 1. Siebböden aus leichtem weißen Taffet, zu sehr feinen Pulvern, insbesondere zur Schminke.

Nr. 2. Siebboden halb aus Seide, halb aus weißem Roßhaar, vorzüglich zum Durchsieben des Zuckers.

Nr. 3 und 4. Roßhaarene Siebböden der feinsten Sorte, Nr. 1 genannt; der erste quadrillirte aus Oberösterreich, der zweyte schwarze aus Ungarn; beyde für Stärkmacher.

Nr. 5 und 6. Roßhaarene Siebböden von der Feinheits-Nr. 2, ersterer aus Ungarn, letzterer aus Oberösterreich; beyde zum Durchseihen von Flüssigkeiten.

Nr. 7 und 8. Roßhaarböden von der Feinheits-Nr. 3, zum Durchsieben gröberer Pulver; der erstere aus Oberösterreich, der zweyte aus Krain.

Nr. 9 und 10. Roßhaarböden von der Feinheits-Nr. 4, zu gleichem Gebrauche; der erste aus Oberösterreich, der zweyte aus Ungarn.

Nr. 11 und 12. Roßhaarböden von den Feinheits-Nrn. 5 und 6. Die meisten sind aus mehreren Farben quadrillirt.

Taf. II. Nr. 13 bis 16. Roßhaarböden von den Feinheits-Nrn. 8, 10, 12 und 16, wovon der letzte die gröbste Sorte ist. Diese vier und die zwey letzten Muster der I. Tafel dienen zum Durchsieben gröberer Pulver für Materialisten, Fabrikanten chemischer Waaren u. s. w. Alle diese Siebböden werden buschenweise verkauft. Der Buschen enthält so viele Stück, als die Feinheits- oder Gattungs-Nummer anzeigt. Man hat sie sowohl rund, als viereckig.

Nr. 17. Zweyhäriger Roßhaarboden, oder sogenannter Sulzboden, auf Siebe für Apotheker, Küchen, Zuckerbäckereyen etc.

Nr. 18. Dreyhäriger Roßhaarboden, oder sogenannter grober Sulzboden zu demselben Gebrauche; auch für Müller anwendbar, daher er insgemein Griesboden genannt wird.

2) Siebböden aus Holz.

Nr. 19 bis 21. Holzböden in dreyerley Abstufungen in Hinsicht der Größe der Öffnungen, zu den sogenannten Amreutern, welche zum Reinigen des Getreides gebraucht werden.

Taf. III. Nr. 22. Flachsiebboden mit breiten Holzschienen und sehr kleinen Öffnungen, zu den Sieben für die Hutmacher. (Vergl. die Abth. Hutmacher-Arbeiten.)

Nr. 23. Holzboden zu Knopf- und Fesenreutern. Unter dem ersten Nahmen dienen diese Siebe oder Reuter, wie man sie in Österreich zu nennen pflegt, um die Metallknöpfe beym Abtrocknen von den Sägespänen abzusondern; unter dem zweyten Nahmen werden diese Siebe zum Reinigen des Getreides benutzt.

Nr. 24 bis 27 und 29. Holzböden zu Staub- oder Haferreutern; Nr. 24 und 25 aus gehobelten, Nr. 26 und 29 aus geschabenen Spänen. Die zwey letztgenannten sind aus Eschenholz, Nr. 27 aus Haselnußholz.

Nr. 28. Holzboden mit größeren Öffnungen, zu einem Mostreuter.

Nr. 30. Griesboden für Müller, aus feinen Holzspänen gewebt, eben so, wie die Bast- oder Holzplatten zu Damenhüten. (Vergl. Geflechte und Gewebe aus Stroh und Bast Nr. 102 bis 104.)

3) Drahtgewebe und Geflechte.

Taf. IV. Nr. 31 und 32. Sehr feine Gewebe aus Messingdraht, oder sogenannte Haarläufe in feine Pulversiebe, das erste auch zu Velinformen in Papierfabriken brauchbar.

Nr. 33 und 34. Siebböden aus Messingdraht von den Feinheits-Nrn. 1 und 2, zum Durchsieben gröberer Pulver, auch für Küchen.

Nr. 35 und 36. Siebböden aus Messingdraht von den Feinheits Nrn. 3 und 4, zu Mehlsieben.

Nr. 37. Siebboden aus Eisendraht von der Feinheits-Nr. 5, zu den Reißreutern, womit der Reiß gereiniget wird.

Nr. 38. Siebboden aus Eisendraht von der Feinheits-Nr. 6, zu den sogenannten Haferreutern.

Nr. 39. Siebboden aus Eisendraht von der Feinheits-Nr. 7, zu den feinen Sandreutern.

Taf. V. Nr. 40. Siebboden aus Eisendraht von der Feinheits-Nr. 8, zu groben Sandreutern.

Nr. 41 bis 43. Siebböden aus Eisendraht von den Feinheits-Nrn. 9, 10 und 11, zu feinen, mittelfeinen und groben Linsenreutern.

Nr. 44 und 45. Siebböden aus Eisendraht, zu den sogenannten Erbsenreutern, dann auch zu Fenstergittern u. dgl.

Nr. 46 bis 48. Eisendrahtgeflechte zu Fenster- und Schottergittern (Wurfgittern), das zweyte auch zu Käfigen für größere Vögel oder andere kleinere Thiere. Nr. 47 und 48 sind gestrickt, und zwar das erste länglich, das zweyte viereckig.

Taf. VI. Nr. 49 und 50. Messingdrahtgeflechte auf Fenstergitter u. dgl., das erste herzförmig, das zweyte kurzschlägig gestrickt.

Nr. 51 und 52. Schotter- oder Fenstergitter

er gröbsten Gattung, aus sehr starkem Eisendraht, wie die vorhergehenden gestrickt.

Taf. VII. Nr. 53. Feinster messingener Siebboden Nr. 1, oder sogenannte Papierscheibe zu Velinformen, von Gottfr. Grohmanns sel. Erben zu Schönbühel bey Rumburg in Böhmen.

Nr. 54. Sogenannter blinddicker messingener und

Nr. 55. Blinddicker eiserner Siebboden von Grohmanns sel. Erben zu Schönbühel.

B. Fertige Arbeiten, nähmlich ganze Siebböden, Siebe und Trommeln.

Diese Muster sind sämmtlich den vorstehenden sieben Tafeln beygelegt, da sie sich ihrer Beschaffenheit nach nicht in gleiche Aufstellung bringen ließen.

Nr. 56 und 57. Ganze Roßhaar-Siebböden der sogenannten Linzer Gattung (Tamisi detti di Linz), Nr. 10 und 12, aus Krain.

Nr. 58 bis 60. Ganze Roßhaar-Siebböden kleinerer Gattung (Tamisi ordinarj), Nr. 2, 6 und 8, ebenfalls aus Krain, von der Herrschaft Krainburg.

Nr. 61. Fertiges Sieb mit seidenem Boden, von Philippi in Wien.

Nr. 62. Suppensieb feiner Gattung. Man hat die Haarsiebe von 2 bis 24 Zoll im Durchmesser.

Nr. 63. Modell eines sogenannten Fesenreuters. Die wahre Größe ist beyläufig 2 Schuh.

Nr. 64. Feines Drahtsieb zum Mehldurchsieben, auch zum Seihen der Flüssigkeiten dienlich. Man sieht hierbey das Kreuz aus Draht, welches bey größeren Sieben als Unterlage, und um dem Ganzen mehr Festigkeit zu geben, angebracht wird. Sie gehen bis auf 24 Zoll.

Nr. 65. Modell eines Trommelsiebes, dessen Ober- und Unterdeckel von Pergament, seltener von Leder oder Wachsleinwand ist. Dergleichen Siebe dienen, um das Verstauben theurer Waaren oder der Gesundheit schädlicher Gegenstände zu verhindern. Alle vorstehenden Siebe sind von dem bürgerl. Siebmacher Joh. Philippi in Wien.

Nr. 63. G e r i p p t e P a p i e r f o r m aus Messingdraht, mit dem eingeflochtenen Buchstaben K.

Nr. 64. F e i n e r e g e r i p p t e P a p i e r f o r m mit dem Porträte Sr. Majestät des Kaisers und mit Schrift. Beyde Papierformen sind mit den beym Schöpfen aus der Bütte gewöhnlichen hölzernen Rahmen versehen.

Nr. 65. K l e i n e T r o m m e l von Philippi zum Ballschlagen.

XVIII. A b t h e i l u n g.

B ü r s t e n b i n d e r - A r b e i t e n.

Bürstenbinder oder Bürstenfabrikanten nennt man diejenigen Handwerker, welche aus Schweinsborsten, aus Pferd-, Ziegen- und anderen Haaren Bürsten und mancherley Pinsel verfertigen. Die eigentlichen Bürstenbinder sind in den meisten Ländern zünftige Arbeiter, welches auch in Österreich der Fall ist, wo sie in früheren Zeiten mit den Kamm- und Siebmachern zu einer Innung vereiniget waren, seit 1793 aber eine abgesonderte Zunft bilden, und in Wien unterm 23. Jänner 1817 eine Handwerks-Ordnung erhalten haben. Nach dieser Ordnung ist die Lehrzeit auf 3, und, wenn der Junge Kleidung von seinem Lehrherrn erhält, auf 4 Jahre bestimmt. Die Meisterprobe besteht in folgenden Stücken: in einer Silberwaschbürste von Borsten, $\frac{1}{2}$ Pf. schwer und mit Drath beschlagen; in einer Papiermacherbürste von Borsten, $\frac{1}{2}$ Pf. schwer; in einer krummen Bodenwichsbürste, mit 5 und 6 Löchern in der Breite versetzt, und 16 Löcher lang, wozu der Meisterrechtswerber selbst das Holz schneiden soll; in einem Weihwadel und Kannenigel, beyde 1 Elle lang, ersterer mit langen, letzterer mit kurzen Köpfen gleich gedreht; in einer Kartätschenbürste, 16 Zeilen lang und 6 Zeilen breit, mit viereckigen Löchern, und schwarzen und weißen Borsten eingezogen, dann mit Leder überlegt; in einer doppelten Stielschuhbürste; auf beyden Seiten mit schwarzen und weißen Borsten eingezogen; endlich in einer Tuchscherer-bürste, 1 Elle lang und zierlich eingezogen. Von diesen Meisterstücken sind aber die Commerzial-Befugten in Österreich gänzlich frey, wie überhaupt bey Befugnißertheilungen alle Proben gesetzmäßig untersagt sind.

Sämmtliche Arbeiten des Bürstenbinders, im Ganzen betrachtet, lassen sich in 3 Hauptgattungen theilen: 1) in eingezogene, 2) in rauhe oder Rauharbeit und 3) in gedrehte Arbeit. Er braucht hierzu als Werkzeuge eine Werk- und Schneidbank, einen Abhaustock sammt Bley, mehrere Abhau- und Schneidmesser, verschiedene Abhaumassel, einen Pechkessel und Pechtisch, einen Schraubkloben sammt Haspel zum Drehen, eine Winde zum Bohren, einen Bohrstock oder Bohrzwänge zum Bohren, dann verschiedene Zangen, Bohrer, Scheren, Sägen u. s. w. Das Hauptmateriale sind die Schweinsborsten, welche gehörig sortirt und in Büschelchen gebunden werden. (Vergl. Th. I. Abth. Thierhaare Nr. 93 bis 98.) Vor der weiteren Verwendung pflegt sie der Bürstenbinder zu rauhen oder zu kämmen, indem er sie durch einen eisernen Kamm (Überziehkamm) zieht und von allem Wollartigen befreyet. Nachdem sie nun in Büschelchen gebunden, nach Erforderniß auch gefärbt sind, richtet er sich die zu den Bürsten nöthigen Hölzer, worin die Borsten befestigt werden sollen, mit den passenden Werkzeugen zu, und bohrt dann die nöthigen Löcher im Bohrstocke ein. Bey der eingezogenen Arbeit werden die Löcher ganz durchgebohrt, wenn aber die Borsten bloß eingesetzt oder eingepicht werden sollen, darf das Holz nicht ganz durchlöchert werden. Die Büschelchen werden dann mit dem mit Garn umwundenen Wurzelende in heißes Pech getaucht, und schnell in die Löcher gesteckt: bey der eingezogenen Arbeit aber nimmt man die Borsten griffsweise nur zweyfach zusammen, durchschlingt sie mit dem vorher geglühten Drahte, oder bey kleineren Bürsten mit Zwirn, zieht sie durch die Löcher hindurch, und verdreht endlich, wenn alle Löcher mit Borsten ausgefüllt sind, die Enden des Drahts oder Zwirns in dem letzten Loche. Zuletzt werden die langen hervorstehenden Borsten mit dem Haumesser auf der Bleyplatte abgekürzt und die Oberfläche bey besseren Bürsten mit Holz, Leder u. dgl. überzogen, um den Draht zu bedecken. Zu dieser eingezogenen und eingesetzten Arbeit gehören alle Gattungen Kartätschen- oder Pferdbürsten, alle Kleider- und Schuhbürsten, Zahn- und Kopfbürsten, Kästen- und Bodenwichsbürsten, alle sogenannten Fabrikenbürsten, wie z. B. für Hutmacher, Tuchscherer, dann die Katun- und Modelbürsten u. s. w. Die rauhe Arbeit, die gewöhnlich eingepicht wird, umfaßt alle Kehr- und Staubbesen, die Handborstwische, Müller-Borstwische u. dgl. m. Zur gedrehten Arbeit, wobey gewöhnlich Draht angewendet wird, rechnet man die Kanonenwischer, die Ofenröhrenbürsten, die Krug-, Flaschen-, Gläserbürsten (Kannenigel) und Pipenbürsten, gedrehte Weihwadel, Tabakrohrbürsten u. dgl. m. Außerdem verfertigen die Bürstenbinder noch eingesetzte Kleiderbürsten, Ausreib-, Fuß-, Wagenbürsten ꝛc. Zu vielen dieser Arbeiten werden auch Roßhaare, Ziegenhaare, Dachshaare ꝛc. verwendet, besonders zu den feineren Gattungen, zu welchen statt des Holzes oft auch Bein, Elfenbein und Metall genommen wird. Man hat es in der Eleganz mancher Artikel sehr weit gebracht, wo denn freylich die Arbeit schon mehr zur Galanterie-Arbeit zu rechnen ist, weßhalb in Österreich eigene Befugnisse zur Verfertigung der Galanterie-Bürsten gegeben werden. Es gehören zu diesen Galanterie-Bürstenwaaren die verschiedenen ordinären und feinen Zahnbürsten, die man aus Holz und Bein, einfach, doppelt, mit Schwamm, Sprotter, Krückel ꝛc., auch als Kinder-, Franz-, Londner- und Gaumenbürsten hat; dann die Nagelbürsten mit und ohne Stiel, mit Schwalbenschweif ꝛc.; die Gold-, Silber- und Uhrmacher-Bürsten, wovon es ordinäre zwey-, drey-, vier- und fünfzeilige und feine drey-, vier- und fünfzeilige gibt; die Schnallenbürsten, die entweder ordinäre oder feine drey- oder vierzeilige sind; die Sack- und Kopfbürsten, die von Bein oder Holz mit oder ohne Spiegel, ordinär und fein verfertiget werden.

Eine zweyte Hauptarbeit der Bürstenbinder sind die Borstpinsel, und zwar vornehmlich die großen, welche von Maurern, Anstreichern, Lackirern, Zimmer- und Frescomahlern gebraucht werden, da die feinen, zur Öhlmahlerey dienlichen, gewöhnlich nur von einzelnen Arbeitern verfertiget werden. Diejenigen Pinsel, welche hölzerne Stiele erhalten, führen insgemein den Nahmen Kluppenpinsel, während alle übrigen mit Federkielen oder Posen Kiel- oder Posenpinsel genannt werden. Obgleich die letzteren nirgends vom Bürstenbinder, sondern allenthalben in eigenen Pinselfabriken, oder wenigstens von besonderen Arbeitern verfertiget werden, so hat man sie doch der Analogie wegen den Borstpinseln angeschlossen.

Die Borstpinsel fordern eine noch sorgfältigere Auswahl der Schweinsborsten, als die Bürsten, und besonders müssen die Spitzen sehr weich seyn, und die für die specielle Pinselgattung erforderlichen Eigenschaften haben. Man pflegt daher die Borsten, wenn sie steif sind, vor der Verarbeitung in Kalk, dann in Seifenwasser zu legen und wieder gut zu trocknen. Gewöhnlich werden die in Büschelchen gebundenen Borsten in gespaltetes Holz eingepicht und von außen noch mit gutem Zwirne oder Bindfaden fest gebunden, oder die Borsten werden nur um den Stiel gelegt und darauf fest gebunden. Bey den kleinen Pinseln, besonders bey denjenigen, welche in der Öhlmahlerey gebräuchlich sind, werden die runden Stiele an dem einen Ende viereckig zugespitzt, um dieses Ende die Borsten gelegt, und in der Mitte mit einem starken Faden gebunden, welches bloß durch Schlingen ohne Knoten geschehen muß. Zuletzt werden die hervorstehenden Fäden weggeschnitten, und der ganze Band mit Firniß überzogen, damit das Wasser oder andere Feuchtigkeit nicht durchdringen könne. Manche Pinsel werden, wenn sie fertig sind, noch in Kalkwasser getaucht und auf einer rauhen Mauer mehrmahls auf- und abwärts geführt, wodurch dieselben gleichförmiger im Haar und in der Länge werden. Man nennt diese Arbeit das Schleifen. Im J. 1790 errichtete Gstier in Wien, um die Arbeit zu verkürzen, eine Borstpinsel-Schleifmaschine, welche aber, so viel bekannt ist, jetzt nicht mehr angewendet wird. Von den gewöhnlichen Borstpinseln werden im Inlande 16 Sorten oder Nummern verfertiget.

Die kleinen Pinsel, nähmlich die Posen- oder Haarpinsel für die Mahler werden aus Iltishaaren (Fischpinsel genannt), aus Zobelhaaren (Zobelpinsel), aus Eichhörnchen- oder Fehhaaren (gewöhnliche Haar- oder Tuschpinsel), aus Dachshaaren (Dachspinsel), jungen Ziegenhaaren (Geis- oder Kitzelpinsel) u. s. w. verfertiget. Die gehörige Auswahl und Zurichtung der Haare ist hierbey die Hauptsache, weßhalb man sie, um ihnen den erforderlichen Grad von Elasticität und Steife zu geben, in einem Backofen zu backen pflegt. Dann werden die Haare in kleine Formen, welche am Boden die Vertiefung eines Fingerhutes haben, so gesteckt, daß die Spitzen unten hin kommen, und die Haare in der Mitte länger sind als die umgebenden, und auf solche Art die Spitze des Pinsels bilden. Wenn die Form voll ist, streut man etwas feinen Sand darauf, und klopft mit der Form mehrere Mahle auf den Tisch, wodurch der Sand zu Boden sinkt, und die etwa gebogenen Härchen gerade streckt. Hierauf erhalten die aus der Form hervorstehenden Haare den Haft, welcher die Form einer doppelten Nulle oder ∞ hat, und die Eigenschaft haben muß, mit wenigem Zwirne fest zu halten. Endlich werden die Pinsel eingespult, d. i. in feuchtgemachte Federkiele gesteckt, und mit Stiften so weit durchgestoßen, als man den Pinsel lang haben will. Es werden hierzu dünnere und dickere Federkiele nach Beschaffenheit der Pinsel genommen; einige werden auch mit Holz gemacht. So entsteht eine außerordentlich große Menge von Pinseln, welche zu dem einen oder dem andern Gebrauche dienen, und hierzu schon eigens verfertiget werden müssen. So sollen die Pinsel für die Öhlmahler kurze Haare haben und fein dick seyn, die Pinsel für Wassermahler längeres und die Tuschpinsel das längste Haar haben; sehr zart und dünn' sollen die Miniaturpinsel seyn. Die Dachspinsel dienen vornehmlich in der Öhlmahlerey, um die Farben an einander zu vertreiben und die Arbeit glatt und eben zu machen; auch die Ziegenhaarpinsel werden manchmahl hierzu angewendet. Sehr breit und dünn müssen die Anschießpinsel für den Vergolder seyn, da mit diesen die Goldblätter vom Kissen aufgefaßt, und auf das Poliment aufgetragen werden müssen. Endlich gibt es noch Barbierpinsel, die gewöhnlich von Galanterie- Bürstenwaaren- Fabrikanten aus

Bein und Holz, auch mit Zinn oder Silber gefaßt, aus weissem Haar, Schweinsborsten und Dachshaar verfertiget werden.

Zustand der Bürstenbinderey im österreichischen Kaiserstaate.

Das Bürstenbindergewerbe wird in allen österreichischen Provinzen für den eigenen Bedarf, weniger für den Handel betrieben, und in manchen Städten, zumahl in Wien, in Venedig, Mailand, Carlsbad ɩc. hat man es hierin zu großer Vollkommenheit gebracht, da man nicht bloß alle für den gemeinen Gebrauch dienenden Gegenstände, sondern auch die meisten Galanterie-Arbeiten dieser Art verfertiget. Wien zählt gegenwärtig 16 bürgerliche und 7 befugte Bürstenbinder, wovon sich J. K. Aigner durch die Mannigfaltigkeit seiner Fabricate, dann Daniel Hoppe, Mittich, Hagen, Scharfenberger, Hilly und Berger auszeichnen. Prag hat 8 Bürstenbinder. In Ungarn, Siebenbürgen und den Militär-Gränzen macht zum Theil der Zigeuner, zum Theil der Einwohner selbst die nöthigen Artikel für den Hausbedarf. Die meisten Bürstenbinderwaaren werden in Ungarn zu Preßburg, Pesth, Komorn und Ofen verfertiget. Ein wichtiger Artikel sind besonders in den Gränzen die Flachsbürsten, d. i. ein Werkzeug aus Borsten, welche in einem Cylinder mit Leim zusammengefügt, mit Bindfäden fest umwunden und durchgenäht, und zuletzt mit zerschmolzenem Wachs und Pech überzogen werden. Ist der Hanf und Flachs durch gröbere und feinere Hecheln gegangen, so wird er noch mit dieser Bürste von allem kurzen Werge gereiniget, weßhalb die dortigen Weiber beym Weben der Leinwand keine Schlichte brauchen.

In der Fabrication der Pinsel war Venedig in älteren Zeiten sehr berühmt, und scheint einen großen Theil Europas mit Pinseln versehen zu haben; heut zu Tage aber hat es viel verloren, seitdem die Lyoner und Münchener Pinsel so sehr gesucht sind. Auch Wien hatte schon seit dem J. 1784 eine Pinselmanufactur, welche von dem Fabrikanten Ostier etablirt wurde, und alle Gattungen von Pinseln lieferte. Jetzt befinden sich daselbst 4 Pinselfabrikanten, und außer diesen beschäftigen sich viele einzelne Arbeiter und Mahler mit der Verfertigung der Pinsel. Vorzüglich gute werden daselbst bey dem bürgerl. Mahler Bühlmeyer und bey Frau Offerinn in der Vorstadt Mariahülf verfertiget.

Der Handel mit Bürstenbinderwaaren und Pinseln ist nicht von Erheblichkeit. Indessen machen Wien und Carlsbad mit ihren feinen und Galanterie-Arbeiten in die meisten Provinzen Absatz, und Steyermark schickt selbst ordinäre Waaren nach Italien und Croatien. Maurerpinsel und Bürsten werden nach der Levante, auch nach Polen, besonders nach Brody geschickt. Mit Pinseln möchte Venedig noch die meisten Geschäfte machen; Wien aber bezieht die besten Pinsel zur Öhlmahlerey noch aus Lyon, und Haarpinsel für Miniaturmahler noch sehr viele aus München.

Die Preise der Bürstenbinderwaaren und der Pinsel gehen von einigen Kreuzern bis auf mehrere Gulden, nach Verschiedenheit des Materials und der Arbeit. Im März 1821 kosteten in Wien in C. M. pr. Dutzend die Abstauber 4 fl. 36 kr. bis 12 fl., die Kehrbesen 4 bis 15 fl., die Borstwische 2 bis 6 fl., die Zimmerputzerbürsten 12 bis 6 fl., die Ausreibbürsten 12 bis 8 fl., die Fußbürsten 24 fl., die Pferdkartätschen 30 bis 6 fl., die Pferdgeschirrbürsten 8 bis 6 fl., die Hufbürsten 9 bis 6 fl., die Wagenbürsten 6 bis 24 fl., die Schlichtbürsten für Leinweber 5 fl., die Schlichtbürsten für Baumwollweber 7 fl., die Walkbürsten für Hutmacher 9 fl., Bügel-, Steif- und andere Bürsten für Hutmacher 6 fl. bis 2 fl. 24 kr., Polirbürsten für Stahlarbeiter und Schleifer 12 bis 18 fl., einfache Gläserbürsten 2 fl. 30 kr., doppelte Gläserbürsten 4 fl., Faßbürsten 10 bis 15 fl., Flaschenbürsten 2 fl. 24 kr., Pipenbürsten 1 fl., Modelbürsten für Drucker 4 fl. bis 4 fl. 48 kr., Streichbürsten 4 fl. 48 kr., Kleiderbürsten 4 bis 10 fl., auch bis 20 fl., Kothbürsten für Stiefel 36 kr. bis 6 fl., Schmierbürsten 30 kr., Stiefel-Glanzbürsten 5 bis 6 fl., Müller-Borstwische 5 fl. Von den Galanterie-Bürstenwaaren kosteten in Wien im Februar 1821 die ordinären Zahnbürsten 36 kr. bis 1 fl. C. M. pr. Dutzend, die feinen Zahnbürsten 1 fl. 12 kr. bis 2 fl. C. M., die Gaumenbürsten 2 bis 3 fl. C. M., die feinen Nägelbürsten 2 bis

6 fl. C. M., die Gold-, Silber- und Uhrmacherbürsten ordinär 1 fl. 30 kr. bis 4 fl., fein 5 bis 7 fl. C. M., die Schnallenbürsten 2 bis 4 fl. C. M., die Sackbürsten 2 bis 4 fl. C. M., die Kopf- oder Kakadubürsten 2 bis 5 fl. C. M. pr. Dutzend; die Barbierpinsel aus Holz 48 kr. C. M., aus Bein 1 fl. 12 kr. bis 5 fl. C. M., in Zinn gefaßt mit weißem Haar 2 fl., mit Borsten 3 fl., mit Dachshaar 5 fl. C. M., in Silber gefaßt mit Dachshaar 18 bis 24 fl. C. M. pr. Dutzend. Die Borstpinsel kosteten von Nr. 1 bis 16 pr. Stück 6 kr. bis 1 fl. C. M., auch mehr, die Tünchpinsel für Maurer pr. Dutzend 2 bis 4 fl. C. M., die Haarpinsel in Kielen pr. Dutzend 24 kr. bis 1 fl. 12 kr. W. W.

Erklärung der Muster.

A. Eigentliche Bürsten.

Nr. 1. Vorarbeit zu einer ordinären Schuhbürste, bestehend aus dem buchenen Bürstenbrete, mit 4 Löcherzeilen, sammt der Drahtspule, womit der Messing- oder Eisendraht durch die Borsten durchgezogen wird. Eine Reihe der eingezogenen Borsten zeigt sich so, wie sie vor dem Abhauen der Borsten aussieht, die zweyte Reihe ist schon abgehauen.

Nr. 2. Ordinäre eingezogene Schuhbürste aus sehr starken, groben Schweinsborsten.

Nr. 3. Feine Hut- und Kleiderbürste aus weißem und gefärbtem Ziegenhaar.

Nr. 4. Feine Kleiderbürste aus weißem und gefärbtem Ziegenhaar, mit Schuber und Spiegel.

Nr. 5. Feine fournirte Kopfbürste aus Roßhaar.

Nr. 6 bis 9. Feine und ordinäre Zahnbürsten verschiedener Art.

B. Pinsel.

Nr. 10. Anstreichpinsel aus Schweinsborsten, wie sie von Lackirern, Zimmermahlern, Anstreichern u. s. w. gebraucht werden.

Nr. 11. Barbierpinsel aus feinen Schweinsborsten, in Zinn gefaßt.

Nr. 12. Fischpinsel aus Iltishaaren zum Gebrauche der Öhlmahler, Frescomahler, der Ziz- und Katunfabrikanten rc.

Nr. 13. Gewöhnlicher Feh- oder Tuschpinsel aus Feh- oder Eichhornhaaren. Sie werden gebraucht, um mit Tusch- und Wasserfarben auf Papier und Pergament, wie auch auf Porcellan und Elfenbein zu mahlen und zu tuschen.

Nr. 14. Dachspinsel aus Dachshaaren, für Öhlmahler, Lackirer rc.

Nr. 15. Kitzelpinsel aus Ziegenhaaren, für Öhlmahler rc.

XIX. Abtheilung.

Das Papier und die Papierfabricate.

Erste Unterabtheilung.

Pappendeckel, Preßspäne, Kartenpapier.

Die Schilderung der Papiere wird mit der Darstellung der Fabrication der Pappendeckel (Pappe), der Preßspäne und des Kartenpapiers als der stärksten und einfachsten Fabricate dieser Gattung begonnen, von denen gleichsam der Übergang zur Fabrication der übrigen Papiere geschehen seyn mochte. Die eigentlichen Pappendeckel bilden das roheste und ordinärste Erzeugniß des Papiermachers; an sie schließen sich rücksichtlich des äußern Ansehens die Preßspäne und das Kartenpapier an, wobey freylich schon mehr Kunstaufwand erforderlich ist; und die dünnsten Sorten des letzten Fabricates dürften vielleicht den schicklichsten Übergang zu den eigentlichen Papieren machen.

Alles Papier wird durch Schöpfen aus einer Bütte verfertiget, worin der Ganzzeug (vergl. Th. I. Papier-Materialien) sich im Wasser aufgelöset befindet. Da es verschiedene gröbere und feinere Gattungen der Pappendeckel gibt, so wird hierzu auch gröberer und feinerer Ganzzeug verwendet. Zum ganz groben Pappendeckel, welcher dem grauen Löschpapiere ähnlich ist, nimmt man gemeiniglich wollene und andere schlechte Hadern; zu anderen Sorten werden Maculaturbögen, Papierschnitzel rc. neuerdings geweicht, gemahlen, zu Zeug gemacht und geschöpft: viele Pappendeckel werden auch bloß aus fertigen Papierbogen zusammengekleistert. Zum Schöpfen hat man, wie bey der eigentlichen Papierfabrication, hölzerne Formen, die mit Draht ausgeflochten sind (vergl. die Abth. Siebmacher-Arbeiten und die folgende Unterabth.); nur müssen sie zum Pappendeckel viel stärker seyn, als zum Papiere. Je tiefer man die Form in den Brey eintaucht, und je weniger man sie schüttelt, desto dicker wird die Pappe, und vorzüglich stark macht man sie, wenn man auf einen schon gepreßten Deckel noch eine Lage mit der Form aufträgt. Bogenweise werden dann die Deckel zwischen Filz gelegt, und endlich 200 zugleich in einer großen Presse gepreßt, an den Rändern beschabt und auf luftigen Böden zum Trocknen aufgehängt. Manche werden auch zweymahl gepreßt, und dann unter dem Nahmen gepreßter Pappendeckel verkauft; manche auch besonders auf Glättmaschinen geglättet und zu Glanzpappe gemacht. Ihre Größe ist sehr verschieden, und richtet sich vornehmlich nach dem Gebrauche. Meistens sind die gewöhnlichen Pappendeckel 15 bis 16 Wr. Zoll hoch, und $16\frac{1}{2}$ bis $20\frac{1}{2}$ Zoll breit; die Buchbinder-Deckel werden auch bis 20 Zoll lang und $32\frac{1}{2}$ Zoll breit gemacht. Eine besondere Gattung ist der Pappendeckel aus Torf, welcher in der Papiermühle zu Sosau in Böhmen aus Torfzeug verfertiget wird. In England werden nun viele Pappendeckel und Papiere aus Schafwolle verfertiget, welche sehr wohlfeil zu stehen kommen, da die Zubereitung weit weniger umständlich, als bey den leinenen Hadern ist. Vorzüglich macht man daraus jetzt Fußteppiche, indem man die Pappendeckel mit Firniß überzieht.

Die feinste und merkwürdigste Gattung der mit dem Pappendeckel verwandten Fabricate sind die Preßspäne für Tuchmacher und Tuchscherer, welche dünn, sehr hart und fest seyn, und eine sehr glatte Oberfläche haben müssen. Die Art ihrer Verfertigung, die lange Zeit nur in England bekannt war, besteht darin, daß man die von vorzüglich gutem Zeuge, besonders von Hanfzeug geschöpften Deckel einer außerordentlich starken Presse unterwirft, deren faserige Oberfläche mit Bimsstein abschleift, mit venetianischer Seife überstreicht, und endlich mit einem wohl polirten stählernen Cylinder, der durch einen besondern Mechanismus an einer Stange auf dem Deckel hin und hergeführt wird, so stark glättet, daß er fast wie lackirt aussieht. Nach Verschiedenheit des Zeuges sehen die Preßspäne weiß oder braun aus; ja die allerbesten sollen in England aus alten hanfenen Segellumpen gemacht werden. Manche bleiben auch ungeglättet, oder werden nur halb geglättet, besonders wenn die Verwendung nicht den höchsten Grad von Politur erfordert. Nach der Art des Gebrauches richtet sich in der Regel auch die Größe der Preßspäne, welche man sowohl quadratförmig, als in langen Streifen verfertiget. Die ungeglätteten halten gemeiniglich 19 bis 20½ Zoll in der Länge und 28 bis 30 Zoll in der Breite; die geglätteten 20½ bis 23½ Zoll in der Länge und 32 bis 34½ Zoll in der Breite. Zuweilen, besonders in Mähren, bestimmt man ihre Größe und Feinheit nach dem Tuche, zu dessen Pressung sie verwendet werden (vergl. die Unterabth. Schafwollstoffe), und nennt sie daher $\frac{8}{4}$ br., $\frac{7}{4}$ br., $\frac{6}{4}$ breite. Der Verkauf geschieht nach dem Schock.

Bey dieser Gelegenheit muß noch mehrerer zur Pappendeckelfabrication gehöriger Objecte erwähnt werden, die aber zuweilen auch von anderen Fabrikanten geliefert werden. Die Papierwalzen zum Behufe verschiedener Fabriken sind ein besonders wichtiger Gegenstand, daher man zu ihrer Vervollkommnung mehrere Versuche gemacht hat. Nach den gewöhnlichen Beschreibungen der Fabrication werden sie aus einzelnen über einander geleimten, stark gepreßten Papierbögen verfertiget und nach dem Trocknen abgedreht. Anfänglich mag man vielleicht auf diese Art zu Werke gegangen seyn; allein gegenwärtig hat man eine viel einfachere Methode, sie zu verfertigen, wodurch sie auch weit solider und zum Gebrauche tauglicher werden. Das Papier (grobes Schreibpapier) wird nähmlich nach Maßgabe der Größe der Walze in runden Scheiben zugeschnitten, und man steckt beyläufig im Mittelpuncte eine eiserne Stange so durch, daß die einzelnen Papierscheiben, deren Anzahl bey langen Walzen sehr groß ist, flach über einander zu liegen kommen. In einiger Entfernung von dieser Stange werden gewöhnlich

4 eiserne dünne Stäbe durch diese sphärische Papierschichte durchgezogen; bey Papierwalzen von kleinerem Durchmesser aber, wie z. B. bey solchen, welche die Bandmacher benöthigen, ist nur die mittlere Stange nöthig, welche jedoch bey allen viereckig ist, damit die Papierscheiben, deren mittlere Öffnung mit dieser Form übereinstimmt, fest stehen bleiben und sich um die Stange nicht bewegen können. Da nun diese Eisenstäbe zugleich durch die an beyden Enden der Walze befindlichen dicken Metallplatten durchgehen, und dieselben an einer Seite durch dickere Enden (Zäpfchen) gehalten, an der entgegengesetzten Seite aber mit Schraubengewinden und den dazu passenden Schraubenmüttern versehen sind: so kann man die über einander liegenden Papierscheiben in einem so hohen Grade zusammenpressen, daß das Ganze aus einer einzigen Masse zu bestehen scheint, und die letzte Bearbeitung, nähmlich das Abdrehen auf einer Drehbank, möglich wird. Bey dem Zusammenpressen des Papiers wird die Walze jedes Mahl zur gänzlichen Austrocknung der Bogen stark gedörrt (gebacken) und hierzu gewöhnlich der obere Theil eines Backofens benutzt. Wie sehr das Papier sich durch die angewendete Kraft der Schrauben zusammenpressen läßt, kann daraus beurtheilet werden, daß eine kleine Bandmacher-Walze (gewöhnlich 6 bis 7 Zoll lang und 5 Zoll im Durchmesser haltend) die Verwendung eines Rießes Papiers nothwendig macht, obschon jeder Bogen durch das Zusammenlegen 4 Blätter oder Scheiben gibt. Diese Walzen erhalten dadurch eine Glätte und Dichtigkeit, welche sie vorzüglich zur Cylindrirung der delicatesten Gegenstände geeignet macht. Gewöhnlich sind es Drechsler, welche solche Walzen auf Bestellungen machen, und zwar die sogenannten Commerzialdrechsler, welche mehrere einzelne Bestandtheile für Seidenzeug- und Seidenbandfabriken verfertigen. Hr. Ant. Fried in Wien stellte kürzlich Versuche an, dergleichen Walzen aus Papierzeug in einem eisernen Cylinder mittels eines Preßwerks zu erzeugen. Auch der Cameral-Zimmermeister Franz Goldinger zu Alt-Ofen hat seit dem Jahre 1817 sehr vorzügliche Papierwalzen zur Appretur für Blaufärber, Katundruckereyen ꝛc. verfertiget. Andere hierher gehörige Fabricate sind die Steinpappe, welche aus Ganzzeug, Kalk, eisenhaltiger Erde und

Fischthran bereitet und zum Dachdecken sehr brauchbar seyn soll; das von Senefelder erfundene Steinpapier zur Lithographie, welches auch in Wien von dem k. k. General-Major Auracher von Aurach verfertiget wird, aber bis jetzt noch immer an Brauchbarkeit dem Steine selbst weit nachsteht, um so mehr, da es von der Feuchtigkeit zu viel leidet.

Kartenpapier nennt man das in mehreren Papierfabriken erzeugte sehr dicke Papier, welches der Dicke gewöhnlicher Spielkarten gleichkommt, oder selbe noch übertrifft. Man hat weisses und graues, auch sogenanntes Haubenpapier, Patronenpapier ꝛc. Die Spielkarten selbst aber werden vom Kartenmacher aus einzelnen Bogen Papiers zusammengekleistert. (Vergl. die Abth. Spielkarten.) Es wird entweder nur gepreßt, oder auch geglänzt. Die Größe desselben richtet sich ebenfalls nach der Verwendung.

Zustand der Fabrication der Pappendeckel und der Preßspäne im österr. Kaiserstaate.

Pappendeckel werden fast auf allen böhmischen, mährischen und österreichischen Papierfabriken von der ordinärsten bis zur feinsten Gattung verfertiget, und sowohl ungeglättet, als geglättet verhandelt. In Böhmen werden die meisten und besten auf den Papiermühlen zu Egersdorf, Gastdorf, Kolinetz, Wollenau, Jungbuch, Radel, Stadt Tabor, Miltigau, Hammergrund, Schönwald, Wattietiz und Görkau ꝛc.; der braune Pappendeckel aus Torf aber von Wenzel Rabenstein zu Sosau, und von dem k. k. Cameral-Schichtmeister Rennel in Schmiedeberg verfertiget. Auch in Wien gibt es eigene Pappendeckelfabrikanten, welche sich ausschließend mit diesem Artikel beschäftigen, jedoch denselben bloß durch Übereinanderleimen erzeugen. Die Papierfabriken und Mühlen der übrigen Provinzen, welche sich noch mit der Fabrication der Pappendeckel beschäftigen, brauchen hier nicht besonders genannt zu werden, da hierin nichts Ausgezeichnetes vorkommt. Im Allgemeinen stehen die inländischen Pappendeckel den ausländischen wenig nach, zumahl wenn sie der gleichen Appretur unterworfen werden.

Preßspäne sind früher nur von geringer Qualität gemacht worden; aber seit einigen Jahren hat man es auch in der Fabrication dieses Artikels sowohl in Mähren und Böhmen, als in Österreich und Venedig zu einem hohen Grade der Vollkommenheit gebracht. In Böhmen werden die besten auf der Kieslingschen Papierfabrik zu Hohenelbe, und auf den Papiermühlen zu Kronau, Radel, Langenau, Altstadt Trautenau, Bensen, Stein, Niederleitensdorf, Altenberg ꝛc., verfertiget; in Mähren macht Joh. Wendelin Hike auf der Papiermühle zu Littau $\frac{6}{4}$ bis $\frac{8}{4}$ br. Preßspäne von der ausgezeichnetsten Güte; in Österreich unter der Ens werden seit dem J. 1817 in der ärarialischen Papiermühle zu Rannersdorf sehr vorzügliche Preßspäne gemacht. Vor Kurzem beschäftigte sich auch der vormahlige Tuchscherermeister Jos. Wünst in Wien mit Zurichtung von Preßspänen, wozu jedoch die Bogen nur über einander geleimt wurden. Daß diese Preßspäne nicht die Vollkommenheit der eigentlich geschöpften erlangen können, erhellet aus der angewendeten Fabricationsmethode von selbst. Österreich ob der Ens erhält ziemlich gute Tuchspäne aus Wels; besonders ausgezeichnet aber sind die weißen und ungemein festen Späne aus der den Brüdern Galvani gehörigen Papierfabrik zu Pordenone, wofür die Besitzer bey der öffentlichen Preisvertheilung zu Mailand im J. 1813 mit der silbernen Medaille belohnt wurden. Auch in der k. k. Papierfabrik zu Vaprio in der Lombardie werden seit Kurzem sehr brauchbare Preßspäne nach holländischer Art verfertiget.

Kartenpapier wird nur in wenigen Papiermühlen, wie z. B. in der Straußischen zu Unter-Waltersdorf u. a. erzeugt; größten Theils wird es von einzelnen Papiermachern, oder von eigenen, hierauf mit Befugnissen betheilten Arbeitern durch Zusammenleimen weißer Schreibbogen verfertiget. Die Spielkartenfabrikanten machen sich das nöthige Kartenpapier immer selbst.

Der Handel mit Pappendeckeln, Preßspänen und Kartenpapier bildet keinen eigenen, abgesonderten Handelszweig, sondern fällt mit dem Papierhandel überhaupt zusammen, daher denn von dem in der folgenden Unterabtheilung über den Papierhandel Gesagten Manches auch von den vorstehenden drey Artikeln gilt. Früher sind viele Pappendeckel aus Böhmen nach Teutschland und Holland verkauft worden. Der Verkehr mit Preßspänen beschränkt sich bloß auf das Inland, wo der Bedarf dieses Artikels groß genug ist, um die Fabrication desselben einträglich und gewinnbringend zu machen. Die Vervollkommnung der inländischen Preßspäne hat die Einfuhr derselben vom Auslande, und zwar aus England, Preußen und Luxemburg sehr bedeutend beschränkt; dessenungeachtet findet noch einige Einfuhr aus Schlesien ꝛc. Statt.

Das Zollwesen beruht ganz auf denselben Grundsätzen, welche beym Verkehre mit Papier angenommen sind (vergl. die folg. Unterabth.); der Verkehr im Innern der Monarchie ist ganz zollfrey. Die Pappendeckel aller Art bezahlen vom Ctr. bey der Einfuhr vom Auslande 2 fl., bey der Ausfuhr 30 kr., die Preß- oder Tuchspäne bey der Einf. 21 kr., bey der Ausf. $8\frac{3}{4}$ kr., das Kartenpapier b. d. Einf. 20 fl., b. d. Ausf. 25 kr., das Haubenpapier b. d. Einf. 7 fl. 30 kr., b. d. Ausf. $6\frac{1}{4}$ kr. C. M. vom Centner.

Die Preise der Pappendeckel und Preßspäne waren zu Anfang des J. 1821 ungefähr folgende: gute Pappendeckel kamen pr. Schock auf 18 fl. W. W. und noch höher zu stehen, ein Bogen Pappendeckel aus Torf kostete zu Sosau in Böhmen 4 bis 5 kr. W. W. Die Preßspäne von Littau in Mähren standen pr. Schock $\frac{8}{4}$ br. zu 30 fl. W. W., $\frac{6}{4}$ br. bis 15 fl. W. W. herab; die Preßspäne von Altenberg in Böhmen, besonders stark und fein, aber ungeglänzt, das Schock 70 fl., ordinär ungeglänzt 20 fl., ungeglänzte Tuchspäne nach Hellers Erfindung mit vegetabilischem Leime 30 fl., geglänzte feine schwache Tuchspäne 60 fl., ungeglänzte feine Tuchspäne 50 fl. W. W. In Oberösterreich kamen die Preßspäne von Wels im Herbste 1820 pr. Schock auf 6 fl., 9 fl. bis 10 fl. C. M. zu stehen. Eine kleine Papierwalze für Bandmacher kostete im März 1821 in Wien 18 fl. C. M.

Erklärung der Muster.

1) Pappendeckel.

Nr. 1 bis 10. Ungeglättete Pappendeckel und Buchbinder-Deckel gröberer und feinerer Art, sowohl grau als weiß, wie sie gewöhnlich im Handel vorkommen. Die Nrn. 7 und 8 sind aus der Papiermühle des Hrn. Carl August Käferstein zu Nieder-Einsiedel im Leitmeritzer Kreise; Nr. 9 aus der Papiermühle des Hrn. Gabriel Ettel zu Hohenelbe; Nr. 10 aus der Papierfabrik des Buchdruckers Anton Strauß zu Unter-Waltersdorf im Lande unter der Ens. Die Größe des letzten Musters wird in der Fabrik mit Nr. $6\frac{1}{2}$ bezeichnet. Diese Pappendeckel dienen zu den verschiedensten Buchbinder- und Papparbeiten, zu Cartons, Futteralen ꝛc., zu Papiermaché-Dosen, die groben auch zum Packen.

Nr. 11. Ungeglätteter Pappendeckel aus Torf von Wenzel Rabenstein zu Sosau im Saazer Kreise.

Nr. 12. Geglätteter Pappendeckel von der Größe Nr. 10 aus der Straußischen Papierfabrik zu Unter-Waltersdorf. Dergleichen geglättete Pappendeckel werden zu feineren Papparbeiten verwendet.

2) Preß- und Tuchspäne.

Nr. 13 bis 17. Ordinäre und feine Preß- und Tuchspäne stärkerer und schwächerer Gattung, von der zu Altenberg auf den Stadt Iglauer Dörfern bestehenden Papiermühle des Hrn. Jos. Bened. Heller, welche sowohl in Ansehung der Papiere, als der Preßspäne zu den vorzüglichsten Papierfabriken Böhmens gehört. Nr. 13 ist ord. ungeglänzter Preßspan, Nr. 14 starker und feiner ungeglänzter Preßspan, Nr. 15 ungeglänzter Tuchspan mit vegetabilischer Leimung, Nr. 16 ungeglänzter feiner Tuchspan, Nr. 17 geglänzter feiner schwacher Tuchspan. Alle vom J. 1820.

Nr. 18 bis 20 Ungeglänzte und geglänzte Preßspäne von Wels in Oberösterreich, vom J. 1820.

Nr. 21 bis 23. Geglänzte weiße und graue Preßspäne von besonderer Güte, aus der ärar. Papiermühle zu Rannersdorf.

Nr. 24. Feiner schwacher Tuchspan von dem ehemahligen Tuchscherermeister Jos. Wüest in Wien.

Nr. 25 und 26. Vorzüglich schöne, ganz weiße Preßspäne stärkerer und schwächerer Art, aus der den Brüdern Galvani gehörigen Papierfabrik zu Pordenone im Venetianischen. Das Glätten oder Cylindriren dieser Späne geschieht nicht in der Fabrik selbst, sondern bey Stephan Minesso in Venedig.

3) Kartenpapier.

Nr. 27 bis 33. Kartenpapier von verschiedener Stärke, wie es gewöhnlich im Verkaufe vorkommt, meist 18 Zoll lang, 14 Zoll breit, zu dem mannigfaltigsten Gebrauche für Buchbinder, Papparbeiter rc.

Nr. 34. Kartenpapier aus der Straußischen Papierfabrik zu Unter-Waltersdorf. Die Größe dieser Bogen wird im Handel mit Nr. 11 bezeichnet.

Nr. 35. Haubenpapier von der Größe Nr. 6, aus derselben Fabrik.

Nr. 36 und 37. Gefärbte Kartenpapiere gewöhnlicher Art, von gleicher Größe mit Nr. 27 bis 33.

Zweyte Unterabtheilung.

Lösch-, weißes und im Zeuge gefärbtes Papier.

Unter die stärksten und wichtigsten Industriezweige ist ohne Zweifel die Fabrication der mannigfaltigen Papiergattungen zu rechnen, welche auch im österr. Staate in sehr ausgedehntem Maße betrieben wird. Größere Anstalten, worin Papiere erzeugt werden, nennt man Papierfabriken oder Manufacturen, kleinere Papiermühlen; die Arbeiter Papierfabrikanten, Papiermüller, Papiermacher. Die letzteren machen in den meisten Ländern zünftige Innungen aus, bey welchen die Verhältnisse der Lehrlinge und Gesellen, wie bey anderen Handwerken, bestimmt sind. In Österreich besteht für die Papiermacher die Handwerks-Ordnung vom 14. May 1768, welche die Lehrzeit auf 4 Jahre bestimmt, jenen Papiermachern, wo sich Mangel an Arbeitern äußert, auch die Anwendung unzünftiger Leute gestattet, allen Unterschied zwischen Stampf- und Glättgesellen aufhebt, und nur jenen Papiermüllern das Eintreten als Meister erlaubt, die bey einem zünftigen Meister die Lehrjahre vollstreckt haben. Die Verarbeitung der sortirten Hadern oder Lumpen zu Ganzzeug, und die Gattungen des letzteren sind bereits im I. Th. in der Abth. Papier-Materialien beschrieben, weßhalb hier sogleich mit der weiteren Verwendung des Ganzzeuges begonnen werden kann.

Wie der Ganzzeug bereitet ist, wird er in der Werkstube in dem sogenannten Ganzzeugkasten bis zur Verarbeitung aufgehoben. Soll nun daraus Papier verfertiget werden, so wird die erforderliche Menge von Ganzzeug in die Bütte (Arbeitsbütte, Schöpfbütte) geleitet, d. i. ein hölzernes, 5 bis 7 Fuß weites Faß, das mit einem breiten hölzernen Rande (der Leiste oder Traufe), und mit 2 von einem Rande zum andern reichenden Bretern (dem großen und kleinen Stege) versehen ist. Weil es nun vorzüglich darauf ankommt, die Masse in der Bütte recht gleichförmig zu machen, und die Papierfaserchen, die sich ihres Gewichtes wegen immer zu Boden senken, stets gleichförmig verbreitet zu erhalten: so muß der Zeug sehr oft umgerührt werden, was sonst gewöhnlich mit den Händen geschah. Da dieß aber Haut und Nägel des Arbeiters angreift, so hat man hierzu eine eigene Vorrichtung angebracht, welche der faule Büttgeselle genannt wird, und aus ein Paar an Stäbe befestigten durchlöcherten Scheiben besteht, welche von dem Mechanismus des Mühlwerkes auf- und abwärts bewegt werden. Auch ist zur Erwärmung der Papiermasse, welche wegen der gleichen Vertheilung nothwendig ist, in der Bütte eine kupferne Blase oder Pfanne angebracht, welche von außen geheitzt wird. Auch diese Erwärmung hat man in vielen Papiermühlen durch zweckmäßigere Einrichtungen, wie durch verschlossene, in die Bütte geleitete Röhren (z. B. zu Ebergassing), durch heiße Wasserdämpfe (z. B. zu Rannersdorf) u. s. w. mit noch besserem Erfolge bewerkstelliget. Bey jeder Bütte sind zwey Arbeiter befindlich: der Büttgeselle oder Schöpfer, welcher die Papierbogen mit der Drahtform schöpft, und der Gautscher (Kautscher), welcher die geschöpften Bogen übernimmt und zwischen Filz aufschichtet. Die Größe der Papierfabriken wird insgemein nach der Anzahl der Bütten bestimmt, daher die Kenntniß dieser Anzahl in statistischer Hinsicht von großer Wichtigkeit ist. Die Papierformen sind Geflechte oder Gewebe von Messingdraht (vergl. Siebmacher-Arbeiten), welche in einem viereckigen Rahmen von Holz eingefaßt sind, und in einen andern hölzernen Rahmen genau passen. Man hat diese Formen von zweyerley Art: a) die sogenannte gerippte Form (unrichtig teutsche und holländische Papierform genannt), wobey der Breite nach feine, dicht an einander stehende Drähte laufen, und nach der Länge etwas stärkere, durch zollweite Zwischenräume von einander abstehende Drähte gezogen sind, welche an ersteren, denen sie zur besseren Haltung dienen, mit sehr feinem Nähedrahte befestiget sind. Beym Schöpfen aus der Bütte bleibt der Papierstoff auf dem Geflechte liegen, und nur das Wasser fließt durch die feinen Zwischenräume durch. Das fertige Papier sieht wie linirt aus, und manche Formen sind auch so gearbeitet, daß die Linien das Schreiben sehr erleichtern. b) Die Velinform, welche seit der Mitte des 18. Jahrh. in England; seit 1785, wo sie Etienne Montgolfier nacherfand, in Frankreich und seitdem in den meisten Ländern gebraucht wird, ist ein aus dem feinsten Messingdrahte gewebter Siebboden (vergl. Siebmacher-Arbeiten Nr. 31 u. 53), womit das Schöpfen jedoch langsamer von Statten geht, weil das Wasser aus dem dichten Drahtgewebe nur tropfenweise ablaufen kann. Da im fertigen Papiere der Draht beynahe nicht sichtbar ist, so hat das Papier ein sehr schönes, fast pergamentartiges Ansehen, wodurch dasselbe in der neueren Zeit so beliebt geworden ist. Seit Kurzem hat mon auch eine neue Art von Velinformen, die croisirte Form, wobey das Sieb wie Seidencroisé gearbeitet ist, welches jedoch dem Papiere ein trübes Ansehen gibt, und sich wahrscheinlich nicht lange erhalten wird. In diese sowohl, als in die gerippten Formen werden mit Draht die Papierzeichen, d. i. Zeichen der Fabrik, Nahmen des Eigenthümers oder des Ortes, Wapen, Nummern, Buchstaben etc. etwas erhöht eingeflochten, daher diese Gegenstände im fertigen Papiere durchsichtiger erscheinen, als das Papier selbst, wie dieß besonders bey Staatspapieren und Papiergeld der Fall seyn muß. Im Inlande sollte nach dem Patente vom 5. May 1756 und nach der Papiermacher-Ordnung vom 14. May 1768 bey 20 Rthlr. Strafe in jeder Mühle kein anderes, als das gewöhnliche

Zeichen gebraucht werden; doch scheint diese, die Industrie beschränkende Vorschrift durch die langjährige Nichtbefolgung ganz aufgehoben zu seyn. Da es Papiere von den verschiedensten Formaten gibt, so muß auch jede Papiermühle mit kleinen und großen Formen jeder Art versehen seyn. Vorzüglich unterscheidet man die kleinen, mittleren und großen Formen, die Registerformen, die Klein- und Groß-Medianformen, die großen und kleinen Royal- und Imperialformen, die großen und kleinen Elephantformen (Oliphanformen), die Cardaun- und Colombierformen, die Papalformen u. s. w. Auch nach der Gattung des Zeuges hat man verschiedene Formen, andere z. B. zum Conceptpapiere, andere zum Kanzelleypapiere, andere zum Postpapiere, andere zum Zeichnen-, Noten-, Fließ- und Packpapiere etc., wieder andere zu einzelnen Sorten aller dieser Gattungen, die nach bestimmten Zeichen benannt und verlangt werden. (Vergl. weiter unten die Gattungen der Papiere mit ihren Dimensionen.) Man hat in neueren Zeiten auch Formen von doppelter Größe erfunden, womit 2 Bogen zugleich geschöpft werden können. Noch merkwürdiger aber ist die von dem Engländer Jos. Bramah gemachte Erfindung, Papierbogen ohne Ende oder richtiger von beliebiger Länge und Breite in Rollen zum Gebrauche auf Papier-Tapeten zu erzeugen. Diese Erfindung ist nun schon in mehreren Ländern ausgeführt, nahmentlich in England, wo schon an 50 solcher Fabriken bestehen sollen, in Frankreich, wo auch Didot Saint-Leger eine sehr sinnreiche Methode erfunden haben soll, wie man Papier zu einer Länge von 100 bis 1000 Metres verfertigen könnte, in Rußland, und seit Kurzem in Berlin. Die Berliner Fabrik wird durch Dampfmaschinen in Bewegung gesetzt, und soll täglich 100 Rieß Papier liefern. Der Vortheil, daß Alles durch Maschinerie betrieben wird, soll vorzüglich darin liegen, daß das Papier gleichförmiger ausfällt. In Teutschland behauptete auch Adolph Käferstein, Besitzer einer Papiermühle zu Weida im Großherzogthume Weimar, schon vor vielen Jahren die Erfindung des Papiers ohne Ende gemacht zu haben, wodurch diese also den Teutschen angehören würde. In Österreich sind bisher nur in der Franzensthaler Papierfabrik bey Ebergassing

Versuche mit Erzeugung dieses Papiers gemacht worden. Der Eigenthümer dieser Fabrik, Ritter von Peschier, und der Director derselben, Vincenz Steiz, haben unterm 12. Dec. 1819 ein 10jähriges ausschließendes Privilegium auf eine von letzterem nacherfundene Papierfabricationsmaschine erhalten, worauf künftig das Papier in Blättern von jeder beliebigen Länge und mit der größten Ersparniß an Handarbeit, Raum und Zeit verfertiget werden soll. Bis zum März 1821 war aber noch kein solches Papier in den Handel gekommen.

Die eigentliche Fabrication des Papiers besteht nun im Schöpfen der Bogen, im Auspressen des Wassers, im Trocknen, Leimen und Glätten.

Der Schöpfer oder Büttgeselle umfaßt mit dem Deckel oder Rahmen die auf dem großen Stege vor ihm liegende Form und taucht sie wagerecht so tief in die Bütte, bis sie ganz von der Papiermasse überdeckt ist, zieht sie schnell heraus, und treibt sie etwas, d. i. er schüttelt sie, um das Abfließen des Wassers zu befördern. In Frankreich und Holland ist statt des Schüttelns das Stoßen der Formen gebräuchlich, jedoch auch nur bey den feineren Papieren. Hierauf schiebt der Schöpfer die Form auf dem kleinen abwärts geneigten Stege dem Gautscher zu, zieht aber schnell den Deckel ab, mit dem er eine zweyte, vom Gautscher zurück erhaltene Form anfaßt, um aufs Neue zu schöpfen, und so wird ein Bogen nach dem andern aus der Bütte geschöpft und dem Gautscher zugeschoben. Dieser übernimmt die mit Zeug bedeckte Form, lehnt sie etwas an ein gezacktes, am Rande der Bütte befestigtes Bret (Esel genannt), um noch Wasser ablaufen zu lassen, dann kehrt er sie um und drückt sie auf ein neben ihm liegendes Stück Filz, wodurch der geformte Bogen beym Abnehmen der Form auf dem Filze hängen bleibt. Er schiebt hierauf die leere Form auf dem großen Stege dem Schöpfer wieder zu, nimmt eine neue gefüllte Form, bedeckt den ersten Bogen mit Filz und drückt auf diesen den zweyten Bogen ab, bedeckt ihn wieder mit Filz u. s. w. Wenn auf solche Art ein Stoß von 181 Bogen mit 182 Filzen gebildet ist, so nennt man denselben einen Pauscht oder Puscht. Bey manchen Papiergattungen besteht derselbe auch aus mehr

Bogen, und zuweilen werden oben und unten zwey Filze gelegt. Bey einem gewöhnlichen Pauschte können in einer Minute 7 bis 10 Bogen mit dem Filze geschichtet werden. Wenn man das Arbeitsjahr zu 300 Arbeitstagen annimmt, so erzeugt jede Bütte nach einem aus der Erfahrung genommenen Mitteldurchschnitte jährlich 2500 Rieß und verbraucht hierzu beyläufig 50,000 Pf. Hadern.

Die Filze, welche zum Schichten des Papiers verwendet werden, sind nicht wahre Filze, wie sie der Hutmacher liefert, sondern viereckig geschnittene schwach gewalkte Tücher, etwas größer, als die Bogen selbst, und in Österreich ist durch das Patent vom 6. July 1754 ausdrücklich verbothen, hierzu grobe Tücher, welche die Haare lassen, zu gebrauchen. Am liebsten bedient man sich im Inlande geköperter Loden oder sogenannter Papiermacher-Filze (vergl. Wollenstoffe Nr. 83), welche halbgewalkt sind. Sie müssen sehr rein gehalten werden, welches früher alle 8 Tage durch sorgfältiges Waschen mit den Füßen, jetzt häufiger durch die Waschmaschine bewirkt wird. Die Gebrüder Galvani zu Pordenone im Venetianischen haben im J. 1819 für eine nützliche Erfindung zum Waschen des Filzes im kalten und fließenden Wasser die goldene Medaille erhalten.

Das Pressen hat den Zweck, das überflüssige Wasser aus dem Pauscht zu entfernen. Er wird daher oben und unten mit einem Brete belegt, und in die Presse gebracht. Diese ist entweder eine Stangenpresse (Hebelpresse), oder eine Wasserpresse. Bey der ersteren sind 5 Arbeiter erforderlich, welche die Hebelsarme herumdrehen und dadurch die Preßbank auf das Papier niedertreiben. Man kann mit dieser Presse bis 40 Mahl in einem Tage pressen. Die Wasserpresse, welche durch Wasser in Thätigkeit gesetzt wird, soll Menschen und Zeit ersparen. Sie ist dreyfach: eine Schneckenpresse, eine Seilpresse, oder eine Räderpresse. Bey jeder wird die Preßspindel durch die Kraft des Wassers auf eine eigene Art zugeschraubt; bey der ersteren durch eine Schnecke (eigentlich eine Schraube ohne Ende) mit einem Kammrade; bey der zweyten durch ein Seil, welches um den vertieften Rand eines großen, an der Spindel befestigten Rades gelegt, von einer durch das Wasserrad bewegten Welle gezogen wird; bey der dritten bloß durch mehrere gezahnte Räder und Getriebe, die mit der Preßspindel verbunden sind. Wenn es dem Wasserrade nicht an der nöthigen Wassermenge fehlt, so erfordert das Zusammenpressen eines Pausches Papier nicht mehr als $3\frac{1}{2}$ Minuten Zeit. Indessen sind solche Maschinen kostbar, unterliegen vielen Reparaturen und hemmen dadurch wieder die Fabrication. Man sucht daher vielmehr die Handpressen mit gut eingerichteten Rädern und Getrieben immer mehr zu verbessern, und ohne Zweifel werden alle Wasserpressen nach und nach durch Handpressen ersetzt werden. Das Pressen gibt dem Papier seine Festigkeit, und je schärfer es geschieht, desto fester wird es, und desto stärker kann man es leimen, wenn es vor dem Leimen getrocknet worden ist. Das österr. Patent vom 6. July 1754 schreibt den Papiermachern die Art des Pressens genau vor. „Wenn das Papier gelegt ist," heißt es darin, „so muß es nicht gleich aufgehangen, sondern alles, was den ganzen Tag gearbeitet worden ist, zusammen in die Presse gelegt und langsam gepreßt werden, und so hat es über Nacht zu bleiben. Dadurch wird auch das in dem Papiere noch zurückgebliebene Wasser, welches sonst die höckerigen Ungleichheiten verursachet, vollkommen ausgedrückt, das Papier aber schön und glatt. Das feine Papier fordert mehr; nähmlich wenn 2 oder 3 Buschen Papier zwischen den Filzen das erste Mahl gepreßt worden sind: so können sie zum zweyten Mahle, wenn sie gelegt sind (d. i. ohne Filze), mit dem gegautschten oben in die Presse genommen, und nach dieser zweyten Pressung überlegt werden, und abermahls über Nacht in die Presse kommen. Das vielfältige Pressen und Überlegen des Papieres kostet zwar einen Gesellen mehr; da aber ein solches Papier weder das Glätten, noch das Stampfen braucht, so ist dabey noch ein Gewinn." Der Geselle, welcher das Überlegen des Papieres besorgt, wird Leger genannt.

Am folgenden Tage muß das Papier getrocknet werden. Es wird nähmlich auf den Trockenboden, unter dem Dache des Trockenhauses gebracht, und dort mittels hölzerner Kreuze stoßweise zu 3, auch 5 bis 6 Bogen zusammen auf die gespannten Schnüre gehängt. Diese Schnüre müssen aus einem Stoffe gemacht seyn, welcher weder abschmutzt, noch leicht in Fäulniß geräth, noch auch Falten im Papiere verursacht. In den österr.

Papierfabriken bedient man sich hierzu roßhaarener Stricke (vergl. Seiler-Arbeiten Nr. 32); anderwärts braucht man auch Stricke aus Palmblättern, aus den Fasern der Kokosnüsse, aus Spartogras (vergl. Seiler-Arbeiten Nr. 95) rc., und dünne spanische Röhre. Bey guter Witterung geht das Trocknen schnell vor sich; auch läßt sich dasselbe durch künstliche Wärme beschleunigen. Lösch- und Druckpapier werden gleich nach dem Trocknen gefalzt, in Bücher und Rieß zusammengelegt und gepreßt; nur wird das Druckpapier vor dem Pressen noch geschlagen oder geglättet. Alles Schreib- und Zeichnenpapier aber muß steifer und fester seyn, und besonders dem Aus- und Durchfließen der Tinte widerstehen. Dieses wird durch Leimwasser und durch eine Alaunauflösung erzweckt.

Vor dem Leimen läßt man das Papier im trocknen Zustande stockweise eine Zeit lang über einander liegen, da das Leimen desto besser geräth, je länger selbes so liegt. Den Leim bereiten sich die Papiermacher gewöhnlich selbst. Jeder leimt fast auf andere Methode, und hält die seinige für die beste; nur ist in Österreich schon seit 6. July 1754 vorgeschrieben, auf 40 bis 50 Rieß Papier 8 bis 9 Pf. zerlassenen Alaun unter den Leim zu geben. Der beste, aber theuerste Leim ist der aus Pergamentschnitzeln bereitete; in den meisten österr. Papiermühlen aber wird mit Schaffüßen, Leimleder und Tischlerleim mit dem Zusatze von Alaunwasser geleimt. Das Verhältniß des Alauns ist dergestalt berechnet, daß 10 Pf. auf 300 Pf. Schaffüße, eben so viel auf 80 Pf. Tischlerleim und eben so viel auf 100 Pf. Leimleder genommen werden. Diese Substanzen werden in einem kupfernen Kessel mit Wasser gekocht, und die Flüssigkeit dann in ein Faß filtrirt. Durch dieses Leimwasser werden 3 bis 5 Bogen zugleich durchgezogen. Hierauf wird das geleimte und durch das Pressen von dem überflüssigen Leime befreyte Papier getrocknet und abermahls geleimt. Vor dem 16. Jahrh. wurde alles Papier geleimt; in der Folge nahm man ungeleimtes Papier zum Drucken, und überließ das Leimen dem Buchbinder, welcher dasselbe Planiren nennt. Der Eigenthümer der Altenberger Papiermühle in Böhmen, Joh. Bened. Heller, hat eine Art von vegetabilischem Leime in Anwendung gebracht, welcher aber dem thierischen Leime sehr nachzustehen scheint, da er die Farbe des Papiers nach der Zeit ins Gelbliche zieht. Bey dieser Gelegenheit verdient die in Frankreich entdeckte Methode, das Leimen des Papiers zu erleichtern, eine Erwähnung. Sie besteht darin, daß man dasselbe in der Bütte selbst vornimmt, eine Methode, die jetzt dort schon sehr häufig ausgeübt wird.

Nach dem Leimen und Pressen wird das Papier bogenweise zum Austrocknen aufgehängt, dann abgenommen, und zur Zeit, da die Luft etwas frisch und feucht ist, besonders in den Morgenstunden, gleich in die Presse gebracht, und durch 24 Stunden sehr stark gepreßt, doch so, daß die Presse mehrmahls um so viel angezogen wird, als das Papier sich gesetzt hat. Hierauf wird es geputzt, ausgeschossen, in Bücher abgetheilt, gefaltet und wieder gepreßt; jedoch liegt bey diesem letzten Pressen das Papier doppelt, d. i. 2 Bücher neben einander. Endlich wird es in Rieß und Ballen unter der Presse selbst eingetheilt und gebunden. Der Ballen hält 10 Rieß, der Rieß 20 Buch, das Buch Schreibpapier 24, das Buch Druckpapier 25 Bogen; folglich sind im Ballen 4800 Bogen Schreib- oder 5000 Bogen Druckpapier enthalten. In manchen Ländern geschieht die Abtheilung auch auf andere Art, und das Papier wird nicht in Buch, sondern in kleine Parthien von 5 bis 6 Bogen zusammengelegt. Im Venetianischen hält der Rieß von allen Zeichnen-, Noten-, Druck- und einigen Schreibpapieren zwar auch 500 Bogen; von mehreren feinen, besonders den kleinen Schreibpapieren, zählt der Rieß aber nur 480, von mehreren Velinpapieren und dem Briefcopierpapiere nur 425 gute und 56 Ausschußbogen.

Das oftmahlige Pressen ist hinreichend, dem Papiere den erforderlichen Grad von Gleichheit, Festigkeit und Schönheit zu geben. Manche Verwendungsarten fordern aber einen noch höheren Grad von Glätte, welcher dem Papiere durch andere Vorrichtungen gegeben werden muß. Man pflegt es zu dem Ende zu stampfen oder zu glätten. Zum Stampfen oder Schlagen dient die Papierstampfe, d. i. ein großer, fast 200 Pfund schwerer eiserner Hammer, welcher vom Wasser getrieben wird. Unter diesem Hammer oder Schlägel liegt eine Marmorplatte, auf dieser das in Bücher getheilte Papier, und jedes Buch empfängt von dem Hammer 4 oder 5 Streiche auf jeder Seite, nach Art der Buchbinderstreiche. Diese Schlagstampfe wurde zu Anfang des 16. Jahrh. auf einer Papiermühle zu Iglau in Mähren erfunden, bey welcher damahls noch eine Buchdruckerey und Buchbinderey unterhalten wurde. Als der Buchbinder sich dadurch seine Arbeit erleichterte, daß er den Planirhammer an das Geschirr der Mühle anbrachte, so machte der Papiermüller die Schlagstampfe. Das Glätten geschieht nach der älteren Methode auf einer Marmorplatte mittels eines polirten Steines (eines Agats oder Feuersteins), welcher in eine hölzerne Stange eingefaßt ist, die auf dem Papierbogen schnell hin und her geht. Die Stange kann durch das Mühlwerk (mittels einer Kurbel und einer horizontalen Schwinge) in Bewegung gesetzt werden. Nach der neueren oder sogenannten Schweizer Methode geschieht das Glätten durch Walzwerke oder Cylindermaschinen. Jeder Bogen wird einzeln durch zwey polirte Messingwalzen gezogen, wovon eine durch einen eingelegten heißen Bolzen erwärmt wird.

Die meisten Papiere werden weiß verfertiget, und bey manchen wird, um die Weiße zu erhöhen, ein geringer Zusatz von Blau, gewöhnlich Berlinerblau oder noch besser Schmalte, unter den Zeug gegeben; ja in einigen Papiermühlen wird, wiewohl oft mit schlechtem Erfolge, etwas blaues Pigment erst unter den Leim gemischt. Es werden aber auch viele farbige Papiere geschöpft, welche man in zwey Gattungen unterscheidet: in die naturfarbigen, und die im Zeuge gefärbten Papiere. Naturfarbige Papiere nennt man solche, welche aus farbigen, z. B. blauen, rothen, grauen ꝛc. Hadern eben so wie die weißen verfertiget werden, nähmlich die blauen, röthlichen, graulichen Conceptpapiere, die rothen und blauen Umschlagpapiere u. dgl. m., wobey es wohl kaum erwähnt zu werden braucht, daß die Hadern echtfarbig seyn müssen, da sie sonst durch die Vorbereitungsarbeiten ihre Farbe verlieren würden. Im Zeuge gefärbte Papiere sind jene, wozu zwar weiße oder halbweiße Hadern verwendet werden, wobey aber dem Zeuge entweder schon im Holländer oder erst in der Bütte durch den Zusatz eines Pigments eine beliebige Farbe gegeben wird. Man macht sowohl Druck- als Schreibpapier im Zeuge gefärbt, beynahe in allen Farben. Mehrere Papierfabriken, z. B. die Straußische zu Unter-Waltersdorf, die Peschiersche zu Franzensthal u. a. m., machen ganze Sortimente solcher im Zeuge gefärbter Papiere, deren Haltbarkeit vollkommen erprobt ist, da sie gefeuchtet und bedruckt werden können, ohne daß die Farbe im Geringsten leidet. Eine besondere Art solcher gefärbter Papiere ist das holländische violette oder sogenannte Zuckerpapier, welches mit Blauholz und Eisenvitriol gefärbt wird.

Am Schlusse der Darstellung der Papierfabrication ist noch des Strohpapieres und einiger besonderer, zu speciellen Zwecken zugerichteter Papiere zu erwähnen. Das Strohpapier wird aus mehreren Strohgattungen fast auf ähnliche Art, wie das Lumpenpapier, verfertiget. (Vergl. Th. I. Abth. Papier-Materialien, die Artikel Halb- und Ganzzeug aus Stroh Nr. 16 und 17.) Es ist nicht vollkommen weiß, sondern fällt immer ins Gelbe oder Bräunliche, weßhalb man dasselbe auch auf verschiedene Art im Zeuge zu färben gesucht hat. Durch Tränken mit einer Gattung Firniß hat man daraus das durchsichtige, zum Durchzeichnen bestimmte Papier, papier lucydonique, bereitet, welches sich vollkommen brauchbar bewiesen hat. Unter die zu einzelnen Zwecken zugerichteten Papiere gehören vor anderen mehrere Gattungen von Zeichnenpapieren, dann das Stahlpapier, das unverbrennliche Papier :c. Zum Zeichnenpapiere gehören: das durchsichtige Öhl- oder Copierpapier, welches aus feinem, nicht zu stark geleimtem Postpapiere dergestalt gemacht wird, daß man dasselbe auf einer glatten Tischplatte mit Baum-, Nuß-, Mohn- oder Mandelohl, oder auch mit Terpentinspiritus in Vermischung mit Bleyzucker, bestreicht und gehörig trocknet; die schwarzen und rothen Pauspapiere, welche auf einer Seite mit einem fetten Pigment überstrichen werden; die gekreideten Papiere, worauf mit schwarzer Kreide oder mit Silberstiften gezeichnet und geschrieben wird; die gewöhnlichen grundirten Papiere zu Kreidenzeichnungen; das Elfenbeinpapier, wozu man drey Bogen Schreibpapier über einander leimt, und von außen mit einer Farbe aus feinem Gyps, Zinkblumen und Pergamentleim überzieht. Das Stahlpapier ist von zweyerley Art. Das eigentliche Stahl- oder rostfreye Papier, worin Nähnadeln und andere feine Stahlwaaren vor dem Roste geschützt bleiben, ist nur gewöhnliches Papier, welches beym Leimen nicht alaunt worden ist; zuweilen wird dasselbe noch mit Terpentinöhl, Talg und Wasserbley, oder auch mit Leimwasser und einem Firniß aus Leinöhl, Harz und Terpentinöhl überstrichen. Eine andere Gattung ist das Rost- oder Polirpapier für Eisen- und Stahlwaaren, welches nur ein Paar Anstriche aus gepulvertem Bimssteine oder aus Schmirgel mit Leinöhlfirniß erhält, dem man gemeiniglich ein gelbes, schwarzes oder rothes Pigment zusetzt. Unverbrennliches Papier, welches sich nicht entzündet, sondern bloß verkohlt, entstand durch den Zusatz von sehr viel Eisenvitriol unter den Zeug. Das von Hrn. Prof. Kietaibel erfundene und in dieser Sammlung häufig angewendete Conservationspapier gegen Insecten, besonders für Wollenstoffe, ist mit einer Mischung aus Terpentinöhl und weißem Quecksilber-Sublimat angestrichen. Die übrigen weiteren Zubereitungen der Papiere, wie das Färben, Drucken, Vergolden, Pressen u. s. w. kommen unter eigenen Überschriften in den folgenden Unterabtheilungen vor.

Zustand der Papierfabrication im österreichischen Kaiserstaate.

Die Papierfabrication, welche im vorigen Jahrhunderte, ungeachtet der Sorgfalt der Staatsverwaltung und der vielen, zur Emporbringung derselben getroffenen Verfügungen, weit zurückgeblieben war, hat in der neueren Zeit sowohl in Hinsicht ihres Umfanges, als in Hinsicht auf die Qualität der Papiere, sehr bedeutende Fortschritte gemacht. In denjenigen Provinzen, wo dieser Industriezweig schon seit längerer Zeit betrieben wird, wie in Böhmen, Österreich, und im lombardisch-venetianischen Königreiche, hat man es in einigen Papiergattungen bereits zu einem hohen Grade von Vollkommenheit gebracht; in den übrigen Provinzen, wie in Ungarn, Siebenbürgen, Galizien ꝛc. ist die Zahl der Papiermühlen nicht nur vermehrt worden, sondern das Papier hat auch sichtlich an Schönheit und Güte gewonnen. Von allen Provinzen dürfte Böhmen in quantitativer und qualitativer Hinsicht den ersten Rang behaupten. Vor einigen Jahren waren in diesem Lande noch 107 Papiermühlen mit 627 Papiermachern gezählt worden, welche mit Ausnahme des Stahlpapieres für Nähnadeln und feine Stahlwaaren, und der Preßspäne nach englischer Art, alle übrigen Papiergattungen verfertigten. Die böhmischen Papiere haben, besonders seit den letzten 10 Jahren, einen besonderen Vorzug wegen ihrer Haltbarkeit, welche man den zweckmäßigen Handgriffen beym Leimen zuschreibt, und vorzüglich sind es die böhmischen Schreibpapiere, welche geschätzt werden. Die erste Fabrik ist unstreitig die von den Gebrüdern Gustav und Wilhelm Kiesling zu Hohenelbe betriebene, welche im J. 1804 von Aloys Kiesling (dem Vater der jetzigen Eigenthümer) und dessen Bruder gegründet wurde. Sie arbeitet gegenwärtig mit 5 Bütten und liefert alle Gattungen Papiere, besonders Zeichnenpapiere nach englischer und holländischer Art, alle geleimten und ungeleimten Velin-, Post-, Kanzelley- und Conceptpapiere u. s. w. Sie haben sämmtlich einen hohen Grad von Weiße. Außer der Kieslingschen Fabrik zu Hohenelbe verdienen noch die Anton Kieslingsche zu Lauterwasser nächst Hohenelbe, welche ebenfalls die meisten Gattungen feiner Schreibpapiere erzeugt, die Gabriel Ertelsche zu Hohenelbe, die Altstadt-Trautenauer, die Franz Kieslingsche zu Langenau bey Hohenelbe, die Joseph Schützische zu Radel, die Hellersche zu Altenberg nächst Iglau mit 2 Bütten, die Ferdinand von Schönfeldsche zu Carolinenthal bey Prag, die von Pachnersche zu Krummau mit 5 Bütten und 38 Arbeitern, die Fr. Ritschlsche zu Bensen rc. besonders genannt zu werden. — An Böhmen darf das lombardisch-venetianische Königreich, wo über 100 Papiermühlen bestehen, angereihet werden. Ungeachtet die meisten davon, was auch in Böhmen der Fall ist, nur klein sind, und mit einer einzigen Bütte betrieben werden: so gibt es doch darunter mehrere von bedeutendem Umfange, und das Venetianische allein zählt gegenwärtig 55 Papierfabriken. Sie behaupten unter den dasigen Industrieanstalten sowohl in Ansehung ihrer Zahl, als in Ansehung der Vollkommenheit ihrer Erzeugnisse eine der ersten Stellen, und befinden sich fortwährend in lebhafter Thätigkeit, ungeachtet der Absatz, besonders nach der Levante, nicht mehr so bedeutend ist, wie vor mehreren Jahren. Darunter verdienen vorzugsweise angeführt zu werden: die k. k. Papierfabrik zu Vaprio, die Papierfabrik der Gebrüder Galvani (vormahls Valentin Galvani) zu Pordenone in Friaul, deren Zeichnen- und Kupferdruckpapiere, Velin-, Noten- und Tapetenpapiere in jeder Hinsicht sehr gelobt werden, die Fabrik der Dita Liberal Vendrame zu Udine, der Dita Gebrüder Mori zu Treviso, die Fabrik der Gebrüder Andreoli zu Toscolano, welche ganz vorzüglich gute Druckpapiere liefert, des Ferd. Elmucci zu Mantua u. a. m. Es ist schon oben einer Auszeichnung gedacht worden, welche den Besitzern der Fabrik zu Pordenone, wahrscheinlich der besten in ganz Italien, wegen ihrer vorzüglich guten Preßspäne zu Theil wurde. Im Sept. 1820 wurde überdieß auch Carl Galvani, Director und Miteigenthümer der Fabrik, in Rücksicht seiner Verdienste in Verbesserung der Papierfabrication mit der mittleren goldenen Civil-Ehrenmedaille belohnt. — In Österreich unter der Ens bestehen 9 k. k. priv. Papierfabriken, nahmentlich die beyden Edl. von Pachnerschen zu Klein-Neusiedel und Leesdorf, wovon die erste mit 20 Bütten und 60 Gesellen, die zweyte mit 2 Bütten betrieben wird, wodurch im Ganzen gegen 500 Personen Arbeit und Nahrung erhalten; die Guntramsdorfer und Wiener Neustädter Papierfabriken von Jonathan Gabriel Uffenheimer, welche allein bey 200 Papiergattungen liefern, und eine eigene patentirte Bleichmethode ausüben; die Anton Straußische zu Unter-Waltersdorf, welche alle Druck- und Schreibpapiere, und eine große Menge im Zeuge gefärbter Papiere erzeugt; die Franzensthaler Papierfabrik des Hrn. Ludwig Ritter von Peschier bey Ebergassing, wo weiße und gefärbte, Post- und Velinpapiere erzeugt werden, welche den ausländischen wenig nachstehen; die Salzersche zu Stattersdorf, die von Welzische zu Ober-Eggendorf, und die Schmidtsche zu St. Pölten; dann 7 Papiermühlen: zu Biedermannsdorf, Rannersdorf und Leiben (beyde dem höchsten Ärarium gehörig), Schottwien, Rosenburg, Rechberg und Räps. Den Herren Gräffer und Kaufmann in Rannersdorf, und dem Herrn Ignaz Theodor Pachner Edlen von Eggenstorf in Klein-Neusiedel gebührt das Verdienst, zuerst feinere Papiere über Velinformen gearbeitet zu haben. Die bey Alberti in Wien im J. 1790 bis 1792 gedruckte Quartausgabe von Ossians und Sineds Liedern war das erste, auf österreichischem Velinpapiere gedruckte Werk. Seit dem datirt sich vorzüglich das Weiterschreiten in der Erzeugung feiner Papiere. Die Fabrik zu Klein-Neusiedel, eine der größten in der Monarchie, wurde von Hrn. Pachner von Eggenstorf im J. 1793 unter dem Nahmen einer feinen holländischen Papierfabrik gegründet, und von demselben Besitzer im J. 1798 auch die Papierfabrik zu Leesdorf vergrößert. In der Neusiedler Fabrik sind im J. 1796 zuerst die eigentlichen Holländer eingeführt worden, welche vor diesem Jahre im Inlande noch nicht so vollkommen vorhanden waren. Es wurden seit dieser Zeit vorzüglich schöne holländische Papiergattungen (Postpapiere) gemacht, und in den letzteren Jahren lieferte sie auch die künstlichen Bancozettelpapiere und Stämpelpapiere mit besonderen Wasserzeichen. Seit dem Tode des Eigenthümers im J. 1814 werden beyde Fabriken zu Neusiedel und Leesdorf noch in voller Thätigkeit fortgesetzt, und die Firma führt gegenwärtig per Procura der Director Franz Modini, welcher durch 33 Jahre bey Hrn. v. Pachner durch die Direction der Fabriken wesentlichen Nutzen geleistet hat. — In Verfertigung der Strohpapiere hat Anton Estler, Wasch- und Neublaufabrikant, das Meiste geleistet, und auf seine Erfindung auch ein ausschließendes Privilegium erhalten. Schon früher (J. 1802) erhielt derselbe auch ein Befugniß auf die Verfertigung aller Gattungen Papiere aus beschriebenem und bedrucktem Papiere. — In Österreich ob der Ens sind nur kleine Papiermühlen, welche außer Preßspänen die nöthigen Concept-, Kanzelley- und Postpapiere verfertigen. — Ebenfalls auf die nöthigsten Papiere beschränkt sind die Papiermühlen zu Reutti, Wattens, Trient, Roveredo, Riva, Scurelle, Fleimserthal in Tyrol und Lauterach in Vorarlberg; nur die zu Trient von Jos. Colombani betriebene Mühle gewinnt an Vollkommenheit und Ausdehnung. Bis jetzt werden in der Provinz nur gewöhnliche Schreib-, Druck-, Fließ- und Packpapiere nebst Pappendeckeln verfertiget; die feinen Postpapiere sind noch zurück, und

Velinpapiere sind bisher gar nicht gemacht worden. — Illyrien hat Papierfabriken zu Podgora, Heidenschaft, Görtschach und Seisenburg, die außer den erforderlichen Schreib- und Druckpapieren wenig verfertigen. Eben dieß ist der Fall auf den Papiermühlen zu Grätz ꝛc. in Steyermark; zu Brünn, Kunstadt, Altbrünn, Raitz, Janowitz, Sternberg, Littau, Namiest, Jungferndorf, Ober-Langendorf, Przibislawitz und Weißwasser in Mähren; zu Sklo, Przedborze, Hucisko, Kutkorz, Nowo groble, Lelechowka, Nawaria, Zawadow, Perinia, Lachowce und Krzywotuli in Galizien. Von den letzteren ist die Pillersche zu Sklo unstreitig am zweckmäßigsten eingerichtet; doch wird auf dieser, so wie auf den übrigen, gewöhnlich nur Lösch-, ordinäres Druck- und gewöhnliches Schreibpapier nebst Pappendeckeln erzeugt. — Ungarn hat bey 40 Papiermuhlen, die im Durchschnitte nur ordinäre und gute Mittelgattungen machen, was auch in Siebenbürgen der Fall ist.

Der Hauptsitz der Papierfabrication sind also die böhmischen Länder, Österreich und das lombardisch-venetianische Königreich. Es dürfte für die Kenntniß der Papiere im Allgemeinen nicht uninteressant seyn, die sämmtlichen Gattungen aufzuführen, welche in Böhmen und Österreich erzeugt werden, und jeder derselben das Durchschnittsmaß der Höhe und Breite der Bogen nach österr. Zoll, einigen auch das Gewicht pr. Rieß beyzufügen.

Die I. Hauptgattung sind die Fließ- (Lösch-) und Packpapiere. Davon gibt es a) ungeleimtes kleines Schrenz 12 bis 13 Zoll hoch, 13 bis 22½ Zoll breit; b) ungeleimtes mittleres Schrenz 13 bis 16 Zoll hoch, 16 bis 17 Z. br.; c) ungeleimtes großes Schrenz 20 bis 21 Z. hoch, 26 bis 27 Z. br.; geleimte Packpapiere 12 bis 25 Z. hoch, 16 bis 36 Z. br. Von letzteren hat man weiße und gefärbte. Zu den weißen gehören: das ordinäre Packpapier, das mittlere Kartenpapier, das kleine und große Conceptpack, das Packregal, kleines und Imperial-Seidenpack, das Oliphanpack, das weiße Leinwandpack ꝛc. Zu den gefärbten gehören: licht-, mittel- und dunkelblaue und graue Packpapiere aller Formate, Zuckerpapiere, zwey- und dreyfarbig melirte, das blaue Strumpfpack, das braune Packpapier nach englischer Art (aus alten Seilen, Stricken, Werg ꝛc.), das ganz- und halbschockige Violetpack, das blaue Webenpack, das schwarze Pack, das Pfeffer- und Salzpack (d. i. braun und weiß melirt), das zweyfarbige dunkelgelbe, das ingwerfarbige, bolusfarbige, rothe und Lillapack, das rothe Umschlagpapier u. s. w.

Die II. Hauptgattung sind die Druckpapiere oder überhaupt die ungeleimten weißen und gefärbten Papiere. Sorten derselben sind: a) das Concept-Druckpapier, und zwar kleines, mittleres, großes, ordinäres und Adlerdruck, 13 bis 14 Zoll hoch, 16 bis 17 Zoll breit. Diese Sorten werden beynahe auf allen Papiermühlen erzeugt, und machen eine Winterbeschäftigung aus, zur Zeit, wo der Frost das Leimen nicht gestattet. b) Kanzelley-Druckpapiere, klein, mittel und groß, sowohl gepreßt, als ungepreßt, meist 14 bis 14½ Zoll hoch, 17 bis 19¾ Z. br. c) Register-Druckpapiere 15 bis 16½ Z. hoch, 19 bis 20 Z. br., der Rieß 11 bis 13 Pf. schwer. d) Post-Druckpapiere, ordinär und fein, 14 bis 15 Z. hoch, 17 bis 18½ Z. br. Dieselben auch halbgeleimt, wozu das schmälere pro Patria gehört. e) Median-Druckpapiere, klein, mittel und groß, halbweiß und weiß, 16½ bis 17 Z. hoch, 19½ bis 21 Z. br., der Rieß 14 bis 15 Pfund schwer. f) Feine Druckpapiere, wozu z. B. das große, mittel und kleine Medianpost, das feine Post rc. gerechnet werden, 15¼ bis 16¾ Z. hoch, 19½ bis 22 Z. br., 11 bis 13 Pf. schwer. g) Velin-Druckpapiere, nahmentlich Löwen-Velinpost, Basler Velinpost, Basler Groß-Velinpostdruck, Basler pro Patria, Basler Klein- und Groß-Royalpost, Basler Imperialpost, hoch und schmal Emoisin, Groß-, Mittel- und Klein-Median rc., 13 bis 21 Zoll hoch, 16½ bis 30½ Z. br., 6 bis 15 Pf. schwer. h) Noten- und Kupferdruckpapiere, wozu das mittelgroße und kleine Elephant, das Colombier, Imperial, Groß-, Mittel- und Klein-Royal, Emoisin, Groß-, Mittel- und Klein-Median, das Basler und Löwen-Druckvelin, und die Venetianer Notendruckpapiere gerechnet werden, 14 bis 26 Z. hoch, 17½ bis 36 Z. br., 20 bis 90 Pf. schwer. i) Goldschläger- oder Seidenpapiere, ord. und fein, 15 bis 16 Z. hoch, 16 bis 19 Z. br. k) Gefärbte Druckpapiere, blau, roth und leberbraun in allen Formaten, sowohl naturfarbig, als im Zeuge gefärbt.

Die III. Hauptgattung begreift die sämmtlichen Schreib- und Zeichnenpapiere, oder überhaupt die geleimten Papiere. Die Sorten derselben sind folgende: a) Conceptpapier von weißer, blauer, grauer, röthlicher und bräunlicher Farbe, und zwar Klein-Concept 12 bis $12\frac{3}{4}$ Z. hoch, 15 bis 16 Z. br., wozu auch das Stämpel-Concept gehört; Mittel-Concept $13\frac{1}{2}$ bis $14\frac{1}{2}$ Z. hoch, $16\frac{1}{4}$ bis 18 Z. br.; Groß-Concept $14\frac{1}{2}$ bis 15 Z. hoch, 18 bis 19 Z. br.; Register-Concept $15\frac{3}{4}$ bis 16 Z. hoch, 18 bis $19\frac{1}{2}$ Z. breit. b) Kanzelleypapiere von weißer, blaulicher, röthlicher ꝛc. Farbe, und zwar Klein-Kanzelley 12 bis $13\frac{1}{2}$ Z. hoch, $15\frac{1}{2}$ bis $16\frac{1}{2}$ Z. br., 10 Pfund schwer; Mittel-Kanzelley $13\frac{1}{2}$ bis 14 Z. hoch, $15\frac{3}{4}$ bis $18\frac{3}{4}$ Z. br.; Groß-Kanzelley, wozu das Marien-, Stern-, Wapenkanzelley ꝛc. gehört, $13\frac{3}{4}$ bis $14\frac{1}{2}$ Z. hoch, $16\frac{3}{4}$ bis $18\frac{3}{4}$ Z. br.; Dikasterial-Kanzelley 14 Z. hoch, 17 Z. br., 12 Pf. schwer; Register-Kanzelley $14\frac{1}{2}$ bis $15\frac{1}{2}$ Z. hoch, $18\frac{1}{2}$ bis $19\frac{1}{2}$ Z. br., 14 bis 16 Pf. schwer. c) Postpapiere von weißer, blaulicher, auch von blauer, rosarother, brauner, violetter und melirter Farbe, und zwar ordinäres Postpapier, wozu das Lilienpost gezählt wird, 13 bis $14\frac{3}{4}$ Z. hoch, 16 bis $18\frac{3}{4}$ Z. br.; Mittelpost 12 bis 15 Z. hoch, $15\frac{1}{2}$ bis 19 Z. br.; feines kleines Herren- oder Cavalierpapier, das kleinste Format $8\frac{1}{2}$ bis $10\frac{1}{2}$ Z. hoch, 14 bis $14\frac{3}{4}$ Z. br., mit und ohne Linien; Klein-Post 13 Z. hoch, $16\frac{1}{2}$ Z. br., 10 Pf. schwer; Dikasterialpost 14 Z. hoch, 17 Z. br., 11 Pf. schwer; Mittelpost $14\frac{1}{2}$ Z. hoch, 18 Z. br., 12 Pf. schwer; Briefpost, oft auch in halben Bogen von verschiedener Größe; feines Großpost, wozu das Harfenpost, Honigpost, Wanderleypost, einfaches oder dünnes Post, das Doppelpost ꝛc. gehören, 13 bis $15\frac{1}{2}$ Z. hoch, 16 bis $19\frac{1}{4}$ Z. br; kleines Medianpost $14\frac{1}{2}$ bis 15 Z. hoch, $17\frac{1}{2}$ bis $19\frac{3}{4}$ Z. br., 12 bis 18 Pf. schwer; Groß-Medianpost, wozu auch Honigpost, Kronenpost, Coquille u. a. gehoren, $15\frac{3}{4}$ bis $16\frac{3}{4}$ Z. hoch, $19\frac{3}{4}$ bis $21\frac{1}{2}$ Z. br., 11 bis 28 Pf. schwer; Postvelin, meist nach englischer Art,

$14\frac{1}{2}$ bis $16\frac{1}{2}$ Z. hoch, $17\frac{1}{2}$ bis $20\frac{1}{4}$ Z. br., 10 bis 12 Pf. schwer; Fächerpost, theils gerippt, theils velinartig, 15 bis $16\frac{1}{2}$ Z. hoch, $18\frac{3}{4}$ bis $20\frac{1}{2}$ Z. br. d) Medianpapiere aus Kanzelley- und Postzeug, 15 bis 18 Z. hoch, $19\frac{1}{4}$ bis 23 Z. br., 22 bis 30 Pf. schwer. e) Regal- oder Royalpapiere, gerippt, aus Kanzelley- und Postzeug, meist nach holländischer Art, groß, mittel und klein, 17 bis 20 Z. hoch, 18 bis 24 Z. br., 36 bis 54 Pf. schwer. f) Imperialpapiere aus Kanzelley- und Postzeug, gerippt und velinartig, $19\frac{3}{4}$ bis 21 Z. hoch, 24 bis 29 Z. br., 60 bis 66 Pf. schwer. g) Colombierpapiere $22\frac{1}{4}$ Z. hoch, $31\frac{1}{4}$ Z. br., 80 Pf. schwer. h) Oliphan- oder Elephantenpapiere, ordinär und fein, groß, schmal und klein, aus Kanzelley- und Postzeug, meist velinartig, wozu auch das sogenannte Tapetenpapier gehört, 24 bis 26 Z. hoch, 31 bis 39 Z. br., 100 bis 120 Pf. schwer. i) Cardaunpapiere, groß und klein, aus feinem Kanzelleyzeug, 24 bis 26 Z. hoch, 34 bis 39 Z. br., 75 bis 110 Pf. schwer. k) Doppelpapiere, und zwar Notenpapier, grau und weiß, $11\frac{1}{2}$ bis $19\frac{1}{4}$ Z hoch, $16\frac{1}{4}$ bis 25 Z. br.; Zeichnenpapier, theils velinartig, theils gerippt, wozu das englische Velin, das holländische Zeichnenpapier, das Imperial-Velin 2c. gehören, $14\frac{3}{4}$ bis $21\frac{1}{2}$ Z. hoch, 19 bis 30 Z. br.; geleimtes Kupferdruckpapier 15 bis 19 Z. hoch, 19 bis $22\frac{3}{4}$ Z. breit.

Viele dieser Papiere, besonders die Mittelsorten, werden von ausgezeichneter Güte verfertiget. Im Allgemeinen aber kann nicht geläugnet werden, daß in England, Holland und Frankreich schöneres und besseres Papier erzeugt wird, als in den österreichischen Staaten, wovon aber die Schuld nicht auf den inländischen Fabrikanten allein zu werfen ist. Um gutes und schönes Papier zu machen, muß man schöne und feine Leinenhadern haben, und diese liefert das Inland nur in unbedeutender Menge im Vergleiche mit jenen Ländern. Dort reihen sich Städte an Städte; Wohlstand, Reinlichkeit, Sitten und Gewohnheit verleiten selbst den Landbewohner zu einem Luxus in der Wäsche, den man hier nicht ahnet, und der allein jene Masse von Hadern erzeugt, die den dortigen zahlreichen Papiermühlen den Urstoff liefert. Diese Uferstaaten haben überdieß den Vortheil, ihr Materiale aus entfernten Ländern durch wohlfeilen Transport herbeyschaffen zu können. Die Ostsee, Spanien, Italien ꝛc. liefern viele Schiffsladungen der feinsten und ausgesuchtesten Hadern nach Holland und England, bey welchem Umstande es sich sehr leicht erklären läßt, wie dort dieser Industriezweig einen so hohen Grad von Vollkommenheit erreichen konnte, wie dieß überhaupt allenthalben der Fall ist, wo dem Fabrikanten alle Mittel zu Gebothe stehen. Der österr. Staat dagegen zählt nur wenige sehr große Städte, und diese wenigen stehen an Luxus jenen weit nach. In vielen unserer Provinzen trägt der Landbewohner nur wenig und sehr grobe Leinwand; Reinlichkeit gehört auch nicht immer zu seinen Tugenden; daher die Überreste seiner Wäsche und Kleidung oft kaum mehr den ursprünglichen Stoff erkennen lassen. Dieses gilt hauptsächlich von den ungrischen Hadern, womit die unterösterr. Papiermühlen sich größten Theils versehen müssen. Schlesien, Mähren, Böhmen und Oberösterreich liefern viel bessere Hadern, aus denen auch allerdings viel schönere Papiere erzeugt werden können, obwohl auch diese noch nicht den feineren englischen, holländischen und französischen gleichkommen. Es ist auch kaum einem Zweifel unterworfen, daß der inländische Fabrikant besser thue, keine so feinen Papiere machen zu wollen, da besonders in kleinen Etablissements die ganz feinen Hadern in zu unbedeutender Menge vorkommen, um die Mühe zu lohnen, wenn sie einzeln verarbeitet würden.

Wenn es nun auch gewiß ist, daß die ganz feinen Papiere im Inlande nicht leicht und allgemein erzeugt werden können: so ist kein Grund vorhanden, warum die feineren Mittelsorten und die ordinären Papiere nicht eben so vollkommen sollten gemacht werden können, als im Auslande. Zum Theil ist dieß jetzt auch der Fall, besonders in Böhmen, im Lande unter der Ens und im lombardisch-venetianischen Königreiche, wo allerdings sehr weiße, reine und brauchbare Papiere verfertiget werden. An vielen Papieren aber, besonders aus den kleineren Mühlen, kann noch immer Unreinheit, Ungleichheit und mangelhaftes Leimen ausgestellt werden. Es sey erlaubt, darüber Einiges anzuführen, was vielleicht manchem Fabrikanten Winke zur Verbesserung seiner Fabrication geben dürfte.

Bey jeder Papierfabrik müssen Vollkommenheit der Waare und Ökonomie zugleich berücksichtiget werden. Ein Hauptgegenstand der Ökonomie ist die genaue Sortirung der Hadern, die um so nothwendiger wird, je gemischter und unreiner dieselben sind. Es reicht nicht hin, Farbe und Feinheit der Hadern zu unterscheiden, sondern hauptsächlich soll auch der Grad der Abnutzung betrachtet, dabey alle gestoppten und genähten Stellen sorgfältig gesondert, und die fetten und unreinen von den sauberen getrennt werden. Bey einer sorgfältigen Sortirung erhält man wenigstens 18 Sorten von Hadern, die in jeder wohlgeordneten Papiermühle ausgezogen werden müssen, wenn ein schönes, gleichförmiges Papier erzeugt werden soll. Diese genaue Sortirung macht zwar etwas mehr Auslagen; allein diese finden sich mit Wucher wieder in dem höheren Werthe des Papieres, und in der Beseitigung des großen Verlustes an Stoff, der nothwendig entstehen muß, wenn harte und weiche Hadern unter einander verarbeitet werden; denn ehe die harten zu gutem Zeuge geworden, sind die weichen längst zu feinem Schlamme aufgelöst und durch das Wasser weggespühlt. Unterbricht man aber die Arbeit früher, so entstehen daraus die so häufig vorkommenden Knoten und Wolken, die das Papier zu so vielem Gebrauche untauglich machen; und überdieß muß ein so ungleicher Zeug zu weit dickerem Papiere verarbeitet werden, als sonst nöthig wäre, wodurch ebenfalls ein großer Verlust an Materiale entsteht. In den österr. Papiermühlen werden gewöhnlich, statt jener 18, nicht mehr als 7 bis 9 Sorten gemacht (Th. I. Papier-Materialien). Kleinere Papiermühlen erzeugen auf solche Art selbst die minderen Papiergattungen nicht in der gehörigen Güte, da sie auch nicht selten die erforderliche Reinigung der Hadern unterlassen. Denn selbst die gröbsten und unreinsten Hadern können ein brauchbares, gleichförmiges Papier liefern, wenn sie für sich zweckmäßig verarbeitet werden. Die Nähte und gestoppten Stellen, einzeln zerstampft, zeigen keine Knoten mehr, und die fetten, schmutzigen Hadern lassen sich auslangen, waschen und bleichen. Zu diesem Zwecke könnten die unwerthen wollenen Hadern vortrefflich benutzt werden, indem man sie in Wollseife umänderte; der so leicht und ohne den geringsten Nachtheil für die Arbeiter zu verfertigende chlorinsaure Kalk ist ein bekanntes vortreffliches Bleichmittel, welches in keiner inländischen Papiermühle ungebraucht bleiben sollte. — Als Ursache der vielen Unreinigkeiten, die in manchen Papieren sich so häufig finden, muß hauptsächlich der Mangel an Reinlichkeit in den Werkstätten der Papiermühlen angesehen werden. In den Papierfabriken Englands, Hollands und Frankreichs dagegen herrscht die pünctlichste Ordnung und eine Reinlichkeit, die bis zur Zierlichkeit geht. Dort sieht man nirgends öffene Wasserrinnen, die Fußböden sind immer trocken und rein, und welche Vorsicht wird nicht angewendet, um das Rosten der eisernen Werkzeuge zu hindern, und jede Spur eines Metalles aus den Hadern zu entfernen! — Ungleiche Dicke der Bögen ist ein Fehler, der ebenfalls häufig vorkömmt, und theils von der Ungeschicktheit des Schöpfers, theils von der mangelhaften Vorrichtung bey dem Schöpfbottrich herrührt, aber gewiß bald verbessert werden könnte, wenn die nöthige Aufsicht darauf verwendet würde. — In Hinsicht des Leimens ließe sich bey mehreren inländischen Papiergattungen noch manches verbessern; denn sie sind nicht selten ungleich geleimt und oft fleckig. Außer der Geschicklichkeit und Übung im Leimen sind hierzu noch andere Dinge nothwendig. Das geleimte Papier soll schnell trocknen, damit der Leim die Veränderungen und selbst Zersetzung nicht erleide, denen er durch abwechselnde Kälte, Hitze, feuchte Luft, Gewitter rc. unterworfen wird. Es müssen hierzu trockne Böden vorhanden seyn, welche zweckmäßig geheitzt werden können und dabey geräumig und mit Luftzügen versehen sind, damit einige Mahle des Tages die Luft erneuert werden könne. Dann sollte das trockne Papier nie auf den Böden liegen bleiben, sondern gleich in ein anderes trocknes Locale gebracht werden, da es so gern die feuchten Ausdünstungen des frischen Leimes anzieht, wodurch, besonders in der Mitte der Bögen, viele kleine Stellen entstehen, worauf der Leim verfault und dann nicht mehr halt. Eben so nachtheilig ist es auch, während der schwülen Sommertage den

Leim zu bereiten; viel sicherer und ökonomischer verfährt man, sich während dieser Zeit des fertigen trocknen Leimes zu bedienen, dessen Stärke man ganz in seiner Gewalt hat.

Der Handel mit Papieren theilt sich in den inländischen und ausländischen. Der inländische Handel ist bey dem sehr bedeutenden Verbrauche des Papieres, besonders des Concept-, Kanzelley- und Postpapieres, von großem Belange. Böhmen, Österreich und das lombardisch-venetianische Königreich machen ohne Zweifel die erheblichsten Geschäfte, und versorgen nicht nur die meisten Dikasterien, sondern auch die meisten Provinzen der Monarchie. Die böhmischen Papiere werden nach Mähren und Schlesien, nach Österreich, Steyermark, Ungarn und Galizien, die österreichischen nach Ungarn und Innerösterreich, die venetianischen nach der Lombardie, nach Illyrien und einige Sorten selbst bis nach Wien versendet. Nach Ungarn allein soll aus den teutschen Erbländern mehr Postpapier eingeführt werden, als die gesammte Ausfuhr des gemeinen Concept-, Druck-, Losch- und Packpapieres beträgt, und überdieß sollen noch gegen 20,000 Rieß Kanzelleypapier dahin gehen. Eben so sind es auch die obengenannten Provinzen, welche beynahe den ganzen Staat mit Pappendeckeln und Preßspänen versehen. Mehrere Papierfabriken und Mühlen halten zum öffentlichen Verkaufe in großen Städten Niederlagen, wie z. B. in Wien die Niederlagen der Guntramsdorfer und Neustädter, der Klein-Neusiedler und Leesdorfer, der Unter-Waltersdorfer, der Franzensthaler, der Stattersdorfer, der St. Pöltner, Schottwiener, Biedermannsdorfer, Hohenelber und Krummauer Fabriken bestehen. Außer diesen Niederlagen gibt es daselbst noch mehrere Papier-, Schreib- und Zeichnungs-Materialien-Handlungen, welche sowohl in- als ausländische Papiere führen, worunter die von F. Ludwig Kleudgen, Jos. Ant. Kollmünzer, Ignaz Rohrer, Jos. Schlederer, Jos. Stanzinger und Sohn, Wenzel Ferdinandi vorzugsweise genannt zu werden verdienen, ungerechnet die vielen Kleinverschleiße, besonders in den Vorstadthandlungen. Der ausländische Handel ist theils passiv, theils activ. Es werden nähmlich viele Gattungen feinerer Papiere, wie englische, holländische, französische und Schweizer Schreib-, Druck- und Zeichnungspapiere, französische Tapetenpapiere u. dgl. eingeführt, da diese Sorten im Inlande noch nicht in der gehörigen Vollkommenheit und auch nicht in der erforderlichen Menge erzeugt werden. Ihre Nahmen finden sich in der Erklärung der Muster Nr. 349 bis 363. Die Ausfuhr aus den alten Provinzen nach dem Auslande ist eben nicht von sehr großem Betrage. Schon in den Mauthtabellen vom J. 1807 wurde die Einfuhr fremder Papiere in die teutschen Provinzen auf 45,352 fl. 20 kr., und die Ausfuhr aus den teutschen Provinzen nach dem Auslande (worunter aber auch die ungrischen Provinzen, welche den größten Theil consumiren, gerechnet sind) auf 99,416 fl. 24 kr. angesetzt. Im Lande unter der Ens wurden von 1810 bis 1812 366 Rieß Fächerpapier, 2570 Rieß gemeines Schreibpapier, 867 Rieß Packpapier, 22,191 Rieß Druck-, Lösch-, Schrenz-, Goldschäger- und sogenanntes Seidenpapier, und 4698 Rieß großes Druckpapier eingeführt, wofür der Zoll von diesen 3 Jahren die Summe von 30,300 fl. erreichte. In Wien allein sind in den 5 Jahren 1812 bis 1816 an Post-, Royal-, Median-, und anderem feinen Schreib- und Notenpapiere 19,550$\frac{9}{20}$ Rieß, an Fächerpapier 297 Rieß, an gemeinem Schreib-, Kanzelley- und Conceptpapiere 1965$\frac{1}{4}$ Rieß, an Packpapier 816$\frac{1}{5}$ Rieß, an Druck-, Lösch-, Schrenz- und Goldschlägerpapier 14,205$\frac{4}{5}$ Rieß, an großem Druckpapier 3091$\frac{1}{2}$ Rieß, an Pappendeckeln 7327 Pf. und an Tuchspänen 6478 Pf. vom Auslande eingeführt worden; die Ausfuhr dagegen von Wien nach dem Auslande betrug nicht mehr als 2661$\frac{9}{10}$ Rieß an Post-, Royal-, Median- u. a. feinem Schreib- und Notenpapiere, 6805$\frac{1}{2}$ Rieß an gemeinem Kanzelley- und Conceptpapiere, 126 Rieß an Packpapier und 2599 Rieß an Druck, Lösch-, Schrenz- und Goldschlägerpapier; transito gingen durch Wien nach dem Auslande 171,757 Pf. Papier aller Gattungen, mit Inbegriff des Pappendeckels. Den meisten Absatz nach dem Auslande haben ohne Zweifel die venetianischen Papierfabriken, welche ihre Papiere nach dem übrigen nichtösterreichischen Italien, nach der Türkey und nach Nordamerika verschicken. In der Levante werden sie meistens im Wege des Tauschhandels abgesetzt, und gegen dortige Landesfrüchte, vorzüglich gegen Weine verkehrt. Die Fabrik der Gebrüder Galvani treibt mit ihren aus-

Pp 2

gezeichnet schönen Papieren einen sehr bedeutenden Handel, und ihre Papiere sind besonders in Amerika sehr beliebt. (Vergl. die Erklärung der Muster, wo bey vielen venetianischen Papieren die Gegend des Absatzes genannt ist.)

Die Zölle auf die gesammten Papiergattungen sind seit dem J. 1819 neu regulirt. Der Verkehr mit Papieren ist seit diesem Jahre im Innern der Monarchie, nähmlich zwischen den alten und neu erworbenen Ländern (mit Ausnahme von Ungarn, Siebenbürgen, Dalmatien, Istrien, Triest und Fiume) ganz zollfrey, wogegen mehrere Artikel im ganzen Umfange der Monarchie als außer Handel gesetzt erklärt wurden, und nur gegen besondere Bewilligung, und gegen den zu lösenden Ein- oder Ausfuhrspaß, dann gegen Bezahlung der vorgeschriebenen höheren Gebühren ein- oder ausgeführt werden dürfen. Nach diesem Tariffe bezahlt das Schrenz- oder Lösch-, das Concept- und Kanzelley-, Goldschläger-, Seiden- und Einlegpapier, das Notenpapier, rastrirt und unrastrirt, das Pack- und Haubenpapier, alle geleimt oder ungeleimt, ohne Unterschied des Formats und der Benennungen vom Ctr. b. d. Einfuhr vom Auslande 7 fl. 30 kr., b. d. Einf. aus Ungarn 42 kr., b. d. Ausf. ins Ausland oder nach Ungarn 6¼ kr.; alle Post- und Velinpapiere, dann das Karten-, Fächer-, Kalkier- und Kupferdruckpapier, geleimt oder ungeleimt, ohne Unterschied des Formats und der Benennungen vom Ctr. b. d. Einf. vom Auslande 20 fl., b. d. Ausf. 25 kr., alles Maculaturpapier b. d. Einf. vom Ctr. 3 kr., b. d. Ausf., die eigentlich verbothen ist, 1 fl. C. M. Das weiße Elephanten- oder französische Tapetenpapier, welches durch diesen Tariff b. d. Einf. auf 20 fl. vom Ctr. gesetzt ist, wurde für den Gebrauch der inländischen Papier-Tapetenfabrikanten im J. 1819 auf 10 fl. C. M. herabgesetzt, und es ist zu erwarten, daß auch dieser Zoll noch vermindert werden dürfte.

Die Preise der Papiere variiren ungemein, und werden durch die Preise der Hadern und des Arbeitslohnes, durch die Gattung, Weiße, Höhe, Breite und das Gewicht der Papiere vorzüglich bestimmt. Oft sind es auch besondere Umstände, welche die Preise augenblicklich und bedeutend steigen machen.

So hat z. B. im J. 1818 der Aufkauf der Hadern von Seite der Engländer im Kirchenstaate, da es allen übrigen Nationen verbothen war, daran Theil zu nehmen, die Preise der Papiere in den lombardisch-venetianischen Provinzen in kurzer Zeit bedeutend in die Höhe getrieben. Zudem ist noch der Umstand zu berücksichtigen, daß das Papier nicht im gleichen Verhältniß zum Preise der Hadern steht; denn während die feinen Hadern bey der Bearbeitung nur 20 Procent verlieren, leiden die ordinären und schlechten Sorten einen Verlust von 35 und mehr Procent. Die Preise können daher auch nur im Allgemeinen angeführt werden. In Böhmen standen im J. 1820 die Lösch- und Schrenzpapiere pr. Rieß zu 1 fl. 54 kr., 2 fl. W. W. 2c.; das Säckelpapier zu 3 fl., die Packpapiere von 8 bis 20 fl.; das kleine und große Concept von 4 bis 7 fl., Register-Concept bis 7 fl. 30 kr., Royal-Concept 15 bis 27 fl., Elephanten-Concept bis 50 fl. W. W.; Klein- und Groß-Kanzelleypapier von 6 bis 18 fl., Royal-Kanzelley bis 30 fl., Imperial-Kanzelley bis 45 fl., Elephanten-Kanzelley bis 75 fl. W. W.; die kleinen und großen Postpapiere von 8 bis 18 fl., feinere Postpapiere bis 30 fl.; Royalpost bis 88 fl., Imperialpost bis 100 fl., Elephantenpost von 200 bis 250 fl.; Medianpapiere bis 40 fl. und noch höher, Schreibvelin von 14 bis 45 fl., Postdruckpapiere zu 7 fl. 30 kr. bis 22 fl., Kupferdruckvelin zu 17 fl. 30 kr. bis 112 fl., Zeichnenvelin nach engl. Art zu 112 bis 188 fl., Royal-Zeichnenpapier nach holländ. Art zu 110, auch 115 fl. W. W. — Im Lande unter der Ens kostete zur selben Zeit das Kanzelley-Druckpapier pr. Rieß 2 fl. 45 kr. bis 4 fl. 15 kr. C. M., das Postdruckpapier 4 bis 5 fl., das Noten-Druck 12 bis 15 fl., das Velin-Druck 6 bis 15 fl., das Kupferdruckpapier 10 bis 70 fl. C. M.; das feine Kanzelley-Schreibpapier 3 bis 9 fl., Royal-Kanzelley 10 bis 14 fl., Imperial-Kanzelley 16 fl., Cardaun-Kanzelley 26 bis 40 fl. C. M.; das feine Postpapier 5 bis 16 fl., Royalpost 20 bis 30 fl., Imperialpost 35 fl., Colombierpost 40 fl., Elephantpost 50 bis 60 fl. C. M.; sehr feine Postvelinpapiere vom kleinsten bis zum Elephant-Formate 9 bis 120 fl. C. M.; feinstes Velin pro Patria 18, Median 24 bis 36, Royal 45 bis 65, Imperial 75, Colompier 90, Elephant 110 bis 180 fl. C. M. — Die Preise der Papiere in Pordenone waren im November 1820 folgende: Conceptpapiere 2 fl. 20 kr. bis 3 fl. 45 kr., weißes Concept 5 fl. 30 kr., Tre cappelli 3 fl., Leon 4 fl., superfein Corona 6 fl. 30 kr. C. M. pr. Rieß (der von allen diesen Gattungen 480 Bogen enthält); Ministerial-Velin 11 fl., dasselbe in Boudoirformat 8 fl., Holländerpost 7 fl., Briefpapiere in halben Bogen 2 fl. 30 kr. bis 3 fl. 30 kr., Londonpapier zum Briefcopieren 5 fl. C. M. pr. Rieß (der von allen vorstehenden Sorten 425 gute und 36 Ausschußbogen hält); feine Druckpapiere, nähmlich Mezzanella, Calmet, Spicre und Breciario 3 bis 7 fl., ungeleimtes Sotto-Imperiale zu Musiknoten 11 fl., Tre lune zum Schreiben 4 fl. 30 kr., Mezzana 6 fl. 30 kr., Regal 8 fl. 30 kr. bis 15 fl., Imperial 17 bis 30 fl., Groß-Colombier 50 bis 60 fl., Kupferdruckpapier 25 bis 50 fl., Zeichnenregal 30 fl., Zeichnen-Imperial 60 fl., Groß-Papal-Velin 300 fl. C. M. pr. Rieß (der von allen vorstehenden Sorten 500 Bogen hält). — Von den echt holländischen Papieren standen im Herbst 1820 zu Wien: geripptes Medianpost zu 16 fl., Velinmedianpost zu 21 fl., Klein- und Groß-Median zu 23 bis 30 fl., Royal zu 35 fl., Super-Royal zu 48 fl., Imperial zu 60 fl., 1½ Elephant zu 95 fl., Doppel-Elephant zu 115 fl. C. M. pr. Rieß; — die echt englischen Papiere kosteten zur selben Zeit in Wien: gepreßtes Schreibvelin 35 bis 40 fl., Klein-Median 50 fl., Groß-Median 60 fl., Royal-Velin 80 fl., Super-Royal-Velin 100 fl., Imperial-Velin 200 fl., Double-Elephant-Velin 390 fl., Antiquarian-Velin 1500 fl. C. M. pr. Rieß.

Erklärung der Muster.

A. Die Hauptgattungen der weißen inländischen Papiere.

a) Fließ-, Schrenz- und Packpapiere.

Nr. 1 bis 5. Die gangbarsten Gattungen von Fließ- oder Lösch- und Schrenzpapier, und zwar gemeines Fließpapier zur Verfertigung kleiner Säcke, Filtrir- oder Seihpapier (aus wollenen Hadern), geleimtes Mittelschrenz zum Einpacken des Tabaks, zu Überschlägen bey Zeitungen rc.

Nr. 6 bis 10. Packpapiere von verschiedener Größe, ungeleimt und geleimt, theils für den allgemeinen Verkauf, theils zu speciellem Fabriksgebrauche. Das letztere wird schon nach der erforderlichen Größe geschöpft.

b) Ungeleimte oder Druckpapiere.

Nr. 11 bis 13. Concept-Druckpapiere, klein, groß und Median.

Nr. 14 bis 16. Kanzelley-Druckpapiere in dreyerley Formaten und Qualitäten.

Nr. 17 bis 19. Goldschläger-Postpapiere, ordinär, mittelfein und superfein, das letzte aus der Fabrik der Gebrüder Galvani zu Pordenone, und von ausgezeichneter Schönheit.

Nr. 20 bis 26. Post-Druckpapiere von verschiedenen Qualitäten und Formaten, aus den Papierfabriken zu Klein-Neusiedel, Unter-Waltersdorf, Wiener Neustadt ꝛc.

c) Geleimte Conceptpapiere.

Nr. 27 bis 40. Conceptpapiere in verschiedenen Qualitäten, Größen und Farben, graulich, röthlich, bläulich ꝛc., und zwar Nr. 27 und 28 Klein-Concept, Nr. 29 bis 32 Mittel-Concept, Nr. 33 bis 35 Groß-Concept, Nr. 36 bis 38 Median-Concept, Nr. 39 und 40 Register-Concept. Davon sind Nr. 27, 32, 34 und 37 aus der von Pachnerschen Fabrik zu Klein-Neusiedel. Zu dem röthlichen Conceptpapiere werden gewöhnlich rothe baumwollene Hadern verwendet.

d) Geleimte Kanzelleypapiere.

Nr. 41 bis 58. Kanzelleypapiere in verschiedenen Größen, Qualitäten und Farben, und zwar Nr. 41 und 42 Klein-Kanzelley, 43 bis 45 Mittel-Kanzelley, 46 bis 49 Groß-Kanzelley, 50 und 51 Register-Kanzelley, 52 Groß-Median-Kanzelley, 53 bis 58 Register-, Royal- und Imperial-Kanzelley. Davon sind Nr. 41, 45, 48 bis 52 aus der v. Pachnerschen Fabrik zu Klein-Neusiedel.

e) Geleimte ordinäre Postpapiere.

Nr. 59 bis 73. Ordinäre Post-Schreibpapiere in verschiedenen Größen, Qualitäten und Farben, ganz weiß und blaulich, und zwar Nr. 59 Klein Post oder sogenanntes Spielkartenpost, 60 und 61 Klein-Post, 62 Klein-Vortragpost, 63 mittelgroßes Post, 64 Großpost, 65 großes Mittelpost, 66 Groß-pro Patria, 67 und 68 Groß Honigpost, 69 Groß-Vortragpost, 70 und 71 Groß-Medianpost, 72 Groß-Median-Muschelpost, 73 holländisches Imperialpost starker Gattung. Davon sind Nr. 59, 60, 63 bis 66, 69 und 70 aus der v. Pachnerschen Fabrik zu Klein-Neusiedel.

f) Geleimte feine Postpapiere.

Nr. 74 bis 93. Gerippte feine Postpapiere in verschiedenen Formaten, Qualitäten und Farben, weiß und blaulich, und zwar Nr. 74 Klein-pro Patria, 75 kleines Fensterpost (sehr dünn), 76 bis 79 Mittel- und Großpost, 80 extrafeines Post, 81 extrafeines Doppelpost, 82 extraf. dünnes Post, 83 extraf. Holländerpost, 84 dünnes Honigpost, 85 Honig-Briefpost, 86 Honig-Doppelpost, 87 Holländer Klein-Medianpost, 88 und 89 extraf. dünnes Postmedian, 90 Postmedian, 91 extraf. Doppel-Postmedian, 92 extraf. Holländer Postmedian, 93 Holländer Groß-Medianpost. Alle aus der v. Pachnerschen Fabrik zu Klein-Neusiedel.

Nr. 94 bis 100. Postvelinpapiere in verschiedenen Formaten, Qualitäten und Farben, weiß und blaulich, und zwar Nr. 94 mittelgr. feines Schreibvelin, 95 und 96 extraf. Postvelin, 97 extraf. Doppel-Medianvelin, 98 extraf. dünnes Medianvelin, 99 extraf. Medianvelin, 100 extraf. dünnes Medianvelin. Davon sind Nr. 95 bis 100 aus der v. Pachnerschen Fabrik zu Klein-Neusiedel.

Nr. 101. Geripptes Royalpost aus der Fabrik zu Wiener Neustadt.

g) Doppelpapiere.

Nr. 102 und 103. Ordinäres und feines Notenpapier, rastrirt.

Nr. 104 bis 106. Zeichnenpapiere, nähmlich geripptes oder holländisches Royal, ordin. Velin und engl. Velin.

Nr. 107 bis 110. Ungeleimte Kupferdruckpapiere, nahmentlich ordinärstes, mittelfeines Kupferdruck, Notendruck und feines Kupferdruck.

Nr. 111. Ord. geleimtes Kupferdruckpapier.

B. Weiße Papiere aus verschiedenen inländischen Fabriken.

a) Böhmische Papiere.

Nr. 112 bis 158. Weiße Papiere aus der Fabrik der Gebrüder Kiesling zu Hohenelbe, beynahe ein vollständiges Sortiment aller in dieser Fabrik erzeugten Papiergattungen. Die vorliegenden Muster sind folgende: Holländisches breites Oliphanpost Nr. 0, holl. schmales Oliphanpost Nr. 1, holl. Imperialpost Nr. 2, holl. Super-Regalpost Nr. 3, holl. Schrift-Regalpost Nr. 4, holl. Groß-Medianpost Nr. 5, holl. Klein-Medianpost Nr. 6, holl. Doppelpost Nr. 7, Register-Concept Nr. 8, Register-Kanzelley Nr. 9, Median-Kanzelley Nr. 10, Median-Kanzelley Nr. 10 et. F., Klein-Regal-Kanzelley Nr. 11, Super-Regal-Kanzelley Nr. 12, Imperial-Kanzelley Nr. 13 et. F., Imperial-Kanzelley Nr. 13 ordinär, Oliphan-Kanzelley Nr. 16, Goldschlägerpost Nr. 17, Klein-Kanzelley Nr. 20, Basler Kupferdruck-Velin Nr. 21, 22, 23, 24, 25, 26 und 27, die bloß in der Größe verschieden sind, Klein-ord. Packpapier Nr. 33, Groß-ordin. Packpapier Nr. 35, Klein ord. Post Nr. 36, ord. Post Nr. 37, mittelf. Post Nr. 38, Fein Post Nr. 39, Fein Medianpost Nr. 40, Fächer-Median-Velin Nr. 41, Fächerpost Nr. 42, Velinpost Nr. 43, Velin-Fächerpost Nr. 45, Velin-Fächerpost-Median Nr. 46, Mondstern-Kanzelley Nr. 47, Noten-Kanzelley-Regal Nr. 48, Englisches Zeichnen-Velin Nr. 50, 51 und 52 (von besonderer Schönheit), Concept-Regal Nr. 61, 62 u. 65, Oliphan-Concept Nr. 66

Nr. 159 bis 171. Mehrere schöne Papiergattungen der Joh. Bened. Hellerschen Papierfabrik zu Altenberg auf den Stadt Iglauer Dörfern, nähmlich: Kaiser Franz-Velin bläulich und naturweiß, Median-Doppelpost f. f. (eine vortreffliche Sorte), kleines Doppelpost f. f., extrafeines pro Patria Böhmen unappretirt, extraf. Iglauer Post bläulich und weiß, Zeichnen-Velin-Royal der stärksten Gattung, holländ. Zeichnen-

Royal der stärksten Gattung, Zeichnen=Royal, extraf. Iglauer Briefpost, Jungfernpapier mit Linien, starkes Iglauer Post mit vegetabilischer Leimung (gelblich von Farbe). Diese Papierfabrik verfertiget im Ganzen 108 Papiersorten (ohne die 5 Gattungen Preßspäne), nähmlich 22 Sorten Postpapiere der feinsten Gattung, 8 Sorten Schreibvelin, 9 Sorten Schreib= und Zeichnen=Royalpapiere, 15 Sorten Medianpapiere, 11 Sorten Briefformat=Papiere, 8 Sorten feine und ord. Postpapiere, 3 Sorten Kanzelleypapiere, 6 Sorten Packpapiere, 11 Sorten Groß=Kupferdruckpapiere, 15 Sorten feinste Postdruckpapiere. Diese Gattungen werden meistens nach Wien und nach Ungarn abgesetzt.

Nr. 172 bis 182. Papiere aus der Fabrik des Herrn Pachner, Ritter von Eggenstorf, zu Krummau, nahmentlich Klein=, Mittel= und Groß=Concept, Klein=, Mittel=, Groß= und Median=Kanzelley, Regal=Kanzelley, ord., Klein=, Mittel= und Velinpost. Der Absatz dieser Papiere geschieht nach Wien, Linz, Prag und Budweis.

Nr. 183 bis 196. Verschiedene Papiergättungen aus der Gabriel Ettelschen Fabrik zu Hohenelbe, nähmlich Klein= und Mittel=Concept, Klein=, Mittel=, Register= und Median=Kanzelley, breites Median, Notenregal, Imperial=Kanzelley, Mittel= und fein Honigpost, Doppel=Velinpost, Fein Medianvelin (mit dem Nahmen J. Whatman), Imperialpost. Alle diese Papiere zeichnen sich durch Schönheit und Güte aus.

Nr. 197 bis 224. Verschiedene Papiergattungen aus der Fabrik des Carl Aug. Käferstein zu Nieder=Einsiedel auf der Herrschaft Hainspach im Leitmeritzer Kreise, nahmentlich 1 Fließpapier, 1 Klein=Schrenz, 1 Klein=Pack oder Säckelpapier, 1 ord. Groß=Pack, 2 braune Packpapiere nach englischer Art aus Hanflumpen, Werg ꝛc., 3 Groß=Packpapiere aus Conceptzeug, 5 ord. und feine Druckpapiere, 3 Conceptpapiere, 1 Klein=Notenconcept, 4 Kanzelleypapiere, 1 starkes Notenkanzelley, 1 Imperial=Kanzelley, 3 feine Postpapiere, 1 Postvelin. Auch diese Papiergattungen werden weit verführt.

b) Österreichische Papiere.

Nr. 225 bis 251. Verschiedene Papiergattungen aus den Jon. G. Uffenheimerschen Papierfabriken zu Wiener Neustadt und Guntramsdorf, nahmentlich Median-Postvelin, Median-Franz- und Caroline-Velin, geripptes Groß-Royal, geripptes dickes und dünnes Klein-Median, feines Imperialpost, Groß- und Klein-Royalpost, Groß-Medianpost, Median-Coquille, dickes und dünnes Klein-Medianpost, Mittel- und Klein-Post, Klein-Cardaunkanzelley, Imperial-, Groß- und Klein-Royal-Kanzelley, Groß-Median- und Register-Kanzelley in mehreren Formaten, Dikasterial- und Klein-Kanzelley.

Nr. 252 bis 275. Druck- und Schreibpapiere aus der Anton Straußischen Papierfabrik zu Unter-Waltersdorf, nahmentlich Fließpapier Nr. 3, 5 und 6, Adlerdruck Nr. 2, Kanzelleydruck Nr. 1, 2, 3, 4, 5 und 6, Velin-Postdruck Nr. 5 und 6, Conceptschreib Nr. 4 und 7, Kanzelleyschreib Nr. 2, 3, 5, 6 und 7, Postschreib Nr. 5 und 6 (letzteres über eine Velinform gearbeitet), Velindruck Nr. 6 dünn, Nr. 6½ dick, Velinschreib Nr. 6.

Nr. 276 und 277. Vorzüglich schöne Velin-Schreibpapiere aus der Franzensthaler Papierfabrik des Hrn. Ritter v. Peschier.

Nr. 278 bis 292. Schreibpapiere aus der vom höchsten Ärar gepachteten Papiermühle auf der k. k. Familienherrschaft Leiben, nahmentlich Adler-Concept ungeleimt, geleimt und appretirt, Kanzelley ungeleimt, geleimt und appretirt, Vortrag ungeleimt, geleimt und appretirt, Präsidial ungeleimt und appretirt, Post im fertigen Zustande, Postvelin ungeleimt, geleimt und appretirt. Diese Papiere werden in den k. k. Kanzelleyen verbraucht.

Nr. 293 bis 300. Oberösterreichische Papiere von Wels, und zwar Groß- und Klein-Concept, Klein-, Mittel-, Median- und Royal-Kanzelley, Klein- und Groß-Post.

c) Venetianische Papiere.

Nr. 301 bis 303. Zeichnen-Velinpapiere aus der Fabrik der Gebrüder Galvani zu Pordenone in Friaul, und zwar Groß-Papal-Velin, ein ausgezeichnet schönes Papier, $20\frac{1}{2}$ Zoll hoch, $39\frac{1}{2}$ Zoll br., Imperial-Velin und Royal-Velin. Wegen der zwey ersten Papiere haben die Eigenthümer der Fabrik bey der öffentlichen Preisvertheilung vom 4. Octob. 1819 die silberne Medaille erhalten. Alle drey werden vorzüglich in Italien verbraucht.

Nr. 304 und 305. Kupferdruckpapiere, und zwar Imperial- und Royal-Velin, aus derselben Fabrik, beyde von besonderer Schönheit, für inländischen Gebrauch.

Nr. 306 bis 318. Weiße Kanzelley- und Postpapiere, aus derselben Fabrik, alle, mit Ausnahme von Nr. 314, gerippt. Davon ist Nr. 306 Groß-Elephant, welches im Inlande zu Mercantil-Registern u. dgl. verbraucht wird; Nr. 307 Groß-Colombier für inländischen Gebrauch auf Register, Landkarten u. dgl.; Nr. 308 Imperial, welches theils im Inlande verbraucht, theils über Venedig und Triest nach den Häfen der Levante, besonders nach Constantinopel verhandelt wird, wo der größte Theil zu den Firmans des Großherrn dient; Nr. 309 Royal (Reale) und 310 Mezzana, beyde theils zum inländischen Gebrauche, theils zur Ausfuhr nach den Häfen der Levante; Nr. 311 Corona superfein, welches im Inlande verbraucht, auch über Triest nach Amerika verschifft wird; Nr. 312 Löwen (Leon veneziano) für den inländischen Gebrauch und für die Ausfuhr nach den Häfen der Levante und nach Amerika über Venedig und Triest; Nr. 313 weißes Concept (Concetto bianco) aus Posthadern, zum inländischen Gebrauche; Nr. 314 Ministerial-Velin (Velina ministeriale), ein vortreffliches schönes Schreibvelin mit dem Porträte Sr. Majestät des Kaisers und dem lombardisch-venetianischen Wapen, für inländischen Gebrauch; Nr. 315 drey Monden (Tre lune), superfein, von kleinem Formate, theils im Inlande verbraucht, theils über Venedig und Triest nach den Häfen der Levante verschickt; Nr. 316 drey Hüte (Tre cappelli) von kleinem Formate, welches zum Theil im Inlande verbraucht, größten Theils aber über Venedig und Triest nach den Häfen der Levante, auf die jonischen Inseln und nach Amerika, zu Lande nach der Walachey und Moldau verschickt wird; Nr. 317 Mercur von sehr kleinem Formate, für inländischen Gebrauch; Nr. 318 superfeines Schreibpapier (carta da scrivere) vom kleinsten Formate, welches im Inlande, und über Venedig und Triest nach den Häfen der Levante, nach den jonischen Inseln, dem unteren Italien und nach Amerika abgesetzt wird.

Nr. 319 bis 327. Briefpapiere verschiedener Art aus derselben Fabrik, und zwar Nr. 319 blauliches Briefpapier von großem Formate, Nr. 320 weißes feines Briefpapier, und Nr. 321 weißes Postpapier, alle drey für inländischen Gebrauch und für den Handel nach Amerika über Triest; Nr. 322 großes Postvelin in halben Bogen, sehr schön und fein, Nr. 323 linirtes Postpapier (carta vergata) in halben Bogen, Nr. 324 weißes Briefvelin in halben Bogen, alle drey für inländischen Gebrauch; Nr. 325 großes und Nr. 326 kleines blauliches Briefpost in halben Bogen, beyde für inländischen Gebrauch und für den Absatz nach Amerika über Triest; Nr. 327 London-Velin zum Briefcopieren mit der englischen Maschine, halbgeleimt, ein vortreffliches feines Papier, welches bloß im Inlande verbraucht wird.

Nr. 328. Tapetenpapier, d. i. ordinäres geglättetes Royal-Velin aus Kanzelleyzeug, welches vorzüglich in die Papier-Tapetenfabriken in Wien verführt wird, aus derselben Fabrik.

Nr. 329. Sotto-Imperiale oder ungeleimtes Notendruckpapier aus derselben Fabrik, von ausgezeichneter Weiße.

d) Galizische Papiere.

Nr. 330 bis 348. Fließ-, Druck- und Schreibpapiere aus mehreren galizischen Papiermühlen, und zwar Schrenz von Lachowce; Fließpapier, Conceptdruck und geleimtes Mittel-Concept von Hucisko; Groß-Druckconcept, ordin. Doppelpost und feines Briefpost aus der Pillerschen Mühle zu Sklo; Groß-Kanzelleydruck, geleimtes Klein-Concept, Groß- und Median-Kanzelley von Lelechowka; Klein-, Mittel-, Groß- und Royal Kanzelley aus der gräflich Potockischen Papiermühle zu Nowogrodle bey Brzezan; Groß- und Median-Concept, Klein-Kanzelley und Groß-Royal von Zawadow.

C. Ausländische Papiere, welche noch zum inländischen Gebrauche eingeführt werden.

Nr. 349 bis 353. Holländische Postpapiere, und zwar Mittelpost, dickes Post, dünn feines Post, Zeichnen-Groß-Median und Doppel-Elephant. Das letztere ist 25¾ Zoll hoch und 39 Zoll breit. Außer den vorstehenden werden noch andere Holländer Papiere eingeführt, z. B. 1½ Elephant, Imperial, Super-Royal, Royal, Groß- und Klein-Median, geripptes Medianpost, Velin-Medianpost rc.

Nr. 354. Ausländisches feines Goldschlägerpapier, d. i. sehr dünnes ungeleimtes Post, welches jedoch dem venetianischen an Schönheit weit nachsteht.

Nr. 355 und 356. Groß-Median-Druckpapiere, nähmlich geripptes Post und Velindruck.

Nr. 357 bis 359. Basler Kupferdruckpapiere.

Nr. 360 und 361. Englische Velinpapiere, nähmlich gepreßtes Schreibvelin und Antiquarian-Velin zum Zeichnen. Die letzte Sorte ist das schönste englische Zeichnenpapier, 29 Zoll hoch, 50½ Zoll breit. Außerdem werden von englischen Papieren noch eingeführt: Doppel-Elephant 25½ Z. hoch, 38½ Z. br., Atlasvelin 25¼ Z. hoch, 32 Z. br., Imperial-, Super-Royal-, Royal-, Groß- und Klein-Median-Velin u. s. w.

Nr. 362 und 363. Französische Tapetenpapiere aus dem Elsaß, von ordinärer und feiner weißer Sorte, aus Kanzelleyzeug über Velinformen geschöpft. Dieses Papier dient zum Gebrauche der Papier-Tapetenfabrikanten, und ist 23 Z. hoch und 27 bis 28 Z. br. Die inländischen Elephantenpapiere zu Tapeten haben gewöhnlich 23 Z. Höhe und 31 bis 32 Z. Breite.

D. Naturfarbige und im Zeuge gefärbte Papiere.

Nr. 364 bis 366. Hellfarbige Druck- und Schreibpapiere zum Broschiren und Einbinden der Bücher, zu Umschlägen rc.

Nr. 367 bis 378. Licht- und dunkelblaue, ungeleimte Papiere in verschiedenen Qualitäten und Formaten, vom Klein-Concert bis zum Imperialformat, zu Registern, für Buchbinder u. s. w.

Nr. 379 und 380. Dunkelviolette Zucker-Packpapiere im kleinen und großen Formate.

Nr. 381 und 382. Grünes und braunes Packpapier.

Nr. 383 bis 386. Im Zeuge gefärbte Papiere, roth und blau, aus der Fabrik zu Klein-Neusiedel, nähmlich Groß-Concept, Groß-Kanzelley, Median-Kanzelley, Großpost.

Nr. 387 bis 393. Geleimte naturblaue Schreibpapiere aus der Uffenheimerschen Fabrik zu Wiener Neustadt, nähmlich Klein-Elephant, Imperial, Groß-Royal, Groß-Median, Register, Dikasterial, Postregister.

Nr. 394 bis 400. Halbgeleimte naturblaue Papiere aus derselben Fabrik, nähmlich Klein-Elephant, Colombier, Imperial, Groß- und Mittelgroß-Royal, schmales Register, mittelgroßes Register.

Nr. 401 bis 413. Im Zeuge gefärbte und naturfarbige Druck- und Schreibpapiere aus der Straußischen Fabrik zu Unter-Waltersdorf, zum Packen, zu Umschlägen, zum Einbinden der Bücher ꝛc. Davon sind Nr. 411 und 412 naturfarbig, d. i. aus farbigen Hadern verfertiget.

Nr. 414 bis 417. Naturblaue Packpapiere aus der Fabrik der Gebrüder Kiesling zu Hohenelbe, nahmentlich Klein-Pack, größeres Pack, Royal- und Super-Royal-Pack.

Nr. 418 bis 422. Gefärbte und geleimte Papiere von Gabriel Ettel zu Hohenelbe, nahmentlich blaues Weben- und blaues Schockenpapier, beyde zum Verpacken der Leinwand; lichtblaues Register-Kanzelley, dunkelblaues und starkes rosenrothes Post.

Nr. 423 bis 427. Im Zeuge gefärbte blaue, rothe und zuckerviolette Papiere aus der Fabrik des Carl Aug. Käferstein zu Nieder-Einsiedel in Böhmen.

Nr. 428. Rothes Fließpapier nach englischer Art, Asciugante genannt, aus der Fabrik der Gebrüder Galvani zu Pordenone. Am meisten wird diese Papiersorte zum Broschiren der Bücher verwendet.

Wegen ihrer besonderen Schönheit und Reinheit verdienen noch insbesondere ausgezeichnet zu werden:

Nr. 429 bis 435. Im Zeuge gefärbte Velin-Briefpapiere aus der Franzensthaler Papierfabrik zu Ebergassing.

Anhang.

a) Strohpapier.

Nr. 436 bis 438. Blaues und braunes Strohpapier nach den Versuchen, welche vor mehreren Jahren auf der (nun nicht mehr bestehenden) Papierfabrik zu Rittersfeld im Lande unter der Ens gemacht worden sind. Diese Papiere sollten eigentlich nur zum Packen verwendet werden; aber das Unternehmen fand keinen Fortgang. Ob wohl die im J. 1820 von Asili Hemik zu Okoniw nächst Warschau errichtete Strohpapierfabrik, welche vor der Hand Packpapiere und Pappendeckel, und in Kurzem ein zu Dachungen brauchbares Packpapier erzeugen wollte, größere Fortschritte machen wird?

Nr. 439 bis 442. Velinartige Strohpapiere von gelblicher Farbe, von Estler in Wien. Man hat davon für Kupferstiche Anwendung gemacht und das Papier zu diesem, wie zu anderen Zwecken, brauchbar gefunden.

Nr. 443. Durchsichtiges oder gefirnißtes Strohpapier zum Durchzeichnen, papier lucydonique genannt, von Estler in Wien.

b) Zu verschiedenem Gebrauche besonders zugerichtete Papiere.

1) Zum Zeichnen.

Nr. 444. Öhlpapier, d. i. mit fettem Öhle getränktes glattes Postpapier, zum Durchzeichnen für Mahler, Zeichner 2c.

Nr. 445 und 446. Schwarzes und rothes Pauspapier, mit einer fettigen Farbe überstrichen, welche beym Durchpausen von Zeichnungen sich auf den weißen Boden anlegt.

Nr. 447 bis 449. Gekreidete Zeichnenpapiere, zum Zeichnen mit schwarzer Kreide und mit Silberstiften.

Nr. 450 und 451. Rauhe große Zeichnenpapiere für Kreidenzeichnungen. Von ähnlicher Art sind auch die Papiere zu den Deckeln, worauf Kupferstiche und Zeichnungen aufgezogen werden.

2) Zum Reinigen des Stahls und Eisens.

Nr. 452. Sogenanntes Rost- oder Stahlpapier nach englischer Art, von Hrn. Spörlin in Wien verfertiget. Es ist bloß mit einer rothen Öhlfarbe, worunter gepulverter Bimsstein gegeben worden, angestrichen.

Dritte Unterabtheilung.

Gefärbtes und gedrucktes Papier.

Die eigentlichen gefärbten und gedruckten Papiere unterscheiden sich durch die Fabricationsmethode gänzlich von den im Zeuge gefärbten und von den naturfarbigen Papieren. (Vergl. die vorhergehende Unterabth., woraus sich die Unterschiede hinlänglich erklären lassen.) Die gefärbten Papiere werden auf vierfach verschiedene Weise verfertiget: 1) durch Anstreichen, 2) durch bloßes Durchziehen in einer Färbebrühe, 3) durch Spritzen oder Sprengen, und 4) durch Auflegen auf schwimmende Pigmente.

1) Das Anstreichen des Papiers, wodurch sich viele Gattungen ordinärer und feiner gefärbter Papiere erzeugen lassen, geschieht mit einem großen Pinsel oder mit einer Bürste, womit man das zugerichtete Pigment auf den ausgebreiteten Papierbogen trägt. Es kommt hierbey bloß auf die gehörige Zubereitung des Pigments und auf einige andere Kunstgriffe an, welche eigentliche Handwerkssache sind. Die Pigmente selbst sind nur Wasserfarben. Sie müssen ungemein fein abgerieben und dann mit einem schicklichen Verdickungsmittel versetzt werden. Eines der gemeinsten und ältesten Verdickungsmittel ist der aus Stärke bereitete Kleister, womit die abgeriebene Farbe vermischt wird. Man verfertiget damit sowohl einfarbige, als mustrirte Papiere. Legt man zwey damit überstrichene Bogen auf einem glatten Tische mit den nassen Seiten auf einander, und zieht sie, wenn man sie sanft zusammengedrückt hat, wieder von einander: so erhält man eine Art von marmorirtem Papiere,

welches unter verschiedenen Nahmen, z. B. auch als Herrnhuter Papier, geführt wird. Die Adern zeigen sich klein, wenn der gefärbte Kleister etwas consistent und dicklich war; größer zeigen sie sich, wenn er dünnflüssiger gehalten wurde. Fährt man mit einem ausgezahnten Holze, mit einem Kamme u. dgl. in verschiedenen Richtungen über den angestrichenen Bogen, so entstehen mancherley Linien, wie z. B. beym Holzpapiere; mit einem Pinsel, mit einem Schwamme und mit den Händen lassen sich allerley wolkenförmige Zeichnungen auf dem Papiere hervorbringen, zu welchem Ende manchmahl auch mehrere Farben zugleich aufgetragen und auf schickliche Art vertheilt werden. Zu anderen Papiergattungen werden die abgeriebenen Farben mit Leimwasser, mit Pergamentleim, mit Hausenblase, mit Gummiwasser ꝛc. verdickt, was besonders bey den feineren Gattungen, z. B. bey dem Glanzpapiere, dem Titel- und Maroquinpapiere, dem nur auf einer Seite gefärbten Taffetpapiere, dem satinirten Papiere u. s. w. der Fall ist; Grünspan aber kann weder mit Leimwasser, noch mit Gummiwasser angemacht werden, sondern man nimmt hierzu rohen, mit Essig abgeriebenen Weinstein.

2) Das Durchziehen der Papiere durch Färbebrühen kommt dem eigentlichen Färben der Zeuge und des sogenannten türkischen oder Saffianleders am nächsten und setzt auch einige Kenntnisse der Färbekunst voraus. Men bedient sich hierzu einer Abkochung von Fernambukholz, von Curcume, Gelbholz, Kreuzbeeren, Acacienblumen, Orlean ꝛc., einer Auflösung von Safran, einer Saflorbrühe, einer Indigauflösung in Schwefelsäure (wie beym Sächsischblau) und vieler anderer, in der Färberey gebräuchlicher Färbebrühen, durch welche die vorher mit Wasser angefeuchteten Papierbogen durchgezogen werden. Die sogenannten Taffet- und Atlaspiere, die Papiere zu den künstlichen Blumen u. a. sind sämmtlich auf diese Art gefärbt.

3) Das Spritzen oder Sprengen hat bloß zum Zwecke, auf einem schon überstrichenen oder gefärbten Papiere Puncte von anderer Farbe hervorzubringen und geschieht mit dem Sprengpinsel, welcher in die hierzu vorgerichtete Farbe getaucht wird.

4) Das Auflegen auf schwimmende Pigmente

oder das sogenannte Marmoriren ist der künstlichste Zweig der Papierfärberey und diese Methode ist dieser Fabrication allein eigen. Man hat hierzu einen hölzernen Trog mit Wasser, worin Tragant aufgelöst ist. Die fein abgeriebenen Farben, wozu man vorzüglich Erd- und metallische Farben, wie Zinnober, Mennig, Auripigment, Bleygelb, schwarze Kreide, Grünspan, spanische Kreide u. dgl. anwendet, werden mit einem Pinsel auf die Oberfläche des Wassers gespritzt, und zwar zuerst die Grundfarbe, dann die rothe, gelbe, grüne, blaue ꝛc. Sie müssen mit etwas Ochsengalle gemischt seyn, damit sie auf der Oberfläche schwimmen. Da diese Farben so stehen bleiben, wie sie eingespritzt worden sind, so werden sie, je nachdem das Papier Figuren erhalten soll, mit einem Holze gedreht und mit einem Rechen durchgezogen, wodurch die Farben den Zähnen folgen und allerley Krümmungen sich gestalten. Ist die Oberfläche gebildet, so spritzt man mit dem Pinsel kleine Tropfen mit Wasser verdünnter Ochsengalle darauf. Hierauf wird der angefeuchtete Papierbogen auf den Wasserspiegel gelegt, und wenn er überall gleich aufliegt und die Fläche desselben die Farben angenommen hat, zieht man ihn an zwey Enden wieder ab und hängt ihn endlich zum Trocknen auf. Dieß ist das sogenannte türkische Papier. Das englisch marmorirte unterscheidet sich von demselben dadurch, daß das Papier nicht weiß aufgelegt, sondern vorher gefärbt wird. Nach jedesmahligem Färben eines Bogens muß wieder neue Farbe auf den Wasserspiegel getragen werden, und diese zeitraubende Zwischenarbeit mag wohl die höheren Preise der feinen Papiere dieser Gattung veranlassen.

Die meisten dieser Papiere, sie mögen auf die eine oder die andere Art gefärbt seyn, erhalten eine Zurichtung, da sie sonst zu wenig Ansehen haben würden. Die gemeinste Zurichtung ist das Glänzen und Glätten, welches theils mit der Hand, theils mit eigenen Glättmaschinen und mit Cylindern bewirkt wird. Nicht selten wird hierzu das Papier, um dessen Glätte zu erhöhen, mit etwas Seife überstrichen. Andere Papiere erhalten einen Überzug von geschlagenem Eyweiß, oder von Lackspiritus mit etwas Copaiva-Balsam vermischt. Am mühsamsten ist aber das Satiniren des Papiers, wodurch dasselbe einen atlasartigen Glanz erhalten soll. Es wird zu dem Ende, wenn der Anstrich von Leimfarbe vollkommen getrocknet ist, auf einer hölzernen Tafel wieder benetzt und mit einer weichen Bürste, die in eine mit Federweiß vermischte Flüssigkeit eingetaucht wird, so lange überfahren, bis der Glanz durchaus gleichförmig erscheint. Jeder Bogen muß auf solche Art durch $\frac{1}{4}$ Stunde gebürstet werden. Zu manchem Zwecke würde es genügen, diese Arbeit durch Anwendung von etwas Wachsseife zu verkürzen.

Hierher gehört auch das Vergolden und Versilbern des Papiers, welches auf verschiedene Weise bewirkt werden kann. Gewöhnlich wird das zu vergoldende Papier mit rothem Poliment oder mit armenischem, in Regenwasser abgeriebenen Bolus, dann mit Eyweiß und Candiszucker überstrichen und mit echten Goldblättern, mit Zwischgold (vergl. Goldschläger-Arbeiten) oder mit geschlagenem Metalle überlegt; zur Versilberung wird dem Papiere ein weißer Grund gegeben, und auf diesen die Silber- oder weißen Metallblätter aufgetragen. Das vergoldete Papier pflegt man hierauf, wenn es Glanzgold seyn soll, mittels des Cylinders zu glätten, und wenn es mattes Gold seyn soll, mit der Matte der Vergolder zu überstreichen.

Das gedruckte Papier wird mit hölzernen Formen eben so gedruckt, wie der Katun, nur daß es hierzu keines Vordruckes bedarf (vergl. die Abth. Baumwollstoffe); auch wechseln die Muster eben so sehr, wie bey den gedruckten Baumwollstoffen. Die sogenannten Metall- und Brocatpapiere unterscheiden sich von den gewöhnlichen gedruckten Papieren dadurch, daß der Boden gefärbt, und der Dessein aus unechtem Golde oder Silber eingepreßt ist. Nachdem das Papier gefärbt worden, wird es auf eine gravirte, und mit den Metallblättern überlegte kupferne Platte gelegt, und durch eine Kupferdruckpresse gezogen. Die gravirten Desseins bleiben als tiefer liegend vom Golde oder Silber frey.

Zustand der Papierfärberey und Druckerey im österreichischen Kaiserstaate.

Gefärbte Papiere werden in allen größeren Städten sowohl von eigenen Fabrikanten, welche sich ausschließend mit der Erzeugung dieser Papiergattungen befassen, als auch, besonders die ordinären Sorten, von Buchbindern, Papparbeitern u. a. verfertiget. In Wien werden alle Gattungen von der ordinärsten bis zur feinsten in besonderer Vollkommenheit erzeugt, und es waren in dieser Stadt noch kürzlich 11 Fabrikanten in gefärbtem, gedrucktem, marmorirtem, Katun- und Satinpapier gezählt worden, außer vielen anderen, welche nicht in die Kathegorie der eigentlichen Papierfärber gehören. Unter die vorzüglichsten Arbeiter, welche die meisten und schönsten Papiergattungen erzeugen, gehören daselbst Hr. F. L. Kleudgen, der sich durch seine Katun-, Marmor-, Flader- und feine lackirten Laubpapiere für künstliche Blumen vorzüglich auszeichnet, Fr. Kratzer, welcher vortreffliche satinirte Papiere liefert, dann Franz Herberger, bey welchem man größten Theils türkisch marmorirte Papiere findet u. a. In Prag werden von Friedr. Mitscherling ganz besonders schöne Papiere jeder Art, vorzüglich türkisch und englisch marmorirte und Taffetpapiere verfertiget. Im lombardisch-venetianischen Königreiche muß die Remondinische Fabrik zu Bassano mit Auszeichnung genannt werden, da sie nicht nur einfarbige und marmorirte, sondern auch die schönsten gedruckten Papiere liefert; außerdem werden auch in Venedig sehr viele gefärbte Papiere gemacht, und in Mailand zeichnen sich Augustin Frigerio und Sohn, dann Ignaz Pizzagalli und Carl de Gasvari durch ihre schönen gefärbten Papiere aus.

Der Handel mit gefärbten und gedruckten Papieren ist eben nicht ganz unerheblich, da der Bedarf für Buchbinder, Spiegelrahm- und Cartonsmacher, Zuckerbäcker, Blumenfabriken, Kupferdrucker u. s. w. ziemlich bedeutend ist. Im Allgemeinen kann jedoch wenig darüber gesagt werden, da dieser Handelszweig mit dem Papierhandel überhaupt verbunden ist. Nur so viel darf bemerkt werden, daß die ehemahls sehr beträchtliche Einfuhr aus Nürnberg u. a. Orten durch die Vervollkommnung der inländischen Papiere dieser Art sehr vermindert wurde, und daß Wien, Prag, Venedig, Bassano und Mailand mit diesen Artikeln im Inlande gute Geschäfte machen.

Durch die neuen Zolltarifse für die Papiere vom J. 1819 ist der Verkehr mit gefärbtem, glattem und gedrucktem, wie auch sogenanntem Metall- und Katun-, dann türkischem und gemahltem Papiere im Innern der Monarchie, nähmlich zwischen den alten und den neuerworbenen Ländern (mit Ausnahme von Ungarn, Siebenbürgen, Dalmatien, Istrien, Triest und Fiume) ganz zollfrey; dagegen ist die Einfuhr dieser Artikel vom Auslande nur gegen besondere Bewilligung und gegen den hiernach zu lösenden Einfuhrspaß, dann gegen Bezahlung einer Gebühr von 45 fl. C. M. vom Ctr. gestattet. Der Ausfuhrszoll beträgt vom Ctr. nicht mehr als $1\frac{3}{4}$ kr. C. M.

Die Preise richten sich nach der Gattung des Papiers und nach der Art der darauf verwendeten Arbeit. Im April 1821 kam in Wien nach Verschiedenheit des Formates der Rieß von glattfarbigem Papier auf 10 bis 16 fl. W. W., von einseitigem Taffetpapier auf 34 fl., von zweyseitigem Taffetpapier auf 40 fl., von ord. Katunpapier auf 10 bis 16 fl., von feinen Katunpapieren auf 16, 18 bis 20 fl., von türkischem Papiere auf 22 fl., von feinem türkischen Papiere auf 28 bis 44 fl., von englischem Papiere auf 26 fl., von feinem englischen auf 32 bis 50 fl., von Herrnhuterpapier auf 22 fl., von ord. gesprengtem auf 28, von feinem gesprengten Papiere auf 32 fl., von Sandpapier auf 24 fl., von satinirtem oder Satinetpapier auf 60, 80 bis 120 fl., von feinem Flader auf 60 bis 70 fl., von f. f. Flader auf 120 fl., von unechtem Gold- und Silberpapiere auf 36 bis 120 fl., von Brocat auf 40 fl., von feinem Titelpapier auf 40, 60 bis 80 fl., von f. f. Titelpapier auf 100 fl., von Maroquin- oder Saffianpapier auf 100 bis 150 fl., von Laubpapier auf 50 fl. W. W.

Erklärung der Muster.

1) Gefärbte und marmorirte Papiere.

Nr. 1 bis 5. Ordinäre glattfarbige Glanzpapiere in mehreren Farben, von Herberger in Wien. Diese gehören zur ordinärsten Gattung der gefärbten Papiere, und werden am stärksten von Buchbindern und Cartonsmachern, auch zum Einpacken verwendet.

Nr. 6. Feines glattfarbiges Glanzpapier von Herberger, zu demselben Gebrauche.

Nr. 7 und 8. Rothes und grünes Titelpapier von Herberger in Wien.

Nr. 9. Rothes feines Titelpapier von Friedr. Mitscherling in Prag. Das Titelpapier dient zum Gebrauche für Buchbinder, und zwar zu den Titelschildchen auf dem Rücken der Bücher.

Nr. 10 und 11. Rothes und grünes Maroquinpapier, mit einer Zurichtung, welche dieses Papier dem gewöhnlichen Maroquinleder ähnlich macht. Es wird von Buchbindern, Cartons- und Futteralmachern ꝛc. verbraucht.

Nr. 12 bis 15. Rauhe Sandpapiere in verschiedenen Farben.

Nr. 16 bis 18. Rauhe Sammtpapiere mit Mineralfarben, von Friedr. Mitscherling in Prag, sehr fein. Diese Papiere werden auf Visitkarten ꝛc. verbraucht.

Nr. 19 bis 23. Ordinäre Taffet- oder Atlaspapiere von Neumann in Wien, meistens geglättet. Für Buchbinder, Futteral- und Cartonsmacher, Zuckerbäcker, zu transparenten Gegenständen ꝛc.

Nr. 24 bis 28. Feine Taffet- oder Atlaspapiere, stark geglänzt, von Friedr. Mitscherling in Prag. Zu demselben Gebrauche. Man hat sie sowohl auf einer, als auf 2 Seiten gefärbt.

Nr. 29 bis 36. Ordinäre satinirte Papiere von Neumann in Wien, für Buchbinder, Futteral- und Cartonsmacher, Zuckerbäcker ꝛc.

Nr. 37 bis 49. Feine satinirte Papiere in mehreren Farben, von Franz Kratzer in Wien, zu demselben Gebrauche. Diese Papiere sind ihrer Glätte wegen beliebt.

Nr. 50 und 51. Mit Metall bestreute Papiere von A. D. Corda in Prag, silberartig und rosenroth. Zum Gebrauche für Zuckerbäcker und Parfümeurs.

Nr. 52 und 53. Ordinäre Holzpapiere von Herberger in Wien, für Buchbinder, Futteral- und Cartonsmacher ꝛc.

Nr. 54. Feineres Holzpapier, gestreift, von Herberger in Wien.

Nr. 55 bis 61. Herrnhuter- oder Maserpapiere von Herberger in Wien, von getupftem marmorartigen Ansehen. Zu gleichem Gebrauche, wie die vorstehenden.

Nr. 62 und 63. Feine Herrnhuter-Papiere von Friedr. Mitscherling in Prag, zu demselben Gebrauche.

Nr. 64 bis 76. Türkisch marmorirte Papiere gewöhnlicher Art, von F. L. Kleudgen in Wien.

Nr. 77 bis 82. Ordinäre türkische Papiere von Herberger in Wien.

Nr. 83 bis 87. Englisch marmorirte Papiere von Herberger in Wien.

Nr. 88 bis 110. Sehr feine marmorirte Papiere von F. L. Kleudgen in Wien.

Nr. 111 bis 142. Sehr feine Marmorpapiere von Friedr. Mitscherling in Prag, von besonderer Schönheit. Die ersten 12 sind türkisches Papier nach gewöhnlicher Art, die anderen 20 türkisches Papier mit mineralischem Grunde. Alle diese marmorirten Papiere werden von Buchbindern, Futteral- und Cartonsmachern ꝛc. verbraucht.

2) Gedruckte oder Katunpapiere.

Nr. 143 bis 148. Ordinäre Katunpapiere von Herberger in Wien.

Nr. 149 bis 156. Feine Katunpapiere von F. L. Kleudgen in Wien, in mehreren Farben und Mustern. Auch diese Papiere werden von den obengenannten Arbeitern, dann von mehreren Fabrikanten zum Einpacken ihrer Waaren verwendet.

3) Metall- und Brocatpapiere.

Nr. 157 und 158. Ordinäres und feines gelbes Metallpapier, mit unechtem Golde (geschlagenem Metalle) belegt.

Nr. 159. Ordinäres weißes Metallpapier, mit unechtem Silber belegt. Dieses und die vorstehenden beyden Papiere sind wenig dauerhaft; werden aber ihres niedrigen Preises wegen doch häufig verbraucht von Buchbindern, Futteralmachern, Zuckerbäckern ꝛc.

Nr. 160. Feines Silberpapier, mit echten Silberblättchen belegt, zu demselben Gebrauche und zu Galanterie-Arbeiten. Es läuft an der freyen Luft mit der Zeit an, und steht an Dauerhaftigkeit dem echten Goldpapiere sehr nach. Das letztere erscheint in der Unterabth. der gepreßten Papiere Nr. 1.

Nr. 161 bis 166. Brocatpapiere, mit unechten Metallblättern bedruckt, vorzüglich für ordinäre, wohlfeile Spiegelrahmen und Schuber.

Vierte Unterabtheilung.

Gepreßtes Papier.

Schon seit längerer Zeit hat man dem Leder eine besondere Zurichtung gegeben, um das äußere Ansehen desselben zu erhöhen; man hat künstlichen Chagrin u. dgl. durch eine Art von Presse verfertiget. Auch auf Papier ist theilweise die Presse, um bestimmte Eindrücke hervorzubringen, angewendet worden, wie z. B. auf das Brocatpapier; aber das eigentliche gepreßte Papier ist eine Erfindung der neueren Zeit, die, wie man behaupten will, vor 30 bis 40 Jahren von Dehaut gemacht, und schon damahls auf mancherley Gegenstände angewendet wurde. Allgemeiner wurde das Pressen des Papieres erst seit ungefähr 1810 oder 1812.

Anfänglich verwendete man hierzu zinnerne Platten (wie zum Notendrucke), worein die Desseins gravirt oder mit Punzen geschlagen wurden. Der Papierbogen, weiß oder gefärbt, wird auf der Rückseite mit einem Schwamme etwas angefeuchtet, mit dieser feuchten Seite auf die Zinnplatte gelegt, und in einer Art von Kupferdruckerpresse mit 2 Walzen stark gepreßt. Da aber diese Zinnplatten beym Durchgehen durch die Walzen der Presse immer gestreckt, und somit die Desseins immer seichter wurden; so verwendete man statt derselben messingene Platten, in welche die Desseins ebenfalls gravirt oder mit Punzen geschlagen wurden. Später wurden fast durchgängig auch diese Metallplatten abgeschafft, und statt deren eine viel einfachere Maschine eingeführt, bey welcher der Dessein in einer metallenen Walze von 5 bis 6 Z. im Durchmesser eingravirt oder geschlagen ist. Der angefeuchtete Papierbogen geht, auf einem Brete und einem Filzlappen liegend, zwischen dieser gravirten und einer zweyten unten befindlichen, mittels des bekannten Mechanismus getriebenen Walze durch, und das Papier erhält auf diese Weise viel schärfere Eindrücke. Die Walzen sind aus härterem Metalle, und daher viel dauerhafter. Es werden auf diese Art nicht bloß ganze Papierbogen, sondern auch kleinere und größere Borduren, Leisten, Verzierungen, architektonische Ornamenten u. dgl. aus einfachem oder zusammengekleistertem, gefärbtem, lackirtem, vergoldetem und versilbertem Papiere gemacht. Wo die Desseins sehr erhoben erscheinen sollen, wie z. B. bey Joh. Seidans zu Tapeten oder Bildrahmen bestimmten breiten gepreßten Streifen, ist ein zweyfacher Model erforderlich, auf dessen einer Hälfte dieselben vertieft, auf der andern erhoben geschnitten sind. Man hat diese Verzierungen Anfangs nach Art der gepreßten Metallbeschläge mittels besonderer Fallwerke verfertiget. Seidans Methode hat aber mit der oben beschriebenen Walzeneinrichtung Ähnlichkeit. Dergleichen Desseins im Großen lassen sich zur Verzierung der Zimmer und Säle anwenden, und in der That werden in Wien gegenwärtig gepreßte Papier-Tapeten verfertiget. Viele Papiere und gepreßte Borduren werden auch spitzenartig durchgeschnitten, wozu eine stählerne Stanze erforderlich ist, auf welche der Papierstreifen gelegt, und mit einem bleyernen Hammer durchgehauen wird. Eine besondere Art des Pressens ist das sogenannte Guillochiren, wobey das Papier schlangenförmig eingepreßte Linien erhält. Es wird meistens von Kupferdruckern auf Visitkarten angewendet, und mit tief gravirten Kupferplatten bewerkstelliget.

Fabrication der gepreßten Papiere im österreichischen Kaiserstaate.

Im österr. Staate sind die gepreßten Papiere zuerst in Wien verfertiget worden, und der schon mehrmahls erwähnte Franz Kratzer war einer der Ersten, welcher das Pressen des Papieres und Leders betrieben und zu höherer Vollkommenheit gebracht hat. Durch die allmähliche Verbesserung der Papiere und Werkzeuge, und den hierdurch vermehrten Gebrauch der gepreßten Papiere für Buchbinder, Cartons- und Futteralmacher, Galanterie-Papparbeiter, Zuckerbäcker, Parfümeurs ꝛc. hat sich die Fabrication derselben bedeutend vermehret. Außer Franz Kratzer, welcher nicht nur alle Gattungen gepreßter Papiere, sondern auch eine Menge glatter und durchgeschnittener Borduren und Verzierungen in Farben und mit echtem Golde und Silber verfertiget, dürfen unter den Fabrikanten Wiens noch genannt werden: F. L. Kleudgen, welcher außer den gefärbten auch alle gepreßten Papiere, und Joh. Seidan, welcher außer gepreßten, vergoldeten und versilberten Borduren von Fadengröße bis zur Breite von mehreren Zoll, gepreßte Ornamenten, erhabene Verzierungen in vergoldete Rahmen, Ochsenaugen, Leistenstäbe, Rosetten u. s. w. liefert und unterm 23. October 1820 ein ausschließendes 6jähriges Privilegium auf die von ihm erfundene Maschine zur Verfertigung tief gepreßter Tapeten von Papier oder Leder für den Umfang der ganzen Monarchie erhalten hat. Auch mehrere Zuckerbäcker in Wien haben das Befugniß, gepreßte Papier-, Gold- und Silberborduren zu ihrem eigenen Gebrauche zu verfertigen, und unter ihnen verdient in dieser Hinsicht Wohlfarth genannt zu werden. In Prag sind der Parfümeur A. D. Corda und Friedr. Mitscherling die vorzüglichsten Erzeuger gepreßter Papiere und Borduren, und besonders verdienen die Arbeiten von Corda eine ehrenvolle Erwähnung. Auch im lombardisch-venetianischen Königreiche wird die Fabrication der gepreßten Papiere betrieben.

Der Handel mit diesen Erzeugnissen beschränkt sich auf die größeren Städte, wo der Verbrauch derselben immer bedeutender wird. Einen eigenen Handelszweig aber machen diese Papiere und Borduren bis jetzt noch nicht aus. Wien macht damit ohne Zweifel die meisten Geschäfte.

In Ansehung des Zollwesens werden die gepreßten Papiere wie die gedruckten behandelt. Die Einf. vom Auslande ist demnach nur gegen Paß und gegen Entrichtung eines Zolles von 45 fl. C. M. vom Ctr. gestattet; der Ausfuhrszoll beträgt vom Ctr. nicht mehr als $18\frac{3}{4}$ kr. C. M. Die gepreßten Tapeten gehören unter die Post der Papier-Tapeten überhaupt. (Vergl. die XX. Abth.)

Die Preise der gepreßten Papiere richten sich nach Qualität und Größe des Papiers, nach Farbe, Dessein u. s. w und stehen im Mittel zu 4 fl. C. M. pr. Buch. Vergoldete und versilberte Papiere, so wie die daraus gepreßten Borduren sind um vieles theurer, da hierzu noch die Arbeit des Vergoldens und die Anzahl der verwendeten Metallblätter geschlagen wird. Von den vergoldeten Borduren kommt der Schuh auf 2 kr. bis 1 fl. W. W. und noch höher zu stehen. Der Verkauf geschieht auch nach Streifen, und von diesen kostete das Dutzend der Goldborduren 1 fl. 30 kr. bis 5 fl. W. W., der Silberborduren 1 fl. 15 kr. bis 4 fl. 15 kr.; der gefärbten Papierborduren 24 kr. bis 1 fl. 30 kr. W. W.

Erklärung der Muster.

1) Eigentliche gepreßte Papiere.

Taf. I. Nr. 1 bis 15. Gepreßte Papiere in verschiedenen Farben und Desseins, von Franz Kratzer in Wien. Die Verwendung dieser lederähnlichen Papiere ist schon oben angegeben.

Taf. II. Nr. 16 bis 33. Fortsetzung derselben, von Franz Kratzer in Wien.

Taf. III. Nr. 34 bis 51. Beschluß der gewöhnlichen gepreßten Papiere, von Franz Kratzer in Wien. Die meisten sind lackirt und zeichnen sich durch einen lebhaften Glanz aus. Die Desseins selbst sind unermeßlich, wie bey jeder Druckerey und Pressung.

Taf. IV. Nr. 52. Vergoldetes Glanzpapier, wie es gewöhnlich zum Pressen und zur Verfertigung der echten Goldborduren verwendet wird. Man hat auch mattes Goldpapier, welches mit der Goldmatte des Vergolders überstrichen wird.

Nr. 53 bis 57. Gepreßte Gold- und Silberpapiere in mehreren Desseins, zu verschiedenen Galanterie-Arbeiten.

Nr. 58 bis 61. Spitzenartig durchgeschlagene

Papiere zu gleichem Gebrauche. Auch die auf dieser vierten Tafel befindlichen Muster sind sämmtlich von Franz Kratzer in Wien.

Außer den Tafeln liegen in halben Bogen noch bey:

Nr. 62 bis 79. Gepreßte Papiere in den gangbarsten Farben und in mehreren Desseins, von F. L. Kleudgen in Wien, vom J. 1820.

Nr. 80 und 81. Gepreßte Papiere von Adalb. Daniel Corda in Prag, vom J. 1820.

Nr. 82 bis 84. Gepreßte Papiere von Friedr. Mitscherling in Prag, von J. 1820.

a) Gepreßte Papierborduren und Verzierungen.

Taf. V. Nr. 85. Durchbrochenes spitzenartiges Goldpapier, zu mancherley Galanterie-Arbeiten.

Nr. 86 bis 102. Ganze und durchgeschnittene Goldborduren in verschiedenen Desseins, glänzend und matt, theils rein Gold, theils mit Farben gemischt.

Nr. 103 bis 111. Verschiedene Verzierungen und Rosetten, aus vergoldetem und versilbertem Papiere gepreßt.

Nr. 112 bis 116. Durchgeschnittene Borduren aus verschieden gefärbten Papieren.

Nr. 117 bis 132. Durchgeschnittene Silberborduren in verschiedenen Desseins, zum Theil mit Farben gemischt, den vergoldeten an Dauer sehr nachstehend.

Nr. 133 bis 155. Borduren aus Gold- und gefärbten Papieren, in mancherley Desseins und Farben. Alle auf dieser Tafel enthaltenen Muster sind von Franz Kratzer in Wien, bey welchem an 22 Sorten ganzer, und 50 Sorten durchgeschnittener Borduren verfertiget werden.

Taf. VI. Nr. 156 bis 158. Breite Goldborduren mit ausgeschnittenen Blättern.

Nr. 159 bis 175. Verzierungen, Medaillons, Rosetten, Blumen, Bouquets, Figuren und Thierstücke, aus vergoldetem Papiere gepreßt. Auch die auf dieser Tafel enthaltenen Muster sind von Franz Kratzer in Wien, und dienen zu vielerley Gebrauche für Zuckerbäcker, Papparbeiter, Rahmmacher ꝛc.

Taf. VII. Nr. 176 bis 190. Silberborduren von der schmälsten bis zur breitesten Gattung.

Nr. 191 bis 200. Feine Goldborduren von der halbbreiten bis zur breitesten Gattung, sehr tief gepreßt. Die auf dieser Tafel befindlichen Muster sind von Joh. Seidan in Wien, und werden zur Verfertigung von Bild- und Spiegelrahmen, zur Verzierung der Möbel, in Kirchen, Säle u. s. w. verwendet.

Nachträge.

Taf. VIII. Nr. 201 und 202. Gepreßte Papiere in einfachen, sehr schönen Desseins.

Nr. 203 bis 205. Guillochirte Papiere in mehreren Farben und Desseins.

Nr. 206. Gepreßte Borduren aus gefärbtem Papiere, 12 Stück auf einem Blatte, wie sie gewöhnlich mit der kleinen Walze gepreßt werden. Zum Gebrauche werden sie einzeln erst weggeschnitten.

Nr. 207 bis 220. Schmale und breite Borduren, zum Theil ganz, zum Theil ausgeschnitten. Mehrere davon haben vorzüglich schöne Desseins, und sind sehr scharf ausgepreßt.

Nr. 221. Gepreßte Borduren von A. D. Corda in Prag, 12 Stück von verschiedenen Desseins auf einem Blatte.

Nr. 222. Gepreßtes Schildchen mit Bouquet von A. D. Corda in Prag.

Nr. 223. Gepreßte Schilder und Etiketten von A. D. Corda in Prag, auf mit Metall bestreutem Papiere.

Fünfte Unterabtheilung.

Dosen aus Papiermaché und andere dergleichen Arbeiten.

Papiermaché nennt man eigentlich eine aus zerstampftem Papiere oder aus Papiermacherzeug bestehende Masse, woraus in eigenen Formen Dosen u. a. Gegenstände geformt werden. Das Papier wird zu dem Ende in Wasser gekocht, in einem Mörser zu einem gleichartigen Breye zerstoßen, dann mit starkem Gummiwasser oder auch mit Leimwasser angemacht, und in die beöhlte Form gegossen, bis die Masse darin erhärtet. Die Formen können von Gyps oder von Holz seyn. Zu erhabener Arbeit, oder da, wo die Theile sehr durch einander gehen, zieht man den Gyps vor; zu Dosen, Schalen und anderen einfachen Arbeiten ist das Holz besser, besonders wenn es feine Verbindungen gibt. Nach dem gehörigen Austrocknen wird die gegossene Sache geglättet oder abgedreht und gefirnißt, gemahlt oder vergoldet. Zuweilen werden dieser Masse noch andere Materialien, wie z. B. Thonerde, beygesetzt, um sie bildsamer zu machen. — Häufig aber bezeichnet man im Inlande mit dem Nahmen Papiermaché Gegenstände, welche aus gutem Pappendeckel zusammengesetzt und lackirt werden, und insbesondere ist dieß bey den sogenannten Papiermaché-Dosen der Fall.

Um diese Papiermaché-Dosen zu verfertigen, werden aus Pappendeckel die Streifen, welche die Seitentheile der oberen und unteren Hälfte bilden, und die beyden Scheiben für den Deckel und Boden, (je nach der Größe der Dosen) geschnitten und hierauf zu der rohen Form einer Dose zusammengeleimt. Um diesen nur grob geformten Dosen eine ganz gleichförmige Gestalt zu geben, sie auf der äußern und innern Oberfläche glatt und compact zu machen, bedient man sich einer großen Schraubenpresse von Eisen, bey welcher ein eiserner Stämpel (eine Passe) in das Innere der Dose einpaßt, und sie bey jedem Drucke in eine ihrer Größe entsprechende eiserne Form einzwängt. Es versteht sich von selbst, daß der Deckel der Dose eben so behandelt wird, und je nach der Größe und Gestalt der Dose auch verschiedene Formen und Stämpel genommen werden müssen. Diese Methode ist ganz neu und erleichtert die Fabrication ungemein, da die Arbeit schnell vor sich geht, und rein und gleichförmig ausfällt. Die Dosen werden dadurch eben so vollkommen, als man sie vormahls durch das mühsamere Abdrehen auf der Drehbank zu Stande brachte. Hierauf werden sie in Leinöhl getränkt, wiederhohlt in einem hierzu bestimmten Backofen ausgetrocknet (gebacken) und mit der Grundfarbe, die mit Leinöhlfirniß bereitet ist, überstrichen und diese ebenfalls eingebrannt. Auf den Grund wird dann mit Öhlfarbe gemahlt, die Vergoldung aufgetragen u. dgl. und endlich der letzte Überzug gegeben, welcher aus fettem Kopalfirniß (mit Leinöhlfirniß gemischt) besteht. Die feineren Dosen werden aber, wenn sie von einerley Farbe sind, noch insbesondere vor dem Überfirnissen mit Bimssteinpulver abgeschliffen, und überhaupt mit mehr Sorgfalt behandelt, um dem Überzuge einen höheren Grad von Glätte und Glanz zu geben. Auf ähnliche Art werden auch manche andere Gegenstände aus Papiermaché, welche zum Lackiren bestimmt sind, verfertiget.

Zustand der Papiermaché-Waarenfabrication im österreichischen Kaiserstaate.

Noch zu Anfang des gegenwärtigen Jahrhunderts beschränkte sich die Fabrication der Papiermaché-Dosen fast einzig auf die ordinären und Mittelsorten; die feineren Sorten mußten noch vom Auslande eingeführt werden. Seit dem hat aber dieser Industriezweig nicht nur in quantitativer, sondern auch in qualitativer Hinsicht sehr gewonnen, und wenn auch im J. 1812 eine Stockung und Verminderung dieses Gewerbes eintrat, so hat doch wenigstens die Qualität der Waare nicht abgenommen. Größten Theils ist die Fabrication der Papiermaché-Dosen zugleich mit der Erzeugung der lackirten Blechwaaren verbunden, da beyde genau in Verbindung stehen. Im J. 1811 befanden sich in und um Wien 27 Fabriken, worin beyde Artikel verfertiget wurden, und davon waren drey mit dem k. k. Landesprivilegium versehen. Sie beschäftigten zusammen 18 Spenglergesellen, 2 Lehrjungen und 176 verschiedene Arbeiter. Gegenwärtig bestehen außer der priv. Bertholdschen Fabrik zu Währing noch 25 Fabrikanten, worunter Ludw. Niederer, bey welchem in besseren Zeiten bis 40 Personen beschäftiget waren, und Math. Kronek, Moriz Abbiati sel. Witwe, Joh. Reißer genannt zu werden verdienen. Sie verfertigen alle Gattungen Dosen von der ordinärsten (Raitzendosen genannt) bis zur feinsten Sorte, zum Theil mit sehr schönen Gemählden. — Auch in mehreren Provinzen beschäftiget man sich mit Erzeugung von Papiermaché-

Dosen. In Österreich ob der Ens werden dergleichen Tabaksdosen zu Riedau, Vöcklabruck, Schwanenstadt und Ried erzeugt; die besten und schönsten sind aber diejenigen, welche zu Riedau im Landgerichte Grieskirchen gemacht werden. Viele moderne Tabaksdosen werden auch zu Rankweil im Vorarlbergischen fabricirt. In Böhmen wird dieser Industriezweig von Joh. Scheffel zu Reichenau im Bunzlauer Kreise, und von dem Dr. der Medicin Hawerlick zu Prag betrieben. Noch wichtiger ist derselbe im lombardisch-venetianischen Königreiche, wo viele Dosen der ordinärsten bis zur feinsten Gattung erzeugt werden.

Aus eigentlicher Papiermasse werden von Joh. Seidan und mehreren Vergoldern in Wien Ochsenaugen u. dgl. Verzierungen für Möbeln und Rahmen gemacht. In Böhmen beschäftigen sich zu Klösterle mehrere Personen mit der Verfertigung kleiner Figuren und Larven aus einer Composition von Papierteig und Thon, welche gemahlt und lackirt werden.

Der Handel mit Papiermaché-Dosen beschränkt sich nicht bloß auf das Inland, sondern geht selbst bis ins Ausland. Wien macht damit die meisten Geschäfte, und versieht mehrere Provinzen mit Dosen. Die meisten gehen nach Pesth, Lemberg, Grätz u. s. w.; viele auch nach Italien und in die Türkey, wogegen aber auch feine Gattungen noch zuweilen vom Auslande eingeführt werden. Von Wien allein sind in den 5 J. 1812 bis 1816 an Tabaksdosen für 54,426 fl. 16 kr. (nach den Angaben der Parteyen bey den Zollämtern) nach dem Auslande ausgeführt, und für 10,828 fl. 50 kr. vom Auslande eingeführt worden.

In Ansehung des Zollwesens sind die Papiermaché-Arbeiten in die Classe der Krämereywaaren gesetzt; wenn sie aber mit Gemählden oder mit Verzierungen aus edlem Metalle versehen sind, werden sie als Galanteriewaaren angesehen. Beyde sind durch den Zolltarif vom J. 1820 in der Einfuhr außer Handel gesetzt, und können nur gegen einen Paß und gegen Entrichtung von 36 kr. C. M. vom Guldenwerthe zum eigenen Gebrauche eingeführt werden; bey der Ausfuhr zahlen sie $\frac{1}{4}$ kr. C. M. vom Guldenwerthe. Im Innern der Monarchie aber ist der Handel mit diesen Artikeln, wenn sie im Inlande erzeugt sind, ganz zollfrey,

Ungarn, Siebenbürgen, Dalmatien, Istrien, Triest und Fiume ausgenommen.

Die Preise derselben sind, besonders bey den minderen Sorten, sehr billig. Von diesen kostet das Dutzend 42, 48, 54 kr., 1 fl. 9 kr. bis 1 fl. 24 kr. W. W. Von den mittelfeinen kommt das Dutzend auf 1 fl. 12 kr. bis 5 fl.; von den feinen das Stück auf 3, 12 bis 24 fl. W. W.

Erklärung der Muster.

1) Die Vorarbeiten.

Nr. 1. Papierstreifen, woraus die Seiten der Dosen gebildet werden.

Nr. 2. Obere und untere Scheibe aus Pappendeckel, zum Deckel und zum Boden der Dosen.

Nr. 3. Eine Dose im rohen Zustande, bloß aus den vorstehenden Bestandtheilen zusammengeleimt.

Nr. 4. Dieselbe mittels der Schraubenpresse geformt.

Nr. 5. Dieselbe in Leinöhl getränkt und gebacken, daher von brauner Farbe und fest.

2) Fertige Dosen.

Nr. 6 bis 11. Ordinäre Dosen verschiedener Art, mit und ohne Gemählde.

Nr. 12 bis 14. Feine Dosen mit Gemählden.

3) Andere Arbeiten aus Papiermaché.

Nr. 15. Vergoldete Ochsenaugen, zum Theil aus Papiermasse, zur Verzierung von Möbeln und Bildrahmen.

Nr. 16. Figur aus Papierteig und Thon, wie sie zu Klösterle in Böhmen verfertiget werden.

Sechste Unterabtheilung.

Die Visitkarten und Galanterie-Arbeiten aus Pappe.

Die Visitkarten oder Billeten sind zu bekannt, als daß es nothwendig wäre, eine Erklärung derselben zu geben.

Es beschäftigen sich mit der Verfertigung derselben viele Arbeiter, und zwar meistens Kupferstecher und Kupferdrucker, Lithographen, Buchdrucker, Graveurs, Zeichner, Stroharbeiter, Vergolder u. s. w., da sie sowohl nach Materiale, als nach ihrem Äußeren, von der größten Mannigfaltigkeit sind. Die einfachsten von allen sind wohl die mit Lettern vom Buchdrucker gedruckten Visitkarten und Adressen, dann die ordinären gestochenen; mehr Kunst erfordern die weißen gepreßten, wozu eigene gravirte Platten erforderlich sind, dann die farbigen gepreßten und guillochirten (vergl. die Unterabth. gepreßtes Papier), die feineren schwarzen, braunen und illuminirten Kupferstiche, die lithographirten, die mit Farben gedruckten, die mit Goldborduren, mit spitzenartig durchgeschlagenem Papier, mit Stroh, Moos, Holz, Perlmutter, Perlen, Seidenstoffen ꝛc. verzierten, die in Metall gepreßten u. s. w.; die künstlichsten sind die Zugbilleten, welche gewöhnlich aus mehreren Theilen zusammengesetzt sind. Alle einzelnen Verschiedenheiten der Visitkarten genau aufzuzählen, ist eben so unthunlich und unnöthig, als die Beschreibung des Verfahrens bey Verfertigung jeder Gattung, da diese in zu viele andere Fächer einschlägt, und für sich kein Ganzes bildet. Man nimmt hierzu theils weiße Postpapiere, theils feine Velin-, gefärbte, lackirte, geglättete, doppelte und andere Papiere, je nachdem es jede einzelne Gattung erfordert. Auch Gold- und Silberblech, Bronce, geschliffene Steinplatten, sogar Chocolate u. s. w. sind zu Visitkarten benutzt worden.

Die Galanterie-Arbeiten aus Pappe sind ebenfalls sehr mannigfaltig, kommen jedoch darin mit einander überein, daß sie im Groben aus zugeschnittenen Streifen und Blättern oder Scheiben von Pappendeckel oder Preßspänen (zuweilen auch von Holz) nach verschiedenen Formen zusammengeleimt oder gekleistert, mit gefärbten, gedruckten oder gepreßten Papieren, mit Leder, mit Seidenstoffen, Baumwoll-Sammt, Kupferstichen, Gemählden, Öhlfarben, Lack u. s. w. überzogen, und mit gepreßten Papierborduren, mit gepreßtem Metalle, mit Bronce, Stahl, Spiegeln u. s. w. verziert werden. Von dem ordinärsten Carton angefangen wird eine Reihe der schönsten Arbeiten dieser Art, besonders Schachteln, Schatullen, Soufflés,

Arbeitskörbchen, Nähkissen, Toilettkästchen, Bild- und Spiegelrahmen ꝛc. verfertiget. Übung, Reinlichkeit und Geschmack sind die Haupterfordernisse bey Arbeiten dieser Art. Auch Thiere, meistens Hunde, Vögel, Affen u. s. w. werden in der Steingutfabrik zu Wagram in Österreich unter der Ens sehr täuschend aus Pappe gemacht.

Sowohl die Visitkarten, als die Galanterie-Arbeiten aus Pappe sind Artikel, welche in der Regel nur in größeren Städten Absatz finden, und daher auch nur dort in größerer Menge verfertiget werden. Dieß ist im österr. Staate ganz der Fall, und obwohl man hier in mehreren Städten versucht hat, die Visitkarten abzuschaffen, so werden sie doch noch in sehr bedeutender Menge verfertiget. Wien, Prag, Venedig und Mailand zeichnen sich in diesem Artikel, wie auch in Papparbeiten, ganz vorzüglich aus. In Wien sind in Rücksicht der Visitkarten die Kunsthandlungen von Heinr. Friedr. Müller, Jeremias Bermann und Anton Berka, dann Joh. Seidan; in Venedig Marco Prosperini besonders zu nennen. In Papparbeiten dürfte Fr. Kratzer in Wien unter die vorzüglichsten Arbeiter gehören.

Der Absatz der Visitkarten und Papparbeiten war und ist immer bedeutend, und der Gewinn der Arbeiter und Händler nicht unerheblich, da der Verbrauch dieser Artikel so allgemein und bedeutend ist. Außerdem gehen auch viele, besonders von Wien und von Prag, in die Provinzen.

In Ansehung des Zollwesens sind beyde durch den Zolltariff vom J. 1819 den Papierfabricaten überhaupt gleichgesetzt. Es ist also der Verkehr mit diesen Artikeln im Innern der Monarchie, nähmlich zwischen den alten und neuerworbenen Ländern (mit Ausnahme von Ungarn, Siebenbürgen, Dalmatien, Istrien, Triest und Fiume) ganz zollfrey. Die Visitkarten werden wie die Kupferstiche, Steindrücke u. s. w. behandelt, und bezahlen b. d. Einf. vom Pf. 54 kr., b. d. Ausf. 1 kr. C. M. Die Papparbeiten können nur gegen Paß und gegen Bezahlung von 36 kr. C. M. vom Guldenwerthe eingeführt werden, b. d. Ausf. zahlen sie dagegen nur $\frac{1}{4}$ kr. C. M.

Die Preise sind bey Waaren von so großer Verschiedenheit ungemein verschieden. Es gibt Visitkarten, wovon das

Hundert nur einige Groschen W. W. kostet, und dagegen andere, wo das Stück auf mehrere Gulden zu stehen kommt. So hat man auch Papparbeiten von einigen Kreuzern bis zu 50 und mehr Gulden pr. Stück, Schatullen mit gemahltem Sammt und gemahltem Glase von 7 bis 40 und 50 fl. W. W. Von den oben erwähnten Thieren aus Pappe, welche in der Marihart'schen Steingutfabrik zu Wagram verfertigt werden, kostet das Stück 3, 5 bis 6 fl. W. W.

Erklärung der Muster.

1) Visitkarten.

Taf. I. Nr. 1 bis 5. In punctirter Manier gestochene und illuminirte Visitkarten.

Nr. 6 bis 8 und 10. Gestochene Visitkarten mit verborgenen Versen zum Aufschlagen, auch mit spitzenartig durchgeschlagenem Papiere verziert.

Nr. 9. Weißgepreßte Visitkarten von feinerer Art. Die ordinären und mittelfeinen Karten dieser Gattung sind außerordentlich zahlreich.

Nr. 11. Auf Atlas gepreßte, gedruckte und gemahlte Visitkarten. Alle auf dieser Tafel enthaltenen Muster sind von Joh. Seidan in Wien (vormahls in Prag).

Taf. II. Nr. 12 bis 19. Feine Zugbilleten von Joh. Seidan in Wien.

Diesen 2 Tafeln liegen noch bey:

Nr. 20 bis 23. Ordinäre weißgepreßte Visitkarten.

Nr. 24 bis 29. Illuminirte gestochene Karten mit Versen, von Joh. Seidan in Wien.

Nr. 30 bis 33. Spitzenartig durchgeschlagene, und

Nr. 34 und 35. Zugbilleten, sämmtlich von Joh. Seidan.

Nr. 36 und 37. Mit Goldfarbe gedruckte Billeten.

Nr. 38. Visitkarten der feinsten Gattung, mit reicher Verzierung.

Nr. 39 bis 57. Gepreßte Visitkarten in mehreren Farben und Desseins.

2) Galanterie-Arbeiten aus Pappe.

Nr. 1 und 2. Ordinärer und mittelfeiner Carton.

Nr. 3. Schatulle, mit gemahltem Baumwoll-Sammt und vergoldeten Papierborduren überzogen.

XX. Abtheilung.

Die Papier-Tapeten.

Unter allen Tapeten (Spalieren) oder Wandbekleidungen der Zimmer sind nebst den teppichartigen Stoffen (Hautelissen) und den Seidenzeugen die Papier-Tapeten die merkwürdigsten. Sie bilden einen eigenen Arbeitszweig und sind von dreyerley Gattung: 1) die gewöhnlichen in mehreren Farben gedruckten, 2) die satinirten, 3) die velutirten Tapeten, und jede könnte wieder in mehrere Unterarten getheilt werden. Zu den größeren wird in der Regel das Elephanten- oder sogenannte Tapetenpapier (vergl. Unterabth. Lösch-, weißes und im Zeuge gefärbtes Papier) angewendet, welches zum Theil noch vom Auslande bezogen wird; zu den kleineren oder Wirthschafts-Tapeten nimmt man auch gewöhnliche Concept- und Kanzelleypapiere.

Vor allem muß dasselbe bogenweise zu langen bandähnlichen Streifen (Rollen genannt) mit Kleister zusammengeklebt werden, worauf man dasselbe noch mit Leimwasser anstreicht, um ihm mehr Festigkeit zu geben, und dann trocknet und glättet. Dieß ist die eigentliche Vorarbeit zu den Tapeten, worauf erst der wahre Anstrich und Druck beginnt.

1) Zu den gewöhnlichen gedruckten Tapeten werden die zusammengekleisterten Rollen mit einer Leimfarbe von Kreide, Ocher, Mineralgelb, Auripigment, Schüttgelb, Kalkblau, Berlinerblau, Mitisgrün u. s. w. grundirt, d. i. mit einem weichen und großen Pinsel so gleichförmig als möglich angestrichen. Sobald die Grundfarbe vollkommen getrocknet ist, werden die Desseins mit hölzernen Modeln, auf eben die Art, wie es in der Katun-

druckerey gebräuchlich ist, jedoch ohne Beitzmittel (vergl. Baumwollstoffe), aufgedruckt. Hierzu bedient man sich bloß feiner Leimfarben, welche auf den Model gebracht werden, und das Papier liegt bey der Arbeit auf dem Drucktische ausgebreitet. Um die Kraft beym Drucke zu vermehren, ist am Drucktische ein Hebel angebracht, welcher auf den Model niedergedrückt wird; noch vortheilhafter sind die Drucktische mit doppelten Hebeln, wie sie in der Fabrik der Herren Spörlin und Rahn in Wien angebracht sind, da durch diese das für die Brust des Arbeiters so nachtheilige Pressen viel bequemer und leichter gemacht wird. So viele Farben in der Blume oder Figur nöthig sind, eben so viele Model und Stämpel müssen gebraucht werden; doch werden manche Figuren auch aus freyer Hand eingemahlt. Cylinder oder Walzen, welche in der Katundruckerey mit großem Vortheile gebraucht werden, sind bis jetzt noch nicht in Anwendung, woran vorzüglich die Ungleichheit der Rollen, welche durch die zusammengekleisterten Stellen entsteht, die Schuld trägt. Von dem Gebrauche der Patronen, der ehemahls bey dem Drucke, besonders bey größeren Zeichnungsgegenständen, nicht selten war, ist es nun ganz abgekommen. Auf eben diese Art werden auch Gesimsstücke, Friesen und die Borduren gemacht, und auf diese letzteren wird besonders viel Fleiß und Arbeit verwendet. Manche Tapeten und Borduren erhalten auch versilberte und vergoldete Stellen, wie Sterne, Rosetten u. dgl., wozu der Vordruck mit einem dicken Firniß gemacht wird, auf den man vor dem gänzlichen Eintrocknen die Silber- und Goldblätter aufträgt. So entstehen mehrere Arten von gewöhnlichen grundirten Tapeten. Die kleinste Art führt den Nahmen Wirthschafts-Tapeten, und von diesen mißt jede Rolle 11 Ellen in der Länge und 18 Zoll in der Breite; die übrigen heißen große Tapeten, und sind 33 Schuh lang und 20 Zoll breit. Es gibt ordinäre, die mit wohlfeileren, mittelfeine und feine, die mit theureren Farben grundirt oder gedruckt sind; dann halb- und ganzreiche u. s. w. Eine neuere, von den Herren Spörlin und Rahn mit dem besten Erfolge ausgeführte Art der Tapeten sind die sogenannten Decorations-Tapeten, welche ganze Landschaften und

Gärten darstellen, und wobey es vorzüglich auf Weichheit des Colorits und auf das gute Verschmelzen der Luft ankommt.

2) Die satinirten Tapeten unterscheiden sich von den vorstehenden bloß durch den atlasartig glänzenden Grund, wie ihn das satinirte Papier (vergl. die Unterabth. gefärbtes und gedrucktes Papier) hat. Die Rollen werden zu dem Ende mit Leimwasser und Talk (der meist aus Venedig bezogen wird) angestrichen, und durch Reiben mit Bürsten geglänzt. Das Drucken, Versilbern und Vergolden geschieht auf die vorbeschriebene Art.

3) Die velutirten oder beständbten Tapeten sind ganz oder stellenweise mit zerkleinter Schafwolle bedeckt, und nehmen dadurch ein mehr oder weniger sammt- oder tuchartiges Ansehen an. Die Schafwolle, meist Abfälle von Tuchmachern, Tuchscherern, Türkisch-Käppchenfabrikanten ꝛc. wird auf eigens eingerichteten Mühlen, durch welche sie mehrmahls durchgehen muß, so gleich als möglich zerkleinert und dann gefärbt. Die Herren Spörlin und Rahn haben hierzu eine besondere Handmühle nebst Siebbeutel erfunden, welche täglich 25 bis 30 Pf. zum feinsten Staube zermahlener Schafwolle liefert. Auch wird die Wolle in der genannten Fabrik vor dem Mahlen oft noch gebleicht, und zwar mittels der flüssigen schwefeligten Säure — ein Verfahren, welches seiner vielen Vortheile wegen mehr gekannt, und in der Seiden- und Wollfärberey eingeführt zu werden verdiente. Im J. 1820 sind daselbst auch mit gemahlener Baumwolle Versuche zum Velutiren gemacht worden, welche aber der Erwartung nicht ganz entsprochen haben, woran ohne Zweifel die minder haltbaren (wiewohl anfänglich lebhafteren) Farben die Schuld trugen. Die Figuren, welche velutirt erscheinen sollen, werden nicht mit Farbe, sondern mit einem starken Firniß gedruckt, oder wenn größere Flächen velutirt werden sollen, so bestreicht man dieselben mit diesem Firnisse, und siebt die Wollfäserchen mit feinen Haarsieben darüber, wozu in den Fabriken eigene einfache Vorrichtungen bestehen, die nicht nur wegen Ersparung der Menschenhände, sondern auch wegen Vermeidung des sehr lästigen Wollstaubes gute Dienste leisten. Von den leeren Stellen, welche nicht vorgedruckt oder angestrichen

wurden, läßt sich die Wolle leicht wieder abschütteln. Wenn das Bestäubte etwas getrocknet ist, so druckt man wieder mit Firniß, streut wieder Wolle von anderer Farbe darauf, und setzt so die Arbeit fort. Häufig werden diese velutirten Stellen, um einzelne Zeichnungen auszuführen, oder um Licht und Schatten auszudrücken, wieder mit Farben überdruckt.

Vor einiger Zeit hat man die Papier-Tapeten auch mit Metallstaub und mit weißem Glimmer bestreut, um ihnen ein glänzendes, reiches Äußere zu geben. Diesen Zweck weiß man jetzt besser mit echtem Golde und Silber zu erreichen.

Eine ganz neue vierte Gattung der Tapeten sind die gepreßten Papier-Tapeten, welche seit 1820 von Joh. Seidan u. Comp. in Wien verfertigt werden, und wozu eigene Cylinder-Preßmaschinen erforderlich sind, auf welche derselbe unterm 23. Oct. 1820 ein ausschließendes Privilegium für die ganze Monarchie auf 6 Jahre erhalten hat. Diese Tapeten werden theils einfarbig, theils mit vergoldeten und versilberten Borduren gemacht.

Zustand der Papier-Tapetenfabrication im österreichischen Kaiserstaate.

Die Papier-Tapeten wurden in der 2. Hälfte des achtzehnten Jahrhunderts auch im Inlande allgemeiner, und dieß hatte die Einrichtung von Papier-Tapetenmanufacturen zur Folge. Schon im J. 1780 lieferte Chevassieur, aus Lyon gebürtig, in seinem hier errichteten Etablissement sehr schöne Tapeten. Nach ihm folgte Joh. Dufraine, welcher eine Spalierfabrik zu Herrnals bey Wien errichtete, und diese Manufacturen vermehrten sich immer mehr, so daß selbst bey der häufigen Nachfrage um diesen Artikel, der hiesige Bedarf bald vollkommen gedeckt war, und bey der zugleich zugenommenen Vervollkommnung dieser Tapeten auch in das Ausland Geschäfte damit gemacht wurden. Bis zum J. 1813 waren in Wien schon sechs Papier-Tapetenmanufacturen vorhanden, welche alle Gattungen von Tapeten und Borduren von besonderer Güte und Schönheit verfertigten. Seitdem hat aber der Verbrauch, und mit diesem die Fabrication der Tapeten wieder abgenommen.

Gegenwärtig hat Wien nur noch zwey große Papier-Tapetenfabriken, nahmentlich die der Herren Spörlin und Rahn, und die des kürzlich verstorbenen Hrn. Mich. Spanl; denn die oben erwähnte Unternehmung des Hrn. Joh. Seidan zur Verfertigung gepreßter Papier-Tapeten ist nicht unter die eigentlichen Tapetenmanufacturen zu zählen. Die bedeutendste dieser, so wie der früher bestandenen Fabriken dieser Art, ist die der Herren Spörlin und Rahn, welche im J. 1809 gegründet wurde, und sich durch die Vollkommenheit ihrer Erzeugnisse, und die zweckmäßige Einrichtung sehr vortheilhaft auszeichnet. Diesen Fabrikanten war es vorbehalten, in sehr kurzer Zeit das Vorurtheil zu besiegen, welches, besonders im Auslande, auf den Wiener Tapeten haftete, und ihren Erzeugnissen in den vorzüglichsten Städten Teutschlands, Polens, Preußens und Italiens eben die Reputation und den Absatz zu verschaffen, deren sich die französischen Tapeten bis dahin allein erfreut hatten. Sie lieferten hierdurch den erneuerten Beweis, daß jedes Vorurtheil und jede Vorliebe für irgend ein Fabricat, welches in das Gebieth der Mode einschlägt, von selbst verschwindet, sobald der Fabrikant das Talent hat, seine Erzeugnisse dem Geschmacke und dem Bedürfnisse der Consumenten anzupassen, und ihnen den Stämpel der Neuheit und Vollkommenheit aufzudrücken. Wenn die erste unerläßliche Bedingung, um in der Papier-Tapetenfabrication etwas Vorzügliches zu leisten, darin besteht, sich neue und geschmackvolle Original-Zeichnungen zu verschaffen: so haben Spörlin und Rahn einen großen Vorsprung vor vielen anderen Fabrikanten, da sie selbst mit regem Erfindungsgeiste begabt, alle Talente und Kenntnisse in ihrer Individualität vereinigen, die hierzu erforderlich sind. Ihr Sinn für guten Geschmack und schöne Formen spricht sich in allen ihren Fabricaten kräftig aus, und es ist bemerkenswerth, daß in ihrem großen Sortimente kaum zwey Copien zu finden sind. Auch in dem technischen und mechanischen Theile ihrer Fabrication spricht sich der echte Manufacturgeist aus. Jede Arbeit ist unter das dazu bestimmte Personale zweckmäßig abgetheilt, und beynahe alles wird stückweise bezahlt, wodurch Klarheit in der Berechnung, und die möglichste Ökonomie erzweckt wird. Unter den mechanischen Vorrichtungen sind besonders bemerkenswerth die 10 Drucktische mit doppelten Hebeln; die von den Eigenthümern erfundene Glättmaschine mit Cylinder von Gußeisen, bey welcher das Papier durch den Mechanismus durchgezogen wird, und alle Risse, die sonst durch die Steinglänze so häufig in den Rollen entstanden, gänzlich beseitiget werden; eine Handmühle zum Mahlen der Schafwolle, und eine eben so einfache, als sinnreiche Packmaschine, womit die Rollen in runde Ballen verpackt werden. Nicht minder wichtig ist die dritte oder chemische Abtheilung dieser Fabrik, ohne welche, wenigstens im Inlande, keine Tapetenfabrik mit Auszeichnung bestehen könnte. In dem chemischen Laboratorium der Fabrik werden die grünen und blauen Kupferfarben, das Berlinerblau, alle Lackfarben, das Schüttgelb u. dgl. bereitet, die velutirte Wolle gebleicht und in allen Nuancen gefärbt &c. Die Tapetenmuster, Borduren und Decorationsgegenstände, welche in dieser Sammlung aus der Fabrik der Herren Spörlin und Rahn aufgestellt sind, zeichnen sich im Allgemeinen durch correcte Zeichnung, schönes Colorit und reinen Druck vortheilhaft aus, und beurkunden hinlänglich die bedeutenden Fortschritte, welche die Tapetenfabrication in der neuesten Zeit gemacht hat, so zwar, daß gegenwärtig die inländischen Papier-Tapeten in keiner Hinsicht mehr den ausländischen nachstehen. In der genannten Fabrik werden jährlich 15 bis 20,000 Rollen fertiger Tapeten geliefert. Nebst ihr zeichnet sich in Wien auch die zweyte Fabrik des sel. Hrn. Spanl sehr aus, denn sie liefert nicht nur mannigfaltige Arbeiten, sondern diese stehen auch wegen des schönen Colorits und der geschmackvollen Desseins im besten Rufe. Außer Wien werden in der ganzen Monarchie, nur das lombardisch-venetianische Königreich zum Theil ausgenommen, keine Papier-Tapeten verfertiget. Desto stärker ist die Fabrication derselben in Frankreich, besonders in Paris, wo gegen 56 Fabriken bestehen, in Straßburg, Lyon u. s. w.; England dagegen ist in diesem Arbeitszweige noch bedeutend zurück.

Der Handel mit Papier-Tapeten war in früheren Zeiten ganz passiv; mit Errichtung von Tapetenfabriken verminderte sich die Einfuhr immer mehr, und jetzt werden sogar viele Tapeten nach Teutschland (selbst bis Hamburg), nach Italien, Polen und Rußland versendet; nur ist gegenwärtig der Absatz nach Polen und Rußland gehemmt. Sonst gingen auch viele nach der Moldau und Walachey. In den 5 Jahren von 1812 bis 1816 betrug die Ausfuhr von Papier Tapeten von Wien nach dem Auslande 4325 Rollen, und an gemahlten, genähten rc. Tapeten für 3866 fl., während in den Mauthtabellen gar keine Einfuhr notirt ist.

Zur Beförderung dieses Commerzes ist in dem neuen Zolltariffe für Papier rc. vom J. 1819 der Verkehr mit Tapeten im Innern der Monarchie, d. i. zwischen den alten und neuerworbenen Ländern (mit Ausnahme von Ungarn, Siebenbürgen, Dalmatien, Istrien, Triest und Fiume) ganz zollfrey erklärt, die Ausfuhr nicht höher als mit ½ kr. C. M. vom Pf. belegt, und die Einfuhr vom Auslande nur gegen einen zu lösenden Einfuhrspaß und gegen Bezahlung von 1 fl. 12 kr. C. M. vom Pf. gestattet.

Wenn man die jetzigen Preise der Papier-Tapeten mit denen vom J. 1807 vergleicht, — ein Zeitpunct, wo der Curs des Papiergeldes im täglichen Leben noch keinen Einfluß hatte: so ergibt sich im Durchschnitt ein Unterschied von wenigstens 25 Prct. zum Vortheil der ersteren — ein Unterschied, der um so mehr die Vervollkommnung dieser Fabrication beweiset, da das rohe Materiale durchgängig theurer, und die Fabrication weit schwieriger geworden als damahls. Wie schwer es ist, durch Angabe einzelner Preise einen Maßstab zu begründen, der einen richtigen Begriff des gegenwärtigen Werthes der Papier-Tapeten gäbe, geht schon daraus hervor, daß man jetzt Tapeten verfertiget, wovon der Quadratschuh auf 1 kr. bis 1 fl. C. M. zu stehen kommt. Die wohlfeilsten Tapeten auf ein Zimmer von 600 Quadratschuh kosten also jetzt 10 fl. C. M., während die theuersten für eben dieses Zimmer auf 600 fl. C. M. kommen. Im Mittel aber kann man annehmen, daß für ein Zimmer von obiger Größe die Tapeten sammt Borduren von der geringen Sorte auf 10 bis 25 fl., von der Mittelsorte auf 25 bis 40 fl., von feineren Farben mit velutirten Stellen auf 40 bis 80 fl., von ganz feinen Farben mit Metall und Silber auf 80 bis 200 fl., von ganz velutirten mit feinem Golde auf

200 bis 600 fl. C. M. zu stehen kommen. Bey den letzteren Tapeten ist es nicht mehr die Fabrication, sondern der Werth des Silbers und Goldes, welches den Preis bestimmt; denn die theuersten Decorationen ohne Gold, Silber oder Wolle betragen für ein Zimmer von obiger Größe nie mehr als 100 bis 120 fl. C. M. Gewöhnlich geschieht der Verkauf aber in Rollen zu 14 Ellen; zu einem Zimmer von gewöhnlicher Größe sind 6 bis 7 Rollen im Durchschnitte nöthig.

Erklärung der Muster.

1) Die Vorarbeiten.

Nr. 1 bis 9. Einfarbige gewöhnliche Böden mit Leimfarbe grundirt.

Nr. 10 bis 15. Einfarbige satinirte Böden.

Nr. 16. Feiner blauer Tapetenboden.

Nr. 17 bis 20. Einfarbige gewöhnliche Böden.

Nr. 21. Velutirte Tapetenböden in vier verschiedenen Mustern, woron das scharlachrothe sich besonders durch die helle und schöne Farbe auszeichnet.

2) Fertige Tapetenmuster.

Nr. 22 und 23. Ordinäre Wirthschafts-Tapeten, d. i. Tapeten der kleineren Art.

Nr. 24. Ordinäre Tapete der gewöhnlichen Größe.

Nr. 25. Türkische Tapete mit Shawls-Dessein in mehreren Farben.

Nr. 26. Feine halbvelutirte Tapete mit satinirtem Grunde. Feine Tapeten nennt man insgemein alle diejenigen, welche Blau oder Grün, Carmoisin, Mineralgelb und Auripigment zur Hauptfarbe haben.

Nr. 27. Carmoisinrothe feine Tapete, nach Art des Seidendamastes.

Nr. 28 und 29. Mittelfeine Tapeten.

Nr. 30. Feine blaue Tapete mit gemahlenem Metalle gedruckt und mit Rosenborduren.

Nr. 31. Feine Tapete mit echtem Silber.

Nr. 32. Feine Tapete mit allegorischen Verzierungen und Schriften, bey Gelegenheit des Wiener Congresses im J. 1814 verfertiget.

Nr. 33 bis 35. Gewöhnliche Borduren mit und ohne Velutirung.

Nr. 36 und 37. Velutirte Borduren.

Nr. 38 und 39. Großes und kleines Gesimsstück.

Nr. 40 bis 45. Velutirte Borduren mit Blättern, Blumen ꝛc.

Nr. 46 und 47. Velutirte Borduren, die erste mit Silber und Gold.

Nr. 48 und 49. Borduren mit Silber, vorzüglich schön.

Nr. 50 bis 52. Skizzen von zusammengesetzten Tapeten, mit beygefügtem Maßstabe.

Nr. 53. Reichste satinirte Tapete, mit Gold aufgelegt.

Nr. 54 bis 56. Mittelfeine und feine Tapeten.

Nr. 57. Sehr reiche gothische Tapete mit velutirtem Grunde und Gold. Diese Tapete ist in das k. k. Lustschloß zu Laxenburg gemacht worden.

Nr. 58 und 59. Reiche feine Tapeten mit Silber.

Nr. 60 und 61. Tapeten gewöhnlicher Art.

Nr. 62 und 63. Feine Tapeten nach Art von Seidenstoffen, in zweyerley Farben.

Nr. 64 bis 75. Verschiedene breite und schmale Borduren mit und ohne Velutirung.

Nr. 76 und 77. Schottische Tapeten, d. i. quadrillirt, in verschiedenen Farben.

Nr. 78 bis 80. Schottische Borduren.

Nr. 81 und 82. Feine gewässerte (moirirte) Tapeten, nach Art von gewässerten Seidenstoffen.

Nr. 83. Velutirte gothische Tapete, ganz wie Nr. 57, jedoch ohne Gold.

Nr. 84. Sehr feine gelbe Tapete, mit scharlachrother Velutirung. Die feurige gelbe Farbe, und das hohe Scharlach sind an diesem Muster bemerkenswerth. Das Gelb besteht aus Auripigment, welches von Mailand bezogen wurde.

Nr. 85. Reiche velutirte Tapete mit Streifen.

Nr. 86. Superfeine scharlachrothe Tapete mit goldenen Sternen. Die glatte, durchgehends gleiche und brillante Farbe des scharlachrothen Wollgrundes, dann die reinen und scharfen Umrisse der vergoldeten Sterne sind Vollkommenheiten, welche man bis jetzt auch an ausländischen Tapeten dieser Art vermißte, und die durch ein neues, von den Herren Spörlin und Rahn erfundenes Verfahren erhalten wurden.

Nr. 87. Reiche architektonische Friese mit Arabesken, wegen der schönen Zeichnung bemerkenswerth.

Nr. 88 und 89. Zwey große Decorations-Tapeten, nach der Erfindung der Herren Spörlin und Rahn. Die erste stellt eine Landschaft mit Acacien und Laubwerk vor, die zweyte ist ein Blatt von einer Landschafts-Decoration, die, als Hintergrund behandelt, die Ansicht eines morgenländischen Lustgartens darstellt. Bemerkenswerth ist hierbey die Weichheit des Colorits, und die geschmolzene Luft, welche bey angenommener Morgenbeleuchtung vom Lichtgelben ins Blaue abgestuft ist, — ebenfalls durch ein neues, von den erwähnten Fabrikanten erfundenes Verfahren bezweckt, welches im Auslande noch nicht bekannt ist, und dieser Art Decorationen einen Reitz und eine Vollendung gewährt, welche man an den französischen Landschafts-Decorationen bis jetzt noch vermißt. Das Bestreben der Hrn. Spörlin und Rahn, aus deren Fabrik alle obigen 89 Tapetenmuster sind, auch in diesen großen Decorationen mit dem Auslande ehrenvoll zu concurriren, ist um so lobenswerther, da die in keinem Verhältniß mit dem Auslande stehende Consumtion der Papier-Tapeten im Inlande sie kaum für die kostspielige Stecherey schadlos zu halten vermag.

Die folgenden Muster sind aus der zweyten, in Wien noch bestehenden und bereits ehrenvoll erwähnten Papier-Tapetenfabrik von Michael Spanl.

Nr. 90 bis 96. Mittelfeine Tapeten, in verschiedenen Farben und Desseins.

Nr. 97. Feine Tapete von blauer Farbe.

Nr. 98 bis 101. Mittelfeine Tapeten mit satinirtem Grunde.

Nr. 102 und 103. Feine Tapeten, witisgrün und mineralgelb.

Nr. 104, 105, 107, 108. Mittelfeine Tapeten.

Nr. 106. Reiche Tapete mit weißem satinirten Grunde, und mit Gold aufgelegt.

Nr. 109. Ordinäre Tapete, mit Muscheln, für Gartenhäuser.

Nr. 110 und 111. Feine Tapeten.

Nr. 112 und 114. Reiche Tapeten, weiß mit Gold.

Nr. 113. Mittelfeine Tapete.

Nr. 115 bis 122. Borduren verschiedener Art, mit und ohne Velutirung.

Nr. 123 und 124. Reiche Borduren mit Gold.

Nr. 125 bis 127. Borduren und Leisten, fein und ordinär.

Nr. 128. Superfeine architektonische Friese mit scharlachrothem Wollgrunde.

Anhang.

Nr. 129. Gepreßte Damast-Tapete mit vergoldeter Bordur, von Joh. Seidan in Wien, vom J. 1821.

XXI. Abtheilung.

Die Spielkarten.

Die Fabrication der Spielkarten bildet wegen des bedeutenden Verbrauches und der schnellen Abnutzung derselben, ein eigenes selbstständiges Gewerbe, welches zum Theil fabriksmäßig, zum Theil von Kartenmachern oder sogenannten Kartenmahlern betrieben wird. In Wien machen sie eine Innung aus, welche weit über 100 Jahre besteht. Jeder Lehrling muß sich bey diesem Gewerbe zunftmäßig aufdingen lassen, bleibt 3 bis 4 Jahre, je nachdem er selbst, oder der Lehrherr, die Kleidungsstücke verschafft, in der Lehre, und wird dann als Geselle freygesprochen. Das Meisterstück besteht in der Verfertigung eines ganzen Spiels von jeder Gattung Karten, mit der Bestimmung, daß der Bürgerrechtswerber das hierzu erforderliche Papier sortiren, pappen, drucken, mahlen, planiren, schneiden und die Farben mischen müsse. Der Meisterschaft ist bey Strafe verbothen, sich der Hausknechte zur Verrichtung jener Arbeiten zu bedienen, welche gewöhnlich nur von Gesellen besorgt zu werden pflegen.

Man unterscheidet hier die Spielkarten in teutsche und in französische, und von jeder Gattung gibt es wieder mehrere Sorten. Jede Karte besteht aus 3 einzelnen Blättern Papier, welche über einander geklebt sind: dem Vorderbogen (Vorderblatt), worauf sich die Bilder und Augen befinden, dem Mittelbogen (Mittelblatt), wodurch man die Karte stärker und steifer macht, und dem Hinterbogen (Hinterblatt), die hintere Seite der Karte bildend, und gewöhnlich musirt, d. i. mit einem Muster bedruckt, oder auch nur gefärbt und besprengt, theils um das Schmutzen zu verhindern, theils um das Durchscheinen der Bilder und Steine unmöglich zu machen, theils um die verschiedenen Spiele leichter unterscheiden und sortiren zu können. Der Kartenmahler benützt hierzu die gewöhnlich im Handel vorkommenden Papiergattungen, wie Adlerpapier, Concept-, Kanzelley- und Postpapier, jedoch von einem eigenen kleinen Formate, meist $12\frac{1}{2}$ Zoll hoch, 16 Zoll br. Dieses Formates wegen findet derselbe oft Hindernisse, sich das Papier in der Art, wie er es zu haben wünscht, zu verschaffen. Ehemahls konnte [illegible] seinen Bedarf mit größerer Sicherheit rechnen, da die inländischen Papiermühlen gehalten waren, jährlich ein bestimmtes Quantum Papier zum Gebrauche der Kartenmahler vorräthig zu halten. Gewöhnlich nimmt man in den inländischen Werkstätten bey den feineren Karten zum Vorderbogen Post-, zum Mittelbogen Adler- oder fein Concept-, zum Hinterbogen fein Kanzelleypapier; bey ganz feinen Karten wird zum Hinterbogen auch feines Velin, bey ganz ordinären Karten aber sowohl zum Vorder- als Hinterbogen Concept- oder nur Druckpapier genommen, und jetzt werden viele Papiere zu Spielkarten aus Italien nach Wien bezogen. Die Tarockkarten werden aus demselben Papiere gemacht, unterscheiden sich aber durch ihr größeres Format von allen übrigen Spielkarten.

Die erste Arbeit bey der Fabrication der Spielkarten ist das Sortiren und Reinigen des Papieres, welches letztere durch Wegschaben der kleinen Knötchen, und durch Ausstreichen der Falten und Runzeln mittels eines Falzbeines geschieht. Hierauf werden die Vorder- und Hinterbogen durch Wasser gezogen, und rießweise in eine Presse gebracht. Vor dem Zusammenkleistern des Vorder- und Mittelbogens wird der erstere mit den Umrissen der Figuren bedruckt. Es gibt nähmlich Karten, welche Bilder enthalten, und andere, welche bloß Augen oder Gesteine haben. Zu den ersteren, bey den teutschen Karten auch zu den letzteren hat man eigene Vorformen zum Drucken, wozu man sich bey den Tarockkarten u. a. feinen Karten gestochener Kupferplatten, bey den gewöhnlichen Piquet- und sogenannten teutschen Karten aber hölzerner Model bedient, worauf mehrere Figuren zugleich geschnitten sind. Das Drucken mit den Kupferplatten geschieht in der gewöhnlichen Kupferdruckerpresse; anders verfährt man aber mit den Holzmodeln. Die Methode, wie die Farben aufgetragen werden, weicht vom Katundrucke sehr ab, indem die Form mit der Kleisterfarbe mittels eines Pinsels bestrichen, der feuchte Vorderbogen darüber gelegt, und mit einem äußerst elastischen Körper, dem sogenannten Haarreiber, sorgsam darüber gefahren wird. Der Haarreiber ist walzenförmig, und besteht aus langen Kuhharen, welche durch Walken zu einem sehr dichten Filze gebildet worden, seine Länge beträgt 6 Zoll, und sein Durchmesser ist von der Art, daß man ihn bequem mit der Hand anfassen kann. Sonderbar ist es, daß diese Haarreiber, welche den Kartenfabrikanten zur Bewirkung eines gleichförmigen Druckes unentbehrlich sind, und wovon sie wegen der schnellen Abnutzung eine so große Menge verbrauchen, noch immer aus dem Auslande, meist von München bezogen werden, da man es doch im Inlande im Filzen der Hüte sehr weit gebracht hat, und der hohe Preis derselben allerdings zur Nachahmung aneifern sollte. Eben so werden die Hinterbögen mit Formen von Holz oder Draht mittels des Haarreibers masirt, oder es werden hierzu auch nur marmorirte, 'saderartige, besprengte und andere Bögen genommen. Nach Beendigung des Vorderdruckes werden die 3 Bögen mittels Stärkekleister zusammengekleistert (cachirt), in eine Presse gebracht, und dann meistens in einem großen kastenförmigen Verschlage durch Ofenwärme getrocknet. Die Einrichtung ist hier zur Ersparung des Raums von der Art, daß die Bögen aufrecht stehend, von 4 Stäbchen gehalten, sich enge neben einander befinden, und die erwärmte Luft doch hinlänglich circuliren kann. Hierauf wird zum Ausmahlen der Kartenbögen geschritten. Man bedient sich hierbey sowohl zu den vorgedruckten Figuren, als zu den Steinen und Augen, wozu der Vorderbogen weiß aufgekleistert wird, wie in der Zimmermahlerey der Patronen, d. i. dünner, aus 3 Bögen zusammengeleimter Papierbögen, welche unter einen Vordruck gelegt, nach einer bestimmten Farbe ausgeschnitten, und endlich, um das Papier gegen die Wasserfarbe zu schützen, mit Öhlfarbe bestrichen werden. Alle Stellen des Kartenbogens, welche einerley Farben haben sollen, sind auf einer eigenen Patrone mit Messern und Stecheisen ausgeschnitten; also sind so viele Patronen nöthig, als Farben in der Karte vorkommen sollen. So haben z. B. die französischen Piquetkarten 5 Farben: blau, gelb, zinnoberroth, dunkelblau und schwarz, für deren jede eine eigene Patrone nöthig ist. Die Farben werden mit Wasser abgerieben und mit Kleister versetzt, die Patronen zu den blauen Stellen auf den Vordruck so gelegt, daß alle Stellen, welche nicht blau werden sollen, vollkommen bedeckt sind, und dann mit dem Pinsel mehrmahls darüber gefahren. Dieß geschieht bey einem ganzen Stoß, dann fängt man wieder von vorne mit den gelben Stellen u. s. w. an, bis alle Farben aufgetragen sind. Zu Blau nimmt man gewöhnlich Berlinerblau, zu Roth Zinnober oder auch Kugellack, zu Schwarz Kienruß, zu Grün Grünspan u. s. w. Sind die Farben sämmtlich trocken, so folgt das Glätten (Planiren). Vorher werden aber die erwärmten Bögen auf der bemahlten Seite mittels eines Filzes (Wischer genannt) mit etwas venezianischer Seife überfahren, um das Aufreiben des Papiers

Ss 2

beym Glätten zu verhindern. Das Glätten geschieht auf einer gut polirten Marmorplatte mit dem an einer Ziehstange, die oben an der Decke an einem beweglichen Gelenke angemacht ist, befestigten Glättsteine (meist ein schwarzer Feuerstein, uneigentlich von den Kartenmahlern Kreidenstein genannt). Der Arbeiter zieht diesen Stein beym Glätten über den vollendeten Kartenbogen auf- und abwärts, und glättet auf solche Art dessen Vorder- und Rückseite. Die letzte Arbeit besteht im Zerschneiden der Bögen, welches mittels einer Schere, deren ein Schenkel auf dem Tische befestiget ist, geschieht. An der rechten Seite des Arbeiters ist an dem Schneidetische ein senkrecht stehendes Bret angebracht, an welches er den Kartenbogen, oder die schon geschnittenen längeren Stücke (Riemen) anhält, damit die Karten von gleicher Größe werden. Das Bret kann mit einer Schraube, je nach der Größe der Karte, näher an die Schere ungerückt, oder davon entfernt werden. Nun werden die Karten nur noch in Spiele zusammen gelegt und gestämpelt, und erhalten einen gedruckten, mit dem Gattungsnahmen der Karten, dem Nahmen des Fabrikanten und Orts und der Jahrszahl versehenen Umschlagbogen, wornach sie erst Kaufmannswaare sind. In Ansehung des Stämpels zerfallen die Karten in 3 Classen. In die erste Classe zu 4 kr. gehören alle inländischen unplanirten, oder sogenannten Bauernkarten von jeder Gattung; in die zweyte Classe zu 10 kr. alle planirten inländischen Piquet-, Trappelier- oder teutschen was immer für einen Nahmen habenden Karten, mit Ausnahme der Tarockkarten; in die dritte Classe zu 14 kr. alle Tarock-, und im Auslande erzeugten Karten. Im lombardisch-venetianischen Königreiche ist der Stämpel für die Tarockkarten auf 60, für alle übrigen Spielkarten auf 35 Centesimi bestimmt. Die Jahrszahl muß immer mit der angegebenen Jahrszahl der Fabrication übereinstimmen.

Zustand der Spielkartenfabrication im österreichischen Kaiserstaate.

Noch vor dem J. 1780 war man im Inlande in der Kartenfabrication sehr zurück, daher auch sehr viele Spielkarten damahls aus Teutschland eingeführt wurden. Erst ums J. 1784 fing man an, diesen Arbeitszweig mit mehr Fleiß und Sorgfalt zu betreiben. Wien verdankt hierin viele Verbesserungen den Kartenmahlern Aloys und Joh. Norb. Hofmann, welche in dem genannten Jahre daselbst grosere Fabriken errichtet haben. Fast in allen Provinzial-Hauptstädten, Galizien, Dalmatien und die Militär-Gränzen ausgenommen, befinden sich gegenwärtig Kartenmacher. Wien hat außer der k. k. priv. Fabrik von Joh. Norb. Hofmann (des Jüngern) sel. Witwe, welche 3 Gesellen, 3 Hausknechte und 2 Gehülfen beschäftigt, noch 5 bürgerl. Kartenmahler, wovon Carl Hoffer, welcher 14 Arbeiter beschäftiget, Goldhaus, Estel und Math. Koller genannt zu werden verdienen, und 2 befugte Kartenfabrikanten. Die Hofmannsche Fabrik zeichnet sich durch ihre Karten sehr aus. Im Lande unter der Ens werden noch zu Wiener Neustadt von Aulich Karten fabricirt. In Österreich ob der Ens werden bey Eurich zu Linz, dann bey Ignaz Preisinger zu Salzburg, und bey Peter Schachner in Wels gute Spielkarten erzeugt, wovon die Welser nicht sowohl wegen ihrer Feinheit, als wegen ihrer inneren guten Qualität beliebt sind. In Tyrol sind Innsbruck und Trient; in Steyermark Grätz, wo zwey Kartenmahler bestehen, welche gemeine, aber sehr dauerhafte Karten verfertigen; in Illyrien Triest, wo in der Fabrik des Ant. Rubio viele, besonders nach italienischer Art gemacht werden; im lombardisch-venetianischen Königreiche Venedig und Mailand; in Böhmen Prag, wo 5 Kartenmahler ansäßig sind; in Mähren Brünn, wo die Traßlersche Kartenfabrik, dann Doornik und Fasold bestehen; in Ungarn Preßburg, wo 6, Ofen und Pesth, wo bey 5, Ödenburg, wo 2, Raab und Neitra, wo überall Kartenmacher sind; in Siebenbürgen Kronstadt u. s. w., die Hauptfabricationsörter.

Der Handel mit Spielkarten ist größten Theils auf das Inland beschränkt, wo die aufgeführten Fabriksörter mit ihren Erzeugnissen sehr gute Geschäfte machen. Wien versieht einen großen Theil des Bedarfs der Provinzen, vorzüglich Polen und Ungarn; Wels verschickt seine Karten fast in alle österr. Länder, und Grätz in die benachbarten Provinzen. Auch ins Ausland werden Spielkarten verschickt. So macht Wien mittelbar durch

Griechen und türk. Juden Versendungen nach der Türkey, auch gehen viele Karten nach Rußland, wenig nach Teutschland, außer zur Leipziger Messe; noch mehr gehen von Venedig nach der Levante, und auch aus Tyrol werden Karten ins Ausland verschickt. Die Ausfuhr übersteigt weit die Einfuhr, wie dieß bey der ganzen Rubrik der Krämereywaaren, wozu die Spielkarten im österr. Handel gezählt sind, der Fall ist. Von Wien allein sind nach den dasigen Zolltabellen in den 5 Jahren 1812 bis 1816 zusammen nach dem Auslande geschickt worden: 248 Dutzend Spiele Tarock- und Trappelierkarten, 115,133 Dutzend Spiele Piquetkarten, und 17,447 Dutzend Spiele Bauernkarten; eine Einfuhr und Durchfuhr fand gar nicht Statt.

Im neuen Zolltarife vom J. 1819 auf die Papierfabricate ist der Verkehr im Innern der Monarchie (mit Ausnahme von Ungarn, Siebenbürgen, Dalmatien, Istrien, Triest und Fiume) zollfrey erklärt, und der Ausfuhrzoll für 1 Dutzend Spiele auf $\frac{3}{4}$ kr. C. M. gesetzt. Die Einfuhr wird nur gegen einen eigenen Paß, und gegen Entrichtung eines Zolls von 1 fl. 48 kr. C. M. vom Dutzend gestattet.

Die Preise der Spielkarten waren im April 1821 in Wien pr. Dutzend Spiele mit und ohne Stämpel folgende. Feine Tarockkarten mit Stämpel 17 fl. (ohne St. 10 fl.), feine Tappkarten mit St. 16 fl. (ohne St. 9 fl.), feine einköpfige Wiener Piquet mit St. 12 fl. (ohne St. 7 fl.), f. zweyköpfige Damenpiquet mit St. 10 fl. (ohne St. 5 fl.), f. Pesther Piquet mit St. 9 fl. (ohne St. 4 fl.), f. Piquet mit St. 9 fl. (ohne St. 4 fl.), f. Kupfer teutsche mit St. 9 fl. (ohne St. 4 fl.), f. Holzstich teutsche mit St. 8 fl. (ohne St. 3 fl.), f. Trappelier mit St. 12 fl. (ohne St. 7 fl.), f. Piquet mit 32 Blättern mit St. 8 fl. (ohne St. 3 fl.), mittelf. Piquet mit 32 Bl. mit St. 7 fl. (ohne St. 2 fl.), ord. teutsche oder Bauernkarten mit St. 5 fl. 30 kr. (ohne St. 1 fl. 30 kr.) W. W.

Erklärung der Muster.

1) Die Vorarbeiten.

Nr. 1. Weißer Mittelbogen, d. i. ordinäres Schreibpapier, von den kleinen Knötchen gereinigt.

Nr. 2. Vorderbogen zu Piquetkarten, mit der Holzform schwarz vorgedruckt, bloß die 20 Bilder enthaltend.

Nr. 3. Vorderbogen zu Tarockkarten, mit der Kupferplatte vorgedruckt, aus 3 Bogen mit 38 Figuren bestehend.

Nr. 4. Vorderbogen zu Tarockkarten mit Figuren von anderer Zeichnung, aus 4 mit der Kupferplatte gedruckten Blättern bestehend.

Nr. 5. Vordruck zu den halbfeinen teutschen Karten, 2 Blätter Kupferstich.

Nr. 6. Vordruck zu den superfeinen teutschen Karten, ebenfalls 2 Blätter mit der Kupferplatte gedruckt.

Nr. 7. Vordruck zu feinen Piquetkarten, von Carl Hoffer in Wien.

Nr. 8 und 9. Vordruck zu superfeinen Wiener und Damen-Piquetkarten, Kupferstich, von Carl Hoffer in Wien.

Nr. 10. Musirte Hinterbögen, roth und blau, in 4 verschiedenen Mustern.

Nr. 11. Vorder- und Mittelbogen zusammengekleistert.

Nr. 12. Patrone zu einigen Figuren der Piquetkarten. Auf der Rückseite ist ein gedruckter Vorderbogen aus dem Grunde angeklebt, damit man beym Vergleiche mit den schon ausgemahlten Karten sieht, zu welcher Farbe diese Patrone verwendet wird.

Nr. 13. Zur Hälfte gemahlte, d. i. durchpatronirte Figuren. Die zwey oberen Reihen sind angefangen, die zwey unteren sind schon ausgemahlt.

Nr. 14. Ordinäre teutsche Karten bis zum Zerschneiden fertig, da diese Gattung nicht geglänzt wird, aus 2 Bögen bestehend.

Nr. 15. Zur Hälfte geglänzter Bogen, worauf bloß die Augen ohne Figuren patronirt sind.

Nr. 16. Geglänzter Bogen zu feinen Piquetkarten, ein Blatt.

Nr. 17. Geglänzte Bögen zu superfeinen Piquetkarten, zwey Blätter.

Nr. 18. Zerschnittener Kartenbogen, dessen einzelne Theile mit Buchstaben bezeichnet sind. Um einen klaren Begriff vom Zerschneiden der Kartenbögen zu erhalten, ist es nöthig, die einzelnen Stücke so zusammenzulegen, daß die gleichen Buchstaben an einander passen. Anfänglich wird die lange Kante Nr. 1 weggeschnitten; hierauf theilt der Kartenmacher den ganzen Bogen nach der Quere in Stücke wie Nr. 2 und 3. Nun folgt das Zerschneiden in einzelne Karten, und nachdem von dem Querstreifen Nr. 2 die Seitenkante Nr. 5 abgeschnitten werden ist, gibt jeder Schnitt die fertige Karte wie Nr. 6.

2) Fertige Kartenspiele.

a) Teutsche Karten.

Nr. 19. Ordinäre teutsche Karten, Holzstich.

Nr. 20. Feine teutsche Karten.

Nr. 21. Superfeine teutsche Karten, Kupferstich.

Nr. 22. Teutsche Karten im kleinsten Formate.

b) Französische Karten.

Nr. 23. Feine Piquetkarten.

Nr. 24. Feine Damen-Piquetkarten, mit veränderter Zeichnung nach dem neuesten Geschmacke, sammt dem gedruckten Umschlage. Diese Karten sind sehr rein in Kupfer gearbeitet, und können den Leipziger Karten, welche lange Zeit für die besten galten, gleichgestellt werden.

Nr. 25. Piquetkarten im kleinsten Formate, Kupferstich.

Nr. 26. Feine Tarockkarten, Kupferstich.

Nr. 27. Feine Wiener Piquetkarten sammt Umschlag, Kupferstich, von besonderer Schönheit.

Alle vorstehenden Karten sind aus der Joh. Norbert Hofmannschen Fabrik zu Wien.

Nr. 28. Neu verbesserte Piquetkarten von Carl Hoffer in Wien, mit neuen Figuren und besonders rein gearbeitet, sammt Umschlag.

Nr. 29. Feine Damen-Piquetkarten von Carl Hoffer in Wien sammt Umschlag.

Nr. 30. Feine Tarockkarten von Carl Hoffer in Wien sammt Umschlag.

Nr. 31. Ordinäre Piquetkarten sammt Umschlag, aus der Traßlerschen Fabrik zu Brünn in Mähren.

Inhalt dieses Bandes.

Beschreibung der Fabricate *).

*) Die in ( ) eingeschlossenen Zahlen bedeuten die Anzahl der in der Sammlung vorkommenden Nummern oder Musterstücke.

Seite.

Verbesserungen in diesem Bande.

Seite IV vorletzte Zeile bleibt das Wort Schafwolle weg.
" V Zeile 2 von oben lies genetzte statt gestrickte
" VI " 24 " " " Kammmacher=Arbeiten statt Kämme.
" X " 9 sollte es heißen:
a) Zinnblätter, Stanniol.
b) Zinngießer=Arbeiten.
c) Kinderspielereyen.
" 16 " 25 von oben lies Sämischgerberey statt Weißgerberey.
" 80 " 4 " unten " Taf. XII. Nr. 153.
Zu Ende der Seite 80 ist durch Versehen weggeblieben:

Nr. 158 bis 161. Vier Sorten gebleichter Kettengarne aus Flachs, 32=, 70=, 86= und gogängig, zu Zwillich=Tischzeug und allen Gattungen der sogenannten Weißgarn=Leinwanden.

Seite 87 Zeile 17 von oben lies Topfer statt Töpfer
" 272 " 1 " " " Taf. XVI. Nr. 140 " Nr. 140
" 278 " 3 " " sind die 24. und 25. Tafel ganz fehlerhaft. Es sollte heißen:

Taf. XXIV. Nr. 212 bis 214. Tücher aus der Feintuchfabrik der Hrn. Joh. Georg Berger und Comp. zu Alt=Habendorf nächst Reichenberg in Böhmen, in verschiedenen Farben und in den drey Graden der Feinheit, welche in dieser Fabrik gearbeitet werden, und zwar Nr. 212 geringste Qualität Nr. 1 mit 3000 Fäden in der Kette, wegen der durchaus gleichen Melirung bemerkenswerth; Nr. 213 Mittel=Qualität Nr. 2 mit 3200 bis 3400 Kettenfäden; Nr. 214 beste Qualität Nr. 3 mit 3600 Kettenfäden. Diese Fabrik zeichnet sich durch die Güte und gefällige Zurichtung ihrer Erzeugnisse aus, und macht damit im Inlande bedeutende Geschäfte. Sie werden aus böhmischer, mährischer und ungrischer Wolle gearbeitet.

Nr. 215. Casimir aus der Bergerschen Fabrik zu Alt=Habendorf, ebenfalls von ausgezeichneter Schönheit.

Nr. 216. Mittelfeines Tuch aus der Franz Ulbrichschen Fabrik zu Reichenberg.

Nr. 217 bis 219. Ord. und feine Ponceautücher aus Braunau in Böhmen.

Nr. 220. Mittelf. Ponceautuch von Werner zu Braunau in Böhmen.

Nr. 221 und 222. Ord. und feine Ponceautücher von Walzel zu Braunau in Böhmen.

Nr. 223. Feines Ponceautuch, halb appretirt, von Franz Heinr. Winter zu Braunau in Böhmen.

Nr. 224 bis 226. Casimir, Molton und Flanell aus der Ossegger Fabrik in Böhmen.

Taf. XXV. Nr. 227 bis 229. Superfeines Tuch und Casimir aus der Offermannschen Fabrik in Brünn, einer der vorzüglichsten Tuchfabriken Mährens.

Nr. 230. Superfeines wollblaues Tuch von Joh. Peschina in Brünn, ein Muster seltener Schönheit und Vollendung, keinem fremden Tuche nachstehend, ganz aus mährischer Schafwolle.

Nr. 231 und 232. Tuch und Casimir aus der Fabrik der Hrn. Probeil und Bayer in Brünn.

Nr. 233 und 234. Superfeine Tücher aus der Fabrik der Hrn. Schöller und Memmert in Brünn.

Nr. 235 bis 238. Feine Serailtücher von verschiedenen Farben, aus der Fabrik der Gebrüder Delhaes in Brünn.

Die Brünner Tuchfabriken rc. bleibt unverändert.

Nr. 239 bis 241. Mittelfeine Tücher aus der Stadt Weißkirch in Mähren, und zwar Nr. 239 und 240 Levantiner Tücher, wovon das letzte auch häufig nach Ungarn geht, Nr. 241 braunes Tuch nach Ungarn.

Seite.	Zeile	von	oben	lies	statt
282	18	=	=	Konopka	Honopka
490	21	=	=	Ringel	Riegel
544	8	=	=	Roßhaar	Rnßhaar
556	3	=	=	66	63
—	5	=	=	67	64
—	9	=	=	68	65

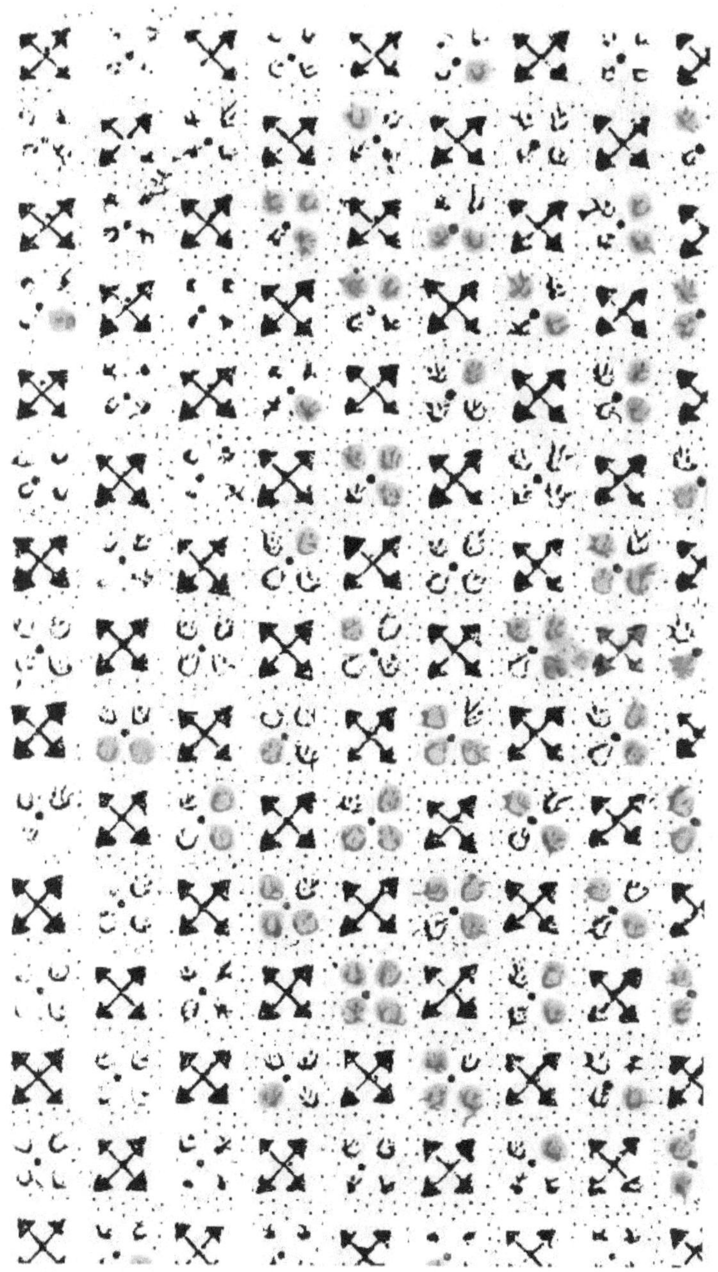

Zeitfracht Medien GmbH
Ferdinand-Jühlke-Straße 7
99095 Erfurt, Deutschland
produktsicherheit@kolibri360.de